KB194120

현대 존재론

하이데거의 자화사건적 존재론과 가다머의 지평융합적 존재론

정 은 해   지음

현대 존재론

하이데거의 자화사건적 존재론과 가다머의 지평융합적 존재론

정 은 해 지음

철학과현실사

서 문

철학은 본질(Wesen)을 탐구하는 학문이라고 한다. 본질이란 어떤 것을 어떤 것이게 하는 요인을 말한다. 그런데 그런 요인이 불변적 속성이 아니라 가변적 존재라고 한다면 어찌 되는가? 어떤 것의 본질을 그것의 가변적(변양 가능한) 존재에서 찾게 된다면, 분명 형이상학이나 존재론에 대한 종래의 생각은 새로운 전환을 맞지 않을 수 없을 것이다. 하이데거는 그렇게 바로 변양 가능한 존재가 그 어떤 것을 그 자신으로 되게 하는 요인으로 본 철학자이다. 그는 존재를 본질로 보아 형이상학에 전환을 가져오고 새로운 존재론을 전개하였다.

하이데거는 본질이라는 말을 불변적 속성을 지시하는 명사적 의미로 사용하지 않고, 오히려 각자의 본래적인 자기화를 가리키는 동사적 의미로 사용한다. 그래서 모든 것이 각자의 본질을 갖는다는 말은 그에게 모든 것이 각자 자기로 되는 방식을 갖고 있으며 이러한 자기화의 방식이 각자의 본래적 존재라는 말이 된다. 그는 철학의 여러 주제적 사안들의 존재를, 곧 자기화 방식을 묻는 철학을 전개하였다. 그는 인간과 세계의 존재를, 진리와 언어의 존재를, 예술과 신의 존재를, 이해와 교육과 역사의 존재를 물었다. 달리 말해, 그는 인간과 세계, 진리와 언어, 예술과 신, 이해와 교육, 그리고 역사가 자기화하면서 자현(自現)하는 방식을 물은 것이다.

이 책에서 저자는 하이데거가 사유한 그 같은 자기화하면서 자현하는 여러 방식들을 소개하고, 이를 계승한 가다머가 예술작품과 이해, 인문학에 대해 전개한 사유내용도 함께 살펴보고자 한다. 그들의 견해를 요약하면, 모든 것은 자기화하므로 그 자신일 수 있고, 이런 자기화의 과정은 인과성과 목적성을 떠난 놀이(Spiel)로서의 사건에 해당한다는 것이다. 전체적으로 일어나는 놀이사건으로서 자기화하는 자현 과정은 한마디로 자화(自化, Ereignis)라고 불릴 수 있는 것이다. 그 둘에게서 '자화'는 동양의 전통적 개념인 자연(自然)에 상대되는 서양의 현대적 개념으로 나타난다. 자화란 자기화의 방식으로 자현함을 말한다. 이때의 자기화는 서로 관련된 것들이 서로를 자기 것으로 삼으면서(전유하면서) 각자 고유한 자기로 된다는 이중적 의미를 지닌다. 하이데거의 존재의 사유, 피투적 기투, 진리의 정립, 언어로의 길, 존재의 역운 등에서 그 같은 이중적 의미가 드러난다. 아울러 가다머의 놀이, 형성체로의 변화, 절대적 순간, 대화, 지평융합 등의 개념에서 자화사건적 특징이 확인된다. 이 책의 중심적 구상은, 하이데거와 가다머의 사유를 뒤좇으면서 다양한 현상들에 속한 고유한 존재, 곧 자기화하면서 자현하는 방식을 드러내 보이면서, 기술시대의 인류가 자화사건을 숙고해야 할 필요성을 제시하려는 것이다. 이러한 구상은 이 책의 각 장에 반영되어 있고, 각 장은 그 자체로 완결성을 갖고 있다.

이 책의 각 장의 내용은 저자가 그동안 여러 학술지에 발표한 논문들을 토대로 하면서, 이 책의 구성에 맞도록 그 내용을 수정하고 보완한 것이다. 이 한 권의 책이 현대 존재론의 모든 논점들을 망라할 수는 없을 것이다. 그 미흡한 점들은 선후배와 동료들의 다른 여러 연구 저술들이 메워주리라고 기대한다. 그런 뜻으로 이 책의 각 장 말미에는 현대 존재론의 주요 논점들을 파악하는 데 도움이 될 참고문헌 목록이 실려 있다. 이 책이 하이데거와 가다머를 중심으로 현대 존재론의 향방을 이해하는 데 있어 디딤돌이 되기를 기대해 본다. 끝으로 출판계의 어려운 상황에도 불구하고 이러한 전문서적을 출간해 주신 철학과현실사에 깊은 감사를 드린다.

차 례

1장 인간 존재론

1절 인간의 전체적 존재

1. 인간의 존재: 각자 '나'임과 실존

　하이데거는 인간을 현존재(Dasein)라고 부른다. 왜 그럴까? 인간의 '본질' 규정의 문제는 철학의 기본 물음들, 곧 자아, 세계, 실재, 진리, 언어, 시간, 역사 등과 같은 물음들과 깊이 연관되어 있다. 그렇게 인간의 본질 규정은 철학의 전개를 위한 출발점이다. 하이데거의 경우에도 마찬가지다. 그는 이성이라는 관점에서가 아니라 존재이해라는 관점에서 인간에 접근하고, 인간을 이성적 동물이 아니라 존재를 이해하는 실존으로 본다. 이런 맥락에서 그는 인간을 현존재라고 명명하게 된다. 현존재라는 낱말은 인간을 모든 다른 존재자들로부터 구분시켜 주는 사실들에 초점을 두고 있다. 구체적으로 말해 인간이 "자신의 존재에 있어서 바로 이 존재 자체를 문제시하는 존재자"(68/57)¹⁾라는 사실과, 인간이 자신의 존재와 더불어 다른 모든 존재자들

---

1) 앞으로 본문에 나오는 괄호 안의 숫자는 순서대로 각각 다음 저작의 페이지수를 의미한다. M. Heidegger, *Being and Time*, tr. by John Macquarrie and

의 존재를 이해한다는 사실에 초점을 두고 선정된 말이다. 지금 언급된 두 사실 중에서 전자는 인간의 실존을 가리키는데, '현존재(Dasein)'의 '-존재(-sein)'라는 말에 의해 표시된다. 후자는 존재 일반의 개시성을 가리키는데, '현존재'의 '현-(Da-)'이라는 말에 의해 표시된다. 결국 '현존재'라는 표현은 인간의 존재가 모든 존재자의 존재를 이해하는 실존이라는 점을 강조하는 것으로, 인간존재와 존재 일반의 관계를 표시하는 말에 다름 아니다.

전통 철학에서는 존재자가 본질(essentia)과 실존(existentia)의 복합으로 정의되곤 한다. 이런 정의 방식에 따를 때, 인간은 이성을 자신의 본질로 갖고 현실성을 자신의 실존으로 갖는 생명체로 간주된다. 그런데 이와 반대로, 인간이 현존재로 정의되면, 인간의 존재의 특성은 어떻게 말해져야 할까? 하이데거는 인간의 특성을, 인간이 누구인가(Wer-sein) 하는 점에서는 "각자 '나'임(Jemeinigkeit)"(68/56)으로, 인간이 어떻게 존재하는가(Wiesein) 하는 점에서는 "실존(Existenz)"(67/57)으로 파악한다. 여기서 각자 '나'임은 '나 자신이다'라는 것을 의미하고, 실존은 '자신의 존재에 있어서 이해하는 식으로 자신의 존재에 대해 관계한다'(참조: 78/71)는 것을 의미한다. 그런데 실존으로서의 현존재는 자신의 본래적 존재를 개시하거나 은폐할 가능성을 갖고 있다. 그래서 현존재는 본래적인 실존, 비본래적인 실존, 양상적으로 무차별적인 실존이라는 세 가지 존재가능성들을 갖는다.

각자 '나'임과 실존이라는 존재 특성들을 갖는 현존재는 그런데 이미 항상 세계 안에서 존재한다. 현존재의 이런 기본적 조건의 관점에서 현존재는 세계내존재라고 불린다. 세계내존재는 현존재의 존재틀(Seinsverfassung)을 표현하는 말이다. 현존재의 존재가능성들(본래성, 비본래성, 무차별성)이 "선험적으로(a priori) 이 존재틀에 근거를 두는 것으로 살펴지고 이해되어야만 한다."(78/71)는 점에서, 그 존재틀

Edward Robinson, New York: Harper & Low, 1962; M. Heidegger, *Sein und Zeit*(1927), GA 2, Frankfurt a. M.: Vittorio Klostermann, 1977.

은 선험적인 것이다. 이 같은 세계내존재는 근원적으로 또 지속적으로 하나의 전체적인 구조이다. 하지만 이것은 자신의 구성적인 구조 요소들로 자기 안에 '세계 내', '존재(자)', '내존재'라는 것을 포함하고 있다. 이러한 요소들의 관점에서, 하이데거는 차례로 세계의 존재론적 구조, 현존재라는 존재자의 '누구임'이 지닌 성격들, '내존재'의 존재론적 구성 등을 묻는다. 그리고 이 물음에 따라 세계성(Weltlichkeit)이라는 이념, 현존재의 공동존재(Mitsein) 및 자기존재(Selbstsein), 개시성 일반(Erschlossenheit überhaupt)을 순차적으로 해명한다.

2. 현존재의 전체 존재: 염려

하이데거는 세계내존재가 현존재의 존재틀 내지 전체 구조이고, 이것이 앞서 보았듯이 세 요소로 분절될 수 있다는 것을 해명한 후에, 현존재의 전체성을 규정하는 문제를 다룬다. 그에 따르면, 현존재의 구조 전체에 대한 실존론적-존재론적 규정을 가능하게 하는 것은 현존재의 '처해 있음(Befindlichkeit, 심정성)'과 '이해하고 있음(Verstenhen, 이해)'이다. 왜냐하면 이것들이 현존재의 개시성(현존재가 그 자신에게 밝혀져 있음, 통상적 표현으로는 인간의 자기의식)을 구성하고 있기 때문이다. 현존재의 개시성을 구성하는 이 두 가지는 통일성을 이뤄 '이해하면서 처해 있음(verstenhende Befindlichkeit)'이 되는데, 이것은 다양한 방식으로 나타난다. 그 중에서 하이데거가 탁월한 방식이라고 지적하는 것은 불안(Angst)이라는 현상이다. 다시 말해 불안 현상이 '이해하면서 처해 있음'의 탁월한 방식이다. 이 같은 불안에 대해 하이데거는 다음과 같이 말한다: "현존재의 존재가능성들 중의 하나로서, 불안은 — 그것 안에 개시되어 있는 현존재 자체와 더불어 — 현존재의 존재의 근원적 전체성을 명시적으로 파악하기 위한 현상적 기반을 제공해 준다."(227/242)

하이데거의 불안-현상의 분석에 따르면, "그것에 대해 우리가 불안

해하는 그 대상은 피투된 세계내존재(das geworfene In-der-Welt-sein)
이다. 우리가 불안해하는 그 이유는 세계내존재-가능(das In-der-Welt-
sein-können)이다."(235/254) 피투된 세계내존재는 실존론적으로 현존
재의 '현사실성'이라고 명명되며, 세계내존재-가능은 실존론적으로 현
존재의 '실존'이라고 명명된다. 따라서 실존은 현존재의 가능성을 일
컫는 말이고, 현사실성은 현존재에게 이미 주어져 있는 현실성을 일
컫는 말이다. 불안 속에서 함께 보일 수 있는 현상으로 하이데거는 퇴
락(Verfallen)이라는 현상을 지적하는데, 이것은 세계내존재의 일상적
존재(alltägliches Sein)를 가리키는 것으로서 "현존재가 본래적인 자
기-존재-가능으로서의 자신에 직면하여 [그 자신으로부터] 도피함"
(229/245)을 말한다. 이와 같은 불안-현상의 분석으로부터, 하이데거
는 현존재가 '현사실적으로 실존하는 세계내존재'라고 해명한다. 이
표현 속에는 현사실성, 실존, 퇴락 같은 현존재의 기본적인 존재론적
성격들이 포함되어 있는 것이다. 이러한 성격들이 현존재의 구조적
전체성을 구성한다.

　하이데거는 더 나아가 현존재의 존재의 이러한 실존론적 전체성을
형식적으로 "자기 자신에 앞서서 — 이미 (세계) 안에서 — (세계 내부
에서 만나지는 존재자) 옆에 존재함"(237/256)[실존-현사실성-배려 또
는 퇴락]이라고 정식화하고, 이러한 실존론적 전체성을 염려(Sorge,
심려, 마음 씀)라고 명명한다. 결국 현존재의 존재 전체는 염려이고,
이것은 3중적 구조를 갖고 있다는 것이다. 이러한 3중적으로 분절된
염려 구조는 하이데거에게 있어서 염려의 전체성의 통일성에 대한 물
음, 더 나아가 이 통일성의 근거에 대한 물음의 출발점이 된다. 하이
데거가 『존재와 시간』에서 실제로 해명한 것은, 염려의 전체성의 통
일성의 근거를 묻고 그 근거가 시간성이라고 대답한 것에 다름 아니
다. 염려의 전체성의 통일성의 근거에 대한 물음은 다른 표현으로는
현존재의 존재의 의미에 대한 해명이라고 말해진다. 현존재의 존재의
의미도 역시 시간성이다. 여기서 하이데거는 '의미'라는 말을 어떤 것

(여기서는 현존재의 존재)의 이해가능성의 지평(기반, 토대)이라는 뜻으로 사용한다. 이때의 지평은 결국 이해가능성 일반(개시성)이 된다.

3중적으로 분절된 염려 구조의 전체성이 위에 언급된 정식을 통해 획득되었다고 할지라도, 그 정식이 곧바로 현존재의 존재(염려)의 본래적 전체성(*eigentliche* Ganzheit)을 이미 보증하고 있는 것은 아니다. 오히려 우리는 앞에서 그 전체성에 퇴락이 속할 수 있다고 지적하여 그 전체성이 비본래적일 수 있음을 이미 살펴보았다. 본래적 전체성이 바로 염려의 통일성을 보여줄 수 있는 것인데, 이 통일성은 다시금 현존재의 존재의 의미를 묻기 위한 선결조건이 된다. 바로 이런 이유로 하이데거는 죽음과 양심의 주제들을 도입함에 의해 염려의 전체성의 통일성으로서의 염려의 본래적 전체성을 해명하게 된다.

하이데거는 현존재가 죽음에 대해 관심을 갖고 존재한다는 사실을 현존재의 실존구조 전체에 의거해 해석한다. 그의 이런 해석은 간략히 '죽음에의 존재'의 실존론적 기투라고 불린다. 그는 '죽음에의 존재'의 실존론적 기투를 통해 염려의 전체성이 죽음에의 선구(Vorlaufen zum Tode), 곧 죽음에 의거한 선취적 자기규정에 달려 있음을 보인다. 더 나아가 그는 우리가 양심을 가지려 한다는 사실을, 곧 양심에 의해 자신의 피투된 존재를 책임지려 한다는 사실을 실존적으로 확인해 낸다. 그의 이런 확인은 간략하게 '양심의 실존적 확증'이라고 불린다. 그는 양심의 실존적 확증을 통해 염려의 본래성이 결의성(Entschlossenheit)에 달려 있음을 보인다. 결국 하이데거에 의하면, 현존재에게 가능한 실존적 본래성(mögliche existenziell Eigentlickekit)은 결의성에서 발견되는 것이고, 현존재에게 가능한 실존론적 전체성(mögliche existenzial Ganzheit)은 죽음에의 선구에서 발견되는 것이다. 여기서 "실존적"이라는 말은 '실존 현상에 따른'이라는 의미를, "실존론적"이라는 말은 '실존의 구조로부터의', '현존재의 구조적 전체로부터의', '현존재의 시간성으로부터의'라는 의미를 갖는다. 때때로 '존재자적(ontische)'이라는 말과 대비되어 등장하는 '존재론적(ontologische)'이라는 말은 '존재자'가 아니라 '존재자의 존재'가 관련된다는 의미를, 또는 '존재자가 그 존재에 있어서' 다뤄지는 것이 아니라 '존재자의 존재가 그 시간성에 있어서' 다뤄진다는 의미를 갖는다.

이제 남겨진 물음은 어떻게 실존적으로 확증되는 결의성이, 실존론적으로 기투될 뿐인 죽음에의 선구와 결합될 수 있는가 하는 것이다. 이 문제와 관련해서 하이데거는 결의성의 "가장 고유한 실존적 존재경향성"(349/400)으로 인해 결의성과 죽음에의 선구가 결합된다고 해명한다. 결의성의 가장 고유한 존재경향성 때문에, 결의성(염려의 본래성)이 선구적 결의성(염려의 전체성)으로, 따라서 염려의 본래성이 염려의 본래적 전체성으로 될 수 있다는 것이다.

죽음에의 선구와 결의성의 결합가능성을 보임에 의해, 하이데거는 현존재가 본래적인 동시에 전체적으로 실존할 수 있다는 점을 보인 것이고, 또한 본래적인 존재가능성이 본래적인 전체적 존재가능성이 됨을 보인 것이다. 이렇게 해서 염려의 본래적 전체성을 보증하는 문제는 해결된 것이다. 그렇다면, 염려의 전체성의 통일성이란 무엇인가? 하이데거는 염려의 전체성의 통일성은 오직 염려의 한 특정한 방식인 선구적 결의성에만 근거를 두는 것이라고 밝힌다. 선구적 결의성이 바로 염려의 전체성의 통일성에 다름 아니라는 것이다. 그런데 염려의 전체성의 통일성, 곧 현존재의 존재의 전체적 통일성은 현존재의 본래적 자아를 특징짓는 것이기도 하다. 따라서 우리는 이 통일성의 문제를 현존재의 본래적 자아와 관련시켜 다루기로 한다.

2절 인간의 본래적 자아

1. 본래적 자아: 자아의 자기임

하이데거의 "본래적 자아"(167/172)는 도가나 불교 같은 동아시아 전통들의 '참된 자아(眞我)'에 일정한 정도로 상응하는 개념이다. 하이데거는 본래적 자아를 본래적인 자기존재(eigentliches Selbst*sein*)라고 부르면서, 이것은 자아의 자기임에 놓여 있다(Selbstheit des Sebst)고 말한다. 반면에 동아시아 전통은 참된 자아는 개별적 자아의 지양에 놓여 있다. 이런 점에서 그 둘 사이에는 일정한 차이점도 있다. 우리는 여기서 자아관에 있어서의 그 둘의 같고 다름을 논의하려고 하지는 않는다. 다만 그런 비교를 위한 준비작업이 되기를 바라며, 하이데거의 자아관을 분명하게 드러내 보려는 것이다.

본래적 자기존재가 자아의 자기임에 놓여 있다면, 이제는 대체 무엇이 자아의 특성들인가를 물어야 한다. 하이데거는, 이에 대한 대답이 염려의 통일성과 상관되어 있는 것이라고 하면서 먼저 통일성의 문제를 끌어들인다. 전통적으로 인간의 존재의 통일성의 근거는, 자아의 자기임에 대한 근원적인 물음 없이, 단순히 '나(Ich)' 속에서 찾아졌다. 그런 까닭에 하이데거는 특별히 강조하여 염려의 통일성의 문제를 자아의 자기임에 관련시킨다. 위에서 우리는 현존재의 전체성의 최초의 존재론적 규정이 염려의 구성요소들(실존, 현사실성, 퇴락)의 통일성임을 보았다. 그 경우에, 염려 구조의 전체성은 "자기 자신에 앞서서 ― 이미 (세계) 안에서 ― (세계 내부에서 만나지는 존재자) 옆에 존재함"이라는 실존론적 정식에 의해 표시되었다. 비록 이 정식이 현존재의 일상적 존재의 분석에 근거를 두고 성취된 것이지만, 이 정식은 그럼에도 **형식적으로는** 현존재의 본래적인 전체 존재가능을 표현한다. 왜냐하면 현존재의 죽음에의 선구는 '자기 자신에 앞서'의 탁월한 양식이고, 결의성은 '이미 세계 안에서'의 가장 고유한 양식이기 때문이다. 그렇게 그 정식은 염려의 본래적 전체성도 표현해 낼 수 있다. 하지만 이제는 염려의 본래적 전체성, 곧 염려의 선구적 결의성에 의거하여, 염려의 통일성을 밝혀내야 한다.

염려의 통일성을 향한 출발점은 어떻게 현존재가 자신의 가능한 전체 존재에 있어서 통일적으로 존재하는가라는 물음이다. 이 물음에 대해 하이데거는 다음과 같이 예비적으로 대답한다: "분명히 현존재는, 그 자신이 자신의 본질적 가능성들에 있어서 이러한 존재[현존재]가 되는 방식으로, 곧 그때마다 내가 바로 이러한 존재자[현존재]가 되는 방식으로, 그렇게[통일적으로] 존재할 수 있다."(365/420) 이러한 대답은 염려 구조의 통일성이 거기서부터 탐구되어야 할 그런 방향을 지시한다. 그 방향은 현존재가 그 본질적 가능성들(각자 '나'임, 실존, 세계내존재)에 있어서의 현존재로 됨, 곧 내가 나 자신으로 또 세계내존재로 실존하게 됨이다. 다시 말해 위 인용문은 현존재의 존재의 통일성이 자아의 자기임에 대한 숙고로부터 파악되어야만 한다는 점을 시사한다.

하지만 이미 지적되었듯이 전통적으로는 인간의 존재의 통일성의 근거가 단순히 '나' 속에서 찾아졌다: "이러한 존재자['나'-존재자]의 존재론에 있어서 '나'와 '자아'는 일찍부터 지탱하는 근거(실체나 주체)로 파악되어 왔다."(365/420) 반면에 인간의 존재의 통일성에 대한 하이데거의 물음은 존재론적-실존론적인 물음, 곧 현존재의 존재틀에 대한 물음이고, 이 존재틀이 비로소 '나'의 존재방식을 가능하게 하는 것이 된다.

전통적으로 '나'가 인간의 구조적 전체를 지탱하는 것이라고 믿어져 왔다는 것은 서양의 주요 철학자들에게서 확인된다. 예컨대 칸트는 '나'를 모든 경험들을 지탱하는 근거로 파악한다. 그에게 있어서 '나'는 "나는 생각한다."를 의미하고, 그런 것으로서 '나'는 "'나'가 […] [모든 경험들의] 결합의 주체, 논리적 태도의 주체"라는 의미에서 "논리적 주체"(367/423)이다. 달리 말해, 칸트의 '나'는 표상된 것이라는 의미에서의 하나의 표상이 아니라, 의식 자체이고 또 '나'가 모든 것을 표상되어 있을 수 있게 한다는 의미에서 표상의 형식이다. 그런데 하이데거는 그의 '나' 개념이 한계를 지녔다고 보고, 그 이유로 그의 '나'는 '나'의 자기임을 파악하지 못했다는 점을 든다. 물론 칸트는 '나'가 '나는 생각한다'라는 것으로서 자신의 표상들에 동반되

18

고 이것들에 달라붙어 있으면서, 이것들에 관련되어 있다는 것을 알고 있다. 그러나 하이데거는, 칸트에게 있어서는 나의 동반함과 달라붙어 있음의 존재유형이 세계내존재가 아니라 단지 "나의 표상들과 더불어 '나'가 연속적으로 함께 현전함(ständiges Mitvorhandensein)"(367/425)으로만 이해되고 있다고 지적한다. 다시 말해, 칸트에게서는 '나'의 존재방식이 '표상들'의 존재방식과 구분되지 않고, '나'와 '표상들' 모두가 다만 현전적으로 존재한다고, 곧 사물적으로 존재한다고 여겨진다는 것이다. 그런 까닭에 하이데거는 '나'에 대한 칸트의 긍정적 측면과 부정적 측면을 다음과 같이 정리한다:

"칸트의 분석은 두 가지의 긍정적인 측면을 갖고 있다. 하나는 그가 '나'를 존재자적으로 하나의 실체로 환원함이 불가능하다는 점을 알고 있다는 것이다. 다른 하나는 그가 '나'를 '나는 생각한다'라는 것으로 확고히 간주한다는 점이다. 그럼에도 불구하고 그는 '나'를 다시금 하나의 주체로 간주하고, 사실상 존재론적으로 부적절한 의미로 그렇게 하고 있다. 왜냐하면 주체라는 존재론적 개념은 자아로서의 '나'의 자기임[세계내존재로서 자기임]을 특징짓지 못하고, 항상 이미 현전하는 것의 동일성과 부단성만을 특징짓기 때문이다."(367/423)

하이데거에게 있어서 자아는 세계내존재로서 실존하는 것이지 세계와 무관하게 현전하는 것(Vorhandenes)이 아니다. 칸트의 '나'가 자신의 (자기-)동일성과 부단성에도 불구하고 여전히 한계를 지닌 것이 되는 까닭은 그것이 세계내존재가 아니라 단지 항상 이미 현전하는(사물적으로 존재하는) 어떤 것일 뿐이기 때문이다. 칸트에게 있어서 '나'는 '나는 어떤 것을 생각한다'는 것이지만, 이때의 그 '어떤 것'도 그에게는 세계 내부적인 존재자가 아니라 단지 무규정적인 것으로 남아버린다. 하이데거가 보기에, '어떤 것'이 자신의 현상에 있어서 세계를 근거로 해서만 세계 안에서만 만나지는 것이라면, 이 '어떤 것'과의 만남을 위해서는 현존재에 의해 개시되어 있는 세계가 전제되어야만 한다. 그러나 칸트는 세계를 이미 개시된 현상으로 간주하지 않기 때문에, 그에게는 "'나는 생각한다'의 선험적 내용[세계]으로부터 '표상'을 분리해 내는 것"(368/425)이 불가피하고, 그 결과로 그에게는 '나' 역시 세계로부터 "고립된 주체"로 된다.

칸트와는 반대로, 하이데거는 자아물음에 있어서 세계내존재라는 현존재의 자기이해로부터 출발한다. 그에 따르면, 현존재가 이미 자신을 세계내존재로 이해하고 있는 한, 현존재는 '나'라고 말함에 있어서 이미 세계내존재로서의 자기 자신을 표현한다. '나'라고 말함에 있어서 '나'는 "그때마다 그 자신인 바의 존재자이다."(368/426) 그러나 일상적인 현존재는 대개 우선은 그것이 배려하는 존재자에 의해 그 자신을 이해하면서 세상사람(das Man)으로 실존한다. 따라서 일상적으로 '나'라고 말함에 있어서는, 본래적인 '나'가 아닌 세상사람이 자신을 세상사람-자기(Man-selbst)로 표현하고 있는 것이다. 현존재가 그의 일상적 실존에 있어서 "배려되는 것들의 일상적 다양성과 급격한 연속"에 몰입되어 있는 한에서, 일상적 실존의 자아는 그 자신을 "부단히 동일적이지만, 무규정적이고 공허한 단순자"(368/426)로 드러낸다.

자아의 자기임은 그러나 단순한 현전적 존재가 아니라, 실존적 현상으로서의 자아의 연속성(Ständigkeit des Selbst)이다. 그리고 자아의 연속성은 세상사람-자기에서 간취될 수는 없는데, 왜냐하면 현존재는 일상적 실존에 있어서는 자아-연속적이지 않고, 단지 비-자아의 연속성(Unselbst-ständigkeit)에서만 실존하기 때문이다. 따라서 자아의 연속성(Selbst-ständigkeit)으로서의 자아의 자기임은 오직 자아의 본래적 실존 속에서만 식별될 수 있다. 죽음에의 선구와 결의성의 분석을 근거로, 하이데거는 자아-연속성의 이중적 의미를 다음과 같이 지적한다: "부단함과 확고함(beständigen Standfestigkeit)[끊임없는 확고성]이라는 이중적 의미에서의 자아의 연속성은 결의하지 않은 퇴락의 특징인 비-자아의 연속성에 대한 본래적인 반대 가능성이다. 실존론적으로 '자아의 연속성'은 선구적 결의성 이외의 다른 것을 의미하지 않는

다."(369/427)

자아의 자기임은 염려의 본래적 전체성을 가리키는 선구적 결의성에 놓여 있다. 이런 한에서, 염려는 현존재의 자아의 연속성의 존재론적 구조만이 아니라 현존재의 비-자아의 연속성의 구조도 역시 제공하는 것이다. 현존재의 자아의 연속성은 하이데거에 의해 염려의 전체성의 통일성으로 파악된다. 이 통일성은 다시금 현존재의 시간성에 근거를 두는 것이다. 하이데거는 나중에 시간성과 역사성을 논의하는 맥락에서, 자아의 연속성을 현존재의 시간성과 관련해서 다시 논의한다. 거기서 현존재의 역사성의 논의는 삶의 '연관(Zusammenhang)'의 물음과 더불어 시작된다. 삶을 연관으로 보는 통상적 견해는 출생과 죽음의 '사이'에 대한 포착에 근거를 두는데, 이 '사이'는 '지속적 자아(beharrliches Selbst)'에 의해 가능한 것으로 믿어져 왔다. 이러한 지속적 자아는 변화하는 체험들을 결합하여 삶의 '연관'을 생겨나게 하는 것으로 믿어져 왔다. 하지만 이 경우에 "체험들이 지닌 지속하면서 변화하는 연관에 속한 존재는 무규정적으로 머물러 있다."(426/494) 따라서 하이데거는 이러한 연관의 실존론적-존재론적 조건을 해명하려고 시도한다. 이러한 해명은 현존재의 '사이'와 '자아의 연속성'을 시간성에서부터 보여주는 것이 된다.

현존재는 한편으로 탈자적(ekstatische) 시간성을 근거로 해서 출생(시간성의 탈자태가 되돌아가는 그곳)과 죽음(탈자태가 향하는 그곳)으로 펼쳐져 있고, 그렇게 그 둘의 '사이'를 열어 유지한다. 따라서 '사이'라는 현상의 존재론적 근거는 시간성의 탈자적 성격, 곧 시간성이 스스로 펼쳐진 채로 자기를 다시 펼친다는 특수한 운동성격이다.

다른 한편으로 자아의 연속성은 선구적 결의성에 놓여 있다. 선구적 결의성은, 그것이 본래적 개시성인 한에서 실존의 진리라고도 말해진다: "현존재가 그 안에서 존재가능으로 있을 수 있는 그런 가장 근원적이고, 사실상 가장 본래적인 개시성은 실존의 진리이다."(264/

293) 하이데거에 따르면 실존의 진리로서의 선구적 결의성이란 "선구 속에서 가능성들을 자기 자신에게 전승함에 의해 가능성들의 유산을 회복함"(442/516)이다. 이 점에 대해 하이데거는 다음과 같이 설명한다: "[비-자아의 특징인] 분산의 비연속성에 맞선 자아의 결의성은 그 자체에 있어서 펼쳐져 있는 연속성이다. 이 연속성에 있어서 운명으로서의 현존재는 자신의 실존 속에 출생과 죽음, 이것들의 '사이'를 서로 통합하여 유지하는데, 이때에 현존재는 그러한 연속성 속에서 자신의 그때마다의 상황 속의 세계사적인 것들을 순간적으로 보면서 있다(augenblicklich)."(442/516) 여기서 강조되고 있는 것은, 선구적 결의성에 속하는 것은 분산된 비-연속성이 아니라 펼쳐진 연속성이라는 것이며, 선구적 결의성 속의 자아는 배려되는 존재자들의 일상적 다양성 속에 몰입되어 있지 않고 오히려 세계사적인 것들(세계 내부적인 존재자들)을 순간적으로 보면서 있는 까닭에 부단하다(beständig)는 것이다. 분산되지 않고 연속적인 것을 하이데거는 부단하다고 표현한다.

더 나아가 하이데거는 자아의 결의성에는 자기 자신에 대한 실존의 충실성(Treue)이 속해 있다고 말한다: "결의성은 자기 자신에 대한 실존의 충실성을 구성한다. [죽음에의 선구를 가능케 하는] 불안에 대해 준비가 되어 있는 결의성으로서, 이러한 충실성은 동시에, 자유로운 실존이 가질 수 있는 유일무이한 권위에 대한 가능한 경외, 곧 실존의 회복 가능한 가능성들에 대한 경외이다."(443/516) 여기서 지적되는 것은 결의성에 있어서 자아가 확고하며(standfestig), 그 이유는 그 자신에게 충실하기 때문이라는 점이다. 자신에게 충실하다는 것은 최종 결정권을 지닌 자신의 권위를 경외한다는 것, 이로써 또한 자신이 지닌 회복 가능한 실존가능성들도 역시 경외한다는 것이다.

결국 선구적 결의성 속에 부단함과 확고함이라는 이중적 의미를 갖는 자아의 연속성이 근거를 두고 있는 것이다. 그런데 선구적 결의성은 다시금 존재론적으로 시간성에 근거를 두고 있는 것이다. 하이데거는 선구적 결의성의 시간성을, 곧 선구적 결의성이 지닌 미래-과거-지금의 면에서의 특징을 "선구하며-회복하는 [봄의] 순간(vorlaufend-wiederholender Augenblick)"(517/443)이라고 표현하면서, 이를 현존재의 퇴락의 시간성과 대비시킨다. 퇴락의 시간성은 "예기하며-망각하는-(분산된) 현재화(gewärtigend-vergessend-(zerstreutes) Gegenwärtigen)"(389/460 참조) 또는 "비-예기적-망각적-현재화"(463/542)로 규정된다. 이런 규정들의 구체적 의미는 다음 절에서 논의하기로 한다. 여하튼 삶의 연관이 현존재의 자아의 연속성과 (탈자적) 운동에 근거하여 가능한 것인 한에서, 삶의 연관은 결국 실존론적-존재론적으로 현존재의 본래적 시간성에 근거를 두는 것이 된다. 그런데 현존재의 자아-연속성과 (탈자적) 운동은 현존재의 발생성격(Geschehenscharacter)을 특징짓는 것이기도 하다. 그래서 시간성으로부터 현존재의 구조를 해명함은 현존재의 발생성격(역사성)의 존재론적 해명에 해당한다. 결론적으로 자아의 연속성이란 염려의 전체성의 통일성이자 현존재의 본래적 역사성을 가리키는 것이고, 자아의 시간성은 그 같은 통일성과 역사성의 근거를 가리키는 것이다.

2. 개별화된 자기 대 세상사람-자기

지금까지 논의된 것은 동아시아 전통들에서의 '참된 자아'에 대응하는 하이데거의 본래적 자아가 부단함과 확고함이라는 이중적 의미에서의 연속성을 지닌 자아라는 것이다. 자아의 연속성 내지 본래적인 자기존재는 자기임에, 그리고 이것은 선구적 결의성 속에, 곧 (가장 고유한 존재가능인) 죽음에의 선구와 (피투된 세계내존재에 대한) 결의성 속에 놓여 있다.

이제 우리는 자아의 상이한 두 양태를 직접 대비시키면서 본래적 자아의 특징들을 명시할 수 있다. 하이데거에게 있어서 자아의 한 양태는 "일상적인 자기존재(das alltägliche Selbstsein)"(163/168)이다.

일상적 실존에 있어서 현존재는 그 자신으로 존재하지 않고, 세상사람으로 존재한다. 세상사람들의 존재방식들은 "거리 둠, 평균성, 평준화"인데, 이것들이 "공공성(die 'Offentlichkeit')"(163/170)이라는 것을 구성한다. 여기서 거리 둠(Abständigkeit)이란 현존재들의 상호 공동 존재에 있어서 "타인들과의 차이에 대한 염려"를 말하는데, 이런 염려는 현존재가 "타인들에 대한 차이를 균등화하려 하거나, 타인들에 뒤처진 것에 맞서 고유한 현존재를 그들과의 관계에서 만회하려고 하거나, 타인들에 대한 우위 속에서 이들을 억압하거나"(163/168) 하는 방식으로 나타나는 것이다. 공공성에 의해 특징지어지는 자아의 양태는 세상사람-자기이다. 이 자기는 본래적인 자아가 아닌데, 왜냐하면 그 자기는 자신을 그 자신의 가장 고유한 존재가능(죽음)으로부터 이해하지 않고, 오히려 세상사람의 존재가능으로부터 이해하고, 그렇게 자기 자신을 세상사람 속으로 상실했기 때문이다. 이 점에 대해 하이데거는 다음과 같이 말한다: "일상적 현존재의 자아는 세상사람-자기인데, 이것을 우리는 본래적 자아로부터, 곧 고유하게 포착된 자아로부터 구분한다. 세상사람-자기로서, 그때마다의 현존재는 세상사람들 속으로 분산되어 있고, 그래서 그는 우선 자기 자신을 발견해야만 한다."(167/172)

자아의 또 하나의 양태는 개별화된(vereinzeltes) 자기이다. 현존재의 개별화는 특정한 존재자의 위협으로부터 생겨나는 두려워함 속에서 발생하지 않고, 현존재의 세계내존재에 대한 불안 속에서 발생한다: "퇴락의[으로부터의] 전환은 오히려 불안 속에 근거를 두는데, 이 불안이 그 편에서 비로소 두려워함을 가능하게 하는 것이기도 하다." (230/247) 근본기분으로서의 불안은 현존재가 자신의 존재, 곧 세계내존재에 대해 불안해한다는 점을 지시해 준다. 불안에 있어서, "세계내부의 존재자들은 그것들 자체로는 중요성을 완전히 잃고, 그래서 세계 내부적 존재자들의 무-의의성(Unbedeutsamkeit)에 근거하여 유일무이하게 세계가 그것의 세계성에 있어서 그 자신을 육박해 온다."

(231/248) 세계 내부적 존재자의 무-의의성이라는 현상과 더불어 "세계는 세계로 개시되어 있고, [세계]내존재는 개별화되고, 순수하고, 피투된 존재가능으로 개시되어 있다."(233/250)

현존재의 불안이 자신의 존재가능인 세계내존재를 불안해하기 때문에, 불안은 현존재를 개별화한다. 하지만 이러한 개별화는 세계로부터의 현존재의 고립이 아니라 세상사람의 존재가능으로부터 현존재가 고립됨을 의미한다. 현존재의 존재론적 구성틀에 따르면, 현존재는 세계내존재이다. 따라서 "세계가 없는 벌거벗은 주체는 결코 우선적으로 '있지' 않고, 우선적으로 주어지지도 않는다. 그래서 마찬가지로 결국에는 타인들이 없는 고립된 '나'도 우선적으로 주어지는 것이 아니다."(152/155) 현존재의 세계가 나와 타인들이 공유하는 공동세계이기 때문에, 현존재의 세계내존재는 타인들과의 공동존재이고, 그래서 현존재는 항상 타인들과의 공동현존재이다. 이 같은 공동현존재를 고립시키는 불안의 기능에 대해 하이데거는 다음과 같이 말한다:

"불안은 현존재를 개별화하고, 그래서 현존재를 '유일한 자기(solus ipse)'로 개시한다. 이러한 실존론적인 '유아론(solipsism)'은 고립된 주체-사물을 [이것의] 어떤 무세계적인 발생의[을 위해] 무해한 공허 [세계 없음] 속에 옮겨놓는 것이 아니고, 오히려 불안은 현존재를 어떤 극단적인 의미에서 그의 세계 자체 앞으로 그리고 이로써 현존재 자신을 세계내존재라는 그 자신 앞으로 데려온다."(233/250)

개별화된 자기가 본래적인 자아와 본래적인 자기존재를 특징짓는다. 하지만 개별화된 자기의 충분한 개시는 선구적 결의성 속에 놓여 있는데, 이 선구적 결의성은 "침묵하면서 자기에게 불안을 요구하는 결의성"(322-323/427)이 그리로 향하고 있는 그런 것이다. "[죽음이라는] 이 가능성으로 향한 존재는 현존재에게 그의 가장 고유한 존재가능[죽음]을 개시하고, 이것에 있어서는 현존재의 존재 자체가 문제시된다."(263/349) 선구적 결의성 속에서 자아는 개별화되는데, 이러한 자아에 대해 하이데거는 다음과 같이 말한다: "[…] 죽음은 현존재에게 개별적인 존재자를 요구한다. 선구 속에서 이해된, 죽음의 무연관적 성격은 현존재를 그 자신이 되도록 개별화한다. 이러한 개별화는 실존을 위해 '현(Da)'[세계내존재]을 개시하는 방식이다. 그것은, 우리의 가장 고유한 존재가능이 문제시될 때에는, 배려된 것 옆에서의 모든 존재와 타인과의 모든 공동존재가 소용없다는 점을 개방한다." (263/349-350) 결국 하이데거에 있어서 본래적인 자아는, 자신의 피투된 세계내존재를 회복하고 자신의 가장 고유한 무연관적 존재가능인 죽음을 선구하는 개별화된 자기로 특징지어진다. 그러나 선구적 결의성을 거쳐 일상으로 복귀한 자아는 타인들 및 배려되는 존재자들과 새로운 유의미한 관계를 형성한다. 이 점은 동아시아 전통들에서, 무(無, nothingness)와 공(空, emptiness)을 깨우친 참된 자아가 일상생활을 새롭게 의미 있게 형성한다고 말해지는 점과 다르지 않다.

동양 전통이 인간존재의 근거를 무와 공이라고 하는 데 반해, 하이데거는 그 근거를 현존재의 시간성에서 찾는다. 물론 이 경우, '근거'라는 낱말은 그 둘에게 상이한 의미를 가질 것이다. 우리는 다음 절에서 하이데거가 인간존재의 근거로 말하는 시간성을 살펴보기로 한다.

3절 인간의 존재의 근거

1. 역사적 삶과 시간

일상적인 삶을 영위하면서 우리는 역사에 대해 별로 생각하지 않는다. 그럼에도 역사는 인간에게 고유한 것이다. 이 같은 역사는 역사의식을 지닌 사람들에게만 명시적으로 존재한다. 다른 말로 해서 역사의식을 지닌 사람들이 역사를 그때마다 명시적으로 존재하게 한다. 이런 한에서 역사는 '객관적으로' 또는 고정적으로 머무는 것이 아니라 그때마다 발생적으로 존재하는 것이다. 역사가 그때마다 발생적으로 존재한다 함은 과거가 장래를 위해 현재의 인간에 의해 새로 틀 지어지는 방식으로 회복된다는 것을 말한다. 다시 틀 짓는 과거 회복과 더불어 인간은 그때마다 자신의 존재를 새롭게 이해하고 또 그렇게 새롭게 발생시킨다. 따라서 과거의 회복이나 역사의 발생은 인간의 존재의 발생과 동시적이다. 역사의 발생에 대한 물음은 이로써 인간존재의 발생에 대한 물음을 요구하고, 이것은 인간존재의 구조에 대한 물음을 선행적으로 요구한다. 이러한 물음들을 누구보다 깊이 탐구한 사람이 바로 하이데거이다.

하이데거는 인간의 존재 전체를 "염려"라고 규정한다. 하이데거가 말하는 염려는 내가 어떻게 지상의 것들과 더불어 존재하여야 하는지에 대한 염려, 곧 자기존재에 대한 염려를 말하는데, 이러한 염려의 구조 내지 인간존재의 구조를 형성하고 있는 것은, 그에 따르면, "이해함", "기분 젖음"(처해 있음), "옆에 머묾"이다. 이러한 세 구조계기는 서로 연관되어 있다. 즉 온갖 이해함은 기분 젖어 있고, 온갖 기분 젖음은 이해하는 식으로 있고, 기분 젖어 이해함은 존재자 옆에 머물면서 있다. 염려의 구조계기들이 이렇게 통일적으로 있을 수 있는 이유를 하이데거는 현존재의 근원적-본질적 시간성이 지닌 통일성에서 찾는다. 그에 따르면 근원적-본질적 시간성은 본래적 시간성이나 비본래적 시간성으로 시간화할 수 있다. 본래적 시간성은 현존재의 본래적인 자기이해라는 실존적 현상 속에서 드러난다. 이에 반해 비본래적 시간성은 현존재의 두려워함, 퇴락, 비본래적 자기이해 등의 실존적 현상들 속에서 드러난다. 시간성은 현존재의 공간성이라는 현상도 가능하게 하는데, 이것은 실존적으로 무차별하게 (본래적 실존과 비본래적 실존의 구분에 무관하게) 수행될 수 있는 것이다.

우리는 이제 하이데거에 의거해 하나의 실존적 현상인 인간의 존재 발생을 그 시간화 방식(시간성의 실현방식)에 있어서 검토할 것인데, 이 발생은 본래적 자기이해의 다른 이름이자 본래적 역사성의 다른 이름이다. 발생의 시간화 방식의 검토에 앞서 그러나 우리는 두려워함, 불안, 비본래적 자기이해 등과 같은 다른 실존적 현상들의 시간화 방식을 먼저 다루게 될 것이다. 왜냐하면 이러한 시간화 방식들의 비교 속에서만 비로소 발생의 시간화 방식이 명료하게 부각될 수 있기 때문이다. 인간의 존재발생을 그 시간화 방식에서 검토함을 통해, 우리는 통상 말해지는 인류의 삶의 영향연관으로서의 역사와 인류의 삶의 행적으로서의 역사도 인간의 존재발생을 실존론적 근거로 하고 있다는 점도 보게 될 것이다. 이 같은 논의들은 인간의 존재를 가능하게 하는 근거가 결국 시간성에 놓여 있다는 점을 확인시켜 줄 것이다.

2. 비본래적 시간성의 실현방식

1) 일상적 자기이해의 시간성

"이해함"(이해하면서 존재함)이라는 용어는 하이데거에게 있어서 "주제적 파악"이라는 뜻에서의 인식을 말하지도 않고, "설명"과 구분되는 것으로서의 하나의 인식유형을 말하지도 않는다. 오히려 "이해함"은 하나의 기본적인 실존규정으로서 "현존재가 그때마다 그것을 위해 실존하는 그런 하나의 존재가능에 대하여 기투하면서 있음"(SuZ, 445)2)을 말한다. 여기서 기투란 어떤 것을 미리 생각하면서 그것으로부터 자기를 규정함을, 곧 선취적인 자기규정을 말한다. 하나의 존재가능(실존가능성, 행동가능성)에 입각해 자기를 기투하면서 있음은 자기 자신에 대해 "관계맺음(Sichbeziehen)"(SuZ, 451)으로서 실존적으로는 "그때마다 현존재가 그것으로 실존할 수 있는 바로 그런 그때마다의 가능성에서부터 자기에게 다가옴"(SuZ, 445)이다. 현존재가 자기에게로 다가옴을 하이데거는 장래의 실존론적 의미라고 말한다. 이해는 "자기에게 다가옴으로서의 장래"에 근거를 두는 것이다.

---

2) 이 표기는 다음을 의미한다. M. Heidegger, *Sein und Zeit*(1927), GA 2, Hg. F. -W. von Herrmann, 1977.

이때 자신의 가장 고유한 존재가능(죽음)에서부터 "자기에게 다가옴"은 본래적 장래로 파악되고, 이에 맞서 배려되는 것들(das Besorgte)로부터 길어내어진 하나의 존재가능에서부터 "자기에게로 다가옴"은 비본래적 장래로 파악된다. 비본래적 장래는 비본래적 이해를 가능하게 하고, 본래적 장래는 본래적 이해를 가능하게 한다. 현존재는 여하튼 이해하는 염려로서 근원적-본질적으로 장래적(zukunftig)이다.

우선 대개에 있어서 현존재는 배려되는 것들에서부터 자기를 이해한다. 배려되는 것들은 현존재의 배려적 존재가능을 위한 것이기 때문에, 그것은 현존재로 하여금 배려되는 것들 옆에 배려적으로 머물면서 그 자신에게로 다가오도록 한다. 그 같은 식의 자기에게 다가옴은 하이데거에 의해 용어상 현존재의 "자기 자신의 예기"라고 파악된다: "현존재는 일차적으로는 자신의 가장 고유한, 무연관적 존재가능[죽음]에 있어서 자기에게로 다가오지 않고, 오히려 현존재는 배려하면서, 배려되는 것들이 넘겨주거나 거부하는 그 어떤 것[존재가능]에서부터 자신을 예기한다."(SuZ, 446) 예기(Gewärtigen)에 의거한 자기이해는 배려될 수 있는 것에서부터 나오는 존재가능에 입각해 자기를 기투하는 것으로 비본래적인 자기이해로 말해진다. 배려되는 것들을 현재화하면서 배려되는 것들에서부터 길어내어진 가능성들에 입각해 자기를 예기하는 예기적 자기기투는 이미 현존재의 가장 고유한 기재적인 (이전부터 존재해 온) 존재가능(피투된 것으로서의 세계내존재가능)을 망각함을 의미한다. 그래서 비본래적인 자기이해에서는 장래의 성격이 "예기"로 파악되고, 현재의 성격은 "현재화"로, 기재성(이미 존재해 옴)의 성격은 "망각"으로 파악된다. 이런 한에서 비본래적 자기이해의 시간성은 "망각하며-현재화하는 예기"(SuZ, 449)로 특징지어진다. 이상에서 논의된 비본래적 자기이해가 지닌 시간화 성격은 다음과 같이 표시될 수 있다.

비본래적 자기이해의 시간성
배려되는 것으로부터의 자기의 예기   ←   배려되는 것의 현재화 (= 피투된 세계내존재가능의 망각)

2) 두려워함의 시간성

현존재는 이해함을 통해서와 마찬가지로 기분을 통해 그 자신에게 개시된다(드러난다). 기분은 이때 은폐하거나 탈은폐하는 방식으로 현존재를 그의 가장 고유한 피투성(세계에 또 자기책임에 피투되어 있음) 앞에 데려온다. 이 점이 의미하는 것은 기분의 실존론적 근본성격이 "~에 다시 데려옴"(SuZ, 451)이라는 것이다. 가장 고유한 피투성의 사실 앞에 다시 데려옴은 실존론적으로 '현존재가 피투된 채 (자기의 피투성을 망각하든 안하든 간에) 여하튼 존재해 왔다'는 시간성, 곧 기재성 일반을 근거로 해서만 가능하다. 이런 한에서 기분 젖음은 일차적으로 장래나 현재에 근거를 두지 않고, 오히려 "기재성"(SuZ, 450)에 근거를 두고 있다고 말해진다. 기재성에 근거를 두는 기분 젖음의 두 가지 대표적인 양태가 두려워함(Furcht)과 불안(Angst)이다. 아래에서 보게 되겠지만 두려워함의 현상에서는 비본래적 시간성의 실현방식이 확인되고 불안에서는 가능적인 본래적 시간성의 실현방식이 확인된다.

두려워함은 자신의 대상인 위협적인 것들을 일상적인 둘러봄의 방식에 있어서 개시한다. 반면에 단지 직관하는 주체는 직관의 방식으로 그 같은 것을 발견할 수가 없다. 두려워함의 대상은 세계 내부적으로 만나는 것들(도구적인 것, 사물적인 것, 공동현존재 등)이고, 위협의 성격을 갖고 있다. 두려워함은 따라서 두려운 것 내지 위협적인 것을 개시한다. 그래서 두려워함 자체는 "위협적인 것을 […] 자기에게 접근시키면서 밝혀지도록 함"(SuZ, 187)으로 특징지어진다. 두려워함의 대상이 세계 내부적으로 만나지는 것인 한에서, 두려워함의 시간화의 근원은 염려 전체에 있어서 현재화이다. 두려워함의 이유는 그러나 두려워하고 있는 존재자 자체, 즉 존재가능에 있어서의 현존재 자신인데, 왜냐하면 두려워함은 이 존재자를 그의 존재가능의 위태로움에 있어서 또 그 자신에게 내맡겨져 있음에 있어서 개시하기 때문이다.

두려워함도 예상(Erwartung)과 마찬가지로 장래의 성격을 갖고 있다. 그러나 두려워함은 기분으로서 단순한 예상과는 구분된다. 두려워함의 기능은 예상과 마찬가지로 자기에게로 다가오게 함이고 따라서 장래적이다. 그럼에도 불구하고 두려워함이 예상과 일치하지 않는 이유는, 두려워함이 예상과 달리 자기에게 고유한 특수한 기분성격을 갖고 있기 때문이다. 이 기분성격은, "두려워함의 예기는 위협적인 것을 현사실적인 배려적 존재가능에 되돌아오게 하는" 점에 놓여 있다. 이러한 기분성격 때문에 두려워함은 두려워하면서 예기함인 동시에 현사실적인 배려적 존재가능(일상적 행동가능성)에 관해 두려워함이다. 이런 한에서 두려워함의 기분성격과 감정성격은, "두려워하는 예기가 '자기'를 두려워한다는, 즉 무엇(위협적인 것)에 대해 두려워함이 그때마다 무엇(자신의 현사실적인 배려적 존재가능)에 관해 두려워함이라는" 점을 통해 확정된다.

현사실적인 **배려적** 존재가능에 관해 두려워함의 시간적 성격은 '자신에게로 되돌아옴'이다. 그러나 두려워함은 의기소침의 성격을 지니고, 이로써 두려워함은 자신의 **고유한** 현사실적 존재가능(피투존재, 피투된 책임존재)을 개시하지 못한다. 다시 말해 두려워함에서 이뤄지는 자기에게 되돌아옴에는 두려워함의 의기소침 때문에 "고유한 현사실적 존재가능 앞에서의 도피"라는 뜻의 자기망각이 속한다. 왜냐하면 "의기소침은 현존재를 그의 피투성에 되돌아가게 강요하지만, 그러나 그 피투성이 폐쇄되는 식으로" 그리하기 때문이다. 현존재는 자기에게로 되돌아옴에 있어서 고유한 현사실적 존재가능 앞에서 도피하고 이런 의미로 자신을 망각한다. 이러한 망각적 도피는 언제나 단지 모면이나 회피의 가능성들에 집착하는데, 이 가능성들은 이전에 이미 둘러보는 식으로 발견되어 있는 것들이다. 이런 한에서 그 같은 자기망각에는 "주변의 닥치는 대로의 것을 혼란스럽게 현재화함"이 속한다. 떠도는 가능성들의 자기망각적인 현재화가 "혼란"(SuZ, 453)을 가능하게 한다. 이러한 혼란이 두려워함의 기분성격을 함께 형성한다. 그래서 "혼란에 속한 망각은 또한 예기를 변양시키고, 예기를 의기소침한 또는 혼란스러운 예기로서 성격 짓는데, 이러한 예기는 순수한 예상과 구분된다." 이런 한에서 두려워함의 시간성은 "예기하며-현재화하는-망각"으로 특징지어진다. 이상에서 논의된 두려워함이라는 현상의 시간화 성격은 다음과 같이 표시될 수 있다.

두려워함의 시간성		
두려운 것으로부터 자기의 예기 (= 피투된 세계내존재가능의 망각)	←	두려운 것의 현재화

3. 불안의 시간성의 실현방식

현존재의 "근본적인 기분 젖음"으로서의 불안은 현존재에게 그의 기재성(출생부터 지금까지 존재해 옴)을 드러낸다. 이러한 불안도 현존재의 실존적인 현상으로서 오직 현존재의 존재의미인 시간성에 의거해서만 가능하다. 불안의 시간성은 과연 비본래적인 시간성은 아니지만, 그러나 그 자체로 이미 본래적 시간성인 것도 아니다. 불안의 시간성은 부정적인 시간화 방식으로 수행되는 하나의 특수한 시간성이다.

불안은 두려워함과 마찬가지로 현존재를 그의 피투성 앞으로 데려온다. 그러나 두려워함과는 달리 불안은 현존재를 본래적으로 탈은폐하는 식으로 그의 가장 고유한 피투존재 앞으로 데려오면서, "일상적으로 친숙한 세계내존재의 낯섦"(SuZ, 453)을 드러낸다. 불안의 대상은 동시에 불안의 이유인데, 그것은 바로 세계내존재이다. 불안 속에서, 즉 불안에 의해 탈은폐된 세계내존재의 낯섦 속에서 세계는 "무-의의성으로 가라앉고", 그래서 세계 내부적 존재자는 다만 쓸모없음의 성격 속에서만 밝혀진다. 불안의 특수한 기재성 속에서 장래는 시간화하기는 하지만, '배려 가능한 것들에서부터 자기에게 되돌아옴의 실패'라는 방식으로, 곧 부정적인 예기의 방식으로 수행되고, 현재는 존재자가 '그의 쓸모없음에 있어서 만나지게 됨'으로, 즉 부정적인 현재화의 방식으로 수행된다. 불안의 부정적인 성격은 그러나 그 자체로 적극적인 계기를 갖는다. 불안 속에서 개시된 세계의 무(무-의의성)가 배려 가능한 것들의 허무성(쓸모없음)을 탈은폐하는 한, 일차적으로 '배려 가능한 것들에 기초를 둔 존재가능'에 의거한 자기기투의 불가능성도 드러난다. 이러한 불가능성의 탈은폐는 그러나 그 자체로 "하나의 본래적인 존재가능이라는 가능성이 비추어지게 함"(SuZ, 454)이다: "불안은 현존재 속에서 가장 고유한 존재가능[피투된 세계내존재가능]에 대해 [열려] 존재함을, 이로써 자기 자신의 선택 및 포착의 자유에 대해 열려 존재함을 드러낸다."(SuZ, 249-250) 그 같은 것으로서 불안의 시간성은 세계의 기재적인 개시성이 (다시) 열리게 하고, 현존재로 하여금 자신을 기재적인 세계내존재로서 (다시) 이해하도록 해준다. 그런 식으로 근본적인 기분 젖음으로서의 불안은 현존재에 속한 기재적인 현(Da, 개시성: 자기이해 및 세계이해)을 탁월한 방식으로 개시한다.

이제 우리는 가장 고유한 존재가능(피투된 책임존재)에 대한 존재, 곧 자기선택의 자유(Freiheit)에 대해 열려 있음(Freisein)을 드러내는 불안의 시간화 방식을 부각시켜 보기로 한다. 불안은 낯섦으로 피투된 현존재를 불안해한다. 이러한 불안함 속에서 불안은 현존재를 그의 가장 고유한, 고립된 피투성의 순수한 사실로 다시 데려온다. 그러나 비록 이러한 "다시 데려옴"이 자기회피적인 자기망각의 성격을 갖지는 않는다고 할지라도, 그럼에도 그것은 "이미 결의 속으로 실존을 회복하면서 인수해 들임은 아니다."(SuZ, 454) 불안은 현존재를 다만 "가능적인 회복될 수 있는 것으로서의 피투성"에 다시 데려올 뿐이다. 회복될 수 있는 피투성에 다시 데려옴에 있어서 불안은 그것을 가능적인 것으로 드러낸다. 다시 말해 불안은 회복될 수 있는 것인 "본래적인 존재가능이라는 가능성을 함께 탈은폐한다."(SuZ, 454) 이 경우에 있어서 "회복가능성 앞으로 데려옴"은 바로 "불안의 기분 젖음을 구성하는 기재성의 특수한 탈자적 양태"(SuZ, 455) 내지 기재성의 특수한 실존론적 의미이다. 불안의 기재성은 피투성에 다시 데려옴이고, 이로써 회복될 수 있는 것으로서의 피투성은 이제 가능적인 것으로 탈은폐된다.

이때 기재성에서부터 시간화하고 그렇게 기재성에 포함되어 있는 현재는 하나의 특수한 성격을 갖고 있다. 두려워함에서와 같이 장래와 기재 속에 더 이상 유지되지 않는 현재화와는 다르게, 불안의 현재는 과연 "가장 고유한 피투성에 자기를 다시 데려옴 속에서 유지되고 있다."(SuZ, 455) 비록 불안의 현재가 기재성에서 풀려난 현재가 아니라 그 안에 유지되는 현재라고 할지라도, 그러나 그 현재는 "결의 속에서 시간화하는 순간이라는 성격을 이미 갖고 있는 것은 아니다." 다시 말해 "불안은 오직 가능적인 결의의 기분 속으로만 데려오는" 것이다.3) 그렇다면 불안을 가능케 했던 결의는 잠재적 결의이고, 불안이 드러내는 가능적 결의는 완성적인 결의일 것이다. 잠재적인 결의가 완성적인 결의로 될 때 결의성이 선구적인 결의성으로 된다. 선구로서의 결의성, 곧 선구적 결의성만이 순간을 시간화한다. 불안은 결

---

3) 선구적 결의성을 가능케 하는 결의가 완성적 결의라면, 선구적 결의성에 대비되는 (불안의 준비를 갖춘) 결의성을 가능케 하는 것은 잠재적 결의이다. 하이데거는 결의성 일반을 "단지 이해하면서 자기를 기투하는 결의"(SuZ, 395)로서(에서부터) 실존하는 현상이라고 말하는데, 이에 의하면 불안 속의 결의성, 즉 잠재적 결의성은 자신의 피투된 책임존재에 의거한 자기기투에서 성립한 것이고, 선구적 결의성, 즉 완성적 결의성은 자신의 고유한 죽음에 의거한 자기기투에서 성립한 것이다.

의성에서 생겨나지만, 결의성은 선구를 요청하면서 순간에서 비로소 완성된다. 순간은 선구를 선행시키고, 선구는 불안을, 불안은 결의성을 선행시킨다. 이런 한에서 불안의 현재는, "그 자신이 또 오직 그 자신만이 그것으로 가능한 그런 순간을 비약시키려고 보유하고 있는" 현재이다. 불안의 현재는 이런 한에서 가능적인 순간으로서 특수한 현재라고 파악될 수 있다.

불안이 "피투되어 있는, 죽음에의 존재로서의 세계내존재에서부터" 솟아난다는 사실 속에는 불안의 현상을 위한 기재성의 우위가 놓여 있다. 이 점을 하이데거는 다음과 같이 표현한다: "불안의 장래와 현재는, 회복 가능한 것에 [자기를] 다시 데려옴이라는 뜻의 근원적인 기재존재에서부터 시간화한다."(SuZ, 456) 두려워함과 불안은 그들의 시간적 근거를 기재성에 둔다. 그럼에도 그들의 고유한 시간화와 관련해 그들은 염려의 전체 속에서 그때마다 상이한 근원을 갖는다. 두려워함이 자기상실적 현재화에서부터 생겨나는 반면에, 불안은 "결의성의 장래에서부터" 생겨난다. 다시 말해 결의성이 지닌 선구의 경향성에서부터 불안이 생겨난다. 결의성은 자기의 책임존재에 입각한 자기기투로서 침묵적이고 선구를 위한 불안의 준비를 갖춘 자기기투를 말한다.

불안은 현존재로 하여금 자기에게 다가오게끔 하지만, 그러나 세계내부적 존재자에 연관된 존재가능성을 무화시킴의 방식으로 그리한다. 불안의 장래는 예기가 아니지만, 그러나 이미 선구인 것도 아니다. 불안은 현존재로 하여금 자신의 피투성의 본래적인 탈은폐의 방식으로 자기에게 되돌아오게 하지만, 그러나 현존재를 다만 회복가능성 앞으로만 데려온다. 불안의 기재성은 과연 망각적이지 않지만, 그러나 또한 이미 회복적이지도 않다. 불안은 과연 세계 내부적 존재자를 만나게끔 하지만 그러나 이러한 존재자의 존재성을 무화하는 방식으로 그리한다. 불안의 현재는 과연 자기상실적 현재화가 아니지만 그러나 또한 이미 순간인 것도 아니다. 불안의 시간성은 비본래적 시간성이 아니지만, 아직은 본래적 시간성이지도 않다. 불안의 시간성은 다만 가능적인 본래적 시간성이다. 이상에서 논의된 불안의 현상의 시간화 성격은 다음과 같이 표시될 수 있다.

불안의 시간성		
기재성으로의 회귀 (잠재적 결의성)	← 존재자로부터의 좌절적 예기	← 존재자들을 무-의의화하는 현재화

4. 본래적 시간성의 실현방식

불안에서 가능적으로만 드러난 본래적 시간성의 실현방식을 이해하기 위해서는 "죽음에 대한 존재"와 "양심"에 대한 하이데거의 분석이 상기될 필요가 있다. 하이데거는 죽음에 대한 본래적 존재를 "선구"로 규정하고, 이 선구에 있어서 현존재의 "본래적인 전체적 존재가능"이 실존론적으로 (현존재의 실존구조에 의거해) 가능하다고 밝힌다. 또한 "가장 고유한 책임존재에 의거한 자기기투"를 "결의성"으로 규정하고, 이 결의성 속에서 현존재의 "본래적인 존재가능"이 실존적으로 가능하다고 한다. 달리 말해 선구는 "염려의 실존론적으로 가능한 전체성"이고 결의성은 "염려의 실존적으로 가능한 본래성"이다. 하이데거는 이렇게 별도로 밝혀진 두 현상, 곧 선구라는 실존론적 현상과 결의성이라는 실존적 현상이 서로 분리적인 것만은 아니고, 실존적으로 서로 통일될 수 있다고 보면서, 그 근거를 결의성의 존재경향에서 찾는다: "결의성은 본래 자기가 그것일 수 있는 것인 종말에 대해 이해하는 존재, 즉 죽음에의 선구로 된다. [···] 결의성은 죽음에 대한 본래적 존재를 자기 안에 보유하되, 자신의 고유한 본래성의 가능한 실존적 양상으로 보유한다."(SuZ, 405) 결의성은 자신의 존재경향에 따라 선구로 된다는 것이다. 이것은 잠재적 결의성이 완성적 결의성으로 된다는 말이다. 선구로서의 결의성은 간략히 "선구적 결의성"으로 불린다.

하이데거는 염려의 존재론적 의미를 해명하면서 선구적 결의성의 시간성을 밝힌다. 거기서 한편으로 선구는, 곧 현존재가 자신의 가장 고유한 가능성[죽음]을 향해 존재한다는 것은 '자신의 가장 고유한 가능성에 있어서 자기에게 다가옴'으로 여겨지고, 이와 같은 "자기에게 다가옴"이 "장래의[라는] 근원적 현상"(SuZ, 430)이라고 규정된다. 다른 한편으로 그는 결의성, 곧 '자신의 책임존재에 있어서 자기를 기투함'을 '현존재가 자신의 가장 고유한 기재(있어 온 존재)대로 있게 됨'으로 보고 이것이 현존재의 기재성에 근거를 둔다고 본다. '기재대로 있게 됨'은 '자신에게로 되돌아옴'이다. 따라서 선구적인 결의성에 있어서는 "본래적인 방식으로 자기에게 다가옴"이 "동시에 가장 고유한 자기, 곧 고립으로 던져진 자기에게로 되돌아옴"(SuZ, 448)이 되는 것이다.

그런데 선구적인 결의성에 있어서는 불안에서와는 달리 피투성의 회복이 수행된다. 불안 속에서는 염려가 다만 회복될 수 있는 피투성 앞에 머문다. (잠재적으로) 결의한 현존재는 불안 속에서 자신을 가장 고유한, 고립된 피투성에, 곧 가능적으로 회복될 수 있는 것에 다시 데려오지만, 그러나 이때 이미 선구가 또 이로써 회복이 이미 수행되어 있는 것은 아니다. 불안이 (잠재적) 결의성에 의해 이미 준비되어 있고 또 그런 것으로써 현존재의 가장 극단적인 가능성으로서의 죽음을 개시할지라도, 그러나 이러한 불안 속에서는 염려가 죽음에의 선구를 이미 수행한 것은 아니다(SuZ, 393, 참조: 352). 결의성의 불안은 다만 결의성이 죽음에의 선구로 변양되도록 촉구하고 또 그것을 가능하게 한다. 이런 한에서 죽음에의 선구는 "결의성의 고유한 본래성의 가능적인 실존적 양상"(SuZ, 405)이라고 말해지는 것이다. 결의한 현존재는 다만 회복가능성 앞에 머물러 있을 뿐이고 그렇게 회복가능성 앞에 머묾은 회복 자체와는 구분된다. 그렇기는 하지만 불안이 현존재를 " '허무적인' 가능성들로부터" 벗어나게 하고 "본래적인 가능성"(SuZ, 456)에 대해 열려 있게 하는 한, 불안 속에서 현존재는 선구하면서 결의 속으로 실존의 회복적 인수를 수행하거나, 아니면 두려워하면서 자신의 회복 가능한 피투성을 은폐하거나 할 수 있다. 실존의 회복적 인수가 실존의 자기전승적 회복으로 실존의 발생이다.

실존의 자기전승적 회복으로서의 선구적인 결의성에 있어서는 현재가 "장래와 기재 속에 유지되어(gehalten) 있고"(SuZ, 447), 이들로부터 풀려나 있지 않다. 다시 말해 "결의성의 선구에는, 결의(Entschluss)가 그것에 맞추어 상황을 개시하는 그런 현재가 속한다." 하이데거는 이러한 현재를 "순간"이라고 표현한다. 순간은 선구적인 회복을 통해 열린 개시성을 열어 보유함으로써 존재자를 위한 "상황의 본래적 현재화"(SuZ, 542)이고 또한 "현존재가 상황 속에서 배려 가능한 가능성들이나 정황들에 의거해 만나지는 것들로 결의한 채 내밀림, 그러나 결의성 속에 유지된 채로 내밀림"(SuZ, 447)이다. 이런 한에서 선구적 결의성의 시간성은 선구하며-회복하는-(봄의) 순간으로 파악된다. 이러한 선구적 결의성의 시간성 속에서는 존재 일반(자기존재, 타인존재, 사물존재 등)이 본래적으로 개시되어 있다. 선구적 결의성의 시간성의 구체적 해명은 하이데거에게 있어서 본래적 역사성의 시간성 분석으로 반복되는데, 이것은 아래에서 좀 더 구체적으로 다루기로 한다. 이상에서 논의된 본래적 시간성의 시간화 방식은 다음과 같이 표시될 수 있다.

선구적 결의성의 시간성		
세계 내부적인 것들을 보는 순간	← 피투된 세계내존재의 회복(완성적 결의성)	← 죽음에의 선구

5. 발생의 시간성: 자기전승적 회복

선구적 결의성에 있어서 현존재는 자신의 가장 고유한 존재가능(죽음)에 입각해 자신을 기투하고, 그리하여 자기 자신을 자신의 피투성에 있어서 인수한다. 이 같은 인수에 대해 하이데거는 다음과 같이 말한다. "고유한 현사실적인 '현'에 대한 결의한 채로의 인수는 동시에 상황 속으로 들어서는 결의를 말한다. 현존재가 그때마다 현사실적으로 무엇을 하기로(wozu) 결의하는가 하는 것은 원칙적으로 실존론적 분석이 논의할 수는 없는 것이다."(SuZ, 506) 선구적 결의성, 곧 현존재에 의한 피투성의 자기인수는 하나의 실존가능성의 선택적 발견과 더불어 이루어지고(7장 2절 참조), 이런 선택적 발견 때문에 선구적 결의성 속에서 '객관적' 처지가 실존적 상황으로 뒤바뀐다. 하이데거는 자신의 실존론적 분석이 "실존의 현사실적 가능성들에 대한 실존론적 기투도 역시 배제"하고는 있지만, 그럼에도 "현존재가 현사실적으로 자신을 그리로 기투하는 그 가능성들이 도대체 어디에서 길어내어질 수 있는지"는 물어야 한다고 밝히면서 이 점에 관해 논의하는데, 이것은 유산의 개념에 의거해 현존재의 역사성을 밝히는 논의가 된다.

사실상 죽음에 입각한 선구적인 자기기투는 "단지 결의성의 전체성과 본래성만을" 보증하는 것이다. 따라서 현사실적으로 개시된 실존가능성들은 죽음에서 취해질 수는 없고 결의성 속에서 취해져야만 한다. 왜냐하면 현존재는 "자신의 본래적인 실존가능성들을 (결의성이 개시하는) 피투성에서부터 길어낼" 것이기 때문이다. 물론 결의성에 앞서 일상성 속에서도 실존가능성들은 알려져 있다: "그(세상사람으로서의 현존재)는 현존재에 대한 오늘날의 '평균적인' 공공적 해석성 속에서 '통용되는' 실존가능성들에서부터 자기를 이해한다. 대개 그 가능성들은 애매함으로 인해 알아볼 수 없게 되어 있지만, 그래도 숙지되어 있는 것이다. 본래적인 실존적 이해는[조차도] 전승된 해석성을 거의 벗어나지 못하고, 그래서 그 본래적인 실존적 이해는 전승된 해석성에서부터 그리고 그것에 맞서면서, 그러면서도 다시금 그것을 편드는 식으로 [하나의] 선택된 가능성을 결의 속에서 붙잡는다."
(SuZ, 507) 결국 세상사람은 현존재에 대한 '평균적인' 공공적 해석성

속에서 '통용되는' 실존가능성들에 의해 자기를 이해할 뿐이지만, 본래적인 실존적 자기이해는 그러한 실존가능성들에 대한 비판을 토대로 하나의 실존가능성을 결의 속에서 붙잡는다는 것이다. 이렇게 본다면, 선구적 결의성에서의 결의는 죽음과 피투성에 의거한 자기기투일 뿐만 아니라, 하나의 본래적 실존가능성의 선택적 발견도 함께 의미하는 말이다.

선구적 결의성, 곧 자신의 세계 속으로 던져져 있는 자기의 피투성의 인수는 "실존이 거기서 자신의 현사실적 가능성들을 취할 수 있는 그런 하나의 지평"을 개시한다. 이러한 지평을 하이데거는 다시금 유산이라고 부른다: "그 속에서 현존재가 자기 자신에게 되돌아오는 바로 그 결의성은 본래적 실존의 그때마다의 현사실적인 가능성들을 유산에서부터 개시하는데, 이 유산은 결의성이 피투된 결의성으로서 인수하는 것이다. 결의한 채 피투성에 되돌아옴은 자기 안에 전해져 온 가능성들의 자기전승을 포함하는데, 비록 그것들을 전해진 것들로 반드시 알고 있는 것은 아닐지라도 그러하다." 피투성의 인수는 동시에 현사실적인 가능성들의 지평의 개시이고, 이런 지평이 역사적 관점에서 유산이라 불릴 수 있는 것이다. 선구적 결의성은 그러나 현사실적인 가능성들의 자기전승으로 그치는 것이 아니라, 하나의 실존가능성의 선택적 발견을 수행하는 것이다. 이 점에 대해 하이데거는 다음과 같이 말한다: "현존재가 자신을 더욱더 본래적으로 이해할수록, 곧 애매하지 않은 식으로 자신의 가장 고유한 탁월한 가능성[세계내존재]에서부터 죽음에의 선구에 있어서 자기를 이해하면 할수록, 자신의 실존의 가능성의 선택적 발견은 그만큼 더 분명하고 우연적이지 않다."

'세계 속으로의 피투존재'라는 자신의 고유한 기재존재의 인수는 피투된 자신의 인수이자 자신이 그리로 피투되어 있는 세계(지평, 유산)의 인수이고, 이러한 세계의 인수는 동시에 그 안에 드러나 있는 여러 실존가능성들의 인수이다. 그런데 세계 내지 세계 내의 실존가능성들의 인수는 나 자신의 실존가능성의 선택적 발견과 더불어 일어난다. 이런 한에서 나의 이전의 세계는 이제 나의 실존가능성과 관련되어 새롭게 틀지어진다. 나의 이전의 세계가 나의 현재적 상황으로 뒤바뀐다.

선구적 결의성에 있어서 죽음에의 선구는 "온갖 우연적이고 '잠정적인' 가능성"을 배제하고, 현존재에게 "목표를 단적으로" 제공하고, 죽음에 대해 자유로이 열려 있음으로써 "실존을 그의 유한성에" 밀어낸다. 실존의 유한성 속에서 실존의 한 가능성이 현존재에 의해 선택되고 또 그렇게 현존재 자신에게 전승된다. 이 점을 하이데거는 다음과 같이 구체화한다: "실존의 움켜잡힌 유한성이 유쾌함, 경솔함, 태만함 등 무한히 다양하게 제공되는 가까운 가능성들로부터 [현존재를] 다시 떼어내면서 현존재를 그의 운명의 단순성에 데려온다." 이 말은 하나의 실존가능성의 선택적 발견이 현존재에게 운명(Schicksal)이 되지 않을 수 없다는 것이다. 하이데거는 여기서의 운명의 의미를 다음과 같이 분명히 한다: "이것[운명]으로 우리는, 본래적인 결의성 속에 놓여 있는 현존재의 근원적인 발생(Geschehen), 곧 현존재가 죽음에 대해 자유롭게 하나의 상속되고 그럼에도 선택된 가능성에 있어서 자기를 자기 자신에게 전승하는 식의 발생을 의미한다." 이에 따르면, 현존재의 자기전승은 현존재의 존재의 발생인 것이다. 그리고 통상적으로 이해된 운명은 자신의 실존론적 가능조건을 현존재의 그 같은 발생적 운명성격에 두고 있는 것이다.

선구적 결의성 속에서는 현존재가 하나의 현사실적인 가능성에 있어서 자신을 전승한다. 이런 자기전승은 현존재의 존재의 발생이고 현존재에게 운명이 되는 것이다. 이런 한에서, 현존재는 그의 근원적인 존재에 있어서 운명적인 발생이다. 전해진 가능성들의 자기전승은 하나의 실존가능성의 선택적 발견과 함께 이뤄지며, 이것은 하나의 실존가능성의 자기전승으로 된다. 하나의 실존가능성을 자기에게 전승함은 동시에 하나의 실존가능성에 있어서의 자기를 자기에게 전승함이기도 하다. 이렇게 자기전승의 발생이 오직 선구적 결의성 속에서만 발생하는 한에서 하이데거는 결의하지 않은 사람이 아니라, 결의한 사람만이 하나의 운명을 가질 수가 있다고 역설한다.

하나의 실존적 가능성을 자기전승하는 것으로서의 발생은 그 고유한 성격에 있어서 운명이다. 그런데 운명적 현존재는 세계내존재로서 본질상 다른 현존재들과의 공동존재 속에서 실존한다. 이런 한에서 현존재의 발생은 하나의 공동발생, 곧 "역운(Geschick)"(SuZ, 508)이 된다. 역운이라는 말로 하이데거가 여기서 의미하는 것은 "공동체, 민족의 발생"이다. 그래서 현존재의 완전하고 본래적인 발생은 "자신의 '세대' 속에서 또 이와 함께 이뤄지는 현존재의 운명적인 역운"으로 파악된다. 이러한 운명적 역운이 인류의 영향연관을 지탱하고, 이런 뜻에서 그것은 인류의 영향연관으로서의 역사의 실존론적-존재론적 근원이다.

이제는 운명, 곧 본래적 발생의 존재론적 가능조건을 물을 수 있다. 현존재의 존재의미가 시간성에 놓여 있는 한, 현존재의 본래적 발생의 가능근거도 시간성 속에서 발견된다. 운명이 선구적 결의성 속에서 수행되는 발생, 곧 현존재의 자기전승의 발생인 한에서, 운명을 가능하게 하는 시간화는 선구적 결의성의 시간성, 곧 장래적-기재적-순간적 시간화이다. 이 점을 하이데거는 다음과 같이 파악한다: "본질적으로 자신의 존재에 있어서 장래적인, 그래서 죽음에 대해 자유로이 열린 채 죽음에 부딪혀 부서지며 자신의 현사실적인 '현'에 되던져질 수 있는 존재자만이, 다시 말해 장래적인 자로서 동근원적으로 기재적인 존재자만이 자기 자신에게 상속된 가능성을 전승하면서 고유한 피투성을 인수하고 '자신의 시대'에 대해 순간적으로 존재할 수 있다. 본래적이면서도 또한 유한한 시간성만이 운명 같은 어떤 것, 즉 본래적인 역사성을 가능하게 한다."(SuZ, 509) 상속되었음에도 불구하고 선택된 하나의 가능성에 있어서 자기를 전승함, 곧 운명이 현존재의 본래적인 발생이자 본래적인 자기이해이다. 운명, 자기됨, 본래적 발생, 본래적 자기이해, 본래적 역사성을 가능하게 하는 것은 본래적 시간성이고, 이것은 선구적인 결의성 속에서 시간화한다.

결의성은 자기기투의 가능성들의 유래처를 반드시 명시적으로 알고 있는 것은 아니다. 그 유래처는 전승된 현존재이해(인간의 전승적인 자기이해, 인류의 삶의 행적에 대한 이해)이다. 그럼에도 현존재는 "자기를 그것에 입각해 기투할 그런 실존적 존재가능을, 전승된 현존재이해에서부터 명시적으로 가져올 가능성"을 갖고 있다. 전승된 현존재이해에서부터 명시적으로 하나의 현사실적 가능성을 자기전승함은 "명시적인 전승", 곧 "전해져 온 하나의 실존가능성의 회복"이다. 명시적인 전승은 가능성들의 유래처를 알고 있는 전승이다. 이런 한에서 그것은 그 자체로 역사상의 "현존재의 가능성들 속으로의 회귀"이고, 또 이러한 회귀 속에서 수행되는, "하나의 기재적 가능성의 본래적 회복, 즉 자신에게 자신의 영웅을 선택해 주는 것"이다. 이러한 회복은 한편으로는 현재에 영향을 미치는 과거의 취소이자, 다른 한편으로는 기재적 가능성에의 응답이다. 이러한 취소적 응답으로서의 회복은 "그것을 통해 현존재가 명시적으로 운명으로 실존하는 그런 자기전승적 기재성의 양상"(SuZ, 510)을 특징짓는다.

운명은 본래적인 발생이고, 이것은 선구적인 결의성 속에서 일어난다. 이런 한에서 현존재의 본래적 발생과 더불어 비로소 성립하는 것, 곧 "역사는 현존재의 존재방식으로서 자신의 뿌리를 그렇게 본질적으로 장래에 둔다." 그러나 본래적인 발생이 기재성 속에서 개시되는 전해져 온 유산에서부터 하나의 기재적 가능성을 전승함이자 회복함인 한에서, "본래적 역사의 발생은 그의 비중을 기재성에"(SuZ, 511) 두고 있는 것이다. 본래적 역사의 발생이 현존재의 기재성에 비중을 두고 있다는 점에 현존재의 기재성을 해명하는 역사학의 의미가 놓여 있다.

회복, 현존재의 발생, 운명적 역운, 명시적 자기전승 속에서 현존재의 고유한 역사(전해져온 유산)가 그러한 역사로 드러나는 것인데, 왜

나하면 회복은 전해진 유산에의 결속으로서 현존재의 고유한 역사를 그러한 역사로서 개시하기 때문이다: "회복이 현존재에게 그의 고유한 역사를 비로소 드러내준다."(SuZ, 511) 유산을 유산으로, 역사를 역사로 개시하는 현존재의 본래적 발생은 실존론적으로 현존재의 탈자적 시간성에 근거를 둔다. 선구적 결의성 속에 놓여 있는 현존재의 발생, 즉 "선구하면서 자기에게 전승하면서, 가능성들의 유산을 회복함"(SuZ, 516, 511 참조)이 하이데거가 말하는 현존재의 본래적 역사성이자 현존재의 본래적 발생의 구조이다.

6. 인간의 역사성: 현존재의 존재발생

하이데거는 통상적 이해 속에서의 역사라는 표현의 다의성을 분석한 후, 역사를 규정하여 다음과 같이 말한다: "역사는 시간 속에서 일어나는 실존하는 현존재의 특수한 발생이고, 그래서 강조된 의미에서 역사로 타당한 것은 상호 존재에 있어서 '지나갔고' 동시에 '전승되었고' 계속해서 영향을 미치는 발생(Geschehen)이다."(SuZ, 501) 여기서 강조된 의미에서의 역사로 말해지는 것은, '영향연관'의 숨겨진 의미에 해당한다. 그런데 하이데거에게 있어서 본래적 역사는 더 이상 통상적으로, 곧 심리적 연관으로 이해되는 영향연관이 아니다. 왜냐하면 그것은 현존재의 결의에서 비롯되는 것이기 때문이다. 강조된 의미에서의 역사 내지 인류의 영향연관은 비록 그것이 역사로 간주된다고 해도, 만약 거기에 선구적 결의성이 결여된다면, 그것은 본래적 역사가 아니다.

본래적 역사는 선구적 결의성 속에서의 개인의 자기전승에 그 근거를 둔다. 개인의 자기전승은 인간 현존재의 존재발생이고 이 현존재의 존재발생이 하이데거가 말하는 근원적-본래적인 역사성이고, 이것과 더불어 현존재의 고유한 역사가, 곧 전승되고 회복되는 유산이 발생한다. 하이데거가 행한 역사와 현존재의 존재발생 사이의 관계의 해명은, 통상적 의미의 역사의 근원을, 다시 말해 오늘의 우리에 의해 전승되고 회복되는 유산, 곧 인류의 기재적 실존가능성들의 모음의 실존론적 근원을 다시 한 번 환기시킨 것이다. 이로써 그는 일상성이나 역사성에 있어서 인간의 존재가 시간성을 그 근거로 하고 있다는 점을 분명히 밝힌 것이다.

그런데 현존재의 존재발생은 다른 존재자들의 존재발생과 동시적이다. 이 같은 동시적이고 상호적인 존재발생은 존재자 일반의 자화사건에 다름 아니다(7장 3절 참조).

[참고문헌]

1. 하이데거 원전

M. Heidegger, *Sein und Zeit*(1927), GA 2, Frankfurt a. M.: Vittorio Klostermann, 1977.

M. Heidegger, *Being and Time*, tr. by John Macquarrie and Edward Robinson, New York: Harper & Low, 1962.

2. 그 밖의 문헌

김재철, 「하이데거의 삶의 현상학」, 『철학과 현상학 연구』 16집, 한국현상학회, 2000.

김종욱, 『하이데거와 형이상학 그리고 불교』, 철학과현실사, 2003.

_____, 「실체의 원리와 코기토 그리고 무아」, 『하이데거연구』 10집, 한국하이데거학회, 2004.

구연상, 『공포와 두려움 그리고 불안: 하이데거의 기분 분석을 바탕으로』, 청계, 2002.

권순홍, 『존재와 탈근거: 하이데거의 빛의 형이상학』, 울산대학교 출판부, 2000.

귄터 피갈, 김재철 옮김, 『하이데거』, 인간사랑, 2008.

마르틴 하이데거, 소광희 옮김, 『존재와 시간』, 경문사, 1995.

마르틴 하이데거, 이기상 옮김, 『존재와 시간』, 까치, 1998.

마르틴 하이데거, 이기상·김재철 옮김, 『존재론: 현사실성의 해석학』, 서광사, 2002.

발터 비멜, 신상희 옮김, 『하이데거』, 한길사, 1997.

성홍기, 『하이데거』, 이문출판사, 2001.

소광희, 『하이데거「존재와 시간」강의』, 문예출판사, 2003.

신상희, 『시간과 존재의 빛: 하이데거의 시간이해와 생기사유』, 한길사, 2000.

_____, 『하이데거와 신』, 철학과현실사, 2007.

오토 푀겔러, 이기상·이말숙 옮김, 『하이데거 사유의 길』, 문예출판사, 1993.

이기상, 『하이데거의 존재사건학』, 서광사, 2003.

이기상·구연상, 『「존재와 시간」용어해설』, 까치, 1998.

이서규, 『인간과 실존: 하이데거의 철학』, 이문출판사, 2000.

이수정, 『하이데거: 그의 물음들을 묻는다』, 생각의 나무, 2010.

이수정·박찬국, 『하이데거: 그의 생애와 사상』, 서울대학교 출판부, 1999.

이승종, 『크로스오버 하이데거: 분석적 해석학을 향하여』, 생각의 나무, 2010.

전동진, 『생성의 철학: 하이데거의 존재론과 롬바흐의 생성론』, 서광사, 2008.

조형국, 『하이데거의 삶의 해석학』, 채륜, 2009.

존 맥쿼리, 강학순 옮김, 『하이데거와 기독교』, 한들출판사, 2006.

최상욱, 「레비나스와 하이데거에 있어서 죽음의 의미」, 『하이데거연구』 8집, 한국하이데거학회, 2003.

_____, 『하이데거와 여성적 진리』, 철학과현실사, 2006.

최양부, 『하이데거: 존재사유의 길』, 문경출판사, 1997.

카푸토, 정은해 옮김, 『마르틴 하이데거와 토마스 아퀴나스』, 시간과공간사, 1993.

폰 헤르만, 신상희 옮김, 『하이데거의 존재와 시간을 찾아서』, 한길사, 1997.

하인리히 오트, 김광식 옮김, 『사유와 존재: 마르틴 하이데거의 길과 신학의 길』, 연세대학교 출판부, 1992.

한스 헬무트 간더, 「현사실적 생에 대한 하이데거의 해석학적 현상학」, 『철학사상』 25권, 철학사상연구소, 2007.

한자경, 『자아의 연구: 서양 근·현대 철학자들의 자아관 연구』, 서광사, 1997.

2장 세계 존재론

1절 세계의 세계성

우리는 통상적으로 세계는 공간 안에 있다고 말하고 또 그런 말을 듣고 있다. 그런데 이런 말의 구체적 의미, 특히 실존론적 의미는 무엇일까? 세계가 공간 안에 있다는 말 속에서의 '세계'와 '공간'은 대체 무엇을 말하는 것일까? 세계와 공간의 의미에 따라 우리가 통상 듣는 저 말의 의미도 달라질 수 있을 것이다. 하이데거는 존재론적-실존론적 세계 개념을 제시함에 의해 저 통상적인 말의 당연한 이해를 의문시한다.

그의 해석에 따르면, 존재론 이전의 존재자적-실존적 의미에서의 세계란 존재자들의 관련연관으로서의 주변세계이다. 그런데 이러한 세계는 그 구조로서 유의의성(유의의화의 관련 전체)을 갖고 있다. 이것이 바로 세계의 세계성이면서 존재론적-실존론적 세계 개념이다. 그리고 세계의 세계성인 유의의성에 의해 존재자 전체의 쓸모 전체 및 자리 전체(방면, 공간)가 개시된다. 이렇게 본다면, 세계의 세계성이, 곧 존재론적-실존론적 개념으로서의 세계가 오히려 공간을 규정하고 있는 것이다. 세계가 공간 안에 있는 것이 아니라, 공간이 세계의 세계성 안에 있다고 해야 할 것이다. 우리의 논의는 결국 이 같은 결론에 이르는 과정을 추적하는 것이 될 것이다.

1. 도구적인 것의 존재: 쓸모

하이데거는 '모든 것이 세계 안에 있다'고 말하지 않고, 오히려 "세계는 모든 도구적인 것 안에 언제나 이미 '거기에(da)' (개시된 채) 있다."(SuZ, 111)고 말한다. 어떤 이유로 이 같은 말이 가능한가? 그 이유는 "세계는 바로 거기서부터 도구적인 것이 도구적으로 있게 되는 것"이기 때문이다. 다시 말해 세계가 도구적인 것을 만나질 수 있게 하는 것인 까닭에, 도구적인 것 안에는 이미 세계가 개시되어 있다는 것이다.

우리가 여기서 말하고 있는 세계는 그때마다 성립하는 하나의 주변세계를 말한다. 이 같은 주변세계는 그때마다의 배려적 관심에 의해 그 범위가 제한되면서 무수히 다양하게 존재할 수 있는 것이다. 세계라는 낱말은 다의적이다. 하이데거의 분류법에 따르면, 존재자적 개념으로서의 세계는 존재자의 총계(das All des Seienden)를 말하고, 존재론적 개념으로서의 세계는 자신의 고유한 존재유형을 갖는 존재자가 속한 영역을 말한다. 존재자적-실존적 개념으로서의 세계는 공공적인 우리 세계 또는 주변세계를 말한다. 이들과 대비되는 것은 존재론적-실존론적 세계 개념으로서의 세계성(Weltlichkeit)이다. "세계성 자체는 특수한 '세계들'의 그때마다의 구조 전체로 변양될 수 있지만, 그러나 자기 안에 세계성 일반의 선험성(Apriori)을 포함한다."(SuZ, 87) 세계성을 형성하는 것은 존재자들 간의 유의의화의 관련 전체라는 뜻의 "유의의성(Bedeutsamkeit)"(SuZ, 190)이다.[1] 이런 유의의성

---

1) 「진리의 본질」에서 하이데거는 "인간적 현존재는 존재자 한가운데 처해 있으면서 존재자에 대해 태도를 취하면서, 존재자가 항상 전체적으로 개방화되어 있는 식으로 실존한다."(WdG, 156)고 말하는데, 이를 토대로 할 때, 세계는

에 근거해 서로 관련된 존재자들의 연관으로서의 주변세계가 성립하고, 이런 주변세계 속에서 존재자들은 우선적으로 쓸모(Bewandtnis, 적재적소성, 사용사태)와 도구성(Zuhandenheit, 용재성)을 갖는다.2)

하이데거는 세계가 배려적인 둘러봄에게 세계 내부적으로 만나지는 것을 선행적으로 자유롭게 내주고 있고, 이러한 선행적인 자유롭게 내줌이 "세계의 존재론적 탁월성"이라고 본다. 존재자를 '자유롭게' 내준다는 말은 존재자를 그것의 왜곡되지 않은 원래의 존재에 있어서 드러내준다는 말이다. 예컨대 도구적인 것을 그의 도구적 존재에 있어서 드러내주는 것, 생명체를 그의 생명에 있어서 드러내주는 것이 존재자를 자유롭게 내주는 것이다. 여기서 다음의 물음이 생겨날 수 있다: 대체 세계가 무엇이기에 배려적 둘러봄에게 도구적인 것을 포함해 모든 세계 내부적인 것으로 만나지는 것을 선행적으로 자유롭게 내주게 되는가? 이런 물음의 맥락에서 하이데거는 우리가 가장 먼저 만나게 되는 존재자인 도구적인 것(Zuhandenes, 용재자)에서부터 논의를 시작하면서, 그것이 자유롭게 만나질 수 있는 근거를 추적해

존재자의 전체적 개방화 상태(존재자 전체의 개방화 상태)라는 의미로 "전체성"으로 규정될 수 있고, 이것은 그리스인이 이해한 코스모스로서의 세계, 곧 인간에게 속한, 전체적인 존재자의 존재의 방식(존재자 전체의 존재의 방식)(참조: WdG, 143)에 다름 아니다.

2) 여기서 쓸모로 번역된 Bewenden(사용함, 다룸, 더 가지 않음, 돌아섬)과 Bewandtnis(사정, 사태)는 다른 낱말들과 함께 하나의 구절을 이뤄, 관용적 용법 속에 주로 사용되기 때문에 번역이 쉽지 않은 낱말이다. 그럼에도 우리는 그것을 여기서 그 두 단어를 모두 쓸모로 번역하고 있다. 쓸모란 '적재적소'라는 말에서 나타나듯 적합한 장소, 적합한 자리를 의미한다. 쓸모나 적재적소라는 말의 깊은 의미는 생태학에서 한 종의 생물학적 지위를 나타내는 개념인 적소(niche)와의 유비를 통해 보다 분명히 드러날 수 있다. 생태학에서는 한 생물종의 생태적 지위를 적소라고 하는데, 이때의 적소는 한 생물종이 생물군집 속에서 차지하는 위치와 기능을, 간단히 말해 먹이 연쇄 속의 위치와 기능을 말한다. 이와 마찬가지로 도구적인 것의 쓸모 내지 적재적소는 도구연관 속에서 도구가 사용되는 특정한 위치에서의 도구의 기능(유용성, 사용가능성)으로 이해된다.

간다.

하이데거에 의하면, 도구적인 것은 유용성(Dienlichkeit)이나 유해성(Abträglichkeit), 사용가능성(Verwendbarkeit) 등을 갖고 있는데, 이것들은 도구적인 것이 지닌 지시의 구조를 알려준다. 예컨대 우리는 모든 도구적인 것들에 대해 그것들이 무엇에 대해(wozu) 유용하고 무엇을 위해(wofür) 사용되는지를 물을 수 있고, 또 이에 대해 대답할 수 있다. 이 같은 사실은 도구적인 것이 항상 다른 무엇에 관련되며 그것으로 향하도록 이미 지시되어 있음을 알려주는 것이다. 도구적인 것의 이 같은 지시의 구조에 대해 하이데거는 다음과 같이 말한다: "도구적인 것의 존재는 지시(Verweisung)의 구조를 갖고 있는데, 달리 말해 도구적인 것은 그것 자체에 있어서 지시되어 있음(Verwiesenheit)의 성격을 갖고 있다. 존재자는, 그 자신인 바의 [구체적인] 이 존재자로서 어떤 것으로 향하도록 지시되어 있다는 점에 의거해 발견되어 있다."(SuZ, 112) 도구적인 것의 지시의 구조는 도구적인 것이 스스로 자기 안에 갖고 있는 것이 아니라, 현존재에 의해 비로소 성립한 것이다. 나중에 다뤄지겠지만 존재자의 지시되어 있음의 구조는 현존재의 자기-지시함에 의해 비로소 성립하는 것이다. 여하튼 지시의 구조 덕분에 도구적인 것은 다른 무엇에 대한 적절성(Geeignetheit, 적합성)이나 부적절성에 의해서도 규정될 수 있는 것이다.

도구적인 것은 자신이 그리로 향하도록 지시되어 있는 그 어떤 것과의 연관 속에서 비로소 자신의 쓸모를 얻는다. 쓸모 개념과 관련해서 하이데거는 다음과 같이 말한다: "어떤 것은 어떤 것에서 자신의 쓸모를 얻는다(Es hat mit etwas bei etwas sein Bewenden). 도구적인 것의 존재성격은 쓸모이다. 쓸모 안에는 [이를 성립시키는 현상으로] 다음이 놓여 있다: 어떤 것(mit etwas)이 어떤 것에(bei etwas) 쓸모를 갖게 한다(bewenden lassen). '어떤 것이 어떤 것에'라는 연관이 지시(Verweisung)라는 용어에 의해 암시되어야 한다." 하이데거에 따르면, '쓸모'와 '도구적 존재'가 도구적인 것의 존재구성틀(무엇임과 어떻게 있음)을 구성하고 있는 것이다. 이런 한에서 쓸모에 의한 세계 내부적 존재자의 규정은 존재자적(ontishce) 규정이 아닌 존재론적(ontologische) 규정이다: "쓸모는 세계 내부적 존재자의 존재이고, 그것에 의거해 그 존재자는 그때마다 이미 [현재완료적으로] 우선적으로 [다른 존재규정들에 앞서] 자유롭게 내주어져 있는 것이다. 존재자로서의 그것은 그때마다 쓸모를 갖고 있다. 이러한 점, 곧 어떤 것이 어떤 것에 쓸모를 갖고 있다는 점은 이러한 존재자의 존재에 대한 존재론적 규정이지, 존재자에 대한 존재자적 진술이 아니다."

2. 쓸모와 쓸모 전체

하이데거는 우리가 그것을 갖고 일을 하는 그 어떤 것(Womit)의 쓸모는 그 어디(Wobei)에서 성립하는데, 이러한 그 어디는 유용성이 거기서 성립하는 그 무엇(Wozu)이고 또 사용가능성이 거기서 성립하는 그 무엇(Wofür)이라고 말한다. '어떤 것이 어디에'라는 쓸모의 연관을 제시하기 위해 하이데거가 든 고전적인 예는 다음과 같다: "예컨대 우리가 망치질 때문에 망치라고 부르는 도구적인 것은 망치질에서 쓸모를 갖고, 망치질은 고정하는 일에서 자신의 쓸모를 갖고, 고정하는 일은 비바람의 방비에서 쓸모를 갖는다. 비바람의 방비는 현존재의 숙박을 위하여(um-willen), 곧 현존재의 한 존재가능성을 위하여(um einer Möglichkeit seines Seins willen) '있는' 것이다. 하나의 도구적인 것이 어떤 쓸모를 갖는가 하는 점은 그때마다 쓸모 전체(Bewandtnisganzheit)에서부터 미리 그려져 있다. 쓸모 전체, 예컨대 어떤 작업장 안의 도구적인 것을 그것의 도구적 존재에 있어서 구성하고 있는 쓸모 전체는 그 개별적 도구보다 '앞서는' 것이며, 이 점은 모든 집기와 토지를 갖춘 하나의 저택의 쓸모 전체에 있어서도 마찬가지다."

이 같은 해설 속에서는 쓸모를 갖는 어떤 것(Womit)과 쓸모가 거

기에서 성립하는 그 어디(Wobei) 외에 새롭게 현존재의 한 존재가능
성을 '위하여(Um-willen)'라는 것이 말해지고 있다. 하이데거는 쓸모
전체의 지시연관 속에서 최종적인 것이, 곧 현존재의 한 존재가능성
을 '위하여'라는 것이 쓸모 전체가 그로부터 비로소 성립하게 되는 일
차적인 것이라고, 곧 다른 모든 유용성이 그것에서부터 성립하게 되
는 일차적인 그 무엇이라고 해설한다: "일차적으로 '무엇에 대해'(das
primäre 'Wozu')[사용된다]라는 것은 하나의 '존재가능성을 위하여
(ein Worum-willen)'[사용된다는 것]이다. '위하여(Umwillen)'라는 것
은 그런데 항상 자신의 존재에 있어서 이러한 존재 자체가 문제시되
는 그런 현존재의 존재에 관계한다."(SuZ, 113) '위하여'라는 것은 항
상 현존재의 한 존재가능성을 '위하여'라는 것이고, 바로 이것이 모든
유용성을 성립시키면서 쓸모 전체를 성립시키는 것이다. 하나의 도구
가 도구연관 속에서만 도구일 수 있듯이 하나의 쓸모는 쓸모 전체 속
에서만 쓸모일 수 있는 것인데, 이러한 쓸모 전체는 결국 현존재의 존
재가능성을 위하여 성립해 있는 것이다.

3. 쓸모허용을 위한 쓸모 전체의 선-발견성

하이데거는 세계의 세계성에 다가서기 위해 쓸모를 성립시키는 현
상, 곧 쓸모허용(Bewendenlassen, 쓸모를 갖게 함)이라는 현상을 해설
한다. 그는 우선 쓸모허용이라는 말이 갖고 있는 존재자적 의미와 존
재론적 의미를 구분한다. 쓸모허용이 존재자적으로 의미하는 것은
"현사실적 배려의 내부에서 어떤 도구적인 것이 지금 있는 그대로 또
그것이 그렇게 있도록 하기 위해, 그것을 그러저러하게 존재하도록
내버려둔다(sein lassen)."는 것이다. 반면에 하이데거가 쓸모허용이라
는 개념으로 존재론적으로 의도하는 것은 "세계 내부에서 우선 도구
적으로 있는 것을 선행적으로 자유롭게 내줌", "선행적으로 '존재하도
록' 허용함(vorgängig 'sein' lassen)", 좀 더 구체적으로 말해, " '존재

하고 있는 것'을 그것의 도구성에 있어서 그때마다 이미 발견함이고, 그렇게 이러한 존재를 지닌 존재자로서 만나지게 해줌(begegnen las-sen)"이다.

도구적인 것을 만나질 수 있게 함은 도구적인 것의 만남에 선행하는 것이고, 이런 의미에서 전자는 후자에 대해 선험적이다. 그러기에 하이데거는 "이 같은 '선험적인(apriorisches)' 쓸모허용이 존재자를 만나는 것에 대한 가능조건이고, 그래서 현존재가 그렇게 만나지는 존재자와의 존재자적 교섭에 있어서 그것을 존재자적 의미로 쓸모를 허용하는 것[존재자를 있는 그대로 내버려둘 수 있음]에 대한 가능조건"이라고 말한다. 존재자의 쓸모허용이란 결국 존재자(도구적인 것)를 그것의 존재(쓸모)로 자유롭게 하면서 미리 발견해 둠을 말하고, 그 덕분에 존재자와의 모든 현재적인 만남(교섭)이 가능하게 되는 것이다. 그런데 하나의 쓸모가 쓸모 전체 속에서만 쓸모일 수 있는 한에서 한 존재자의 쓸모허용은 언제나 이미 존재자 전체의 쓸모허용을 동반하면서 성립하는 것이다.

도구적인 것을 만남이 매 순간 현재적인 것이라면, 그것을 가능케 하는 것인 도구적인 것을 만나질 수 있게 함은 그것에 선행하는, 곧 이미 현재완료적인 것이어야만 한다: "쓸모로 자유롭게 내주는 그때마다-이미-쓸모를-허용하였음은 하나의 선험적인 완료(Perfekt)인데, 이것이 현존재 자체의 존재유형을 구성한다. 존재론적으로 이해된 쓸모허용은 존재자를 그것의 주변세계 내부적인 도구적 존재로 선행적으로 자유롭게 내줌이다."(SuZ, 114)

도구적인 것을 만남은 그 도구적인 것의 쓸모가 이미 발견되어 있는 한에서만 가능하다. 그런데 쓸모가 쓸모 전체 속에서만 성립하는 한, 하나의 쓸모가 이미 발견되어 있음은 쓸모 전체가 이미 발견되어 있음을 함축한다. 하이데거는 이 같이 이미 발견되어 있는 쓸모 전체가 한편으로는 쓸모허용을 가능하게 하는 것이고, 다른 한편으로는 이미 이해되어 있는 세계를 알려주는 것이라는 점을 다음과 같이 말

한다: "쓸모 자체는 도구적인 것의 존재로서 그때마다 단지 하나의 쓸모 전체의 선-발견성(Vor-entdecktheit)을 근거로 발견되어 있다. 따라서 발견된 쓸모 안에는, 이로써 만나지는 도구적인 것 안에는, 우리가 도구적인 것의 세계부합성(Weltmäßigkeit)이라고 부른 것이 앞서 발견되어 있다. 선-발견된 쓸모 전체는 세계와 하나의 존재론적인 연관을 자기 안에 숨기고 있다. 존재자를 쓸모 전체로 자유롭게 내주는 쓸모허용은, 그것을 향해 그것이 자유롭게 내주는 것[쓸모 전체] 자체를 이미 어떤 식으로든 개시한 채로 있어야 한다(erschlossen haben)." 도구적인 것을 만나질 수 있게 함은 존재자를 앞서 발견되어 있는 쓸모 전체로 자유롭게 내어주는 쓸모허용이지만, 앞서 발견되어 있는 쓸모 전체는 그 자체로 세계와 연관되어 있는 것이다. 그렇다면, 세계는 쓸모와 관련해서 구체적으로 무엇이라고 규정되어야 하는가? 이제 이 점에 대해 살펴보기로 한다.

4. 세계: 특정한 방식의 관련연관

하이데거는 세계와 세계의 세계성에 다가서기 위해 다음과 같이 묻는다: "세계 내부적 존재자가 우선 그리로 자유롭게 내주어져 있는 그것[쓸모 전체]이 선행적으로 개시되어 있어야 한다는 것은 무엇을 말하는가?"(SuZ, 115) 하이데거는 스스로 다음과 같이 답변한다: "세계 내부적으로 만나는 것을 자유롭게 내줌이 바로 그리로 향해 일어나는 그 어떤 것[쓸모 전체]을 선행적으로 개시함은, 현존재가 존재자로서 이미 언제나 관계하고 있는 세계를 이해하고 있음에 다름 아니다." 하이데거는 쓸모 전체의 선행적인 개시가 바로 세계를 이해하고 있음(Verstehen)[3]에 다름 아님을 드러내기 위해 선행적인 쓸모허용 안에

---

3) 하이데거가 말하는 '이해하고 있음'은 " '설명(Erklären)'과 구분되는 인식유형이란 의미에서의 '이해(Verstehen)' "(SuZ, 190)가 아니다. 그는 이해하고 있음을 실존범주로 제시하면서 그것을 현존재의 실존을 가능하게 하는 있는 것으

숨겨져 있는 다양한 이해 내용들에 주목한다: "선행적으로 어떤 것으로 하여금 어디에 쓸모를 갖게 함은 다음과 같은 것들을 이해하고 있음에, 곧 쓸모허용, 쓸모가 성립하는 어디(Wobei), 쓸모를 지닌 어떤 것(Womit) 등을 이해하고 있음에 근거를 둔다. 이 같은 것들이, 그리고 더 나아가 이 같은 것들의 바탕에 놓여 있는 것들이 선행적으로 개시되어 있어야 한다. 곧 쓸모가 성립하는 어디(Wobei)로서 '그것을 위해서라고 할 때의 그것(Dazu)' 같은 것, 그리고 온갖 '무엇을 위해서라고 할 때의 무엇(Wozu)'이 궁극적으로 그리로 소급되는 것으로서 '무엇을 위하여라고 할 때의 그 무엇(Worum-willen)' 같은 것 등, 이 모든 것이 일정한 이해가능성에 있어서 선행적으로 개시되어 있어야 한다." 이같이 어떤 것과 어떤 것 사이의 관련들이 선행적으로 개시되어 있고 이해되어 있어야 쓸모허용이 가능한 것인데, 이같이 연관들을 선행적으로 개시하고 있음은 세계를 이해하고 있음에 다름 아니라는 것이다.

결국 현존재는 선행적으로 개시되어 있는 것들의 관련연관을 이해하고 있음 속에서 그 자신을 선행적으로 이해하고 있고 또 존재자를 선행적으로 만나질 수 있게 하고 있다: "언급된 관련연관(Bezugszusammenhang)을 이해하고 있음에 있어서 현존재는 하나의 (명시적으로 포착되었건 암묵적으로 포착되었건, 본래적인 것이건 비본래적인 것이건) 존재가능에서부터 자신을 하나의 '어떤 것을 하기 위해(ein Um-zu)'로 향하도록 지시한 채로 있다(hat verwiesen). 이러한 하나의 '어떤 것을 하기 위해'가 하나의 '그것을 위해(Dazu)'를 미리 그려주는데, 이것은 구조적으로 어떤 것이 어디에 쓸모를 갖도록 하는 쓸모허용의 가능한 '어디에(Wobei)'가 된다. 현존재는 그때마다 이미 항상 하나의 '존재가능성을 위하여(ein Worum-willen)'로부터 자신을 쓸모

로 본다: "이해하고 있음 속에서 할 수 있게 된 것은 어떤 무엇이 아니라, 실존함으로서의 존재이다. 이해하고 있음 속에 실존론적으로 놓여 있는 것은 존재할 수 있음이라는 현존재의 존재유형이다."(SuZ, 190-191)

를 지닌 어떤 것(Womit)으로 향하도록 지시한다. 다시 말해 현존재는 그때마다 언제나 이미, 그것이 존재하는 한, 존재자를 도구적인 것으로 만나질 수 있게 한다. [따라서] 그 안에서 현존재가 자기-지시함(Sichverweisen)의 양상에서 선행적으로 자신을 [자기의 존재가능성에 있어서] 이해하고 있는 그곳(Worin)은 존재자를 선행적으로 만나질 수 있게 함의 기반(Woraufhin)이다."

예를 들어 설명한다면, 선행적으로 개시된 관련연관 속에서 현존재는 자신의 존재가능성(예컨대 숙박)을 위하여 이미 자신을 지시하여 그 존재가능성을 위한 어떤 일(풍우의 방비)로 향하게 하고, 다시 이 일에 유용한 어떤 것(고정하기)으로, 다시 이 어떤 것에 유용한 다른 어떤 것(망치질)으로, 다시 이 어떤 것에 사용되는 그 어떤 것(망치)으로 향하도록 지시한 채로 있는 것이다. 다른 예를 들어본다면, 현존재는 글쓰기를 위해서 이미 자신을 연필로 향하도록 지시한 채로 있거나, 밥을 먹기 위해 이미 자신을 식판으로 향하도록 지시한 채로 있는 것이다.

선행적으로 개시된 관련연관 속에서 현존재는 자신을 자신의 존재가능성(예컨대 숙박한다, 글을 쓴다, 밥을 먹는다 등)에 있어서 이미 이해하고 있으며 또한 자기-지시함을 통해 존재자들을 그것들의 쓸모(예컨대 숙박을 위한 유용성, 글쓰기를 위한 사용가능성, 밥 먹기를 위한 적절성 등)에 있어서 이미 만나질 수 있게 하고 있는 것이다. 결국 현존재가 자신을 거기서 선행적으로 이해하고 있는 그런 곳이자 현존재가 존재자를 거기로부터 선행적으로 만나질 수 있게 하고 있는 그런 기반은 존재자들 사이의 관련연관이다.

하이데거는 이제 존재자의 존재이해와 현존재의 자기이해를 가능케 하고 있는 이런 관련연관이 세계라는 현상이며 이 세계는 하나의 구조를 갖고 있다고 지적한다: "존재자를 쓸모라는 존재유형 속에서 만나질 수 있게 함의 기반이자 [현존재가] 자기-지시하면서 [자신을] 이해하고 있음의 그곳이 세계라는 현상이다. 그래서 현존재가 자신을 그리로 지시하고 있는 그곳의 구조가 바로 세계의 세계성을 형성하는 것이다."(SuZ, 115-116) 관련연관으로서의 세계는 다양할 수 있지만, 다양한 세계들을 세계이게끔 해주는 선험적 구조는 다르지 않을 것이다. 다양한 세계의 선험적으로 동일한 구조가 세계의 세계성인데, 그것을 하이데거는 유의의성이라고 규정하게 된다. 결국 특정한 방식의 관련연관은 세계로, 이런 세계들에 대해 선험적인 것(지시연관)은 세계성으로 불리는 것이다.

5. 세계의 세계성: 유의의성

하이데거는 먼저 세계의 구조에 다가서기 위해 "현존재의 자기-지시함의 연관(Zusammenhang)이 존재론적으로 무엇으로 파악되어야 하는지"(SuZ, 116)를 묻는다. 그리고 현존재의 자기-지시함의 연관 속에서 유의의화의 현상에 주목하여 다음과 같이 말한다: "다음에(31절 참조) 더욱 자세히 분석되어야 하는 이해하면서 존재함(Verstehen)은 앞서 제시된 관련들(Bezüge)을 하나의 선행적인 개시성 속에 유지한다. 친숙하게 그 관련들 안에 머물면서, 이해하면서 존재함은 그 관련들을 자신의 지시함이 그 안에서 움직이는 그런 것들로 자기 앞에 둔다. 이해하면서 존재함은 이러한 관련들 안에서 또 이러한 관련들 자체로부터 자기를 지시하도록 한다. 지시함의 이러한 관련들의 관련성격을 우리는 유의의화(be-deuten)라고 파악하기로 한다. 이러한 관련들과의 친숙성 속에서 현존재는 그 자신에게 유의의하게 하는데, 곧 현존재는 근원적으로 자기 자신에게 자신의 존재와 존재가능이 자신의 세계내존재의 면에서 이해되도록 해준다. '존재가능성을 위하여(Worum-willen)'는 하나의 '하기 위해서(Um-zu)'를 유의의화하고, 이것은 '그것을 위해(Dazu)'를, 이것은 쓸모허용의 '어디(Wobei)'를, 이것은 쓸모를 지닌 어떤 것(Womit)을 유의의화한다. 이러한 관련들은 그들 서로 간 근원적인 전체성으로 얽혀 있으며, 그것들은 이러한 유의의화로서 그들 자신인 것이다. 이러한 유의의화 속에서 현존재는 그 자신에게 선행적으로 자신의 세계내존재가 이해되도록 해준다. 이러한 유의의화의 관련 전체(Bezugsganze)를 우리는 유의의성(Bedeut-samkeit)이라고 부르기로 한다."

하이데거는 유의의성이 "현존재가 현존재로서 그 안에 그때마다 이미 존재하고 있는 그런 세계의 구조를 형성하는"(SuZ, 117) 것이고, 바로 이 같은 유의의성이 쓸모 전체의 발견을 가능하게 하는 것이라고 지적한다: "개시된 유의의성이 현존재의, 곧 세계내존재의, 실존론적 구성틀로서 하나의 쓸모 전체의 발견가능성의 존재자적 [현존재적] 가능조건이다." 하이데거는 이렇게 "도구적인 것의 존재(쓸모)를 그리고 또한 세계성 자체조차도 하나의 지시연관(Verweisungszusammen-hang)으로 규정"한다. 그러면서 "유의의성으로서 세계성을 구성하는 지시연관"(SuZ, 118)을 단순히 "관계체계(Relationssystem)"로 파악하거나, 관련들과 관련항들, 곧 "'어떤 것을 하기 위해', '무엇을 위함', '쓸모를 지닌 어떤 것'의 '관계들'이나 '관계항'"을 "함수 개념들(Funktionsvegriff)"로 규정하는 것을 경계한다. 왜냐하면 그 같은 관계체계나 함수 개념들은 현상들을 형식화하고 그 같은 "형식화들은 현상들을 평준화하여 본래적인 현상적 내용이 사라져버리도록" 하기 때문이라는 것이다. 앞서 말한 관련연관도 지시연관에 근거를 두는 것이지, 지시연관이 관련연관에 근거를 두는 것은 아니며, 지시연관은 선험적-일반적인 것이지만, 관련연관은 구체적-개별적인 것이다.

지금까지 우리가 살펴본 쓸모허용, 쓸모 전체, 관련연관, 유의의성 등의 개념은 다음에서 다뤄질 세계의 시간성과 공간성 및 이들의 관련을 이해함에 있어서 밑바탕이 된다. 이상의 논의는 다음과 같은 표로 요약될 수 있을 것이다.

현존재와 존재자의 관련		현존재와 도구의 교섭	
		가능화 →	
		현재완료	현재
근거지음↑	개별 존재자: 쓸모 ↑ 존재자 전체: 쓸모 전체 ↑ 세계: 관련연관 ↑ 세계의 세계성: 유의의성(지시연관) ↑ 현존재: 유의의화	도구적인 것을 만나지도록 해줌 (이미 발견하였음) ↑ 쓸모 전체로의 존재자의 선행적 자유화 ↑ 유의의성에 의거한 쓸모 전체의 선행적 발견	도구적인 것과 만남(교섭함)

2절 세계의 시간성

1. 세계의 초월성의 근거: 시간성

하이데거에게 있어서 실존론적-존재론적 개념으로서의 세계는 앞에
서 보았듯이 유의의성(Bedeutsamkeit) 내지 세계의 세계성(Weltlich-
keit der Welt)을 말한다. 존재론적으로 유의의성은 예컨대 [현존재의
존재가능성을] '위함', [풍우의 방비를] '하기 위함', [판자들의 고정
을] '하기 위함', [망치질이라는] '그 어디', [망치라는] '그 어떤 것'
등 사이의 유의의화하는 관련들(be-deutende Bezüge)의 연관(Zusam-
menhang)을 말한다: "[현존재의 존재가능성을] '위함'은 [풍우의 방비
를] '하기 위함'을 유의의화하고, 이것은 [판자들의 고정을] '하기 위
함'을, 다시 이것은 [망치질이라는] 쓸모허용의 '그 어디'를, 그리고
이것은 [망치라는] 쓸모를 갖는 '그 어떤 것'을 유의의화한다. [⋯] 이

러한 유의의화의 관련들 전체를 우리는 유의의성이라고 부른다. 유의의성은 현존재가 그때마다 이미 그 안에 있는 것의 구조, 곧 세계의 구조를 형성하는 것이다."(SuZ, 116)

이제 물어야 할 것은 다음이다: 세계가 어떻게 실존하는 현존재와의 통일성에 있어서 존재론적으로 가능한가? 현존재는 실존하고, 그 경우 피투된 것으로서 존재자들에 관여하고 있는데, 존재자들은 현존재가 자신의 존재가능을 위하여 필요로 하는 것들이다. 현존재가 현사실적으로 피투된 것으로서 실존하는 한에서, 그는 '자기 자신을 위함'과 '그때마다의 무엇을 하기 위함'과의 연관 속에서 자신을 이해한다. 실존하는 현존재가 그 안에서 자신을 이해하는 그런 유의의성의 통일성[세계]은 현존재의 실존과 더불어 이미 현존재가 그 안에 머무는 '거기(da)'로서 개시되어 있다. 이 점에 대해 하이데거는 다음과 같이 말한다: "일차적인 자기이해가 그 안에서 이뤄지는 그런 어떤 것[세계]은 현존재의 존재유형이다. 현존재는 실존하면서 그 자신의 세계이다."(SuZ, 482) 이러한 세계는 현존재, 곧 세계내존재의 개시성 속에서 함께 개시된 것으로서 '실존한다'. 현존재의 자기이해가 자기 자신을 세계내존재로 이해함인 까닭에, 세계는 현존재의 개시성 속에서 함께 개시되어 있다. 그러기에 하이데거는 다음과 같이 말한다: "어떠한 현존재도 실존하지 않는다면, 어떠한 세계도 '거기에(da)' 없다."(ebd) 현존재가 세계내존재이기 때문에, 현존재의 자기(Selbst, 자아)와 세계는 공속한다. 그런 까닭에, 세계의 초월성에 관한 물음도 동시에 현존재의 초월성에 관한 물음이 된다. 세계는 존재자들의 만남의 가능조건인 까닭에, 세계 내부적 존재자들의 만남을 가능하게 한다. 이런 의미에서 세계는 "초월적"이다. 초월적 세계가 현존재에 속하는 한에서, 현존재 자체가 "본래적인 초월"(GdP, 425)이다. 세계는 "어떤 무세계적 주체로부터 어떤 물질에 덮어 씌워진 형식들의 그 물망이 아니라"(SuZ, 484), 현존재에 의해 미리 이해된 유의의성에서부터 존립하는 것이다. 이런 한에서 '초월의 문제'는 사안에 맞게는 다음의 물음을 통해서 제기될 수 없다: 어떻게 하나의 주체가 하나의 객체로 또는 객체로서의 '세계'로 나아갈 수 있는가? 사안에 맞게는 오히려 다음과 같이 물음이 제기된다: 무엇이 세계 내부적 존재자들의 만남을 가능하게 하는가? 현존재의 개시성이 시간성에 근거를 두는 한에서, 현존재 안에 함께 개시되어 있는 세계의 존재론적 구성틀도 마찬가지로 시간성에 근거를 두어야만 한다.

세계 자체가 항상 하나의 개시성으로 머물러 있는 한에서, 세계는 하나의 초월론적 지평을 가져야만 한다. 이러한 지평은 시간성이 형성하는 세계의 지평이다: "세계의 실존론적-시간적 가능조건은, 시간성이 탈자적 통일성으로서 하나의 지평 같은 것을 갖는다는 점에 놓여 있다."(SuZ, 482) 세계는 탈자적 시간성의 지평들을 근거로 이미 밝혀져 있고, 그래서 현존재의 초월과 세계 내부적 존재자의 만남을 가능하게 한다. 세계는 현존재의 실존론적 규정성으로서 존재자를 만날 수 있게 한다는 점에서 선험적이고 초월적인 것이다.

그런데 어떻게 시간성이 세계를 위한 지평을 형성할 수 있는가? 시간성은 언제나 자신을 펼치는 식으로 탈자화한다. 시간성의 탈자태에는 언제나 펼쳐짐의 '어디로(Wohin der Entrückung)'가 속해 있다. 이 어디로가 지평 내지 지평적 도식으로 말해진다. 지평적 도식은 탈자태의 '어디로'로서 탈자태로부터 존립하고 또 탈자태를 위해 존립한다. 지평적 도식에는 세 가지가 있다. 통상적으로 말해지는 미래, 과거, 지금을 하이데거는 현존재의 존재와 관련시켜 각기 현존재가 자기 자신에 다가옴(장래), 현존재가 자기 자신에 돌아옴(기재성), 현존재가 무엇을 하고 있음(현재화라는 의미에서의 현재)으로 표현한다. 이것들에서 나타나는 '어디로'가 지평적 도식들이 된다. 하이데거는 현존재가 자기 자신에 다가옴의 지평적 도식을 "자신을 위함(Um-willen seiner)"이라고 규정하고, 현존재가 자기 자신에 돌아옴의 지평적 도식을 "피투성의 거기(Wovor der Geworfenheit)" 내지 "내맡겨 있음의 거기(Woran der Überlassenheit)"라고 규정하며, 현재의 지평적 도식을 "하기 위함(das Um-zu)"이라고 규정한다(참조: SuZ, 482-483). 이러한 지평적 도식들은 '자신을 위함'에 이끌려서 하나의 통일성을 이루는데, 이러한 통일성, 곧 '자신을 위함', '피투성의 거기', '하기 위함'이 이루는 통일성이 그 자체로 세계의 지평이 된다. 이러한 세계의 지평(세계-지평) 속에서 현존재는 그 자신에게 개시되어 있다. 장래, 기재성, 현재라는 탈자태들로부터 생겨난 지평적 도식들이 통일되어 세계의 지평을 이루므로 "전체적 시간성의[에서부터의] 지평이 현사실적으로 실존하는 존재자[현존재]가 본질적으로 그것에 의거해 개시되어 있는 그런 것[세계]을 규정한다."(SuZ, 483) 현사실적으로 실존하는 존재자인 인간은 현사실적인 현-존재, 곧 현을 이미 개시한 채로 유지하는 존재자이다. 이것은 구체적으로 다음을 의미한다: "현사실적인 현-존재와 더불어 그때마다 장래의 지평 속에서 그때마다 하나의 존재가능이 기투되어 있고, 기재성(Gewesenheit)의 지평 속에서 '이미 존재함(das 'Schon sein')'이 개시되어 있고, 현재의 지평 속에서 배려되는 것들이 발견되어 있다." '자신을 위함'과 '하기 위함의 관련들'과의 근원적 연관[세계]의 개시는 탈자태의 도식들의 지평적 통일성에 근거를 두는 것이다. 이렇게 '자신을 위함'과 '하기 위함의 관련들'과의 연관으로서의 세계가 도식들의 지평적 통일성에 근거를 두는 한, 세계는 근원적으로 시간성에 근거를 두는 것이다. 왜냐하면 시간성이 바로 탈자적 시간성으로서 도식들의 지평적 통일성을 형성하기 때문이다.

세계가 현존재의 시간성의 탈자태들이 이루는 지평적 도식들의 통일적 지평 속에 근거를 두는 한에서, 세계는 현존재에 속하고 현존재 안에서 이미 개시되어 있다. 세계의 이미 개시되어 있음, 곧 세계의 개시성이 의미하는 것은 다음과 같은 것이다: 현존재는 자신과 존재자들을 넘어서서 언제나 이미 세계 속에 들어서 있고, 자신을 이 세계에서부터 이해하며, 그렇게 자기를 이해하면서 그때마다 만나지는 존재자들을 발견하고 있다. 이것은 시간성의 운동성격과 관련해서 다시

금 다음을 의미한다: "시간성은 탈자적으로 이미 자신의 탈자태들의 지평들 속에 머물러 있고, [매순간 다시금] 자신을 시간화하는 식으로 현[개시성] 속에서 만나지는 존재자로 되돌아온다."(SuZ, 484) 현존재의 시간성은 언제나, 세계가 거기에 근거를 두고 있는 시간성의 탈자태들의 지평들 속에서 자신을 시간화하면서, 그러한 지평들로부터 배려되는 것들로 되돌아온다. 이 점을 하이데거는 다음과 같이 말한다: "현사실적 현존재는, 탈자적으로 자기와 자신의 세계를 현의 통일성 속에서 이해하면서, 이러한 지평들에서부터 이 지평들 안에서 만나지는 존재자로 되돌아온다."(ebd) 이렇게 '(자기와 세계를) 이해하면서 (존재자로) 되돌아온다'는 것이 "존재자를 예기하면서 만나질 수 있게 해줌의 실존론적 의미"(ebd)이다. 세계 내부적 존재자의 만남은 세계로부터 존재자로, 예기하면서 되돌아옴에 의거해서만 가능하다. 이것이 동시에 의미하는 것은, 세계 내부적 존재자의 배려는 세계의 지평으로부터 현존재가 그 존재자로 되돌아옴에 의거해서만 가능하다는 것이다.4)

2. 쓸모허용의 근거: 예기적-보유적-현재화

세계가 시간성이 형성하는 지평에 의거해 가능한 것이라면, 세계 안에서 이뤄지는 배려의 시간화 방식은 어떤 것인가? 이 점에 대한 검토는 공간성과 시간성의 연관에 대한 해명을 준비하는 일이 되기도 한다. 배려적으로 '세계' 옆에 존재한다는 것은 존재자들의 관련연관 안에 머물며 그것들과 교섭한다는 것을 말한다. 배려하면서 옆에 존재함의 사례적인 현상으로 하이데거가 언급하는 것은 "도구를 사용함, 다룸, 제작함 및 이들의 변양된 무차별적 양상들, 곧 일상적인 필요에 속하는 것들 옆에 존재함"(SuZ, 466)이다. 현존재의 본래적인 실존도

---

4) 존재 일반의 이해에 관련된 시간성 및 그 지평적 도식에 관해서는 3장 3절 4항을 참조.

역시 "그러한 배려 속에 머물며, 현존재가 본래적 실존에 '무관심한' 때에도 그러하다."5) 존재자와의 배려적 교섭(Umgang)의 실존론적 구성틀은 무엇인가? 배려적인 교섭은 개별적인 도구 옆에 체류하지 않고, 그 자체로 하나의 도구연관에 방향을 두고 있다. 왜냐하면 "작업에 나서고 도구를 잡아드는 모든 일은 무로부터 출발하여 하나의 고립적으로 먼저 주어져 있는 도구에 부딪치는 것이 아니라, 그때마다 이미 개시되어 있는 작업세계로부터 출발하여 잡아드는 식으로 도구로 되돌아오는 것"이기 때문이다. 실존하면서 배려되는 존재자 옆에 존재함은 하나의 고립된 유용한 도구에 방향을 두고 있지 않고, 도구 전체에 방향을 두고 있다. 배려적 교섭의 이러한 실존론적 구성틀이 유용한 도구의 탁월한 존재성격을, 곧 쓸모를 나타내줄 수 있다. 각각의 도구는 다른 도구를 지시한다. 다시 말해 배려적 교섭의 한 도구, 곧 우리가 교섭하는 그 어떤 것은 이미 우리가 거기에서 그 도구를 사용하는 그 어디를 지시하고 있다. 도구의 이러한 연관성격이 쓸모이고, 이것이 "도구적인 것의 존재유형"(SuZ, 467)이다. 쓸모의 이해를 통해, 도구적인 것을 만나질 수 있게 해줌, 곧 배려가 수행된다: "배려라는 […] 둘러보는 식으로 발견하면서 옆에 존재함은 하나의 쓸모허용, 곧 쓸모를 이해하며 기투함"이다. 이러한 쓸모허용이 "배려의 실존론적 구조"이다.

그렇다면 배려의 실존론적 구조인 쓸모허용을 가능하게 하는 조건은 무엇인가? 배려는 옆에 존재함으로서 염려라는 본질적 구성틀에 속하는 것인데, 이 염려는 그 자체로 시간성에 근거를 둔다. 따라서 쓸모허용의 가능조건은 근원적으로 시간성이다. 이제 물어야 할 것은

---

5) 결의성과 관련해서 '옆에 존재함'은 결의한 채 옆에 존재함과 결의하지 않은 채 옆에 존재함으로 구분된다(SuZ, 350, 431, 514f). 여기서는 그러나 배려 자체가 결의성과 무관하게 말해지고 있다. 퇴락과 옆에 존재함 사이의 관계에 대해서는 다음을 참조: F. -W. von Herrmann, *Subjekt und Dasein*, Frankfurt a. M.: Vittorio Klostermann, 1985, 199, 207-208.

어떤 양태의 시간성에 쓸모허용이 근거를 두는가 하는 것이다. 하나의 도구는 우리가 교섭하는 어떤 것이다. 이 도구(망치)가 거기서 쓸모를 얻는 그 어디는 무엇을 하기 위함(망치질)이라는 성격을 갖는다. 무엇을 하기 위함이라는 관점에서 그 어떤 것이 이용 가능한 것이다. '무엇을 하기 위함'에 대한 배려적 이해는, 곧 쓸모가 거기서 성립하는 '그 어디'에 대한 배려적 이해는 예기라는 시간적 성격을 갖는다. 현존재가 '무엇을 하기 위함'(망치질)을 예기하는 한에서만, 동시에 현존재는 그 어디에 쓸모를 갖고 있는 것인 '그 어떤 것'(망치)에 되돌아온다. 이러한 되돌아옴을 위해서는 그런데 그 어디에 쓸모를 갖고 있는 '어떤 것'이 이미 보유[유지]된 채로 있어야만 한다. 이런 한에서 하나의 도구의 배려적인 예기는 '그 어디'의 예기와 '그 어떤 것'의 보유에 근거를 둔다. 이 점을 하이데거는 다음과 같이 파악한다: "그 어디의 예기는, 그 어디에 쓸모를 갖고 있는 어떤 것의 보유와 함께, 자신의 탈자적 통일성 속에서 도구를 특정한 방식으로 다루면서 현재화하는 것을 가능하게 한다."(SuZ, 467-468)

쓸모허용이 단지 쓸모가 성립하는 '그 어디에'만 또는 이 같은 그 어디에서 쓸모를 갖고 있는 '그 어떤 것'에만 관계하는 것이 아니기 때문에, 쓸모허용이 수행되는 곳은 "예기적 보유라는 통일성이고, 사실상 이곳에서 발원하는 현재화가 도구세계 속에서의 배려의 독특한 몰입을 가능하게 한다."(SuZ, 468) 쓸모허용의 시간화의 양태는 따라서 "예기하며-보유하는-현재화"이다. 그런데 "쓸모허용을 구성하는 시간성을 위해서는 하나의 특수한 망각이 본질적이다." 왜냐하면 "도구세계에 '빠져서', '실제로' 작업에 착수하여 [도구를] 다룰 수 있기 위해서는" 현존재가 자기를 망각해야만 하기 때문이다. 이러한 식의 망각은 진정한 비본래성의 한 특징이다.6) 하지만 이 경우에도 자기가

---

6) 본래성과 비본래성의 양태들은 본래성과 비본래성의 양태들과 교차한다. 이와 관련해 하이데거는 다음과 같이 말한다: "현존재의 진정하지 못한 본래성, 곧 진정하지 못한 자기 자신 옆에 존재함(Beisichselbstsein)이 있고, 진정한 비본

완전히 망각되는 것은 아니다: "배려의 시간성의 통일성 속에서 그때마다 예기가 주도적인 한에서, […] 배려하는 현존재의 고유한 존재가 능이 염려 속에 세워져 있다."

이상의 논의에서 드러나듯이, 배려의 시간성은 예기하며-보유하는 현재화이다. 이러한 시간성은 둘러보며 만나질 수 있게 해줌의 다른 양상들, 곧 (사용할 수 없는 도구의) 현저성, (결여된 도구의) 절실성, (예상치 못한 도구에 대해) 놀라워함, (방해만 되는 도구의) 저항성을 특징으로 하는 양태들의 시간적 분석을 통해서도 드러날 수 있는 것이다(참조: SuZ, 469-471). 사용할 수 없는 적합하지 않은 도구에 대한 현재화는 저지된 현재화(aufgehaltenes Gegenwärtigen)이고, 필요하나 결여된 도구에 대한 현재화는 기대되었던 처분 가능한 것의 비현재화(Ungegenwärtigen)이다. 예상치 못한 놀라운 도구에 대한 예기는 이 같은 도구의 비예기(Ungewärtigen)이다. 방해만 되는 저항적인 도구에 대한 보유는 처분 가능하나 적합하지는 않은 것의 비보유(Unbehalten)이다. 이같이 배려적 교섭의 다양한 양상들의 시간적 분석을 통해서 드러나는 것은 쓸모허용을 가능하게 하는 배려의 시간성이 자기 안에 다양한 변양가능성들을 포함하고 있지만, 그 기본적인 시간화 방식은 예기적-보유적-현재화(gewärtigend-behaltend-Gegenwärtigen)라는 점이다. 우리는 배려하면서 옆에 있음, 곧 쓸모허용의 시간성에 대한 이상의 논의를 근거로 공간성과 시간성의 연관에 용이하게 접근할 수 있다.

래성, 즉 진정하지만, 관련된 구체적 현존재에서부터 자라난, 자기 자신을 상실함이 있다."(GA 21, 226-227)

3절 세계의 공간성

1. 공간성의 문제

여기서 우리는 하이데거의 공간 개념을 그의 사유의 전후기 단계로 나누어 밝혀보고자 한다. 이러한 작업은 공간과 세계의 관련성과 공간과 진리의 관련성도 드러내줄 수 있을 것이고, 부분적으로 그의 전후기 사유의 차이점도 드러내줄 수 있을 것이다.

하이데거 전기의 초월론적 사유 속에서 '공간'에 대한 실존론적-존재론적 논의는 『존재와 시간』 22-24절에서 이뤄진다. 여기서 세계 내부적인 것인 도구적인 것(Zuhandenes)의 공간성(Räumlichkeit), 세계 내존재인 현존재의 공간성, "세계의 공간규정성"(SuZ, 136)이 제시된다. 세계의 공간규정성(Raumbestimmtheit)이란 "공간이 세계의 한 구성요소(ein Konstituens)"인 한에서 세계가 공간을 규정하고 있고, "공간성은 단지 세계성을 근거로 해석될 수 있다."(Prol, 325)는 점을 의미한다.[7]

하이데거의 후기 사유에서, 그의 공간 개념은 「건립 거주 사유」라는 강연에서 사물과 세계의 관련성의 측면에서 다뤄진다. 여기서는 4중자(Geviert, 사방세계)의 보호가 사물 옆의 체류로 구체화되는 것으로 해설되면서, 그 자신 하나의 장소인 하나의 사물에 의한 공간의 공간화가 논의된다. 이러한 공간화는 한편으로는 '4중자를 모으는 사물'

---

7) "세계에는 어떤 의미에서 공간성이 속한다는 것, 공간성은 세계의 한 구성요소라는 것"이 말하는 것은 "데카르트가 의도했던 바대로 세계의 존재가 공간성[연장성]으로부터 규정될 수 있고, 그래서 세계의 모든 다른 가능한 실재적 성격들이 공간성에 토대를 두고 있으리라는 것이 아니다. 오히려 생겨나는 물음은 공간성이 세계성에서부터 해설될 수 있는 것이 아닌가의 여부, 또 주변세계의 특수한 공간성은 물론 공간 자체의 유형과 구조 및 발견, 더 나아가 공간의 가능적 만남의 유형, 예컨대 측정적 공간도 역시 세계의 세계성으로부터만 이해 가능하게 될 수 있는 것이 아닌가의 여부이다. 그런데 사실상 이것이 사실이다."(Prol, 307)

에 의한 공간화이고, 다른 한편으로는 사물을 한 장소로 발견하는 '사물 옆의 체류로서의 인간의 거주'에 의한 공간화이다.

2. 전기 사유에서의 공간 개념

1) 도구적인 것의 공간성

하이데거가 『존재와 시간』에서 공간과 관련해 제일 먼저 해설하는 것은, 도구적인 것(Zuhandenes)에서 읽어낼 수 있는 공간성이다. 도구적인 것의 공간성을 드러내기 위해서, 하이데거는 "우선적으로 도구적인 것(zunächst Zuhandenes)"이라는 말과 더불어 시작한다. 이것은 그때마다 무엇보다도 "가장 앞서(zuerst)" 만나지는 것일 뿐만이 아니라, 동시에 대체로 "가까움 속에(in der Nähe) 있는 존재자"(SuZ, 137)를 의미한다. 실제로 아무런 유용성을 갖지 않거나 유용성과 무관하게 존재하는 것, 이른바 현전적인 것(Vorhandenes, 전재자, 눈앞의 것)은 우리와의 [물리적으로든 심리적으로든] 가까움 속에 있는 것이 아니다. 가까움(Nähe)이라는 것이 세계 내부적 존재자와의 일상적인 교섭에서 도구적인 것이 갖는 하나의 성격이다.

(1) 하나의 자리: 거리 잡혀 있고 방향 잡혀 있는 것

도구적인 것들은 그때마다 우리에게 "상이한 가까움"을 갖고 있는데, 이 상이한 가까움은 "간격들의 측정을 통해 확정되는 것이 아니고", 오히려 "배려적으로 둘러보는 식으로 '계산에 넣으면서' 도구적인 것을 다루거나 사용함에서부터 규제되고 있는 것이다." 그런데 배려의 둘러봄은 "이런 식으로 가까이 있는 것을 동시에 그 안에서 도구가 언제나 접근될 수 있는 그런 방향과 관련해서도 고정한다." 그래서 도구의 가까움은 언제나 "방향이 잡혀 있는 가까움"이다. 이 점을 하이데거는 다음과 같이 해설한다: "방향이 잡혀 있는 가까움이 의미

70

하는 것은 도구가 다만 어딘가에 현전하면서 공간 안에 자신의 위치(Stelle)를 갖고 있다는 것이 아니라, 오히려 도구는 도구로서 본질적으로 [어느 자리에] 비치되고 보관되고 놓이고 정돈되어 있다는 것이다." 예컨대 우산이나 책상 같은 도구적인 것들은 그것의 손쉬운 사용을 위해 신발장 쪽이나 책장 쪽의 방향에 놓이게 되는데, 그것들은 나 자신으로부터의 물리적 간격과 무관하게 나 자신의 사용에 대해 조금 가까이 있거나 매우 가까이 있는 것이다.

방향이 잡혀 있는 가까움 속에 있는 도구적인 것은 "자신의 자리(Platz)를 갖고 있거나 또는 '주변에(herum) 놓여 있는데', 이 점은 임의의 공간 위치에서 순수하게 출현한다는 것과는 원칙적으로 구별되는 것이다."[8] 왜냐하면 하나의 도구가 얻는 "그때마다의 자리는 무엇을 위한 그 도구의 자리로서 주변세계에서 도구적으로 있는 도구연관의 서로 방향이 잡혀 있는 자리들의 전체로부터 규정되어" 있기 때문이다. 예컨대 우산과 책상은 단순히 집 안의 어느 공간적 위치에 우연히 놓이게 되는 것이 아니다. 오히려 책상은 책장, 노트, 컴퓨터 등과 맺는 도구연관 속에서, 우산은 우산대, 신발장, 현관문 등과 맺는 도구연관 속에서 각기 자신의 적합한 자리를 얻게 되는 것이다. 따라서 "자리와 자리 다양성은 사물들의 임의적인 현전함의 어디(Wo)로 해석되어서는 안 되는" 것이고, 오히려 구체적으로 "자리는 그때마다 하나의 도구의 적합함(Hingehören)의 '저기(Dort)' 또는 '거기(Da)'"로 파악되어야 한다. 이 경우에 도구적인 것이 갖는 자리의 "그때마다

---

8) 하이데거는 "모든 세계적인 것"은, 그것이 현전적인 것이든 도구적인 것이든 자리를 갖고 있지만, 후자는 "배정된(zugewiesener) 자리"를, 전자는 "현전하는(vorhandener) 자리"를 가지고 있고, 도구적인 것의 자리들은 "배정될 수 있지만(anweiswar)", 현전적인 것의 자리들은 "마주칠 수 있는데(vorfindlich), 다시 말해 가장 가까운 세계의 방향 잡혀 있음에서부터 나오고 또 그리로 들어서는 식으로 마주칠 수 있다."고 말한다(Prol, 311). 여기서 'vorfindlich'는 '눈 앞에 발견할 수 있는'이라는 의미를 갖지만, 발견한다는 뜻의 다른 단어인 'entdecken'과 구별하기 위해 '마주칠 수 있는'이라고 번역되었다.

의 적합성(Hingehörigkeit)은 도구적인 것의 도구 성격에, 다시 말해 도구 전체로의 그것의 쓸모부합적 귀속성(Zugehörigkeit)에 상응한다." 예컨대 책상은 책 읽기에 쓸모를 갖고, 책장은 책의 보관에 쓸모를, 노트는 책 내용의 메모에 쓸모를, 컴퓨터는 노트 내용의 타이핑에 쓸모를 갖는다. 따라서 책상, 책장, 노트, 컴퓨터 등이 이루는 도구 전체 속에서, 책상은 책장 옆에, 노트는 책상 위와 컴퓨터 앞에, 컴퓨터는 책상 위와 노트 뒤에 자신의 적합한 자리를 갖는다. 이렇게 방향이 잡혀 있는 가까움에 있어서의 도구의 자리는 그것의 쓸모에 상응하면서 쓸모 전체 속에서 정해진다.

(2) 방면: 자리 전체의 적합성의 '어디로'

하이데거는 이제 하나의 도구의 자리가 아니라 도구 전체의 자리의 적합성에 관해 논의한다. 그는 "하나의 도구 전체에게 자리를 정해 줄 수 있는(plazierbare) 적합성의 바탕에는 이 적합성의 가능조건으로서 '어디로 일반(das Wohin überhaupt)'이 놓여 있고, 이러한 '어디로 일반' 속으로 들어서도록 하나의 도구연관에게 자리 전체가 배정된다."고 말한다.9) 여기서 말한 '어디로 일반'은 '여기로', '저기로', '그리로' 등을 총괄하는 말이다. 그는 '어디로'는 "배려적 교섭에 있어서 배려적으로 둘러보는 식으로 미리 시야에 보유되고 있는" 것이라고 밝히면서, 이러한 '어디로'를 "방면(Gegend)"(방역, 구역)이라고 부른다. 이러한 해설은, 하나의 도구가 하나의 도구 전체 속의 '어디'에서 자신의 적합한 자리를 얻듯이, 하나의 도구 전체도 '어디로'라는 방면 속에서 자신의 적합한 자리 전체를 얻게 된다는 것을 뜻한다. 앞에서

---

9) " '어디로(Wohin)'란 […] '하나의 장소로', 더욱 정확히 말해 '하나의 자리로'라는 것이고, 그래서 '어디로'에는 하나의 특정한 방면이 놓여 있다. 방면은 '하나의 어디로의 어디'에 다름 아니다."(Prol. 310) "방면은 거기에 적합함(Hingehören), 거기로 감, 거기로 데려감, 그쪽으로 봄 등에서 그 '어디로의 어디'이다."(Prol, 314)

든 예를 토대로 이해한다면, 책상, 책장, 노트, 컴퓨터 등이 이루는 도구 전체는 자신의 자리 전체를 서재 방면에서 얻는 것이고, 우산대, 신발장, 현관문 등이 이루는 도구 전체는 자신의 자리 전체를 정문 방면에서 얻는 것이다. 정문 방면이 이미 우산대, 신발장, 현관문 등이 이루는 도구 전체의 자리 전체의 적합성을 가능하게 하는 조건이고, 서재 방면이 책상, 책장, 노트, 컴퓨터 등이 이루는 도구 전체의 자리 전체의 적합성을 가능하게 하는 조건인 것이다.

방면이라는 말로 하이데거는 어느 쪽의 방향과 어떤 것의 부근을 함께 의미한다: " '~의 방면에'라는 말은 '~쪽 방향(Richtung)에'라는 것만이 아니라 그 방향 속에 놓여 있는 '어떤 것의 부근(Umkreis)에'를 의미한다." 방향이 잡혀 있는 가까움 속에 있는 도구적인 것의 자리가 도구 전체에 의거해 정해지고, 이러한 도구 전체의 자리 전체가 다시금 방면에 의거해 정해지는 한, 도구적인 것의 자리는 이미 방면에 의거해 있는 것이다. 이 점을 하이데거는 다음과 같이 지적한다: "방향과 거리(가까움은 거리의 한 양상일 뿐이다)를 통해 구성되어 있는 자리는 이미 하나의 방면으로, 또 이 방면 내부에 방향 잡혀 (orientiert) 있다."(SuZ, 137-138)

하이데거는 방면 개념의 중요성을 두 가지 면에서 지적한다. 한편으로 그는 방면의 선-발견성(Vor-entdecktheit)이 도구 전체의 자리들의 배정(Anweisen)과 마주침(Vorfinden)을 위한 가능조건이라고 지적한다: "배려적으로 둘러보면서 마음대로 할 수 있는 하나의 도구 전체의 자리들을 배정하거나 마주치는 일이 가능해야 한다면, 방면과 같은 것이 미리 발견되어(zuvor entdeckt) 있어야만 한다."(SuZ, 138) 다른 한편으로 그는 방면으로 향한 도구적인 것들의 자리 다양성이 임의의 가능한 위치들의 3차원적 다양성보다 선행한다는 점을 지적한다: "도구적인 것들의 자리 다양성이 방면으로 방향 잡혀 있다는 것이 주변(das Umhafte, 주변성, 환경성)을, 곧 주변세계적으로 우선 만나는 존재자들이 우리를 둘러싸고 있음(Um-uns-herum)을 형성한다. 현전적인 사물들에 의해 채워지는 어떤 가능한 위치들의 3차원적 다양성이 우선 주어져 있는 것이 결코 아니다. 공간의 이러한 차원성은 도구적인 것의 공간성에서는 여전히 가려져 있다."[10] 도구적인 것의 자리는 추상작업을 통해 비로소 성립하는 3차원적 위치보다 선행하는 것으로서 언제나 이미 방면으로 방향 잡혀 있는 것이다. 결국 방면은 자리나 자리 전체의 배정과 마주침을 위해 전제되는 것이고, 3차원적 공간에 선행하는 것이다.

도구적인 것의 자리가 이미 하나의 방면으로, 또 이 방면 내부에 방향 잡혀 있는 한, 도구적인 것의 자리는 방면 안에 놓인 자리이다. 그런 까닭에, " '위'는 '천장에'이고, '아래'는 '바닥에'이고, '뒤'는 '문 옆에'이다. 모든 어디(Wo)는 일상적 교섭의 걸음들과 길들을 통해 발견되어 있고, 배려적으로 둘러보는 식으로 해석되어 있는 것이지, 관찰하는 공간 측정에서 확정되고 기록되어 있는 것이 아니다."

그런데 도구적인 것의 자리가 방면에 의거해 정해진다면, 이 방면 자체는 다시금 무엇을 기준으로 하여 정해지는 것인가? 하이데거는 그 기준이 되는 것을 천체 방면들(Himmelgegenden, 방위)이라고 해

---

10) 하이데거는 『존재와 시간』(1927)보다 앞선 책인 『시간 개념의 역사를 위한 서언』(1925, 마르부르크 대학 강의록)에서 주변세계의 주변(das Umhafte)의 의미를, '나에게로 방향 잡힌 채로 주변사물들이 방면 안에서 나에 대해 가깝거나 멂'이라고 보고 있다: "세계의 주변의 구조, 곧 이러한 특수한 주변세계성은 서로 얽혀 있는 다음의 세 현상들에 의해 규정되어 있다: 거리(Enrfernung), 방면(Gegend), 방향(방향 잡음, 방향 잡혀 있음)[Orientation(Ausrichtung, Ausgerichtetheit)]"(Prol, 308) "가까움, 멂, 방향이라는 현상들이 주변의 최초의 근본구조를 내주고, 그 현상들 자체의 통일성을 고려할 때 말해질 수 있는 것은 세계에서의 주변은 배려가 거기 머무는 것(Wobei)의 방면적 가까움과 멂이다."(Prol, 310) "방면 그리고 가까움과 멂이라는 두 가지 구성요소들 속에는 배려하는 현존재 자체로의 방향 잡혀 있음이 놓여 있다. 가까움과 멂 그리고 방면은 배려하는 교섭에 대한 독특한 되 지시(Rückweisung)를 갖고 있다. 주변세계 사물들로부터 보인 이러한 되 지시와 더불어서, 곧 가까움과 멂의 방향 잡혀 있음 및 방향이란 성격에서 규정된 것[방면]의 방향 잡혀 있음과 더불어서 비로소 주변(Um)의 완전한 구조가 획득되어 있다."(Prol, 310)

74

설한다. 그에 의하면, 이러한 천체 방면들은 배려의 둘러봄 속에서 지속적으로 도구적인 태양에게 자리가 배정됨에 의해 생겨난 것이다.[11] 그 과정을 하이데거는 다음과 같이 해설한다: "자리들 자체는 도구적인 것에게 배려의 둘러봄 속에서 배정되거나 혹은 그러한 자리들로서 만나진다. 지속적으로 도구적인 것은 배려적으로 둘러보는 세계내존재가 미리부터 헤아리는 것이고, 그런 까닭에 자신의 자리를 갖는다. 도구적인 것의 도구적으로 있음의 어디(Wo)는 배려를 위해 헤아려지며 여타의 도구적인 것으로 방향 잡혀 있다. 그래서 태양, 곧 그것의 빛과 열이 일상적인 사용 속에 놓여 있는 태양은 그것이 제공하는 것들의 변하는 사용가능성에서부터 일출, 한낮, 일몰, 한밤 같은 자리를, 곧 그것의 배려적으로 둘러보는 식으로 발견된 탁월한 자리들을 갖는다. 변하는 방식으로지만 그럼에도 한결같이 끊임없이 도구적인 것인 태양의 자리들은 자신들 안에 놓여 있는 방면들의 강조된 '지시(Anzeigen, 표지, 지표)'로 된다. 이러한 아직 지리학적 의미를 가질 필요가 없는 천체 방면들이, 자리들로 점유될 수 있는 방면들의 특수한 형성을 위해 '선행적인 어디로(das vorgängige Wohin)'를 미리 내준다."[12] 결국 태양의 자리들이 스스로 천체 방면들이 되면서 이 천체 방면들을 지시해 주는 것이고, 이 천체 방면들이 구체적 방면들의 형성을 규제하는 '선행적인 어디로'라는 것이다.

---

11) 태양은 도구적인 것인 동시에 현전적인 것이다: "천체 방면들(Himmelsgegen-den, 동서남북의 방위)은 일차적으로는 태양의 뜨고 짐에서부터 발견되어 있다. 태양은 그 경우에 하나의 천문학적인 사물로서 이해되지 않고, 하나의 주변세계적으로 현전적인 것, 일상적 배려 속에서 지속적으로 사용되는 것, 낮과 밤의 교체 속에서 빛과 열을 주는 것으로서 이해되어 있다."(Prol, 314)

12) 태양의 자리가 곧 천체 방면들이 된다: "하늘에서의 태양의 상이한 자리들, 그것도 탁월한 자리들인 일출, 한낮, 일몰은 특정한 지속적으로 현전하는 방면들이다. 주변세계적인 방면들로서 그것들은 하나의 방향 잡음을 가능하게 하고, 그 결과 하늘과 관련해서의 동서남북에서부터 각각의 모든 주변세계적인 방면이 다시금 규정되어 있다. 주변세계의 길들과 들판의 상태(Lage), 그리고 그 밖의 비슷한 것들은 세계방위(Weltgegend)에 방향 잡혀 있다."(Prol, 314)

태양에게 배정된 자리들, 특히 일출과 일몰은, 해 뜨는 방면과 해 지는 방면을, 곧 동쪽과 서쪽을 선행적으로 제공하는데, 이러한 천체 방면들은 집 앞 방면이나 뒤뜰 방면과 같은 특수하게 형성되는 방면들을 규제하는 선행적인 방면들이다. 선행적인 천체 방면들에 의거해 다른 구체적인 방면들이 형성되는 것을 하이데거는 다음과 같이 해설한다: "집은 해가 드는 측면과 비가 들이치는 측면을 갖고 있다; '공간들'의 분할은 이들에 방향 잡혀 있고, 이 공간들 내부에서 '설비'도 그때마다 이것의 도구 성격에 방향 잡혀 있다. 예컨대 교회와 묘지는 태양의 일출과 일몰에 따라 마련되는데, 교회와 묘지는 삶의 방면과 죽음의 방면이고, 이것들에서부터 현존재 자체는 세계 안에서의 자신의 가장 고유한 존재가능성들[삶과 죽음]과 관련해서 규정되어 있는 것이다."(SuZ, 138-139)13) 집 앞 방면과 교회 방면은 해 뜨는 방면에 의해 규제되어 있는 것이고, 뒤뜰 방면과 묘지 방면은 해가 지는 방면에 의해 규제되어 있는 것이다. '어디로 일반'(여기로, 저기로, 그리로 등)은 이미 선행적인 '어디로'인 천체 방면들에 의해 규제되면서, 도구 전체의 자리 전체를 위해 적합한 방면들로 발견되어 있는 것이다. 그런데 천체 방면이든 구체화된 방면이든, 그것들은 현존재의 삶과 죽음, 곧 현존재 자체의 존재가능성들을 위한 배려에 의해 발견되어 있는 것이다.14)

---

13) 이 대목에 대한 다른 방식의 해설은 다음과 같다: "주목되어야 할 것은, 세계 방면들의 일차적 발견에 있어서 세계방면들은 오래전부터 지리학적 개념들이 아니라는 것인데, 이전에도 지금도 교회들과 묘지들은 전적으로 특정한 방향들에 방향 잡혀 있다는 점에서 나타난다."(Prol, 314-315) "여기서 문제시되는 방면들, 예컨대 동쪽, 서쪽은 지리학적 연관들과는 아무 관련이 없고, 오히려 일출과 일몰, 삶과 죽음, 따라서 현존재 자체와 관련된다."(Prol, 315)

14) "'자리'는 배려 속에서 도구적인 것 내지 현전적인 것의 적합성의 장소이다. 이러한 적합성은 하나의 방면이고, 이러한 적합성의 규정은 자리 정함으로서 배려함으로부터 또 일차적으로 이런 배려함 속에 현존하는(anwesend) 것으로부터 앞서 그려져 있다. 주변세계 사물들의 자리 정함, 한 방면에의 적합성의 규정은 다시금 배려의 일차적인 현존(Präsenz)에 기초를 두고 있다."(Prol,

(3) 공간성: 방면 안에서 하나의 자리에 도구적으로 있음

현존재의 배려는 우선 지속적으로 도구적인 것인 태양에게 자리를 배정하여 천체 방면들을 성립시키고, 이것들로 교회 방면과 묘지 방면을 비롯한 다른 모든 구체적인 방면들이 방향 잡힌 채로 들어서도록 한다.[15] 그런데 이러한 방면들은 거기서 모든 도구적인 것들이 자신의 쓸모를 얻어야 하는 것들인 한에서, 도구 전체의 쓸모 전체를 통해 규정되고 있는 것이기도 하다. 이 점을 하이데거는 다음과 같이 해설한다: "자신의 존재에 있어서 자신의 존재 자체가 문제시되는 현존재의 배려는, 거기서 그때마다 [도구 전체가] 하나의 결정적인 쓸모를 얻게 되는 그런 방면들을 선행적으로 발견한다. 방면들의 선행적인 발견은 [천체 방면들 외에도] 쓸모 전체에 의해 함께 규정되어 있는데, 그런 쓸모 전체는 그것에 의거해 도구적인 것이 [우리에게] 만나지는 그런 기반으로 [이미] 자유롭게 내주어져 있는 것이다."(SuZ, 139)

하이데거는 방면이 우리에게 친숙하여 눈에 띄지 않는 것이지만, 그럼에도 "어떤 것을 그것이 있어야 할 자리에서 만나지 못할 때, 그 자리의 방면이 종종 처음으로 명확하게 그 자체로 접근될 수 있다."고 지적한다. 이 점은 방면이 자신의 "구체화를 자리에서"(Prol, 316) 얻고 있다는 점을, 또 방면이 전체에 있어서의 존재자 자체에 속해 있다는 점을 알려준다: "배려적으로 둘러보는 세계내존재에 있어서 도구 전체의 공간성으로 발견되어 있는 공간[방면]은, 그때마다 도구 전체의 자리로서 존재자 자체에 속한다. 단순한 공간은 여전히 가려져 있다. 공간은 자리들 속으로 흩어져 있다. 이러한 공간성은 그러나 공간적으로 도구적인 것들의 세계부합적 쓸모 전체를 통해서 자신의 고유

<hr>

311)

15) "그런데 방면들은, 그리고 자리에서의 방면들[방향 잡힌 자리 전체]의 구체화는 언제나 주변세계적으로 이미 현전하는 방면들[천체 방면들]에서부터 규정되고, 이 같은 방면들은 그들 편에서 다시금 배려되는 것의 현존에서부터 규정된다."(Prol, 316)

한 통일성을 얻는다."(SuZ, 139) 방면 속에서 물리학적 공간은 여전히 가려져 있고, 오히려 자리들만이 발견되어 있다. 그래서 방면은 도구 전체의 자리 전체의 연관으로 나타나는데, 이 자리 전체가 통일적인 쓸모 전체에 의해 성립하므로, 방면은 "자리들의 독특하고 쪼개지지 않은 통일성이다."(SuZ, 139의 여백 란의 주)

도구적인 것의 공간성이란 그것이 방면 안의 한 자리에 도구적으로 존재한다는 것이다. 도구적인 것은 방향과 거리를 통해 구성되는 자리를 갖고 있고, 이 자리는 도구 전체의 자리 전체에 속해 있다. 도구 전체의 자리 전체는 그 자체로 이미 방면으로, 또 방면 내부에 방향 잡혀 있고, 이런 한에서 방면은 도구 전체의 자리 전체로 나타난다. 이러한 방면은 그런데 그 편에서 자신의 자리를 하나의 도구적인 것에 두고 있기도 한 것인데, 왜냐하면 방면은 우리에게 친숙하여 눈에 띄지 않다가도 자기 자리에 있어야 할 도구적인 것을 우리가 만나지 못하는 경우에 우리에게 분명하게 접근되기 때문이다.

2) 현존재의 공간성

도구적인 것의 공간성은 현존재의 공간성에 상관되어 있는 것이다. 도구적인 것은 세계 내부적 존재자이고, 현존재는 세계내존재이다. 현존재의 공간성이 세계 내부적 존재자(도구적인 것)의 공간성에 상관되어 있는 한에서, 그것은 세계내존재의 공간성, 내-존재의 공간성, 세계 내부적 존재자 옆에 존재함의 공간성이다. 도구적인 것의 공간성은 형식적으로 보면 도구적인 것이 '공간 안에 존재함'이지만, 현상학적으로 보면 도구적인 것이 방면 내부에서 한 자리에 도구적으로 존재한다는 것이다. 그런데 현존재는 세계 내부적으로 만나지는 현전적인 것이거나 도구적인 것이 아니다. 따라서 현존재의 공간성이 의미하는 것은 " '세계공간' 안의 한 위치에 놓여 있음도, 한 자리에 도구적으로 존재함"(SuZ, 140)도 아니다. 현존재의 공간성은 현존재가 세계 안에서 존재자 옆에 머물면서 도구적인 것의 공간성을 성립시키는 방식으로 스스로 공간적이라는 것을 의미한다.

(1) 거리 잡기

현존재의 공간성을 논의함에 있어서 하이데거는 우선 도구적인 것의 자리가 거리와 방향을 통해 구성되어 있다는 점에 상관시켜, "현존재의 공간성은 거리 잡기와 방향 잡기라는 성격들을 나타낸다."(SuZ, 140)고 지적한다. 그는 '거리 잡기(Ent-fernung)'(거리 제거)라는 새로운 표현을 끌어들이면서 이것을 "거리(가까움) 또는 간격(Enrferntheit(Nähe) oder gar Abstand)" 같은 명사적 의미가 아니라 "타동적-능동적 의미"로 사용하면서, 그것에 "어떤 것의 멂을, 곧 어떤 것의 거리를 사라지게 함, 곧 가깝게 함"이라는 의미를 부여한다. 그에 의하면, 어떤 것에 대해 현존재가 그것이 가깝다고 혹은 멀다고 거리를 잡는 일은 모두 그 어떤 것을 비발견성에서부터 발견성 속으로 들어서게 하여 가깝게 하는 일이다: "현존재는 본질적으로 거리를 잡으면서 존재한다. 현존재는, 그 자신 현존재인 존재자로서 그때마다 존재자를 가까움 속에서 만나질 수 있게 한다. 거리 잡기(Ent-fernung)가 거리(Enrferntheit)를 발견한다(entdeckt)."(SuZ, 140) 하이데거는 거리나 간격이 현존재가 아닌 다른 존재자의 범주적 규정이지만, 거리 잡기는 현존재의 실존범주라고 말한다.[16] 그는 가깝게 하는 거리 잡기에 의해 비로소 거리나 간격이 생겨난다는 점을 다음과 같이 강조한다:

---

16) 하이데거는 '거리'를 거리 잡기 속에서 생겨난 (현존재에 대한 사물의) 가까움이나 멂을 의미하는 말로, 반면에 '간격'을 (사물들 사이의) 주변세계적 성격이 결여된 거리를 의미하는 말로 사용한다: "간격은 결손적인(defiziente) 거리이다. 이러한 주변세계적 거리(현존재의 실존범주로서의 거리 잡기와 범주로서의 거리)의 독특한 변형은 이미 종종 언급된 탈세계화라는 과정을 통해서 이루어진다."(Prol, 313-314) "거리와 간격은 일치하지 않는다. 간격은 오히려 존재론적으로 거리에 기초를 두고, 거리가 있을 때만 발견되고 규정될 수 있다."(Prol, 309-310)

"[두 사물의 탈세계화를 통해 생겨난 기하학적인] 두 개의 점은, 두 개의 사물이 그러하듯이, [그들 스스로] 거리를 갖고(entfernt) 있는 것이 아닌데, 왜냐하면 이런 존재자들 중의 어떤 것도 자신의 존재유형에 따를 때 거리 잡기를 할 수 없기 때문이다. 그것들은 다만 [현존재의] 거리 잡기 속에서 만나지는 측정 가능한 간격을 갖고 있을 뿐이다."(SuZ, 140-141) 거리 잡기는 현존재 자신에 대해 사물이 얼마나 떨어져 있는가를 발견하는 것이고, 이런 발견을 통해 사물을 자신에 대해 가깝게 하는 것이다. 따라서 사물을 발견함으로서의 가깝게 함은 사물을 이동시키는 것을 반드시 의미하지는 않는다.

거리 잡기 속에는 "현존재에 대한 도구적인 것의 멂(Ferne)에 대한 명확한 산정"이 필연적으로 놓여 있는 것이 아닌데, 그러한 멂이 산정된다고 해도 그 멂은 간격(Abstand)이 아닌 거리(Entferntheit)일 뿐이고, 이런 거리의 산정은 "일상적인 현존재가 그 안에 체류하는 그런 거리 잡기들"에 상관적으로, 곧 도구적인 것들을 배려적으로 둘러보는 배려에 상관적으로 일어난다. 그런 까닭에 저 어느 곳까지의 거리를 산정하면서 "우리는 다음과 같이 말한다: 거기까지는 한 번 산책걸음이요, 한 번 고양이 뛰기요, 한 개비 담배 피울 길이이다."(SuZ, 141) 하이데거는 "이러한 척도들[산책, 고양이, 담배]이 표현하는 것은 이 척도들이 '측정하려고' 하지 않는다는 점만이 아니라, 그 산정된 거리가 사람들이 배려하면서 둘러보는 식으로 다가서는 존재자에 귀속한다는 점"이라고 말한다. 때로는 배려하며 둘러보는 존재자에 상관시키지 않고, 좀 더 확고한 척도인 시간에 상관시켜서 사람들이 "그 집까지는 반시간 정도이다."라고 말할 수도 있다. 하지만 이런 경우에도 " '반시간'이라는 것은 30분이 아니고, 일정한 지속(eine Dauer)"인데, 이러한 지속도 역시 결코 "어떤 양적인 펼쳐짐이라는 의미에서의 '길이'를 갖지 않고", 오히려 "그때마다 익숙한 '배려들'에서부터 해석되어 있는" 것이라고 한다. 둘러보는 배려 속에서 거리가 산정되는 까닭에, " '객관적으로' 긴 길이 '객관적으로' 짧은 길보

다 더욱 짧을 수 있는데, 이 ['객관적으로'] 짧은 길이 아마도 하나의
'힘겨운 걸음'이고 그래서 무한히 긴 길로 만나지는 길인 경우 그러하
다."(SuZ, 142) 하이데거는 배려 속에서 산정되는 거리가 객관적인 간
격과 일치하지 않으며, 이런 간격보다 더욱 중요한 것임을 다음과 같
이 지적한다: "현전적인 사물들의 객관적인 간격들은 세계 내부적으
로 도구적인 것들의 거리와 가까움에 일치하지 않는다. 저 간격들이
정밀하게 알려져 있을 수 있다고 해도, 이러한 앎은 그럼에도 맹목적
이다. 그것은 주변세계를 배려적으로 둘러보며 발견하며 가깝게 함의
기능을 갖고 있지 못하다."

　주변세계를 배려하는 기능을 갖고 있는 거리는 현존재의 거리 잡기
에서 비롯되는 것이다. 이런 맥락에서 그는 "현존재의 일상성의 배려
적으로 둘러보는 거리 잡기는 '참된 세계'의 자체적 존재를, 현존재가
실존하는 자로서 그때마다 이미 그 옆에 존재하는 그런 존재자의 자
체적 존재를 발견한다."고 말한다. 결국 현존재의, 세계내존재의, 내-
존재(In-Sein)의 공간성은 우선 이렇게 거리 잡기로 특징지어진다.

(2) 방향 잡기

　하이데거는 현존재의 공간성의 다른 하나의 특징을 방향 잡기
(Ausrichtung)로 본다. 현존재는 거리 잡기에 있어서 어떤 것을 자신
에게 가깝게 한다. 그런데 "현존재가 배려함 속에서 자신에게 어떤 것
을 가까움 속으로 데려오는 것"은 "그 어떤 것을 신체의 어느 한 점
에 대해 최소 간격을 갖는 어느 공간 위치에 고정시키는 것"이 아니
다. 왜냐하면 " '가까움 속에'라는 것이 말하는 것은 둘러봄에 대해 우
선 도구적인 것들의 '부근에' "이기 때문이다. 이 말은 "가깝게 함은
신체적인 '나'-사물로 방향 잡혀 있는 것이 아니라 배려하는 세계내존
재로, 다시 말해 이러한 세계내존재에 있어서 그때마다 우선 만나지
는 것들로 방향 잡혀 있다"는 것을 뜻한다.

　그러기에 하이데거는, 현존재의 공간성은 "신체라는 사물이 현전하

는 그 위치의 신고를 통해 규정되는 것이 아니다."라고 말하면서, 그 이유를 다음과 같이 말한다: "우리는 과연 현존재에 대해서도 그것이 그때마다 하나의 자리를 차지한다고 말한다. 이러한 '차지함(Ein-nehme)'은 그러나 하나의 방면에서부터 하나의 자리에 도구적으로 존재함으로부터 원칙적으로 구별되어야 한다. [현존재가] 자리를 차지한다는 것은 배려적으로 둘러보면서 앞서 발견한 방면 속으로 [도구적인 것이] 들어서도록 주변세계적으로 도구적인 것을 거리 잡기함으로 파악되어야 한다."(SuZ, 144) 거리 잡음이 도구적인 것을 방면 속으로 들어서게 하는 것으로서만 성립하는 한, 현존재는 거리 잡으면서 동시에 방향을 잡는다. 현존재가 존재자를 배려하면서 거리 잡고 방향 잡고 있으면서 언제나 그때마다 가까워지고 방향 잡혀 있는 존재자 옆에 존재한다는 것이, 현존재가 세계 안에 있고 존재자 옆에 있다는 것의 구체적 의미이다: "현존재는 거리를 잡는 내-존재로서 동시에 방향 잡기의 성격을 갖는다. 모든 가깝게 함은 미리 이미 하나의 방면 속으로 방향을 잡은 채로 있는데, 거리 잡힌 것은 이 방면에서부터 가깝게 되고, 그렇게 자신의 자리와 관련해 만나지는 것이다. 둘러보는 배려는 방향을 잡는 거리 잡기이다."(SuZ, 144-145)

하이데거는 거리 잡기와 방향 잡기가 "세계내존재의 존재양상들로서 선행적으로 배려의 둘러봄에 의해 이끌리는"(SuZ, 145) 것이라고도 하고, 그것들이 "내-존재의 구성적 성격들로서 현존재의 공간성을, 곧 발견된 세계 내부적 공간 속에서 배려하고-둘러보면서 존재하는 현존재의 공간성을 규정한다."(SuZ, 147)고도 말한다. 거리 잡기와 방향 잡기로 특징지어지는 현존재의 공간성은 도구적인 것의 공간성과 상관적 관계 속에 놓여 있다. 도구적인 것의 공간성은 도구적인 것이 하나의 방면 속에서 거리와 방향으로 구성된 그 자신의 자리에 도구적으로 존재한다는 것이다. 그런데 이 같은 도구적인 것의 공간성을 위해서는 물론 현존재의 공간성이 필요하다. 곧 현존재가 존재자로 하여금 방면 속에 들어서서 자리 잡도록 하는 현존재의 거리 잡기와 방향 잡기가 필요하다. 그런데 이 같은 현존재의 공간성은 현존재가 그때마다 이미 하나의 발견된 방면을 보유하기에 가능한 것이다. 이제 현존재의 선행적인 방면 보유에 대해 살펴보기로 한다.

3) 세계의 공간규정성

(1) 유의의성 속에서의 공간의 공동 개시성

앞에서 우리는 세계의 세계성에 대해 살펴보았다. 하이데거가 강조하는 대로 거기서 중요한 것은 다음과 같은 것이다: "현존재는 세계내존재로서 그때마다 이미 하나의 '세계'[관련연관]를 발견한 채로 있다. 세계의 세계성[지시연관]에 토대를 둔 이러한 발견은 존재자를 하나의 쓸모 전체로 자유롭게 내줌으로 특징지어졌다. 자유롭게 내주는 쓸모허용은 배려적으로 둘러보는 자기-지시함의 방식으로 성취되는데, 이러한 자기-지시함은 유의의성을 선행적으로 이해하고 있음에 근거를 두는 것이다."(SuZ, 147) 이 말이 의미하는 것은 '세계'의 발견, 존재자를 하나의 쓸모 전체로 들어서게 함, 자기-지시함 등이 언제나이미 동시적으로 수행되어 있고, 이것들을 가능하게 하는 것은 유의의성(지시연관, 세계의 세계성)에 대한 선행적 이해라는 것이다.

우리는 또한 현존재의 공간성도 살펴보았다. 거기서 하이데거가 중요하게 여기는 것은 다음과 같은 것이다: "배려적으로 둘러보는 세계내존재는 공간적이다. 그리고 현존재가 거리 잡기와 방향 잡기의 방식으로 공간적이라는 오직 그 이유 때문에, 주변세계적으로 도구적인 것이 자신의 공간성에 있어서 만나진다. 하나의 쓸모 전체를 자유롭게 내줌은 동근원적으로 거리 잡고 방향 잡으면서 [존재자가] 하나의 방면에서 쓸모를 갖게 함이고, 다시 말해 도구적인 것의 [하나의 방면에 대한] 공간적 적합성을 자유롭게 내줌이다."

유의의성의 선행적 이해가 쓸모 전체의 발견을 가능하게 하고, 다른 한편으로 쓸모 전체의 발견이 그 자체로 쓸모 전체가 거기에 적합한 그 방면의 발견이 된다면, 결국 유의의성의 선행적 이해가 방면의 발견을 가능하게 하는 것이다.

그런 까닭에 하이데거는 유의의성 속에 이미 공간(방면 일반)이 개시되어 있다고 지적한다: "현존재가 배려하는 내-존재로서 친숙해 있는 유의의성 안에는 공간의 본질적인 공동 개시성이 놓여 있다." 이 말은 세계의 세계성인 유의의성 속에 쓸모 전체와 함께 공간이 이미 개시되어 있다는 의미를 가질 것이다. 물론 이 경우 "그렇게 세계의 세계성과 함께 개시되어 있는 공간은 아직 3차원의 순수한 다양성을 전혀 갖고 있지 않다."(SuZ, 147-148) 따라서 여기서 하이데거가 공간 이라고 말하는 것은 방면 일반으로 이해되어야 한다. 하이데거는 방면으로서의 공간이 유의의성에 안에 개시되어 있다고 말하고, 더 나아가 "방면은 도구적으로 있는 도구연관의 [어디로의] 가능적 귀속성 (Zugehörigkeit)에서의 그 '어디로(Wohin)' "(SuZ, 148)인데, 이때의 "귀속성은 세계에 대해 구성적인 유의의성에서부터 규정된다."고 말한다. 유의의성이 도구연관의 '어디로'의 귀속성을 규정하고 있다는 것은, 곧 유의의성 안에 방면을 규정하는 쓸모 전체가, 이로써 또한 방면이 함께 개시되어 있다는 것을 의미하는 것이다.

(2) 현존재의 근원적 공간성: 공간 마련

유의의성으로부터 쓸모 전체는 물론 방면도 함께 규정된다. 왜냐하면 쓸모 전체는 언제나 어느 방면 안에서의 쓸모 전체이고, 이런 한에서 쓸모 전체는 하나의 방면적 쓸모, 곧 공간적 쓸모이기 때문이다. 이 점과 관련해 하이데거는 다음과 같이 지적한다: "도구적인 것으로 만나지는 것은 그때마다 하나의 쓸모를 하나의 방면에서 갖는다. 주변세계적으로 도구적인 것의 존재를 구성하는 쓸모 전체에는 방면적 인 공간 쓸모(gegendhafte Raumbewandtnis)가 속해 있다."

유의의성 안에 방면이 개시되어 있다는 것은 유의의성에 의거한 현존재의 쓸모허용이 그 자체로 또한 공간을 개시하는 것이라는 의미를 갖는다. 그러기에 하이데거는 "세계내존재에 대해 구성적인, 세계 내부적 존재자의 쓸모허용은 하나의 '공간-내줌(Raum-geben)' "이라고 말하고, 이러한 공간-내줌을 "공간 마련(Einräumen)"이라고 명명한다. 쓸모허용이 공간 마련이 되는 까닭은 그것이 "존재자를 그것의 공간성[방면 안에 자리를 가짐]으로 자유롭게 내줌"이기 때문이다. 공간 마련이 존재자를 그것의 공간성으로 자유롭게 내줌이고 또한 "쓸모에 의해 규정된 가능한 자리 전체를 발견하면서 앞서 내줌"이기 때문에, 공간 마련은 그때마다의 현사실적인 방향 잡음(Orientierung)을 비로소 가능하게 하는 것이다: "현존재가 세계를 둘러보며 배려함으로써 공간을 바꾸거나, 공간을 비우거나, '공간을 마련할' 수 있는 것은 오직 현존재의 세계내존재에, 실존범주로 이해된 공간 마련이 속해 있기 때문이다."

물론 방면으로서의 공간이나 방면 안에서 자리를 차지함으로서의 공간성은 직접 눈에 보이는 것은 아니지만, 있어야 할 도구가 그 자리에 있지 않는 경우에 우리에게 알려진다. 이 점을 하이데거는 다음과 같이 지적한다: "그러나 그때마다 선행적으로 발견된 방면은 물론 여하튼 그때마다의 [도구적인 것의] 공간성도 명확하게 시야에 놓여 있는 것은 아니다. 그때마다의 공간성은 도구적인 것이 눈에 띄지 않는 경우에 그 도구적인 것의 배려에 몰두하는 둘러봄에 대해 그 자체로 마주해(zugegen) 있는 것이다." 하이데거는 그래서 "공간은 우선 [도구적인 것의] 공간성 속에서 발견되며"(SuZ, 148-149), 이러한 "공간성의 토대 위에서 공간 자체가 [추상적] 인식을 위해 접근 가능하게 된다."(SuZ, 149)고 말한다.

현존재가 공간적이라는 말은 현존재가 공간을 마련하고 있다는 것이다. 공간 마련이란 현존재가 세계내존재로서 유의의성에 의거해 세계를 개시하면서, 공간성(방면 안의 한 자리에 도구적으로 있음)과 공간(방면)을 함께 개시하고 있다는 것을 뜻한다. 따라서 공간은 세계내존재에 속한 것이고, 세계내존재가 개시하고 있는 세계에 속한 것이다. 이 점을 강조하여 하이데거는 다음과 같이 말한다: "공간이 주관 안에 있는 것도 아니고, 세계가 공간 안에 있는 것도 아니다. 현존재를 구성하는 세계내존재가 공간을 개시해 버린 한에서, 공간은 세계 '안에' 있다." 이 같은 강조를 통해 하이데거는 관념론적 입장(칸트 등)의 공간 개념과 실재론적 입장(데카르트, 라이프니츠, 뉴턴 등)의 공간 개념에 대비시켜 실존론적 공간 개념을 뚜렷하게 한다. 현존재가 이미 현재완료적으로 공간을 마련해 놓은 한에서, 공간은 도구적인 것과의 만남에 선행하고, 이런 의미로 선험성을 갖는다: "여기서 선험성이 말하는 것은 도구적인 것과의 그때마다의 주변세계적인 만남에 있어 (방면으로서의) 공간의 만남이 선행함이다." 이미 세계가 선행적으로 개시되어 있는 한에서 우리가 그때마다 세계 안에서 또 세계에서부터 존재자를 만날 수 있다는 말의 구체적인 의미는, 이미 방면이 개시되어 있는 한에서 우리가 그때마다 방면 안에서 또 방면에서부터 존재자를 만날 수 있다는 것이다. 이상의 논의는 다음과 같은 표로 요약될 수 있을 것이다.

세계와 공간의 관련		
	규정의 방향 : →	
	쓸모허용	공간 마련
가능화의 방향 : ↑	쓸모 전체의 선-발견성	자리 전체의 선-발견성
	세계의 개시성	방면의 선-발견성
	유의의성(세계의 세계성)	

(3) 공간의 존재: 세계의 공동구성

선험적인 공간은 추상화될 수 있다. 존재자를 배려적으로 둘러보지 않고 단지 "순수하게 바라봄(reines Hinsehen)"은 존재자의 공간성과 공간을 추상해 버리고 동질적 공간을 노출한다: "공간의 '형식적 직

86

관'은 공간적 관계들의 순수한 가능성들을 발견한다. 여기서 성립하는 것이, 공간적 형태들의 순수한 형태학으로부터 위치의 분석으로, 더 나아가 순수한 공간 측정학에 이르는 순수한 동질적 공간의 노출에서의 일련의 과정이다." 오스카 베커의 공간연구에 따르면, 기하학 내에서의 특수하게 수학적인 공간의 발생은 "형태기술", "상태의 분석(기하학)", 그리고 "본래적인 측정적" 단계(참조: Prol, 324)를 거치는 것이다. "배려적으로 둘러보지 않고 단지 바라보면서 공간을 발견함은 주변세계적 방면들을 순수한 차원들로 중립화한다."(SuZ, 150) 이로써 도구적인 것의 공간성이 상실되고, 도구적인 것의 자리 전체는 현전하는 임의의 사물들을 위한 위치다양성으로 되고, 주변세계는 "자연세계(Naturwelt)"로, 곧 "단지 현전하는 외연적 사물들의 연관"으로 된다. 이렇게 "도구적인 것의 세계부합성의 특수한 탈세계화"로부터 나타나는 "동질적 자연공간"은 다시금 기하학적인 3차원 공간이 생겨나도록 한다.

우리에게 선험적으로 주어져 있는 것은 추상적 공간이 아니라 방면으로서의 공간이다: "현존재에게는 그의 세계내존재에 부합하여 그때마다 이미 발견된 공간이, 비록 비주제적으로일지라도, 앞서 주어진다." 이러한 공간은 "본질적으로 세계 안에서 나타나는" 것이지만, 그럼에도 세계 내부적 존재자인 도구적인 것이나 현전적인 것의 존재유형을 갖지도 않고, 그렇다고 현존재의 존재유형을 갖지도 않는다. 공간은 연장된 사물의 존재유형을 갖지도 않고, 사유하는 사물의 존재유형을 갖지도 않는다. 하이데거는 "공간은 세계로 소급되어서야 비로소 파악될 수 있는"(SuZ, 151) 것이고 "세계를 함께 구성하는" 것이라고 말한다. 공간이 있다는 것은 결국 공간이 다른 것들과 함께 세계를 구성하고 있다는 것이고, 이것은 세계내존재인 현존재에 의해 세계와 더불어 공간[방면 일반]이 함께 개시되어 있다는 것을 말한다.

	도구적인 것과 현존재의 공간적 상관성			
	도구적인 것의 공간성		현존재의 공간성	
의미	방면 안에서 거리 잡히고 방향 잡힌 자리에 존재함		공간을 마련하면서 거리 잡고 방향 잡으면서 도구적인 것 옆에 존재함	
규정	거리	방면 안의 존재	공간 마련	거리 잡기
	방향			방향 잡기
전제	방면 일반의 선-발견성			

4) 현존재의 공간성의 시간성

하이데거는 "현존재의 존재"를 "염려(Sorge)"(SuZ, 240)라고 규정
하고, "염려의 존재론적 의미를 시간성(Zeitlichkeit)"(SuZ, 428)으로
규정한다. 이것은 현존재의 존재방식이 존재론적으로 오직 시간성에
의거해서 가능하다는 것이다. 이런 한에서 "현존재의 특수한 공간성"
(SuZ, 485), 곧 '세계 안에 존재함'이라는 현존재의 고유한 근본규정
성도 시간성에 근거를 두어야 한다. 그런데 하이데거는 시간성을 공
간성의 가능조건으로 제시하는 일은 "시간으로부터의 공간의 연역도,
순수한 시간으로의 공간의 해소"도 아니고, 또 "칸트적인 의미로 공
간에 대한 시간의 우위"(SuZ, 486)에 대한 설명도 아니라고 한다. 하
이데거에 의하면 칸트의 시간과 공간에 대한 설명은 "하나의 직관 형
식으로서의 공간을 실존론적-존재론적으로 해석함이 아니라, 물리학
적으로 현전하는 것이 '시간 속에서' 경과한다는 것에 대한 존재자적
(ontische) 확정"일 뿐이다.

(1) 배려적 공간성의 시간성

앞에서 논의되었듯이, 현존재는 공간(방면, 활동공간)을 개시하고
있고 이 공간 속에서 도구적인 것은 물론 자신에게도 그때마다 자리
를 마련해 주는 방식으로 실존한다. 이 점을 하이데거는 다음과 같이

해설한다. "실존하면서 현존재는 그때마다 이미 하나의 활동공간(Spielraum)을 마련하였다. 현존재는, 마련되어 있는 그 공간으로부터 그가 점유하고 있는 '자리'로 되돌아오는 방식으로 그때마다 자신의 고유한 장소(Ort)를 규정한다."(SuZ, 486) 방면으로서의 공간은 현존재보다 이전에 거기에 있는 것도 아니고 스스로 현전적으로 있는 것도 아니다. 오히려 공간은 현존재로부터 그때마다 하나의 활동공간으로 개시되어 있다.

현존재의 근원적 공간성, 곧 공간 마련은 방향 잡기 및 거리 잡기와 더불어 성립하는 것이다. 현존재의 시간성의 공간성과 관련해서 물어야 할 것은 "어떻게 그 같은 것[공간 마련]이 실존론적으로 현존재의 시간성에 근거하여 가능한가?"(SuZ, 487)라는 것이다.

현존재의 공간 마련에는 첫 번째 요소로서 "방향을 잡으면서 방면을 발견함"이 속한다. 방면이란 자리를 정해 줄 수 있는 도구의 가능한 적합성의 '어디로'이다. 도구를 만나고, 손에 잡고, 옮겨 놓고, 치워버리는 행동에 있어서 방면이 이미 발견되어 있다. 그런데 도구의 '어디로'의 "적합성은 도구의 쓸모와 본질적 관련을 갖고 있고", 그래서 언제나 "배려되는 도구의 쓸모연관(Bewandtniszusammenhang)에서부터 규정된다."

그런데 하이데거는 쓸모연관 내지 쓸모관련들(Bewandtnisbezüge)이 세계의 지평에 의해 비로소 가능하고, 이로써 '어디로'도 세계의 지평에 의해 비로소 가능한 것이라고 지적한다. "쓸모관련들은 하나의 개시되어 있는 세계의 지평에서만 이해 가능하다. 개시되어 있는 세계의 지평 성격이 비로소 방면적 적합성의 '어디로'라는 특수한 지평도 또한 가능하게 한다." 결국 현존재가 이미 개시되어 있는 하나의 세계를, 그리고 이로부터 가능해진 쓸모관련들을, 그리고 이로부터 규정되는 '어디로 일반'을 이미 보유(behalten)하고 있는 한에서만, '여기로'나 '저기로'와 같은 특수한 지평들을 다시금 예기하면서(gewärtigen) 발견할 수 있는 것이다. 그러기에 하이데거는 "방향 잡으면서 방면을 발견함은 가능적인 '저기로'와 '여기로'에 대한 하나의 탈자적으로 보유된 예기에 근거를 둔다."고 말한다. 현존재의 공간 마련은 방향을 잡으면서 방면을 발견함이라는 첫 번째 요소에 있어서는 '어디로 일반'[방면 일반]을 보유하고 하나의 '어디로'[특정한 방면]를 예기함에 근거를 두는 것이다.

현존재의 공간 마련에는 두 번째 요소로서 "도구적인 것과 현전적인 것을 가깝게 함(거리 잡기)"이 속한다. 이것은 "배려함은 미리 발견된 방면에서부터 거리를 잡으면서 가장 가까운 것으로 되돌아온다."는 것이다. 하이데거는 이러한 되돌아오는 가깝게 함이나 간격들을 산정하고 측정함이 모두 현재화라고 규정한다: "가깝게 함 그리고 마찬가지로 세계 내부적으로 현전적인 것 내부에서 간격들을 산정하고 측정함은, 시간성의 통일성에 속한 현재화인데, 이 안에서 방향 잡기 역시 가능한 것이다."(SuZ, 487-488)

결국 방향 잡기와 거리 잡기를 통해 구성되는 공간 마련은 보유하며-예기하며-현재화함이라는 시간성에 근거를 둔다. 그런데 현재화와 관련해서 도구적인 것을 가깝게 함의 현재화와 현전적인 것을 산정하고 측정함의 현재화는 구분되어야 한다. 왜냐하면 전자에서는 도구적인 것의 존재(쓸모)와 이 도구적인 것이 그 안에서 하나의 자리를 갖는 방면이 보유되고 있지만, 후자에서는 그것들이 망각되어 있기 때문이다. 전자는 배려적 공간성의 시간성으로, 후자는 몰입적 공간성의 시간성으로 규정될 수 있을 것이다.

배려적 공간성의 시간성		
방향 잡기	방면 일반을 보유하고 하나의 방면을 예기함	보유적 예기
거리 잡기	한 방면 안에서 도구적인 것을 가깝게 함	현재화
공간 마련	방면 일반을 보유하고 한 방면을 예기하면서 도구적인 것을 방향 잡고 거리 잡음	보유적 예기의 현재화

(2) 퇴락의 공간성의 시간성

　방면을 보유하고 예기하는 현재화에 있어서는 그때마다의 '여기'가 하나의 공간위치가 아니라 구체적인 활동공간이 된다: "탈자적으로 마련된 공간을 고려할 때, 그때마다의 현사실적인 처지 내지 상황의 '여기'는 하나의 공간위치를 의미하지 않고, 오히려 우선적으로 배려된 도구 전체의 부근(Umkreis)이라는, 방향 잡기와 거리 잡기 속에서 개방된 활동공간을 의미한다."(SuZ, 488) 반면에 존재자를 가까이함이 배려적으로 둘러보지 않고 단지 순수하게 바라보는 것일 뿐이어서 방향 잡음 없이 이뤄지는 경우에는, 다시 말해 방면을 망각하는 현재화의 경우에는, 현존재의 퇴락이 알려진다. 이러한 퇴락의 실존론적-시간적 구성을 하이데거는 다음과 같이 표현한다: " '일에 몰입하는' 손에 잡음과 분주함을 가능하게 하는 가깝게 함 속에서는 염려의 본질적 구조인 퇴락이 알려진다. 이것의 실존론적-시간적 구성을 특징짓는 것은, 퇴락 속에서는 그리고 이로써 또한 '현재적으로' 기초 지어진 가깝게 함 속에서는 예기적 망각이 현재를 뒤따르게 된다는 점이다. [퇴락의 경우에는] 어떤 것을 그것의 저기에서부터 가깝게 하면서 현재화함 속에서 현재화가 저기를 망각하면서 자기 자신 속으로 자기를 상실한다."(SuZ, 488) 결국 퇴락에서 알려지는 공간성의 시간성은, 방면을 망각하고 방면과는 다른 것(예컨대 현전적인 것들의 간격이나 그것들의 속성 등)을 예기하는 현재화이다. 이 같은 망각적-예기적-현재화에 바탕을 두는 "세계 내부적 존재자의 '고찰' "에 있어서는 하나의 가상이 생겨나는데, 곧 " '우선적으로는' 오직 하나의 사물만이 현전적으로 여기에, 그러나 하나의 공간 일반 속에 무규정적으로 있다." 는 가상이 생겨난다. 결국 현전적인 사물에 방향을 맞춘 공간 개념은 현존재의 퇴락에, 더 나아가 이 퇴락의 시간성인 망각적-예기적-현재화에 그 바탕을 둔 것이다. 이것은 하이데거가 비본래적 시간성이라고 말하는 것에 해당하는 반면, 앞에서 논의된 배려적 시간성은 본래적 시간성도, 비본래적 시간성도 아닌 중립적 시간성에 해당한다.

퇴락의 공간성의 시간성		
방향 잡기의 망각	방면 일반을 망각하고 세계 내부적인 것의 위치나 간격 등만을 예기함	망각적 예기
거리 잡기에의 몰입	오직 세계 내부적인 것을 가깝게 함만을 지속함	현재화
공간 추상	방면 일반을 망각하고 현전적인 것의 위치나 간격 등만을 계산함	망각적 예기의 현재화

이상으로 우리는 하이데거의 『존재와 시간』에서 다뤄지는 도구적인 것의 공간성, 현존재의 공간성, 세계의 공간규정성, 현존재의 공간성의 시간성을 순차적으로 살펴보았다. 하이데거는 그의 후기 사유에서 공간을 인간과 사물과 세계의 상호적 관련이라는 맥락에서 새롭게 해설한다. 이제 이 점을 구체적으로 살펴보기로 한다.

3. 후기 사유에서의 공간 개념

하이데거의 전후기 공간 개념은 그동안 여러 학자들에 의해 꾸준히 연구되었다.[17] 발간된 논문들 중에서 이종관과 강학순의 글은 사이버 공간의 확대가 실존적 공간의 망각을 가져온다는 문제의식 아래 쓰였고, 하제원의 글은 전 지구화(Globalization)로 인한 문화적 공간의 침식에 맞서 지역화된 공간이 필요하다는 문제의식 하에 쓰였다. 조금 더 구체적으로 말한다면, 다음과 같은 해설이 가능할 것이다. 이종관은 근대의 절대 공간의 의미를 해설한 후, 하이데거의 공간론이 그러한 절대 공간의 해체라는 의미를 지님을 지적하고, 하이데거가 밝힌

---

17) 이종관, 「공간, 시적 건축, 프라하의 비밀」, 『철학과 현상학 연구』 18집, 2003, 321-355; 하제원, 「하이데거의 기초존재론에서의 공간 개념」, 『하이데거연구』 15집, 663-689; 강학순, 「하이데거에 있어서 실존론적 공간해석의 현대적 의의」, 『하이데거연구』 14집, 5-43; 강학순, 「공간의 본질에 대한 하이데거의 존재사건학적 해석의 의미」, 『하이데거연구』 15집, 381-410.

공간 현상, 특히 그의 후기 사유에 나타나는 사방세계를 모으는 방식의 건축물의 공간화 현상을 프라하라는 건축 도시를 통해 예증하면서 기술공학을 넘어선 존재론적인 건축을 위한 실존적 결단을 촉구한다. 하제원은 하이데거에게서 위치의 공간성과 세계의 공간성의 구분이 발견되고 더 나아가 세계의 공간성 내에서는 다시금 처지의 공간성과 상황의 공간성의 구분이 발견된다는 점을 밝힌 후에, 상황의 공간성으로부터 공간의 전 지구화에 맞서는 공간의 지방화의 가능조건이 발견될 수 있다고 주장한다.

강학순은 그의 처음 논문에서 오늘날의 공간 개념이 탈인간화, 탈세계화, 탈역사화되었음을 지적하고, 하이데거가 밝힌 실존적 공간 현상을 해설한 후에, 대중매체의 발전이 사물과 공간의 분리를, 이로써 또한 사물의 탈공간화와 공간의 탈세계화를 야기했음을 지적하면서, 공간에 대한 진지한 철학적 성찰을 촉구한다. 또한 강학순은 그의 두 번째 논문에서 공간 현상이 존재사건과 결부된 것이라는 점을, 곧 시간-공간의 열림과 존재의 사건이 동시적이라는 것을 밝히면서, 공간 망각에 벗어나는 일은 사물 옆에서 시인적으로 거주함이며, 이 같은 예술적이고 시적인 거주방식을 위해 존재사건의 사유와 행함이 필요하다는 것을 역설한다. 이상의 논문들이 보여주듯이, 하이데거의 공간 개념은 하이데거의 세계 개념 및 현대의 상황, 건축 예술 등의 이해를 위하여 중요하게 여겨지는 개념이다.

「건립 거주 사유」라는 강연에서 하이데거는, 이미 제목에서 암시되듯, '건립'과 '사유'에 대한 '거주'의 관련을 우선 해설한다. 하이데거의 어원적-해석학적인 분석에 따르면 '건립(Bauen)'은 원래 '죽을 자들이 땅 위에서 존재하는 방식'으로서의 거주를 의미한다. 거주로서의 건립은 한편으로는 성장을 돌보는 것으로, 다른 한편으로는 건축물을 설립하는 것으로 전개된다(참조: BWD, 141-142). 사유 역시 다른 방식으로 거주에 속한다(참조: BWD, 156).[18]

1) 4중자의 보호로서의 사물 옆의 체류

하이데거는 거주함, 곧 '죽을 자가 땅 위에 존재함' 속에는 "네 가지, 즉 하늘과 땅, 신적인 것들과 죽을 자들"(BWD, 143)이 속해 있다고 말한다. 그 이유로 제시된 것은 다음이다: " '땅 위에'는 이미 '하늘 아래에'를 말한다. 이 두 가지는 '신적인 것들 앞에 머묾'을 함께 의미하면서, '사람들의 공동존재에 속해 있음'을 포함한다." 이 네 가지가 통일성을 이루고 있는 모습을 하이데거는 4중자(das Geviert, 사방세계)라고 부르는데, 이것은 세계의 다른 이름이다.19) 죽을 자들은, 그들이 땅 위에 거주하는 한, 이미 4중자 속에 존재한다. 그런데 이 말이 하이데거에게 의미하는 것은, 죽을 자들이 4중자를 그 본질에 있어서 보호하는 동안에만 본래적으로, 즉 자신들에게 기재해 온 존재가능성(세계-내-존재 내지 현-존재)에 있어서 자신을 인수하면서 거주한다는 것이다. 더 나아가 하이데거는 '거주하면서 4중자를 보호함'이 4중적인 것으로 수행된다고 말한다. 네 가지 각각을 그 고유한 본질에 들어서도록 자유롭게 풀어준다는 의미를 갖는 4중적인 보호란 땅을 땅으로 구원(retten)하고, 하늘을 하늘로 영접하고, 신적인 것들을 신적인 것들로 기대하고, 죽을 자들을 그들의 죽음의 능력의 사용에 이르도록 안내하는(geleiten) 것을 말한다: "대지의 구원, 하늘의 영접, 신적인 것들의 고대, 죽을 자들의 안내 속에서 거주는 4중자의 4중적 보호로서 일어난다."(BWD, 145)

---

18) 하이데거는 시짓기도 거주하게 함(Wohnenlassen)으로서의 건립으로 파악한다: "시짓기는 거주를 무엇보다 먼저 거주이도록 한다. [⋯] 시짓기는 거주하게 함으로서의 건립이다."(VuA, 183) "시짓기와 거주는 상호적으로 서로를 요구하면서 서로 공속한다."(VuA, 196)

19) "우리는 땅과 하늘, 신적인 것들과 죽을 자들의 겹침(Einfalt)이 발생하는 거울놀이를 세계라고 명명한다."(VuA, 172) 여기서의 '거울놀이'는 『존재와 시간』에서 말한 '지시연관(Verweisungszusammenhang)' 내지 '유의의성(Bedeutsamkeit)'에 상응한다.

그런데 하이데거는 한 걸음 더 나아가 '4중자를 그의 본질에 있어서 보호한다'는 의미의 4중자의 보호가 '사물들 옆에서의 인간의 한 체류방식'인 '사물 속에 4중자를 보존함'의 방식으로 수행된다고 말한다. 그런데 이 '사물들 옆의 체류'는 보호의 다섯 번째 방식으로 말해진 것이 아니라 "4중자 안에서의 4중적 체류가 그때마다 통일적으로 수행되는 유일한 방식"으로 말해진 것이다.

하이데거에 의하면, 사물들은 그 안에 4중자가 보존되는 것으로 건립되거나 설립되는 한에서 모음의 방식으로 4중자를 보존하고 보호한다. 따라서 4중자의 보호는 사물의 보호와 동근원적인 것인데, 왜냐하면 사물의 보호는 4중자를 사물 안에 보존함이자 존재자를 4중자에서부터 발견함이기 때문이다.

2) 사물과 공간의 관련

하이데거는 4중자와 사물 사이의 이러한 관련을, 이제 구체적인 한 사물인 다리(교량)가 갖는 공간성을 해설하면서 좀 더 구체화한다. 이런 해설 속에서 사물의 독특성은 공간 마련(Einräumung) 내지 4중자의 모음(Versammlung)으로 말해진다.

강가에 놓인 한 다리는 그 자신의 방식으로 하늘과 땅, 신적인 것들과 죽을 자들을 자기 옆에 모은다. 그 다리는 강과 언덕과 대지를 상호 인접되도록 하면서 강가의 풍경으로서의 땅을 모은다. 다리는 하늘의 날씨와 그 유연한 본질을 위해 준비되어 있으면서 하늘을 모은다. 다리는 죽을 자들에게 길을 보장해 주어 이곳에서 저곳으로 다닐 수 있게 해주는 것으로서 죽을 자들을 모은다. 다리는 "죽을 자들이 언제나 이미 마지막 다리로 향한 도중에 있으면서 근본적으로 익숙한 것과 해로운 것을 극복하고 신적인 것의 온전함 앞에 이르려고 노력하는"(BWD, 147) 한에서 신적인 것들을 모은다. 다리는 그것이 4중자를 모으는 한에서만 하나의 사물로 존재한다.

그런데 하이데거에게 있어서 모음에 관한 이야기는 사후적으로 임의적으로 다리에 덧붙여지는 어떤 상징으로 다리를 말하고 있는 것이 아니다. 왜냐하면 "다리가 하나의 진정한(echte) 다리라면, 그것은 결코 먼저 다리로 있고 그 다음에 상징으로 존재하는"(BWD, 148) 것이 아니기 때문이다. 다리는 그 자신이 4중자의 모음인 경우에만 그 같은 다리일 수 있는데, 이는 『존재와 시간』에서 도구가 오직 지시연관 속에서만 그런 도구일 수 있는 것과 마찬가지다.

다리는 그것이 4중자를 모으는 동안에 한 사물로 존재한다. 그런데 다리는 4중자에게 하나의 소재지(Stätte)를 허락해 주는 방식으로 4중자를 모은다. 이 경우에 다리는 하나의 소재지를, 다리 스스로가 하나의 장소(Ort)인 까닭에만 마련해 줄 수 있다. 다른 한 장소는 다리 이전에는 존재하지 않는다. 오히려 다른 한 위치(Stelle)는 하나의 장소인, 그러면서 동시에 4중자의 소재지인 다리를 통해서만 비로소 다른 한 장소로 생겨나는 것이다.

4중자에게 하나의 소재지를 허락해 주는 다리로부터 자리들과 길들이 규정되고, 이들을 통해 하나의 공간이 마련된다. 이런 한에서 그때마다 비로소 공간들을 허락해 주는 것은 바로 사물들이다. 하나의 공간은 본질상 "마련된 공간(das Eingeräumte)"이다. 마련된 공간을 모으면서 마련하는 것은, 스스로 하나의 장소인 사물이다. 이런 한에서 공간들은 그 본질을 비로소 "[자립적, 추상적] 공간에서부터가 아니라 장소들에서부터"(BWD, 149) 수용한다.[20]

사물은 4중자에게 하나의 소재지를 허락해 주는 동안에 그때마다 하나의 공간을 마련해 준다. 하나의 사물이 하나의 장소로서 4중자의 소재지인 까닭에, 한 사물은 4중자의 소재지로서 하나의 공간을 마련할 수 있다. "사물들은, 4중자에게 하나의 소재지를 허락하는 장소들인데, 그 소재지가 그때마다 하나의 공간을 마련한다." 장소인 사물과

---

20) "장소는 사물들을 그 공속성으로 모으는 동안에 그때마다 하나의 방면들을 연다." M. Heidegger, *Die Kunst und der Raum*, St. Gallen, 1969, 10.

공간의 본질적 관련은 따라서 '4중자의 한 소재지의 허락'과 '이 소재지를 통해 자유롭게 되면서 마련된 것' 사이의 관련이다. 이런 관련을 우리는 앞의 2절 2항에서, 방면은 자신의 구체화를 자리에서 얻는다는 표현을 통해 살펴보았다.

하나의 다리로부터 허락된 공간이 포함하는 것은 다리에 대한 상이한 가까움과 멂에 있어서의 다양한 자리들이지, 측정 가능한 간격에서부터 성립하는 단순한 위치들이 아니다. 과연 단순한 위치들로부터 마련된 공간이 즉 "사이공간(Zwischenraum)"인데, 이것에서부터 높이나 넓이, 깊이로의 단순한 펼침을 통해 3차원적인 "연장으로서의 공간"이 추상될 수 있고, 이것은 다시금 "분석적-대수학적 관계들"로 추상될 수 있다. 그러나 사이공간은, 3차원적 연장과 수학적으로 마련된 공간과 마찬가지로 어떠한 자리들이나 구체적 공간들을 포함하지 않는다. 그 반대로 순수한 연장으로서의 공간은 오직 사이공간 속에만 놓여 있는 것이고, 이 사이공간은 그 편에서 장소들을 통해서 마련되어 있는 [구체적] 공간들 속에 놓여 있다. 이런 한에서 사이공간과 3차원적 공간은 "건립된 것들(die Bauten)이라는 유형의 사물들"(BWD, 151)에 근거를 둔다. 장소로서의 사물의 독특성은 4중자의 모음이고, 이 모음은 공간이 그로 인해 열리는 공간 마련(Einräumung)이다. 이런 한에서 공간의 근원은 사물에 의한 4중자의 모음, 곧 사물을 통한 공간 마련이다.

3) 인간과 공간의 관련

사건적(ereignishafte) 사유 속에서 사물의 공간성은 자리 전체 내부의 한 자리에 도구적으로 있음에 불과하지 않고, 오히려 이에 앞서 4중자의 모음이란 방식에서의 공간 마련에 놓여 있다. 사물의 공간성은 사건적인 공간화(Räumung)로 사유된다. 시간-공간적으로 생겨나는 진리가 존재자 속에서 보존된다는 사실은 사물에 의한 공간 마련이란 방식에서의 공간의 공간화와 같은 것이다. 한 소재지를 통한 공간의 공간화는 공간의 근원적인 본질(Wesen, 자현)이다. 공간의 본질은 그 본질(자현)에 있어서의 공간, 즉 공간 자체이다. 공간 자체는, "마을(Ortschaft)과 장소들(Orte)을 마련하고, 자유롭게 하고, 동시에 이것[마을] 안으로 [장소들을] 자유롭게 풀어주고, 동일-시간적인 것 (das Gleich-Zeitiges[현재, 과거, 미래의 통일적 시간])을 공간-시간으로 받아들이는"(UzS, 202) 것이다.

공간의 공간화는 그러나 4중자 속에서 사물들 옆에 체류하는 인간이 없이는 일어날 수가 없다. 땅에서의 죽을 자들의 거주는 4중자 속에서 사물들 옆에서 체류함이다. 사물들이 장소들로서 그때마다 공간들을 마련하는 한, 그리고 인간이 4중자 속에서 사물들 옆에 체류하는 한, 공간들[마을들, 방면들]은 끊임없이 사물들 옆에서의 인간의 체류에 있어서 마련된다. 이런 한에서 하이데거는 다음과 같이 말한다: "공간들은, 그것들이 인간의 거주 속으로 개입되어 있음을 통해 스스로를 개방한다."(BWD, 151-152) 장소들로서의 사물들 옆에 체류함에 의거해 인간들은 공간들을 지탱해 낸다(durchstehen). 죽을 자들의 거주를 통해, 곧 사물들 옆에서의 체류를 통해 공간들이 공간들로 개방되는 한, 인간이 장소들이나 공간들과 맺는 관련은, "4중자 속에서 사물들 옆에 체류함"으로서의 "거주"에 놓여 있게 된다.

이 같은 "4중자 속에서 사물들 옆에 체류함"은 『존재와 시간』에서 그 실존론적 구조에 있어서 "자기에 앞서면서 — 이미 (세계) 안에서 — (세계 내부적으로 만나는 존재자의) 옆에 존재함"(SuZ, 256)으로 표시되었던 것이다.21) 인간은 사물들 옆에 체류함의 방식으로 공간을 마련하는데, 사물들은 장소들로서 4중자에게 그때마다 하나의 소재지를 허락하는 것이다. 인간과 공간의 본질적 관련은, '거주하면서의 공간 마련'과 '거주함을 통해 마련된 공간' 사이의 관련이다. 이러한 관

---

21) 참조: M. Heidegger, *Bemerkungen zu Kunst-Plastik-Raum*, St. Gallen, 1996, 14.

련을 하이데거는 다음과 같이 특징짓는다: "공간은 공간화하고(개간하고), 방면들과 장소들과 길들을 위해 열린 곳(das Freie)[4중자]을 자유롭게 하는 한에서 공간이다. 그러나 공간은, 인간이 공간을 […] 마련하는 한에서만 공간으로서 공간화한다."22) 공간은 이미 언제나 개시되어 있고 또 언제나 다시금 개시되는 것이지만, 그 공간은 인간이 '사물 옆의 체류'라는 방식으로 '공간을 마련'하는 한에서만 본래적으로 공간화한다.

4) 시간과 공간의 동근원성

하이데거의 후기 사유, 곧 사건적 사유에 따르면, 우리에게 이해된 존재는 존재의 진리, 곧 존재를 위한 진리 속에서 주어진다. 이때 진리란 존재자 전체의 비-은폐성을 말하고, 이러한 비-은폐성은 탈은폐적 은폐를 자신의 특징으로 한다. 존재의 진리는 존재자 전체의 탈은폐적 은폐에 대해 현존재가 사유로 응대함 속에서 발생한다. 이 같은 존재의 진리의 발생이 자화사건(Ereignis)이다.23) 자화사건 속에서 존재자의 존재가 주어진다. 존재자 전체의 탈-은폐성이 존재를 위해 일어나는 한에서 존재가 현존재보다 우위를 차지한다. 하이데거의 전기 사유에서는 인간의 이해함이 존재에 대해 우위를 갖는 것이었으나, 후기 사유에서는 존재의 눈짓으로서의 존재의 진리가, 따라서 진리 속의 존재가 인간의 이해보다 우위를 갖는다.

이런 특징을 갖는 하이데거의 후기 사유는 공간, 시간, 존재의 진리 사이의 관련에 대한 그의 새로운 경험에 바탕을 둔다. 그의 새로운 경

---

22) 같은 책, 14-15.

23) 이와 같은 맥락에서 폰 헤르만은 "자화사건(das Ereignis)은 존재의 본질(das Wesen des Seyns)이나, 이 경우 본질은 […] 존재의 진리의 본질발생(Wesungsgeschehen)으로서의 본질이다."라고 말한다. F. -W. von Herrmann, *Wege ins Ereignis*, Frankfurt a. M.: Vittorio Klostermann, 1994, 56.

험은 『철학을 위한 기여』의 238-242절에 부각되어 나타나 있다. 이러한 경험에서 핵심적인 것은 다음에서 알려진다: "[존재를 위한] 진리의 본질(Wesen, 자현)에서부터 생겨나며 또 그리로 귀속하는 것으로서의 시간-공간."(BzP, 371) 여기서 시간과 공간은 연결선으로 묶여 있고, 이로써 통일적이고 동급의 것으로, 곧 동근원적인 것으로 이해되고 있다. 아울러 시간-공간 내지 시간-놀이-공간도 존재의 진리에서부터 이해된다: "진리는 트이게 하면서의 숨김으로 발생한다. 이러한 발생의 근본구조는 그 발생에서 생겨나는 시간-공간이다."(BzP, 30, 참조: 237) 하이데거에 따르면 "공간과 시간을 그들의 본질에 있어서 모아 유지하는 그 동일자는 시간-놀이-공간으로 불릴 수 있다."(UzS, 202) 공간의 본질이 자화사건에서부터 시간의 본질과 동근원적으로 사유되어야만 하는 한에서, 하이데거는 "『존재와 시간』 70절에서 현존재의 공간성을 시간성으로 소급하려는 시도는 유지될 수 없다."(zSdD, 24)고 말한다. 기초존재론에서의 시간의 우위는 이제 존재의 진리의 우위로 바뀌며, 이러한 존재의 진리가 시간-공간의 근원으로 말해진다. 시간-공간은 시간과 공간이 분리되기 이전에 이것들을 모아 유지하는 동일자로서 시간-놀이-공간이라고도 불린다.

우리가 진리와 시간-공간의 관계를 전기 사유를 염두에 두고 정리한다면 다음과 같이 말할 수 있을 것이다. 존재는 존재자 전체의 비은폐성[지시연관]과 더불어 비은폐된다. 존재자 전체의 비은폐성이 존재자의 존재를 위한 진리, 곧 줄여 말해서 존재의 진리이다. 그런데 존재의 진리[지시연관]가 세계[특정한 방식의 관련연관]를 성립시키는 한,24) 존재의 진리는 세계를 또한 동시적으로 함축한다.25)

---

24) 이 맥락에서 다음의 문장들이 이해될 수 있다: "세계는 존재자의 존재 그 자체[존재자의 존재 전체]의 '어떻게(das Wie)'를 의미한다."(WdG, 143) 한편으로 "존재는 그 자신의 본질을 세계의 세계화에서부터 소유한다."(GA 79, 49) 다른 한편으로는 그러나 "진리와 현의 본질에서부터 세계가!"(BzP, 295) 비로소 본래적으로 개시된다.

25) 이 맥락에서 다음의 문장이 이해될 수 있다: 이 "'세계'는 인간이 자신의 피

존재의 진리는 전기 사유의 용어로 존재자 전체의 지시연관이며 후기 사유의 용어로 4중자에 해당한다. 4중자로서의 존재자 전체의 지시연관은 그 구조에 있어서 시간적-공간적 지시연관으로부터 이해되어야 한다. 왜냐하면 존재자 전체의 지시연관은, 우리가 앞에서 세계성과 공간성의 논의에서 보았듯이, 한 존재자(현재/자리)와 존재자 전체(과거/자리 전체, 방면), 그리고 현존재(미래/존재가능성) 사이의 시간적-공간적 연관으로부터 성립하기 때문이다. 현존재는 자신의 존재가능성을 수행하기 위하여, 이미 보유하는 방면에 근거를 두고 존재자를 현재화한다. 현존재의 자기지시함의 구조가, 따라서 또한 유의의성과 쓸모 전체가 시간적이고 공간적이다. 결국 시간화하고 공간화하는 시간-공간이 존재자 전체의 지시연관의 성립구조, 곧 존재의 진리의 근본구조인 것이다. 그런데 시간-공간은 하이데거의 후기 사유에서는 더 이상 진리의 초월론적 가능근거가 아니라, 다만 진리의 근본구조로, 곧 진리의 본질(자현)에서 생겨나며 또 그리로 귀속하는 것으로 말해진다. 달리 말해, 시간-공간, 존재자 전체의 지시연관, 존재는 더 이상 초월론적 개념들인 '가능하게 함'과 '가능하게 됨'에 의해 사유되지 않고, 동근원적이고 동시발생적인 것으로 사유된다. 하지만 특정한 방식의 관련연관으로서의 세계, 일반적 지시연관으로서의 세계성(진리), 지시연관의 근본구조로서의 시간-공간은 개념적으로 서로 구분되는 것이다.

투된 본질에서부터 그 안으로 들어와 머무는 존재의 트임[진리] (Lichtung)이다."(BüH, 350) "트임[진리]의 사건이 세계이다(das Ereignis der Lichtung ist die Welt)."(VuA, 268) 따옴표가 붙은 '세계'라는 말은 일반인들이 믿는 세계, 곧 존재자들의 총계를 말하지만, 사실에 있어서 그것은 특정한 방식의 (존재자 전체의) 관련연관이고, 자기 안에 지시연관을 포함하고 있다. 이 같은 것이 존재의 진리이다.

4. 전후기 공간 개념의 비교

하이데거의 전기 사유는 초월론적으로 전개된다. 이러한 하이데거의 초월론적 사유 속에서 해설된 것은 다음과 같이 정리될 수 있을 것이다. 도구적인 것의 공간성은, 그것이 하나의 방면 안에서 한 자리에 도구적으로 존재한다는 것을 말한다. 그런데 이러한 도구적인 것의 공간성은 현존재의 공간성에 의거해서만, 즉 거리 잡으면서 가깝게 함으로써의 공간 마련에 의거해서만 가능하다. 이 같은 공간 마련은 하나의 방면을 향해 존재자의 공간성을 발견하므로 쓸모 전체로의 존재자의 쓸모허용과 더불어 수행된다. 이러한 쓸모허용은 보유하며-예기하며-현재화하는 시간성에 근거를 둔다. 현존재의 공간성으로서의 공간 마련은 따라서 배려의 시간성에 속하는 보유하며-예기하며-현재화하는 시간성에 속한다.

도구적인 것의 공간성 속에 선행적으로 개시되어 있는 방면, 즉 근원적인 공간은 세계를 함께 구성하는 것으로서 그때마다 이미 세계 속에서 발견되는데, 이 세계는 현존재의 탈자적 시간성에서 생겨난 지평적 시간에 의거해 있다. 이런 한에서 현존재의 탈자적 시간성은 현존재의 공간성과 도구적인 것의 공간성은 물론 세계의 공간적 규정성도 가능하게 한다. 이렇게 시간성은 공간성 일반에 대해 실존론적-존재론적 우위를 갖고 있다.

하이데거의 후기 사유는 자화사건적으로 전개된다. 이러한 사유 속에서 그는 공간, 시간, 존재의 진리 사이의 관련을 새롭게 논의한다. 『존재와 시간』에서 현존재의 존재구성틀의 한 계기인 "[존재자] 옆에 존재함"이 이제 「건립 거주 사유」에서는 "사물들 옆에 체류함"으로 말해지며, 이것은 다시금 '사물 속에 4중자를 보존함'이자 인간의 고유한 존재방식으로서의 "거주"라고 말해진다.

인간이 그 옆에 체류하는 사물은 하나의 장소이다. 장소로서의 사물의 독특성은 4중자에게 소재지를 제공하면서 이것을 모은다는 점에 있는데, 이같이 사물에 의한 4중자의 모음이 공간을 열리게 하는 공간 마련이다. 사물(장소)과 공간의 본질 관련은 '4중자의 한 소재지의 허락'과 '이 소재지를 통해 자유롭게 되면서 마련된 공간' 사이의 관련이다.

그런데 공간을 마련하는 사물들은 인간이 그 안으로 4중자를 간직하면서 그 옆에 체류하는 사물들이다. 따라서 인간은 "4중자 속에서 사물들 옆에 체류함"인 "거주"의 방식으로 장소들과 공간들[방면들]에 대해 관련을 맺고 있다. 인간과 공간의 본질적 관련은, '거주하면서의 공간 마련'과 '거주함을 통해 마련된 것' 사이의 관련이다.

공간의 본질(자현)이 자화사건에서부터 시간의 본질(자현)과 동근원적으로 사유되어야만 하는 한에서, 현존재의 공간성은 그의 시간성으로 소급되지 않는다. 그 둘은 동근원적인 것으로 시간화-공간화라는 통일성에 있어서 이해되며, 시간-공간은 존재의 진리의 발생사건에 속한 것으로 이해된다.

"옆에 존재함"으로서의 현존재는 구체적인 사물의 세계 속에 실존한다. 이러한 사물의 세계에 속한 공간이 본래적인 공간이다. 이러한 공간은 수학적-물리학적 공간이 아니라 역사적이고 구체적인 공간이다.26) 이러한 구체적 공간은 공간의 추상화 작업으로 쉽게 잊히고는 한다. 그러나 이러한 공간의 망각은, 그 공간이 사물의 세계를 구성하고 있는 것이고, 그 사물의 세계가 인간이 대개에 있어 우선 체류하는 곳이라는 점에서 볼 때, 사물의 세계의 망각이고 인간의 처소에 대한 망각이다. 이러한 망각에 맞선 구체적 공간의 회복은 사물의 세계관련성의 회복이자 세계의 사물관련성의 회복이 되고, 이로써 사물의 사물화이자 세계의 세계화를 의미한다. 이것은, 인간이 세계-내-존재이자 현-존재인 한에서, 인간의 고유한 존재의 회복이기도 한 것이다.

---

26) 참조: 하인리히 오트, 김광식 옮김, 『사유와 존재: 마르틴 하이데거의 길과 신학의 길』, 연세대학교 출판부, 1985, 242-251.

[참고문헌]

1. 하이데거 전집

GA 2   *Sein und Zeit*(1927), Hg. F. -W. von Herrmann, 1977.

GA 9   *Wegmarken*(1919-1961), Hg. F. -W. von Herrmann, 1976.

GA 12   *Unterwegs zur Sprache*(1950-1959), Hg. F. -W. von Herrmann, 1985.

GA 20   *Prolegomena zur Geschichte des Zeitbegriffs*(SS 1925), Hg. P. Jäger, 1979.

GA 21   *Logik*(1925-1926), Hg. Walter Biemel, 1976.

GA 24   *Die Grundprobleme der Phänomenologie*(SS 1927), Hg. F. -W. von Herrmann, 1975.

GA 65   *Beiträge zur Philosophie*, Hg. F. -W. von Herrmann, 1989.

GA 79   *Bremer und Freiburger Vorträge*(1949 u. 1957), Hg. P. Jäger, 1994.

2. 하이데거 단행본

Die Kunst und der Raum, St. Gallen, 1969.

Zur Sache des Denkens(1962-1964), 2. Aufl., Tübingen, 1976.

Vorträge und Aufsätze(1936-1953), 4. Aufl., Pfullingen, 1978.

Bemerkungen zu Kunst-Plastik-Raum, St. Gallen, 1996.

[약호]

BüH   "Brief über den Humanismus" In: *Wegmarken*(GA 9).

BWD   "Bauen Wohnen Denken" In: *Vorträge und Aufsätze*.

BzP   *Beiträge zur Philosophie*(GA 65).

Ding   "Das Ding" In: *Vorträge und Aufsätze*.

GdP   *Die Grundprobleme der Phänomenologie*(GA 24).

Prol   *Prolegomena zur Geschichte des Zeitbegriffs*(GA 20).

SuZ   *Sein und Zeit*(GA 2).

UzS   *Unterwegs zur Sprache*(GA 12).

VuA   *Vorträge und Aufsätze.*

WdG   "Vom Wesen des Grundes" In: *Wegmarken*(GA 9).

zSdD   *Zur Sache des Denkens.*

3. 그 밖의 문헌

von Herrmann, F. -W., *Wege ins Ereignis*, Frankfurt a. M.: Vittorio Klostermann, 1994.

＿＿＿, *Subjekt und Dasein*, Frankfurt a. M.: Vittorio Klostermann, 1985.

강학순, 「하이데거에 있어서 실존론적 공간해석의 현대적 의의」, 『하이데거연구』 14집, 한국하이데거학회, 2006.

＿＿＿, 「공간의 본질에 대한 하이데거의 존재사건학적 해석의 의미」, 『하이데거연구』 15집, 한국하이데거학회, 2007.

＿＿＿, 「볼노우의 인간학적 공간론에 있어서 '거주'의 의미」, 『하이데거연구』 16집, 한국하이데거학회, 2007.

김인석, 「하이데거의 1919년 전후보충학기 강의 <철학의 이념과 세계관 문제>와 현사실성의 해석학」, 『철학과 현상학 연구』 33집, 한국현상학회, 2007.

마르틴 하이데거, 소광희 옮김, 『존재와 시간』, 경문사, 1995.

마르틴 하이데거, 이기상 옮김, 『존재와 시간』, 까치, 1998.

문창옥, 「존재와 시간: 베르그송, 하이데거, 화이트헤드」, 『화이트헤드연구』 10권, 한국화이트헤드학회, 2005.

신상희, 『시간과 존재의 빛: 하이데거의 시간이해와 생기사유』, 한길사, 2000.

오희천, 「하이데거와 칸트: 하이데거에 있어서 도식론의 존재론적 의미」, 『철학』 89집, 한국철학회, 2006.

윤병렬, 「하이데거와 현대의 철학적 사유에서 초월개념에 관한 해석」, 『하이데거연구』 18집, 한국하이데거학회, 2008.

이서규, 「하이데거의 세계 개념에 대한 비판적 고찰」, 『하이데거연구』 5집, 한국하이데거학회, 2000.

이종관, 「공간, 시적 건축, 프라하의 비밀」, 『철학과 현상학 연구』 18집,

한국현상학회, 2003.

최상욱, 「하이데거와 레비나스에 있어서 '이웃' 개념에 대하여」, 『철학연구』 62집, 한국철학연구회, 2003.

피터 하, 「하이데거와 베르그송에 있어서 시간성 문제」, 『하이데거연구』 8집, 한국하이데거학회, 2003.

하인리히 오트, 김광식 옮김, 『사유와 존재: 마르틴 하이데거의 길과 신학의 길』, 연세대학교 출판부, 1985.

하제원, 「하이데거의 기초존재론에서의 공간 개념」, 『하이데거연구』 15집, 한국하이데거학회, 2007.

한상연, 「내재로의 초월: 하이데거와 훗설의 철학적 관계에 대한 메를로-퐁티의 이해와 그 의의 및 한계에 관한 소고」, 『하이데거연구』 16집, 한국하이데거학회, 2007.

홍성하, 「후설, 하이데거, 핑크의 현상학에 있어서 세계개념에 대한 연구」, 『철학연구』 39집, 한국철학연구회, 1996.

3장 진리 존재론

1절 명제적 진리와 근원적 진리

1. 진리물음의 현황

진리의 문제는 철학에서 매우 오래된 문제이다. 이미 파르메니데스가 진리를 존재와 결부시켜 사유한 이래로, 그리고 칼 포퍼가 진리를 규제이념으로 제시하기까지[1] 철학은 부단히 진리문제를 논의하여 왔

---

1) 파르메니데스의 진리관에 대해 다음을 참조: 헤르만 딜스 · 발터 크란츠, 김인곤 외 옮김, 『소크라테스 이전 사람들의 단편들』, 아카넷, 2005, 270-293. 이곳에서 특히 주목할 구절은 다음이다: "그대는 모든 것들을 배워야 한다. 진리의 흔들리지 않는 심장과 가사자들의 의견들을. 그 속에는 참된 확신이 없다. 그렇지만 그대는 이것들도 배우게 될 것이다. [어떠한 듯이] 여겨지는 것들이 어떻게, 내내 있는 것들로서 받아들여질 만하게 있어야 했던가."(274) "그리고 습관이 (그대를) 많은 경험을 담은 이 길을 (가도록), 즉 주목하지 못하는 눈과 잡소리 가득한 귀와 혀를 사용하도록 강제하지 못하게 하라. 다만 나로부터 말해진, 많은 싸움을 담은 테스트를 논변(logoi, [이성, 사유])으로 판가름하라 (krinai)."(279)
포퍼의 진리관에 대해 다음을 참조: "우리는 어떠한 진리의 기준도 갖고 있지 않지만, 그럼에도 불구하고 규제적 원리(칸트와 퍼스가 말하고자 했던 것처럼)로서의 진리 개념에 의해 인도된다."(칼 포퍼, 이한구 옮김, 『추측과 논박 I』,

다. 그렇기는 하나 근래에 철학에서 진리 개념이 차지하는 위상은 그리 대단하지 못한 듯하다. 한편으로 보면, 그것은 사회적, 역사적 실천 및 그 실천의 해석이 중요해진 이후, 자신의 전통적인 개념적 틀을 상실한 것으로 보인다. 예컨대 하버마스의 진리합의론 내지 진리대화론은 일상 언어의 분석이라는 방법에 따른 것으로 전통적인 논리적, 인식론적, 존재론적 맥락을 떠나 있는 것으로 보인다.2) 다른 한편으로 보면, 그것은 여전히 일부 분과에서, 곧 논리학, 인식론, 존재론에서 하나의 주변적 주제로서만 그 명맥을 이어가고 있는 듯이 보인다. 예컨대 논리학에서는 명제논리와 양화논리의 전개 속에서 진리의 조건이 언급되지만 진리 그 자체가 주제로 되지는 않는다. 후설의 철학에서도 초기의 논리연구 단계에서 진리 개념이 탐구되지만 점차로 명증성의 의미로 모든 논의에 단지 전제될 뿐인 듯하다. 하이데거의 철학에서도 그것은 존재와 시간 또는 존재사건이라는 개념에 가려 단지 부수적 개념일 뿐이라는 인상을 주고 있는 듯하다.

하지만 이런 상황 속에서도 투겐트하트가 초월론적인 의미의 진리와 '형이상학적' 의미의 진리를 대결시킨 것이 계기가 되어 진리문제가 다시 한 번 철학의 주요문제로 부각되기도 하였다.3) 그는 자신의 교수자격논문에서 논리학과 초월론적 철학, '형이상학'의 진리 개념을, 구체적으로는 타르스키와 후설, 하이데거의 진리 개념을 나름대로 해석하면서 그 자신의 진리론적 입장을 제시하고자 하였다. 하지만

민음사, 2002, 449)

2) 실천의 중요성을 점차 확산시킨 동기가 된 매우 강력한 표현은 다음과 같은 포이에르바흐에 관한 11번째 테제일 것이다: "철학자들은 세계를 단지 여러 가지로 해석해 왔을 뿐이지만, 중요한 것은 그것을 변혁시키는 것이다."(마르크스 · 엥겔스, 김대웅 옮김, 『독일 이데올로기 I』, 두레, 1989, 41) 하버마스의 진리론에 대해 다음을 참조: 김여수, 「진리의 문제」, 한국사회과학연구소 편, 『사회과학의 방법론』, 민음사, 1980, 87-88.

3) Ernst Tugendhat, *Der Wahrheitbegriff: bei Husserl und Heidegger*, Berlin: Walter de Gruyter & Co., 1970.

그의 해석은 이들 세 입장의 접근방식이나 지향점을 간과한 채 그것들을 단지 평면적으로 비교하는 해석이라는 느낌을 준다. 사실 진리에 대한 접근방식은 학자의 학문적 입장에 따라 다를 수 있고 이로써 그 나름의 장단점을 갖기 마련이다. 예컨대 논리학자들의 최근의 진리 논의는 간결하여 이해가 쉽지만, 인식론적, 존재론적 논의를 배제한다는 한계를 갖는다.4) 반면 후설과 하이데거의 진리 논의는 인식론적 의미나 존재론적 의미가 풍부하지만, 간결성을 결여하여 이해가 쉽지 않다. 이런 배경 아래서 그들 세 접근방식을 서로 비교하여 이해하거나 그들 간의 우열을 가늠해 보려고 시도하는 것은 어찌 보면 자연스러울 수도 있고 장려할 만한 것일 수도 있다. 하지만 그럴 경우에도 어느 한쪽의 강점을 부각시키다가 다른 쪽의 본래의 의도를 간과해 버리는 잘못을 범해서는 안 될 것이다. 예컨대 투겐트하트는 타르스키의 진리 정식 내지 진리 규약은 분명하고 정확하지만 사소한 것이고, 하이데거의 진리 개념은 포괄적이지만 무규정적이고 모호한 반면, 후설의 진리 논의는 정확하기도 하고 보편적 중요성을 확보하고

---

4) 예컨대 진리 소멸론을 대변하는 스트로슨은 '존이 가고 있다는 것은 옳다'는 말은 '존이 가고 있다'는 것 이상을 말하지 않는다고 본다(마이클 코라도, 곽강제 옮김, 『분석철학』, 서광사, 1986, 198-199 참조). 의미론적 진리론을 내세우는 타르스키는 진술의 참과 진술의 주장이 동치라는 것에 근거하여, 'P인 경우, 그리고 오직 그 경우에만 <P>는 참이다'라는 진리 규약을 제시하고, 이와 같은 형식의 문장들, 예컨대 '눈이 흴 경우, 그리고 오직 그 경우에만 <눈은 희다>는 참이다'를 그 진리규약으로부터의 정리로 삼아야 한다고 주장한다(힐러리 퍼트남, 김효명 옮김, 『이성 진리 역사』, 민음사, 2002, 217-218 참조). 근래에 전개된 진리비판적 입장을 개관하기 위해서는 다음을 참조: Winfried Franzen, "Wahrheitsnimbus, Wahrheitsdeflation, Wahrheitsdepotenzierung", Günter Figal, *Interpretation der Wahrheit*, Tübingen: Attempto, 2002, 201-222. 여기서 프란첸은 진리가 최고로 평가되는 상태인 '진리후광'이 한편에 있는 반면, 다른 한편에는 '진리수축'과 '진리무력화'의 경향이 있음을 지적하면서, 램지(Ramsey) 이래의 진리수축주의는 진리객관성이나 진리실재론에 대해 적대적이라기보다 우호적이고, 포에스터(Foester), 로티(Rorty), 글라스펠드(Glasersfeld) 등의 진리무력화 경향도 일체의 진리가 아닌 절대적 진리만을 부정할 뿐이라고 밝히고 있다.

있기도 하다고 평가한다.5) 하지만 이 같은 평가는 그들의 접근방식과 지향점이 서로 다르다는 점을 고려하지 않고, 어느 한쪽의 입장을 고수하면서 다른 쪽의 강점들을 놓쳐버린 것에 해당한다. 이런 점에서 본다면 그는 철학의 주요문제로서의 진리문제를 제대로 부각시키지 못한 것이다. 어쩌면 아직도 그와 같은 부각을 위한 사전 준비가 제대로 이뤄지지 않은 것인지도 모른다. 왜냐하면 하이데거의 진리론에 대한 이해는 여전히 불완전하고, 그 불완전한 것조차 학계에서 널리 공유되어 있지 않기 때문이다.

　서로 다른 접근방식들의 상호적 비교나 상대적 이해는 정확하고 면밀한 검토를 전제로 하는 한에서는 의미 있고 중요한 일이 될 것이다. 하지만 이보다 앞서 어떤 한 접근방식에 대한 내재적 비교나 자체적 이해가 더욱더 중요한 일일 수 있다. 왜냐하면 후자가 전자를 위한 전제조건이 되기 때문이다. 이 글은 이러한 문제의식 아래 하이데거가

---

5) "[진리를 개시성 내지 비은폐성으로 파악하는 하이데거의 진리관과 관련해서] 그럼에도 사람들이 묻게 되지 않을 수 없는 것은, 그런 식의 무제한적인 진리 개념이 우리가 '진리'라는 말로 익숙하게 이해하고 있는 것에 도대체 얼마나 상응하는가 하는 것이다. […] 확대된 진리 개념과 통상적인 진리 개념의 관계에 대한 물음에 대해 하이데거는 만족스러운 대답을 주지 못한다. 그 점에서 이러한 진리 개념의 독특한 무규정성과 모호성이 나타나고, 이로써 그 개념은 이러한 관점에 따를 때, 분명함과 정확성으로 특징지어지는 타르스키의 정식에 정확히 대립된다(E. Tugendhat, *Der Wahrheitbegriff: bei Husserl und Heidegger*, 3-4). "정확하고 면밀한 '논리연구들'로부터 후설은 진리 개념이 중심에 서고 이로써 보편적 중요성을 획득하는 그런 포괄적인 초월론적 철학의 입장에 도달하는데, 그 '논리연구들'의 목표는 순수하게 논리적인 진술들의 진리에 대한 '현상학적' 이해이고 또한 동시에 이러한 철학적 연구들 자체의 진리의미에 대한 해명이다."(5) 투겐트하트의 이 같은 하이데거 비판에 대해 리히터는 분석철학 내부의 관점에서, 스트루베는 구성주의를 비판하는 관점에서 각각 그 한계를 지적한 바 있다. 참조: Ewald Richter, "Wahrheit und Logik", in Ewald Richter(Hg), *Die Frage nach der Wahrheit*, Frankfurt a. M.: Vittorio Klosterman, 1977, 125-147; Claudius Strube, "Die Wahrheit phänomenologischer Aussagen", in Ewald Richter(Hg), *Die Frage nach der Wahrheit*, 149-164.

진리문제를 중심적 주제로 설정하여 논의하고 있는 「진리의 본질」을 하이데거 철학 전반을 염두에 두고 심층적으로 탐구해 보고자 한다. 물론 이 같은 탐구는 폰 헤르만이 지적하듯이 또 모든 현상학적 탐구가 그러해야 하듯이 "거의 주제 나열 식으로 응축된 텍스트를, 이것이 거기서부터 출현해 나온 그 사유과정으로 다시 변화시키는 노력"[6]이 되어야 하고, 그런 노력에 비례해서만 탐구의 의의를 확보하게 될 것이다. 그런 경우에 이런 탐구의 작업은 진리문제가 철학의 보편적 문제로 다시 한 번 부각되기 위한 사전 준비라는 의미도 가질 수 있을 것이다.

2. 『존재와 시간』에서의 진리물음

1) 물음의 배경

잘 알려져 있듯이 하이데거는 1927년에 출간된 『존재와 시간』에서 '존재에 대한 물음'을 수행한다. 그는 존재물음의 구조분석을 통해 존재물음은 "물어지는 것(Gefragtes)", "물음이 걸리는 것(Befragtes)", "물음이 얻어내는 것(Erfragtes)"으로 구성되며, 이들은 각각 "존재", "존재자", "존재 일반의 의미"라고 밝힌다(SuZ, 7). 이때의 "의미"는 나중에 제시되는 설명에 따를 때 "어떤 것의 이해가능성이 그 안에 머무는 것"으로서 "이해하며 개시함 속에서 분절 가능하게 있는 것" [이해가능성 일반]을, 더 나아가 "이해에 속해 있는 개시성의 형식적-실존론적 골격"(SuZ, 201)을 뜻한다. 의미를 개시성의 형식적 골격이라고 말하는 까닭은 그것이 의미의 분절로 나타난 뜻-전체에 대해 몸통이기 때문이다. 그 책에서 하이데거가 존재물음의 수행을 통해 밝히려는 것은 존재 일반의 의미가 결국에는 시간이라는 것이다. 이를

---

6) F. -W. von Herrmann, *Wahrheit-Freihait-Geschichte*, Frankfurt a. M.: Vittorio Klostermann, 2002, 1.

위해 그가 우선적인 주제로 삼은 것은 "현존재의 존재"인데, 그는 이것을 "염려(Sorge)"(SuZ, 240)라고 규정하고, "염려의 존재론적 의미를 시간성(Zeitlichkeit)"(SuZ, 428)으로 규정한다. 원래의 계획의 일부만이 실린 그 책에서 하이데거가 다룬 것은 한편으로 현존재의 존재를 시간성으로 해명하고, 다른 한편으로 시간성에서부터 현존재의 존재를 해석하는 일이었다.7)

하지만 그는, 비록 그 책에서 구체적 해명은 보류하고 있지만, 예비적인 언급을 통해 시간성 속에서 생겨나는 시간이 지평을 이루고 이 지평적 시간이 존재 일반의 이해를 위한 지평이라고 해석한다. 곧 "거기에서부터 현존재가 여하튼 존재 같은 것을 이해하는 그것은 시간"이며, 이렇게 "존재이해의 지평으로서의 시간"이 "존재 일반의 의미"(SuZ, 24)라는 것이다. 그가 이렇게 사유하는 까닭은, 실재하는 것들의 존재방식의 규정이 다른 무엇보다도 시간적인 규정이어서, 시간에서부터 존재방식들의 특수한 규정이 파악된다고 보기 때문이다. 존재자의 존재방식들의 차이가 시간적인 것이라면, 존재방식들의 통일성을8) 시간에서 찾는 것은 분명 무리가 아닐 것이다.

---

7) 『존재와 시간』은 처음에 2부로 계획되었으나 그 중의 1부만이, 그것도 애초계획되었던 총 3편 중 2편만이 출간되었다. 미간행된 1부 3편의 제목이 '시간과 존재'였다. 미간행된 2부도 총 3편으로 계획되었는데, 각각 칸트, 데카르트, 아리스토텔레스에 대해 다룰 예정이었다(SuZ, 53). 간행된 1부의 제목은 '시간성에 의거한 현존재의 해석과 존재물음의 초월론적 지평으로서의 시간의 해명'이다. 이 제목 속의 두 요소에 대해 하이데거는 각각 주를 달고 있다. '시간성에 의거한 현존재의 해석'이라는 구절에 달린 주는 "간행된 이 책에서는 오직 이것뿐"이라는 것이고, '존재물음의 초월론적 지평으로서의 시간의 해명'에 달린 주는 "1927년 여름학기 마르부르크 강연 참조"라는 것이다(SuZ, 55). 마르부르크 강연 원고는 나중에 『현상학의 근본문제』(GA 24)로 간행되었는데, 하이데거는 『이정표』(GA 9), 134의 여백 란의 주에서 "그 강연 전체가 『존재와 시간』의 1부 3편 '시간과 존재'에 속한다."고 밝히고 있다. (더 자세한 것은 『존재와 시간』의 편집자 후기를 참조. SuZ, 581-582)

8) 존재 일반의 의미를 가리키는 다른 표현은 "다양성에 있어서의 존재 개념의 통일성"(GdP, 170)이다.

현존재의 존재가 주로 해석되고 예비적으로 시간이 존재 일반의 의미라고 언급되는 『존재와 시간』에서 진리문제가 다뤄지고 있는 곳은 1부 1편의 제6장인데, 이것의 제목은 "현존재의 존재로서의 염려" (SuZ, 240)이다. 여기서 하이데거는 우선 "현존재의 전체적 존재의 근원적 전체성"을 묻고(39절), 이러한 현존재의 존재의 전체성을 드러내줄 근본현상인 "불안"을 해명한다(40절). 이어서 불안에 의해 드러나는 현존재의 존재의 전체성을 "염려"라고 해석하고(41절), 이러한 해석을 다시금 "현존재의 선-존재론적인 자기해석"에서부터, 곧 하나의 그리스 신화로부터 입증해 보인다(42절). 이렇게 현존재의 존재를 염려로 해석한 후에 하이데거는 "실재성"이라는 전통적이고 지배적인 존재 개념이 염려에 뿌리를 둔 세계의 세계성에 기초하고 있다는 점(43절)과9) "일치"라는 전통적 진리 개념이 염려에 뿌리를 둔 개시성에 기초한다는 점을 순차적으로 해명한다(44절). 실재성과 일치는 데카르트와 칸트에서 보이듯 철학의 전통적인 개념들이었는데, 하이데거는 실존론적-존재론적 입장에서 그것들에 대해 새로운 해석을 전개하는 것이다.

하이데거가 진리문제를 다루는 44절의 제목은 "현존재, 개시성, 진리"이다. 이 제목이 이미 하이데거의 사유내용의 골격을 암시해 준다.10) 그러한 암시에 따라 제목을 해석한다면, 현존재의 존재는 염려이고, 이 염려에 의해 현존재에게는 세계내존재의 개시성이 속해 있고, 바로 이 개시성에 근거를 두고 일치라는 전통적 진리 개념이 성립한다는 것이 될 것이다.

---

9) "'자연'의 존재가 어떻게 해석되더라도, 세계 내부적 존재자의 모든 존재양상들은 존재론적으로 세계의 세계성에, 또 이로써 세계내존재의 현상에 기초하고 있다."(SuZ, 280)

10) 43절의 제목은 '현존재, 세계성, 실재성'이다. 이것 역시 하이데거의 사유내용의 골격을 암시해 준다. 44절의 세분화된 목차는 "(a) 전통적 진리 개념과 그 존재론적 토대, (b) 근원적 진리현상 및 전통적 진리 개념의 파생성, (c) 진리의 존재유형과 진리전제"이다.

2) 전통적 진리 개념과 실존적 진리 개념: 일치와 발견함

통상적 진리관은 진술을 진리의 장소로 여기면서 이 진리의 본질을 판단과 대상의 일치로 보는 것이다. 그런데 하이데거는 '진술한다'는 것이 하나의 실존적 행위라는 점을 발단에 놓고, 진술함의 실존적 의미를 묻는 것으로부터 출발한다.

하이데거가 예를 들듯이 우리는 벽에 걸린 한 폭의 그림에 대해 그 그림을 직접 보지 않은 상태에서 "벽의 그림은 기울어진 채 걸려 있다."(SuZ, 288)고 진술할 수 있다. 이러한 진술은, 진술하는 자가 돌아서서 벽에 걸린 그림을 "지각"함을 통해 그 사실 여부가 비로소 증명된다.11) 이런 식의 증명(Ausweisung)은, 지각에 앞서 단지 표상하는 (머릿속에서 앞에-세우는) 진술조차도 실재적인 사물을 의도하면서 이 사물과 관계를 맺고 있다는 점을 알려준다. 표상함, 지각함, 진술함은 후설의 현상학에 의하면 동일한 대상을 상이하게 지향할 수 있는 다양한 의식작용들이다. 단순히 앞에 세워져 있음의 방식과 구체적으로 지각되어 있음의 방식 모두에 있어서 위에서 말해진 그림은 그 자체로 주어져 있다. 다만 차이는 전자의 경우에는 직관이 결여된 그림이, 후자의 경우에는 직관이 충족된 그림이 소여되어 있다는 것이다. 표상하는 진술 속에서 의도된 채 직관이 결여된 그 그림은 지각을 통해 직관적 충족을 얻을 수 있다. 이러한 직관적 충족의 여부에 따라 진술의 진리(일치)가 결정된다. 그런데 하이데거는 후설이 말하는 다양한 의식작용들을, 존재자에 관계하는 현존재의 다양한 태도들로 보면서, 이 태도들을 가능하게 하는 현존재의 존재구성틀을 물어가는 것이다.12) 진술함은 현존재의 존재구성틀에 바탕을 두는 태도의 한 방식

---

11) '지각'을 통해서가 아니라 '실천적 교섭'을 통해 진술의 참이 확인된다는 점을 위해서는 "망치가 너무 무겁다."(SuZ, 477), "칠판이 쓰기 불편하다."(GA 29/30, 498) 등에 관한 논의를 참고할 수 있다.

12) 이에 관해 다음을 참조: F. -W. von Herrmann, *Wahrheit-Freihait-Geschichte*,

이다.

이런 점을 고려한다면, 현존재의 존재의 하나인 "진술함(Aussagen)은 존재하는 사물 자체를 향해서 존재함"이고, 이때 "진술 속에서 의도된 것은 존재자 자체"(SuZ, 288)라고 해야 한다. 아울러 진술이 사실로 증명된다는 것은 "진술된 것을 향해 진술하면서 존재함이 존재자를 나타냄이라는 것, 곧 자신이 그리로 향해 있는 그 존재자를 발견함이라는 것"의 확인이다. 이 같은 논의를 토대로 하이데거는 "인식함은 증명의 수행 속에서 오직 존재자 자체(Seiendes selbst)에 연관된 채로 있다."고 확정한다.

우리가 인용한 이 문장을 염두에 두면서 투겐트하트는 다음과 같이 이견을 제시하기도 한다: "우리는 진리의 진술이 그리로 방향을 두고 있는 것을 단순히 그것의 나타남 속에서, 곧 비은폐성 그 자체 속에서 볼 수는 없다. 거짓된 진술도 자신을 나타내는 그것에 방향을 둔다."[13] 이 같은 언급에 대해 리히터는 다음과 같이 비판적인 해설을 제시한 바 있다: "투겐트하트의 분석철학적 탐구[하이데거 비판]에 있어서 감지될 수 있는 것은 그가 자신의 이전의 저작들, 특히 1967년의 후설-하이데거에 관한 책과의 연관을 의식적으로 유지하려 한다는 점이다. 그는 거기서 그가 '발견함 1'이라고 불렀던 제시함 일반을, 참된 진술에 귀속되는 것이자 '부각된' 의미에서의 발견함이어야 한다는 '발견함 2'로부터 구분한다. 어떤 참된 진술에 있어서의 '존재자 자체'의 파악은 따라서 완전한 파악으로 돌진하지 않은 피상적 발견함(Vordergründigkeit des Entdeckens)과 구분되는 '발견함 2'가 되리라. 참된 진술의 진술내용은, 하이데거에서의 '언제라도 현재화할 수 있음'으로서의 보존함과는 전적으로 대립된 것으로, 342페이지에서 말해졌듯이, 참된 진술 속에 주관적 업적(subjektive Leistung)으로 보존될 수 있으리라. 명백한 것은, 발단에 놓인 주관 영역의 이원론적

20-25.

13) E. Tugendhat, *Der Wahrheitbegriff: bei Husserl und Heidegger*, 334.

입장이 투겐트하트에 의해 전혀 근본적으로 극복되지 않았다는 점이다."14) 리히터는 발견함 1(선술어적 개방화)과 발견함 2(술어적 개방화)를 구분하면서 후자에 대한 주관의 업적을 논하는 투겐트하트가 여전히 주객이원론에 묶여 있다는 점을 지적한 것이다.

주객이원론을 극복하려 하는 하이데거에게서는 참된 진술이나 거짓 진술이나 모두 존재자 자체에 관계하면서 그 존재자를 어떤 식으로든 보게 하는 제시함이다. 이 같은 제시함이 발견함에 근거를 두는 한, 모든 진술의 근거는 발견함 내지 발견되어 있음이다. 여기서 보이는 하이데거의 논점은 참된 진술이든 거짓 진술이든, 그 근거는 술어적 진술을 가능하게 하는 존재자의 선술어적 개방화 상태, 곧 존재자의 발견되어 있음이라는 것이다. 이에 맞서 투겐트하트는 거짓 진술이 아닌 참된 진술을 가능하게 하는 요소를 밝히는 것이 중요하지, 모든 진술을 가능하게 하는 요소를 밝히는 것은 진리론에서 중요한 게 아니라고 비판하는 것이다. 이런 비판은 하이데거의 논점을 벗어난 것이다. 따라서 그 같은 비판은 비록 '정확하고' 그래서 '참'이라고도 해도, 진리물음의 방식, 더 나아가 철학함의 방법에 대한 자의적 제한을 주장하는 것에 불과하다.

여하튼 참으로 증명된 진술 속에서는 의도된 존재자 자체가 그 자신이 있는바 그대로 자신을 나타내고, 진술 속에서 나타난바 그대로 자기동일성에 있어서 발견된다. 이 점이 동시에 의미하는 것은 "진술하면서 자신을 입증하는 인식함은 이것의 존재론적 의미에 따를 때 실재하는 존재자 자체에 대한 발견하면서 있음(entdeckendes Sein)이라는 식으로만 가능하다."(SuZ, 289)는 것이다. 이 점이 함축하는 바를 하이데거는 다음과 같이 표현한다: "진술의 참임(진리)(Wahr-sein [Wahrheit])은 발견하면서 있음으로 이해되어야 한다." 통상적 진리 개념은 주관과 대상의 일치 내지 객관으로의 주관의 동화라는 것이지

14) Ewald Richter, "Wahrheit und Logik", Ewald Richter(Hg), *Die Frage nach der Wahrheit*, 134.

만, 실존론적-존재론적인 진리 개념은 발견하면서 있음이다.[15)

3) 진리의 근원: 개시성

철학이 근거물음인 한에서는 다음의 물음이 다시 제기될 수 있다. 발견하면서 있음이 실존적 의미의 진리라면, 그러한 발견하면서 있음을 가능하게 하는 것은 무엇인가? 그것은 더 이상 지향성일 수 없다. 왜냐하면 그것은 지향적 태도 일반을 가능하게 하는 것이어야 하기 때문이다.[16) 하이데거에게 있어서 이 질문에 대한 답변은 인식론적 범주를 제시하는 것이 될 수 없다. 왜냐하면 그의 사유는 존재론적이고 현상학적인 것이기 때문이다. 실존적 의미의 진리가 발견함이라는 실존적 현상이라면 "이러한 발견함 자체를 가능하게 만드는 것은, 필연적으로 더욱 근원적인 의미에서 '참'이라고 받아들여져야 한다. 발견함 자체의 실존론적-존재론적 기초들이 비로소 진리의 가장 근원적

15) 「지각과 진리의 문제」(『철학과 현상학 연구』 12집, 한국현상학회, 1999)에서 김희봉은 후설과 메를로-퐁티의 지각 개념과 진리 개념을 검토한다. 이 논문은 전통적인 경험론적 지각 개념(로크 등)과 달리 '지향성'과 '신체성'을 통해 지각을 설명하는 후설과 메를로-퐁티의 지각 개념을 검토하고, 이들에게 있어서 지각은 "물리적 시선 이상"으로 "앞에 놓인 세계와 근원적인 방식에서 의미적인 접촉"(318)이라고 규정하고, "진리를 위한 토대", "진리의 근원적이고 포괄적인 지평을 열어주는 통로"(319)라고 밝히고 있다. 이러한 지각 개념은 하이데거가 말하는 '개시성의 이해'라는 개념에 상당히 접근되어 있다고 하겠다.
16) 「하이데거의 실존론적 진리 개념」(『하이데거연구』 13집, 한국하이데거학회, 2006)에서 박찬국은 심리학주의 비판으로부터 형성된 후설의 진리론이 지향성 개념에 바탕을 둔 직관의 진리론이며, 이것이 진리의 문제해결에 크게 기여하였다고 평가한다. 아울러 그의 지향성 개념은 그럼에도 불구하고 진리 전반의 논의를 위해서는 "지각의 지향성을 다른 종류의 지향성들이 그것에 입각해야 하는 가장 근원적인 지향성으로 보았다는 한계"(58)를 지녔다고 지적한다. 그는 더 나아가 다른 논문 「하이데거에서 '근거의 본질'에 대해」(『하이데거연구』 14집, 한국하이데거학회, 2006)에서 "지향적 태도를 가능케 하는 것이 바로 초월의 사건"(119-120)이라고 언급함에 의해 지향성의 한계를 분명히 지적한다.

인 현상을 나타낸다."(SuZ, 291)

현존재는 존재자를 발견하면서 있다. 그런데 발견하면서 있음이 '참임(Wahr-sein)'이라면, 이것에 상응하여 성립하는 것, 곧 존재자의 발견되어 있음도 '참임'이라고 해야 한다: "일차적으로는 현존재가 '참'이고, 다시 말해 현존재가 발견하면서 있다. 이차적 의미에서의 진리는 [현존재의] 발견하면서 있음(발견)이 아니라, [존재자의] 발견되어 있음(발견성)을 말한다."(SuZ, 292) 그런데 존재자의 발견성을 가능하게 하는 또 모든 교섭에 앞서는 현존재의 이미 발견하며 있음은 "둘러보는 또는 머물며 주시하는 배려함"(SuZ, 292)으로서 이미 개시되어 있는 세계를, 여기서는 주변세계를 기반으로 이뤄진다. 따라서 "세계 내부적 존재자의 발견성은 세계의 개시성에 근거를 둔다." 그런데 개시성은 현존재의 염려의 구조(자기에 앞서면서 — 이미 세계 안에 있으면서 — 세계 내부적 존재자 옆에 존재함)에 속해 있는 것으로서 "세계, 내존재, 자기에 동근원적으로 관계하는"(SuZ, 292) 것이다. 따라서 발견성의 근거로서의 세계의 개시성은 현존재(세계내존재)의 개시성의 일부인 것이다. 결국 발견하면서 있음과 발견되어 있음의 가능근거는 최종적으로 현존재(세계내존재)의 개시성이다: "개시성과 더불어 또 개시성에 의해 발견성이 있고, 따라서 현존재의 개시성과 더불어 비로소 가장 근원적인 진리현상이 성취된다." 발견성에 근거를 두고서만 비로소 이뤄지는 것이 지향적 태도 일반이다.17)

4) 바-진리: 폐쇄성과 차단성

가장 근원적인 진리현상은 현존재의 개시성이다. 이것은 현존재에

---

17) 주위세계 속에서 "존재자의 선술어적인 개방화[지향적 태도 일반]는 미리, 일차적인 무엇임으로서의 쓸모의 개시성과 일차적인 어떻게 있음인 도구성의 개시성에 의해 인도되어 있다."(F. -W. von Herrmann, *Wahrheit-Freihait-Geschichte*, 40)

대해 세계내존재가, 곧 자기 자신과 세계가 통일적으로 개시되어 있음을 말한다. 그러나 이러한 개시성은 현존재의 일상성 속에서 폐쇄될 수 있고 또 대개에 있어서는 폐쇄되어 있다. 개시성의 폐쇄 속에서 존재자는 개시성에 대해 차단된 채 발견된다. 어째서 이런 일이 발생하는가? 하이데거는 그 이유를 현존재의 존재구성틀에서 찾는다. 염려의 현상에 의해 밝혀진 현존재의 존재구조 전체가 현존재의 존재구성틀이다. 이것에는 "피투성"과 "기투" 외에 "퇴락"이 속한다. "피투성"은 현존재가 언제나 일정한 상황 속으로 던져져 있음을 말하는데,[18] 이러한 피투성에 수반될 수 있는 불안이라는 근본현상에 의해 현존재에게 일차적인, 곧 가장 근원적인 개시성이 생겨난다. 피투성에 의해 성립한 까닭에, 개시성은 언제나 이미 현존재의 사실로 주어져 있는, 곧 "본질상 현사실적인 개시성"(SuZ, 293)이다.

그런데 현존재는 피투된 채로 기투하면서 [선취적으로 규정하면서] 있다. 곧 일정한 세계에 처해 있으면서 동시에 그 자신과 세계를 이해하면서 있다. 이때 자신을 이해하는 기투는 두 가지 방식으로 가능하다. 피투성 속에서의 불안이라는 현상이 개시해 준 가장 근원적인 개시성을 죽음에의 선구를 통해 본래 그대로 개시하거나 또는 죽음의 망각에 의해 본래와 다르게 개시하는 것이다. 이로써 본래적 개시성과 비본래적 개시성이 구별된다. 기투의 두 방식에 따라 개시성의 두 유형이 성립하게 되는 것이다. 구체적으로 말해, 현존재가 자신을 본래적으로 기투하게 되면, 곧 " '세계'나 타인에서부터"가 아니라 "자신의 가장 고유한 존재가능"(죽음)에서부터 자신을 이해하게 되면, "가장 근원적이고 가장 본래적인 개시성"이 생겨나는데, 이를 하이데거는 "실존의 진리"라고 표현한다. 그런데 현존재는 잡담, 호기심, 애

---

18) "피투성" 속에서, 곧 "현존재가 자신의 거기(Da)로 던져져 있음"(SuZ, 180) 속에서는 "현존재가 그때마다 이미 나의 현존재이자 이 현존재로서 하나의 일정한 세계 속에서 또 일정한 세계 내부적 존재자의 일정한 범위 옆에 있다는 것이 드러난다."(SuZ, 293)

매성을 특징으로 하는 일상적 존재에 있어서 본질상 퇴락의 경향성을 갖고 있다. 퇴락에 있어서, 곧 그 자신에 등을 돌린 채 세상사람으로 머묾에 있어서, 현존재는 자신을 "'세계'나 타인에서부터" 이해한다. 여기서 언급된, 따옴표가 붙은 '세계'는 존재자 전체의 관련연관이나 지시연관이 아니라 존재자들의 총계를 말한다. 여하튼 비본래적 기투에 있어서는 비본래적 개시성이 나타나고, 이로써 가장 근원적인 개시성은 폐쇄된다. 이 경우에 존재자는 현존재의 개시성으로부터 차단된 채 발견된다: "발견된 것과 개시된 것(das Entdeckte und Erschlossene)이 잡담, 호기심, 애매성을 통해 **차단성**(*Verstelltheit*)과 **폐쇄성** (*Verschlossenheit*)의 양상 속에 놓인다. 존재자의 존재는 꺼져버리지는 않으나, 뿌리가 뽑혀 있다. 존재자는 완전히 은폐되지는 않고 발견되지만, 그러나 동시에 차단되어 있다: 존재자는 자신을 나타내지만 그러나 가상(Schein)의 양상으로 그리한다. 이와 동시에, 미리 발견된 것은 다시금 차단성과 은폐성(Verborgenheit) 속으로 가라앉는다."(SuZ, 293-294) 본래적 개시성으로부터 차단되는 존재자는 더 이상 없는 것으로 바뀌는 것은 아니지만, 본래적 개시성에 근거를 두었던 자신의 존재를 상실하고 이와는 다른 모습으로, 곧 가상으로 나타난다. 결국 가상의 근원은 본래적 개시성의 폐쇄성이다.19)

본래적 개시성을 근원적 진리라고 해석하는 하이데거는 그러한 개시성의 폐쇄성을 "비진리"라고 표현한다: "현존재는 본질상 퇴락하면서 있기 때문에, 자신의 존재구성틀에 따를 때 '비진리' 안에 있다." (SuZ, 294) 현존재의 존재구성틀에 피투성과 기투 외에 퇴락도 함께 속해 있는 한, "현존재의 현사실성에는 폐쇄성(Verschlossenheit)과 차폐성(Verdecktheit)이 속해 있다." 여기서의 '차폐성'은 은폐성의 의미가 강조되며 표현된 '차단성'이다.

---

19) F. -W. von Herrmann, *Subjekt und Dasein*, Frankfurt a. M.: Vittorio Klostermann, 1985, 84-85. 신상희 옮김, 『하이데거의 존재와 시간을 찾아서』, 한길사, 1997, 121-122.

피투성과 기투, 퇴락이 함께 현존재의 존재구성틀을 형성하고 있는 까닭에, 이러한 존재구성틀에 기인하는 개시성(및 발견성)과 폐쇄성(및 차단성), 곧 진리와 비진리는 같은 근원을 갖고 있는 것들이다. 그럼에도 불구하고 하이데거는 그들 사이에 존재론적 우선순위를 부여하고 있다: "'현존재가 진리 안에 있다'라는 명제의 완전한 실존론적-존재론적 의미는 '현존재가 비진리 안에 있다'는 것을 동근원적으로 함께 말하는 것이다. 그러나 오직 현존재가 개시되어 있는 한에서만 그는 폐쇄되어 있기도 하고, 현존재와 더불어 그때마다 이미 세계 내부적 존재자가 발견되어 있는 한에서 그 같은 존재자가 어떤 가능한 세계 내부적으로 만나지는 것으로서 차폐되거나(은폐되거나)(verdeckt [verborgen]) 차단되어(verstellt) 있다."(SuZ, 294)

비진리에 대한 진리의 존재론적 우위와 차단성에 대한 발견성의 존재론적 우위는 비본래적 개시성에 대한 본래적 개시성의 실존론적 우위에 토대를 둔 것이다. (이 점은 나중에 우리가 「진리의 본질」에서 보게 될 진리에 대한 비-진리의 우위에 대립된다.) 그런데 현사실적으로 폐쇄성과 차단성이 우선한다면, 존재론적으로 우선하는 것은 그때마다 결정(Entscheidung)에 의해서만 다시 확보될 수 있는 것이다. 이러한 재확보는 가상과 차단에 맞선 재발견이다: "따라서 현존재는 본질상 이미 또한 발견된 것을 가상과 차단에 맞서 명백히 전유해야만 하고, 발견성을 언제나 다시금 확보해야 한다. 진정으로 모든 새로운 발견은 완전한 은폐성의 토대 위에서는 성취되지 않으며, 가상의 양상에서의 발견성에서 출발함에서 성취된다."(SuZ, 294) 가상과 차단에 맞선 재발견은 그리스인에게 상기이며 쟁취였다. 이 점을 하이데거는 진리를 표현하는 낱말, 곧 알레테이아(a-letheia)라는 결성적 형태의 낱말을 통해 확인한다: "진리(발견성)는 존재자에게서 언제나 비로소 쟁취되어야 한다. 존재자는 은폐성에서 탈취된다. 그때마다의 현사실적인 발견성은 흡사 언제나 빼앗음이다. 그리스인들이 진리의 본질에 관해 결성적 표현(a-letheia) 속에서 자신들의 생각을 말하는 것이 우연인가?"[20] 존재자의 발견성과 은폐성 사이에서 현존재는 결정해야 한다. 하이데거는 파르메니데스가 자신의 단편 시에서 말하고자 한 것도 다름 아닌 이것이라고 본다: "파르메니데스를 안내하는 진리의 여신이 그를 두 개의 길 앞에, 곧 발견함의 길과 은폐함의 길 앞에 세운다는 것은 다름 아니라 현존재가 그때마다 이미 진리와 비진리 속에 있다는 것을 의미한다. 발견함의 길은 '로고스로 판별함(krinein logo)' 속에서, 곧 그 둘을 이해하며 구분하고 하나를 위해 결정함 속에서만 획득된다."(SuZ, 294-295) 여기서의 결정은 은폐함과 비진리로 향한 길이 아닌 발견함과 진리로 향한 길을 선택함을 말한다. 여기서 하이데거는 발견함과 진리에 대한 인간의 책임을 결정이라는 용어를 통해 강조하고 있다. 발견함이 개시성에서 비롯되는 한, 진리에 대한 책임은 하이데거에게 있어서 근원적으로 명제에 대한 책임이라기보다 개시성에 대한 책임이다. 이상의 논의는 다음과 같이 표시될 수 있다.

진리의 본질과 비진리의 관계(『존재와 시간』)

진리의 영역 ⇔ 비진리의 영역
기투 ↘ 　　　개시성: 쓸모허용: 발견성 ⇔ 퇴락: 폐쇄성 → 비진리: 차폐성 피투성 ↗

---

20) 알레테이아의 관점, 은폐와 탈은폐의 투쟁의 관점에서 보자면, "그리스인들에게 있어서는, 한계 속에서 특징을 부여받고, 이로써 현존하고, 이러한 현존성 속에서 지속하는 것이 존재하고 있는 것"이고, 존재는 "특징을 부여받은 (geprägte) 지속적인 현존성"이다(GA 36/37, 93). "이러한 알레테이아의 경험은 특정한 귀결을, 곧 존재자가 현존자로서, 하이데거 식으로 말해 트인 것 (Gelichtetes)으로 접근 가능하게 되는 귀결을 가져왔다."(Walter Biemel, "Die Wahrheit unserer Zeit", in Ewald Richter(Hg), *Die Frage nach der Wahrheit*, 259)

5) 일치라는 진리 개념의 파생성

이상의 논의로부터, 곧 "진리현상의 실존론적-존재론적 해석"으로부터 밝혀진 것은 하이데거 스스로 밝히듯이 다음 두 가지이다. "(1) 가장 근원적인 의미에서의 진리는 현존재의 개시성이고, 이것에는 세계 내부적 존재자의 발견성이 속해 있다. (2) 현존재는 동근원적으로 진리와 비진리 속에 있다."(SuZ, 295)[21] 이것을 단서로 이제 발견성으로서의 진리가 어떻게 일치로서의 진리로 바뀔 수 있는지가 해명될 필요가 있다. 존재자의 발견성은 이미 개시되어 있는 세계(존재자 전체의 관련연관)를 근거로 하는 현존재의 발견하며 있음, 곧 둘러보거나 머물며 주시하는 배려함의 상관자이다. 그래서 존재자의 발견성은 세계 내부적인 도구적인 것(Zuhandenes)의 존재유형을 갖는다. 그런데 현존재, 곧 세계내존재의 개시성이 폐쇄되면, 존재자의 발견성은 세계 내부적인 도구적인 것의 존재유형을 상실하고 단지 세계 내부적인 현전자의 현전성(Vorhandenheit)이라는 존재방식을 갖게 되고, 마찬가지로 현존재 역시 이제는 더 이상 세계내존재가 아닌 세계 내부적 현전자로 여겨진다. 그럼에도 불구하고 존재자의 발견성이 원래 현존재와 존재자 사이의 발견적 관계에 바탕을 두고 있는 것이기 때문에, 현전자의 현전성 속에서도 여전히 현존재와 존재자와의 관계가 유지된다. 이 점을 요약하여 하이데거는 다음과 같이 말한다: "존재자의 발견되어 있음은 진술의 발언되어 있음과 더불어 세계 내부적인 도구적인 것의 존재유형 속으로 밀려든다. 하지만 이제 어떤 것의 발견되어 있음으로서의 진술의 발언되어 있음 속에서 현전자에 관한 [지성의] 연관이 고수되는 한, 발견되어 있음(진리)은 그 편에서 현전자들(지성과 사물) 사이의 현전적 관계로 된다."(SuZ, 297)

---

21) 발견성이 거기에 속해 있는 개시성은 결국 발견성을 위한 개시성이고, 하이데거가 나중에 사용하는 표현으로 말해 존재를 위한 진리(간략히 존재의 진리)이다.

결국 일치로서의 진리는 발견성(발견되어 있음)으로서의 진리가 도구적 존재유형으로부터 현전적 존재유형으로 변양되면서 생겨난 것이다. 그런데 발견성으로서의 진리는 그 편에서 발견함과 개시성이라는 실존적 존재유형의 진리로부터 발원하는 것이다. 이를 근거로 하이데거는 진리 개념들의 파생관계를 확정한다: "개시성으로서의 진리와 발견된 존재자를 향한 발견하는 존재로서의 진리가, 세계 내부적 현전자들 사이의 일치로서의 진리로 되는 것이다. 이로써 전통적 진리 개념의 존재론적 파생성이 제시되는 것이다."(SuZ, 297-298) 일치라는 전통적 진리 개념은 실존적 존재유형(발견성)의 진리로부터의 파생태이다.

가장 근원적인 진리인 개시성이 현존재의 본질적인 존재유형인 한에서 "진리는 현존재가 있는 한에서만 그리고 그런 동안에만 '주어져 있다.' "(SuZ, 299) 이 점을 하이데거는 "진리전제"(SuZ, 301)라는 개념에 의해 함축한다. 현존재는 스스로 현존재이기를 결정한 바 없고, 현존재의 존재유형으로서의 진리는 다른 모든 것들의 가능근거로 전제되어야 한다. 이것은 "왜 존재자가 발견되어 있어야 마땅하고, 왜 진리와 현존재가 있어야만 하는지는 '그 자체로는(an sich)' 통찰될 수 없다."(SuZ, 302)는 것을 말한다. 현존재와 더불어 주어져 있으나, 그것이 왜 주어지는지는 알 수가 없는, 그러나 존재자의 발견성이 거기에 속해 있는 개시성의 고유한 성격은 무엇이라고 표현되어야 하는가? 개시성의 그러한 성격은 오래지 않아 존재의 진리(존재를 위한 진리)라는 이름을 얻게 된다.

3. 「근거의 본질」에서의 진리물음

1) 물음의 배경

하이데거는 『존재와 시간』(1927)보다 2년 후에 출간된 「근거의 본질」에서 진리를 근거와 관련시켜 논의한다.22) 이 논의는 다시 1년 후에 출간된 「진리의 본질」 및 이후의 저작들에 대한 이해를 위해 배경적 지식으로 기여할 수 있으므로 이를 간략히 살펴보기로 한다. 거기서 하이데거는 "근거 없이는 아무것도 없다." 또는 "모든 존재자는 근거를 갖는다."는 명제가 "존재자에 관해 진술하고, 그것도 '근거' 같은 것에 주목하며 진술"하지만, "그럼에도 근거의 본질을 이루는 것은 이러한 명제 속에서 규정되어 있지 않다."(WdG, 127)고 지적한다. 이를 통해 하이데거는 진리의 근거로서의 근거율이 근거를 해명하지 못한다는 점을, 또 그 때문에 진리와 근거의 연관에 대한 물음이 필요하다는 점을 강조한 것이다. 이 물음의 필요성은 다음과 같은 진술 속에서 드러난다. "진리들은 — 참된 명제들은 — 자신들의 본성에 따를 때 어떤 것[존재자]과의 연관을 취하며, 이것을 근거로 그것들은 [주어와 술어의] 합치들일 수 있는 것이다. 각각의 진리에 있어서의 [주어와 술어의] 떼어놓는 결합은 그때마다 무엇인가를 근거로 해서 그 자신인 것이고, 다시 말해 스스로를 '정초하는(begründen)' [근거 위에 놓는] 것이다. 따라서 진리 속에는 '근거' 같은 것과의 본질적인 연관이 내재해 있다."(WdG, 130) 명제적 진리는 우선 존재자를 '근거'로 하고 있다는 것이다.23)

하이데거는 진리의 본질을 진술의 성격으로 한정하는 견해, 여기서는 특히 라이프니츠의 진리론이 지닌 한계를 다음과 같이 지적한다: "[주어와 술어의] 결합과 존재자 사이의 일치가, 또 이러한 일치에 따른 [주어와 술어의] 결합의 합치성이 그 자체로 일차적으로 존재자를 접근 가능하게 하는 것은 아니다. 존재자는 오히려 어떤 술어적 규정

---

22) 이 논문들은 모두 하이데거 전집 9권(GA 9)에 실려 있다. 앞으로 「근거의 본질」은 WdG, 「진리의 본질」은 WdW로 표기한다. 이 책의 번역서로 다음을 참조: 신상희 · 이선일 옮김, 『이정표 1, 2』, 한길사, 2005.

23) 하이데거가 근거라는 말로 가리키는 것은 존재자도 존재도 아니고, 존재의 진리로서의 개시성이다. 그는 존재를 근원-근거(Ur-grund), 시간-공간을 탈-근거(Ab-grund)라고 표현한다(참조: BzP, 380).

이 거기에 부과되는 그 어떤 것으로서 이러한 술어화에 앞서 또 이러한 술어화를 위해 이미 개방화되어(offenbar) 있어야 한다." 이로써 하이데거는 "명제진리가 더욱 근원적인 진리(비은폐성) 안에, 곧 존재자의 선술어적인 개방화 상태(Offenbarkeit) 안에, 뿌리를 박고"(WdG, 131) 있다는 점을, 그리고 더 나아가 "존재의 개현성(Enthülltheit, 비은폐성)이 존재자의 개방화 상태를 비로소 가능하게 한다."는 점을 지적한다.

그런데 여기서 개방화 상태[발견되어 있음, 발견성]는 무엇을 가리키는 것인가? 하이데거는 "태도들의 [존재자의] 개방화가, 존재자의 존재(존재틀: 무엇임과 어떻게 있음)의 한 이해(ein Verständnis)로부터 미리 밝혀져 있고 이끌리지 않는다면, 태도들은 선술어적인 태도로서든 술어적으로 자신을 펼치는 태도로서든 존재자를 그것 자체에 있어서(an ihm selbst) 접근 가능하게 하지 못한다."고 말한다. 이 같은 말로 그는, 태도들의 개방화보다 개방화 상태가 시간적으로 선행한다는 것과 개방화 상태는 술어화를 위한 한 존재자의 속성이 아니라 한 존재자의 존재(존재틀: 무엇임과 어떻게 있음)를 가리킨다는 것을 알려준다.24) 위에서 존재자의 개방화 상태를 가능하게 하는 것은 "존재의 개현성"으로 말해졌다. 이것은 개별 존재자의 존재가 존재자 전체의 관련연관 속에서 드러난다는 점을 고려할 때, 존재자 전체의 존재의 개현성을 가리킬 것이다. 『존재와 시간』에서의 용어와 관련시키면, '존재의 개현성'은 세계의 개시성 속의 존재 일반의 이해에, '존재자의 개방화 상태'는 개별 존재자의 발견성에 상응한다.

여하튼 위의 인용 속에서는 술어화와 관련해서 세 차원이, 곧 (1) 태도에 의한 존재자의 술어적, 선술어적 개방화의 차원, (2) 존재자의 선술어적 개방화 상태의 차원, (3) 존재의 개현성(비은폐성) 차원이 구분되어 있다. 이들 각각에 상관된 것이 명제진리, 존재자적 진리,

---

24) 하이데거는 또한 "현전자가 그런 것으로 발견 가능하게 있어야 한다면, 현전성이 선행적으로 이해되어 있어야만 한다."(GA 24, 446)고 말한다.

126

존재론적 진리이다. (1)은 지향성의 차원이고, (2)와 (3)은 초월의 차원이다. 위에서의 논의에 따르면 이 초월의 차원에서 존재(개방화 상태)의 이해가 성립하는 것이다.

그런데 하이데거는 존재자와 존재가 서로 분리되면서도 공속하는 것이라고 하면서 그 이유를 다음과 같이 말한다: "존재의 비은폐성(Unverborgenheit des Seins)은 그러나 언제나 — [존재자가] 현실적이든 아니든 간에 — 존재자의 존재의 진리(die Wahrheit des Seins *von* Seiendem)이다. 존재자의 비은폐성(Unverborgenheit vom Seiendem) 속에는 그때마다 이미 존재자의 존재의 하나의 비은폐성(eine solche seines Seins)이 놓여 있다."(WdG, 133-134)

이 인용문은 겉보기에 당연한 내용인 듯하나 존재자가 개별 존재자나 존재자 전체를 의미할 수 있다는 점에서 검토될 필요가 있다. 이럴 경우에 이 인용문은 '[존재자 전체의] 존재의 비은폐성은 존재자[전체]의 존재의 진리이고, 존재자[전체]의 비은폐성 속에는 존재자[전체]의 존재의 하나의 특정한 방식의 비은폐성(세계)이 놓여 있다'는 뜻으로 이해될 수 있다. 이와 더불어 유의할 만한 점은, 존재자 전체와 개별 존재자의 관계의 측면에서 인용문 후반부는 '한 존재자의 비은폐성(개방화 상태) 속에는 언제나 존재자 전체의 존재의 하나의 비은폐성(세계)이 놓여 있다'는 뜻으로도 이해될 수 있다는 것이다. 왜냐하면 전자는 후자에 의거해 비로소 성립하는 것이기 때문이다.

하이데거는, 존재자와 존재의 구별이 "현존재가 존재를 이해하면서 존재자에 대해 태도를 취한다."는 점에서 성립하는 한 그러한 구별 내지 존재론적 차이는 현존재의 본질 속에서 찾아져야 한다고 본다. 그리고 그러한 본질을 현존재의 "초월"이라고 명명하면서 다음과 같이 말한다: "존재자에 대한(zu Seiendem) 모든 [술어적, 선술어적] 태도를 지향적 태도라고 특징짓는다면, 지향성은 […] 초월을 근거로 해서만 가능하다."(WdG, 135) 이로써 "근거의 본질에 대한 물음은 초월의 문제로 된다."(WdG, 136) 이렇게 하이데거는 근거의 물음을 진리의 물음과 관련시키고 근거와 진리의 본질을 찾기 위해 현존재의 초월의 물음으로 이행해 간다.

2) 초월과 3중적 근거지음

초월은 하이데거에게 "여러 태도방식들 중의 하나로 가능하면서 때때로 실현되는 그런 태도방식이 아니라, 모든 태도들에 앞서 발생하는 이 존재자[인간적 현존재]의 근본 구성틀"(WdG, 137)이다. 이러한 초월에서 넘어서는 것은 "존재자 자체", 곧 "현존재에게 은폐되어 있거나 은폐될 수 있는 각각의 모든 존재자"와 "현존재 자신"(WdG, 138)이다. 하지만 자신을 넘어섬에 있어서 현존재는 초월하는 자로서의 자신, 곧 "현존재 '자신'으로서의 현존재"에 도달한다. 초월을 통해 "존재자 내부에서 누가 어떻게 하나의 '자기'이고, 무엇이 '자기'가 아닌지가 구별되고 결정될 수 있는"(WdG, 138) 까닭에, 초월에 있어서만 "현존재는 이전에 넘어섰음에 틀림없는 존재자에 대해 '자신이' 태도를 취하도록 할 수 있다."(WdG, 138-139) 결국 초월이 현존재에게 자기로 실존하는 것을 가능하게 하고, 이것이 존재자에 대한 현존재의 태도를 가능하게 한다.

존재자에 대한 태도를 가능하게 하는 초월은 "전체적으로 일어나고 결코 단지 때때로 일어나거나 이를테면 다만 우선 객관들의 이론적 파악으로 일어나는 것이 아니다." 그런 까닭에, 초월이 향하는 그곳은 우선 "세계"로 규정되고, 이런 한에서 초월은 "세계내존재"(WdG, 139)로 규정된다. 하이데거는 세계를 다음과 같은 현존재의 실존의 모습을 통해 규정하고자 한다: "인간적 현존재는 존재자 한가운데 처해 있으면서 존재자에 대해 태도를 취하면서, 존재자가 항상 전체적으로 개방화되어 있는 식으로 실존한다."(WdG, 156) 이를 토대로 할 때, 세계는 우선 존재자의 "전체성(Ganzheit)"으로 규정될 수 있다. 세계로의 초월은 "전체성을 그때마다 앞서 잡으면서-움켜잡는 이해"이다. 이러한 전체성은 『존재와 시간』에서의 존재자 전체의 관련연관 (SuZ, 116) 내지 지시연관(SuZ, 117)으로 이해될 수 있다.

하이데거는 고대 그리스 철학과 헤라클레이토스의 코스모스(세계) 개념을 검토하여 코스모스의 의미와 특징을 다음과 같이 정리한다: "(1) 세계는 존재자 자체라기보다 존재자의 존재의 한 방식(ein Wie) 을 의미한다. (2) 이 방식이 존재자 전체(das Seiende im Ganzen)를 규정한다. 그 방식은 근본적으로 한계와 척도로서 모든 각각의 방식 일반의 가능성이다. (3) 이러한 존재자 전체의 존재의 방식(dieses Wie im Ganzen)은 어떤 면에서는 선행적이다. (4) 이러한 존재자 전체의 존재의 선행적인 방식(dieses vorgängige Wie im Ganzen)은 그 자체 로 인간 현존재에 대해 상관적(relativ)이다."(WdW, 143) 이런 설명에 따르면, 코스모스로서의 세계는 인간에게 속한, 존재자 전체의 존재의 하나의 방식이고, 이것이 모든 개별 존재자의 존재방식(개방화 상태) 을 규정하는 것이다. 『존재와 시간』에서 말해진 존재자 전체의 관련 연관과 여기서 말해진 존재자 전체의 존재의 한 방식은 모두 세계에 대한 규정으로서 상호 함축적이다.

『존재와 시간』에서와 마찬가지로 여기서도 "전체성으로서의 세계 는 하나의 존재자가 아니라, 그로부터 현존재가 자신에게, 어떤 존재 자에 대해 어떻게 자신이 태도를 취할 수 있는지를 지시하게끔 하는 (sich zu bedeuten gibt) 그런 것"(WdG, 157)으로 규정된다.

현존재가 세계로부터 자기 자신에게 자신의 존재가능성들을 지시하 게끔(유의의하게) 하는 동안에 드러나는 점은, 현존재가 "하나의 자 기"라는 점, "자신의 존재가능"을 문제시한다는 점, "자신을 위하여 (umwillen seiner) 실존한다."는 점이다.25) 세계는 현존재가 자신을 위

---

25) "현존재가 자신을 위해 실존한다."는 명제 속에는 현존재의 유아론적 고립화 도 현존재의 이기주의적 상승도 놓여 있지 않다. 오히려 그 명제는 인간이 '스 스로' '이기적으로' 또는 '이타적으로' 태도를 취할 수 있는 것에 대한 가능조 건을 제시한다."(WdW, 157)

해 자기 앞에 데려오는 것이라는 점에서 "한 현존재의 자신을 위함 (Umwillen)의 그때마다의 전체성"(WdG, 158)이다. 이러한 세계의 기투(선취적 규정)는 또한 항상 기투된 세계를 존재자 위로 던짐이고, 이러한 "선행적인 위로 던짐이 존재자가 존재자로서 개방화되는 것을 비로소 가능하게 한다."(WdG, 158). 이렇게 세계의 기투, 곧 초월 속에서만 존재자가 존재자로서 밝혀질 수 있는 한, 근거의 문제는 초월의 영역에서 해설되어야 하는 것이다.

초월은 세계내존재로서 세계의 기투이다. 그런데 세계가 "현존재의 자신을 위함의 그때마다의 전체성"인 한에서 초월은 "자신을 위한 넘어섬"(WdG, 163)이다. 자신을 위한 넘어섬은 그런데 어떤 '의지' 속에서만 일어날 수 있는데, 그 의지를 하이데거는 "자기를 자기 자신의 가능성들을 향해 기투하는 의지(Wille)", 곧 "본질적으로 현존재에게 자신을 위함을 위로 던져주고 이로써 또한 미리-던져주는(vorwirft) 의지"(WdG, 163)로 보고, 이 같은 의지로서의 초월을 자유라고 규정한다: "자신의 본질에 따라 자신을 위함 같은 것을 기투하면서 미리-던지고 때때로의 업적 같은 것으로 산출하지는 않는 것을 우리는 자유라고 명명한다. 세계로의 넘어섬은 자유 자체이다." 세계로의 넘어섬인 초월이 이렇게 본질상 자유로서 규정된다면, "자유만이 현존재에게서 하나의 세계가 전개되고 또 세계로 될 수 있게끔 할 수 있는"(WdG, 164) 것이다.

근거의 본질이 초월이고 초월의 본질이 자유라면, 이제 근거의 문제는 자유의 영역에서 논의되어야 한다. 하이데거는 "근거에 대한 자유의 근원적인 관계"를 "근거지음(Gründen)"이라고 명명하고, 이것의 세 방식을 "(1) 설립(Stiften)으로서의 근거지음, (2) 기반 취함(Boden-nehmen)으로서의 근거지음, (3) 정초함(Begründen)으로서의 근거지음"(WdG, 165)이라고 규정한다. 이러한 3중 구조는 염려의 3중 구조 "자기에 앞서면서-이미 안에 있으면서-(존재자의) 옆에 머묾"에 대한, 근거 개념에 입각한 새로운 해설이다.

여기서 설립함은 우선 "자신을 위함의 기투"를 말한다. 자신을 위함의 기투와 더불어 전체성인 세계가 성립하는 한, 그것은 곧 "세계기투"이다. 하이데거는 "미리-던짐 속에 기투된 자신을 위함은 이러한 세계지평 속에서 밝혀져 있는 존재자 전체를 되 지시하는"(WdG, 165) 것이지만, "그러나 세계기투 속에는 그럼에도 이러한 존재자가 그것 자체에 있어서는(an ihm selbst) 아직 개방화되어 있지 않다."(WdG, 166)고 말한다. 여기서 "존재자가 그것 자체에 있어서는 아직 개방화되어 있지 않다."라는 표현이 주목된다. 이것은, 세계기투가 전체성에의 관여일 뿐 존재자와의 지향적 태도가 아닌 까닭에, 세계기투는 아직 존재자를 — 전체에 있어서든 개별에 있어서든 — 그것의 무엇임과 어떻게 있음에 있어서 발견하고 있는 것은 아니라는 의미로 이해된다. 다시 말해 세계 속에는 이미 잠재적으로 존재자 전체의 존재가 놓여 있지만, 세계기투는 이러한 존재를 현실화하고 있는 것은 아니라고 이해할 수 있을 것이다. 잠재적인 존재자 전체의 존재 중에서 그때마다 한 존재자의 존재가 현실화되는 계기는 어떤 지향적 태도일 것이다.

여하튼 설립함으로서의 근거지음에는 기반 취함으로서의 근거지음이 속해 있다. 왜냐하면 기투는 언제나 "존재자 안에 처해 있는" 기투이기 때문이다. "처해 있는 자로서의 현존재는 존재자에 의해 사로잡혀 있고, 그래서 현존재는 존재자에 귀속하면서 존재자에 의해 철저히 기분 젖어 있다(durchstimmt)."(WdG, 166) 초월은 "기투하는 자가 자신이 넘어서는 존재자에 의해 또한 이미 기분 젖은 채로 철저히 지배받는 식의 세계기투"이고, 따라서 현존재는 세계기투에 있어서 근거지으면서 동시에 존재자에 의해 사로잡혀 있음에 있어서 "존재자 안에서 기반을 취하고, '근거'를 취한다."26) 세계의 기투와 존재자에

---

26) 설립함과 기반 취함의 근본 성격을 하이데거는 초과와 박탈에서 찾는다. 설립하는 근거지음은 자기 자신의 가능성들의 기투인데, 이런 가능성들의 기투는 "기투하는 자 안에 이미 보관된 소유보다 더 풍부한" 까닭에, 그런 기투 속에

의해 사로잡혀 있음이라는 근거지음의 두 방식은 시간성의 탈자들인 "장래"와 "기재성"에 의해 성립하는 것이다. 장래와 기재성이라는 탈자태들이 통일되어 "현재"가 성립하듯이 세계의 기투와 존재자에 의해 사로잡혀 있음이 통일되어 "정초함"이라는 근거지음이 성립한다. 정초함이란 기반 취함과 세계기투에 의해 성립하는 존재자의 존재이해로서, 태도가 개별 존재자와 교섭하거나 진술하는 것을 비로소 가능하게 하고 있는 것이다.

현존재는 존재자 한가운데 처해 있는 하나의 존재자일 뿐만이 아니라, "존재자에 대해, 이로써 자기 자신에 대해서도 태도를 취하는 존재자"(WdG, 167-168)이다. 하이데거는 이러한 태도는 "지향적 태도"로서 초월에 의해 가능해지는 것일 뿐, 초월 자체와 동일시될 수는 없는 것이라고 지적한다. 그 이유는 초월에 속한 "세계기투"는 "존재자[전체]의 존재의 선행적 이해를 가능하게 하는" 것이지만 "그 자체로 [개별] 존재자에 대한 현존재의 연관(Daseinsbezug)이 아니고", "존재자에 의해 사로잡혀 있음"도 역시 "현존재를 존재자 [전체]에 의해 철저히 기분 젖은 채로 존재자 한가운데 처해 있게 하는" 것이지만 "[개별] 존재자에 대한 태도가 아닌"(WdG, 168) 까닭이다. 하이데거는 이둘이 단지 "근거지음의 세 번째 방식인 **정초함**으로서의 근거지음을 함께 시간화하는(mitzeitigen)" 식으로 "지향성을 초월론적으로 가능하게 하는 것"이라고 한다. 이 점을 지적하여 하이데거는 다음과 같이 말한다: "이것[정초함]에 있어서 현존재의 초월은 존재자를 그것 자체에 있어서(an ihm selbst) 개방화하는 일[지향적 태도]의 가능화를, 곧

서 "현존재는 그때마다 자기를 초과한다."(WdG, 167) 그런데 기투하는 현존재가 이미 "존재자 한가운데 처해 있기 때문에," 현존재의 고유한 현사실성을 통해 "현존재에게는 이미 일정한 다른 가능성들이 박탈되어 있다." 이러한 박탈이 비로소 "세계기투의 '현실적으로' 포착할 수 있는 가능성들을 현존재를 향해 현존재의 세계로서 가져온다." 초월은 근거지음의 두 방식에 상응해서 "동시적으로 초과적이면서 박탈적(überschingend-entziehend)"(WdG, 167)이다.

존재자적 진리[지향적 태도가 고수하는 개방화 상태]의 가능성[가능화]을 떠맡는다." 여기서는 개방화의 가능화, 존재자적 진리의 가능성이라는 구절이 지닌 의미가 물어질 수 있다. 각종의 태도는 그때마다의 한 존재자와 더불어 작업(선술어적 개방화)하거나 그 존재자의 속성을 진술(술어적 개방화)하면서 그 존재자의 존재를 고수하고 있는 것이다. 따라서 모든 태도는 존재자를 그것 자체에 있어서(an ihm selbst) 개방화하는 일이다. 그런데 이 일이 가능하기 위해서는 존재자가 먼저 그것의 개방화 상태에 있어서 정초되어 있어야 한다.27) 태도가 관계하는 그때마다의 존재자는 물론 다른 모든 존재자의 존재를 이미 정초하고 있는 일을 하이데거는 초월에 있어서의 정초함이라고 말한다. 여기서 언급된 태도, 곧 존재자를 그것의 개방화 상태에 있어서 개방함은, 『존재와 시간』에서의 용어로 존재자를 그것의 발견성에 있어서 발견함이다. 그리고 거기서는 발견함을 가능하게 하는 것이 "쓸모허용(Bewendenlassen)"이었는데, 여기서는 태도의 개방화를 가능하게 하는 것이 정초함(존재이해)으로 말해지고 있는 것이다.28)

---

27) 여기서 유의해야 할 것은 존재자의 개방화 상태의 성립과 개방화 상태의 존재자에 대한 태도 취함 사이의 구분이다. 전자는 존재이해의 정초함에 의한 것이고, 후자는 전자에 의해 비로소 가능해지는 것이므로 서로 구분된다. 하이데거는 "현전자가 그런 것으로 발견 가능하게 있어야 한다면, 현전성이 선행적으로 이해되어 있어야만 한다."(GA 24, 446)고도 말하고, "모든 태도는 그런데 자신의 탁월함을, 그것이 개방터 안에 서 있으면서 그때마다 하나의 개방화된 것 그 자체를 고수한다(an ein Offenbares als ein solches hält)는 점에 둔다."(WdW, 184)고도 말하면서, 이러한 태도의 예로 진술, 작업, 정돈, 행위, 계산 등을 든다. 각종의 태도들의 개방화는 존재자의 개방화 상태를 스스로 정초하는 것이 아니라, 단지 이미 주어진 존재자의 개방화 상태를 고수하면서 이 개방화 상태에 있어서 그 존재자를 개방하는 것이다.

28) "쓸모는 세계 내부적 존재자의 존재[무엇임의 한 방식]인데, 그 존재로 세계 내부적 존재자가 그때마다 이미 우선 자유롭게 내주어져(freigegeben) 있는 것이다."(SuZ, 112) 존재론적 의미에서의 쓸모허용은 " '존재자'를 그것의 도구성[어떻게 있음의 한 방식]에 있어서 그때마다 이미 발견이고, 그렇게 이러한 존재의 존재자로서 만나지게 해줌이다."(SuZ, 113) "쓸모 자체는 도구적인 것의 존재로서 그때마다 단지 하나의 쓸모 전체의 선-발견성(Vor-entdeck-

용어들의 상관성		
『존재와 시간』		「근거의 본질」
발견함 발견성 쓸모허용 개시성	=	개방화 개방화 상태 정초함 초월

이렇게 하이데거는 정초함이라는 말로 "존재자적-이론적 명제들의 증명"(WdG, 168)을 의미하지 않는다. 오히려 이보다 더욱 근원적인 것을, 곧 증명에 앞서 제기되는 물음인 "왜라는 물음 일반을 가능하게 하는" 것을 말한다. "왜 그렇게 있고 다르게 있지 않은가? 왜 이것이고 저것이 아닌가? 왜 어떤 것이 있고 무가 아닌가?" 등의 물음 속에는 "무엇임, 어떻게 있음, 존재(무) 일반에 대한 선이해가, 비록 개념 이전적인 것이라고 할지라도, 이미 놓여 있다."(WdG, 169) 이러한 존재이해(Seinsverständnis)가 바로 '왜'라는 물음을 비로소 가능하게 하면서 또한 모든 물음에 대한 일차적-최종적인 근원-답변[무엇임, 어떻게 있음, 현존]을 이미 포함하고 있는 것이다. 이 같은 존재이해로서의 초월론적 정초함을 하이데거는 존재론적 진리라고 표현한다: "존재이해가 가장 선행적인 답변으로서 단적으로 최초의-최종적 정초함을 행한다. 존재이해 속에서 초월 그 자체는 정초하면서 있다. 존재이

---

theit)을 근거로 해서만 발견되어 있다. […] 존재자를 쓸모 전체 속으로 자유롭게 내주는 쓸모허용은, 그리로 그것이 자유롭게 내주는 것[쓸모 전체] 자체를 이미 어떤 식으로든 개시한 채로 있어야 한다(erschlossen haben)."(SuZ, 114) 하이데거는 『존재와 시간』에서 "쓸모허용"을 설명하는 문장에 주를 달아 "존재-허용. 원칙적으로 또 매우 폭넓게 각종의 존재자를 위한 존재-허용[이 말해지는] '진리의 본질에 관해'를 참고"(SuZ, 113)라고 밝히고 있다. 쓸모허용이 주위 세계 내의 도구적 존재자에 국한된 현존재의 관계방식인 반면, 존재허용은 - 정초함과 마찬가지로 - 존재자 전체에 확대 적용된 현존재의 관계방식이라는 점에 차이가 있다(2장 1절 참조).

해 속에서 존재와 존재구성틀이 밝혀지기 때문에, 초월론적 정초함은 존재론적 진리이다."

초월이 존재이해를 통해 정초하는 까닭에 태도가 존재자를 그 존재에 있어서 고수하면서 그 존재자를 개방할 수 있다: "이러한 정초함이 존재자에 대한 모든 태도의 근저에 놓여 있는 것이고, 그래서 존재이해의 밝음 속에서 비로소 존재자가 그것 자체에 있어서(다시 말해 그것 자신으로서의, 또 그것 자신이 있는 방식에서의 존재자로) 개방화될 수 있는 것이다." 결국 초월에는 존재이해가 속하고, 이러한 존재이해로서의 정초함이 태도가 그때마다의 존재자를 그것의 무엇임과 어떻게 있음에 있어서 개방하면서 그 존재자와 교섭하거나 진술하는 것을 가능하게 한다.

이상의 논의는 다음과 같이 표시될 수 있다.

진리의 가능화의 관계

초월	세계기투　　기반 취함 ↘　↙ 정초함 ↓	← 존재론적 진리: 피투적 기투 ← 존재자적 진리: 존재이해
지향성	선술어적 개방화 ↓	선술어적 태도: 존재자와의 교섭
	술어적 개방화	술어적 태도: 존재자의 진술

3) 근거의 본질과 비본질

하이데거는 "존재자의 모든 개방화됨(존재자적 진리)이 애초부터, 앞서 특징지어진 정초함에 의해 초월론적으로 철저하게 지배받고 있기 때문에, 모든 존재자적인 발견함과 개시는 그 자신의 방식으로 '정초'해야만, 곧 자신을 증명해야만(sich ausweisen) 한다."(WdG, 169)

고 해설한다. "증명(Ausweisung)에 있어서는 해당 존재자의 무엇임과 어떻게 있음에 의해, 또 이에 귀속하는 밝혀져 있음의 유형(진리)[비-현존재의 발견성, 현존재의 개시성]에 의해 그때마다 요구되는 존재자의 인용(Anführung)이 수행된다. 인용되는 존재자는 이미 개방된 존재자-연관에 대해 예컨대 '원인'으로 또는 '운동근거'(동인)로 알려지는 것이다."(WdG, 169-170)[29] 이 말은 발견성을 진리유형으로 하는 사물에게 요구되는 것은 원인으로서의 존재자의 인용이고, 개시성을 진리유형으로 하는 현존재에게서 요구되는 것은 동인(동기)으로서의 존재자의 인용이라는 말로 이해될 수 있다. 통상적으로 이들은 각기 설명과 이해로 불리는 것들이다.

여기서 하이데거는 정초함이 현존재의 유한한 자유에서 생겨나므로, 정초함에 근거를 둔 현존재의 증명의 태도가 실패할 수 있다고 본다. 정초함이 초월의 통일성 속에서 세계기투와 존재자에 의해 사로잡혀 있음과 동근원적이기 때문에, 다시 말해 "현존재의 유한한 자유에서 생겨나기 때문에, 현존재는 자신의 현사실적인 증명들과 정당화들에 있어서 '근거들'로부터 벗어날 수 있고, 이것들에 대한 요구를 억누를 수 있고, 이것들을 전도(*verkehren*)시키고 차폐(*verdecken*)할 수도 있다."(WdG, 170) 존재이해(정초함)에 근거를 두는 증명이 실패하거나 전도되거나 차폐될 수 있는 것은 정초함의 근원인 자유가 유한하기 때문이라는 것이다. 결국 자유의 유한성이 '근거'(원인과 동인)

---

29) 여기서 하이데거가 '원인'이라는 말로 염두에 두는 것에는 아리스토텔레스의 생성의 출발점과 4원인도 포함될 것이다. 하이데거는 「근거의 본질」 3판 (1949) 서문에서 아리스토텔레스의 '아르케'의 다양한 의미를 요약한다: " '모든 아르케의 공통된 속성은 그것이 어떤 것의 존재[본질]의 또는 생성의 또는 인식의 출발점이라는 것이다.' 이로써 우리가 '근거'라고 명명하는 경향이 있는 것의 변양태들, 곧 무엇임(Was-sein)의 근거, 현존함(Daß-sein)의 근거, 참임(Wahr-sein)의 근거가 부각되어 있다. […] 최고의 시원들의 이러한 3중적 분류와 나란히 발견되는 것은 '아이티아'[원인]를 질료인, 형상인, 운동인, 목적인으로 4분한 것인데, 이러한 4분은 그 이후의 형이상학의 역사와 논리학의 역사에서 주도적인 것으로 남아 있다."(WdG, 124)

의 전도나 차폐의 근원이 된다.

이상의 논의에 의거해 하이데거는 "근거의 본질은 세계기투, 존재자 안에 사로잡힘, 존재자의 존재론적인 정초함으로 3중적으로 분산되는 초월론적으로 생겨나는 근거지음"(WdG, 171)이라고 규정한다. 아울러 현존재의 존재구성틀을 염두에 두고, "건립함, 기반 취함, 권리 부여(Rechtgebung)[정초함]는 그때마다 그 자신의 방식으로 지속성 및 지속의 염려에서부터 생겨나며, 이 염려 자체는 다시금 단지 시간성으로서만 가능하다."고 지적한다. 그런데 여기서 하이데거는 아무런 부가적 설명 없이 '정초함'을 '권리 부여'라고 표현하고 있다. 그런데 정초함에 있어서의 초월이 존재이해로서 존재자에게 그의 존재를 허용해 주는 것이라면, 그리고 이로써 존재자가 그 자신으로 존재하게 되는 것이라면, 그것은 플라톤에 있어서 이데아가 개별자들에 그러하듯이,30) 존재자에게 그 자신으로 존재할 권리를 부여하는 것이라고 이해할 수 있을 것이다.

그가 「근거의 본질」의 말미에서 언급하는 것은 근거(3중적 초월)의 "비-본질"이다. "근거는 자신의 비-본질(Un-wesen)을 갖는데, 그 이유는 근거가 유한한 자유에서 생겨나기 때문이다."(WdG, 174) 근거의 근거가 자유이고, "자유가 현존재의 탈-근거(Ab-grund, 근거 없음)"라면, 근거는 탈-근거로서의 자유로 인해 은폐될 수도 있다. 근거의 은폐, 그것이 근거의 비-본질이다. 하이데거는 「근거의 본질」 3판(1949) 서문에서 철학함에 있어서는 본질 해명만큼이나 비본질의 해명이 중요함을 지적한다. "모든 본질 해명은 철학적인, 곧 가장 내적인 유한한 노력으로서 언제나 또한 필연적으로 비본질(Unwesen)에 대해서도 증언해야만 하는데, 이 비본질은 모든 본질과 함께 인간적 인식을 추동하는 것이다."(WdG, 126) 인간적 인식은 유한한 인식이다. 현존재

---

30) "최고의 이데아는 비은폐성 일반을 가능하게 하는(ermöglichen) 과제를, 곧 존재자에게 그것이 본래 존재자로서 그것인 바의 그 무엇이 될 자격을 부여하는(ermächtigen) 과제를 갖고 있다."(GA 36/37, 192)

의 인식의 유한성의 근원은 탈-근거로서의 자유이다. 자유가 근거의 본질 및 비본질의 근원이라면, 그리고 근거와 진리가 공속하는 것이라면, 이제 진리의 본질과 비본질이, 곧 진리의 완전한 본질을 물을 필요가 생겨난다.31) 이러한 자유의 완전한 본질에 대한 상론은 하이데거의 「진리의 본질」에서 이뤄진다. 여하튼 이 단계에서의 근거의 본질과 비본질의 관계는 다음과 같은 표로 나타낼 수 있을 것이다.

근거의 본질과 비본질의 관계(「근거의 본질」)

근거의 비본질	근거의 본질
탈-근거 → (유한한 자유)	세계기투 ↘ 　　　　존재이해: 정초함 ⇔ [?]→ 비본질: 차폐성] 기반 취함 ↗　　　　　　(유한한 자유)

우리는 다음 절에서 하이데거가 「진리의 본질」(1930)에서 행하는 진리의 본질과 비본질에 관한 논의를 살펴보고, 이 글에서의 논의 내용과 『존재와 시간』 및 「근거의 본질」에서의 논의 내용이 얼마나 다른지를 부각하면서 하이데거 진리론의 내적 변화를 확정해 보기로 한다.

---

31) 「근거의 본질」에서 현존재는 자유, 곧 탈근거적 근거로 해명된다. 현존재의 근거임에 탈근거성이 속한다. 그렇다면, 자유가 진리의 본질이기도 한 것으로 해명되는 경우, 이러한 진리의 본질에도 역시 탈근거 내지 비본질이 속할 것이다. "무성(Nichtigkeit)의 근거임, 결의적인 실존의 '책임'이 탈근거성으로 이해된다면 탈근거성은, 실존이 자신을 근거임에서부터 탈근거 속으로 풀어내고 진리를 그것의 본질과 비본질에 따라 경험하는, 곧 진리의 '본질'을 경험하는 더 나아간 발걸음으로 강요하지 않는가?"(Otto Pöggeler, *Heideggers Denkweg*, Neske Pfullingen, 1983, 95-96)

2절 진리의 본질과 비본질

1. 진리의 본질

1) 일치와 태도의 열려 서 있음

하이데거는 「진리의 본질」(1930)에서 진리의 문제를 다룸에 있어서 명제진리와 사태진리의 공통점을 찾는 것으로부터 논의를 시작한다. 일상에서 우리는 진리라는 용어보다 참된 것이라는 용어를 더욱 자주 사용한다. 그런데 참된 것이란 무엇을 말하는가? 그것은 우선 "현실적인 것(Wirkliches)"을 말할 수 있다. 하지만 예컨대 가짜 금 역시 진짜 금과 마찬가지로 현실적일 수 있기 때문에, 우리는 "진정한 것(Echtes)"이라는 말을 덧붙여야 한다. 결국 진정한 금이란 "그것의 현실성이 우리가 금으로 '본래' 항상 이미 의도하는 것과 일치하는 현실적인 것"(WdW, 179)을 말하게 된다. 이로부터 알려지는 것은 '참됨'과 '진정함'을 규정하는 요인이 일치라는 점이다.

사물이 아닌 진술의 차원에서도 참된 것에 관해 말해진다. 진술의 참은 "그 진술이 의도하고 말하는 것이 그것이 진술하는 사안과 일치할 때에" 성립한다고 널리 알려져 있다. 결국 참된 것은, "그것이 참된 사안이든 참된 명제이든 일치하는 것"을 말한다. 이 경우에 일치, 곧 참이나 진리는 참된 금의 경우에서와 같이 "한 사안과 이 사안에 관해 앞서 의도된 것 사이의 일치"이거나 참된 진술의 경우에서와 같이 "진술 속에서 의도된 것과 사안과의 일치"를 의미하게 된다.

일치의 이러한 이중적 성격은 전승된 진리 개념, 곧 "사물과 지성의 일치"에서 나타나 있는 것이기도 하다. 이런 진리 개념은 구체적으로 "인식에의 사안의 동화"(WdW, 180)나 "사안에의 인식의 동화"라고도 설명된다. 후자는 명제진리(Satzwahrheit)로서 전자의 사태진리(Sachwahrheit)에 근거를 두는 것인데, 그 둘 모두에서 진리는 "어떤 것에 방향을 둠(Sichrichten nach)"을 말하고, 그렇게 진리가 "정확성(Richtigkeit)"으로 여겨진다.

이와 같이 진리를 일치나 정확성으로 보는 입장이 전통적이고 통상적인 진리관이다. 하이데거는 전통적 진리 개념인 일치와 정확성을 가능하게 하는 것과 이것의 근거를 순차적으로 해설한다. 예컨대 하나의 주화와 이 주화에 관한 "이 주화는 둥글다."라는 진술을 일치하게 해주는 가능성은 어디에 있는가? 사실상 진술은 주화가 아니다. 이런 한에서 진술과 주화의 일치란 다만 주화로의 진술의 동화를 말한다. 그리고 이 같은 동화의 본질은 "진술과 사물 사이의 관계의 양식"(WdW, 183)에 의해 규정되는데, 사물에 대한 진술의 관계는 사물을 앞에-세우고(vor-stellt, 표상하고), 앞에-세워진 것이 있는바 그대로 말하는 관계이다: "주화에 관한 진술은, 그것이 이 사물을 앞에-세우고 또 그 앞에-세워진 것에 대해 그때마다의 주도적 관점에 따라 이것이 어떠어떠하게 있는바 그대로 말하는 동안에, 이 사물에 스스로를 관계시킨다."(WdW, 183-184) 이와 같은 진술-관계에 있어서는 "있는바 그대로(so-wie)가 앞에-세움과 앞에-세워진 것에 관련"(WdW, 184)되기 때문에, 진술-관계는 사물과 진술의 일치, 사물에 대한 진술의 동화를 규정하는 것이다.

그런데 그러한 진술-관계는 그 자체로 무엇에 근거하고 있는가? 진술-관계는 사물을 단순히 둘러보는 것을 넘어 사물을 앞에-세우면서 주시하는 것이다. 사물을 앞에-세우면서 주시하는 것은 "사물을 대상으로 마주 서 있게 함(Entgegenstehenlassen)"(WdW, 184)이다. 그런데 사물을 대상으로 마주 서 있게 함에 있어서 어떤 일이 일어나는가? 이에 대한 하이데거의 대답은 다음과 같다: "마주 서 있는 것은, 그렇게 세워진 것으로서 어떤 열린 마주하는 영역(ein offenes Entge-gen)을 통과해야 하며, 이때 그럼에도 그 자체에 있어서(in sich) 그 사물로 머물러 서 있으면서 하나의 지속적인 것으로 자신을 나타내야만 한다."(WdW, 184)[32] 여기서 제기되는 물음은 마주 서 있는 것이 대체 왜 어떤 영역을 통과해야 하는가라는 것이다. 그 대답은 사물이 지속적으로 자기동일적인 것으로 나타날 필요와 그 근거에 있다. 어떤 사물이 그 자체에 있어서 그 사물로 나타난다는 것은 그 사물이 그 자신의 무엇임과 어떻게 있음에 있어서 지속적인 것으로 나타난다는 것이다. 어떤 사물에 대해 우리가 다양한 방식으로 상이하게 지각하면서도 그것을 동일한 것으로 확인할 수 있는 것은 그것이 그 자신의 무엇임과 어떻게 있음에 있어서 지속적인 것으로 나타나기 때문이다. 그런데 이 같은 지속적인 것의 나타남은 우리가 공유하는 '어떤 [우리에게] 열린 [우리가] 마주하는 영역' 속에서만 가능하다.33) 어떤 마주하는 영역이 전제되는 한에서만 하나의 참된 진술-관계가, 곧 진술함과 진술되는 대상 사이의 일치관계가 성립할 수 있는 것이다.

그런데 하이데거는 "어떤 마주하는 영역의 통과 속에서 사물이 이렇게[지속적인 것으로] 현상함은 하나의 개방터[하나의 세계] 내부에서 수행되는" 것이고, "이 개방터의 개방성은 앞에 세움에 의해 비로소 창조되는 것이 아니라 그때마다 단지 어떤 [인간의] 관련영역(ein Bezugsbereich)으로 받아들여지고 떠맡아지는" 것이라고 지적한다. 이에 따르면 마주 서 있는 것이 그 안에서 지속적인 것으로 나타날 수 있는 배경은 개방터인데, '개방터의 개방성'은 『존재와 시간』의 용어로는 '세계의 개시성'에 해당하는 것이다.

개방터 내부에서는 사물에 대한 현존재의 진술적 관계만이 성립하

32) 여기서 언급된 '어떤 열린 마주하는 영역'에 대해 하이데거는 '어떤 마주하는 영역의 개방성(die Offenheit eines Ent-gegen)'이라는 주를 달고 있다(WdW, 184, 1954년 3판 여백 란의 주 a). 그것은 다른 용어로 개방터의 개방성, 세계의 개시성을 말할 것이다.

33) 존재자가 "지속적인 것"으로 자신을 나타냄은 결국 하나의 공유된 세계를 전제하는 것이다. 이 점은 다음과 같은 헬트의 언급에서도 알려진다: "사태의 존재에 대한 우리들의 판단들의 분기[불일치]는 상이한 현상방식에서 나오며, 이러한 현상방식들은 이들대로 사적인 특정한 세계들에 묶여 있다."(클라우스 헬트, 「진리를 둘러싼 논쟁: 현상학의 전사(前史)」, 『철학과 현상학 연구』 15집, 2005, 156)

는 것이 아니다. 진술적 관계가 아닌 현존재의 다른 관계들(작업, 정돈, 행위, 계산 등)도 개방터 내부에서 성립한다. 이 점에서 그들 사이의 차이점과 더불어 공통점이 말해질 필요가 있다. 다른 관계들과 달리 진술적 관계는 사물을 앞에 세우는 방식으로 사물과 관계한다. 여기에 그것들 사이의 차이점이 있다.[34] 그렇지만 그것들은 공통적으로 개방터 내부에서의 존재자와의 관계수행이다. 개방터 내부에서 존재자와 관계함을 하이데거는 태도(Verhalten)[35]라는 말로 총칭한다. 그럴 수 있는 까닭은 존재자에 대한 현존재의 관계(Beziehung)가 태도관계(Verhältnis)이고, 이것은 태도(Verhalten)에 속해 있는 것이기 때문이다. 이렇게 볼 때, "앞에 세우는 진술함이 사물에 대해 갖는 관계는, 근원적으로 또 그때마다 하나의 태도로 움직이는 태도관계의 수행이다." 진술-관계는 하나의 태도관계, 곧 태도의 특정한 관계이다. 그런데 하이데거는 모든 태도들에 속해 있는 어떤 탁월한 특성을 지적한다: "모든 태도는 그런데 자신의 탁월함을, 그것이 개방터 안에서 있으면서 그때마다 하나의 개방화된 것 그 자체를 고수한다(an ein Offenbares als ein solches hält)는 점에 둔다." 여기서 하나의 개방화된 것 그 자체란 하나의 선술어적으로 개방화된 존재자를 말한다. 하나의 선술어적으로 개방화된 존재자를 주제적 대상으로 삼아 그것의 개방화 상태 안에서의 그것의 다양한 현상들을 명시적으로 술어화하는 것이 바로 진술하는 태도이다. 하지만 진술하는 태도만이 아니라 다른 태도들도 개방터 안에 서 있으면서 하나의 개방화된 존재자의

---

34) "사안에 대한 [현존재의] 진술적 관계와 사안에 대한 행동적 교섭의 비교 속에서 나타나는 것은, 한 사안의 소여방식이 그 사안에 대한 관계의 방식 및 유형과 본질적으로 연관되어 있다는 점이다. 진술관계에 있어서 그 관계방식은 앞에 세움이고, 진술되는 사안은 앞에 세워져 있음의 양상으로 소여된다." (Hartmut Tietjen, "Wahrheit und Freiheit", Ewald Richter(Hg), *Die Frage nach der Wahrheit*, 223-224)

35) "태도 – 현존자의 현존성의 트임 속에 체류함(트임 속에 내존적임)"(WdW, 184, 1954년 3판 주 b)

개방화 상태를 고수하고 있는 것이다.

하이데거는 "개방터 안에 서 있으면서 그때마다 하나의 개방화된 것 그 자체를 고수"하는 것을 "열려 서 있음"(Offenständigkeit)이라고 개념화한다. 그래서 "태도는 존재자에 대해 열려 서 있는(ist offenständig)" 것이고, "모든 열려 서 있는 연관은 태도"이게 된다. 아울러 태도가 다양하듯이, 열려 서 있음의 방식도 다양한 것이다. 구체적으로 말해 "그때마다 존재자의 유형 및 태도의 방식에 따라 인간의 열려 서 있음은 상이하다. 각각의 작업과 정돈, 모든 행위와 계산이 어떤 영역의 개방터 안에서 스스로를 유지하며 서 있는데, 그 안에서는 존재자가 그 자신인바의 무엇으로 또 그것이 있는 방식 그대로 자신을 고유하게 제시할 수 있고 또 말해질 수 있는 것으로 될 수 있다." 열려 서 있음의 방식들은 『존재와 시간』의 용어로 '이미 세계 안에 있으면서 존재자 옆에 존재함'의 방식들, 곧 존재자에 대한 배려적 교섭의 방식들이다. 존재자는 세계 안에서, 곧 개방터 안에서 선술어적 존재자이자 개방화된 존재자로서 술어화의 가능성을 지닌 채로 있는 것이다.

그런데 이러한 술어화의 가능성이 실제로 현실화되기 위해서는 태도가 '개방터 안에 열려 서 있음' 외에 추가적인 조건이 필요하다. 하이데거에 의하면, 존재자가 자신을 실제로 고유하게 제시하고 또 실제로 말해질 수 있는 것으로 됨은 "오직, 존재자 자체가 앞에 세우는 진술함에게 청원을 하고(vorstellig wird), 진술함이 존재자를 있는바 그대로 말하라는 지시(Weisung)에 복종할 때에 일어난다. 그러한 지시를 따르는 동안에, 진술함은 존재자에게 방향을 맞춘다."36) 존재자의 지시에 복종하여 존재자에 방향을 맞춰 진술함에 있어서 비로소

---

36) 여기서 말해진 "앞에 세우는 진술함에게 청원을 하고(vorstellig wird bei)"라는 표현은 독일어 관용에 따른 직역이다. 이 경우에 청원의 내용은 이어진 문장에 나타나는 내용, 곧 "존재자를 있는바 그대로 말하라는" 것이 될 것이고, 이것이 단순한 은유적 표현인지에 관해서는 논란이 가능할 것이다.

선술어적인 존재자가 술어적인 대상으로 된다.37)

그리고 "그런 식으로 스스로에게 지시하면서 말함(sich anweisendes Sagen)은 정확하다(참이다). 그렇게 말해진 것은 정확한 것(참된 것)이다."(WdW, 184-185) 이러한 논의를 토대로 하이데거는 다음과 같이 확정한다: "진술은 자신의 정확성을 태도의 열려 서 있음으로부터 얻는다. 왜냐하면 오직 열려 서 있음을 통해서만 여하튼 개방화된 것(Offenbares)이 앞에 세우는 동화를 위한 표준척도가 될 수 있기 때문이다."(WdW, 185)38) 결국 정확성이란 의미의 진리는 태도의 열려 있

---

37) 존재자에 방향을 맞춰 진술함에 있어서 일어나는 현상은 "존재자가 명시적인, 주제적인, 즉 대상적인 소여성에 있어서 나타난다."(Hartmut Tietjen, "Wahrheit und Freiheit", Ewald Richter(Hg), *Die Frage nach der Wahrheit*, 225)는 것이다.

38) 이 동일한 인용문에 대해 투겐트하트는 다음과 같이 말한다: "그렇다면, 이러한 주장은 사소한(trivial) 것이거나 거짓이다: 그 주장이 사소한 것이 되는 때는, 여기서 주장된바, 정확성이 열려 서 있음에 기초를 둔다는 것이 단지 열려 서 있음이 정확성을 위한 필수적 조건이라는 것을 말하는 경우이다. 이때에 열려 서 있음이 부정확성을 위해서도 마찬가지로 그 같은 조건일 것이기 때문에 그 주장은 사소하다. 그 주장이 거짓이 되는 경우는 그러한 기초를 둠이 단지 필요조건이라는 의미에서가 아니라 충분조건으로 의미되는 경우이다."(E. Tugendhat, *Der Wahrheitbegriff: bei Husserl und Heidegger*, 376) 하지만 그의 기대와는 달리 이 인용문에서 하이데거가 의도하는 것은 정확성의, 곧 정확한 진술의 필요충분조건의 제시가 아니다. 그것은 이미 이 인용문 이전의 문장들에서 '개방터 안에 열려 서 있음과 존재자로 방향을 맞춤'으로 말해졌다. 반면 이 인용문에서 하이데거가 의도하는 것은 정확하게 진술함이 성립하기 위한 가능성을 다시 한 번 환기시키면서 그것이 태도의 열려 서 있음이며, 이러한 태도의 열려 서 있음이 비로소 정확하게 또는 부정확하게 진술함은 물론 존재자와의 일상적 교섭이 성립함을 가능하게 함을 밝히려는 데 있는 것이다. 투겐트하트가 스스로 지적하듯이, 부정확한 진술의 성립 이유가 "자신을 척도에 맞추는 태도와 맞추지 않는 태도 사이의 차이"(375)에 놓여 있다고 할지라도, 하이데거에게 있어서 그런 것은, 곧 "사람들이 일상적으로 또 철학의 교설에 따라 오류라고 알고 있는 것, 곧 인식의 부정확성이나 인식의 허위는 단지 한 가지 방식의 또 가장 피상적인 방식의 미혹"(WdW, 197)일 뿐이다. 하이데거의 관심은 오히려 열려 서 있음을 거쳐 탈존적 자유, 비은폐성의 은폐로, 더 나아가 미혹, 곧 "탈은폐와 은폐의 동시적임"(WdW, 198)에서 생겨

음에 의해 비로소 가능한 것이다.

진술의 정확성의 가능성을 추적한 앞서의 논의는 다음과 같이 정리된다. 진술의 정확성은 앞에 세우며 동화하는 태도가 한 존재자에 방향을 맞춤으로 성립한다. 한 존재자에 방향맞춤이 이뤄지기 위해서는 그 존재자의 지시가 있어야 한다. 그 존재자의 지시가 있기 위해서는 그 존재자가 그 자신의 무엇임과 어떻게 있음에 있어서 이미 개방화된 것으로 나타나야 한다. 한 존재자가 개방화된 것으로 나타나 있기 위해서는 태도가 개방터 안에 서 있으면서 하나의 개방화된 것 그 자체를 고수하고 있어야 한다. 이렇게 보면, 앞에 세우며 동화하는 태도에게 지시를 행하는 것, 곧 표준척도로서 개방화된 것은 바로 태도의 열려 서 있음에 의해 이미 미리부터 주어져 있는 것이다. 태도의 열려 서 있음이 앞에 세우는 동화를 위해 하나의 표준척도를 미리 내주고, 그 척도로 하여금 자신에게 지시하도록 하고 있는 것이다. 이 점을 지적하여 하이데거는 "열려 서 있는 태도 자체가 이러한 척도로 하여금 자신에게 지시하도록 해야만 한다. 즉 열려 서 있는 태도 자체가 모든 앞에 세움을 위해 하나의 표준척도를 미리-내줌(Vorgabe)을 떠맡아야만 한다."고 말한다.

태도의 열려 서 있음이 미리-내준 **하나의** 표준척도는 하나의 선술어적으로 개방화된 존재자이자 암묵적으로 선이해된 존재자이다. 이것이 진술함을 위한 표준척도가 되며 진술함은 단지 이 표준척도에 자신을 맞추는 일일 뿐인 것이다. 이로써 진술의 정확성을 가능하게 하는 것, 곧 진술의 정확성의 가능화를 규정할 수 있게 된다: "태도의 열려 서 있음을 통해서만 진술의 정확성(진리)이 가능하게 된다면, 정확성을 비로소 가능하게 하는 것이 더욱 근원적인 권리로 진리의 본질로 간주되어야 한다." 결국 하나의 표준척도의 미리-내줌을 떠맡고 있는 태도의 열려 서 있음이 전통적 의미의 진리를 가능하게 하는 것

나는 것이자 "오류의 열린 소재지이자 근거"인 미혹으로 향하고 있는 것이다.

(진리의 가능화)으로서 진리의 더욱 근원적 본질이 된다. 열려 서 있음은 『존재와 시간』의 용어로 존재자를 그것의 발견성에 있어서 발견함에, 「근거의 본질」의 용어로는 존재자를 그것의 개방화 상태에 있어 개방화함에 해당한다. 이상의 논의는 다음과 같이 표시될 수 있다.

통상적 의미의 진리	통상적 의미의 진리의 근거	이 근거의 의의
일치	하나의 개방화된 것의 고수 (열려 서 있음)	하나의 표준척도를 자신에게 미리-내줌
	하나의 개방화된 것에 방향을 맞춤	한 존재자의 지시에 복종

2) 정확성의 가능화의 근거: 자유

위에서 일치와 정확성으로서의 진리를 내적으로 가능하게 하는 것 (가능화, 가능성)이 태도의 열려 서 있음으로 밝혀졌다. 하이데거는 여기서 한 걸음 더 나아가 그러한 내적인 가능화의 근거를, 곧 "열려 서 있으면서 하나의 표준척도를 미리-내주는 태도의[라는] 내적인 가능성의 근거"에 대해 사유한다. "어떤 식으로만 하나의 표준(Richte)의 미리-내줌의 수행이나 일치로의 지시 같은 것이 일어날 수 있는가? 이러한 미리-내줌이 자신을 이미, 개방터에서부터 나타나고 있는 것이자 각종의 앞에 세움을 구속하고 있는 것인 하나의 개방화된 것을 위해, 한 개방터 속으로 자유롭게 내주었다는 식으로만 그러하다."39) 하나의 표준척도의 '미리-내줌'에 대한 근거를 하이데거는 "미리-내줌이 개방터 속으로 자신을 이미 자유롭게 내주었음"에서 찾고 있다. 이

---

39) 하이데거의 본질물음은 현상의 발생방식 내지 자현(自現)방식(Wesungsweise)에 대한 물음이다. 그 물음은 "어떤 식으로만 […] 일어날 수 있는가?"(WdW, 185), "어떻게(Wie) 사유되어야 하는가?"(WdW, 187-188) 등으로 정식화된다.

표현 속에서 두 가지가 주목될 수 있다. 첫째는 '자유롭게 내주었음'의 시제가 현재완료이고, 그것의 방향이 '하나의 개방화된 것'이 아니라 개방터라는 점이다. 개방터 속으로 자유롭게 내주었음의 현재완료속에서 현존재는 개방터에 대해 이미 항상 자유롭다. 둘째는 개방터속으로 자신을 자유롭게 내줌이 이 개방터 속의 하나의 개방화된 것을 위해 일어난다는 점이다. 그런데 하나의 개방화된 것은 모든 개방화된 것들과의 관련 속에서만 하나의 개방화된 것일 수 있다. 그 결과로 개방터에 대해 이미 항상 자유로움은 개방터 속의 모든 개방화된것에 대해 이미 항상 자유로움이 된다. 결국 현존재는 개방터에 대해이미 자유롭고, 동시에 개방터 속의 모든 개방화된 것에 대해 이미 자유롭다. 이러한 이중적 자유, 곧 개방터에 대해 자유롭고 개방화된 것전체에 대한 자유로움을 하이데거는 통일적으로 '한 개방터의 개방화된 것'에 대한 자유로움이라고 표현하면서, 이것이 바로 존재자에게현존재가 그때마다 다시금 자신을 내주는 일을 가능하게 하는 것이라고 확정한다: "구속하는 표준을 위해 자신을 [그때마다] 자유롭게 내줌(Sich-freigeben)은 한 개방터의 개방화된 것에 대해(zum Offenbaren eines Offenen) [이미] 자유로움(Freisein)으로서만 가능하다."(WdW, 185-186) 이 구절 속에서 주목되어야 할 것은 '하나의 개방화된 것(ein Offenbare)'이 아니라, '개방화된 것(das Offenbare)'[일반]이라는 표현이다. 그 이유는 태도가 언제나 지향적 태도로서 하나의개방화된 것을 고수하는 것인 반면, 자유는 지향성을 비로소 가능하게 하는 것으로서 개방터의 모든 개방화된 것에 대한 자유로움이기때문이다. 그런 까닭에 하이데거는 자유는 "한 개방터의 개방화된 것(das Offenbare eines Offenen)[한 세계 속의 존재자 전체]을 위한 자유"(WdW, 187)라고 규정하게 된다.

하이데거는 이러한 자유, 곧 한 개방터의 개방화된 것에 대해 이미자유로움이 "지금까지 개념화되지 않은 자유의 본질"이라고 지적하고, "진술의 정확성으로 이해된 진리에 있어서 진리의 본질은 자유"

(WdW, 186)라고 규정한다. 이로써 진리(일치, 정확성)의 본질은 태도의 열려 서 있음을 거쳐 이제 가장 근원적으로 자유(개방터의 개방화된 것에 대한 자유로움)로 규정된다. 이러한 자유는 『존재와 시간』에서 말한 '세계의 개시성'이나 「근거의 본질」에서 말한 '세계로의 초월'에 상응하는 것이다. 이상의 논의는 다음과 같이 표시될 수 있다.

진리	진리의 가능화	가능화의 근거	가능화의 근거의 의의
올바름	하나의 표준척도의 미리-내줌 (열려 서 있음)	한 개방터 속으로 자신을 자유롭게 내주었음	한 개방터의 개방화된 것 전체에 대한 자유 (피투적 기투)

3) 자유의 본질: 존재자의 탈은폐성에 내맡김

이제 하이데거는 한 걸음 더 나아가 자유 자체의 본질에 대해 묻는다.[40] "자유는 우선은 한 개방터의 개방화된 것에 대한 자유로서 규정되었다. 이러한 자유의 본질은 어떻게 사유되어야 하는가?"(WdW, 187-188) 자유의 본질에 대한 숙고의 실마리는 자유가 개방터의 개방화된 것에 대한 자유로움이라는 것이다: "앞에 세우며 진술함이 정확한 것으로서 자신을 거기에 동화하는 그 개방화된 것은 열려 서 있는 태도 속에서 그때마다 개방되어 있는 존재자(das jeweils in einem offenständdigen Verhalten offene Seiende)이다. [그런데] 개방터의 개방

---

40) "강연 「진리의 본질」은 우선 『존재와 시간』이란 책과 「근거의 본질」이란 논문에서 행해진 발걸음을 다시 한 번 수행한다. 곧 진리가 일치의 정확성으로 이해되고, 실존의 개시성으로 소급되는데, 이 개시성이 지금은 자유로 파악된 것이다. 강연 「진리의 본질」은 그러나 그 다음에 한 걸음 더 나아간 발걸음을 수행한다: 그 강연은 자유를 개방터의 개방화된 것을 위해 자기를 자유롭게 내줌으로, '존재자를 존재하게 함'으로 그래서 비은폐성의 개방터 및 비은폐된 것에 자신을 관여시킴으로 해석한다."(Otto Pöggeler, *Heideggers Denkweg*, Neske Pfullingen, 1983, 96-97)

화된 것에 대한 자유가 그때마다의 존재자를 그 자신인[그 자신의 무엇임과 어떻게 있음에 있어서] 존재자로 존재하도록 허용한다(läßt sein). [이로써] 자유는 이제 존재자의 존재-허용(Sein-lassen)으로 밝혀진다."(WdW, 188) 여기서 하이데거는 자유가 그때마다의 존재자를 존재하도록 허용한다는 점에서, 자유를 존재허용이라고 규정하고 있다. 그런데 자유는 그 자체로 이미 개방터의 모든 개방화된 것에 대한 자유이다. 이런 자유가 동시에 그때마다의 존재자의 존재를 허용하는 것이다. 이 점은 뒤에서 피투적 기투에 의거한 각각의 존재자의 개방화 상태의 가능화로 드러날 것이다. 자유로서의 존재허용은 특정한 존재자에 고정되어 있는 것이 아니다. 특정한 존재자로의 고정은 각종의 태도에 의해 성립하는 것이지만, 그러나 그 태도는 존재허용 속에서 움직이는 것이다.41)

존재-허용이란 말로 하이데거는 존재자에 대한 "단념이나 무관심"을 의도하지 않고, 오히려 존재자에 대한 간섭이나 개입으로서의 "존재자에 관여함(das Sicheinlassen auf das Seiende)"을 의도한다. 아래에서 드러나겠지만 이 말은 3중적 의미를 또는 3중적 구조를 지닌 표현이다. 각각의 모든 존재자는 그런데 항상 개방터 안에 들어서 있다. 그런 까닭에, "존재자에 관여함으로서의 존재자의 존재허용", 곧 "존재자를 이른바 그 자신인 존재자로 존재하도록 허용함은, 각각의 모든 존재자가 그 안으로 들어서 있는 것이자 이를테면 수반하고 있는 것인 개방터와 이것의 개방성에 관여함을 의미한다." 결국 존재자의 존재-허용은 언제나 오직 '개방터와 이것의 개방성에 관여함'인 한에서의 '존재자에 관여함'이다. 이러한 존재자의 존재-허용에 상응하는 개념은 앞서 지적되었듯이, 『존재와 시간』에서의 쓸모-허용(Bewendenlassen)이다. 존재허용은 또한 「근거의 본질」에서의 개념으로는 "존재이해(Seinsverständnis)"라고 불리는 정초함(Begründen)에 해당

---

41) "각각의 모든 열려 서 있는 태도는 존재자의 존재허용 속에서 움직이고 또 그때마다 이런저런 존재자와 관계한다."(WdW, 192)

한다. 반면에 자유는 개시성과 초월에 상응한다. 쓸모허용과 정초함에 상응하는 존재허용은 태도가 고수하는 것의, 곧 "존재자적 진리의 가능성[가능화]"이다. 존재허용, 정초함(존재이해), 쓸모허용은 태도에서 이뤄지는 한 존재자의 존재(개방화 상태)의 고수의 가능화로서 모든 태도의 근저에 놓여 있는 것이다.

하이데거는 그런데 이어지는 논의에서 '개방터와 이것의 개방성' 대신 '탈은폐와 탈은폐성'이라는 용어를 새롭게 도입하여 사용하면서, 이 용어를 그리스어 '알레테이아'에 결부시킨다: "이 개방터를 서양의 사유는 그 시초에 비은폐된 곳(ta alethea, das Unverborgene)으로 파악했다. 우리가 알레테이아(aletheia)를 '진리' 대신 '비은폐성'으로 번역한다면, 이러한 번역은 단지 '더욱더 낱말 그대로의' 번역에 불과할 뿐만 아니라, 진술의 정확성이란 의미의 익숙한 진리 개념을 다르게 사유하여 존재자의 탈은폐성 및 탈은폐라는 아직 파악되지 않은 것으로 소급하여 사유하라는 지침을 포함하고 있는 것이다." 이로써 하이데거가 비은폐성의 고유한 현상에 접근하기 위해 탈은폐와 탈은폐성이라는 용어를 도입함이 알려진다.

하이데거는 이어지는 문장에서 앞에서의 존재자에 관여함이라는 표현을 좀 더 구체화한 "존재자의 탈은폐성에 관여함"42)이라는 새로운

---

42) 여기서 등장하는 "존재자의 탈은폐성"이라는 용어는 이중적으로 애매하다. 우선 여기서 말해진 존재자가 개별 존재자를 말하는지, 존재자 전체를 말하는지가 애매하다. 그 다음으로는 존재자의 탈은폐성이 세계의(존재자들의 지시적 관련연관)의 개시성을 말하는지, 존재자의 존재를 말하는지 애매하다. 앞의 문제에 국한하여 논의해 보면, 그것은 한 존재자의 개방성을 말할 수도 있고, 존재자 전체의 개방성을 의미할 수도 있다. 첫째의 의미는, 존재자의 '탈은폐'가 술어적이거나 선술어적인 발견함이나 개방화를 말할 경우 성립하는데, 그런 발견함이나 개방화는 지향적 행위이기 때문이다. 둘째의 의미는 '존재자'라는 용어가 '존재자 전체'나 '존재자 그 자체'의 축약적 표현인 한에서 성립한다. 사실상 하이데거는 논의가 일정하게 경과된 뒤에 "존재자 그 자체의 탈은폐성"(WdW, 189), "존재자 전체의 개방화 상태"(WdW, 193)라는 용어를 도입하고, 더 나아가 "우리가 존재라고 칭하면서 오랫동안 오직 존재자 전체로만 익숙하게 생각하는 것"(WdW, 200)이라는 표현을 사용함에 의해 존재자가 '존

표현을 도입하면서 다음과 같이 말한다: "[하나의] 존재자의 탈은폐성에 관여함은 이러한 탈은폐성 속에서 자신을 상실해 버리는 것이 아니라, 오히려 존재자 앞에서 물러남으로 전개되는데, 이는 존재자가 자신이 무엇이고 자신이 어떻게 있는가에 있어서 자신을 개방화하도록 하기 위해 또 앞에 세우는 동화가 그 존재자에서부터 표준척도를 수용하도록 하기 위해서이다."(WdW, 188-189)[43] 존재허용은, 특정한 존재자와 교섭하는 태도 속에서 이 태도를 가능하게 하기 먼저 그 존재자에게 존재를 보증해 주는 것이다. 그러한 보증이 존재자의 탈은폐성에 관여함이다. 그런데 이러한 보증은 개방터 속에서만 가능하다. 그러기에 하이데거는 "이러한 존재-허용으로서 존재자의 탈은폐성에 관여함은 존재자 그 자체에게 자신을 내맡기고, 모든 태도를 [그 존재자가 놓여 있는] 개방터로 옮겨놓는다."(WdW, 189)고 말한다.

앞에서는 하나의 개방화된 존재자에서부터 표준척도를 수용하는 것은 하나의 개방화된 존재자가 자신에게 지시하도록 하는 한에서 성립한다고 말해졌고, 이제 이 같은 내적인 지시는 현존재가 한 존재자의 탈은폐성에 관여하고 있는 한에서 비로소 성립한다는 것이 말해졌다.

재자 전체'나 '존재자 그 자체'의 축약일 수 있고, 이 표현들이 '존재자의 존재'를 가리켜 왔음을 알게 한다. 이 단계에서 우리는 "존재자의 탈은폐성"에 의해 한 존재자의 개방성과 존재자 전체의 개방성이 함께 의미될 수 있다는 점을 유의할 필요가 있다. 참조: "여기서[188] '탈은폐성'으로 명명된 것은 개방성으로서의 비은폐성이다. 이제 '존재자의 탈은폐'로 말해진 것은 사안에 따를 때 존재자의 선술어적인 발견함이나 개방화이다."(F. W. von Hermmann, *Wahrheit-Freihait-Geschichte*, 113) 이에 따르면, '존재자의 탈은폐에 관여함'은 '하나의 존재자의 선술어적 개방화에 관여함'이자 '하나의 존재자의 선술어적 개방화를 가능하게 함'이 될 것이다.

43) 여기서 말해진 '존재자 앞에서 물러남'은 표준척도에의 자기구속을 위해 일어나는 존재자로부터의 탈구속으로 해석될 수 있다. "물러섬은 거리 취하기이고, 척도 수용은 구속이다."(Martin Brasser, *Wahrheit und Verborgenheit*, Würyburg: Könnigshausen & Neumann, 1997, 272) 이런 점에서 존재허용은 모든 태도에 본질적으로 속해 있는 것, 곧 자기억제(Verhaltenheit)(WdW, 190)이기도 하다.

아울러 한 존재자의 탈은폐성에 관여함은 그 존재자에게 자신을 내맡김이자 그것이 놓여 있는 개방터 속에 들어섬이라고 말해졌다. 하이데거는 한 걸음 더 나아가 그같이 지시를 허용하는 내맡김 속에서 자유의 본질을 본다: "존재-허용은, 다시 말해 자유는 그 자체에 있어서 내맡기면서(aus-setzend) 있고 탈존적으로(ek-sistent) 있다. 진리의 본질에 기반을 두고 통찰된 자유의 본질은 존재자의 탈은폐성 속으로 내맡김(Aussetzung)으로 나타난다." 결국 자유의 본질은 존재자 전체의 탈은폐성(개방터, 세계) 속으로의 내맡김이고, 이것에서부터 하나의 개방화된 것에 대한 태도의 열려 서 있음이나 앞에 세우면서 진술함이 가능해지는 것이다. 이 단계에서, 자유는 그 자체로 이원화된 구조를 갖는다. 그것은 한 존재자에 대한 태도 속에서 움직이는 존재허용으로서 한 존재자를 존재허용하는 것이지만, 이를 위해 동시에 개방터(존재자 전체의 탈은폐성) 속으로 자신을 내맡김이다.

이렇게 해서 우리의 논의는 진술의 정확성으로부터, 진술-관계, 하나의 개방화된 것에 대한 태도의 열려 서 있음을 거쳐 개방터의 모든 개방화된 것에 대해 자유로움, 존재자의 탈은폐성 속으로의 내맡김으로 이행하였다. 이제 하이데거는 존재자의 탈은폐성 속으로 내맡김을 "탈-존(Ek-sistenz)"이라고 표현하면서 이것의 내적 구조에 대해 논의한다. 그 논의를 살펴보기 전에, 앞서의 논의를 표시하면 다음과 같다.

자유	자유의 구체적 실현	자유의 구체적 실현의 전제
개방터의 개방화된 것 전체에 대한 자유	태도가 관계하는 하나의 존재자의 존재허용	개방터 속으로 내맡김

4) 자유의 본질의 내적 구조

탈-존을 논의하는 단락에서 하이데거는 탈-존의 두 구조요소로서 지금까지 사용되지 않았던 "관여되어 있음(Eingelassenheit)"과 "탈-존적인 관여(Sicheinlassen)"(WdW, 189)라는 용어를 도입한다.44) 새로운 논의를 예비하는 문장은 다음과 같다: "자유는 ('소극적 자유'와 '적극적 자유'에 앞서) 무엇보다도 우선 존재자 그 자체의 탈은폐에 관여되어 있음이다. 탈은폐성 자체는 탈-존적인 관여 속에 보존되며, 이것을 통해 개방터의 개방성, 즉 '현(Da)'이 그 자신이 되는 것이다." 여기서 말한 '관여되어 있음'과 '관여'는 『존재와 시간』의 용어로는 현존재의 개시성을 성립시키는 '피투성'과 '기투', 「근거의 본질」의 용어로는 '존재자 안에서의 기반 취함'과 '세계기투'에 상응한다. 피투성에 근거한 기분이 나름대로의 개시의 기능을 갖듯이, 관여되어 있음에 근거한 기분도 나름대로 탈은폐의 기능을 갖는다. 이 기능이 위 문장 속에서 '존재자 그 자체의 탈은폐에 관여되어 있음'으로 표현되었다. 피투적으로 존재자 그 자체의 탈은폐에 관여되어 있음에서부터 탈은폐성이 출현하고, 이 탈은폐성은 기투하는 탈-존적인 관여 속에서 보존된다. 피투성 속의 개시성이 기투 속에서 보존된다는 사실이 여기서는 '탈은폐성 자체는 탈-존적 관여 속에 보존된다'고 표현된 것이다. 결국 하이데거는 위 문장을 통해 한편으로 피투적인 개시가 기투적인 개시보다 선행한다는 점을 알리면서, 다른 한편으로 근본 기분에서 이뤄지는 시원적인 탈은폐에 대한 논의를 예비한 것이다. 피투적인 개시함 내지 시원적인 탈은폐는 근본 기분들의 기능이고, 그것들은 불안, 지루함, 경이 같은 기분들이다. 무가 아니라 존재자가 존재한다는 것에 대한 근본 기분은 경이이고, 이것 역시 존재자 그 자

---

44) 하이데거는 탈-존이라는 말로 이중적 의미의 '내존성(Inständigkeit)'을 의도한다: "내존함(Innestehen). 그 안에는 이중적인 것이 놓여 있다. '시간'의 탈자적 개방성 안에서 내존함. 이러한 내존함은 그러나 동시에 '존재자의 존재에 대한 본질연관 속에서 중단 없이 머무는'이라는 의미에서 '내존한다.'(GA 49, 54) 트임 안에서의 내존성: 이러한 표현은 […] 두 가지 의미의 통일성 속에 이해되어야만 할 것이다: (1) 세 개의 탈자들 안에 서 있다. (2) 전체적 현존재를 통해 존재를 보호하고 견뎌낸다."(V.Sem, 122)

3장 진리 존재론 | 153

체의 탈은폐의 기능을 행한다.

이런 배경 아래서 하이데거는 "역사적 인간의 탈-존은, 최초의 사유자가 존재자란 무엇인가라는 물음과 더불어 자신을 존재자의 비은폐성으로 내세우는 순간에 시작"되고, "이러한 물음 속에서 최초로 비은폐성이 경험된다."고 말한다. 그는 최초의 사유자인 그리스인들에게 "존재자 전체는 피시스로 밝혀지는데, 이 '자연'은 여기서 존재자의 특수한 한 구역을 말하지 않고, 오히려 솟아나며 현존함이라는 의미에서의 전체에 있어서의 존재자 그 자체(das Seiende als solches im Ganzen)를 말한다."(WdW, 189-190)고 밝힌다. 이러한 지적 속에서 함께 드러나는 것은 하이데거가 '존재자'라는 말을 종종 '존재자 전체', '존재자 그 자체', '전체에 있어서의 존재자 그 자체'의 축약적 표현으로 사용하고, 또 이를 통해 '존재자의 존재'를 함께 사유하고 있다는 것이다.45) 이런 사유가 가능한 것은 존재자 전체의 관련연관 속에서 존재자 전체의 존재가 성립하기 때문이다.

여하튼 하이데거는 그리스인들이 시작한 존재의 역사를 해석하면서, "존재자 전체의 시원적인 탈은폐, 존재자 그 자체에 대한 물음, 서구 역사의 시작은 [모두] 같은 것이고 또 동시적"(WdW, 190)이라고 한다. 왜냐하면 존재자 전체(세계)의 시원적인 탈은폐와 더불어 존재자 그 자체(존재자 전체의 존재)에 대한 물음이 성립하고, 이것이 피시스로 파악되는 것으로부터 서구의 존재역사가 시작되었기 때문이다.

존재자의 존재허용, 곧 탈-존으로서 인간은 자유롭다. 그런데 "자유

---

45) 이 점은 헤라클레이토스의 단편(123)에 대한 하이데거의 해설 속에서도 엿보인다: "피시스는 숨기를 좋아한다(피시스 크뤼프테스타이 필레이): 존재(Sein, 솟아나며 현상함)는 그 자체에 있어서 자기은폐로 향하는 경향이 있다. 존재는 솟아나면서 현상함, 은폐성에서 벗어 나옴을 말하기 때문에, 존재에는 본질적으로 은폐성이 속해 있고 또 이 은폐성으로부터의 유래가 속해 있다."(EiM, 122) 피시스는 한편으로 존재자 전체로서의 자연을, 다른 한편으로 이 자연의 존재를 가리킨다.

는 인간에게 여하튼 비로소 선택을 위한 가능성(존재자)을 제시하고, 필연적인 것(존재자)을 그에게 부과하는" 것인 까닭에, 인간은 자유를 마음대로 다룰 수 있는 것이 아니다. 오히려 인간은 자유로 인해 어떤 방식으로든 존재자의 탈은폐에 관여되는 필연성을 떠맡고 있고, 동시에 자유로 인해 존재자의 탈은폐성에 관여할 방식을 선택할 가능성을 부여받고 있는 것이다.46) 그런데 이러한 필연성과 가능성, 곧 '존재자 그 자체의 탈은폐에 관여되어 있음'과 '탈은폐성에의 탈-존적 관여'가 바로 역사를 성립시킨다. 그런 까닭에 하이데거는 "인간은 자유를 속성으로 '소유'하지 못하고, 오히려 기껏해야 그 반대가 타당"한 것인데, 그럼에도 인간은 자유로부터 "모든 역사를 비로소 정초하고 탁월하게 하는 연관을, 곧 하나의 존재자 전체 그 자체(einem Seienden im Ganzen als einem solchen)와의 연관"을 보증 받고 있다고 한다. 여기서는 앞에서와 달리 "전체에 있어서의 존재자 그 자체"가 아니라, "하나의 존재자 전체 그 자체"라는 표현이 사용되고 있다. 이것은 특정한 하나의 세계를 가리킨다. 존재자 전체의 시원적 탈은폐가 언제나 현존재의 어떤 근본 기분에 있어서의 유한하고 제한된 방식의 탈은폐인 한에서, 이로써 출현하는 존재자 전체의 탈은폐성은 언제나 하나의 특정한 탈은폐성인 것이다.

이어지는 문장에서 하이데거는 "그렇게 이해된, 존재자의 존재허용으로서의 자유가 존재자의 탈은폐라는 의미에서의 진리의 본질을 충족시키고 완성한다."고 말한다. 여기서 언급된 '그렇게 이해된' 것이란 '존재자 그 자체의 탈은폐에 관여되어 있음'과 '탈은폐성에의 탈-존적 관여'의 통일을 말할 것이다. 이로써 드러나는 점은, 개별 존재자와 교섭하는 태도 속에서 이뤄지고 있는 존재허용은, 우선 '그 존재

---

46) 참조: "인간이 존재의 우세(Übermacht des Seins) 속으로 내밀린 채로 있으면서 그러한 우세를 이러저러하게 극복하기(meistert) 때문에, 오직 그런 까닭으로만 인간은 존재자 그 자체의 한가운데서 태도를 취할 수가 있다."(GA 36/37, 100)

자의 탈은폐성에 관여함'이지만, 이것은 '존재자 그 자체의 탈은폐에 관여되어 있음'과 '탈은폐성에의 탈-존적 관여'를 그 구조요소로 포함하고 있다는 점이다.47)

이런 맥락에서 하이데거는 이제 진리는 그 본질에 있어서 "인간의 '주관'을 통해 '객관'에 대해 진술되고 어떤 영역인지 사람이 알지 못하는 그 어떤 곳에서 '타당한' 정확한 명제의 징표"로서가 아니라, "그것을 통해 하나의 개방성이 생겨나는, 존재자[전체]의 탈은폐"(WdW, 190)로 사유되어야 한다고 말한다. 더 나아가 개방된 세계, 곧 "개방성의 개방터 속으로 모든 인간의 태도와 이 태도의 자세가 내맡겨져 있기" 때문에, 곧 앞에-세우며 동화하는 태도조차 내맡겨져 있기 때문에, 하이데거는 "존재허용의[이라는] 자기억제, 곧 자유는 앞에-세움이 그때마다의 존재자로 동화하기 위한 내적인 지시(Weisung)라는 부대적 선물을 인간에게 허락해 주었음에 틀림없다."(WdW, 190-191)고 말한다. 내적인 지시, 곧 존재자를 있는 그대로 말하라고, 앞에 세우는 동화에게 지시하는 일은 최종적으로 개방성의 개방터, 곧 존재자 전체 그 자체 내지 존재자 전체의 탈은폐성에 그 근거를 두고 있는 것이다. 달리 말해, '존재자 그 자체의 탈은폐에 관여되어 있음'과 '탈은폐성에의 탈-존적 관여'의 통일인 존재자 전체의 탈은폐성으로부터, 개별 존재자의 탈은폐성(개방화 상태)이, 이로부터 내적인 지시가, 이로부터 앞에 세우는 동화가, 이로부터 진술의 정확성이 가능해지는 것이다. 이로써, 존재자 전체의 탈은폐성이 자유의 본질이자

---

47) 폰 헤르만은 관여되어 있음과 관여를 통일적으로 파악하면서 다음과 같이 해설한다. "이것[관여되어 있는 관여]은 3중적 구조를 나타낸다: 관여되어 있음(피투성), 개방성에의 관여(기투), 존재자의 개방화에 관여함(배려하면서 존재자 옆에 있음)이다. 인간의 존재방식인 이러한 세 구조요소 속에서 파악된 관여되어 있는 관여는 보존함으로 수행된다."(F. -W. von Herrmann, *Wahrheit-Freihait-Geschichte*, 116-117) 여기서 존재자의 개방화에 관여함은 존재자의 개방화[태도 일반]를 의미하지 않고, 존재자의 개방화를 위해 존재자의 개방화 상태를 정초하고, 이로써 존재자의 개방화를 가능하게 함을 의미한다.

진리(정확성)의 가장 근원적인 본질로 확인된다. 이상의 논의는 다음
과 같이 표시될 수 있을 것이다.

진리	지향성				자유: 존재허용	
진술의 정확성	←	하나의 개방화된 것을 고수하는 태도 취함	←	각각의 존재자의 탈은폐성에 관여함(개방화 상태의 가능화)	←	존재자 전체의 탈은폐성 (관련연관)	존재자 그 자체의 탈은폐에 관여되어 있음 (피투성)
						존재자 전체의 탈은폐성에의 탈-존적 관여(기투)

2. 진리의 비본질

1) 비진리의 불가피성

진리의 본질은 자유이고, 자유는 존재자의 존재허용이다. 그런데 이
러한 자유는 그 본질에 있어서, 곧 존재자 그 자체의 탈은폐에 있어서
상이한 양상으로 실현될 수 있다. 하이데거는 비본래적인 양상에서의
자유의 실현에 대해 다음과 같이 말한다: "진리가 그럼에도 본질에 있
어서 자유이기 때문에, 역사적인 현존재는 존재자의 존재-허용에 있어
서 존재자를 그것인 바대로 또 그것이 있는 방식대로 존재하도록 허
용하지 않을 수도 있다. 존재자는 그때 **차폐되고**(*verdeckt*) **차단된다**
(*verstellt*). 가상이 힘을 갖게 된다. 가상의 힘 속에서 진리의 비본질이
출현한다."(WdW, 191) 존재자의 존재-허용이 존재자의 시원적인 탈
은폐성을 보존하지 못하는 한에서, 곧 시원적인 탈은폐성에 대한 본
래적인 탈-존적 관여가 되지 못하는 한에서, 존재자는 탈은폐성에 대
해 차단되고 차폐된 채로 나타난다. 존재자의 이 같은 나타남은 존재

자의 가상이고, 이런 가상 속에서 차단성과 차폐성이라는 진리의 비본질(Unwesen)이 알려진다. 진리의 비본질은 진리의 비자현이라고 표현될 수 있는 것으로서 진리가 나타나지 않는다는 뜻이다. 여기서 말해진 진리의 비본질로서의 차단성과 차폐성은 존재자 전체의 일정한 탈은폐성이 개별 존재자에 대해 아무런 관련을 갖지 못함을 특징짓는다. 이것은 뒤에서 논의될 진리의 두 번째 비본질인 미혹의 결과에 해당하는 것이다.

그런데 하이데거는 진리의 비본질이 인간의 탓으로 돌려질 수 있는 것이 아니라고 한다. 그 이유는 진리의 본질과 비본질은 인간의 능력에 의해 좌우되는 것이 아니기 때문이라는 것이다. "진리의 본질로서의 탈존하는 자유가 인간의 속성이 아니라 오히려 인간이 이러한 자유의 소유물로 탈존하면서 역사능력을 지니는 것이기 때문에, 진리의 비본질 역시 사후적으로 인간의 단순한 무능력과 태만에서 비로소 생겨날 수 없다. 비진리는 오히려 진리의 본질에서 나와야만 한다." 진리의 비본질로서의 비진리는 진리의 본질에 속한 것이다. 이런 한에서 진리의 비본질에 대한 상론은 지금까지의 진리론에서 빠져 있는 "어떤 간격을 사후적으로 채움"이 아니라, "진리의 본질에 대한 물음의 충분한 설정으로 향한 결정적인 발걸음"(WdW, 191)이 된다. 이로써 논의는 인간의 태만에서 생겨나지 않는 진리의 비본질, 곧 탈은폐성 자체에 기인하는 비진리에 대한 논의로 이행되어야 한다. 하이데거는 이러한 이행을 준비하기 위해 진리의 본질인 자유 속에서 성립하는 은폐의 현상에 먼저 주목한다.

2) 존재자의 존재허용 및 존재자 전체의 은폐

진리의 본질은 자유로, 자유는 존재자의 존재허용으로 앞에서 말해졌다. 하이데거는 이러한 존재허용 속에서 일어나는 은폐의 현상에 다가서기 위해 "기분"을 존재자 전체 그 자체의 탈은폐와 관련시켜 해설한다. 이미 『존재와 시간』에서 해설되었듯이, "기분 내지 기분에 젖어 있음"은 "처해 있음"에 대한 일상적인 표현이고, "피투성"에 근거를 두는 것이다.48) 이러한 기분은 이해와 더불어 "세계내존재의 근원적인 개시성"(SuZ, 196)이고, 그 둘은 서로 공속하는 것이다. 그래서 이해는 언제나 "기분에 젖은 이해"(SuZ, 190)로, 기투는 "피투된 기투"(SuZ, 295)로 표현된다. 기분이 근원적인 개시성인 한에서, 이런 표현들은 '이미 개시한 채로 다시 개시함', '이미 이해한 채로 다시 이해함'으로, 곧 선이해의 재이해라는 함축을 갖는다.

하이데거가 「진리의 본질」에서 기분을 설명하기 위해 내세운 문장은 다음이다: "존재자 전체 그 자체의 탈은폐에 관여되어 있음으로서의 자유는 모든 태도를 이미 존재자 전체에 맞추어버렸다(hat abges-timmt)."(WdW, 192) 여기서 주목되는 것은 '관여되어 있음'이라는 수동적 표현과 '맞추어버렸다'라는 현재완료적 표현이다. 수동적인 표현인 관여되어 있음은 현존재의 피투성을 함축한다. 따라서 위 표현은, 존재자 전체 그 자체에 관여되어 있음으로서의 자유는 피투된 자유로서 자유 안에서 전개되는 모든 태도를 이미 현재완료적으로 존재자 전체에 맞추어버렸다는 의미를 갖는다.

여기서 하이데거는 존재자 전체에 '맞추어진 채 있음'을 존재자 전체에 '기분 젖어 있음(Gestimmtheit)'의 본질로 생각하고 있음이 분명하다. 왜냐하면 그는 곧바로 이어지는 문장에서 다른 부가적 설명 없이 다만 "기분 젖어 있음(기분)은 결코 '체험'이나 '느낌'으로 파악되어서는 안 되며, 왜냐하면 그것들을 통해서는 기분의 본질이 죽어버리기 때문"이라고 말하고 있기 때문이다. 결국 자유가 모든 태도를 존

---

48) "우리가 존재론적으로 처해 있음(Befindlichkeit)이란 명칭으로 표시하는 것은, 존재자적으로 가장 잘 알려져 있고 가장 일상적인 것인 기분(Stimmung), 기분에 젖어 있음(Gestimmtsein)이다."(SuZ, 178) "피투되어 있다는 것은 실존론적으로 이러저러하게 처해 있다는 것을 말한다. 처해 있음은 따라서 피투성에 근거를 둔다."(SuZ, 449-450)

재자 전체에 맞추어버렸다는 것은 존재자 전체의 탈은폐에 관여되어 있음이 모든 태도를 존재자 전체에 의해 기분에 젖어 있게 하였다는 의미가 된다.

하이데거는 더 나아가 "기분 젖어 있음이, 다시 말해 존재자 전체에 탈존적인 내맡겨져 있음이, '체험'되거나 '느껴질' 수 있는 것은, 오로지 '체험하는 인간'이 기분의 본질을 알아차리지 못하면서도 ['] 존재자 전체를 탈은폐하는 기분 젖어 있음[']에 그때마다 관여되어 있기 때문"(WdW, 192)이라고 말한다. 이로써 기분 젖어 있음이 존재자 전체의 탈은폐를 일차적으로 수행하는 것으로 이해된다. '존재자 전체의 탈은폐에 관여되어 있음'이 피투성을 말하고, 이 피투성에 '기분 젖어 있음'이 속해 있는 한에서, 피투성이 존재자 전체의 탈은폐의 일차적 수행이라는 말은 기분 젖어 있음이 그 같은 수행이라는 말이기도 하다. 기분 젖어 있음은 존재자 전체의 탈은폐의 일차적 수행으로서 존재자 전체의 탈은폐성도 역시 기분 젖게 하고, 다시금 이것 안에서 전개되는 모든 태도를 기분 젖게 한다. 그런 까닭에 하이데거는 "역사적인 인간의 모든 태도는 강조되어 있건 아니건, 개념화되어 있건 아니건 기분 젖어 있고 또 이런 기분을 통해 존재자 전체 속으로 드높여져 있다."고 지적한다.

그런데 하이데거는 곧 이어서 존재자 전체의 탈은폐성이라는 표현 대신 '존재자 전체의 개방화 상태'라는 표현을 사용하면서, "존재자 전체의 개방화 상태는 직접적으로 알려진 존재자의 총계(Summe)와 일치하지 않는다."고 말한다. 존재자 전체의 탈은폐성이나 존재자 전체의 개방화 상태가 존재자들의 관련연관을 의미하는 한, 이것은 개별 존재자들에 대해 선험적인 것이고, 이로써 그것들은 존재자의 총계와 동등시될 수 없는 것이다.

존재자 전체의 개방화 상태(관련연관)는 그 자신 기분 젖어 있는 것으로서 다시금 모든 태도를 기분 젖게 하는 것이다: "[모든 태도를] 기분에 젖게 하는(stimmende) 존재자의 존재허용은 자기 안에서 움직이는 모든 열려 서 있는 태도를 관통해 미치면서 이 모든 태도를 앞서 붙잡고 있다. 인간의 태도는 존재자 전체의 개방화 상태에 의해 철저히 기분 젖어 있다(durchstimmt)."(WdW, 193) 하이데거는 존재자 전체의 개방화 상태(die Offenbarkeit des Seienden im Ganzen)를 간략히 "이러한 '전체'(dieses 'im Ganzen')"라고 지칭하면서,49) 그것이 "일상적인 계산과 획득의 시야" 속에서는 계산할 수도 포착할 수도 없는 것이고, 더욱이 자연사물이나 역사적 인간 같은 "그때마다의 직접적으로 개방화된 존재자"에서부터는 결코 파악될 수 없는 것이라고 말한다: "그것은 지속적으로 모든 것을 기분 젖게 하면서도 무규정적인 것으로 또 규정될 수 없는 것으로 남아 있고, 그래서 대개에 있어서는 다시금 가장 잘 통용되는 것과 가장 숙고되지 않은 것과 일치하게 된다." 그런데 하이데거는 일상적인 계산과 획득의 시야 속에서 무규정적인 것에 불과한 것인 "기분에 젖게 하는 이것(dieses Stimmende)"이, 곧 간략히 "전체"라고 말해졌던 존재자 전체의 개방화 상태가 "아무것도 아닌 것이 아니라 존재자 전체의 하나의 은폐"라고 말한다. 어째서 기분에 젖게 하는 것으로서의 존재자 전체의 개방화 상태가 존재자 전체의 하나의 은폐가 되는 것일까? 그 이유는 기분 젖게 함이 초래하는 결과에서 찾아져야 한다.

존재자 전체의 개방화 상태는 모든 태도를 기분에 젖게 하는 것이지만, 그 스스로도 존재자 전체의 개방화(탈은폐)를 가능하게 하는 기분 젖어 있음에 의해 기분 젖어 있는 것이다. 이같이 기분 젖어 있는 존재자 전체의 개방화 상태는 기분에 의해 제한된 일정한 방식에서의 존재자 전체의 개방화 상태이므로 다른 방식으로 개방될 수도 있었던

---

49) 여기서 말해진 "이러한 '전체'"는 단지 "존재자 전체"만을 가리킬 수도 있다. 그렇다 해도 그 경우의 "존재자 전체"는 '존재자 전체의 개방화 상태, 곧 관련 연관'으로 이해되어야 할 것이다. 왜냐하면, 그렇지 않는 한, 이 단락 전체의 의미가 "존재자 전체"가 '존재자 전체를 은폐한다'는 납득하기 어려운 의미로 될 것이기 때문이다. 비슷한 축약의 표현을 보려면, WdG, 143을 참조하라.

존재자 전체를 은폐하고 있는 것이기도 하다.50) 더 나아가 한 존재자
에 대한 개별적 태도와 이 태도가 그 안에서 움직이는 존재허용이 존
재자 전체를 탈은폐하는 기분 젖어 있음에 의해 조율되고, 이 같은 조
율에 의해 한 존재자에 대한, 또 이 존재자가 속해 있는 존재자 전체
에 대한 다른 가능한 방식에서의 존재허용이 억제되므로, 결국 태도
를 기분에 젖게 하는 존재자 전체의 개방화 상태는 존재자 전체를 다
른 가능한 개방화 상태에 있어서 은폐하고 있는 것이기도 하다. 이 같
은 맥락에서 하이데거의 매우 함축적인 다음의 두 문장이 이해될 수
있다: "개별적인 태도 속에서의 존재허용이, 이 태도가 관계하는 존재
자를 그때마다 존재하도록 허용하고 이로써 탈은폐하는 바로 그동안
에, 그 존재허용은 존재자 전체를 은폐한다. 존재-허용은 그 자체에
있어서 동시에 하나의 은폐이다."51) 개별적 태도 속에서의 존재허용

---

50) "[…] 존재자 전체는 그때마다 일정한 방식의 기분 젖어 있음 속에서만, 따라
서 단지 유한하게만 탈은폐되어 있고, 그래서 존재자 전체는 가능한 다른 탈
은폐방식들의 관점에서는 은폐된 채로 머문다."(Hartmut Tietjen, "Wahrheit
und Freiheit", Ewald Richter(Hg), *Die Frage nach der Wahrheit*, 237-238)
"탈은폐는 그래서 순수한 탈은폐가 아니라, 단지 제한된 유한한 탈은폐인데,
왜냐하면 탈은폐는 언제나 거부하는 은폐로부터 제한된 진리사건이기 때문이
다." (Sang-Hie Shin, *Wahrheitsfrage und Kehre bei Martin Heidegger*,
Würzburg: Könngshausen & Neumann, 1993, 186)

51) 마르틴 브라서는 이 인용문을 이해할 수 있는 근거로 존재허용이 이중적 방향
을 갖는다는 점을 잘 지적하기는 했지만, 그러나 존재자 전체가 은폐되는 이
유를 기분에서 찾는 데는 실패한다. 그는 특정 존재자로 방향을 두는 것이 존
재자 전체를 은폐하는 것이라고 단순하게 생각하고 있다. 이 같은 은폐는 개
별 존재자에의 몰입에 수반되는 존재자 전체의 망각에 해당할 뿐이다. 이 같
은 망각에 대해서는 하이데거가 나중에 미혹이라는 개념으로 설명하게 된다.
여기서의 은폐는 기분과 관련지어 이해하는 것이 문맥에 맞다. 참조: "이른바
존재허용이 언제나 어떤 규정된 것의 존재허용이고, 각각의 모든 규정된 것들
이 그런데 항상 또한 자신의 규정들[자신을 규정하는 것들]의 전체적 세계를
수반한다면, 존재허용은 그 자체로 둘로 갈라진 방향을 제시함에 틀림없다.
[…] 존재허용은 그 자체로 (특정한 것의) 어떤 탈은폐이고, 동시에 (특정한 것
이 수반하는 세계의) 어떤 은폐이다. […] 왜 여기 5절에서 갑자기 '기분'이 등
장하는가? 그 이유는, 이를 통해 하이데거가 「진리의 본질」에서 일차적으로

은 존재자 전체의 개방화 상태에서부터 한 존재자를 개방화하면서 이 존재자 속에 존재자 전체의 개방화 상태를 보존한다. 이런 보존은 이미 자기은폐성을 지닌 존재자 전체의 개방화 상태를 보존하는 것이므로 그 스스로 존재자 전체의 은폐를 반복하는 것이기도 하다.52)

하이데거는 위의 인용문에 바로 이어서, 곧 「진리의 본질」의 5절 마지막 문장으로 다음을 덧붙인다: "진리의 본질인 현존재의 탈존적인 자유 속에서 존재자 전체의 은폐가 일어나고, 은폐성이 놓여 있다." 이 문장에 대해 하이데거는 1943년 1판에 각주를 달아서, "5절과 6절 사이에는 (존재사건 속에서 생겨나는) 전회로의 도약[이 있다]." 고 밝힌다.53) 여기서 5절은 '진리의 본질'이란 제목으로 존재허용과 기분의 관계를 다루는 단락을 말하고, 6절은 '은폐로서의 비진리'라는 제목으로 비은폐성 자체에 속해 있는 은폐성을 다루는 단락을 말한다. 따라서 하이데거는 각주를 통해 '은폐성'이 이제 '현존재'의 기분으로부터가 아니라, '비-은폐성' 자체로부터 논의될 필요가 있었다는 점을 밝히는 것이다. 이는 그가 은폐를 인간의 탓이라기보다 진리 자체의 고유성으로 사유하게 됨을 의미할 것이다.

문제시되는 진리의 본질을, 곧 철학적 진리의 본질을 정확히 규정하려고 한다는 데 있다."(Martin Brasser, *Wahrheit und Verborgenheit*, 278-279)

52) "탈은폐성 자체는 탈-존적 관여함 속에 보존되며, 이것을 통해 개방터의 개방성, 즉 '현(Da)'이 그 자신인 것이다."(WdW, 189) "현-존재가 탈-존하는 한, 그것은 최초의 가장 광범위한 비-탈은폐성을, 곧 본래적인 비-진리를 보존한다."(WdW, 194)

53) WdW, 193, 여백 란의 주 a. 하이데거 자신은 전회라는 표현을 다양한 의미로 사용한다. (1) 기초존재론에서 형이상학적 존재론으로의 급변으로서의 전회에 대해서는 GA 26, 201을 참조. (2) '존재와 시간'으로부터 '시간과 존재'로의 전회에 대해서는 BüH, 328을 참조. (3) '존재의 부름'과 '존재로의 현존재의 귀속'에서 성립하는 전회에 대해서는 BzP, 342를 참조. 우리의 이 글에서는 '전회'가 두 번째와 세 번째를 포괄하는 넓은 의미로 사용된다.

3) 은폐로서의 비진리

은폐성이 비은폐성 자체에 속해 있음을 하이데거는 그리스어 '알레테이아'를 근거로 삼아 지적한다: "은폐성이 알레테이아의 탈은폐를 거부(versagen)하고 있고, 알레테이아를 아직 탈취된 것으로 허용하지 않고, 오히려 알레테이아 속에 가장 고유한 것[자기은폐]을 소유물로 보존하고 있다."(WdW, 193) 이 말은 비은폐성(알레테이아)이 스스로를 은폐하면서 있다는 것을, 그리고 이러한 자기은폐가 알레테이아에 고유한 것이라는 것을 말한다. 은폐성은 완전한 탈은폐를 거부하면서 비로소 그때마다의 유한한 비-은폐성을 보장하고, 바로 이런 까닭에 은폐성이 없다면 비-은폐성이 생겨날 수 없는 것이다. 이런 점에서 은폐성이 비-은폐성에 "가장 고유한 것"을 보존하는 것으로 말해진 것이다.

탈-은폐성의 '탈'이 이미 은폐성의 우선성을 알려주고 있다. 그러기에 "은폐성은 탈은폐성으로서의 진리로부터 사유되었을 때, 비-탈은폐성이고, 이로써 진리본질에 가장 고유하고 본래적인 비-진리이다." 존재자 전체의 은폐성은, 탈은폐성(존재자 전체의 개방화 상태)을 비로소 허용하는 것이라는 점에서, "이러저런 존재자의 개방화 상태보다 더 오래된 것"이고, "탈은폐하면서 이미 은폐된 채로 지속하면서 은폐에 관계하는 존재허용 자체보다도 더 오래된 것"(WdW, 193-194)이다. 존재허용은 각각의 존재자의 탈은폐성에 관여함이지만, 이것을 가능케 하는 존재자 전체의 탈은폐성은 존재자 전체의 은폐로부터 비로소 주어지는 것이다. 따라서 존재자 전체의 은폐성은 존재허용 자체보다도 오랜 것이다. 왜냐하면 존재허용은 언제나 기분 젖어 있는 것인 한에서 이미 은폐를 전제하고 있는 것이기 때문이다.

존재허용은 존재자 전체의 탈은폐성에서부터 개별 존재자를 그 존재에 있어서 탈은폐하는 것인 한에서, 개별 존재자의 탈은폐성 속에 존재자 전체의 탈은폐성(관련연관)을 보존한다. 그런데 이렇게 보존되는 존재자 전체의 탈은폐성이 앞서 언급되었듯이 존재자 전체의 어떤 은폐이기도 한 까닭에, 존재허용은 다만 "은폐된 것 전체의 은폐, 존재자 그 자체의 은폐, 곧 비밀"을 "보존"(WdW, 194)하는 것이기도 하다. 존재자 전체의 탈은폐성에 속해 있는 존재자 전체 그 자체의 은폐를 하이데거는 비밀이라고 부른다.

존재허용은 태도가 관계하는 개별 존재자의 탈은폐이지만, 이를 위해 이미 기분에 젖어 있는 채로 존재자 그 자체의 탈은폐성에 관여되어 있음이자 존재자 전체의 탈은폐성에의 관여이다. 따라서 그것은 일정한 기분 젖어 있음 속에 있고 이로 인해 존재자 전체를 은폐하는 것이기도 하다. 하이데거는 이 같은 "탈은폐하고 동시에 은폐하는, 존재자 전체의 존재허용 속에는 일어나는 일은 최초로 은폐된 것으로 은폐가 현상한다는 것"이라고 밝힌다. 좀 더 구체적으로 그는 존재허용과 은폐와의 관련을 다음과 같이 말한다: "은폐와의 관련 속에서 존재허용은 무엇을 보존하는가? [그것은] 은폐된 것 전체의 은폐, 존재자 그 자체의 은폐, 곧 비밀에 못지않은 것[이다]. [달리 말해, 그것은] 이런저런 것에 대한 개별적인 비밀이 아니라, 여하튼 비밀(은폐된 것의 은폐)이 인간의 현-존재를 두루 지배한다는 단 한 가지[이다]." 이렇게 그는 존재자 전체 그 자체의 은폐를 "최초로 은폐된 것", "최초의 또 가장 광범위한 비-탈은폐성"(WdW, 194)으로 본다. 그럴 수 있는 것은, 그것이 그때마다의 일정한 탈은폐성 내부에서 비로소 일어나는 '차단성'이나 '차폐성'에 앞서는 것이면서 또한 동시에 명제의 정확성 여부에 앞서서 존재하는 것이기 때문이다.

하이데거는 그 "비밀"을 "본래적인 비-진리", "진리의 본래적인 비-본질"[비-자현]이라고 부른다. 비-본질이란 말로 하이데거는 비은폐성을 위해 "앞서 생겨나는 본질(vor-wesende Wesen)"을 의미하면서, 비-진리의 '비', 곧 "진리의 시원적인 비-본질의 '비'는 아직 경험되지 않은 (단지 존재자가 아닌) 존재의 진리의 영역을 가리킨다."고 밝힌다. 결국 존재자 전체의 은폐는 진리의 앞서 생겨나는 본질로서 진리의 완전한 본질에 그것의 가장 고유한 것으로 속해 있는 것이다.

이 같은 진리의 본래적인 비-본질에 대해, 곧 은폐에 대해 탈-존적 자유는 상이한 방식으로 관계할 수 있다. 하나는 은폐에 대한 탈-폐쇄적인 방식의 관계이다: "자유는 존재자의 존재허용으로서는 그 자체로 결의한(entschlossenes), 곧 [은폐에 대해] 자신을 폐쇄하지 않는 (sich nicht verschliessendes) 관계이다. 이런 관계 속에 근거를 두면서 모든 태도는 그 관계에서부터 존재자에 대한 또 존재자의 탈은폐에 대한 지침을 맞아들인다." 다른 하나는 은폐를 망각하는 방식의 관계이다: "은폐에 대한 이러한 관계는 그럼에도, 그 관계가 비밀의 망각에 우위를 허용하면서 망각 속으로 사라지는 동안에, 그 자체로 은폐된다. 인간은 끊임없이 자신의 태도 속에서 존재자와 관계하지만, 대개에 있어서 항상 이러저런 존재자 및 그의 그때마다의 개방화 상태로 끝을 맺는다."(WdW, 194-195) 이로써 『존재와 시간』에서 실존의 두 방식으로 말해진 본래성과 일상성 내지 비본래성에 상응하는 탈존적 자유의 두 가지 근본 양식이 드러난다. 그 하나는 은폐성에 대한 결의하는 관계이다. 이것은 비밀을 보존하는 방식으로 존재자의 탈은폐성에 관여함이다. 다른 하나는 은폐성에 대한 자기 폐쇄적인 관계이다. 이것은 비밀을 망각하는 방식으로 존재자의 탈은폐성에 관여함이다. 이로써 『존재와 시간』에서 퇴락으로 말해진 개시성의 폐쇄성과 존재자의 차단성의 근원이 이제 더욱 근원적으로 은폐의 망각으로 드러난다.54)

---

54) 하이데거 사유의 전회 이후에 탈-근거가 근거의 유래처로, 비-진리가 진리의 유래처로 사유되는 한, '통상적 진리론을 그 근거 위에 세워 진리론을 정초하려는 탐구'로서의 기초진리론은 더 이상 성립하기 어려울 것이다. 따라서 기초존재론이라는 표현은 『존재와 시간』에서의 진리론에 국한되어 언급되어야 할 것이다. 하이데거 후기의 진리론은 '존재역사적 내지 자화사건적 진리론'이라고 표현하는 것이 더 적절할 것이다. 이 점을 지적해 둘 필요는, 하이데거 사유의 전후기를 구분하지 않고 "존재와 진리에 대한 물음은 존재론이 아니라, 기초존재론"(Otto Pöggeler, *Heideggers Denkweg*, 90)이라고 밝힌 푀겔러의 불명료한 언급이 하이데거의 진리론과 관련해서 오해를 야기할 수도 있기 때

존재의 진리에 속하는 비본질이, 곧 존재자 전체의 은폐성이, 경험되지 않는 까닭은 사람들이 이 은폐성, 곧 "최초의 것이자 최종적인 것"이 중요한 곳에서도 "통용될 수 있는 것과 지배할 수 있는 것" 속에 머물면서 "통용되는 의도들과 필요들의 주변(Umkreis)[일상세계]에서부터 지시들을 취하는"(WdW, 195) 방식으로 존재자의 탈은폐성에 관여하기 때문이다. 존재자에 대한 사람들의 일상적 태도는 탈은폐된 존재자에 대한 집착이고 탈은폐성에 함께 속해 있는 은폐성의 망각이다. 은폐성의 망각 속에서 현존재는 "탈존할(ek-sistiert) 뿐만 아니라 동시에 고집하고(insistiert) 있는데, 다시 말해 그 자체에 있어서 저절로 열린 것 같은 [즉 개방터에 의거해 개방화된 것 같지 않은] 존재자가 제공하는 것을 완강히 주장하면서 지속한다."(WdW, 196) 하이데거는 이 같은 "고집하는 탈존"에서도 비밀은 전개되지만 그 비밀은 이제 "진리의 망각되고 '비본질적으로' 되어 버린 본질"이라고 말한다. 현존재는 존재자가 자기에게 제공하는 개방화 상태만을 고집하면서 존재자 전체의 탈은폐를 가능하도록 한 은폐성 자체는 망각한다. 하이데거는 이러한 망각의 결과가 인간의 미혹이라고 본다. 그렇게 하이데거는 진리의 본질에 속하는 두 번째의 비진리에 대한 논의를 예비한다. 위에서 논의된 탈은폐성의 은폐는 탈은폐성에 속한 첫 번째의 비진리인 반면, 미혹은 탈은폐성에 속한 두 번째의 비진리이다.

4) 미혹으로서의 비진리

인간은 존재자의 탈은폐성에 관여하는 식으로 탈존한다. 하지만 일상성에 있어서 인간은 개별적인 존재자를 고집한다. 고집하면서 "존재자의 그때마다 가장 가까운 통용가능성"으로 향하고, 이것을 표준

_____
문이다.

척도로 삼는다. 이 같은 척도 수용에 있어서 인간은 "비밀로부터 돌아서 있다."[55] 이때에 "통용 가능한 것을 고집하며(insistentes) 그리로 향함과 비밀로부터의 탈존적인(eksistentes) 돌아섬은 공속한다." 이러한 공속으로부터 헤맴(das Irren)이 성립한다: "비밀로부터 통용 가능한 것으로, 이어서 통용되는 것으로부터 가장 가까운 것으로 그리고 이런 식으로 비밀을 지나치는 인간의 휘둘림이 헤맴이다." 헤맨다는 말을 하이데거는 인간이 "항상 미혹(die Irre) 속에서만 걸어간다."는 뜻으로 사용한다. 더 나아가 그는 미혹이 "현존재의 내적인 구성틀에 속하고, 역사적 현존재가 그 속으로 관여되어 있는" 것이라고 말한다. 미혹은 『존재와 시간』에서 피투성, 기투와 함께 현존재의 존재구성틀을 구성하고 있는 퇴락에 해당하는 것이다. 이 같은 미혹이 탈은폐성 자체에 속하는 비진리로 말해지고 있는 한에서, 미혹과 퇴락은 인간의 태만에 의한 것이 아니라 현존재의 구성틀 자체에 속한 것으로 이해되어야 한다.

하이데거는 은폐의 망각이 미혹의 근원이라고 본다: "은폐된 존재자 전체의 은폐는 그때마다의 존재자의 탈은폐 속에서 보존되고 전개되지만, 은폐의 망각으로서의 그러한 탈은폐는 미혹이 된다."(WdW, 197) 은폐의 망각에서 비롯되는 미혹은 "진리의 시원적인 본질에 대한 본질적인 대응본질(Gegenwesen)"이다. 이 말은 미혹이 은폐와 같이 비은폐성에 앞서서 일어나는 것이 아니라, 다만 비은폐성의 영역 안에서 이것에 맞서 일어나는 본질이라는 말이다. 따라서 앞에서 언급된(WdW, 191) 개시성에 대한 존재자의 차단성 내지 차폐성은 그 자체 미혹의 결과에 해당하는 것이다. 이로써 은폐-미혹-차단성이라는

---

55) 『철학에의 기여』(1936-38) 속에서 "존재역사적 사유에 있어서는 본래성이 현-존재(Da-*sein*)로, 이것의 대응 개념은 이탈-존재((Weg-*sein*, 떠나-있음)으로 특징지어진다. 현-존재가 '자기은폐의 개방성을 견뎌냄'(BzP, 301)을 말하는 반면, 이탈-존재는 '존재와 비밀의 폐쇄성'의 추진을 표시한다(ebd)."(Eunhae Cheong, *Die Geschichtlichkeit des Menschen und die Geschichte des Seins*, 2000, 49, 주 33)

비본질의 계열이 성립한다.

하이데거는 이 같은 미혹이 "오류(Irrtum)의 열린 소재지이자 근거"라고 규정한다. 그런데 하이데거는 이렇게 규정되는 미혹이 "판단의 부정확성이나 인식의 허위"(WdW, 197)[56]로서가 아니라 "한 역사적 인류가 그 안에서 그때마다 걸어가야만 하는 것"으로 "현존재의 개방성[개시성]을 본질적으로 함께 발생시키는" 것으로, 곧 존재역사적인 개념으로 이해되어야 한다고 말한다. 미혹은 인간을 현혹시키면서 인간을 두루 지배하는 것이지만, 미혹은 이 같은 부정적인 의미만을 갖지 않는다. 왜냐하면 "현혹으로서 미혹은 그러나 동시에, 인간이 탈-존으로부터 이끌어낼 수 있는 가능성, 곧 인간이 미혹 자체를 경험하고 현-존재의 비밀을 오인하지 않는 동안에 자신이 현혹되지 않게 할 가능성을 함께 마련"해 주기 때문이다. 달리 말해 서양에서의 존재의 역사가 인간이 존재의 은폐성은 망각한 채 그때마다의 탈은폐성(이데아, 실체, 대상성, 의지 등)에 만족하는 식으로 존재를 찾아 헤매온 과정으로 이해되는 한, 미혹은 미혹으로 경험되는 것이고, 이런 경험으로부터 더 이상 현혹되지 않는 새로운 존재물음이 가능해질 수 있기 때문이다.

미혹이 은폐의 비밀과 "함께" 개방성(현존재의 개시성)을 발생시키는 것이라면, "인간은 자신의 현존재의 탈존 속에서 비밀의 전개와 미혹의 압박에 동시적으로 예속되어 있다." 개방성 속에서 현존재는 개방성의 근원인 은폐와 개방성 속에서의 현혹인 미혹에 동시적으로 내맡겨져 있다. 은폐와 미혹은 각기 현존재를 강제하면서 곤궁 속에 처해 있게 하는 것이다: "완전하고, 자신의 가장 고유한(eigenstes) 비본

---

56) 헤매는 태도의 방식들로는 술어적 태도의 헤맴 외에 선술어적 헤맴의 방식들로 실수, 오인, 오산, 오판, 오만 등이 있다: "각각의 모든 태도는, 자신의 열려 있음 및 존재자 전체에 대한 자신의 연관에 따라 그때마다 그 자신의 헤맴의 방식을 갖는다. 오류는 가장 익숙한 실수, 오인, 오산으로부터 오판, 오만에 이르기까지 본질적인 태도들과 결정들 속에서 펼쳐진다."(WdW, 197) 차단성이 존재자의 존재의 비진리인 반면, 오류는 존재자와의 교섭에서의 헤맴이다.

질을 포함하는 [곧 차단성과 미혹은 물론 은폐를 포함한] 진리의 본질은 현존재를 이리와 저리의 끊임없는 전향에 의해 곤궁에 처하게 한다." 하지만 곤궁에 처한 현존재에게는 새로운 방식의 존재자의 존재허용의 가능성이 주어진다. 따라서 미혹은 비진리이지만 동시에 자기 안에 진리의 본질을 위한 가능성을 품고 있는 것이다.

이상의 논의로부터 우리는 진리의 본질이 3중적 구조(피투성, 기투, 존재자의 탈은폐성에 관여함)를 가지듯이, 진리의 비본질도 역시 3중적 구조(은폐, 미혹, 차단성)를 가지고 있다고 말할 수 있다.57)

3. 존재의 진리

1) 존재의 우위와 존재의 물음

앞서 지적되었듯이 존재자 그 자체의 탈은폐는 동시에 그 자체로 존재자 전체의 은폐이다. 이 같은 "탈은폐와 은폐의 동시적임(Zugleich)"(WdW, 198) 속에서 미혹이 전개되는 것이기 때문에, 존재자 그 자체의 탈은폐에는, 곧 "은폐된 것의 은폐와 미혹이 진리의 시원적인 본질에 속해 있다."(WdW, 198) 결국 진리(앞에-세움의 정확성)의 본질은 자유(존재자의 존재허용)이지만, "자유 자체는 진리의 시원적인 본질에서, 곧 미혹 속에서의 비밀의 전개에서 유래하는" 것이다. 그런 까닭에 하이데거는 "전체에 있어서의 존재자 그 자체의 존재허용이 본질에 맞게(wesensgerecht) 일어나는 것은 오직, 그것이 때때로

---

57) 참조: "차단함(Verstellen)은 어떤 존재자가 자기를 다른 존재자 앞으로 밀쳐놓음으로써 어떤 존재자를 다른 존재자로 여기는 것을 가리키는데, 여기에 오류(Irrtum), 기만, 오인의 가능성이 암시되어 있다. 차단함은 은폐함(Verbergen)의 이차적인 방식인 반면에, 거절함(Versagen)은 의심할 여지없이 (차단함에 대해) 일종의 우위를 차지한다[용어 일부 수정]."(발터 비멜, 신상회 옮김, 『하이데거』, 한길사, 1997, 164-165) 은폐에 대한 이 같은 이중적 구조론과 달리 우리는 위에서 은폐의 3중적 구조론을 제시하였다.

(zuweilen) 자신의 시원적인 본질에 떠맡겨질 때뿐"이라고 말한다. 여기서 존재자의 존재허용의 시원적인 본질로 말해진 것은 진리의 시원적인 본질로서의 은폐이다. 결국 존재자의 존재허용이 본질에 맞게 일어나는 때는 그것이 때때로 은폐에 떠맡겨지는 때를 말한다. 이러한 수동적 표현을 통해 지적되는 것은 존재허용에 있어서의 현존재에 대한 존재의 우위이다. 진리의 시원적인 본질에, 곧 존재자 전체의 은폐, 곧 비밀에 존재허용이 떠맡겨진다는 것은 비밀에 대한 탈-폐쇄성(Ent-schlossenheit, 결의성)을 말하는데, 이것과 더불어 비밀에 대한 망각이 철회되고, 미혹이 미혹으로서 경험되는 것이다: "비밀에 대한 탈-폐쇄성은 미혹 그 자체로 향한 길 위에 있다."

하이데거는 이런 경우에만 "진리의 본질에 대한 물음이 더욱 근원적으로 물어지고", "진리의 본질과 본질의 진리의 중첩의 근거가 드러난다."고 말한다. 여기서 말해진 '본질의 진리'란 자현하는 것(존재)의 진리, 자현하는 것을 위한 진리, 곧 존재의 자현을 위한 진리를 말할 것이다. 진리의 본질로서의 자유가 존재자 전체의 탈은폐적 은폐이고, 이것이 존재역사상의 그때마다 존재의 자현을 성립시켜 온 것이라면, 진리의 본질(존재자 전체의 탈은폐적 은폐)은 존재의 자현방식으로 이해되어야 한다.

하이데거는 "미혹에서부터 비밀을 내다봄은 유일한 물음이라는 의미에서의 그 물음, 전체에 있어서의 존재자 그 자체란 무엇일까라는 물음"이라고 규정하면서, 이 물음은 "본질적으로 현혹시키는, 따라서 그 다의성에 있어서 아직도 극복되지 않은 물음인 존재자의 존재에 대한 물음을 사유"한다고 밝힌다. 그 물음이 다의적인 이유는 그것이 존재자의 존재자성(일반적 특성)을 묻는 물음일 수도 있고, 존재자의 존재의 자현방식을 묻는 물음일 수도 있기 때문이다.[58] 미혹에서부터

---

58) 참조: F. -W. von Herrmann, *Wahrheit-Freihait-Geschichte*, 195. 폰 헤르만은 여기서 말해진 다의성이 "무엇보다 양의성"을 가리키며, 그 이유는 그 물음이 "플라톤과 아리스토텔레스 이후의 전승 속에서 물어진 것과 같이 존재자의 존

비밀을 내다봄은 미혹의 역사인 존재의 역사로부터 존재자 전체의 탈은폐적 은폐를 내다봄이고, 이를 통해 존재자의 존재 역시 (존재자 전체의 탈은폐적 은폐가 존재자의 존재를 위한 것이므로) 자신을 탈은폐하면서 은폐하는 식으로 자현한다는 점이 드러나게 된다. 하이데거는 존재자의 존재를 그것의 자현방식, 곧 탈은폐하면서 은폐함, 즉 비-은폐성에서부터 사유하면서, 자신의 사유를 "플라톤 이래의 '철학'"이나 "형이상학"이 행한 존재자의 존재자성에 대한 사유와 구별한다.

2) 존재의 진리와 사유의 전회

진리의 본질인 자유는 은폐하면서 탈은폐하고, 탈은폐를 위해 은폐한다. 이렇게 "진리의 완전한 본질은 비본질을 포함하면서 모든 것에 앞서 은폐로서 전개된다."(WdW, 199) 이런 점에서 하이데거는 "진리의 본질은 어떤 '추상적' 일반성인 공허한 '일반자'가 아니라, 우리가 존재라고 칭하면서 오랫동안 오직 존재자 전체로만 익숙하게 생각하는 것의 '의미'가 탈은폐되어 온 일회적인 역사 속에서 자신을 은폐하는 유일한 것"(WdW, 200)이라고 지적한다. 진리의 본질에 속하는 은폐는 존재의 '의미'(존재자성)를 물어온 역사 속에서 유일하게 은폐되

재에 대한 물음"일 수도 있고, 하이데거 자신이 묻는 물음, "존재의 본질"에 대한 물음일 수도 있기 때문이라고 본다. 전자의 경우에는 존재가 "존재자의 존재자성, 존재자성에 있어서의 존재자로서의 존재자(on he on, ousia)", "이미 개방화된 존재자의 본질로서의 존재자성"으로 사유되므로 '전체에 있어서의 존재자 그 자체가 무엇인가'라는 물음에 있어서도 존재자의 존재자성[이데아, 실체, 대상성, 의지 등]을 지적함을 통해 대답될 수 있고, 후자의 경우에는 물어지는 것이 "존재자성에서의 존재자와 구분되는 존재가 지닌 본질"이므로 저 물음에 대해서 "존재의 본질"[진리, 의미]을 지적함으로써 대답할 수 있다고 말한다. 우리는 추가적으로 다음과 같이 말할 수 있을 것이다: 존재자성은 개방화 상태에 상응하는 것이다. 그러나 개방화 상태가 개방터의 개방성을 염두에는 두는 존재자의 존재구성틀인 반면에, 존재자성은 개방터의 개방성이 폐쇄된 채 파악된 존재자의 본질 규정에 해당한다.

어 온 것이다. 하이데거는 "형이상학"으로서의 존재사유가 그 시원에 있어서 존재자 전체의 비은폐성을 경험하였음에도 불구하고 이것을 그 자현방식에 있어서 사유하지 않고 이것에 의해 주어진 존재자의 존재자성에 대해서만 물어왔다고 본다. 이 점에서 본다면, 존재자 전체의 비-은폐성에 대한 물음은 하이데거에게 있어서 형이상학의 근원으로의 복귀이기도 하다.

하이데거는 진리의 본질에 대한 물음을 수행한 후에 별도의 주해(Anmerkung)를 달고,59) 여기서 진리의 본질에 대한 물음에 스스로 대답한다: "진리의 본질에 대한 물음은 자신의 대답을 다음의 명제 속에서 발견한다: 진리의 본질은 본질의 진리이다."(WdW, 201) 하이데거의 해설대로 이 명제에서의 주어가 '본질의 진리'이고, 이 말을 우리가 '본질(존재)을 위한 진리'라고 이해한다면, 이 명제는 '존재를 위한 진리인 존재자 전체의 탈은폐적 은폐가 진리(정확성)의 본질이다'라고 해석될 수 있다. 하이데거 스스로도 그 명제를 풀이하여 "[존재자 전체의] 트이게 하면서 숨음(das lichtende Bergen)이 인식과 존재자 사이의 일치가 있도록, 다시 말해 자현하도록 한다(läßt wesen)."고 말한다. 트이게 하면서 숨음을 하이데거는 간단히 트임(Lichtung)이라고 표현하면서 숨음을 배경으로 하는 트임에 대한 옛 이름이 알레테이아(aletheia)라고 본다. 트임은 그리스인에게 피시스로 이해된 것이다.

하이데거는 "진리의 본질에 대한 물음의 답변"은, 곧 존재를 위한 진리가 바로 진리의 본질이라는 답변은 "존재의 역사의 내부에서의 어떤 전회에 대한 말"이라고 한다. 이 같은 전회는, 사유가 인간의 진리인식에서부터 시작하지 않고 존재의 트임에서부터 시작하게 된다는 점을, 존재에 대한 인간의 우위가 인간에 대한 존재의 우위로 전환된다는 점을 의미할 것이다.

---

59) WdW, 201; 참조: 「진리의 본질」 속의 주해(Anmerkung)(WdW, 201-202).

하이데거는 「진리의 본질」에 이어질 것으로 계획되었던 강연 「존재의 진리」는 "「인문주의 서간」에서 암시되어 있는 이유들로 인해"[60] 이뤄지지 않았다고 말하면서 "의미에 대한 결정적인 물음(『존재와 시간』, 1927, 151), 곧 기투영역에 대한, 곧 개방성에 대한, 다시 말해 단지 존재자의 진리에 대해서가 아니라 존재의 진리에 대한 결정적인 물음은 의도적으로 전개되지 않은 채로 있다."(WdW, 201)고 밝힌다.[61]

사실상 현존재로부터 출발하는 사유가 존재로부터 출발하는 사유로 전회한 뒤에는 본질의 진리가 더 이상 초월론적으로는 수행될 수가 없기 때문에, 진리의 본질에 대한 초월론적 사유에 있어서 존재의 진리에 대한 결정적인 물음은 유보되어야 했을 것이다. 하지만 하이데거는 「진리의 본질」에서의 "사유가 외관상 형이상학의 길[가능근거를

---

60) 관련된 대목은 다음과 같다: "여기에서[『존재와 시간』 1부, 3편] 전체가 방향을 바꾼다. 그 문제의 3편이 보류된 까닭은, 이러한 전회를 충분하게 말함에 있어서 사유가 실패했고, 이로써 형이상학의 언어로는 끝마칠 수가 없었기 때문이다. 1930년에 사유되어 공개되고, 1943년에 비로소 인쇄된 강연문 「진리의 본질」은 '존재와 시간'으로부터 '시간과 존재'로의 전회의 사유에 대한 일정한 통찰을 제공한다. 이 전회는 『존재와 시간』의 입장의 변경이 아니고, 오히려 거기서 시도된 사유가 그 전회 속에서 비로소 『존재와 시간』에서부터 경험되어 있는, 더욱이 존재망각의 근본경험 속에서 경험되어 있는 그러한 차원의 장소에 도달한다."(BüH, 328) 하이데거가 말년에 진리와 비은폐성이 다른 것이라고 고백했다고 주장하는 몇몇 독일 학자들도 있다. 그런데 하이데거는 진리라는 말을 통해 때로는 "자연적인(natürlicher) 진리 개념"으로서의 명제의 정확성을 가리키기도 하고, 존재자의 개방화 상태로서의 비은폐성을 가리키기도 하고, 비은폐성의 본질로서의 비-은폐성을 가리키기도 한다. 비은폐성과 비-은폐성이 진리 내지 진리의 본질로 말해질 수는 있어도, '정확성으로서의 진리'는 비은폐성이나 비-은폐성이라고 말해질 수 없는 것이다. 이런 배경 아래서 진리와 비은폐성이 구별될 수 있다는 점이 유의되어야 할 것이다. 같은 맥락에서 기억되어야 할 것은, 하이데거는 그리스인들이 정확성의 근거로 비은폐성을 경험하였으나 이것을 비-은폐성으로 사유하지는 못하였다고 반복하여 강조했다는 점이다(GA 45, 28절, 29절; zSdD, 78).
61) 진리의 본질에 대한 물음의 "결정적인 대답"은 "이른바 진리의 본질은 존재 일반의 본질과 본질적으로 한가지다."라는 것이다(GA 36/37, 118).

물어가는 방식]에 머물지만 그럼에도 정확성으로서의 진리로부터 탈존적인 자유로, 그리고 이것으로부터 은폐와 미혹으로서의 진리로 이끄는 결정적인 발걸음 안에서 형이상학의 극복에 속하는 물음의 변화가 수행된다."(WdW, 201-202)고 회고한다. 절대적 근거를 찾는 작업이 형이상학이라면, 강연 「진리의 본질」에서 나타나는 '탈존적 자유'와 '은폐', '미혹' 등의 개념들은 더 이상 형이상학의 개념들이 아니다. 이로써 인간 현존재에서부터 출발하는 사유로부터 존재 자체에서부터 출발하는 사유로의 전회가 준비된 것이다. 여하튼 이상의 논의에 의거해 우리는 진리의 시원적 본질에 은폐와 미혹이 속하고, 미혹으로부터 시원적 개시성의 폐쇄성과 시원적 개시성으로부터의 존재자의 차단성이 성립한다고 요약적으로 말할 수 있다.

4. 하이데거 진리론의 내적 변화

이제 이상의 논의를 간략히 정리하면, 하이데거의 진리론에 대한 개관이 가능해질 것이다. 『존재와 시간』에서는 퇴락이, 개시된 것의 폐쇄성과 발견된 것의 차폐성에 대한 근원으로 지적된다. 거기서는 그러나 개시성에 선차적인 개념, 예컨대 탈-개시성이나 비-개시성 혹은 비-본질 같은 개념이 등장하지 않는다. 하지만 거기서도 존재자의 쓸모허용에 의해 비로소 존재자가 그것의 존재에 있어서 발견될 수 있고 만나질 수 있다고 말해진다. 이를 표시하면 다음과 같다.

진리의 본질과 비진리의 관계(『존재와 시간』)

진리의 비-본질	진리의 본질
?	기투 ↘ 　　개시성: 쓸모허용 ⇔ [퇴락: 폐쇄성] → 비진리: 차폐성 피투성 ↗

「근거의 본질」에서 하이데거는 근거(초월)가 비-본질(은폐)을 갖는 이유를 근거가 유한한 자유에서 생겨나기 때문이라고 하고(WdG, 174), 정초함이 '근거'(원인이나 동인으로서의 존재자)를 전도하고 차폐할 수 있는 이유도 역시 정초함이 유한한 자유에서 생겨나기 때문이라고 한다(WdG, 170). 이로써 '근거'의 전도나 차폐의 근원은 근거의 비-본질의 근원과 같은 것이 된다. 이것은 '근거'의 전도나 차폐의 근원이 구체적으로 제시되지 않았거나 단지 모호하게만 제시되었다는 것을 의미할 것이다.

『존재와 시간』 44절의 진리론에서는 진리와 관련해 자유가 말해지지 않는다. 반면 「진리의 본질」에서는 자유가 바로 진리의 본질이라고 적극적으로 규정되고 유한한 자유에 관한 말은 없다. 단지 거기서는 자유의 두 방식이 은폐에 관계하는 두 방식이며, 은폐에 대한 망각의 관계로부터 차폐성이 성립한다고 말해진다.62) 거기서는 또한 인간이 자유를 소유하는 것이 아니라 자유가 인간을 자신의 소유물로 삼는 것이라고 또 비진리는 단순히 인간의 무능력과 태만에서 생겨나는 것이 아니라고 말해진다. 여하튼 「근거의 본질」에서 유한한 자유라는 개념에 바탕을 두고 하이데거가 해설한 근거의 본질과 비본질의 관계를 표시하면 다음과 같다.

---

62) 클라우스 헬트는 「진리를 둘러싼 논쟁: 현상학의 전사(前史)」에서 지평 개념에 연관시켜 은폐성을 설명하고 있다: "모든 지평들에 대한 이 하나의 지시연관으로서의 이 세계는 이 하나의 전포괄적인 지평이다. 이러한 의미로 후설은 이 하나의 지평을 보편지평이라고 규정하였다. 이는 틀린 것은 아니지만 일면적인 것이다. 왜냐하면 보편지평으로서의 세계는 자신이 모든 것을 포괄하고 있기 때문에 더 이상 자신을 넘어서 지시하지는 않는다. 하나의 지평에는, 하지만 지평은 자신을 넘어서 지시한다는 점이 본질적으로 속한다. 이는 이 하나의 세계는 어떤 의미로는 지평이 아닐 수 있음을 뜻한다. 지평들은 현상방식들의 활동영역들로서 우리에게 명시적인 것, 'delon'의 영역들이다. 이 하나의 세계가 지평이 아닌 한, 이는 명시성의 영역이 아니다. 이러한 관점에서 보면, 이 하나의 세계는 하나의 'adelon', 은폐성의 영역이다."(172)

근거의 본질과 비본질의 관계(「근거의 본질」)

근거의 비-본질	근거의 본질
탈-근거 → (유한한 자유)	세계기투 ↘ 　　　　존재이해: 정초함 ⇔ [?] → 비본질: 차폐성 기반 취함 ↗　　　　　　　(유한한 자유)

「진리의 본질」에서는 은폐로부터 탈은폐성이 나오고, 은폐의 망각으로부터 미혹이 생겨나며, 이 미혹 속에서 차단이나 차폐가 이뤄진다고 해설된다. 그러면서 은폐는 진리의 비-본질로, 미혹은 진리의 시원적 본질에 대한 대응본질로, 차단성과 차폐성은 진리의 비본질로 표현된다. 이를 표시하면 다음과 같다.63)

진리의 본질과 비진리의 관계(「진리의 본질」)

진리의 비-본질	진리의 본질
은폐	관여됨 ↘ 　　탈은폐성: 존재허용 ⇔ [은폐의 망각: 미혹]→ 비진리: 차폐성 관여함 ↗

　위와 같이 정리된 것을 바탕으로 이제 세 저작 속에 드러난 주요 개념들 간의 상응성과 차이성을 제시해 볼 수 있게 되었다.
　앞선 저작의 내용을 통해 뒤의 저작을 이해하는 것보다는 나중의 저작을 통해 이전의 저작을 이해하는 것이 훨씬 용이하다. 이 점에서

---

63) 「진리의 본질」에서는 '존재자 그 자체의 탈은폐에 관여되어 있음'과 '존재자 전체의 탈은폐성에 관여함'으로부터 존재자 전체의 탈은폐성이 성립한다. 이는 『존재와 시간』에서 피투성과 기투에 의해 개시성이 성립하는 것이나 「근거의 본질」에서 존재자 안에 사로잡혀 있음과 세계기투로부터 존재이해가 성립하는 것에 상응하는 것이다.

「진리의 본질」에 등장하는 용어들을 통해 이에 앞선 두 저작의 개념들에 접근하는 것이 바람직할 것이다.

「진리의 본질」에서 하이데거는 진리의 본질을 3중적 구조(존재자 그 자체의 탈은폐에 관여되어 있음, 존재자 전체의 탈은폐성에의 관여, 존재자의 탈은폐성에 관여함)로 해설하며, 이에 대응하는 진리의 비본질 역시 3중적 구조(은폐, 미혹, 차단성 내지 차폐성)로 파악한다. 여기서 하이데거는 비진리와 비본질이라는 용어를 혼용하여 쓰면서, 비진리에 해당하는 은폐, 미혹, 차단성(차폐성)을 더욱 구체적으로 '비-본질', '대응본질', '비본질'로 표현한다.

여기에 관련시켜 말하면, 「근거의 본질」에서는 비-본질(은폐)에 해당하는 것이 '탈-근거'이고, 대응본질(미혹)에 해당하는 것은 없거나 모호하고, 비본질(차단성 내지 차폐성)에 해당하는 것은 '근거의 전도성 내지 차폐성'이다. 『존재와 시간』에서는 비-본질(은폐)에 해당하는 것이 44절의 진리론 속에 없고, 대응본질(미혹)에 해당하는 것은 '개시된 것의 폐쇄성'이고, 비본질(차단성 내지 차폐성)에 해당하는 것은 '차폐성이나 차단성'으로 같다. 이 같은 내용들을 하나의 표로 종합하면 다음과 같다.

세 저작 속의 주요 개념들의 상응관계

	비-본질	본질
『존재와 시간』	?	진리: 개시성 ⇔ 비진리: [폐쇄성 → 차폐성]
「근거의 본질」	탈-근거 → (유한한 자유)	진리: 존재이해 ⇔ 비진리: [? → 차폐성] (유한한 자유)
「진리의 본질」	은폐 → (자유)	진리: 탈은폐성 ⇔ 비진리: [미혹 → 차폐성] (자유)

이와 같은 도표에서는 우선 물음표로 표시된 부분이 주목될 수 있다. 우선 『존재와 시간』 부분에 나타난 물음표가 눈에 띈다. 하이데거

의 후기 사유의 관점에서 보면, 인간과 존재의 관계는 '존재에 대한 인간의 유한성', 같은 의미의 다른 말로 '인간에 대한 존재의 자기은 폐'라는 말로 특징지어질 수 있고, 이런 특징들은 모두 인간에 대한 존재의 우위를 알려주는 것들이다. 따라서 도표에 나타난 물음표 부분은 『존재와 시간』에서 인간에 대한 존재의 우위가 적극적으로 규정 되지 않았다는 의미를 가질 것이다.

그 다음으로 주목될 수 있는 것은 「근거의 본질」에서 나타난 물음 표 부분이다. 이 부분이 그 칸의 위(폐쇄성)와 아래(미혹)의 어느 개념 에 해당하는지가 물어질 수 있다. 그러나 그것이 위쪽 『존재와 시간』 에서의 (개시된 것의) 폐쇄성에 해당할지, 아래쪽 「진리의 본질」에서 의 (은폐의 망각에서 비롯되는) 미혹에 해당하는지는 직접 알 도리가 없다. 그런데 앞서 논의된 것을 토대로 삼아 생각하면, 「근거의 본질」 에서의 진리론은 한편으로 『존재와 시간』의 진리론에 없던 '유한한 자유'의 개념을 도입하면서 이것으로부터 그만큼 떨어져 있고, 다른 한편으로 자유를 단지 유한한 것으로가 아니라 진리의 본질 전체로 적극적으로 규정하고 있는 「진리의 본질」의 진리론에 한 걸음 더 다 가서 있는 것이다. 이 같은 점을 근거로 여기서 나타난 물음표는 첫 번째 저작의 진리론이 세 번째 저작의 진리론으로 이행하기 위한 암 중모색에 대한 표시로 삼을 수 있을 것이다.

그 다음으로 주목될 수 있는 것은 첫 번째 저작과 세 번째 저작 사 이에서의 차이점이다. 위 도표에서는 『존재와 시간』에서와 달리 「진 리의 본질」에서 은폐라는 용어가 나타나고 있다. 은폐는 존재자 전체 의 자기은폐를 말하는데, 이것이 여기서는 비-진리로 규정된다. 더 나 아가 차폐성의 근원이 『존재와 시간』에서는 '퇴락'에 의한 개시된 것 의 폐쇄성이 되고 있으나, 「진리의 본질」에서는 '은폐'의 망각으로 인 한 미혹이 되고 있다. 이 점은 결국 하이데거의 진리 개념이 '개시성 으로서의 비은폐성'에서부터 '탈은폐적 은폐로서의 비-은폐성'으로 변 화됨을 말한다. 사실상 후기의 하이데거는 존재의 은폐라는 개념을 통해 존재의 역운을, 이로써 또한 존재의 역운으로서의 존재의 역사를 사유하게 된다.

이렇게 해서 세 저작 속의 개념들의 상응성이 어느 정도 드러났다. 물론 세 저작 속의 주요 개념들 간의 상응성은 하이데거가 존재, 근거, 진리를 그들의 공속성에 있어서 사유하기 때문에 가능할 수 있는 것이다. 근거와 진리는 존재자 전체의 탈은폐성을 말하고, 이것 속에서 존재가 탈은폐되므로, 근거와 진리, 존재는 공동으로 자현하면서 공속한다. 그런데 세 저작 속의 개념들은 도표에서 확인되듯 상응성만이 아니라 일정한 정도의 차이성도 내보이고 있다. 이러한 상응성과 차이성이 하이데거의 진리론이 겪는 내적인 변화를 알려준다. 이같은 논의를 근거로 하이데거의 진리론은 『존재와 시간』, 「근거의 본질」, 「진리의 본질」의 세 저작 속에서 내적인 변화를 겪었고, 「진리의 본질」에서 결정적으로 형성된 진리 개념이, 곧 탈은폐적 은폐가, 그의 후기 사유를 추동하는 핵심 개념이 되었다고 추론할 수 있을 것이다.

5. 하이데거 진리론의 의의

하이데거의 사유의 전환은 1930년 초부터 이루어진 것으로 알려진다. 1930년에 쓰였고 이듬해 겨울학기(1931/32)에 강연된 「진리의 본질」로부터 하이데거는 존재 그 자체(Sein als solches)를 물어가는데, 이것은 『존재와 시간』에서 존재 일반의 의미로 강조되었던 시간을 자기의 내적 구조의 단지 한 요소로 포괄하는 것이었다. 1936-38년에 완성된 『철학에의 기여』에서는 존재 그 자체를 일컫는 용어로 '존재의 진리'가 부각되고, 이제 공간과 결합된 시간, 곧 시간-공간 내지 시간-놀이-공간이 진리의 근본구조로 된다.64) 시간은 이제 존재 일반의 의

---

64) 공간과 시간이 존재의 진리와 맺는 연관을 하이데거는 『철학에의 기여』, 238-242절에서 새롭게 전개한다. 이곳에서의 주도적 명제는 다음과 같이 표현된다: "진리의 본질에서 생겨나며 그리로 귀속하는 것으로서의, 또 그렇게 근거

미로서 사유되기보다 공간과 더불어 존재의 진리의 근본구조로 사유된다.

그런데 「진리의 본질」(1930)에서 하이데거가 존재의 진리(존재를 위한 진리)라는 개념보다 존재자의 탈은폐성(존재자 전체의 탈은폐성)이라는 개념을 앞세우는 것은 그 스스로 밝혔듯이 존재자에서 출발하는 형이상학의 길을 통해 형이상학을 극복하는 단계에 이르기 위해서인 것이다. 하이데거는 '존재의 의미'와 '존재의 진리'가 동일한 것이라고 반복하여 말한다.65) 그 이유는 이 표현들이 다양하게 말해지는 존재의 통일성을 의미하면서 존재론과 형이상학이 생겨 나온 그 근원을 공통적으로 지적한다는 점에서 찾을 수 있을 것이다.66) 물론 '존재의 진리'라는 표현이 하이데거 사유의 전환 속에서 두드러지게 등장한다는 점은 유의되어야 할 것이다. 하이데거에게서 이런 사유의 전환, 특히 존재자의 존재자성의 물음으로부터 존재 그 자체(존재의 자현방식)의 물음으로의 전환, 달리 말해 존재역사 속에서의 최초의 시

지어진 바의 현(Da)의 밀쳐냄과 엄습함의 구조(결합)로서의 시간-공간"(BzP, 371)

65) " '존재의 의미'와 '존재의 진리'는 동일한 것을 말한다."(WdW, 377) 참조: WdW, 201. '존재의 의미'라는 말로 하이데거가 처음에 염두에 둔 것은 '존재의 이해의 기반'이고 여기에 해당되는 것은 현존재의 개시성(과 이 개시성의 근거인 시간)이었다. 존재의 의미와 존재의 진리가 동일한 것을 말한다면, 후자 역시 개시성이어야 한다. 하이데거가 나중에 개시성 대신 존재자 전체의 비은폐성이라는 말을 쓰므로 우리는 이것을 존재의 진리로, 곧 존재를 위한 진리로 이해할 수 있다.

66) "존재의 의미나 존재의 진리라는 것은 존재에 대한 물음과 존재의 다양한 분류방식에 대한 물음이 항상 이미 그 위에 서 있는 근거로서, 또 존재가 지속적 현존성이라는 전제가 아직 통찰되지 않는 방식으로 그 위에 의거하는 근거로서 언어로 데려와져야 한다. 존재와 진리에 대한 물음은 그 때문에 존재론이 아니라 기초존재론이고, 형이상학이 아니라 '형이상학의 형이상학'이다. 그 물음은 1949년에 간행된 「형이상학이란 무엇인가?」에 대한 입문에서 전개했듯이, '형이상학의 근거로의 회귀'이다."(Otto Pöggeler, *Heideggers Denkweg*, 90) 여기서 주의할 점은 하이데거 사유의 전후기를 구분하지 않고, 그의 존재사유를 기초존재론이라고 부르는 것은 문제가 있다는 점이다.

원적 사유로부터 다른 시원적 사유로의 전환은 전통적 진리 개념의 제한성을 지적하고 근원적 진리를 물어가는 과정에서 성취되고 있다. 우리는 바로 이 같은 하이데거 사유의 전환기 속에 나타나는 그의 존재론적 진리 개념과 비진리 개념을 분명하게 부각시키려고 하였다.

하이데거의 존재론적 진리 개념은 자기은폐적 탈은폐성이라는 점에서 다른 어떤 철학자의 진리 개념과도 손쉽게 비교될 수가 없다. 그것은 후설의 초월론적인 진리 개념과도 다르고, 타르스키의 진리 정식과도 다른 것이다. 그러나 이러한 다름이 다른 진리 개념들을 부정하는 근거가 되지는 않는다. 오히려 하이데거의 진리 개념은 전통적이거나 현대적인 진리 개념들이 어떤 맥락에서 출현했는지를 알게 해주는 진리 개념이다. 만약 후설과 하이데거 및 최근 철학자들의 진리론을 충실하게 비교하는 새로운 진리론이 등장한다면, 그리고 그 진리론이 이들의 단순한 평면적 비교가 아니라 그들의 상호 관련성에 대한 입체적 해설이라고 한다면, 그 진리론은 하이데거가 수행한 사유 방식에서 크게 떨어지지 않게 될 것이다. 바로 이런 점에서 하이데거의 진리론은 비록 현재의 진리 논의에서 동떨어진 듯 보일지라도 여전히 자신의 고유한 의미를 확보하고 있는 것이다.

이제 우리는 마지막으로 투켄트하트의 입장을 검토해 보기로 한다. 그는 자신의 논문의 마지막 문장을 통해 후설과 하이데거를 지양한 자신의 입장이 무엇인지를 다음과 같이 밝히고 있다: "이로써 동시에 나타나는 철학적 입장은, 하이데거와 더불어 하나의 궁극적 정초 기반이라는 초월론적 철학의 전제를 포기하고 그럼에도 불구하고 보편적인 비판적 책임성이라는 후설의 이념에서부터 그 자신을 이해하게 될 입장이다."67) 이 말로써 그가 의미하고 있는 것은, 하이데거가 초월론적 철학의 전제를 바람직하게 포기하였지만, 그럼에도 하이데거의 진리론에 결여된 것이 보편적 진리 증명에 결부된 비판적 책임성,

---

67) E. Tugendhat, *Der Wahrheitbegriff: bei Husserl und Heidegger*, 405.

곧 철학의 비판적 진리연관이고, 이것은 바로 후설의 이념이라는 것이다.

한편으로 투겐트하트는 후설이 "보편적 진리 증명에 연관된 책임성을 인상 깊게 부각시켰고, 자신의 철학적 입장의 토대로 삼았다."[68]고 하면서, 그럼에도 후설의 "확실한 진리연관에 대한 관심"이 초래한 "그러한 이념의 독단적 해석"의 결과로 "철학은 자신이 거기에서부터 절대적으로 궁극적으로 정초할 수 있는 그런 절대적 명증의 영역을 마음대로 다룰 수 있는 것으로 되어 버렸다."고 밝힌다. 아울러 이러한 후설의 철학적 입장은 보편적 진리 증명이라는 비판적 "책임성"이나 이로부터 생겨나는 "역사성"을 수용할 수 없다고 판단한다.

다른 한편으로 투겐트하트는 우선 하이데거의 진리론의 의의를 다음과 같이 밝힌다: "이것 [하이데거의 진리물음]을 통해 오늘날의 문제 상황 속에서 요구되는 바대로 특수한 [명제적] 진리 개념을 확대하고, 인간의 삶 전체를 비-진리의 우위에 대한 오인 없이 진리에 맞추는 것이 가능하게 된다. 직접적인 진리 점유 및 이에 상응하는 절대적 정초 기반의 자리에 진리와 비-진리의 놀이공간이 들어섰는데, 이 놀이공간은 확실하지 않고 또 역사적인 것이다."[69] 이어서 그는 자신이 생각하는 이러한 진리론의 한계를 다음과 같이 지적한다: "최종적으로 또한 분명하게 된 것은, 개시성이 비판적인 진리연관을 자신 안에 받아들이지 않는다면, 개시성은 하이데거가 그것의 본질에 속한다고 보는 그것의 차원성 및 개방성을 상실한다는 것이다. 규제적 지평으로서의 진리가 없이는 개방성은 자신을 떠 있도록 유지할 수 없고, 하나의 새로운 그러나 무비판적인 직접성으로 되돌아간다."[70] 이 같은 인용문의 요지는 하이데거가 말하는 현존재의 개시성은 비판적 진리연관을 수용하고 있지 않아서 개방성(공공성)을 유지할 수 없다는 것

---

68) 같은 책, 404.
69) 같은 책, 404-405.
70) 같은 책, 405.

이다.

하지만 그가 강조하고자 하는 것, 곧 "무비판적인 직접성"을 피하는 "비판적 진리연관"은 하이데거에게 있어서 '은폐에 대한 현존재의 탈폐쇄적 연관'과 '시원적 개시성으로부터의 존재자의 존재-허용'이라는 개념 속에 이미 함축되어 있는 것이고 그런 개념은 보편과 개별의 구분보다 선행하는 가장 근원적인 것이다. 어떤 시원적 개시성의 보편성 여부는 그것의 탈은폐적 은폐에 대한 탈폐쇄적 연관에 의해 비로소 결정되는 것이지 보편성 개념이 그 자체로 시원적 개시성을 좌우할 수 있는 것은 아니다. 투겐트하트는 제한적 의미를 갖는 "비판적 진리연관"이라는 개념을 통해 하이데거에게 부당요구를 행한 것이다.

3절 플라톤의 선과 하이데거의 진리

1. 우리 시대의 특징: 관계의 해소

오늘의 시대는 인터넷 시대라고 불린다. 인터넷으로 대변되는 통신매체는 기술의 면에서 이제 절정으로 치닫고 있다. 그런데 절정이란 공간과 시간을 모으는 점을 의미하기도 한다. 인터넷 시대에 시간과 공간은 어떤 식으로 모아지는가? 공간적으로 멀리 떨어져 있는 사람과 사물이 매체를 통해 '여기'의 것으로 눈앞에 세워지며, 세워지도록 강요된다. 아울러 사람과 사물의 장기간에 걸친 시간적 성숙도 '지금'의 것으로 눈앞에 세워지며, 세워지도록 강요된다. 이런 면에서 본다면 오늘의 시대의 특징은 '지금화'와 '여기화'의 가능성과 강제성에 놓여 있는 셈이다. 오늘의 시대에 대한 반성은 다음과 같은 물음들을 제기한다: 공간 내 사물의 '여기화'가 공간의 관계구조를, 시간 내 사물의 '지금화'가 시간의 관계구조를 망각하도록 하고 있지는 않은가? '여기'와 '지금'에다 사물을 세움이 우리의 사유를 주도적으로 사로잡는 한, 달리 말해 공간의 관계구조와 시간의 관계구조를 망각하게 하는 한, 우리는 진리-세계에 머물지 못하고, 동굴-세계에 머무는 것은 아닐까? 전체를 보지 못하는 것이 동굴 속 거주라면, 동굴 밖 거주는 구체적으로 어떤 삶인가? 이러한 물음들은 철학사를 돌아보게 하고, 동굴에 대해 말한 바 있는 플라톤과 하이데거를 상기시킨다.

이 글에서 우리는 플라톤과 하이데거가 동굴의 안과 밖을 선이나 진리와 관련된 인간의 삶의 두 양태로 밝히고 있는 점을 추적하고자 한다. 하이데거는 플라톤의 '동굴의 비유'를 해설하는 「플라톤의 진리론」(1931/32, 1940)의 머리글에서 "한 사상가의 가르침(Lehre)은 그의 말 속에서 말해지지 않은 것이며, 그 가르침은 인간이 그것을 위해 진력하도록 그리로 내세워지는 것"(PLdW, 203)이라고 말한다. 이러한 전제하에 하이데거는 플라톤의 '동굴의 비유' 속에서 말해지지 않은 것을 밝혀내려고 노력한다.71) 우리는 하이데거의 이러한 노력 속에서 말해지지 않은 것, 곧 하이데거가 암묵적으로 생각하는 동굴의 안과 밖을 진리와 연관시켜 밝혀보려고 한다. 이를 위해 이 글은 (1) 플라톤의 '동굴의 비유'에 대한 소개, (2) 이에 대한 하이데거의 해설, (3)

71) 플라톤의 글에 대한 현대의 독해는 비판적인 시각에서 여러모로 전개되어 왔다. 니체는 플라톤이 삶과 생성을 경시했다는 이유로, 들뢰즈(The Logic of Sense)는 플라톤이 자기동일적인 이데아나 이데아를 닮은 복사물보다 더 앞서는 것, 곧 닮음이 없고 차이 나는 것인 시뮬라크라를 경시했다는 이유로, 데리다(Dissemination)는 플라톤이 스스로 독(파르마콘)으로 규정한 문자에 의거해 비로소 말을 하면서도 문자의 기능을 경시한다는 이유로 각기 반-플라톤주의의 입장을 내보인다. 그들의 반-플라톤주의는 플라톤주의의 전복의 시도이고, 이 경우 전복이란 플라톤이 경시한 것을 중시될 것으로 복권시키는 일이다. 그런데 반대와 적대는, 반대자와 적대자에 여전히 의존해 있다는 의미를 갖는다. 누구의 사상에 매이지 않으면서도 이를 넘어선다는 것은, 그의 사상의 부분요소들의 권리관계를 전복시켜 새로운 권리관계가 형성되도록 하는 데 있기보다는, 그의 사상을 차이 나는 지평에서 차이 나게 해석하면서 차이 나는 사상을 제시하는 데 있을 것이다. 이 글이 보여야 할 과제이기도 하지만, 하이데거는 플라톤의 사유를 들여다보지만, 그것에 부정적으로 의존하지 않으면서도 그것과 차이 나는 사유를 전개한다. 이런 한에서 하이데거의 플라톤 독해는 다른 이들의 독해에 대해 차이 나는 성격을 갖는다.

이에 대한 우리의 해석을 거쳐, (4) 동굴 밖 세계에서의 사물과 세계의 연관을 특징짓는 순서로 논의를 진행할 것이다. 하이데거는 세계, 사물, 인간에 대한 자신의 견해를 명시적으로 동굴의 안팎과 관련시키는 방식으로 말하고 있지는 않다. 그러나 그러한 말해지지 않음이 사유되지 않음을 함축하는 것이 아님을 하이데거의 여러 문헌이 내보이고 있다. 우리는 하이데거의 「플라톤의 진리론」에서 출발하면서 다른 문헌들의 검토를 통해 하이데거에서의 동굴의 안과 밖을 진리와 관련시켜 해석적으로 구성하고자 한다. 이로부터 우리가 의도하는 것은 지금의 시대가 강제하는 동굴 안의 삶과 차이 나는 동굴 밖의 삶, 곧 진리연관적 삶에 대해 숙고해 보는 일이다.

2. 플라톤의 동굴의 비유

플라톤의 '동굴의 비유'는 그의 의도에 따를 때 다음과 같이 해설될 수 있다: 동굴 속의 거주는 인간의 체류영역에 대한 비유이다. 동굴 속의 불은 태양에 대한 비유이다. 동굴의 천장은 하늘의 둥근 형태의 비유이다. 동굴의 천장 아래 땅 위에서 묶인 채로 사람들은 살아간다. 사람들을 둘러싸고 있고 사람들이 관계하는 것들은 사람들에게 '현실적인 것', 즉 존재자들이다. 이러한 동굴 속에 거주하는 사람들은 자신들이 '이 세상'에 있다고, '고향'에 있다고 느끼면서 동굴 속에서 신뢰할 만한 것을 발견하며 살아간다. 하지만 동굴 밖에도 사물이 있고 태양이 있다. 동굴 밖에서 보이는 사물들은 이데아들을 비유하고, 동굴 밖의 태양은 선의 이데아를 비유한다.

사람들이 집, 나무, 신 같은 것들의 이데아를 보지 못한다면, 그들은 이것이나 저것을 결코 하나의 집, 하나의 나무, 하나의 신으로 알아차릴 수가 없다. 하지만 대체로 사람들은, '현실적인 것'으로 타당한 모든 것들을 자신들이 언제나 이데아들의 빛 속에서 보고 있다는 점을 전혀 알아차리지 못한다. 그래서 그들은 '현실적인 것'이라고 추정되는 것, 곧 가시적인 것, 가청적인 것, 손댈 수 있는 것, 계산할 수 있는 것이 다만 이데아의 그림자일 뿐이라는 점을 알지 못한다. 가장 가까운 것이면서 어렴풋한 그림자 같은 것들이 인간을 날마다 지배한다. 그들은 동굴 속에 살면서 그림자들을 볼 뿐이고 이데아들을 지나친다. 사람들은 동굴을 감옥으로 인식하지 못하기 때문에, 그들은 동굴 천장 아래의 이러한 **일상 영역**을 경험과 판단의 공간으로 간주한다. 그리고 이 경험과 판단은 사물들과의 관계를 위한 척도를 내주고 이것들의 정돈과 정리를 위한 **규칙**을 내주게 된다.

그런데 인간이 동굴 속에서 갑자기 뒤쪽의 불을, 곧 사물들의 음영을 야기하는 불을 보게 된다면, 그는 시선의 이러한 익숙하지 않은 전환을 즉시 통상적 태도와 통상적 의견을 방해하는 것으로 느낀다. 따라서 동굴 내부적 삶에 방해를 가져오는 전환은 거부된다. 왜냐하면 사람들은 거기 동굴 속에서 현실적인 것을 완전하고 분명하게 소유한 채로 있다고 믿기 때문이다. 자신의 '견해'에 집착하는 동굴인은, 그에게 현실적인 것이 실제로 그림자 같은 것일 수 있다는 가능성을 결코 알아차릴 수가 없다. 동굴 속에서 동굴의 불은 '인위적'인 것이고 그래서 인간에게 친숙해져 있음에 틀림없는 것인데, 그런 곳에서 동굴인은 그 불과 빛에 대해 알려고 하지 않고, 이런 한에서 그는 그림자에 대해서도 역시 알지 못한다. 이에 반해 동굴 밖의 햇빛은 인간에 의해 만들어진 것이 아니다. 햇빛의 밝음 속에서는 성장하는 사물들이나 현존하는 사물들이 나타나는데, 그 경우 음영을 통한 나타남은 필요치 않다. 동굴 밖에서 자기 스스로를 드러내는 그러한 사물들은 이데아들에 대한 비유이다. 태양은 모든 이데아들(보임새들)을 가시적이게끔(보일 수 있게끔) 해주는 것, 곧 모든 이데아들의 이데아(본질)에 대한 비유이다. 그런 최고의 이데아는 플라톤의 말로 선의 이데아이다.

3. 하이데거의 해설

1) 말해진 것: 육성과 진리의 숨겨진 본질적 연관성

하이데거는 위에서 열거된 비유적 대응들이 '동굴의 비유'의 내용을 다 길어내고 있는 것은 아니라고 본다. 다시 말해 그림자와 (일상적으로 경험된) 현실적인 것 사이의 대응, 동굴의 불빛과 (현실적인 것들이 그 안에 들어서 있는) 밝음 사이의 대응, 동굴 밖의 사물들과 이데아들 사이의 대응, 태양과 최고의 이데아 사이의 대응 등이 '동굴의 비유'의 본래적인 내용은 되지 못한다는 것이다. "본래적인 것은 아직 파악되어 있지 않다. 왜냐하면 '동굴의 비유'는 과정들을 이야기하고 있는 것이지, 단지 동굴 안과 밖에서의 인간의 체류지들과 위치들만을 보고하는 것은 아니기 때문이다."(PLdW, 215) 주목되어야 할 과정들은 동굴로부터 햇빛으로의, 또 거꾸로 햇빛에서 동굴로의 이행들이다. 이러한 이행들에 주목하면서 하이데거는 스스로 다음과 같이 묻는다: "이러한 이행들에서 무엇이 일어나는가? 무엇을 통해 이러한 사건들[이행들]이 가능한가? 어디에서부터 그 사건들은 필연성을 얻는가? 이러한 이행들은 무엇에 달려 있는가?"(PLdW, 216) 하이데거는 네 가지 물음을 배경으로 삼아 '동굴의 비유'를 해설한다.

(1) 첫 번째의 물음이 겨냥하는 것, 곧 동굴 밖으로의 이행이나 동굴 안으로의 이행에서 일어나는 일은 눈이 방향을 바꾸어 익숙해짐이다: "이행들이 요구하는 것은, 어둠으로부터 밝음으로 또 밝음에서부터 어둠으로 눈이 달리-익숙해짐(Umgewöhnung)이다."(PLdW, 216) 이 경우에 이행장소에 따라 눈이 어두워졌다거나 밝아졌다고 하는 각기 상이한 이유들에서부터 눈에는 혼미가 생겨난다. 눈의 정상적 기능을 위해서는 혼미한 눈이 이제 이행장소에 대해 서서히 익숙해져야 한다. 신체적인 눈과 마찬가지로 영혼도 자신이 거기에 내세워져 있는 존재자의 영역에 인내심을 갖고 또 사안 적합한 순서에 따라 익숙

해져야만 한다.

(2) 두 번째 물음이 묻고 있는 것, 곧 이행들을 가능케 하는 것은 영혼의 방향전환(VII, 521c)이다: "그러한 익숙해짐(Eingewöhnung)이 그럼에도 요구하는 것은 무엇보다도 영혼 전체가 자신의 노력의 근본 방향을 향해 방향전환(Umwendung)을 하는 일이다."(PLdW, 216) 이는 마치, 우선 몸 전체가 상응하는 소재지에 관계를 맺어야만 눈이 도처에서 올바로 볼 수 있는 것과 마찬가지다. 그때마다의 영역에서 익숙해짐은 끊임없이 또 서서히 이뤄질 수밖에 없다. "왜냐하면 방향전환이 인간존재(Menschsein)와 관계하고 따라서 인간존재의 본질을 근거로 해서 수행되기 때문이다."(PLdW, 216) 눈의 달리 익숙해짐은 영혼의 방향전환을 통해 가능하지만, 이 방향전환은 인간존재의 본질과 관련되는 것이기 때문에, 눈의 달리 익숙해짐이라는 인간의 근본적 태도는 끊임없이 서서히 일어날 수밖에 없다.

하이데거는 인간본질과 관련된 영역에 인간이 이렇게 달리 익숙해짐이 플라톤이 '파이데이아(paideia)'라고 부른 것의 본질이라고 말한다: " '파이데이아'는 플라톤의 본질적 규정에 따를 때, 영혼 전체의 방향전환(periagoge holes tes psyches), 즉 그 본질에 있어서의 인간 전체의 방향전환을 위해 안내함이다. 따라서 파이데이아는 본질적으로 하나의 이행, 더욱이 '아파이데우시아(apaideusia)'에서 '파이데이아'로의 이행이다. 이러한 이행성격에 맞게 '파이데이아'는 끊임없이 '아파이데우시아'에 연관되어 있다."(PLdW, 217) 하이데거에 따를 때, '파이데이아'의 진정한 의미에 접근해 있는 낱말은 '육성(Bildung)'이다. 하이데거는 육성의 본래적 의미를 다음과 같이 밝힌다: " '육성'은 이중적인 것을 말한다: 육성은 한편으로 계발하면서 각인함(entfaltende Prägung)이라는 의미로의 형성함(ein Bilden)이다. 이러한 '형성함'은 그러나 동시에 표준적인 모습(massgebender Anblick)을, 따라서 모범(Vor-bild)이라 불리는 것을 선취하면서 이에 맞게 '형성함'(각인함)이다. '육성'은 하나의 형상(Bild)을 통한 각인이자 안내이다."

(PLdW, 217)[72] 나아가 하이데거는 육성의 대립 개념을 다음과 같이 규정한다: " '파이데이아'의 대립본질은 '아파이데우시아', 곧 무육성 (Bildungslosigkeit, 무교양)이다. 무육성 속에서는 기본태도(Grundhaltung)의 계발이 자극되고 있지 않고, 표준적인 모범이 내세워지지도 않는다."(PLdW, 217)

영혼 전체의 방향전환이 육성임을 지적한 후, 하이데거는 파이데이아의 본질에 대한 플라톤의 견해가 그의 주입식 교육의 비판에서 나타남을 지적한다. 플라톤은 하나의 텅 비어 있고 임의적으로 앞에 놓인 통 같은 그런 준비 안 된 영혼 속으로 단순한 지식들을 부어 넣는 것 속에는 파이데이아의 본질이 놓여 있지 않음을 강조한다: "육성은 몇몇의 사람들이 주제넘게도 이러저러한 것이라고 퍼트리는 그런 것이 아니다. 그들은, 영혼 안에 아무런 지식이 없다면, 마치 멀어 있는 눈에다 시력을 주입(entithemi)하듯이, 자신들이 영혼에 지식을 주입할 수 있다고 주장한다."(518 c) 이것은 플라톤에게 있어서 분명 진정한 육성이 아닌데, 왜냐하면 그에게 있어서 진정한 육성이란 "인간을 우선 그의 본질장소로 내밀고 여기에 익숙하게 하면서 전체적인 영혼 자체를 움켜잡고 변화시키는"(PLdW, 217) 일이기 때문이다.

'동굴의 비유' 속에서 파이데이아의 본질이 그려져야 마땅하다는

---

72) 이러한 하이데거의 해설 속에서는 한편으로 육성의 과정이 지닌 양성(Aus-bilden)의 성격이, 다른 한편으로는 육성의 구조가 지닌 앞섬(Vor)과 뒤따름(Nach)의 성격이 강조되고 있다. 가다머는 훔볼트가 문화와 육성을 구분하고 육성을 "더 높은 것이자 동시에 더 깊은 것, 이른바 품성(Sinnesart)"에 관련시키는 문장을 인용한 후, 다음과 같이 말한다: "육성은 여기서 문화, 곧 능력들과 소질들의 양성보다 더 많은 것을 의미한다. 육성이라는 낱말의 등장은, 고대의 신비적 전통을 환기시키는데, 이에 따르면 인간은 자신이 그에 따라 창조된 신의 형상(Bild)을 끌어들이고, 자기 안에 구축해야만 하는 것이다."(H.-G. Gadamer, *Wahrheit und Methode. Grundzüge einer philosophischen Hermeneutik*, Tübingen: Mohr, 1975, 16) 이런 한에서 가다머는 육성(Bildug) 개념 속에 깃든 형상(Bild)의 이중성, 곧 모범(Vorbild)과 모사(Nachbild)를 부각시킨다. 이에 따를 때, 육성은 앞서 제시된 모범(Vorbild)에 따른 지속적 사후형성(Nachbild)이 된다.

점은 이미 플라톤이 『국가론』 제7권의 초반에 동굴의 비유를 도입하면서 말한 다음의 문장 속에서 나타난다: "그 다음으로 육성과 무육성에 관련해서 인간의 본성을 [동굴의 비유에서 진술되는] 경험과 비슷하다고 생각해 보게."(514 a) 플라톤의 분명한 진술에 따를 때 '동굴의 비유'는 '육성'의 본질을 예시한다. 그런데 하이데거는 자신에 의해 새로 시도되는 '비유'의 해석에 따를 때, "그 비유가 육성의 본질을 예시하는 것만이 아니라, '진리'의 본질적 변화에 대한 통찰도 열어준다."(PLdW, 218)고 말한다. 비유가 두 가지를, 곧 육성의 본질과 진리의 본질적 변화를 함께 나타낼 수 있다면 '육성'과 '진리' 사이에 하나의 본질적 연관이 존재해야만 한다. 하이데거는 "사실상 이러한 연관이 존립"하고, 그 연관은 "진리의 본질과 그 본질의 변화 유형이 비로소 '육성'을 그 근본구조에 있어서 가능하게 한다는 점에 놓여 있다."(PLdW, 218)고 말한다.

(3) 하이데거의 세 번째 물음이 겨냥하는 것, 곧 이행들의 필연성의 근거는 다음의 진술과 관련되어 있다: "무엇이 그러나 '육성'과 '진리'를 결합시켜 하나의 근원적인 본질적 통일성 속에 들어서게 하는가? 파이데이아는 전체적 인간의 방향전환(Umwendung)을 말하며, 이것은 인간을 우선적으로 만나지는 것들[그림자들]의 권역으로부터 존재자가 거기서 현상하는 그런 어떤 다른 영역[태양 아래의 세계]으로 옮겨놓으면서 익숙하게 함(eingewöhnende Versetzung)을 뜻한다. 이러한 옮겨놓음은, 인간에게 지금까지 명백했던 모든 것들과 그것들이 명백하게 있던 유형이 다르게 됨을 통해서만 가능하다. 다시 말해 인간에게 그때마다 비은폐된 것[그림자]과 비은폐성의 유형[감각되어 있음]이 변화되어야만 한다."(PLdW, 218) 육성과 진리의 본질적 연관성을 가능하게 하는 조건은 비은폐된 것이 그림자로부터 실물로 변화하고 비은폐성의 유형이 감각되어 있음으로부터 인식되어 있음으로 변화하는 것이다. 이것은 동시에 하이데거의 세 번째 물음이 묻고 있는 것, 곧 이행사건들이 거기에서부터 필연성을 얻게 되는 것이기도 하다.

그런데 하이데거가 비은폐성이라는 말로 의미하는 것은 무엇인가? 그에 의하면, 비은폐성은 그리스어로 '알레테이아(aletheia)'인데, 존재를 의미하던 이 낱말은 로마어로 '베리타스(veritas)'로 번역되었고, 이후 이 번역어는 비은폐성과의 관계를 버린 채로 특정한 의미의 '진리', 곧 사유하는 표상과 사유되는 사안과의 일치, 지성과 사물의 일치를 뜻하게 된다. 이것이 서양적 사유에 있어서 오랫동안 의미된 진리이다. 따라서 그리스적으로 시원적으로 사유되었을 때, 진리의 본래적 의미는 알레테이아, 곧 비은폐성이고, 이것은 존재의 진리를 가리키는 것이다. 하지만 여기서 우리가 주의해야 할 것은, 비은폐된 것이나 비은폐성이라는 동일한 말이 인간의 그때마다의 상이한 체류영역에 따라 상이한 것을, 곧 상이한 존재자나 상이한 존재 유형을 가리킬 수 있다는 점이다.

'비유'는 어떤 체류영역에서 다른 체류영역으로의 이행들에 대한 이야기를 말한다. 하이데거는 "이러한 이야기가 독특한 점층적 단계에 있어서 연속되는 네 개의 상이한 체류지들로 분절된다."(PLdW, 219)고 지적한다. 이 경우에 이행의 체류지들과 단계들의 구분은 그때마다의 표준적인 비은폐된 것(alethes)의 상이성, 그때마다의 지배적인 비은폐성 유형의 상이성 속에 근거를 둔다. 그 때문에 각 단계에서는 이러저러하게 비은폐된 것이 숙고되고 언급되어야 한다.

첫 번째 단계에서 사람들은 동굴 속에서 사슬에 묶인 채로 살아가고 그들에게 우선 만나지는 것에 사로잡혀 있다. 이러한 체류의 묘사는 다음의 문장으로 완결된다: "사슬에 묶여 있는 이들은 도구적인 것들의 **그림자들** 이외의 다른 아무것도 비은폐된 것(to alethes)으로 전혀 간주하지 않을 것이다."(515 c, 1-2)

두 번째 단계는 사슬들의 제거를 보고한다. 갇힌 자들은 이제 어느 점에서는 자유롭지만, 그럼에도 여전히 동굴 속에 갇힌 채로 머문다. 여기서 그들은 이제 모든 측면들을 향해 돌아설 수 있다. 무엇보다도 그들 뒤에서 운송되던 사물들 자체를 볼 가능성이 열린다. 이전에 다

192

만 그림자들만을 바라보던 이들은 그렇게 해서 "존재자에게 그만큼 더 가까이"(515 d, 2) 다가선다. 사물들 자체는 어느 점에 있어서는, 곧 인위적인 동굴 불의 빛 속에서 자신들의 보임새를 제공하고, 더 이상 음영들을 통해 숨겨져 있지 않다. 오직 그림자들만이 만나진다면, 그것들은 시선을 붙잡아 두고 그렇게 자신들을 사물들 자체 앞으로 밀어 넣을 것이다. 그러나 시선이 그림자들에의 구속에서부터 자유롭게 된다면, 그렇게 자유로워진 인간은, "더욱 비은폐된 것(*alethestera*)"(515 d, 6)의 범위에 들어설 가능성을 얻는다. 그럼에도 불구하고 그렇게 자유로워진 사람은 오히려 이전에 보인 것들(그림자들)을 지금 드러난 것보다 더욱 비은폐된 것으로 여기게 될 것이다. 왜냐하면 아직 익숙해져 있지 않은 그 불빛이 자유롭게 된 이를 눈멀게 하기 때문이다.

눈멂은 그가 불 자체를 보는 것을 방해하고, 그래서 불의 빛남이 사물들을 비추고 사물들을 비로소 그렇게 현상하게 한다는 점을 인지하는 것을 방해한다. 그래서 눈 먼 이는, 이전에 보인 것이 바로 이러한 불빛 속에서 사물들의 음영이었을 뿐이라는 점을 파악할 수도 없다. 과연 자유로운 이는 이제 그림자들과는 다른 어떤 것(동굴 속의 사물들)을 보지만, 그럼에도 모든 것을 어떤 혼란 속에서 본다. 반면에 불빛의 반영 속에 보이는 것들인 그림자들은 어떤 확고한 윤곽들 속에서 나타난다. 그림자들의 그렇게 현상하는 지속적인 면(Beständiges)은 그래서 자유로운 이에게 '더욱 비은폐된 것'으로 여겨짐에 틀림없는데, 왜냐하면 그것은 혼란시키지 않고 가시적이기 때문이다. 그 때문에 두 번째 단계의 묘사의 끝 부분에서 다시금 '비은폐된 것(alethes)'이라는 낱말이 비교급인 '더욱 비은폐된 것(alethestera)'이라는 형태로 나타나는 것이다. 비교급에서의 비은폐성, 곧 '더욱 본래적인 진리'는 그림자들 속에서 제공되는 것으로 여겨진다. 자신의 사슬에서 자유롭지만 여전히 동굴 속에 있는 인간은 여전히 '비은폐된'(참된) 것을 잘못 단정하면서 자기 자신도 잘못 평가하는데, 왜냐하면 그에게는 평가의 전제인 실질적인 자유가 결여되어 있기 때문이다. 그래서 "사슬의 제거는 과연 자유화를 가져온다. 그러나 풀려남은 아직은 실질적인 자유가 아니다."(PLdW, 220-221)

세 번째 단계에서 비로소 실질적 자유가 성취된다. 여기서 사슬에서 자유로운 이는 동시에 동굴의 외부로, '자유로운 곳'에 옮겨져 있다. 거기에는 모든 것이 드러나 있다. 사물들의 모습은 이제 더 이상 인위적이고 혼란스럽게 하는 동굴 불빛 속에서 현상하지 않는다: "사물들 자체는 거기서 자신들의 고유한 보임새의 적절성과 구속력 속에 놓여 있다. 자유로운 이가 옮겨져 들어서 있는 그 자유로운 곳은 하나의 단순한 넓이의 무한정적인 곳을 말하지 않고, 오히려 함께 보인 태양의 빛 속에서 빛나는 밝음(Helle)에 의해 한정되고 구속된 곳을 말한다. 사물들의 모습들, 곧 보인 것들(*eide, Ideen*)은 본질을 형성하고 있는 것이고, 이 본질의 빛 속에서 각각의 개별 존재자가 이 또는 저 존재자로 자기를 나타내는데, 현상하는 것들이 비로소 이러한 자기를 나타냄 속에서 비은폐되고 접근 가능하게 된다."(PLdW, 221) 이제 도달된 세 번째 체류의 단계에 있어서 비은폐된 것은, 그림자들과 구분되었던 것인 동굴 내의 인위적으로 비춰지는 사물들보다 더욱 비은폐적이다. 이제 성취된 비은폐된 것은 그래서 가장 비은폐된 것(*ta alethestata*)이다. 하이데거는, 플라톤이 비록 이 대목에서 이러한 표현을 사용하고 있지는 않지만, 그러나 그가 『국가론』의 제6권이 시작되는 곳에서 관련된 해설 속에서 '가장 비은폐된 것을 바라보는 자들(hoi […] eis to alethestaton apoblepontes)'(484 c, 5sq.)이라고 말하고 있음을 지적한다. 가장 비은폐된 것은 그때마다 존재자의 무엇임(보임새, 즉 이데아) 속에서 나타난다. 존재자의 무엇임이 먼저 나타나지 않으면 이러저러한 존재자가 은폐된 채로 머물 것이다. 어떤 것이 '가장 비은폐된 것'이라고 말해지는 이유는, 그것이 "모든 현상하는 것들 속에서 미리 현상하고 또 현상하는 것들을 접근 가능하게 하기 때문이다."(PLdW, 222)

동굴 밖 자유로운 곳에서의 자유화는 그러나 최고의 인내와 긴장을 요구하는 것이다. 자유화는 사슬에서 풀려남에서부터 이미 주어지는 것, 곧 무구속성에서 이미 성립하는 것이 아니다. 자유화는 오히려 이데아 속의 사물들 내지 사물들의 이데아에 대한 시선을 확고히 하는 일에 달려 있다: "본래적인 자유화는 보임새[이데아] 속에서 현상하는 것들[사물들]로, 그리고 그들의 현상함 속의 가장 비은폐된 것[이데아]으로 부단히 방향 두기이다. 자유는 오직 그 같은 유형의 방향 두기로서 성립한다. 그런데 이러한 방향 두기가 방향전환으로서의 파이데이아의 본질을 비로소 채우는 것이다. '육성'의 본질적 완성은 따라서 가장 비은폐된 것의, 즉 알레테스타톤의, 즉 가장 참된 것의, 즉 본래적인 진리의 영역에서 또 그것에 근거를 두고 수행될 수 있다. '육성'의 본질은 '진리'의 본질에 근거를 둔다."(PLdW, 222) 결국 플라톤에 있어서 육성은 가장 비은폐된 것인 이데아의 영역에서 이뤄지는 것이고, 이 이데아의 영역이 곧 진리의 영역이 된다.

파이데이아가 그 본질을 영혼 전체의 방향전환에 두고 있기 때문에, 그것은 끊임없이 무육성(apaideusia)의 극복으로 머문다. 파이데이아는 자기 안에 무육성(Bildungdlosiskeit)에 대한 본질적 연관을 포함한다. 그래서 '동굴의 비유'가 이미 플라톤 자신의 해석에 따를 때 파이데이아의 본질을 예시해야 마땅하다면, 그 예시는 또한 바로 이러한 본질적 계기, 곧 무육성의 끊임없는 극복을 예시해야만 한다. 그런 까닭에 비유 속의 설명은 사람들이 곧잘 생각하듯이 동굴에서부터 상승해 감에 있어서 성취된 최고의 단계의 묘사로 끝나지 않는다. 그 반대로 그 비유에는 자유로운 이가 동굴 속으로 여전히 사슬에 매인 자들을 향해 하강함에 관한 설명이 속해 있다. 자유로운 자는 이제 사슬에 매인 자들을 그들에게 비은폐된 것[곧 그림자]으로부터 벗어나도록, 그래서 가장 비은폐된 것[곧 이데아] 앞에 이르도록 이끌어야 마땅하다. 그렇지만 자유로운 이는 동굴 속에서 더 이상 적응할 수 없게 된다. 오히려 거기서 표준적인 진리의 위력에, 즉 유일하면서 공통적인 '현실'의 주장에 종속될 위험에 빠진다. 자유로운 이는 죽임을 당할 가능성에 의해 위협받는데, 이러한 가능성은 플라톤의 '스승'인 소크라테스의 운명 속에서 현실성으로 된 적이 있는 가능성이다.

(4) 동굴 속으로의 귀환이 네 번째 단계인데, 이 단계에서는 비은폐성을 위한 투쟁성격이 문제시된다. 비은폐된 것이 은폐성으로부터 비은폐성으로 구해 내져야 하고, 그렇게 비은폐성이 쟁취되어야 한다. 하이데거의 네 번째 물음, 곧 이행들이 무엇에 달려 있는가라는 물음의 답은 이로써 비은폐성의 쟁취로 드러난다. 하이데거는 비은폐성의 쟁취의 필요성을 다음과 같이 지적한다: "그리스인에게 있어서는 시원적으로 자기 숨김으로서의 은폐성이 존재의 본질을 지배하고 이로써 또한 존재자를 그것의 현존성과 접근 가능성('진리', [드러나 있음, 비-은폐성])에 있어서 규정하기 때문에, 로마인이 베리타스(veritas)라고, 또 우리가 '진리'라고 부르는 것에 대한 그리스인들의 낱말은 '비'라는 결성태(a-privatum)를 지닌 비-은폐성(a-letheia)을 통해 표기된다. 진리는 시원적으로 은폐성에서 싸워 얻어진 것이다. 진리는 따라서 그때마다 탈은폐라는 방식으로 쟁취된 것이다."(PLdW, 223) 결국 사슬에 묶인 자를 풀어내 동굴에서 밝은 대낮의 자유로운 곳으로 옮겨놓는 생사를 건 투쟁, 곧 비은폐된 것을 쟁취하려는 투쟁이 네 번째 체류 단계의 특징인데, 이 점에 대해 하이데거는 다음과 같이 지적한다: "비은폐된 것을 싸워 얻어냄, [은폐성으로부터의 존재자의] 탈취가 진리의 본질에 속한다는 점을, '비유'의 네 번째 단계가 고유하게 암시한다. 그런 까닭에 그 단계도 역시 '동굴의 비유'의 이전의 세 단계들과 마찬가지로 알레테이아에 대해 다룬다."(PLdW, 224) 결국 플라톤의 '동굴의 비유'에서 말해지는 단계 이행들이 육성의 과정이면서 동시에 모두 비은폐성을 다루는 것들인 한에서, 육성의 본질적 구조를 형성하는 것은 비은폐성(진리)의 본질의 변화이고, 이로써 육성의 본질과 진리의 본질 사이의 연관이 드러난다.

이상에 전개된 논의를 요약하면 다음과 같다: (1) '동굴의 비유'에

196

나타난 이행들에 있어서 일어나는 일은 시선들이 그때마다 어떤 다른 곳에서 어떤 다른 것에 익숙해짐이다. (2) 이러한 달리-익숙해짐은 그때마다 영혼 전체의 방향전환을 통해서 가능하고, 이러한 방향전환이 플라톤이 말하는 육성의 본질이다. (3) 그런데 그때마다 시선의 달리-익숙해짐의 필요성은 그때마다 진리의 본질이 변한다는 점에 놓여 있고, 그래서 진리의 본질의 변화가 육성의 구조를 형성한다. (4) 이행들은 결국 은폐된 진리를 비은폐된 진리로, 곧 진리를 은폐성으로부터 비은폐성으로 쟁취해 냄에 달려 있다. (5) 플라톤의 동굴의 비유는 육성의 본질을 예시하는 것이며, 이 비유 속에서 말해진 것은 육성과 진리의 본질적 연관이다. 이런 연관이 구체적으로 의미하는 것은, 진리로서의 비은폐성이 비은폐된 것(그림자)의 비은폐성으로부터 더욱 비은폐된 것(사물)의 비은폐성으로, 다시 이것으로부터 가장 비은폐된 것(이데아)의 비은폐성으로 본질적으로 변화하는 것이 육성의 본질적 구조를 형성한다는 점이다.

2) 말해지지 않은 것: 선과 진리의 숨겨진 본질적 연관성

하이데거는 이상의 논의를 거친 후 플라톤에서 보이는 선(to aga-thon)과 진리(aletheia)의 연관이 이후의 진리 개념의 변화에 결정적 계기가 되었음을 해설한다. 이러한 해설은 '동굴의 비유'에서 말해지지 않은 것에 속한다. 하이데거는 먼저 플라톤의 선의 이데아를 근세적인 가치 개념과 구분한 후에 플라톤에게 있어서 선의 이데아가 진리와 어떤 관계에 놓여 있는지를 해설한다.

(1) 플라톤의 선은 근세에 두드러지게 사유된 도덕적인 선이나 가치를 뜻하지 않는다. 플라톤의 선은 근세적인 사유방식으로 사유되어서는 안 된다. 근세적인 주관적 표상 속에서는 어딘가에 독자적으로 현존하는 가치들이 있고 이것들에 대한 어떤 이데아가 있다고 생각된다. 그러나 하이데거에 따르면, 플라톤의 선의 이데아는 모든 이데아

들의 본질로서, 이데아들을 이데아들이게끔 하는 어떤 것일 뿐이다:
"선(to agathon)은 그리스적으로 사유되었을 때 [스스로] 어떤 일에 유
능하고 또 [어떤 것으로 하여금] 어떤 일에 유능하도록 하는 것이
다.73) 모든 각각의 이데아, 곧 어떤 것의 보임새는, 그때마다 하나의
존재자의 무엇임[본질]에 대한 봄을 제공해 준다. 따라서 이데아들은,
그리스적으로 사유되었을 때, 어떤 존재자로 하여금, 그것이 자신의
무엇임에 있어서 현상하고 그렇게 그의 지속적인 것[무엇임]에 있어
서 현존함에 유능하도록 한다. [그래서] 이데아들은 모든 각각의 존재
자의 존재자[본질]이다. 따라서 모든 각각의 이데아를 이데아에 유능
하게 하는 어떤 것, 즉 플라톤적으로 표현해 모든 이데아들의 이데아
는, 모든 현존자들이 그들의 모든 가시성에 있어서 현상하는 것을 가
능하게 함 [자체] 속에 놓여 있다."(PLdW, 228) 이어서 하이데거는
다음과 같이 말한다: "각 이데아의 본질은 이미 [존재자로 하여금] 나
타남에 유능하게 함 및 나타남을 가능하게 함에 놓여 있는 것인데, 이
나타남은 [인간에게 그 존재자의] 보임새의 봄을 허락하는 것이다. 그
래서 이데아들의 이데아가 단적으로 유능하도록 하는 것(das Taug-
lichmachende), 곧 선(to agathon)이다. 이러한 선은 각각의 나타날 수
있는 것[존재자]을 나타남에 데려오는 것이고, 따라서 그 스스로가 본
래적으로 현상하는 것이자 자신의 나타남에 있어서 가장 나타날 수
있는 것이다. 그런 까닭에 플라톤은 선을 존재자의 가장 나타날 수 있
는 것 내지 가장 현상적인 것(tou ontos to phanotaton)이라고 명명한
다."(PLdW, 228) 정리해 말하면, 모든 이데아들의 공통점은, 한편으
로 존재자들로 하여금 현상함에 유능하게 함에 있고, 다른 한편으로
는 스스로 존재자들을 나타나도록 함에 유능하다는 점이다. 이렇게

---

73) 여기서 우리는 두 가지를 떠올릴 수 있다. 첫째는 한 존재자를 개방되게 해주
   는 그 존재자의 존재이고, 둘째는 존재자의 존재를 가능하게 해주는 세계 내
   지 시간이다. 이럴 경우, 우리는 이 둘의 통합, 곧 세계-지평 속의 존재나 시간
   -지평 속의 존재가 플라톤의 선에 대응한다고 생각해 볼 수 있다.

이데아들의 공통점이 '유능하게 하는 유능함'이라면, 그것은 단적으로 선한 것이고, 이런 까닭에 이데아들의 이데아(공통점, 본질)가 선(의 이데아)이라고 불린다.

하이데거 스스로는 선의 이데아란 이데아들의 이데아로서 "모든 것들로 하여금 유능하게 하는 것"을 말한다. 아울러 '선'이라는 이데아가 '이데아 텔레우타이아(idea teleutaia, 최종적 이데아)'인 이유는 "그 속에서 이데아의 본질이 완성되고 또 존재하기를 시작하고, 그래서 그것에서부터 비로소 모든 다른 이데아들의 가능성이 생겨나기 때문"(PLdW, 228)이라고 말한다. 더 나아가 이 최종적 이데아는, 그것이 "가능하게 함의 면에서 서열상 최고이고, 또 그것을 올려다봄의 면에서 그 가파름과 힘겨움에 있어서도 최고이기 때문에, 이중의 면에서 최고의 이데아"(PLdW, 228)라고 한다. 개별 존재자들의 현상과 현존을 가능하게 하는 것은 이데아이지만, 이러한 이데아들 자체의 현상과 현존을 가능하게 하는 것은 선의 이데아라는 것이다. 그런데 이렇게 가능화의 면에서 최고인 선의 이데아는 인식의 어려움의 면에서도 최고의 이데아라는 것이다.

(2) 플라톤의 선의 이데아를 이렇게 확정한 후에, 하이데거는 플라톤의 진리론 내에서 말해지지 않은 것에 주목한다: " '비유'는 진리에 대한 플라톤의 '가르침'을 포함하고 있다. 왜냐하면 그 비유는 이데아가 알레테이아의 주인이 되어가는 말해지지 않은 과정에 근거를 두고 있기 때문이다."(PLdW, 230) 하이데거가 지적하듯 플라톤의 '비유'는 선의 이데아가 "비은폐성과 맞아들임(nous, Vernehmen, 인식)을 보장하는 여주인(kuria aletheian kai noun paraskomene)"(517 c, 4)이라는 점을 예시한다. 그런데 하이데거는, 비록 선의 이데아가 탁월한 이데아이기는 하지만, 여전히 이데아라는 점을 암묵적으로 전제하면서 이 어구가 이데아에 비은폐성(알레테이아)이 속박됨을 함축한다고 본다. 이러한 함축이 갖는 철학사적 의미를 하이데거는 다음과 같이 규정한다: "플라톤은 이데아가 비은폐성을 허용하는 여주인이라고 말하면서,

말해지지 않은 것을, 곧 이른바 이후에 진리의 본질이 자신의 충실한 본질에서부터 비은폐성의 본질로 전개되지 않고, 오히려 이데아의 본질로 옮겨가리라는 점을 지시한다. 진리의 본질은 비은폐성이라는 근본특징을 포기한다."(PLdW, 230) 플라톤은 선의 이데아가 비은폐성의 여주인이라고 말했는데, 이 말은 이데아가 비은폐성의 여주인이라는 의미를 갖게 되었고, 그 결과 진리의 본질은 더 이상 비은폐성의 본질이 아니라 이데아의 본질을 의미하게 되었다는 것이다.

결국 선의 이데아가 비은폐성의 여주인이라는 규정이 생긴 이후로 진리는 비은폐성이 아니라 올바름(정확성)에 관련된 것으로 사유된다. 하이데거는 진리 개념이 그렇게 변화될 수 있었던 이유는, 이데아가 올바르게 봄을 요구한다는 점에 놓여 있다고 밝힌다. '비유'에서 드러나듯 모든 것이 이데아를 보는 것에 달려 있다면, 모든 노력은 이데아를 볼 수 있는 올바르게 봄으로 기울어진다: "시선의 올바름에 모든 것이 달려 있다. 이러한 올바름을 통해 봄과 인식함은 올바른 봄과 올바른 인식이 되고, 그래서 그 시선은 최종적으로는 똑바로 최고의 이데아에 향하고 이러한 정돈 속에서 자신을 고정한다. 이러한 방향지음 속에서 맞아들임(Vernehmen, 인식함)은 마땅히 보아져야 하는 것에 자신을 동화시킨다. 이데아와 맞아들임 및 봄과의 동화의 귀결로 사안 자체와 인식함 사이의 일치(homoios)가 존립한다. 이렇게 비은폐성에 대한 이데아와 봄의 우위에서부터 진리의 본질의 변화가 생겨난다. 진리는 [비은폐성이 아니라] 맞아들임과 발언함의 올바름(orthetos)으로 된다."(PLdW, 230-231)

(3) 하이데거는 여기서 플라톤의 진리의 양면적 의미를 물론 알아차리고 있다. 그 진리는 한편으로 비은폐성이면서 다른 한편으로 올바름(정확성)이라는 것이다. 이러한 양면적 의미는 "알레테이아가 다뤄지고 말해지면서도, 올바름이 의도되고 표준적으로 정립된다는 점"(PLdW, 231; 참조: BzP, 332-333)에서 드러난다. 구체적으로 말해 '동굴의 비유'에서는 선의 이데아가 한편으로 "모든 올바른 것과 모든

아름다운 것의 원인(panton orthon te kai kalon aitia)"(517 c)이면서, 다른 한편으로 "비은폐성과 맞아들임을 허용하는 여주인(kuria ale-theian kai noun paraskomene)"(517 c, 4)으로 말해지는 데서 드러난다. 하이데거가 볼 때, "이 두 문장은 인식함의 올바름과 인식된 것의 비은폐성을 가능하게 하는 것으로서의 선의 이데아의 우위에 대해 말한다. 그리고 비록 비은폐성이 이미 이데아에 속박되어 있을지라도, 진리는 비은폐성이자 동시에 올바름이다."(PLdW, 232) 정리해 말하자면, 플라톤에게 있어서는 이데아가 진리를 가능케 하는데, 이 진리는 단순히 '올바름'만을 의미하게 된 나중의 철학사에서와는 달리 여전히 '비은폐성이자 올바름'이었다는 것이다.

진리의 양면적 의미는 아리스토텔레스에게까지는 나타난다. 그는 한편으로 비은폐성을 존재자의 근본특징(Met. VIII, 10, 1051 a 34 sqq.)으로 보면서,74) 다른 한편으로 "거짓된 것과 참된 것(to alethes)은 […] 사물들 속이 아니라 지성(an dianoia) 속에 있다."(Met. VI, 4, 1027 b, 25sq.)고 말한다. 위 인용문의 의미는, "지성의 판단적 진술이 진리와 허위의 장소로 또 이들의 구분의 장소로 되면서, 진리의 본질 규정이 더 이상 비은폐성이라는 의미의 알레테이아에 의존하지 않고, 오히려 거꾸로 알레테이아가 거짓된 것이나 올바르지 않은 것의 대립항으로서의 올바름으로 사유된다."(PLdW, 232)는 것이다. 플라톤과

---

74) 이 부분에 대한 하이데거의 상론을 위해서는 『논리학. 진리의 물음』(GA 21), 162-194을 참조하라. 관련 부분에 대한 하이데거의 해설적 번역은 다음과 같다: "1051a34-b6: 존재자와 비존재자가 [이른바 그들의 존재에 있어서] 한번은 범주들의 형식들과 관련해서, 그 다음에는 범주들 속에서 의미된 존재자나 비존재자[다시 말해 그 대립자]의 가능성[아직 눈앞에 존재하지 않음이란 의미에서의 비-현존성]과 현실성[단적인 현존성]과 관련해서 이해될 때는, 그러나 가장 본래적인 존재자가 이해될 때이다. ─ 발견되어 있음과 은폐되어 있음 […] b5: 그래서 제기되는 물음은 우리가 그때에 '발견되어 있다'고 그리고 '은폐되어 있다'고 부르는 바의 그것은 언제 존재하느냐 또는 언제 존재하지 않느냐라는 것이다. 탐구되어야 하는 것은 이른바 우리가 그 말로써 의미하는 바의 것이다."(GA 21, 174-175)

아리스토텔레스에서 보이는 이 같은 진리의 양의성은 이후로 일의적으로 제한되고, 이로써 진술하는 표상의 올바름이라는 진리의 본질특징이 전체 서양 사유에 대해 표준적인 것으로 된다.

결국 하이데거가 보기에 '동굴의 비유'에서 말해지지 않은 것은 (이데아로서의) 선과 (비은폐성으로서의) 진리의 숨겨진 본질연관성인데, 이러한 연관성으로 인해 플라톤 이전 시대에서의 비은폐성-진리의 우위가 플라톤 이후 시대에서의 이데아-진리(사태진리) 내지 올바름-진리(명제진리)의 우위로 바뀔 수 있었다는 것이다.

지금까지 우리는 플라톤에게 있어서의 선의 이데아와 이데아, 비은폐성, 진리 사이에 성립하는 복잡하게 얽힌 관계를 설명하려고 시도하였다. 하이데거는 이전의 글들에서 올바름(정확성)으로서의 진리를 가능하게 하는 것이 어떤 존재자의 비은폐성이고, 어떤 존재자의 비은폐성을 가능하게 하는 것은 존재자 전체의 비은폐성이라고 밝혔다. 존재자 전체의 비은폐성이라는 말로 의도하는 것은 시간에 근거를 둔 세계이다. 이 점에서 본다면 결국 시간 내지 세계가 플라톤의 선의 이데아에 상응하는 것이다. 하이데거는『현상학의 근본문제』(SS 1927)에서는 시간에 대한 자신의 논의를 플라톤의 선의 이데아의 논의와 병치시킨 적이 있다. 이제 우리는 이런 점에 착안하여 하이데거가 말하는 시간의 기능이 플라톤이 말하는 선의 기능과 어떤 상관성을 갖는지를 추적해 보기로 한다.

4. 플라톤의 선과 하이데거의 시간

1) 선과 시간: 선의 밝힘 기능과 시간의 밝힘 기능

우리는 그때마다 존재자를 그것의 존재에 있어서 이해하고 있다. 우리가 어떤 것을 쓸모를 지닌 것, 곧 용재자(도구적인 것)로, 또는 쓸모가 있든 없든 어쨌든 지각 가능하게 눈앞에 있는 것, 곧 현전자로 인식할 수 있는 것은, 우리가 그때마다 그것을 그것의 용재성(쓸모 있음 = 쓸모를 지니고 가까이 머묾)[75]이나 현전성(눈앞에 있음 = 쓸모가 어떻든 지각 가능하게 머묾)[76]에 있어서 이해하기 때문이다. 예를 들어, 우리가 어떤 사물을 망치로 이해하기 위해서는 우리가 먼저 이 사물을 용재성에 기반을 두고 이해하고 있어야만 한다. 용재성의 선행적 이해 없이는 어떤 '망치'가 망치로서 이해되지 못한다. 그런데 하이데거는 이 같은 존재의 이해에 있어서 존재 자체가 또한 일정한 방식으로 이해되어 있어야만 한다는 점을 지적한다: "존재자를 존재로 기투하는[선취적으로 규정하는] 한에서만, 우리는 존재자를 이해한다. 존재 자체는 이 경우 일정한 방식으로 이해되어 있어야만 한다." (GdP, 396) 사실상 우리가 어떤 존재자를 그 용재성에 있어서 이해한다는 것은, 우리가 존재를 현전성이 아닌 용재성으로 이해하면서, 이와 동시에 어떤 존재자를 바로 이 용재성이라는 존재방식에 있어서 이해함을 말한다. 이런 한에서 하이데거는 존재자의 존재의 이해가 존재의 기투라는 성격을 갖고 있고, 이러한 기투는 기투의 기반(의거처)을 전제한다고 말한다. 이런 한에서 존재자의 존재이해는 이중적 의미를 갖는다. 그것은 존재에 기반을 둔 존재자의 이해이자 존재 너머의 그 무엇에 기반을 둔 존재의 기투이다.

　여기서 말한 존재 너머의 그 무엇, 곧 이후에 해설되어야 하는 내용이지만, 하이데거가 존재의 기투의 기반으로 파악하는 것은 시간이다. 하이데거에 있어서 시간의 발생적 성격은 '지평으로의 탈자화'이다. 이러한 발생적 성격은 시간성이라고 표시된다. 발생적 성격의 시간에는 탈자태들과 지평들이 함께 속한다. 탈자태들의 통일을 가리키는

---

75) 용재성보다 더 이해가 쉬운 말은 유용성(도구적 존재)이다. 문제는 이 경우 유용성이란 낱말이, 인간에게 이익을 제공한다는 뜻만이 아니라 사물들이 서로를 의의 있게 함에서 생겨나는 존재를 함축할 수 있는가 하는 것이다.

76) 현전성은 통상의 의미로 지각가능성으로 이해될 수 있다. 이 낱말의 의미를 위해서는 버클리(B. G. Berkeley)의 정식 "to be is to be perceived"에 맞설 수 있는 정식 "to be is to be perceivable"이 상기될 수 있다.

말이 시간성인 반면, 지평들의 통일을 가리키는 말은 좁은 의미에서 의 시간인데, 이러한 시간은 시간-지평이라는 말로 엄밀히 표시될 수 있다. 하이데거에 따르면, '탈자태의 통일' 내지 '지평으로의 탈자화' 인 시간성이 '존재자의 존재이해'뿐만이 아니라 '시간에 기반을 둔 존 재기투'도 가능하게 한다: "시간성은 존재이해의 가능조건이고, 이로 써 시간에 기반을 둔 존재의 기투의 가능조건이다."(GdP, 397) 이런 한에서 존재이해의 가능조건을 묻는 과제는 "존재자로부터 그 존재로 소급해 나아가는 과제"만이 아니라, "존재를 넘어서면서(über das Sein hinaus) 거기에 기반해 존재 자체가 존재로 기투되어 있는 그런 것[지반, 시간-지평]을 물으며 향하는 과제"(GdP, 399)를 포함한다.

하이데거는 여기서, 시간이 존재 너머의 것이라는 자신의 논제를 이해시키기 위해 이데아가 존재 너머의 것이라는 플라톤의 주장을 끌 어들인다. 하이데거는 플라톤의 '동굴의 비유'에 나오는 다음의 대목 을 주목한다: "내가 생각하기로, 자네는 태양이 가시적인 것에게 보임 의 능력을 줄 뿐만이 아니라, 생성과 성장과 영양을 주는 것이기도 하 지만, 그 자신이 생성은 아니라고 말할 걸세. […] 자네는 마찬가지로, 알려진 것에게 알려짐만이 선으로부터 오는 것이 아니라, 있음(to ei-nai)과 존재(ten ousia, 본질)도 이것[선]으로부터 [알려진 것에게] 속 하게 되지만, 선 자신이 존재(ousia)는 아니고, 위엄과 능력에서 존재 를 넘어(epekeinates ousias) 돌출해 있다고 말해야만 할 것일세." (GdP, 401-402; Plato, *Staat* VI, 509 b)77) 이러한 인용문에서 하이데 거가 주목하는 것은 선의 이데아가 '빛의 기능 내지 밝힘의 기능'을 갖는다는 점이다: "존재에 대한 이해는 존재 너머의 것(epekeina tes

---

77) 하이데거는 플라톤의 에이나이(einai)를 '있다는 사실(daß es ist)'로, 우시아 (ousia)를 '있는 바의 무엇(was es ist)' 내지 '어떠함과 무엇임(Wie- und Wassein)'으로 옮겨 쓴다(GdP, 402 참조). 우리는 이들을 개념상 구분하여 에 이나이는 존재자의 사실성을, 우시아는 존재자의 본질성과 존재방식(현존재/용 재성/현전성/생명성/존속성)을 나타낸다고 할 수 있을 것이다.

ousias)에 근거를 둔다. 이로써 플라톤은 그가 '존재를 넘어서 돌출해 있는(über das Sein hinausragend)'이라고 서술하는 것에 부딪힌다. 이 것은 빛의 기능을, 존재자에 관한 온갖 드러냄을 위해서, 여기서는 존 재 자체에 관한 이해를 위해서 밝힘(Erhellung)의 기능을 갖는다." (GdP, 402) 플라톤의 선의 이데아에 대응하는 것이 하이데거의 시간 이라면, 플라톤의 선의 이데아의 기능에 대응하는 것 역시 하이데거 의 시간의 기능이어야 할 것이다. 시간성은 지평으로의 탈자화를 수 행하는데, 이러한 지평으로의 탈자화의 결과로 시간-지평이 존립하는 한, 시간이 갖는 밝힘의 기능은 결국 시간-지평의 기능일 것이다. 시 간-지평이 밝힘의 기능을 가질 수 있음은 시간-지평이 그 자체로 밝음 이기 때문이다. 그런데 하이데거가 『존재와 시간』에서 밝힘의 기능을 갖는 밝음으로 해설하는 것은 관련연관으로서의 세계이다. 이러한 세 계는 시간-지평에 의거해 성립해 있는 것으로, 그 역시 존재자의 존재 의 이해를 위한 지평이 된다. 시간-지평에 의거한 세계-지평은 그 자 신 존재자 전체의 비은폐성(관련연관)으로서 밝음이고, 이 밝음 속에 서 세계 내부적 존재자가 그 존재에 있어서 밝혀진다. 그렇다면, 하이 데거는 결국 밝힘의 기능을 갖는 것으로 시간-지평과 세계-지평을 함 께 염두에 두는 것으로 여겨진다. 전자는 존재자를 현존성에 있어서 기투(이해)할 수 있게 해주는 것이고, 후자는 그렇게 기투된 현존하는 존재자를 용재성이나 현전성에 있어서 이해하게 해주는 것이라는 점 에서 그 둘은 모두 밝힘의 기능을 갖는 것이다.

존재의 이해를 위한 근본조건을 밝히는 다음과 같은 대목에서도 지 평의 이중성이 엿보인다: "존재자의 인식을 위한, 또 마찬가지로 존재 의 이해를 위한 근본조건은 밝히는 빛 속에 서 있음이며, 비유 없이 말하자면 우리가 이해함에 있어 이해되는 것을 그것에 기반을 두고 기투하고 있는 그런 어떤 것[지평] 속에 서 있음이다."(GdP, 402) 이 문장은 존재자의 인식을 위한 근본조건이 세계-지평이고, 존재의 이해 를 위한 근본조건이 시간-지평이라고 말하는 것으로 여겨질 수 있다.

이어지는 문장은 다음과 같다: "존재의 이해는 이미 여하튼 밝음을 주며 밝혀져 있는 지평 속에서 움직인다."(GdP, 402) 이 문장은 시간-지평을 염두에 두는 것으로 여겨진다. 물론 여기서 하이데거는 시간-지평이나 세계-지평을 명시적으로 함께 언급하고 있지는 않다. 그러나 그 둘의 동시 사유는 불가피한데, 왜냐하면 이후에 하이데거가 일반적 의미의 시간성과 제한적 의미의 시간성인 시제성을 차례로 소개하기 때문이다. 일반적 의미에서 말해지는 시간성은 실존적 시간성이고 이것은 세계-지평에 의거해 존재(용재성이나 현전성 등의 존재방식들)를 이해하는 시간성이다. 반면에 제한된 의미에서의 시간성은 시제적(존재이해에 대한 시간-제약적) 시간성이고, 이것은 시간-지평에 의거해 존재(현존성이나 부재성)를 이해하는 시간성이다. 여하튼 이 대목에서 하이데거는 존재의 이해가 (세계-지평이든 시간-지평이든) 일정한 지평 속에서 이뤄지고 있음을 지적하는 것으로 그친다. 우리는 아래에서 구분될 수 있는 그 두 지평에 의거한 존재이해의 상이한 두 측면을 구체적으로 부각시켜 보기로 한다. 이러한 부각은 밝힘의 기능을 갖는 플라톤의 선의 이데아에 대응하는 하이데거적 상관자를 찾는 데 기여할 것이다.

2) 용재성을 위한 세계-지평

이 단계에서 하이데거에 의해 우선적으로 "찾아지고 있는 것은 존재자를 용재자와 현전자라는 의미로 이해하고 있는 그런 존재이해의 가능조건"(GdP, 413)이다. 이것은 실존적 시간성이다. 이 실존적 시간성의 해설을 위해, 하이데거는 그 유명한 망치의 예를 든다. 망치를 예로 하여 하이데거가 우선 보이고자 하는 것은, 존재론적으로 볼 때는 망치보다 쓸모(Bewandtnis, 적재적소성)가 우선한다는 점이다. 다시 말해 존재자의 존재의 이해라는 측면에서 볼 때는, 망치라는 어떤 것이 먼저 있고, 이후에 그것으로 망치질하는 일이 있는 것이 아니라,

거꾸로 망치질을 하기 위함, 하기 위함 자체, 이로써 쓸모 자체가 비로소 어떤 것을 망치로 또 망치라는 도구로 있게 한다는 것이다. 그리고 이 쓸모 자체는 그 자신 쓸모들의 관련들 내지 쓸모 전체성 속에서 그러한 쓸모로 나타나게 된다는 것이다. 이 점을 하이데거는 다음과 같이 요약한다: "도구 같은 존재자는, 우리가 쓸모, 쓸모관련들, 쓸모 전체성을 미리 이해할 때에만, 그 자신에 있어서 그것인 바의 존재자로 우리에게 만나진다."(GdP, 415) 쓸모라는 이 같은 선험적 성격에 주목할 경우, 어떤 존재자의 용재성(존재)의 이해는 곧 쓸모 있게 함 내지 쓸모허용의 사유이다. 쓸모 있게 함의 사유가 갖는 시간적 운동성이 존재자의 용재성의 이해에 속한 시간성이다: "우리는 어떤 것을 망치질에 쓸모 있게 한다. 우리가 거기에 쓸모 있게 하는 바의 그 무엇[망치질]이, 도구 자체가 그것을 위해서 규정되어 있는 바의 용도이고, 이 같은 용도가 이러한 일정한 도구를 바로 그 자신인 바의 무엇[망치]으로 또 그 자신이 있는 방식[용재성] 그대로 특징짓는다."(GdP, 415)

쓸모 있게 함이라는 그때마다의 쓸모의 부여가, 현재완료적으로 이미 도구로서 이해되어 있으나 의식 뒤편에 놓여 있던 그 어떤 것을 다시금 현재적으로 도구로, 도구로서의 망치로 나타나게 한다. 이러한 나타남 속에서는 사유의 일정한 시간적 운동성이 발견된다: "우리는 도구의 사용에 있어서 용도를 예기한다. '어디에 쓸모 있게 함'은 이러한 용도의 예기를 말한다. 쓸모 있게 함은 어디에 쓸모 있게 함이면서 언제나 동시에 '어떤 것을 쓸모 있게 함이다.' 용도에서부터, 쓸모를 지니는 바의 것이 그때마다 규정된다. 용도를 예기하면서 우리는 이 어떤 것을 머릿속에 유지하고 있다. 머릿속에 잡아두면서, 우리는 비로소 그 도구를 그의 특수한 쓸모연관 속의 도구로서 이해한다. 쓸모 있게 함, 즉 어떤 도구 사용을 여하튼 가능하게 하는 바의 쓸모의 이해는 보유하며 예기함이고, 이 속에서 도구는 이러한 특정한 도구로서 현재화한다. 예기하면서-보유하면서-현재화함 속에서 도구가 만나지며, 현존적이게 되며(wird anwesend), 현-재(Gegen-wart) 속으로 들어선다."(GdP, 415-416)

이 경우에 어떤 것을 도구로 밝혀주는 빛은 쓸모이다: "쓸모의 이해로서의 쓸모 있게 함은, 현존재에게 빛을 주는 기투이고, 이 빛의 밝음 속에서 도구 같은 것이 만나진다."(GdP, 416) 쓸모 있게 함이라는 기투가 어떤 것에게 쓸모의 빛을 주고, 쓸모의 빛 속에서 그 어떤 것이 도구로 드러난다. 쓸모가 쓸모관련들 속에 놓여 있고, 이것은 다시금 쓸모 전체성 속에 놓여 있는 한, 쓸모의 빛은 쓸모 전체성의 빛의 일부이다.

쓸모가 도구를 가능하게 하고, 쓸모의 관련들이 도구의 관련들을 가능하게 한다. 각각의 도구는 도구로서 도구연관 속에 있다. 개별 도구가 먼저 있고 이들의 사후적 산물로 도구연관이 있는 것이 아니라, 거꾸로 도구연관 내에서만 개별적 도구가 도구적으로 또는 현전적으로 있다. 도구연관의 이해는 개별적인 도구 사용에 앞서가는 것이다. 도구연관은 쓸모 전체성에 의거한다(참조: GdP, 417). 그런데 쓸모 전체성은 하나의 관련연관으로서 유의의성(*Be-deutsamkeit*)이라는 세계성에 의거한다. 하이데거는 세계성이라는 말을 존재론적-실존론적 세계 개념으로 사용하면서, 그 개념으로 쓸모연관을 가능케 하는 유의의성을 가리킨다. 여기서 유의의성이란 존재론적으로 현존재의 존재목적(자신을 위함), 목표(상위적인 무엇을 하기 위함), 기여(하위적인 하기 위함), 용처(어디에), 용구(어떤 것) 등의 연관 속에서 전자들이 후자들을 유의의화하는(be-deutende, 지시하며 의미 있게 하는) 연관을 가리킨다. 이로부터 생겨난 하나의 관련연관이 존재자적-실존적 개념으로서의 세계이다: "존재목적이 목표를 유의의화하고, 이것이 기여를, 이것이 쓸모 있게 함의 용처를, 이것이 쓸모의 용구를 유의의화한다. […] 이러한 유의의화의 관련 전체를 우리는 유의의성이라고 부른다. 이것은 세계의 구조, 곧 그 속에서 현존재 자체가 그때마다 이미 존재하는 곳의 구조[세계성]를 형성하는 것이다."(SuZ, 116) 유의의성이라는 존재론적-실존론적 개념이든, 하나의 특정한 방식의 관련연관이라는 존재자적-실존적 개념이든, 여하튼 세계는 그런데 그 자신 탈자적 시간성의 지평에 의거해 가능한 것이다: "세계의 가능성의 실존론적-시간적 조건은, 시간성이 탈자적 통일성으로서 하나의 지평 같은 것을 갖는다는 점에 놓여 있다."(SuZ, 482) 시간-지평에 의거해 세계라는 지평이 성립하고, 이 세계-지평의 덕으로 세계 내부적 존재자와의 만남이 가능해지는 것이다.

어떤 것의 용재성의 이해는, 우리가 쓸모연관 내지 쓸모 전체성을 이해하고 있음을 전제하는데, 이러한 쓸모 전체성을 이해한다는 것은 우리가 유의의성으로서의 세계 안에 서 있다는 것을 의미한다: "[…] 현존재는 쓸모연관, 유의의성, 세계에 대한 선행적 이해에서부터 도구 같은 존재자로 비로소 되돌아온다. 존재자가 [우리에 의해 선행적으로] 이해된 쓸모의 빛 속에 서 있어야만, 용재적 도구가 만나질 수 있다. 도구와 용재자는 [선행적으로] 이해된 세계의 지평 속에서 만나진다; 그것은 언제나 세계 내부적 존재자로 만나진다."(GdP, 424) 결국 도구는 유의의성이라는 세계-지평의 밝음 속에서만 그러한 도구로 드러난다. 현존재의 근본규정으로서의 세계는 "여전히 통속적 초월 개념에 방향을 둘 경우에도 본래적인 초월자, 곧 객관들보다 훨씬 더 저편에 있는 것"(GdP, 424)이다. 이런 한에서 세계는 존재자의 만남에 대해 선험적이고 초월적이다. 선험적이고 초월적인 세계는 존재자에게 쓸모의 빛을 주는 밝음이고, 이런 한에서 그것은 플라톤의 선의 이데아에 상응하는 것이기도 하다.

3) 현존성을 위한 시간-지평

하이데거는 쓸모이해(쓸모허용)의 시간성에 대해 다음과 같이 말한다: "쓸모의 이해로서의 쓸모 있게 함[쓸모허용]은 하나의 시간적 틀을 갖는다. 그러나 그것 자체[쓸모 있게 함]는 더욱더 근원적인 시간성을 향하도록 되 지시한다."(GdP, 416) 이어서 하이데거는 다음과 같이 말한다: "우리가 더욱더 근원적인 시간성을 파악해 낸 때에만, 우리는 존재자의 존재의 이해가— 여기서는 용재적 도구의 도구 성격 및 용재성, 현전적 사물의 사물성(Dinglichkeit), 현전자의 현전성의 이해가— 어떤 방식으로 시간을 통해 가능해지고 투명해지는지를 개관할 수 있다."(GdP, 416-417) 이런 인용문에 따르면, "존재자의 존재의 이해"는 근본적으로 "더욱 근원적인 시간성"에 의거해 가능해지는 셈이다.

더욱 근원적인 시간성이라는 말로 하이데거가 염두에 두는 것은 결국 시제성(*Temporalität*, 존재이해의 시간적 제약성, 존재시성)이다. 그가 시제성이라는 용어로 의도하는 것은 "그 자신에 속한 지평적 도식들의 통일성을 고려한 바의 시간성, 우리의 경우에는 현존(Prae-senz)을 고려한 바의 현재(Gegenwart)"(GdP, 436)이다. 시제성은 탈자태 현재의 지평인 현존에 기반을 두고 이뤄지는 존재이해의 시간성이라는 것이다. 앞서 언급되었듯이, 실존적 시간성에 있어서는 용재자를 둘러보는 식으로 배려하면서 그것과 교섭하는 일은 "도구연관 전체를 보유하는 예기적 현재화"(GdP, 432)로 수행된다. 이러한 현재화는 쓸모 있게 함의 시간성으로, 어떤 한 존재자를 현재화하면서 용재성의 시선 속에서 용재자로 이해되게 한다. 그런데 이러한 용재성의 시선은 하이데거에 의하면 그 편에서 시간에 기반을 둔 존재 자체의 기투와 더불어 또 이 속에서만 가능하다. 하이데거는 시간-지평에 기반을 둔 이 같은 존재의 기투의 시간화를 "시간성 그 자체의 가장 근원적인 시간화"(GdP, 420)로 파악하면서 시제성이라는 용어로 표시하는 것이다.

시간에 기반을 둔 존재의 기투를 해설하기 위해, 곧 시제성을 분석하기 위해 하이데거가 실마리로 삼는 것은 용재성(Zuhandenheit, 쓸모를 지니고 가까이 있음)과 원재성(Abhandenheit, 쓸모를 지닌 채로 멀리 있음)이라는 개념들이다. 하이데거는 이들을 "형식적으로는 현존성(Anwesenheit)과 부재성(Abwesenheit)에 의해 특징짓고, 일반적으로 현존(Praesenz)이라고"(GdP, 433) 특징짓는다. 여기서 '형식적으로'라는 말은, '그들에게서 그 내용적 의미가 추상되었을 때'라는 뜻이다. 그들의 내용적 의미는 쓸모라는 것이다. 쓸모에의 관심이 배제되면 그들에게서 남는 의미는 가까이 머묾(현존성)과 멀리 머묾(부재성)이라는 것뿐이다.[78] 이 경우에 멀리서 머묾은 가까이 머묾의 부정태이다. 긍정태와 부정태 모두의 공통의 계기가 그것들의 일반적 개념인데 이것은 머묾이다. 이 머묾을 하이데거는 현존(Praesenz)으로 표시하는 것이다. 이러한 논의는 다음과 같이 도표화될 수 있다.

현존(Praesenz) = 머묾

현존성 = 가까이 머묾

부재성 = 멀리에 머묾

용재성 = 쓸모를 지니고 가까이 머묾

원재성 = 쓸모를 지니고 멀리에 머묾

현전성 = 쓸모와 원근이 어떻든 지각 가능한 것으로 머묾

하이데거는 여기서 존재의 일반적 의미로서의 현존을 탈자태 현재의 지평을 가리키는 말로 사용한다. 이로써 존재 일반의 의미는 하나의 시간-지평인 현존으로 된다. 시간으로부터 존재를 해석하는 하이데거에 있어서 시간과 존재가 동일시되는 지점이 여기이다. 물론 여기서 시간이란 시간성이 아니라 현존이라는 시간-지평을 말한다. 하이데거는 현존이 현재라는 탈자태의 지평적 도식이고, 이 현존에 기반을 두고 시제적 시간화가 수행된다고 말한다: "현재화는 — 그것이 순간이라는 의미로서 본래적인 것이든, 아니면 단지 비본래적인 것이든 간에 — 자신이 현재화하는 것을, 곧 어떤 현재에 있어서 또 이 현재

---

78) 하이데거는 부재성으로 절대적 무를 가리키지 않는다. 부재성은 현전성의 부정태로 다만 가까이 머묾의 부정태인 멀리 머묾을 가리킨다.

에 대해서 가능한 방식으로 만나질 수 있는 것을, 현존 같은 것에 기반을 두고 기투한다."(GdP, 435) 이 문장 속에서 알려지는 것은 다음이다: 존재자의 현재화는, 그것이 배려적 현재화이든 객관화의 현재화이든 상관없이, 다시 말해 용재자로의 현재화이든 현전자로의 현재화이든 상관없이, 언제나 동시에 현존-지평에 기반을 둔 존재의 기투(존재의 선취적 규정)라는 것이다. 물론 이 경우에, 현존-지평에는 이미 다른 두 지평(탈자태 과거의 지평과 탈자태 미래의 지평)도 참여해 있는 것인데, 왜냐하면 시간-지평은 언제나 세 지평의 통일성으로 머물기 때문이다.

　존재자를 현재화하면서 그것을 용재성이나 현전성, 사물성에 있어서 이해하는 일 속에는, 시간에 기반을 두고 존재를 현존성으로 기투하는 일이 이미 포함되어 있다. 이는 존재 자체의 시간연관적 이해가 존재자의 존재연관적 이해에 논리적으로 선행한다는 것이다. 『존재와 시간』에서 이에 관련된 문장으로 보이는 것은 다음이다: "[…] 주위세계적인 현존자(Anwesendes)를 행동하면서 만남은 이 존재자의 현재화 속에서만 가능하다."(SuZ, 431) 이 문장에서 주목되어야 할 것은, '행동하면서 만남'의 대상이 익숙하게 빈번히 사용되는 낱말들인 용재자나 현전자로 표시되지 않고, 이런 구분에서 벗어난 낱말인 현존자로 표시되고 있다는 점이다. 이는 현재화하는 만남의 결과로 나타나는 용재자나 현전자가, 즉 용재성이나 현전성의 규정을 받는 존재자가 그 자체로 이미 현존자라는 것이다. 이런 한에서 우리는 용재성, 사물성, 현전성 등을 현존성으로부터 구분해야 하고, 구분되는 그것들을 가능하게 하는 시간화도 구분해야 한다. 물론 현존성과 관련된 시간화는 용재성, 사물성, 현전성에 관련된 시간화와 동시적으로 이뤄진다. 그러나 논리적으로는 전자가 후자에 선행하고, 그 두 시간화는 개념상 구분된다. 우리는 그 둘을 구분하여 각기 현존하게 하는 시간화(anwesenlassende Zeitigung)와 만나지게 하는 시간화(begegnenlassende Zeitigung)라고 부를 수 있을 것이다. 전자는 시제적 시간화(시제성)이고 후자는 실존적 시간화(시간성)이다.

> 시제성 = 현존하게 하는 시간화 = 현존-지평으로부터 현존성과 부재성의 기투
> 시간성 = 만나지게 하는 시간화 = 세계-지평으로부터 용재성, 사물성, 현전성
> 의 이해

　실존적 시간화의 차원에서 말하면, 현존재의 자기이해의 시간화에
서는 장래가 주도적이고, 용재자의 존재이해의 시간화에 있어서는 현
재화가 우위를 갖는다. 하이데거는 바로 현재화가 우위를 갖는 용재
자의 존재이해의 시간화에 주목하면서, 이런 시간화 속에는 현존에
기반을 둔 시제적 시간화가 함께 이뤄지고 있음을 지적한다: "용재자
와 교섭하는 시간성에 있어서는 현재의 탈자태가 주도적이다. 그런
까닭에 용재자의 존재, 곧 용재성은 일차적으로 현존에서부터 이해된
다."(GdP, 438). 이런 한에서 용재성은 "형식적으로 현존(Praesenz)이
고 현존성(Anwesenheit)인데, 그러나 어떤 고유한 유형의 현존(eine
Praesenz eigener Art)"(GdP, 439)이다. 용재성은 현존성의 한 유형이
라는 말이다.
　존재는 언제나 시제적으로 이해된다. 왜냐하면 존재자는 언제나 현
존에서부터, 즉 현존성이나 부재성에 기반을 두고 현존자나 부재자로
이해되기 때문이다. 물론 그런 시제적 시간화와 더불어 존재자를 그
것의 용재성이나 사물성, 현전성에 있어서 이해하는 실존적 시간화도
함께 수행된다. 시제적 시간화에 대해 하이데거는 다음과 같이 말한
다: "용재성과 원재성이 현존성과 부재성 같은 것을, 즉 이러저러하게
변양되고 변양될 수 있는 현존을 의미하는 한, 세계 내부적으로 만나
는 존재자의 존재는 현존적이고, 다시 말해 원칙적으로 시제적으로
기투되어 있다."(GdP, 436) 세계 내부적으로 만나는 존재자, 곧 용재
자와 원재자는 시제적으로 기투되어 현존적 현존자나 부재적 현존자

로 성립하고, 이런 한에서 그들은 모두 넓은 의미에서의 현존자이다. 그러나 그들이 지니고 있는 용재성은 시제적 시간화를 통해서가 아니라, 실존적 시간화를 통해서 이해되는 것이다.

하이데거는 존재자의 객관적 주제화는 둘러보는 배려의 변양으로서 세계 내부적 현존자 옆에서 객관화하면서 존재하는 일이고, 이는 "하나의 탁월한 현재화라는 성격"(SuZ, 480)을 갖는다고 말한다. 이러한 현재화에 있어서 예기되는 것은 용재자의 쓸모성격이 아니라, "오직 현전자의 발견성[인식적 진리]"(SuZ, 480)이다. 이 경우에, 용재자는 객관적 주제화를 통해 쓸모성격이 배제된 채 오직 지각가능성의 면에서만 파악된 현전자로 변양되어 있다. 용재자를 객관적으로 주제화하는 탁월한 현재화 속에서 현전자가 출현하는 한, 이렇게 변양된 현전자도 현존의 지평에 의거해 기투되고 있음에 틀림이 없다.

현전자가 용재자의 변양된 양상인 것과 마찬가지로 "원재자는 용재자의 하나의 양상(Modus)이다."(GdP, 432) 이 경우 변양은 지평의 상이성에 기인한다. 용재자가 고유한 유형의 현존-지평에 관계하는 반면에, 원재자는 변양된 현존-지평에 관계하는데, 하이데거는 원재자에 관련된 변양된 현존-지평을 부재(Absenz)라고 부른다.

원재자는 부재라는 지평에 의거한 현재화에서 만나진다. 하이데거는 이것이 현재화의 일종이지 현재화를 하지 않음이 아니라고 한다. 그는 "아쉬워함"을 예로 들어 이를 다음과 같이 해설한다: "아쉬워함이 비현재화(Nichtgegenwärtigen)이지만, 이는 현재의 지연이란 의미를 갖는 것이 아니다. 오히려 아쉬워함은 결여적 현재화(Ungegenärtigen)이고, 이것은 마음대로 다룰 수 있는 어떤 것에 대한 예기 및 보유와 통일되어 있는 현재의 일정한 양상이다. 그래서 일정한 현재화로서의 아쉬워함에는 하등의 지평도 상응하지 않는 게 아니라, 오히려 현재의, 즉 현존의 일정한 변양된 지평이 상응한다. 아쉬워함을 가능케 하는 결여적 현재화의 탈자태에는 부재라는 지평적 도식이 속한다."(GdP, 441-442) 하이데거는 더 나아가, 익숙한 도구연관 속에서는 나타나지 않는 어떤 새로 돌출한 사물에 의해 우리가 "놀라워함"은, 가능한 쓸모연관 속에 놓여 있는 어떤 것(새로 돌출한 사물)을 용재자의 예기적 현재화가 예기하지 못했다(ungewärtig)는 점에 근거를 둔다고 지적한다. 그는 이 같은 놀라워함과 비교하여 아쉬워함을 다음과 같이 특징짓는다: "그러나 아쉬워함은 단지 비용재적인 것의 발견도 아니고, 오히려 방금 전에 그리고 최소한 아직도 용재적인 것의 명시적인 현재화이다. 교섭의 현재화에 속한 현존의 부재적(abseniales) 변양이 바로 [우리가 아쉬워하는 어떤] 용재적인 것을 두드러지게 (auffallen) 하는 것이다."(GdP, 441-442)

원재자가 용재자의 변양된 양상일지라도, 원재자의 원재성은 직접적으로 용재성의 (현전성으로의) 변양이 아니라, 현존-지평의 변양에서 비롯된 현존성의 (부재성으로의) 변양이다. 달리 말해 원재자는 곧바로 용재성의 변양을 통해 생겨나는 것이 아니라 현존성의 구조(현존-지평)에서 생겨난 것이다. 이 점과 관련해 하이데거는 다음과 같이 말한다: "우리가 형식적으로 부재적인 것(das Ab-sentiale)을 현존적인 것(das Praesentiale)의 부정태라고 명명한다면, 어떤 한도에서 이러한 존재의 구조, 곧 우선 용재성의 구조 속에서 부정적인 계기가 곧바로 구성되지 않는가라는 원칙적인 그러나 어려운 문제가 알려진다."(GdP, 442-443) 부정성(Nicht)의 근원은 최종적으로 시간(탈자화와 지평)에 놓여야 하는데, 그 이유는 "시간성에 (곧 현재의 탈자태에는 물론 다른 탈자태들에도) 속해 있는, 부재로의 현존의 변양, 부재성으로의 현존성의 변양이 부정성의 성격을 갖기 때문"(GdP, 443)이다. 결국 하이데거에 따르면, 원재성이란 용재적 부재성이고, 여기에 속한 부재성의 성격은 현존의 변양인 부재의 지평에 의거해 이해된 것이라는 말이다.

그런데 하이데거는 앞서 거론된, 현전적 사물의 사물성(Dinglich-keit)에 관한 시간화에 대해서는 여기서 논의하지 않는다. 이 사물성은 하이데거 후기에 나타나는 사물성(Dingheit)과는 구분될 것이다.

전자는 주위세계 속의 사물의 존재를 말하고, 후자는 4중적 세계 속의 사물의 존재를 말하기 때문이다. 전자는 현전적인 것으로서 용재자는 아니지만, 그렇다고 진리인식을 위해 객관화되는 현전자도 아니다. 따라서 그것은 주위세계를 보유하는 존재자가 아닐 뿐만 아니라, 용도예기에 관련된 존재자도 아니고 진리예기에 관련된 존재자도 아니다. 이런 한에서 현전적 사물의 사물성에 관련된 시간성은 비보유적, 비-용도예기적, 비-진리예기적인 현재화라 할 수 있을 것이다. 반면에 후자, 곧 4중적 세계를 반영하는 사물의 사물성은 4중적 세계를 보유하고 또 이 세계를 예기하는 현재화라고 규정할 수 있을 것이다. 이상에서 논해진 상이한 시간-지평에 따라 이뤄지는 존재구조의 다양한 변양과 여기에 관련된 실존적 시간화는 다음과 같이 표시해 볼 수 있을 것이다.

---

1. 현존-지평 > 현존성의 이해 > 현존자
   a) 보유적인 용도예기적 현재화 > 용재성의 이해 > 용재자
   b) 비보유적인 진리예기적 현재화 >현전성의 이해 > 현전자
   c) 비보유적인 (용도 및 진리의) 비-예기적 현재화 > 사물성의 이해 > 현전적 사물
   d) 보유적인 (4중적 세계의) 예기적 현재화 > 사물성의 이해 > 사물
2. 부재-지평 > 부재성의 이해 > 부재자
   e) 보유적인 용도예기적 현재화 > (부재성과 더불어) 용재성의 이해 > 원재자

---

4) 근원적 시간

지금까지 거론된 라틴어 현존(Praesenz)은 현재의 탈자태의 지평적 도식이다. 현존의 도식은 현재의 탈자태를 통해 규정되고 현재의 고유한 구조를 완성시키는 지평이다. 이 지평에는 물론 다른 두 탈자태

에 속하는 두 지평들이 참여하고 있다. 왜냐하면 시간화는 언제나 세 탈자태의 통일적 발생이고, 이런 한에서 현재화에 상응하는 현존-지평 도 다른 두 지평들과 통일되어 있기 때문이다. 그런데 하이데거는 교 수법적 이유에서 이 대목에서 장래와 기재의 탈자태 및 이에 상응하 는 지평들을 설명하고 있지는 않다.79)

이제 우리는 간략히 근원적 시간의 성격을 지적해 보기로 한다. 근 원적 시간의 논의는 그 자체로 하나의 방대한 주제이므로 우리는 여 기서 단지 근원적 시간의 윤곽적 성격만을 지적할 수밖에 없다. 하이

---

79) 하이데거는 후기 문헌인 『시간과 존재』에서 "더 이상 현재적이지 않은 것"과 "아직 현재적이지 않은 것", 곧 과거적인 것과 미래적인 것이 "Abwesen(부재) 에 있어서 직접적으로 현존한다(anwest)."(zSdD, 13)고 말한다. 이로써 하이데 거는 시간을 'Anwesen'과 이중적 'Abwesen'의 통일로, 또는 3중적인 'Anwe- sen'으로 해설한 셈이다. 이로써 생겨나는 의문은 우리가 지금까지 현존 (Praesenz)-지평의 변양으로 말해 온 'Absenz(부재)'와 지금 과거지평과 미래 지평으로 말해지는 이중적 'Abwesen'과의 관계이다. 그들은 같은 것인가, 다 른 것인가? 같다면, 현-존 지평이 변양되어 이중적 'Abwesen'으로, 곧 과거지 평만이 아니라 미래지평도 될 수 있다는 말인가? 다르다면, 고유한 지평인 'Praesenz'가 변양되듯이, 이중적 'Abwesen'도 저 스스로 고유한 지평으로서 저 자신의 변양을 가질 수 있다는 것인가? 그런데 이런 물음은 시제적 시간화 와 실존적 시간화의 차이점을 간과하는 데서 생겨나는 물음으로 여겨진다. 시 제적 시간화는 현존의 여부에만 관련된 시간화이기에, 실존적 시간화에서와 같이 현재와 과거, 미래의 지평적 구분은 의미가 없을 것이다. 이런 한에서 하 이데거는 이중적 'Abwesen'과 'Absenz'를 동일시할 수 있었을 것이다. 그렇기 는 하나, 시제적 시간화의 지평들과 실존적 시간화의 지평들 사이의 구체적 관련이 물어지게 된다면, 위에 제시된 물음들도 불가피할 것으로 보인다. 그럴 경우 우리는 설명을 위한 적절한 낱말을 찾기 어려울 듯하다. 하이데거는 『존 재와 시간』 1부 3편은 "억제되었는데, 왜냐하면 사유가 [시간에서 존재로의] 전회를 충분히 말함에 있어서 거부되었고 그래서 형이상학의 도움으로 목적을 이루지 못했기 때문이다."(BüH, 328)라고 말한다. 3편에서 다뤄질 기초존재론 의 네 가지 근본문제들에는 시간에서부터 "존재의 가능적 변양"과 존재의 "다 양성의 통일성"(GA 24, 25)을 해설하는 문제가 속한다. 존재의 가능적 변양들 의 해설이 존재이해를 위한 지평들의 변양의 문제를 포함하는 것인 한에서, 하이데거 자신의 이러한 회고는 지평들의 변양의 문제를 충분히 언어화하기 어렵다는 점을 밝힌 것으로 이해될 수도 있을 것이다.

데거가 밝힌 바에 의하면, 시간은 탈자적이고, 지평적이고, 자기보유적이다. 시간은 스스로 그 자신으로부터 발생하는데, 시간의 발생, 곧 시간화는 시간이 자신을 자신의 지평으로 밀쳐냄(Entrückung), 곧 탈자화이다. 시간의 탈자화는 자신의 지평을 자신이 향할 방향으로 이미 갖고 있고, 따라서 시간은 탈자적이고 지평적이다. 시간이 자기를 자신의 지평으로 밀쳐내는 것인 한에서, 시간은 자기를 자기에게 기투하는 것이다: "현재는 그 자신에 있어서 탈자적으로 자신을 현존[이라는 지평]으로 기투한다."(GdP, 435) 이런 한에서 시간의 시간화는 자신을 자신에 기투하는 또 자신에서부터 자기를 기투하는 "자기기투"(GdP, 437)이다. 시간이 자기기투인 한에서 시간은 탈자적이면서 동시에 자기귀속적이고 자기보유적이다. 하이데거는 바로 이러한 성격 때문에 시간이 "자기의식"이나 "자기에게 속함(Mirgehörigkeit)"을 가능하게 한다고 본다(KPM, 183-185).

실존적 시간화가 다뤄지는 『존재와 시간』에서 시간화 내지 "시간성의 탈자태들"(SuZ, 435)은 '자기에게 다가옴', '자기에게 되돌아옴', '현재화함'으로 말해지고(SuZ, 435 참조), 이들에 속한 지평적 도식들, 곧 장래, 기재성, 현재의 세 지평적 도식들은 각기 "자기를 위함의 영역(Worumwillen seiner)", "피투 내지 위임의 영역(Wovor der Geworfenheit bzw. Woran der Überlassenheit)", "하기 위함의 영역(Um-zu)"(SuZ, 482-483)으로 규정된다. 시제적 시간화가 다뤄지는 『시간과 존재』에서는 시간의 탈자태들이 (현존성을) 억제하는 미래, 거부하는 기재, 허락하는 현재(zSdD, 17f)로 파악되고, 이들에 속한 지평적 도식들은 현존(Anwesen)과 이중적 비현존(Abwesen)으로 파악된다.[80]

---

80) 칸트는 "지성(Verstand)의 사용을 제한하는 감성의 형식적이고 순수한 제약을 지성 개념의 도식"(B179)이라고 한다. 곧 "범주와 일치하는 대상의 감성적 개념"(B186)이 도식이다. 이러한 칸트의 도식은 범주에 대한 시간-공간적 규정이다. 이와 비슷하게 하이데거의 지평적 도식들은 현존재의 존재나 비-현존재의 존재에 대한 시간적 규정들에 해당한다. 현존재의 존재에 대한 시간적 규정들은 세계-지평(세계의 지평)을 이루고, 비-현존재의 존재에 대한 시간적 규

이렇듯이 시간의 문제론 속에서는 실존적 시간화와 시제적 시간화가 서로 구분된다. 그러나 시제적 시간화이든 실존적 시간화이든, 이들은 모두 **탈자적 시간화**이고 이것에는 시간-지평이 속한다. 이런 한에서 근원적 시간은 **탈자적 시간화**와 지평적 시간과의 통일로 파악된다. 근원적 시간은 그때마다 실존적 시간화과 시제적 시간화로 발생하고, 이러한 이중적 시간화가 존재자의 (존재연관적) 이해와 존재의 (시간연관적) 이해를 가능하게 한다.[81]

이상의 논의에 비추어 볼 때, 존재자의 본질인식의 맥락에서 '동굴의 비유'를 통해서 말해진 용어들은 하이데거의 용어들과 대응될 수 있다. '비유' 속에서 나오는 그림자, 사물, 생성과 성장의 세계, 태양 등은 플라톤에게 있어서 각기 개별자, 이데아, 인식과 존재의 세계, 선 등을 비유적으로 의미하지만, 하이데거의 존재론적 사유 속에서는 각기 존재자, 존재, 유의의성의 세계, 시간 등에 대응한다.

그림자 — 사물 — 생성과 성장의 세계 — 태양
개별자 — 이데아(본질) — 인식과 존재의 세계 — 선
존재자 — 존재(현존성과 존재방식들) — 유의의성의 세계 — 시간

정들은 시간-지평을 이룬다. (세계-지평에 관해서는 2장 2절 1항을 참조.)

81) 하이데거는 "존재자와 존재의 차이는 시간성의 시간화 속에서 시간적으로 생겨나 있다."(GdP, 454)고 말하지만, 구체적으로 어떤 시간화에서 어떻게 드러나 있다는 것인지를 명시하지는 않는다. 존재자와 존재의 차이를 당연한 것으로 여기지 않고, 우리가 존재자가 언제나 그의 존재방식에 있어서 이해되고, 이 존재방식은 다시금 언제나 현존에 있어서 이해된다는 점을 주목한다면, 존재론적 차이란 존재자의 (존재연관적) 이해와 존재의 (시간연관적) 이해의 차이로 드러난다. 존재자의 존재의 다양한 이해방식들에 놓여 있는 공통점은 존재를 시간적으로, 현존성으로 이해한다는 점이다. 따라서 다양한 존재방식들과 현존성은 동시적으로 이해되는 것이지만 개념적으로 구분되는 것이다. 이 점에서 본다면, 존재론적 차이란 현존성과 존재방식들의 차이라고, 더 나아가 이런 차이의 근원이 되는 '현존하게 하는 현재화'와 '만나지게 하는 현재화'의 차이라고 이해될 수도 있을 것이다.

지금까지의 논의에 의해 확인된 것은, 플라톤의 선의 이데아에 대응하는 하이데거의 주요 개념은 세계-지평과 시간-지평이라는 점이다. 하이데거는 그런데 자신의 후기 사유에서 사물과 세계에 대해 이전과 다른 새로운 논의를 전개하고 있다. 그 논의가 동굴 밖의 정황에 대한 새로운 해설일 수 있는 한에서, 우리는 계속해서 하이데거의 후기 사유에서 해설된 동굴 밖의 세계와 사물의 구체적 연관을 살펴볼 수 있는데, 이는 4장 3절에서 다루기로 한다.

[참고문헌]

1. 하이데거 전집

GA 2   *Sein und Zeit*(1927), Hg. F. -W. von Herrmann, 1977.

GA 3   *Kant und das Problem der Metaphysik*, Hg. F. -W. von Herrmann, 1991.

GA 5   *Holzwege*(1935-1946), Hg. F. -W. von Herrmann, 1977.

GA 9   *Wegmarken*(1919-1961), Hg. F. -W. von Herrmann, 1976.

GA 21   *Logik. Die Frage nach der Wahrheit*(WS 1925/26), Hg. W. Biemel, 1976.

GA 24   *Die Grundprobleme der Phänomenologie*(SS 1927), Hg. F. -W. von Herrmann, 1975.

GA29/30 *Die Grundbegriffe der Metaphysik*, Frankfurt a. M.: Vittorio Klostermann, 1983.

GA36/37 *Sein und Wahrheit*, Frankfurt a. M.: Vittorio Klostermann, 2001.

GA 40   *Einführung in die Metaphysik*(SS 1935), Hg. P. Jaeger, 1983.

GA 41   *Die Frage nach dem Ding. Zu Kants Lehre von den transzendentalen Grundsätzen*(WS 1935/36), Hg. P. Jaeger, 1984.

GA 45   *Grundfragen der Philosophie*, Frankfurt a. M.: Vittorio Klostermann, 1984.

GA 65 *Beiträge zur Philosophie*, Hg. F. -W. von Herrmann, 1989.
GA 79 *Bremer und Freiburger Vorträge*(1949 u. 1957), Hg. P. Jaeger, 1994.

2. 하이데거 단행본

Zur Sache des Denkens(1962-1964), 2. Aufl., Tübingen, 1976.
Vier Seminare, Frankfurt a. M.: Vittorio Klostermann, 1977.
Vorträge und Aufsätze(1936-1953), 4. Aufl., Pfullingen, 1978.

[약호]

BüH   "Brief über den Humanismus" In: *Wegmarken*(GA 9).

BzP   *Beiträge zur Philosophie*(GA 65).

Ding   "Das Ding" In: *Bremer und Freiburger Vorträge*(GA 79).

EiM   *Einführung in die Metaphysik*(GA 40).

Gefahr   "Die Gefahr" In: *Bremer und Freiburger Vorträge*(GA 79).

GdP   *Grundprobleme der Phänomenologie*(GA 24).

Ge-Stell "Das Ge-Stell" In: *Bremer und Freiburger Vorträge*(GA 79).

Holz   *Holzwege*(GA 5).

Kehre   "Die Kehre" In: *Bremer und Freiburger Vorträge*(GA 79).

KPM   *Kant und das Problem der Metaphysik*.

PLdW   "Platons Lehre von der Wahrheit" In: *Wegmarken*(GA 9).

SuZ   *Sein und Zeit*(GA 2).

UdK   *Der Ursprung des Kunstwerkes*, In: *Holzwege*(GA 5).

zSdD   *Zur Sache des Denkens*.

VuA   *Vorträge und Aufsätze*.

V.Sem   *Vier Seminare*.

WdG   "Vom Wesen des Grundes" In: *Wegmarken*(GA 9).

3. 그 밖의 문헌

Aristoteles, *Met.*, VIII, 10, 1051 a, 34sqq. und V, 4, 1027 b, 25sq.

Brasser, Martin, *Wahrheit und Verborgenheit*, Würyburg: Könnigshausen & Neumann, 1997.

Cheong, Eunhae, *Die Geschichtlichkeit des Menschen und die Geschichte des Seins*, Berlin: Duncker & Humblot, 2000.

Franzen, Winfried, "Wahrheitsnimbus, Wahrheitsdeflation, Wahrheitsdepotenzierung", Günter Figal, *Interpretation der Wahrheit*, Tübingen: Attempto, 2002.

Gadamer, Hans-Georg, *Wahrheit und Methode. Grundzüge einer philosophischen Hermeneutik*, Tübingen: Mohr, 1975.

Kant, I., *Kritik der reinen Vernunft*, B 179, B 186.

Pöggerler, Otto, *Heideggers Denkweg*, Neske Pfullingen, 1983.

Platon, *Politeia*, VI, 511 b, 2sq., VII. 518 b, usw.

Richter, Ewald(Hg), *Die Frage nach der Wahrheit*, Frankfurt a. M.: Vittorio Klostermann, 1997.

Shin, Sang-Hie, *Wahrheitsfrage und Kehre bei Martin Heidegger*, Würzburg: Könngshausen & Neumann, 1993.

Tietjen, Hartmut, "Wahrheit und Freiheit", Ewald Richter(Hg), *Die Frage nach der Wahrheit*, Frankfurt a. M.: Klostermann, 1997.

Tugendhat, Ernst, *Der Wahrheitbegriff: bei Husserl und Heidegger*, Berlin: Walter de Gruyter & Co., 1970.

von Herrmann, F. -W., *Wahrheit-Freihait-Geschichte*, Frankfurt a. M.: Vittorio Klostermann, 2002.

_____, *Subjekt und Dasein*, Frankfurt a. M.: Vittorio Klostermann, 1985,

강학순, 「하이데거의 근원적 생태론」, 『하이데거연구』 5집, 한국하이데거학회, 2000.

구연상, 「'오늘날(das Heute)'에 대한 하이데거의 현상학적-해석학적 탐구」, 『하이데거연구』 14집, 한국하이데거학회, 2006.

김여수, 「진리의 문제」, 한국사회과학연구소 편, 『사회과학의 방법론』, 민음사, 1980.

김재철, 「하이데거의 기초존재진리론」, 『철학연구』 93집, 대한철학회,

2005.

김희봉, 「지각과 진리의 문제」, 『철학과 현상학 연구』 12집, 한국현상학회, 1999.

마르틴 하이데거, 신상희·이선일 옮김, 『이정표 1, 2』, 한길사, 2005.

마이클 코라도, 곽강제 옮김, 『분석철학』, 서광사, 1986.

맹주만, 「하이데거의 자유론」, 『하이데거연구』 13집, 한국하이데거학회, 2006.

박찬국, 「하이데거의 실존론적 진리 개념」, 『하이데거연구』 13집, 한국하이데거학회, 2006.

_____, 「하이데거에서 '근거의 본질'에 대해」, 『하이데거연구』 14집, 한국하이데거학회, 2006.

발터 비멜, 신상희 옮김, 『하이데거』, 한길사, 1997.

배상식, 「하이데거와 생명중심적 윤리」, 『하이데거연구』 11집, 한국하이데거학회, 2005.

서영식, 「하이데거의 '동굴의 비유' 해석에 대한 비판적 고찰」, 『범한철학』 48집, 범한철학회, 2008.

소광희, 「진리론의 존재론적 정초」, 『철학연구』 25권, 한국철학연구회, 1989.

윤병렬, 「하이데거의 '존재'와 '비은폐성'으로서의 진리」, 『하이데거연구』 2집, 한국하이데거학회, 1997.

이기상, 「역사 속의 진리사건. 진리가 비은폐성에서 올바름으로 변함」, 『하이데거연구』 9집, 한국하이데거학회, 2004.

이선일, 「환경철학과 하이데거의 존재사유: 보호와 구원」, 『하이데거연구』 5집, 한국하이데거학회, 2000.

정명오, 「진리의 본질에 대한 존재론적 구명」, 『철학연구』 7권, 한국철학연구회, 1972.

최상욱, 「빛의 메타포에 대한 하이데거의 존재론적 변형」, 『하이데거연구』 6집, 한국하이데거학회, 2001.

_____, 『하이데거와 여성적 진리』, 철학과현실사, 2006.

카푸토, 정은해 옮김, 『마르틴 하이데거와 토마스 아퀴나스』, 시간과공간사, 1993.

칼 포퍼, 이한구 옮김, 『추측과 논박 Ⅰ』, 민음사, 2002.

칼 마르크스·프리드리히 엥겔스, 김대웅 옮김, 『독일 이데올로기 Ⅰ』, 두레, 1989.

클라우스 헬트, 「진리를 둘러싼 논쟁: 현상학의 전사(前史)」, 『철학과 현상학 연구』 15집, 2005.

폰 헤르만, 신상희 옮김, 『하이데거의 존재와 시간을 찾아서』, 한길사, 1997.

한자경, 「하이데거의 실존론적 진리관」, 『철학연구』 50집, 대한철학회, 1993.

헤르만 딜스·발터 크란츠, 김인곤 외 옮김, 『소크라테스 이전 사람들의 단편들』, 아카넷, 2005.

힐러리 퍼트남, 김효명 옮김, 『이성 진리 역사』, 민음사, 2002.

4장 언어 존재론

1절 언어의 본질

여기서 우리는 하이데거의 언어 존재론에 접근할 수 있는 두 개의 논문인 「언어」와 「언어의 본질」을 탐구하고자 한다. 이러한 탐구를 통해 우리는 하이데거가 무엇을 언어의 본질로 제시하는지를 분명히 이해할 수 있게 될 것이다. 우리는 먼저 기존의 언어이해에 대한 하이데거의 입장을 살펴볼 것이다. 이어서 「언어」에서 이루어지는 사이-나눔의 사건에 대한 하이데거의 해설을 추적하고, 그 다음에 「언어의 본질」에서 이루어지는 길-내주기 내지 시간-놀이-공간에 대한 하이데거의 해설을 추적할 것이다. 이러한 추적에 바탕을 두고 하이데거가 언어의 본질로 설명한 것을 요약적으로 정리해 보기로 한다.

하이데거의 전기 사유에서의 언어에 대한 해명은 6장 1절에서 다루기로 한다.

1. 기존의 언어이해의 비판적 검토

하이데거는 자신의 언어 존재론을 전개하기에 앞서 기존의 통상적 언어관을 돌아본다. 언어에 대한 통상적 의견은 '발언에 대한 이해'에 기초를 둔 것이다. 그 경우 발언은 발설의 도구들과 청각의 활동으로 이해되는 한편, 인간의 여러 정서를 소리 내어 표현함이자 전달함이라고 이해된다. 하이데거는 발언에 대한 이 같은 이해에 나타나는 세 가지 "언어특성"을 지적한다: "첫째로 무엇보다 발언은 표현하기(Ausdrücken)"이고, "둘째로 발언은 인간의 활동(Tätigkeit)"이고, "마지막으로 인간에 의해 행해진 표현은 끊임없이 현실적인 것과 비현실적인 것에 대한 표상하기이자 서술하기(Vorstellen und Darstellen)"(「언어」, 14)라는 것이다.1)

이러한 견해들은 하이데거 스스로 인정하듯이 모든 언어에서 언제나 입증될 수 있는 것이고 따라서 틀린 견해들은 아니다. 하지만 이 견해들은 언어에 속한 다른 측면들에 대한 사유를 차단할 가능성을 갖고 있다. 첫 번째로 언어가 표현이라는 생각은, 언어를 내면적인 것의 외면화로 생각하는 것이다. 이것은 언어에 대한 탐구가 내적인 주관에 일차적인 방향을 두게 하고, 이로써 언어의 인간 외적 근원에 대한 사유를 경시하도록 할 것이다. 두 번째로 언어가 인간의 활동이라는 생각은, 언어를 여러 다른 활동 중의 하나로만 간주하도록 하고, 이로써 언어 자체의 탁월한 고유성에 대한 사유를 경시하도록 할 것이다. 세 번째로 언어가 존재자를 표상하고 서술하는 것이라는 생각은, 언어를 존재자에만 관련된 것으로 간주하게 하고, 이로써 언어와 존재의 관련성에 대한 사유를 경시하도록 할 것이다.

하이데거는 "언어의 본질이 표현"이라는 생각 안에서 더욱 포괄적으로 전개되는 여러 다양한 입장들이 있다는 점도 지적한다. 이에 따

---

1) 이 같은 전통적 언어관에 맞선 하이데거의 입장과 라캉의 입장의 유사성에 대해서는 다음을 참조: 최상욱, 「하이데거의 언어론」, 한국하이데거학회 편, 『하이데거의 언어사상』, 철학과현실사, 1998, 152. 언어를 도구로 보는 입장에 대한 하이데거의 비판에 관해서는 다음을 참조: 이수정, 「인간의 언어와 존재의 언어」, 『하이데거의 언어사상』, 57.

르면, 사람들은 "전체 경제학"의 관점에서 언어를 "인간이 그것들을 통해 자기 자신을 만드는 그런 여러 수행들" 중의 하나로 간주하기도 하고, 언어에 대한 "이성적-논리적 설명의 사슬"에서 벗어나기 위해 "언어의 낱말이 신적인 근원을 지녔다."고 강조하기도 하고, "언어에 대한 단지 논리학적인 서술의 틀"을 제거하기 위해 "언어의 그림성격과 상징성격"(「언어」, 15)을 전면에 내세우기도 한다. 언어적 현상들을 더욱 포괄적으로 서술하고 설명하려는 이러한 시도들은 생물학, 철학적 인간학, 심리-병리학, 신학과 시학을 원용하면서 전개된다.

하이데거는, 여러 학문들을 원용하며 이뤄지는 언어에 대한 포괄적 탐구 속에서도 사람들은 언제나 "옛날부터의 언어의 표준적인 현상방식"을 고수하고 있다고 말하는데, 그것은 아리스토텔레스에게 나타났던 언어의 현상방식이다. 그러기에 하이데거는 "비록 언어에 관한 인식들이 계속적으로 증가되고 변화되어 왔을지라도, 2,500년 전부터 언어의 문법-논리적, 언어철학적, 언어학적 표상은 동일한 것으로 남아 있다."고 주장한다. 이러한 주장의 의도는 그러나 언어에 대한 기존의 이해가 옳지 못하다고 비판하려는 데 있지 않다: "누구도 감히 언어를 내적인 정서의 소리 나는 외면화로, 인간의 활동으로, 그림 같은 개념적 서술로 특징짓는 일을 정확하지 않다고 설명하거나 무용하다고 비난하지는 않을 것이다. 위에 소개된 바의 언어의 고찰은 정확하다(richtig)." 오히려 하이데거가 비판하려는 것은 언어의 다양한 학문적 고찰방식들이 하나의 오래된 전승에 기반을 두고 있지만, "그럼에도 그것들은 언어의 가장 오래된 본질특징(Wesensprägung)을 완전히 등한시한다."(「언어」, 16)는 점이다.

아리스토텔레스 이래로 언어가 발언으로 표상되었다고 하이데거가 새삼 지적하는 이유는, 그가 기존의 언어관이 틀린 것이라고 주장하기 위함이 아니라, 언어의 가장 오래된 본질특징에 비추어 인간의 발언이 다시 근원적으로 사유될 필요가 있음을 지적하기 위함이다. 하이데거는 자신의 언어 존재론적 문제의식을 다음과 같이 정리한다:

"우리는 언어적 현상들을 '표현(Ausdruck)'이라는 명칭 아래 정돈할 가능성과 마찬가지로 이 점[인간이 발언하는 자라는 점]을 부정하지 않는다. 그럼에도 우리는 묻는다: 어떤 한도에서(Inwiefern) 인간이 발언하는가? 우리는 묻는다. 발언이란 무엇인가?"(「언어」, 20) 발언이 무엇인가라는 물음은 발언의 본질에 대한 물음이다. 하지만 하이데거에게 본질이란 불변적 고정성이나 추상적 일반성을 말하지 않고, 현상(사안)의 자현방식을 일차적으로 의미한다. 그리고 그 자현방식은 "어떻게", "어떤 식으로", "어떤 한도에서"와 같은 의문사로 물어진다. 결국 하이데거의 언어 존재론은 인간의 발언의 의미를 묻고, 이런 발언의 의미를 위해 발언의 자현방식을 밝혀내는 논의에 해당한다. 이런 맥락에서 위에서 하이데거가 문제시한 "언어의 가장 오래된 본질특징"이라는 말로 하이데거가 의도하는 것도 "언어의 가장 근원적인 자현방식"으로 이해될 수 있다.2)

2. 발언의 본질: 사이-나눔의 초청하기

1) 언어해명의 의미

하이데거의 「언어」라는 논문은 같은 이름으로 1950년에 행해진 강연 원고이다. 이 논문에서 하이데거는 "언어를 해명한다(erörtern)는 것은 언어가 아닌 우리를 언어의 본질의 장소(Ort)로 데려오는 것, 곧 사건(das Ereignis) 속으로 모아들이는 것"(「언어」, 12)이라고 말한다. 이러한 진술 속에서 하이데거는 자신의 강연의 과제가 '언어의 해명'

---

2) '언어의 가장 오래된 본질특징'과 하이데거 자신이 탐구하는 '언어의 본질'과의 관계에 대해 폰 헤르만은 다음과 같이 지적한다. "그리스 초기의 시인과 사유자들에게 있어서의 가장 이르고 가장 오래된 언어의 본질특징이 이미, 이 강연에서 탐구되는 언어의 본질의 사유적 전개인 것은 아니지만, 그것은 이 방향을 지시하고 있다."(F. -W. von Herrmann, *Wege ins Ereignis*, Frankfurt a. M.: Vittorio Klostermann, 1994, 279)

이고, 이것은 '우리를 언어의 본질의 장소, 곧 언어가 자현하는(west, 자신을 내보이는, 스스로 현상하는, 스스로 현성하는) 장소로 데려오는 것'임을 명시한다. 이 경우 '언어가 자현하는 장소'는 자화사건이라고 말해지는데, 이 사건을 그는 "우리가 이미 그 안에 체류하고 있는 그곳"이라고 말한다. 우리가 그곳에 체류하는 그 사건은 나중에 "사이-나눔의 사건(Ereignis des Unter-schiedes)"(「언어」, 30)으로 불리게 된다. 결국 사이-나눔의 사건으로 우리를 데려가는 것이 하이데거의 언어해명의 과제인 것이다.

그곳으로의 출발을 위해 하이데거는 예비적 물음으로 "언어가 언어로서 어떻게 자현하는가(Wie west)?"라고 묻고, 스스로 "언어는 발언한다(Die Sprache spricht)."(「언어」, 12)고 답변한다. 이러한 문답의 의미는 '언어는 발언하는 방식으로 자현하면서 존재한다'는 것이다. 이어서 하이데거는 언어의 발언에 대한 자신의 경험을 다음과 같이 표현한다: "언어는 발언한다. 언어는 어떤 상태에 있는가? 어디서 우리는 발언을 찾는가? 가장 우선적으로는 발언된 것 속에서이다. 그 속에서 말하자면 발언은 자신을 완성하였다(vollendet). [그러나] 발언된 것 속에서 발언은 중단되지 않는다. 발언된 것 속에서 발언이 숨겨진 채로 머문다."(「언어」, 16) 이러한 난해한 진술을 통해 하이데거가 의미하는 것은 무엇인가? 우리는 잠정적으로 이 문장을 다음과 같이 이해하고자 한다: 언어가 발언하고, 이 발언을 들으면서 인간이 뒤따라 발언한다면, 인간은 자신의 발언을 통해 언어의 발언을 완성한 것이지만, 그러나 인간에 의해 발언된 것 속에서 언어는 숨겨진 채로 여전히 발언하고 있다.

하이데거는 이제 자신이 경험한 '언어의 발언'이라는 사실을 현상학적으로 제시하는 과제를 떠맡는다. 언어의 발언이라는 사실의 현상학적 제시가 바로 우리를 언어가 자현하는 장소로 데려오는 과정이 된다.

2) 트라클의 시의 해설

하이데거는 언어의 발언을 발견하기 위해 시에 주목하는데, 그 이유는 시가 발언의 완성이자 동시에 시작(Anfang)이기 때문이다: "순수하게 발언된 것은, 발언된 것에 고유한 발언의 완성이 그 편에서 어떤 시작하는 완성이 되고 있는 것이다. 순수하게 발언된 것은 시다." (「언어」, 16) 발언의 완성이자 시작에 해당하는 시로 하이데거가 선정한 것은 게오르그 트라클(Georg Trackl)의 「어느 겨울 저녁」이라는 다음의 시이다:

> 눈이 창가로 내리고,
> 오래도록 저녁 종이 울릴 때,
> 많은 이들을 위해 식탁이 준비되어 있고,
> 아울러 집도 잘 정돈되어 있다.
>
> 방랑하던 일부의 사람들이
> 어두운 오솔길들을 거쳐 문으로 온다.
> 금빛으로 은총의 나무가 피어나는바,
> 땅의 서늘한 자양분에서부터.
>
> 방랑자는 조용히 안으로 들어선다;
> 고통은 문지방을 돌이 되게 하였다.
> 순수한 밝음 속에서 빛나는 것은
> 식탁 위에 놓인 빵과 포도주.

(1) 사물화의 부름

하이데거는 이 시의 각 연을 순차적으로 해설하면서, 언어의 발언을 그리고 그 발언의 의미를 제시한다. 우리가 시를 읽으며 무엇인가를 듣고 있다면, 분명 시는 우리에게 발언하고 있는 것이 될 것이다.

그의 해설에 따르면, 이 시의 제1연에서의 언어의 발언은 우선 눈과 겨울 저녁을 명명한다. 명명하기란 무엇인가? 하이데거에게 명명하기란 사물들을 낱말 속에 들어서서 머물게 함이다: "명명하기는 명칭들을 배당하거나, 낱말들을 적용하지 않고, 오히려 낱말 속으로 부른다." (「언어」, 21) 낱말 속으로의 부르기란 다시금 무엇인가? "부르기는 그 자체로 부르고, 그 때문에 끊임없이 저리로 또 이리로 부른다: 이리로, 곧 현존으로. 저리로, 곧 부재로." 발언은 명명하기이며, 명명하기는 낱말 속으로 부르기이며, 부르기는 낱말을 통해 사물을 현존과 부재에 이르게 함이다.

발언되고, 명명되고, 불린 바의 눈이나 겨울 저녁은 당장 눈앞에 현전하는 것은 아닐지라도, 사유 속에 들어서 현존하는 것이다. 그것들은 부재 속에 현존하는 것들이다: "부르기 속에서 함께 불린 도착장소는 부재 속에 숨겨진 현존이다."(「언어」, 21-22) 도착하도록 명명하는 부르기는 초청하기(Kommen-heißen) 내지 초대하기(Einladen)이다.

초청하기는 사물들을 초대하고, 이 초대하기를 통해 사물들은 세계를 여는 사물들로서 사람들에게 접근된다: "'눈 내림'은 사람들을 밤 속으로 어두컴컴해지는 하늘 아래로 데려온다. '저녁 종의 울림'은 사람들을 죽을 자들로서 신적인 것 앞으로 데려온다. '집과 식탁'은 죽을 자들을 땅에 묶는다. 언급된 사물들은, 불린 채로 자기 앞에 하늘과 땅, 죽을 자들과 신적인 것들을 모은다. 이 네 가지는 근원적이고 통일적인 서로 마주한 것이다. 사물들은 네 가지의[로 이뤄진] 4중자(Geviert)를 자기 앞에 체류하게 한다. 이렇게 모으면서 체류하게 함이 사물들의 사물화[사물들로 됨]이다. 우리는 사물들의 사물화 속에 붙들려 있는 바의 하늘과 땅, 죽을 자들과 신적인 것들의 통일적인 4중자를 세계라고 부른다. 명명하기 속에서 명명된 사물들은 그들의 사물화 속으로 불린다. 사물화하면서 사물들은 세계를 펼쳐내고(ent-faltet), 그 세계 속에서 사물들이 머물며(weilen) 그렇게 그때마다 머무는 것들이다."(「언어」, 22)

발언은 명명하기이고, 부르기이고, 초청하기이자 초대하기이며, 이를 통해 사물들은 "사물화하면서 세계를 품어 나른다(gebärden)." 이런 한에서 위의 시의 "첫 번째 연은 사물들만을 명명하는 것이 아니다. 그것은 동시에 세계를 명명한다." 위 시의 발언은 세계를 품어 나르는 사물들을 초대하는 것이고, 이로써 "사물들은 그때마다 죽을 자들을 고유하게(eigens) 세계와 함께 방문한다." 우리는 통상 세계가 사물을 품고 유지시키는 것으로 생각한다. 그런데 하이데거는 거꾸로 사물이 세계를 품어 나른다고 해설하고 있다. 이 같은 역설적 강조는 세계와 사물이 서로를 품어 나른다는 것을 현상학적으로 강조하기 위함일 것이다.

하이데거는 사물의 사물화(사물로 됨)와 세계의 세계화(세계로 됨)가 동시적으로 진행된다는 사실을 강조한다. 그에 의하면 사물의 사물화와 세계의 세계화는 비록 나눠진 것이지만 서로 분리된 현상은 아니다. 그들은 근원을 같이하고, 이로써 근원적으로는 동일한 현상이다. 그러면 그 동일한 근원적 현상은 무엇이라고 명명되어야 할까? 하이데거는 그것을 사이-나눔(Unter-schied)이라고 부른다. 사물과 세계의 나눔이 거기서 시작되는 그 중앙은 둘의 사이이다. 나눔이 이뤄지고 있는 바의 그 중앙에 대한 적합한 낱말을 하이데거는 사이-나눔이라는 말에서 찾는 것이다.

(2) 세계화의 부름

시의 제2연은 "방랑하던 일부의 사람들"이라는 말로 "죽을 자들"을 명명함으로 시작하면서, "금빛으로 은총의 나무가 피어나는바, 땅의 서늘한 자양분에서부터"라는 셋째, 넷째 행을 통해 세계를 세계화하고 그 속에서 나무를 나무로 되게 하고 있다. 이 구절에 대한 하이데거의 해설은 다음과 같다: "나무는 견실하게 땅에 뿌리를 박고 있다. 그렇게 나무는 번성하여 개화하는바, 이 개화는 하늘의 축복에 자신을 개방한다. 나무의 솟아남이 불려 있다. 그 솟아남은 활짝 개화함의 황홀함과 자양분들의 차분함을 동시에 관통한다. 땅의 억제된 식물과 하늘의 증여는 서로에게 속한다. 시는 은총의 나무를 명명한다. 이 나무의 견실한 피어남은 까닭 없이 주어지는 결실을 숨기고 있다: [그 결실은] 죽을 자들을 사랑하며 구원하는 성스러운 것이다. 금빛으로 피어나는 나무 속에서 땅과 하늘, 신적인 것들과 죽을 자들이 성황을 이룬다(walten). 그들의 통일적인 4중자가 세계이다."(「언어」, 23) 이러한 해설에 바탕을 두고, 하이데거는 다음과 같이 말한다: "제2연의 셋째, 넷째 행이 은총의 나무를 부른다. 그 구절들은 고유하게(eigens) 세계를 오도록 초청한다. 그들은 세계-4중자(Welt-Geviert)를 이리로 [나무로] 부르고, 그렇게 세계를 저리로 사물들에게 부른다."(「언어」, 24) 이로부터 세계와 사물의 관계가 나타난다: "세계는 사물들에게 그들의 본질[자현]을 후원한다(gönnt). 사물들은 세계를 품어 나른다(gebärden). 세계는 사물들을 후원한다(gönnt)." 이렇게 하이데거는, 사물의 사물성은 세계요소들을 자기 옆에 체류하게 하면서 세계를 품어 나르는 점에 놓여 있고, 세계의 세계성은 사물들을 자기 안에 머물게 하며 그것들에게 그 본질을 후원한다는 점에 있다고 해석한다.

제2연은 세계를 오도록 초청하는 방식으로 나무를 부르고 있지만, 제1연과 마찬가지로 사물을 사물화하고 세계를 세계화하고 있다. 하이데거는 제1연, 제2연의 발언을 다음과 같이 정리한다: "처음 두 연의 발언은, 그것이 사물들을 세계로, 세계를 사물들로 오도록 초청하는 동안에 발언한다. 두 개의 초청하기의 방식은 나눠진 것이지만 분리된 것은 아니다." 사물의 사물화와 세계의 세계화가 동시적으로만 일어난다는 것은 사물과 세계가 동일한 근원을 갖고 있음을 말한다. 그 동일한 근원이 사이-나눔이다: "세계와 사물을 위한 사이-나눔이, 세계를 품어 나르도록 사물을 자기화하고(ereignet), 사물을 후원하도록 세계를 자기화한다."(「언어」, 25) 그런데 부르는 초청하기로서의 발언이 사물의 사물화이자 세계의 세계화인데, 이들이 그들 편에서 사이-나눔을 동일한 근원으로 하고 있는 것이라면, 본래 불리고 초청된 것은 바로 사이-나눔이라고 해야 한다: "세계와 사물을 부르는 초청하기 속에 본래적으로 초청된 것이 있다: 사이-나눔"(「언어」, 26) 이 사이-나눔을 초청하고 있는 것은 이 시의 제3연이다.

(3) 사이-나눔의 부름: 발언의 본질

사이-나눔에서부터 사물이 세계를 품어 나름과 세계가 사물을 후원함이 일어나는 한, 하이데거는 "사이-나눔이 중앙으로서 세계와 사물에 대해 그들의 본질의 척도를 할당해 준다."고 말한다. 제3연은 바로 그 같은 중앙에 대한 것이다. 그런데 제3연에 대한 해설에 앞서 하이데거는 이것과 제1연, 제2연과의 차이를 다음과 같이 해설한다: "시의 제1연은 사물들이 오도록 초청하고, 이들은 사물화하는 것들로서 세계를 품어 나른다. 제2연은 세계를 오도록 초청하고, 이것은 세계화하는 것으로서 사물들을 후원한다. 제3연은 세계와 사물을 위한 중앙이 오도록 초청한다: 밀접성의 품어 나름(den Austrag der Innigkeit)[을 초청한다]." 앞에서 '본래적으로 초청된 것'이라고 말해진 사이-나눔은 이제 세계와 사물을 위한 중앙, 세계와 사물 사이의 밀접성으로 말해진다. 사이-나눔이 사물화와 세계화의 공통의 근원이라면 사이-나눔 자신이 세계와 사물을 품어 나르는 것이 된다. 이 점을 하이데거는 여기서 (세계와 사물의) 밀접성의 품어 나름이라고 표현하고 있는 것이다.

제3연에 나오는 주요 구절은 "고통이 문지방을 돌이 되게 하였다."는 구절이다. 하이데거는 문지방이 "외부와 내부라는 두 가지가 그 안에서 서로 침투하고 있는 그 중앙을 견뎌내고 있는(aushält)" 것임을 지적한다. 가르고 모으는 중앙을 견뎌냄에는 고통이 따른다. 하지만 찢으면서 접합하는 고통이 지속되는 한에서만, 시인이 시인으로 또 문지방이 문지방으로 머물 수 있다. 그러기에 하이데거는 고통과 문지방의 관계를 다음과 같이 해설한다: "사이의 품어 나름[견딤]은 지속적인 것을, 그리고 이런 의미에서 견고한 것을 필요로 한다. 문지방은 사이의 품어 나름으로서 견고한데, 왜냐하면 고통이 그것을 돌로 되게 하였기 때문이다. 그러나 돌을 위해 생겨난 고통은, 문지방 안에서 굳어져 버리기 위해서 자신을 단단하게 하며 문지방에 들어서는 것이 아니다. 고통은 문지방 속에서 지속하면서(ausdauernd) 고통으로 자현한다."(「언어」, 26-27) 이러한 해설은, 세계와 사물의 사이-나눔을 견디는 시인의 지속적 고통을 통해 사이-나눔이 지속적인 것(문지방 같은 것)이 되는 것이고, 고통의 지속 없이는 사이-나눔의 지속도 없다는 의미로 이해된다.

하이데거는 고통을 "서로 떼어내고 나누지만, 그럼에도 동시에 그것은 모든 것을 자신에게로 끌어당기고 자기 안에 모으는"(「언어」, 27) 것이라고 해설한다. 고통의 지속에 의해 문지방은 지속하는 것, 견고한 것으로 되어 있고, 그런 의미로 돌이 되어 있다는 것이다. 하이데거는 사이-나눔과 문지방, 고통의 동일성을 다음과 같이 해설한다: "고통은 나누면서 모으는 찢어짐 속에서 접합하는 것이다. 고통은 균열의 접합이다. 균열의 접합은 문지방이다. 균열의 접합은 사이를, 곧 그 속으로 두 개가 분리되어 들어서는 그 중앙을 품어 나른다(austrägt, 견뎌낸다). 고통은 사이-나눔의 균열을 접합한다. 고통은 사이-나눔 자신(Unter-schied selber)이다." 사이-나눔은 나누면서 모으는 것이고, 이 같은 균열의 접합이 시적 사유의 고통 속에 성립하는 것이라면, 고통은 사이-나눔 자신이라는 것이다.

하이데거는 "고통이 문지방이 되었다."라는 시구는 "사이-나눔을 부르지만, 그러나 그것을 고유하게 사유하지 않고, 그것[사이-나눔]의 본질을 이러한 이름[고통]으로 명명하지도 않는다."고 지적하고, 더 나아가 "그렇다면 세계와 사물에 대한 사이-나눔의 밀접성이 고통일 것이라는 말인가? 물론이다."라고 말한다. 세계와 사물의 균열을 접합하는 시인의 사유의 고통이 사이-나눔의 밀접성을 품어 나르며 지속되게 한다는 것이다. 이렇게 제3연은 사물과 세계에 대한 사이-나눔의 밀접성과 이것의 품어 나름을 초청하고 있는 것이다.

하이데거는 "사이-나눔은, 그것으로부터 세계와 사물의 품어 나름 (Austrag)이 일어나는 그런 이미 기재해 온 것(das Gewese)이다."라고 말하고는 스스로 "어떤 한도에서(Inwiefern, 어떻게)?"라고 묻는다. 이 물음이 제3연의 셋째, 넷째 행의 해설을 이끄는 물음이 된다. 거기서는 "순수한 밝음 안에서 빛나는 것은 식탁 위에 놓인 빵과 포도주"라고 말해지고 있다. 이에 대해 하이데거는 다음과 같이 해설한다: "어디에서 순수한 밝음(Helle)이 빛나는가? 문지방에서, 고통의 품어 나름 속에서이다. 사이-나눔의 균열은 순수한 밝음이 빛나게 한다. 사이-나눔의 트이게 하는 접합이 세계가 맑게 개어 그것의 고유한 점 (Eigenes) 속에 들어서도록 결정(ent-scheidet)한다. 사이-나눔의 균열은, 세계를 세계화 속에 들어서도록 [세계를] 탈취하는 식으로 [세계를] 고유한 자기로 되게 하며(ent-eignet), 이 세계화가 사물들을 후원한다. 세계가 맑게 개면서 자신의 금빛 광채 속으로 들어섬을 통해 동시에 빵과 포도주가 그들의 빛남에 이른다."(「언어」, 28) 결국 사이-나눔이, 곧 세계와 사물의 품어 나름(Austrag)이, 세계를 어둠(은폐)으로부터 탈취하면서 고유한 세계로 되게 함에 의해 비로소 세계가 밝게 개어 자신의 고유한 점에 이르고 사물들도 역시 세계 안에서 자신의 고유한 점에 있어서 빛나게 되는 것이다.

하이데거는 이어서 빵과 포도주를 "하늘과 땅의 결실들이고, 신적인 것들에 의해 죽을 자들에게 보내진" 것들로서 "이 네 가지를, 4중화(Vierung)라는 단순한 것[통일적인 것]에서부터 자신들로 모으고 있다."고 지적하고, 이를 바탕으로 제3연 전체에 대해 다음과 같이 해설한다: "제3연은 사물과 세계를 그들의 밀접성의 중앙으로 부른다. 그들의 서로 마주함의 접합이 고통이다." 아울러 하이데거는 "제3연은 비로소 사물들을 초청하기와 세계를 초청하기를 모으고 있다."고 말하면서, 그 이유를 "왜냐하면 사이-나눔이 말해지지 않은 채 있도록 하는 동안에, 제3연은 사이-나눔을 부르는 것으로서의 일면적인[통일적인] 밀접한 초청하기에서부터 근원적으로 부르기 때문이다."라고

236

밝힌다.

사물의 사물화와 세계의 세계화가 근원적으로 동일한 것이고, 이러한 동일자가 사이-나눔이라고 한다면, 사물들을 초청하기와 세계를 초청하기는 근원적으로 사이-나눔을 초청하기일 것이고, 이것이 본래적인 초청하기(eigentliches Heißen)가 된다. 이 점에서 하이데거는 발언의 본질이 결국 사이-나눔을 초청하기에 놓여 있다고 밝힌다: "세계와 사물의 밀접성을 오도록 초청하는 근원적인 부르기가 본래적인 초청하기이다. 이러한 초청하기가 발언의 본질이다. 시의 발언된 것 속에서 발언이 자현한다. 그것은 언어의 발언이다. 언어가 발언한다. 언어는 그것이 초청된 것을, 곧 사물-세계와 세계-사물을 사이-나눔의 사이 속으로 오도록 초청하는 동안에, 발언한다. 초청된 것은 그렇게 사이-나눔에서부터 도착하도록 하기 위해 사이-나눔 속에 맡겨진다(befohlen)." 발언이 사이-나눔을 초청하기이고, 이 사이-나눔 속에서 사물의 사물화와 동시적으로 세계의 세계화가 이뤄지는 것이라면, 사이-나눔을 초청하는 것은 사물과 세계를 사이-나눔에 내맡기는 일에 다름 아니라는 것이다.

3. 언어의 발언과 인간의 발언

1) 사이-나눔의 분부

하이데거의 경험에 따르면, 발언의 본질은 사이-나눔의 초청하기이고, 이것은 사물과 세계가 사이-나눔에서부터 세계화하고 사물화하도록 하기 위해 사물과 세계를 사이-나눔 속으로 오도록 초청하면서, 이 사이-나눔에게 내맡기는 일이다. 이러한 내맡김으로 인해 사이-나눔에서부터 세계와 사물이 그들 자신에 도착하게 된다. 이러한 도착의 과정을 그는 다음과 같이 해설한다: "언어의 초청하기(Heißen)는 초청된 것[사물과 세계]을 그런 식으로 사이-나눔의 분부(Geheiß)로 내맡긴

다. 사이-나눔은 사물의 사물화가 세계의 세계화 속에 머물도록
(beruhen) 한다. 사이-나눔은 4중자의 고요함(Ruhe) 속에 들어서도록
[온갖 해석으로부터] 사물을 탈취하는 식으로 고유한 자기로 되게 한
다(ent-eignet). 고요함 속에 숨김이 조용하게 함(das Stillen)이다. […]
사이-나눔은 이중적으로 조용하게 한다. 그것은 사물들을 세계의 호의
(Gunst) 속에 머물게 하는 동안에 조용하게 한다. 그것은 세계를 사물
속에서 만족하도록(sich begnügen) 하면서 조용하게 한다. 사이-나눔
의 이중적인 조용하게 함 속에서 생겨나는 것이 정적(Stille)이다. […]
사이-나눔은 이중적으로, 곧 사물들을 사물화 속으로 또 세계를 세계
화 속으로 조용하게 한다. 그렇게 조용해진 채 사물과 세계는 사이-나
눔을 결코 벗어나지 않는다."(「언어」, 29) 사이-나눔에 내맡겨진 사물
은 자신에 대한 이전의 온갖 해석들에서 벗어난 채로 오직 세계-4중
자와의 관련 속으로 조용하게 들어선다. 세계 역시 이전의 온갖 해석
에서 풀려난 채로 오직 사물과의 관련 속으로 조용하게 들어선다. 이
러한 현상을 가리켜 하이데거는 사이-나눔의 조용하게 함이라고 말한
다.

사이-나눔이 그 자체로 사물을 사물로, 또 세계를 세계로 부르면서
조용하게 하는 것인 한에서, 하이데거는 이제 이 사이-나눔이 바로 초
청하는 그것(das Heißende)이라고 규정한다: "사물들과 세계를 그들
의 고유한 점으로 조용하게 하면서, 사이-나눔이 세계와 사물들을 그
들의 밀접성의 중앙 속으로 부른다. 사이-나눔이 초청하는 그것이다."
사이-나눔이 본래적으로 초청하는 그것이라면, 사이-나눔은 모든 초청
하기를 모으고 있는 것이고, 이로써 세계와 사물을 부르는 가장 근원
적인 분부라고 해야 할 것이다: "사이-나눔은 분부(Geheiß)이고, 이
분부에서부터 각종의 초청하기가 비로소 불리고, 그래서 모든 초청하
기는 그 분부에 속해 있다. 사이-나눔의 분부가 언제나 이미 모든 초
청하기를 자기 안에 모았다."(「언어」, 30)

하이데거는 앞에서 시에서의 발언이 초청하기라고 말했는데, 여기

서는 사이-나눔이 초청하기라고 말한다. 이로써 일종의 역전이 생겨난다. 시에서의 발언이 사이-나눔의 초청하기이지만, 초청된 사이-나눔이 또한 그 스스로 세계와 사물을 초청한다. 이는 어떻게 이해되어야 하는가? 이는 사이-나눔이 (자신을 초청하는) 시에서의 발언을 통해 비로소 세계와 사물의 초청하기로서 완성된다는 의미로 이해될 수 있을 것이다. 이런 한에서 시가 발언의 완성이라는 앞에서의 말도 이해될 수 있을 것이다. 시인의 초청하기는 사이-나눔의 초청하기를 완성하는 것, 곧 시인의 발언은 사이-나눔의 분부를 완성하는 것이며, 이로써 시인은 사이-나눔에 의해 사이-나눔을 위해 요구되고 사용되는 자라는 의미를 가질 것이다.

2) 인간의 발언의 근원: 정적의 울림

하이데거는 세계와 사물을 부르는 사이-나눔의 분부를, 그것이 소리 없는 것인 한에서 정적의 울림이라고 밝히고, 이것이 언어의 발언이라고 밝힌다: "모아진 초청하기(gesammeltes Heißen), 곧 그것으로 사이-나눔이 세계와 사물들을 부르는 바의 그 분부(Geheiß)는 정적의 울림(Geläut der Stille)이다. 사이-나눔의 분부가 세계와 사물을 그들의 밀접성의[이라는] 일면성[통일성]으로 부르는 동안에, 언어가 발언한다."(「언어」, 30) 여기서 주목되어야 할 것은 하이데거가 이제 '언어'로 가리키는 것이다. 그것은 사이-나눔에서 나오는 정적의 울림이다: "조용하게 함의 방식에서 세계와 사물을 품어 나름(das Austragen)이 사이-나눔의 사건(Ereignis)이다. 사이-나눔이 일어나는(sich ereignet) 동안에, 언어가, 정적의 울림이 있다. 언어는 세계와 사물들을 위해 일어나는 사이-나눔으로서 자현한다." 하이데거에 의하면 세계와 사물을 부르는 사이-나눔으로서의 분부가 근원적인 언어이고, 그것은 사람의 소리 나는 언어가 아니라 소리 없는 정적의 울림이다. 결국 정적의 울림은 사이-나눔이 자현하는 고유한 방식이고 인간의 발언보다 선행하는 것이다.

하이데거는 정적의 울림이라는 근원적인 언어가 바로 인간을 인간이도록, 곧 들으면서 발언하는 자가 되도록 해주는 것이라고 말한다: "정적의 울림은 인간적인 것이 아니다. 그 반대로 인간적인 것이 그 본질에 있어서 '언어적'이다. 지금 언급된 '언어적'이라는 낱말은 여기서는 '언어의 발언에서부터 자기화된(ereignet)'이라는 말이다. 그렇게 자기화된 것, 곧 인간본질은, 언어를 통해 그의 고유한 점(Eigenes) [들으면서 소리 내어 발언할 수 있음] 속으로 데려와진 것이고, 그래서 그것은 언어의 본질(Wesen)인 정적의 울림에 내맡겨진 채로 머문다. 그 같은 [인간의] 자기화(Ereignen)는, 언어의 본질인 정적의 울림이 죽을 자들의 들음을 위해 정적의 울림으로서 소리 내기 위하여 죽을 자들의 발언을 사용하는(brauchen) 한에서만 일어난다."(「언어」, 30) 이런 점에서 하이데거는 "인간은 언어의 약속(Versprechen)"(「언어」, 14)이라고도 말한다. 사이-나눔은 세계와 사물의 초청하기를 위해 시인의 발언을 사용한다. 시인의 발언이 사이-나눔을 초청하는 동안에, 사이-나눔은 스스로 세계와 사물을 초청하는 것이다.

언어의 발언이 인간의 들음을 위해 인간의 발언을 사용하고 있다는 지적은 인간의 발언이 사이-나눔의 사건을 위한 것이라는 함축을 갖는다: "오직 사람들이 정적의 울림 속에 속하는 한에서만, 죽을 자들은 자신들의 방식으로 소리 내는 발언의 능력을 지닌다. 죽을 수 있는 (sterbliches) [인간의] 발언은 사이-나눔의 일면성에서부터 사물과 세계를 명명하는 부르기이자 오도록 하는 초청하기이다."(「언어」, 30) 사이-나눔은 인간의 들음을 위해 인간의 발언, 무엇보다도 시인의 발언을 사용한다. 시인의 발언을 들으면서 독자는 정적의 울림 속에서 일어나는 사이-나눔의 사건을 경험하게 된다.

위에서 우리가 살펴본 내용은 다음과 같이 표시될 수 있을 것이다.

분부: 정적의 울림: 사물화와 세계화

시인 ↔ 사이-나눔

발언: 시의 초청하기: 사물화와 세계화

3) 자기억제 속의 응대

일상적 발언이 아닌 시에서의 발언을 들음에 의해 비로소 정적의 울림 속에 일어나는 사이-나눔이 경험된다는 말은 우리에게 일종의 의구심을 불러일으킬 수도 있다. 하이데거의 언어 존재론은, 그것이 일상 언어와는 다른 것인 시를 통해 자기정당화를 행하고 있는 까닭에, 시적 언어의 철학에 불과한 것이 아닐까? 하이데거는 이러한 의구심을 예견하면서, 일상 언어가 아니라 바로 시가 본래적인 언어라고 주장한다: "죽을 수 있는 발언에서 순수하게 초청되는 것은 시에서 발언되는 것이다. 본래적인 시는 결코 일상 언어(Alltagssprache)의 고차적 방식에 불과한 것이 아니다. 오히려 그 반대로 일상적인 말하기(Reden)가 거기서 전혀 어떤 부르기도 울려나지 않는 그런 망각되고 그 때문에 남용된 시이다."(「언어」, 31) 인간의 본래적인 언어가 시이고, 이것의 파생태가 일상 언어라면, 일상 언어에 대한 고찰에 의거해 하이데거의 언어 존재론을 부정하는 것은 무익한 일이 될 것이다.

우리는 트라클의 시 「어느 겨울 저녁」에 대한 하이데거의 해설에 대해서도 찬반 의견을 표명할 수는 있으나, 이보다 더 의미 있는 일은 그 해설에서 나타나는 그의 새로운 언어 존재론적 입장에 귀를 기울여보는 일이라 할 것이다. 종래의 입장에 대비되는 그의 새로운 입장은 다음 문장으로 요약된다: "사람들이 주의를 오직 인간적 발언에만 기울인다면, 이것을 다만 인간 속의 내면적인 것의 발언으로만 간주한다면, 그렇게 표상되는 발언을 언어 자체로 간주한다면, 언어의 본질은 언제나 인간의 표현과 활동으로만 현상할 수 있다. 그러나 죽을 자들의 발언으로서 인간적 발언은 자기 안에(in sich) 놓여 있는 것이 아니다. 죽을 자들의 발언은 언어의 발언에 대한 [인간의] 관계(Ver-hältnis) 속에 기반을 두고 있다." 여기서 말해진 인간의 발언과 언어의 발언 사이의 관계는 응대(Entsprechen)라는 말로 압축되어 나타난다: "죽을 자들이 사이-나눔에서부터 사이-나눔 속으로 불린 채 그 나름대로 발언하는 방식, 그것이 응대이다."(「언어」, 31-32) 이러한 응대는 사이-나눔의 분부를 "들으면서 떼어냄(hörendes Entnehmen)으로서 동시에 승인하면서 마주함(anerkennendes Entgegnen)"이고, 이런 한에서 하이데거는 "죽을 자들은 이중적인 방식으로, 곧 떼어내면서-마주하면서 언어에 응대하는 한에서, 발언한다."(「언어」, 32)고 말한다.

하이데거는 바로 그 같은 응대가 진정한 발언이라고 지적하는데, 이 경우 진정성의 기준은 자기억제(Sichzurückhalten)의 경청이다: "모든 진정한 들음은 자신의 말하기를 멈춘다. 왜냐하면 들음은 경청 속으로 자기를 억제하고, 그 경청을 통해 정적의 울림에 적합하게 머물기 때문이다. 모든 응대는 삼가며 억제함 속으로 기분 지워져 있다." 아울러 그는 자기억제의 경청을 통해 비로소 우리가, 앞의 서두에 언급된 바의 언어의 자현의 장소, 언어의 발언의 장소, 사이-나눔의 사건 속에 이르게 된다고 말한다: "억제 속으로 먼저 온다는 것이, 죽을 자들이 사이-나눔에 응대하는 방식을 규정한다. 이러한 방식으로 죽을 자들은 언어의 발언 속에 거주한다."(「언어」, 33) 그렇다면, 언어의 발언 속에 거주하기를 배운 사람, 자기억제 속으로 먼저 오기를 배운 사람은 누구인가? 그는 본래적 의미에서의 시인일 것이다. 정적의 울림으로서의 언어의 발언이 사이-나눔에 속한 것임을 경험한 사람은 언어의 발언의 장소에 도달한 것이다. 그 장소에 도달한 사람은 거기서 시인으로 머물 수 있다. 이상에서 논의된 내용은 다음과 같이 표시될 수 있을 것이다.

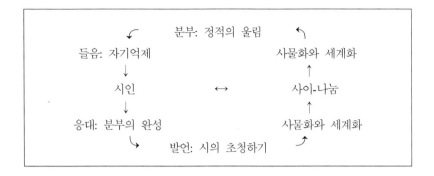

```
              분부: 정적의 울림
    들음: 자기억제                      사물화와 세계화
         ↓                                    ↑
        시인              ↔              사이-나눔
         ↓                                    ↑
    응대: 분부의 완성                    사물화와 세계화
              발언: 시의 초청하기
```

4. 언어의 근원: 방역의 길-내주기

1) 언어에 대해 발언하기의 비-일상성

이제 우리가 새로 추적하고자 하는 하이데거의 논문은 「언어의 본질」이다. 이 논문은 1957과 1958년 중에 세 차례에 걸쳐 이뤄진 강연 원고이다. 이곳에서 하이데거는 이 강연의 과제를, "언어에 대한 우리의 관계"를 기억하며 머물도록 하기 위해 "언어에 대한 경험을 가질 가능성 앞으로 우리를 데려오는 것"(「본질」, 159)이라고 규정한다. 이 경우 그가 '어떤 것에 대해 경험을 갖는다.'는 말로 의미하는 것은 사물이든, 인간이든, 신이든 "그 어떤 것이 우리에게 닥치는 것, 곧 그것이 우리를 만나고, 찾아들고, 동요시키고, 변화시킨다(verwandelt)는 점"이다. 이로써 그는 자신의 언어 존재론이 "언어에 대한 앎을 갖게 됨"(「본질」, 160)에 기여해 온 종래의 언어적 탐구들(언어과학, 언어학, 문헌학, 심리학, 언어철학)과 달리 언어에 대한 태도의 변화에 기여하는 것임을 분명히 한다.

하이데거가 여기서 언어에 대한 가능한 경험 앞으로 우리를 데려오기 위해 선택한 것은 '언어 자체에 대해 말하고 있는 시'이다. 시에서 언어 자체가 말해질 수 있다는 것은, 시인이 이미 언어에 대한 경험을 가졌다는 것을 함축한다.

언어 자체가 언어에 이르는 일, 언어 자체가 말해지는 일은 우리의 발언 속에서 언제나 일어나고 있는 일은 아니다. 일상적인 발언에서는 언어가 언어로서 언어에 이르지 않고(말해지지 않고), 오히려 자기를 억제하고(ansichhält), 그 덕분에 어떤 사정, 사건, 물음, 관심사가 언어에 이른다(말해진다): "일상적인 발언하기 속에서는 언어 자신이 자기를 언어로 데려오지 않고 오히려 자기를 억제한다는 점을 통해서만, 우리는 곧바로 한 언어를 발언할 수 있고, 어떤 것에 관해(von) 또 그 어떤 것에 대해(über) 발언 속에서 다룰 수 있다."(「본질」, 161) 이는 언어를 대상화하면서 발언하거나 언어 아닌 것을 발언하는 경우에 언어 자체는 망각된다는 것이다. 이 점은 우리가 존재자에 몰입하는 경우에 존재 자체가 망각되는 것과 마찬가지일 것이다. 하이데거는 언어 자신이 언어로서 낱말에 이르는 곳은, "매우 드물게 우리가 우리에게 닥치는 것, 우리를 잡아당기는 것, 압박하는 것, 불붙이는 것을 위한 적당한 낱말을 발견할 수 없는 곳"이라고 한다. 이런 곳에 처하여 언어를 언어로 데려오고 있는 시인의 시로 하이데거는 스테판 게오르게(Stefan George)의 「낱말(das Wort)」(「본질」, 162)이라는 시를 선택한다. 이 시의 전문은 다음과 같다:

먼 곳으로부터 경이인가 꿈인가를
나는 내 영토의 국경으로 데려왔다.

그리고 기다렸는바, 백발의 여신이
그녀의 샘에서 이름을 찾아줄 때까지 —

그렇게 하여 나는 그것을 가까이 강하게 잡아둘 수 있었다.
이제 그것은 국경을 가로질러 꽃을 피우고 빛을 발한다.

언젠가 나는 좋은 여행 끝에
화려하고 부서지기 쉬운 보석을 갖고 그곳에 도착했다.

백발의 여신은 오래도록 찾다가 내게 알려주었다:
'여기 깊은 바닥에 아무것도 더는 잠자고 있지 않네.'

그 후 그 보석은 내 손에서 빠져나갔고
나의 영토는 그 보물을 얻지 못하였다.

그렇게 나는 슬프게도 포기하기를 배웠다:
어떤 사물도 낱말이 궁한 곳에는 없으리라.

2) 언어에 대한 시적인 경험

(1) 낱말과 사물의 관계

위의 시의 마지막 연의 두 번째 행에서는 다음이 말해지고 있다: "어떤 사물도 낱말이 궁한 곳에는 없으리라." 여기서 물을 만한 것은 우선 '낱말'이라는 낱말의 의미이다. 그런데 시인은 제2연에서 '이름'이라는 낱말을 사용하고 있다. 이를 토대로 하이데거는 시인이 이 시에서 낱말을 단순한 표시가 아닌 이름으로 생각한다는 점과 이름이 분부(Geheiß)라는 의미를 가질 수 있다는 점을 지적한다: "아마도 이름과 명명하는 낱말은, 우리가 '왕의 이름으로, 신의 이름으로'라는 어법에서 알아차리는 의미로 여기서 의도되고 있다. 고트프리드 벤은 자신의 시들 중의 하나를 '시간을 기부해 주는 이의 이름으로'라고 시작한다. 여기서 '이름으로'라는 것은 '분부 아래, 분부에 따라'를 말한다."(「본질」, 164)

이런 해설에 이어서 하이데거는 위의 구절에서 낱말과 사물의 관계가 말해짐을 지적하고, 그 관계를 다음과 같이 해설한다: "낱말이, 즉 이름이 결여된 곳에서는 아무런 사물도 존재하지 않는다. 낱말은 사물에게 비로소 존재를 마련해 준다(verschaft)." 이러한 하이데거의 해설이나 해설된 시구는 그러나 '사과라는 이름에 앞서 사과가 먼저 있다'고 주장하는 실재론에 맞서 관념론을 표명하고 있는 것이 아니다.

그것은 다만 '사물은 낱말을 매개로 해서만 그때마다 자신의 고유한 존재에 이르게 된다'는 현상학적 사실을 표명하는 발언일 뿐이다. 혹자는 이러한 현상학적 견해에 맞서 극단의 실재론적 반례를 제시하려고도 할 것이다. 하이데거가 스스로 예견하여 제시하는 하나의 가능한 반례는 다음과 같은 것이다: "스푸트니크를 보라. 이 사물이 하나의 사물이라면, 그것은 이러한 이름, 곧 나중에 그것에 부가된 그 이름에 독립적으로 존재한다(*ist*)."

　이러한 주장은 사실상 정확한 말이기는 하다. 그러나 이러한 주장은 시인과 하이데거의 의도를 벗어난 것으로, 적절한 반례일 수가 없다. 하이데거는 자신의 의도를 다음과 같이 제시한다: "속도들의 최대의 기술적 고양이라는, 곧 그것의 시간공간 안에서만 근대의 기계들과 장치들이 그 자신들일 수 있는 그런 기술적 고양이라는 의미에서의 서두름(das Eilen)[이라는 낱말]이 인간에게 말 걸고 자신의 분부(Geheiß) 속으로 인간을 배치(bestellt)하지 않았다고 한다면, 그 같은 서두름으로의 이러한 분부가 인간을 강요하면서 내세우지(stellt) 않았다고 한다면, 이러한 내세움의 낱말이 발언하지 않았다고 한다면, 어떤 스푸트니크도 없었을 것이다: 낱말이 결여된 곳에는 어떠한 사물도 존재하지 않는다."(「본질」, 165) 사물은 분부로서의 이름 내지 명명하는 낱말에 따라 자신의 고유한 존재에 이르게 된다. 새로운 발명품조차 사실은 그 사물의 존재를 규정하는 낱말들[의 분부]을 매개로 해서 비로소 출현하게 된다. 새로운 발명품이건, 기존의 사물들이건, 그것들은 낱말을 통해서 그들의 존재(무엇임과 현존함과 어떻게 있음)에 이르게 되고, 그 안에 머물게 된다는 것이 시인과 하이데거가 의도하는 바이다.

　위에 소개된 시에서 콜론이 들어 있는 마지막 연은 다음과 같다: "그렇게 나는 슬프게도 포기하기를 배웠다: 어떤 사물도 낱말이 궁한 곳에는 없으리라(sei nicht)." 이 문장을 해석하여 하이데거는 콜론 이하의 문장이 "포기의 내용"을 말하는 것이 아니고, 오히려 그 반대로

"포기가 그리로 관여해 들어서야만 하는 영역"(「본질」, 167)이라고 한다. 포기의 내용은 "사물과 낱말의 관계에 대해 그가 이전에 지녔던 생각"일 뿐이라는 것이다. 아울러 콜론 이하의 문장에 들어 있는 동사 형태('sei') 역시 접속법이 아니라 일종의 명령법으로 간주되어야 하고, 그럴 경우 콜론 이하의 문장은 "시인이 뒤따르고 보호해야 할 분부"(「본질」, 168)라고 해설한다. 시인은 포기를 배웠고 경험을 가졌다. 시인은 사물에 대해 또 낱말과 사물의 관계에 대해서도 경험하였지만, 시의 제목이 암시하듯 낱말이 비로소 사물과 인간의 관계를 내주어야만 하는 한에서, 낱말에 대한 본래적 경험을 가진 것이다: "시인은, 비로소 낱말이 한 사물로 하여금 존재하는 그 사물로 현상하게 하고 그렇게 현존하게 한다는 점을 경험하였다."(「본질」, 168)

그런데 하이데거는 "경험한다는 것은, 이 낱말의 알맞은 의미에 따를 때, '에운도 아세쿠이(eundo assequi)', 곧 가는 동안에, 길 위에서 어떤 것을 획득하다, 어떤 길을 감을 통해 어떤 것에 도달한다는 것이다."(「본질」, 169)라고 지적하고, 시인이 도달한 곳을 확정한다. 이에 따르면, 시인은 "어떤 한갓된 앎"이 아니라, "사물에 대한 낱말의 관계 속에 도달하였다."(「본질」, 170) 그리고 이 관계는 "한편의 사물과 다른 한편의 낱말 사이의 어떤 관계(Beziehung)"가 아니라, "낱말 자체가, 그때마다 사물을 자기 안에 붙잡아두면서(in sich einbehält) 그 사물을 한 사물'이도록('ist')' 하는 관계(Verhältnis)"이다. 시인이 경험하고 도달한 곳은 하나의 "수수께끼 같은 사안"으로, "언어의 낱말 그리고 이것이 사물에 대해 갖는 관계, 곧 무엇(was)으로 있는— 현존하면서 또 어떤 식으로(wie) 있는— 모든 각각의 것에 대한 관계"(「본질」, 165)이다.

(2) 언어의 본질에 대한 물음의 선행조건

시인이 경험하고 도달한 곳을 바탕으로 할 때, 이제 제기될 수 있는 물음은 다음과 같은 것이다: "어디로부터 낱말은 그것[낱말이 발언하

247 4장 언어 존재론 | 247

는 곳에서만 존재가 주어짐]을 위한 자신의 자격(Eignung)을 얻는가?"
(「본질」, 165) 이는 낱말의 근원에 대한 물음이다. 하이데거는 종종
인간의 발언을 낱말로 표현하고, 인간의 발언의 근원이 되는 것을 말
씀으로 표현하는데, 그 이유는 인간의 발언은 말씀의 발언에 대해 들
으면서 떼어낸 것에 불과하기 때문이다. 낱말의 근원으로 향하면서
하이데거는 먼저 언어의 본질을 묻는다. 언어의 본질에 대한 물음에
서 하이데거가 전제하는 것은 물음에 대한 들음의 선행성이다: "각종
의 질의와 문의는 여기서 그리고 도처에서 미리, 그것이 물으면서 접
근하고 물으면서 뒤좇는 것의 건넴 말(Zuspruch)을 필요로 한다. 모든
물음의 단초는 이미, 물음 속으로 내세워진 것의 건넴 말(Zusage, 약
속) 안에 체류한다."(「본질」, 175) 물음에 대한 (건넴 말의) 들음의 선
행성은 언어의 본질에 대한 물음에도 그대로 적용된다: "우리가 어떻
게 언어 옆에서 그것의 본질을 묻든지 간에, 무엇보다도 먼저 그것은
언어 자체가 우리에게 말 건네주는 것을 필요로 한다. 이러한 경우에
[우리가 알아차리게 될] 언어의 본질은 언어의 본질[자현]의 건넴 말
로, 즉 본질의 언어로 된다."(「본질」, 176)

이 같은 설명 속에서는 하이데거가 해명의 과제로 제시하는 "언어
의 본질: 본질의 언어"라는 어구가 등장하고 있다. 하이데거는 이것이
우리를 언어 사유의 길로 이끄는 주도어라고 밝힌다: "우리에게 말 걸
어오는 전체: 언어의 본질: 본질의 언어. 이것은 제목도 아니고 물음
에 대한 대답도 아니다. 그것은 우리를 길로 이끌어 줄 수도 있는 주
도어(Leitwort)이다. 그 경우에는 처음에 맞아들였던 낱말에 대한 시
적인 경험이 우리를 우리의 사유의 길에서 안내해 주어야 할 것이다."
하이데거는 낱말에 대한 시적 경험(낱말이 사물에게 존재를 마련해
준다는 점)을 바탕으로 삼고 자신이 내세운 주도어를 통해 우리를 언
어에 대한 사유적 경험의 가능성에 도달하게 하려고 한다. 그런데 여
기서 나타나는 시적 경험과 사유적 경험의 구분은 시짓기와 사유의
같고 다른 점에 대해 의문을 불러일으킬 수도 있다. 하이데거는 그 점

248

을 염두에 두고 과학과 철학, 시의 같고 다른 점을 논의의 출발점으로 삼는다.

3) 시짓기와 사유의 공통본질

(1) 사유는 방역 안에서 길가기

하이데거는 과학이 방법과 주제에 의해 영위되는 학문인 반면에 철학은 길(Weg)과 방역(die Gegend, 세계, 4중자, 진리)에 의해 영위되는 학문이라고 밝힌다. 달리 말해 철학은 방역 속에 머물며 그 속의 길을 가는 사유라는 것이다: "사유는, 그것이 방역의 길들을 가는 동안에, 방역 속에서 체류한다. […] 우리는 방역 속에서, 곧 우리에게 다가서는 영역 속에서 체류한다."(「본질」, 179) 여기서 '길을 간다'는 것은 '방법(Methode)'의 어원적 의미인 '길을 따름(meta hodos)'을 의미하며, 그 구체적 의미는 현상의 현상방식을 따른다는 것일 것이다. 이는 '사안들 자체로!(Zu den Sachen selbst)'라는 현상학적 격률을 지키는 것과 다르지 않다. 결국 철학이 방역에 의해 주어지는 길을 가는 것이라는 말은 철학은 방법론보다 현상을 우선시하고, 현상을 뒤따른다는 점을 의미한다. 반면 과학은 방법론을 우선시하며 현상을 뒤따르기보다 방법론이라는 틀 안에서 현상을 주제화한다.

하이데거가 여기서 방역으로 의미하는 것은 나중에 가서야 더 구체적으로 드러난다. 나중에 하이데거는 방역에 대해 다음과 같이 말한다: "암시적으로 말해 방역은 '마주하여 오는 것(das Gegnende)'으로서 자유롭게 하는 트임(freigebende Lichtung)이고, 이 속에서는 트인 것이 동시적으로 자기를 숨기는 것과 더불어 자유로운 곳(Freie)에 도달한다. 방역의 자유롭게 하면서 숨김(das Fregebend-Bergende der Gegend)은 길-내주기(Be-wëgung)이고, 그 속에서 방역에 속한 길들이 생겨난다."(「본질」, 197) 이런 해설에 근거한다면, 방역이나 자유롭게 하는 트임은 존재를 위한 진리에 해당하고 자유로운 곳은 세계에, 길은 우선 존재에 해당한다. 그리고 인용문 속의 트인 것과 자기를 숨기는 것은 진리가 갖고 있는 자기 탈은폐와 자기-은폐라는 측면을 각기 가리킬 것이다.

그런데 하이데거는 여기서 방역 내지 자유롭게 하는 트임의 고유한 점이 사유를 위한 길-내주기임[존재부여]을 밝히고 있다. 방역의 길-내주기에 대한 논의는 잠시 미뤄두고 우리는 하이데거가 해설하는 시짓기와 사유의 이웃성격에 대해 먼저 주목해 보기로 한다.

(2) 시짓기와 사유의 같고 다른 점

하이데거는 "시짓기와 사유는 이웃함(Nachbarschaft) 속에 거주"(「본질」, 184)하며, 그들의 이웃함은 그들이 모두 말해 주기(das Sagen)라는 원소 속에 머문다는 점에 놓여 있다고 해설한다: "시짓기는 말해 주기라는 원소 속에서 움직이는데(sich bewegt), 사유도 마찬가지다. 우리가 시짓기를 숙고하면, 우리는 동시에 이미 사유가 거기서 움직이는 그 동일한 원소 속에 처하게 된다."(「본질」, 188) 여기서 동일한 원소로 말해진 말해 주기가 의미하는 것은 보여주기, 현상하도록 하기를 의미한다.

그런데 시짓기와 사유는 이웃한 것이지만 같은 것은 아니다. 하이데거는 그들의 다른 점을 언어에 대한 그들의 서로 다른 경험에서 찾는다: "시짓기와 사유는 단지 말해 주기의 원소 속에서 움직이는 것만이 아니고, 오히려 그들은 동시에 그들의 말해 주기를, 언어에 대한 다면적인 경험들에 신세지고 있는 것인데, 이 경험들은 우리를 위해 주목되어 있지도 않고 모아져 있지도 않은 것들이다."(「본질」, 189) 시짓기와 사유가 말해 주기라는 동일한 원소 속에서 움직이지만, 그 원소가 언어[본질의 언어, 존재의 진리의 언어]에 대한 다면적인 경험에 바탕을 두고 있는 것인 한, 그 원소는 "이 양자에 대해 여전히 또는 이미 상이한 방식에서의 원소, 곧 물고기를 위한 물로서의 그리고 새를 위한 공기로서의 원소"이다. 언어에 대한 상이한 경험의 덕분에 시짓기에서의 낱말은 "놀라게 하는 것"에 대한 말해 주기로, 사유에서의 낱말은 "사유할 만한 것"에 대한 말해 주기로 나타난다: "시인의 노래 속에서 낱말은 비밀스럽게 놀라운 것으로 나타난다. 비-사물적인 낱말과 '있다/이다('ist')' 사이의 관계에 대해 사유하는 숙고는 어떤 사유할 만한 것 앞에 도달하는데, 이것의 특징들은 무규정적인 것 속으로 소실된다. 저기서는 충족된 채 노래하는 말해 주기 속에서 놀라운 것(Erstaunendes)이, 여기서는 전혀 규정할 수 없는, 어쨌든 노래하지 않는, 말해 주기 속에서 사유할 만한 것(Denkwürdiges)이 [말해지고, 이로써 또한 현상한다.]"(「본질」, 195)

하이데거는 이같이 놀라운 것을 말해 주는 시짓기와 사유할 만한 것을 말해 주는 사유가 "부드럽고도 밝은 차이"를 지닌 채 서로를 "가깝게 하는 가까움" 속에 머문다고 말하면서, 이 가까움을 "말해 주기의 가까움"(「본질」, 196)이라고 규정한다. 이렇게 시짓기와 사유가 말해 주기의 가까움 속에 거주하고 있다면, 낱말에 대한 시적 경험의 안내를 받으며 언어의 본질에 다가서는 것은 불필요한 것이 아니라 불가피한 것이 될 것이다.

4) 언어에 대한 사유의 경험

(1) 말해 주기 속에 자현하는 그것은 세계-내어주기

하이데거는 우리가 언어에 대해 경험을 가질 가능성 앞으로 우리 자신을 데려오기 위해 필요한 것이, "시짓기와 사유의 이웃함 내부에서 개척된 길에 머무는 것"뿐만이 아니라, "그 이웃함이, 언어에 대한 우리의 관계를 변화시키는 그 어떤 것을 나타내는지 또 어떻게 그리하는지를 둘러보는(umblicken) 일"(「본질」, 199)이라고 말한다.

시짓기와 사유의 이웃함 내부에서 개척된 그 길이란, 이 둘이 모두 말해 주기의 원소 속에 머문다는 사실에서 알려지는 길이다. 이 단계에서 중요한 것은 말해 주기가 지시하는 길을 따라가면서, 말해 주기 속에서 언어에 대한 우리의 관계를 변화시켜 줄 수 있는 그 무엇을 시야에서 놓치지 않는 일이다.

시짓기와 사유가 이웃하는 것은 그들이 가까움(Nähe) 속에 거주하기 때문이다. 그리고 그들의 가까움은 그들이 "말해 주기의 방식들"이라는 점에 있다. 그러기에 하이데거는 "가까움, 곧 시짓기와 사유를 서로 이웃함으로 데려오는 것을 우리는 말씀(die Sage)이라고 명명한다. 우리는 이것[말씀] 속에서 언어의 본질을 추정한다."(「본질」, 200)고 밝힌다. 여기서 그는 말해 주기와 말씀을 혼용하면서 이것 속에서 언어의 본질을 찾아내는데, 그것은 다음과 같은 것이다: "말해 주기는 보여주기이다: 우리가 세계라고 부르는 것을 내어주기(dar-reichen)로서의 현상하도록 함, 트이게 하면서-숨기면서 자유롭게 해줌을 말한다. 트이게 하면서-숨기면서, 베일을 씌우면서 세계-내어주기(Reichen von Welt)가 말해 주기 속의 자현하는 그것(das Wesende im Sagen)이다." 말해 주기가 사물에 관한 것이라고 해도, 사물이 세계를 반영하며 사물의 사물화가 세계의 세계화와 더불어 일어난다면, 사물의 말해 주기는 세계-내어주기가 될 것이다. 여기서 하이데거는 세계-내어주기가 '말해 주기 속의 자현하는 그것', 곧 '언어의 본질'이라고 지적한 것이다. 이로써 우리의 사유의 길은 시짓기와 사유의 이웃함에서 출발하여 말해 주기를 거쳐 세계-내어주기라는 언어의 본질에 도달한 것이다. 이제 물어야 할 것은 새로 등장한 생소한 용어인 '자현하는 그것(das Wesende)'이라는 표현의 의미이다. 그것의 의미에 대한 이해로부터 앞서 제시된 주도어, 곧 '언어의 본질: 본질의 언어'의 뒷부분[본질의 언어]에 대한 이해도 역시 가능해진다.

(2) 자현하는 그것의 길-내주기에 속한 말씀

'본질의 언어'라는 구절을 설명하기 위해 하이데거는 먼저 본질 (Wesen)의 근원적 의미를 제시하는데, 이에 따르면 '자현하는 그것'은 본질의 근원적 의미를 고려하여 본질을 달리 표현한 것이다: "이

어구['본질의 언어'] 속에서 '본질'은 언어가 거기에 고유하게 속하는 (eignet) 그런 주어(Subjekt)의 역할을 떠맡는다. 그러나 이제 이 '본질 (Wesen)'이라는 낱말은 더 이상 어떤 것의 무엇(Was)을 뜻하지 않는다. '본질'을 우리는 동사[의 의미]로 '존속하는(wesend)'으로, 곧 '현존하는(anwesend)' 그리고 '부재하는(abwesend)'[이라는 의미로] 듣는다. '본질'은 지속하다(währen), 체류하다(weilen)를 말한다. 하지만 '에스 베스트(Es west)'라는 용법은 '그것이 존속한다'거나 '그것이 지속한다'라는 것보다 더 많은 것을 말한다. '에스 베스트(Es west)'는 '그것이 현존한다, 존속하면서 우리에게 접근해 온다, 길을 내준다 (be-wëgt), 관여해 온다(be-langt)'는 것을 말한다. 그렇게 사유되었을 때, 본질은, 존속하는 것, 우리에게 모든 것에 있어서 관여해 오는 것인데, 왜냐하면 [그것은] '모든 것에게 [그 자신으로의] 길을 내주는 것(das alles Be-wëgende)'이기 때문이다."(「본질」, 201)

'에스 베스트'에서의 '베스트'가 존속하면서 우리에게 접근해 오면서 모든 것에 그 자신에로의 길을 내준다는 의미를 갖는다면, '본질'에 적합한 새로운 이름은 무엇인가? 하이데거는 그 새 이름으로 '다스 베젠데(das Wesende)'를 제시하고 있는 것이다. 그의 의도를 고려하면서 우리는 이미 앞에서 베스트(west)를 '자현한다'(우리에게 자신을 나타낸다)로, '다스 베젠데'를 '자현하는 그것'으로 번역하였다.

여기서 '모든 것에 길을 내주는 것'으로 말해진 자현하는 그것은, 앞에서는 말해 주기 속에서 자현하는 그것으로서 '세계-내어주기'로 해설되었다. 이러한 두 가지의 상이한 해설은 각기 어떤 의미를 갖는 것인가? 앞서 말해진 '세계-내어주기'는 인간의 발언에서 출발하면서 이뤄진 자현하는 그것에 대한 규정이고, '모든 것에 길을 내주는 것'은 방역에서 출발하면서 이뤄진 자현하는 그것에 대한 규정이다. 그들은 상이한 출발점으로부터 이뤄진 상이한 규정들이지만 동일한 현상의 두 측면이다. 바로 이 같은 상이성 속의 동일성이 '언어의 본질: 본질의 언어'라는 주도어를 성립시킬 수 있는 것이기도 하다.

하이데거는 '본질의 언어'라는 어구를 이제 구체적으로 해설한다: " '본질의 언어'는 다음을 말한다: 언어는 이러한 자현하는 그것에 속하고, 모든 것에게 길을 내주는 것에게 이것의 가장 고유한 점(Eigenstes)으로 고유하다(eignet). 모든 것에 길을 내주는 것은, 그것이 발언하는 동안에 길을 내준다(be-wëgt)." 모든 것에 길을 내주는 것이 방역이고, 방역이 발언하는 동안에 길-내주기가 일어난다면, 언어는 방역의 길 내주기의 가장 고유한 방식이다. 그리고 여기서 말한 '길을 내준다(be-wëgt)'는 것은 하이데거가 '운동하게 한다(bewegen)'를 이것의 근원적 의미를 되살리기 위해 바꿔 쓴 표현이다. 운동의 길이 생겨나는 한에서만 운동이 가능하다는 점에서 본다면, '운동하게끔 한다'는 것은 '운동을 위한 길을 내준다'는 말과 그 의미가 다르지 않을 것이다. 자현하는 그것은 인간의 발언을 통한 세계-내어주기를 통해 모든 것들에게 자기 자신으로 향한 길을 내어준다.

서양언어의 역사 속에서 언어가 방역에 의한 길-내주기로 사유된 적은 없다. 이 점에서 하이데거는 자신의 독특한 사유를 해명할 필요를 갖게 된다. 하이데거는 서양언어의 자기이해의 역사에 비추어 볼 때 "언어는 혀(die Zunge)"(「본질」, 203)라고 지적한 후, 이 같은 이해의 기원이 된 것, 곧 아리스토텔레스의 「해석론」 속에서 나타난 영혼의 체험, 소리, 철자 사이의 기호관계의 구조가 갖는 의미를 해설한다. 이런 해설 속에서 하이데거는 "언어가 소리 나는 발설로서의 발언에서부터 표상된다."는 점과 이것이 언제나 입증되는 부정할 수 없는 사실이라는 점을 지적하는 한편, 그럼에도 "숙고해야 할 것은, [위의 기호관계의] 구조에 대한 인용된 표상방식들[소리와 글을 영혼의 체험의 표현(semeia)으로, 영혼의 체험을 사물과 동화된 것(homoiomata)으로 여기는 생각들] 속에서 언어의 신체적인 면, 곧 소리특징과 글씨특징이 충분히 경험되는 것이다."(「본질」, 204)라고 말한다. 이는, 아리스토텔레스의 설명 속에서 하이데거가 언어의 신체성을 읽어내고 있다는 것을 알려준다. 이러한 신체성은 언어에 독특한 것이다: "언어가 소리 나고, 울리고, 떠돌고, 흔들리고, 움직인다는 점은 언어의 발언된 것이 어떤 의미를 갖는다는 것과 동일한 정도로 독특한 것이다."(「본질」, 205)

하이데거는 이러한 언어의 신체성(소리와 글)이 언어의 토착성에 결부된 것으로 본다. 그는 언어에 대한 "형이상학적이고 기술적인 설명"이 언어의 독특한 면(Eigentümliches)에 대한 우리의 경험을 매우 어색한 것으로 되게 하였고, 그 결과 "지역적으로(landschaftlich) 상이한 발언방식들을 방언들(Mundarten, 입의 유형들)로 명명한다는 단순한 사태조차도 거의 숙고되지 않는다."고 지적하고, 그럼에도 불구하고 언어가 입에, 입이 땅에 뿌리를 두고 있음을 강조한다: "그것들[방언들]의 상이성은 단지 우선 언어도구의 상이한 운동형식들에 근거를 두지 않는다. 방언 속에서는 그때마다 상이하게 지역(Landschaft), 즉 땅이 발언한다. 하지만 입은 유기체로 표상된 신체상의 일종의 기관일 뿐이지 않고, 오히려 신체와 입은 땅의 흐름과 성장에 속하는데, 이 속에서 우리 죽을 자들이 번영하는 것이고, 그 땅에서부터 토착성이라는 견실한 것을 우리가 영접하는 것이다. [하지만 요즘에] 땅과 더불어 우리는 토착적인 것도 물론 상실하고 있다." 이렇게 하이데거는 표준화되기 이전의 본래의 언어와 이 언어를 발언하는 입이 토착성을 갖고 있다고 주장한다. 이 맥락에서 하이데거는 횔덜린의 찬가 「게르마니엔」을 해설하면서 "언어는 입의 꽃이다. 언어 속에서는 땅이, 하늘의 꽃에 마주해 개화한다."(「본질」, 206)고 말한다. 언어는, 그 속에서 하늘의 꽃에 마주해 땅이 개화하고 있는 그런 입의 꽃이라는 것이다. 이 말은, 언어가 하늘과 땅을, 곧 토착세계를 반영하는 것이라는 의미를 가질 것이다. 아리스토텔레스의 언어설명으로부터 하이데거가 읽어내고 있는 것은 언어의 신체성과 토착성이고, 이것들은 횔덜린의 시를 토대로 할 때 언어가 토착세계를 반영하고 보여주는 것으로서 자신의 본질을 세계-내어주기에 두고 있다는 것을 함축한다.

(3) 언어의 본질과 본질의 언어

위에서의 하이데거의 해설에 의거해, 우리는 이제 '언어의 본질: 본
질의 언어'라는 주도어를 다음과 같이 해석할 수 있을 것이다: 언어의
본질인 세계-내어주기로서의 말씀은 자현하는 그것의 언어, 곧 모든
것에게 그 자신으로의 길을 내주는 방역에 속한 언어이다. 그런데 방
역이나 자유롭게 하게 하는 트임의 또 다른 이름으로 하이데거가 제
시하는 것은 시간-놀이-공간이다.

하이데거는 한편으로 횔덜린의 비가인 「빵과 포도주」라는 시를 해
설하는 대목에서 "다시금 낱말은 방역 속에서 방역으로 현상하는데,
이 방역은 땅과 하늘, 깊이의 흐름과 높이의 힘을 서로 만나지게 하
는, 곧 땅과 하늘을 세계방위들(Weltgegenden)로 규정하는 것이다."
(「본질」, 207)라고 말하고, 다른 한편으로 "시간과 공간을 그들의 본
질[자현]에 있어 모아 유지하는 그런 동일자는 시간-놀이-공간이라 불
릴 수 있다."고 하면서 "시간-놀이-공간의 동일자가 시간화하고 공간
화하면서 네 가지 세계방위들(하늘과 땅, 인간과 신)의 서로 마주함에
길을 내준다 — [이것이] 세계놀이[다]."(「본질」, 214)라고 말한다. 방
역은 시간-놀이-공간으로서 세계방위들에게 길을 내주면서 통일적인
세계가 트이도록 하는 세계-놀이이다.

이제 하이데거는 시짓기와 사유의 이웃함을, 또 세계방위들의 마주
함을 가능케 하는 가까움이 말씀이라는 것에 의거해, 언어의 본질을
다시금 규정한다: "가까움과 말씀은 언어의 자현하는 그것[본질]으로
서 동일한 것이다. 그래서 언어는 인간의 단순한 능력이 아니다. 언어
의 본질은 네 가지 세계방위들을 서로 마주함에 길-내주기가 지닌 가
장 고유한 점에 해당한다." 언어의 본질은 말씀이고, 이 말씀은 (세계
의 4방위와 사물들을 위한) 방역의 길-내주기에 가장 고유한 점이라
는 것이다.

이로써 시짓기와 사유의 가까움으로 규정된 말씀은 모든 것에 길을
내주는 것에 가장 고유한 점으로 밝혀졌다. 방역은 자유롭게 하면서

숨기는 방식으로 세계의 4방위에 길을 내주는 경우에 인간을 사용하면서 인간에게 언어로서 발언하며, 인간은 이 언어에 응대하여 발언하는 것이다. '있다/이다'라는 낱말은, 곧 존재에 관한 인간의 발언은, 방역의 길-내주기에 가장 고유한 점인 말씀을 자신의 근원으로 한다.

그런데 시간-놀이-공간으로서의 방역이 "정적의 놀이"이고, 방역의 길-내주기가 "정적의 사건"(「본질」, 214)인 한에서, 방역의 길-내주기는 "정적의 울림"(「본질」, 215)이다. 정적의 울림으로서의 말씀은 방역의 길-내주기의 방식으로서 모든 존재자에게 그 자신에 이르는 길, 곧 존재를 내어준다: "네 개의 세계방위들을 그들의 서로에 대한 마주함이라는 단일한 가까움에 있어서 붙잡고 있는 것, 곧 길을 내주는 것(das Be-wёgende)이 말씀 속에 머문다고 전제한다면, 말씀이 비로소 우리가 작은 낱말 '있다/이다('ist')'에 의해 명명하고, 그런 식으로 뒤따라 말하게 되는 것[존재]을 내어준다(vergibt). 말씀이 '있다/이다'를 존재의 사유가능성의[을 위해] 트여 있는 자유로운 곳이자 동시에 숨겨진 곳[세계] 속으로 준다(gibt)." 방역의 길-내주기의 고유한 방식인 말씀이 존재를 내준다면, 말씀은 존재를 위한 언어, 존재를 위한 방역의 언어라고 해야 할 것이다.

그런데 그 말씀은 정적의 울림으로서만 모든 것에 길을 내주는 것이다: "말씀은 세계-4중자의 길을 내주는 것[방식]으로서 모든 것을 서로에 대한 마주함의 가까움 속에 모으는데, 그것도 소리 없이, 곧 시간이 시간화하고 공간이 공간화하는 바와 같이 조용히, 시간-놀이-공간이 놀이하는 바와 같이 조용히 모은다." 존재를 위한 언어, 존재를 위한 방역의 언어(길-내주기의 고유한 방식)는 정적의 울림이다. 이것이 '본질의 언어'이다.

(4) 낱말의 근원은 방역의 언어

하이데거는 이제 '본질의 언어'에 대해 다음과 같이 확정한다: "소리 없이 부르면서 모으는 것은 말씀이 그것으로 세계-관계에 길을 내주는 그런 것인데, 우리는 그 소리 없이 부르면서 모으는 것을 정적의 울림이라고 명명한다. 그것이 바로 본질[방역]의 언어이다."(「본질」, 215) 이로써 우리는 언어에 대한 사유적 경험의 가능성 앞에 도달하였다. 언어에 대한 시인의 경험은 앞에서 다음과 같이 표현되었다: "낱말이 궁한 곳에는, 사물도 존재하지 않는다." 이러한 시적인 경험에 대비되는 사유적 경험은 어떤 것인가? 하이데거가 "시적인 낱말과의 이웃함 속에서 사유하면서 우리가 추정하여 말할 수 있다."고 밝힌 것은 다음이다: "하나의 '있다/이다(ein 'ist')'라는 것은 낱말이 부서지는 곳에서 생겨난다."(「본질」, 216) 여기서 말해진 '부서진다'는 것에 대해 하이데거는 다음과 같이 해설한다: "소리 나는 낱말이 소리 없는 것으로, 곧 거기서부터 소리 나는 낱말이 보증되는 그런 곳으로, 되돌아간다(zurückkehrt). 곧 말씀으로서 세계-4중자의 방위들을 그들의 가까움 속으로 길-내주는 것인 정적의 울림 속으로 [되돌아간다.]" 하이데거는 "낱말의 이러한 부서짐이 사유의 길에서의 본래적인 뒷걸음"이라고 말한다. 그 뒷걸음은 근원으로의 복귀이다. 하이데거는 언어에 대한 시인의 경험, 곧 낱말이 존재를 준다는 것에서 출발하여, 낱말의 근원으로 복귀한다. 이러한 복귀는 시짓기와 사유의 이웃함의 사실에 안내를 받고, 언어의 본질은 본질의 언어라는 주도어에 이끌린 뒷걸음이다. 우리의 뒷걸음이 그 앞으로 이끌린 그곳은 소리 나는 낱말이 그 안에서 부서진 곳, 소리 없는 것, 정적의 울림이다.3)

이제 우리는 이 같은 사유과정에 바탕을 두고 인간의 낱말(발설로서의 발언)에 대한 방역의 말씀(정적의 울림으로서의 발언)의 관계를 확정해 볼 수 있을 것이다: 방역의 길-내주기는 인간에게 발언하는 동안에 세계방위들과 사물들에게 길을 내준다. 그러나 그 발언은 정적의 울림이다. 이 같은 정적의 울림에 응대하는 경우에, 인간이 발언한다. 인간의 발언은 정적의 울림에 응대하면서 방역의 길-내주기의 말

---

3) 낱말의 부서짐과 불안 현상의 관계에 대해서는 다음을 참조: 박찬국, 「후기 하이데거의 예술관과 언어관」, 『하이데거의 언어사상』, 225.

씀을 완성한다. 그러나 인간의 발언이 완성적 발언인 한, 그 완성된 발언 속에서는 정적의 울림이 발언을 중단하지 않고 세계-내어주기가 일어나게 한다.

이상의 논의는 다음과 같은 도표로 나타낼 수 있을 것이다.

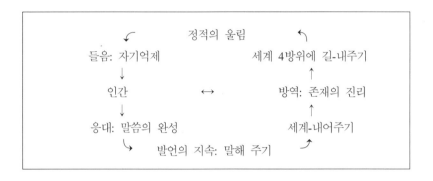

(5) 방역의 언어는 존재를 위한 언어

'언어의 본질: 본질의 언어'라는 주도어는, 풀이하자면, '언어의 본질로서의 말씀은, 모든 것에 길을 내주는 방역의 언어이다'라는 말이다. 이때 방역의 언어는 방역의 길-내주기에 가장 고유한 점인 정적의 울림이고, 이것이 낱말의 근원이자 언어의 본질이라는 것이다. 하이데거는 「진리의 본질」이라는 논문에서 "진리의 본질은 본질의 진리이다."(WdW, 201)라고 말하고, 이 문장에서의 주어는 '본질의 진리'이며, 이럴 경우 이 문장은 "트이게 하면서 숨음(das lichtende Bergen)이 인식과 존재자 사이의 일치가 있도록, 다시 말해 자현하도록 한다(ist, d.h. läßt wesen)."는 의미를 갖는다고 밝히고 있다. 이 같은 해설을 원용하여 '언어의 본질: 본질의 언어'라는 주도어를 다시 해석한다면, 이것의 형식적 의미는 '본질의 언어가 언어를 자현하도록 한다'는 것이 될 것이다. 그리고 그 구체적 의미는 방역에 의한 '길-내주기의 정적의 울림이 언어(낱말)를 자현하도록 한다'는 것이 될 것이다. 그런데 방역의 길-내주기가 존재를 위한 것이라면, 길-내주기에 가장 고유한 점으로서의 언어도 존재를 위한 것이다. 한 가지 유의할 점은 「진리의 본질」에 나오는 표현인 "본질의 진리"가 존재를 위한 진리라는 의미를 갖고 이로써 "본질"이 존재를 가리키는 것인 반면, 지금 우리가 살펴본 "본질의 언어"는 존재를 위한 방역의 언어라는 의미를 갖고 이로써 "본질"이 존재를 위한 방역을 가리킨다는 점이다. 이는 하이데거가 여기서 존재와 방역을 더욱 통합적으로 본질이라는 한 낱말로 사유한다는 점을 알려준다. 존재를 위한 방역은 존재를 위한 진리이고 이것은 축약되어 존재의 진리로 표현된다. 존재의 진리를 하이데거는 더 축약하여 존재 그 자체(Sein als solches)라고 종종 표현한다.

이제 결정적으로 남겨진 물음은 다음이다: 하이데거는 '언어의 본질: 본질의 언어'라는 주도어에 대한 이 같은 해명에 의해 우리를 언어에 대한 경험을 가질 가능성, 곧 언어에 대한 우리의 관계가 변화될 가능성 앞으로 데려왔는가? 분명 우리는 그 가능성 앞으로 데려와졌다. 그러나 그 가능성 앞으로 데려와졌을 뿐이다. 그러나 그 가능성이 현실로 되는지의 여부는 우리 독자의 몫이다. 그리고 그 가능성의 현실화의 여부는 우리의 발언(낱말)이 정적의 울림(말씀)을 근원으로 하게 되었는가의 여부에 놓여 있다. 하이데거의 언어 존재론이 이렇게 언어에 대한 우리의 지식의 확대를 의도하기보다 언어에 대한 우리의 경험의 가능성, 언어에 대한 우리의 태도의 변화 가능성을 알려주는 것이라면, 그것은 실천적 언어 존재론이다.

2절 언어로의 길

1. 언어의 독백적 성격

우리는 이제 『언어로의 길 위에서』[4]라는 하이데거의 저작 속에 담긴 논문 「언어로의 길」[5]을 탐구하면서 그의 언어 존재론을 이해하려

고 한다. 『언어로의 길 위에서』는 1950년부터 1959년까지의 언어에
관한 하이데거의 강연 논문들과 대담을 강연 순서에 따라 묶어 간행
한 것인데, 이것의 마지막 편으로 수록된 「언어로의 길」(1959)은 하
이데거에 의해 간행된 언어관련 논문들 중 최종의 것이고 이로써 그
의 사유의 최종적인 내용을 담고 있는 글이라는 의의를 갖는다. 이 논
문에 대한 탐구를 통해 우리는 통상적인 언어관에 맞서는 하이데거
후기의 언어 존재론을 좀 더 명확히 이해해 보고자 한다.

하이데거는 이 논문의 서두에서 노발리스(Novalis)의 글 「독백
(Monolog)」에 대해 언급하는데, 이 글 속에는 "아무도, 언어가 오직
자기 자신에만 관심을 둔다(sich bekümmert)는 바로 그 언어의 독특
한 점을 알지 못한다."(「길」, 241)라는 난해한 문장이 나타난다. 하이
데거에 의하면, 「독백」이라는 제목은 "언어는 오직(einzig) 그리고 외
롭게(einsam) 그 자신과 더불어 발언한다."는 "언어의 비밀"을 암시한
다. 그렇다면 하이데거가 말하는 언어의 비밀은 구체적으로 무엇인가?
그의 「언어로의 길」은 논의의 시작과 종결의 방식에 비추어 볼 때 사
실상 언어의 비밀로서의 언어의 독백적 성격을 새롭게, 곧 노발리스
의 변증법적 관념론의 입장에서가 아니라 자신의 현상학적-해석학적
입장에서 해설하는 논문에 해당한다.

하이데거는 언어의 독백적 성격을 추적함에 있어서 인간의 언어사
용 능력을 그 출발점으로 삼는다. 아리스토텔레스 이래로 인간의 본
질은 언어의 능력으로 말해져 왔다. 하이데거는 이러한 전통적 신념
을 부정하지 않고, 그것이 정당할 수 있는 이유를 다만 새롭게 지적한
다: "인간은, 만약 그에게 끊임없이, 도처에서, 모든 것에 대해, 다양
한 변경 속에서 그리고 대개는 밖으로 발언되지는 않을지라도, 어떤
'있다/이다(es ist)'에 있어서 발언하기가 불허되어 있다면, 인간이 아

---

4) M. Heidegger, *Unterwegs zur Sprache*, Pfullingen, Günther Neske, 1959.

5) M. Heidegger, "der Weg zur Sprache", *Unterwegs zur Sprache*, Pfullingen,
Günther Neske, 1959. 앞으로 이 논문은 본문 속에 「길」로 약칭하여 표기한다.

닐 것이다." 이러한 지적은 그가 언어에 대한 전통적 신념의 정당근거를, 바로 언어 속에서 존재이해라는 인간의 탁월성이 보증된다는 점에서 찾고 있음을 보여준다. 그에게 있어서는 인간과 존재에 대한 언어의 관련성의 물음이 언어본질에 대한 물음이 되고, 이것이 언어의 비밀스러운 근원에 접근하는 길이 된다.

하이데거는 우리가 언어 속에 머물면서도 언어본질에는 도달해 있지 않다고 주장하면서, 우리를 언어본질의 숙고로 끌어들인다. 그는 이러한 숙고의 과제를 "언어를 언어로서 언어에 데려오기"(「길」, 242)라고 정식화하면서, 이것을 길-정식(Wegformel)이라고 명명한다. 여기서 '언어에 데려온다'는 말은 '설명한다' 또는 '발설한다'는 뜻이다. 논문 제목인 "언어로의 길"의 완전한 표현은 바로 '언어를 언어로서 언어에 데려오는 길'이다. 여기서 세 번 거듭 언급된 '언어'는 매번 상이한 의미를 갖는 것으로 각기 '언어본질', '말씀', '발언'(발음되는 낱말)을 가리킨다. 그래서 길-정식의 실질적 의미는 '언어본질을 말씀으로 발언에 데려오는 길'이 된다. 여기서 "길"은 단순한 수사적 의미를 갖지 않고, 논문 전체에 걸쳐 매우 중대한 의미를 갖는다.

하이데거는 "길"을 '어딘가에 도달하게 해주는 것'을 가리키는 낱말로 이해한다. 따라서 언어로의 길이란 '언어본질을 말씀으로 발언에 도달하도록 해주는 것'이란 말로 이해되어야 한다. 그러면 대체 무엇이 그러한 길인가? 하이데거의 의도를 미리 밝힌다면, 그것은 일차적으로는 사유이지만, 근원적으로는 말씀이다. 사유가 언어본질을 말씀으로 발언에 도달하게 해주는 것으로서 길일 수 있다는 점은 이해할 수 있으나, 말씀이 그러한 길일 수 있다는 것은 대체 무슨 말인가? 어째서 말씀이 언어본질을 말씀으로 발언에 도달하도록 해주는 길이 되는가 하는 점은, 하이데거가 우리에게 최종적으로 보여주려는 사안이고, 우리가 추적하게 될 사안이다. 그런데 하이데거는 길-정식에 대한 구체적 논의에 앞서 아리스토텔레스와 훔볼트의 언어관에 대한 소개를 통해 기존의 언어관의 역사적 배경을 밝히는 식으로 자신의 "언어로의 길"이 갖는 독특성을 부각시키고 있다. 따라서 우리는 기존의 언어관의 역사적 배경으로서 언어이해의 역사를 먼저 살펴본 후, 사유의 경로로서의 언어로의 길과 말씀의 자기운동과정으로서의 언어로의 길을 순차적으로 다루기로 한다.

2. 언어이해의 역사

언어에 대한 우리의 통상적 견해와 이 견해의 한계를 하이데거는 다음과 같이 함축적으로 요약한다: "언어: [이것으로] 우리는 발언 (Sprechen)을 생각하는데, 이 발언을 우리의 활동으로 알고 있고 이에 대한 능력을 신뢰한다. 그럼에도 발언은 [인간의] 확고한 소유물 (fester Besitz)은 아니다."(「길」, 243) 하이데거는 언어가 우선 발언이고, 이것이 우리 인간의 활동이라는 점에 동의한다. 그러나 그는 발언이 인간의 소유물이 아니라고 한다. 이 말은 발언이란 인간이 마음대로 좌우할 수 있는 것이 아니라는 뜻을 갖는다. 인간은 듣는 한에서만 비로소 발언할 수 있는데, 이 점은 하이데거에게 있어서 인간의 발언이란 이것에 앞서는 어떤 선행적인 것에 대한 응대일 뿐이라는 의미를 갖는다.

하이데거는 서양언어가 인간의 활동으로, 정확히는 인간의 발언도구의 활동인 발설(Verlautbarung)로 이해되어 왔음을 언어를 가리키는 낱말에서 확인한다: "발언에는 분절되어 소리 나는 발설이 속한다. 언어는 발언 속에서 발언도구, 곧 입, 입술, 구강, 혀, 목 같은 도구의 활동으로 나타난다. 오래전부터 언어는 직접적으로 이러한 현상들로부터 표상된다는 점을 서양언어가 자신에게 부여한 글로싸(glossa), 링구아(lingua), 랑그(langue), 랭귀지(language) 같은 이름들이 증명한다. 언어는 혀이고 입-유형(Mund-art, 방언)이다."(「길」, 244) 언어에 대한 이 같은 견해는 누구보다도 아리스토텔레스와 훔볼트의 영향 아래서 성립된 것이다.

1) 아리스토텔레스의 영향

아리스토텔레스는 「해석론」에서 글(graphomena), 소리(phone), 체험(pathemata), 사물(pragmata)의 보편적 동일성 여부와 그들의 상호적 관계에 대해 설명한다.6) 이에 따르면, 한편으로 글은 소리의 표시(symbola, 함께 놓인 것)이고 소리는 영혼의 체험의 표시(symbola)이다. 다른 한편으로 글과 소리는 영혼의 체험의 표현(semeia, 보여주는 것)으로서 모든 사람들에게 동일한 것이 아닌 반면에, 사물들과 이것들을 동화한 것(homoiomata)인 영혼의 체험은 모든 사람들에게 동일한 것이다. 이러한 설명 속에서 아리스토텔레스는 사물과 체험의 관계, 체험과 소리의 관계, 소리와 글의 관계를 다양한 용어들(homoiomata, semeia, symbola)에 의해 지적한다. 하이데거는 이 용어들이 상이한 "보여주기의 방식들(Weisen des Zeigens)"(「길」, 245)에 관련되지만, 근본적으로는 모두 '보여주는 것(das Zeigende)'으로 번역될 수 있다고 본다. 그 이유는 그가 아리스토텔레스의 위 용어들이 모두 그리스어 "탈은폐(Entbergung, aletheia)"에 지배받고 있다고 믿기 때문이다.7) 하이데거가 보기에, 아리스토텔레스는 한편으로 언어를 소리와 글이라고 말하지만, 다른 한편으로 이것을 영혼의 체험에 대한 표시(symbola)나 표현(semeia)이라고 말함에 의해 여전히 소리와 글의 본질을 보여주기로 이해하고 있다.

하이데거는 발언을 소리 내기로 경험하는 우리의 일상적 경험을 부인하지 않는다. 그러나 그는 발언이 소리 내기에 그치지 않는 보여주

---

6) Aristpteles, *De Interpretatione*, 16 a 3 f.

7) 폰 헤르만은 그리스 초기의 사상가들과 시인들에게 일어난 탈은폐(aletheia)로서의 언어의 경험은 그러나 그 자체로 이미 하이데거가 행하는 언어본질의 사유적 전개와 같은 것은 아니고, 다만 이 방향을 지시하고 있을 뿐이라고 지적한다. 참조: F. -W. von Herrmann, *Wege ins Ereignis*, 279. 이러한 지적은 하이데거가 긍정적으로 원용하는 모든 철학자들의 사상과 하이데거 자신의 사상의 관계에 있어서도 타당할 것이다.

기라고 믿는다. 보여주기의 의미에 대한 하이데거의 해설은 다음과 같다: "그것은 다양한 방식으로, 탈은폐하거나 은폐하면서, 어떤 것을 나타남에 데려오고, 현상하는 것을 맞아들이도록(vernehmen) 하고, 맞아들인 것을 논의되도록(다뤄지도록) 한다." 하이데거는 보여주기와 보인 것 사이의 관련이 이후의 시기에는 "표시(Zeichen)와 표기된 것 (Bezeichnetes) 사이의 관계, 협정(Abrede)을 통해 확정된 관계"로 변화된다고 한다.

그는 아리스토텔레스에게서 발언이 여전히 보여주기로 이해되고 있는 흔적을 확인한다. 반면에 그는 아리스토텔레스 이후의 역사 속에서 언어가 보여주기가 아닌 표기하기(Bezeichnen)로 변화되었다고 믿는다: "그리스 문화의 고양기에 표시(Zeichen)는 보여주기에서부터 경험되고 보여주기를 통해 또 보여주기를 위해 각인되었다. 헬레니즘(스토아) 시기 이후로, 한 대상에 대한 표상작용이 다른 한 대상[의미, 생각]을 겨냥하게 하고 그리로 방향을 두게 하는 확정을 통해, 표시가 표기하기를 위한 수단으로서 등장했다. 표기하기는 현상하도록 함이란 의미의 보여주기가 전혀 아니다."

아리스토텔레스 이후에 발언은 의미를 소리 내어 지시하는 표기하기로 이해되고, 이로써 언어는 의미들의 담지자로 된다: "인간은 발언에서부터 언어를 분절된 소리들의 관점에서, 의미들의 담지자의 관점에서 표상한다."(「길」, 246) 하이데거에 의하면, 아리스토텔레스에게 나타났던 언어의 보여주기의 측면이 표기하기로 변화된 일은 이후의 언어관의 형성을 위한 결정적 요인이다.

2) 훔볼트의 영향

아리스토텔레스의 언어관은, 언어를 표기하기로 설명하는 견해로 수용되면서 서양유럽의 사유에서 주도적인 표상으로 남게 된다. 하이데거는 고대 그리스에서 시작되고 이후 다양한 방식으로 이뤄진 언어

고찰들이 훔볼트의 언어숙고에서, 특히 자바 섬의 카비(Kawi)-언어에 관한 저작의 서문에서 절정에 달한다고 본다. 그 서문은 별도로『인간의 언어구조의 다양성과 이것이 인류의 정신적 발전에 미치는 영향에 관해서』(1836)[8]라는 제목으로 발간되었다. 하이데거는 "이 논문이 그때 이후로 찬성이나 반대 속에서, 거론되거나 침묵된 채로, 이후의 전체 언어학과 언어철학을 오늘날까지 규정한다."(「길」, 246)고 주장하면서, 이 서문에 보이는 몇 대목을 인용해 소개한다.

훔볼트는 위의 서문 10절에서 "분절된 소리"는 "모든 발언의 토대이자 본질"(「길」, 246)이라고 하여 분절된 소리를 강조한다. 자주 인용되는 서문 8절에서 훔볼트의 언어관을 잘 드러내는 대목은 다음이다: "언어 자체는 어떤 작품(Ergon, 완성된 것)이 아니라 어떤 활동(Energeia)이다. 언어에 대한 참된 정의는 따라서 오직 발생적인 것일 수만 있다. 그것은 이른바 정신이 영원히 반복하는 노동인바, 곧 분절된 소리로 하여금 사상(Gedanke)을 표현할 수 있게 하는 노동이다. 직접적으로 또 엄격히 말하자면, 이것이 그때마다의 발언에 대한 정의이다. 하지만 참되고 본질적인 의미에서 사람들은 이러한 발언의 전체성을 언어로 간주할 수 있다."(「길」, 247) 훔볼트는 이렇게 발언과 언어가 분절된 소리를 통해 사상을 표현해 내는 정신의 노동이라고 규정하고 있다.

언어가 정신의 노동이라는 말의 구체적 의미는 서문 20절의 다음의 문장에서 나타난다: "언어가 상호적 이해를 위한 교환수단에 불과하지 않고 오히려 하나의 참된 세계이고, 이 세계가 정신이 자신의 힘의 내적인 노동을 통해 자기와 대상들 사이에 정립해야만 하는 것이라는 느낌이 영혼 속에서 참으로 자라난다면, 그것[언어]은 점점 더, [언어를] 그 속에서 발견하고 또 그 속으로 놓아야 하는 그런 참된 길 위에

---

8) Wilhelm von Humboldt, *Über die Verschiedenheit des menschlichen Sprachbaues und ihren Einfluß auf die geistige Entwicklung des Menschengeschlechts*, hersg. von E. Wasmuth, Berlin, 1836.

있다."(「길」, 248) 훔볼트에게 언어란 주관이 자기와 대상들 사이에 정립하는 세계이자 세계관이고, 인류는 이러한 세계관 속에서 자신의 표현에 이른다. 훔볼트가 언어를 이렇게 세계나 세계관으로 파악하는 이유에 대해 하이데거는 그의 언어로의 길이 "인간의 역사적-정신적 발전의 전체를 인류 전체에 있어서 그러나 동시에 인류의 그때마다의 개별성에 있어서 역사적으로 서술하려는 노력"(「길」, 248-249)에서부터, 곧 독일 관념론적 전통에서부터 규정되었기 때문이라고 지적한다. 사실상 하이데거가 밝히듯이 훔볼트는 1816년에 나온 그의 자서전에서 "세계를 그 개별성과 전체성에 있어서 파악하는 것이 바로 내가 노력하는 것이다."(「길」, 249)라고 밝히고 있다.

이상으로 볼 때 훔볼트는 한편으로 언어가 분절된 소리에 의해 사상을 표현하는 것이라고 보면서 통상적인 언어관을 대변한다. 다른 한편으로 그는 언어가 영원히 반복하는 정신의 노동이라고 보면서 변증법적 관념론을 대변한다. 하이데거는 훔볼트의 이 두 번째 태도를 문제시한다. 그에 의하면 훔볼트가 '언어를 언어로서 언어로 데려오기'에 있어서 "언어를 인간의 주관성 속에서 가공된 세계관의 한 유형 및 형식으로서 언어로 데려온다."는 것이며, 이로써 훔볼트의 언어로의 길은 "인간에 방향을 두고, 언어를 가로질러 어떤 다른 것, 곧 인류의 정신적 발전의 규명과 진술에 이른다."는 것이다. 이러한 결과로 그가 파악해 낸 언어본질은 하이데거가 의도하는 바의 언어본질, 곧 "언어가 언어로서 자현하는(west) 방식(Weise)"을 나타내지 못한다는 것이다. 여기서 자현한다(west)는 것은 언어가 우리에게 자신을 나타냄을, 스스로 현상함 내지 현성함을 의미한다. 우리는 아래에서 하이데거가 본질(Wesen)을 그 근원적 의미를 헤아려 바꿔 표현한 것인 '다스 베젠데(das Wesende)'도 역시 '자현하는 그것'으로 번역하게 될 것이다. 하이데거가 언어의 본질로 의도하는 것은 결국 언어 속에서 자현하는 그것, 곧 언어의 자현방식이다.

정리해 말해 본다면, 하이데거가 보기에 아리스토텔레스와 훔볼트에 의해 영향 받으며 성립된 전통적 언어관은 언어를 우선 발언으로 보고는 있으나, (1) 이 발언을 의미나 생각에 대한 표기하기로만 파악한 결과 보여주기라는 측면에서 파악하는 데 실패하였고, (2) 발언을 인간의 정신의 활동에서부터 규정한 결과 그것을 언어 자체에서부터 규정하는 데 실패했다는 것이다. 하이데거의 용어로 말해 기존의 언어관은 '언어본질을 언어로서 언어로 데려오는 데' 성공하지 못했다. 지금까지의 언어이해의 역사에 대한 이 같은 비판적 검토를 통해 하이데거는 언어에 대한 숙고가 인간이 아닌 언어로부터, 더 구체적으로는 언어의 보여주기의 측면에서부터 출발해야 할 필요성을 부각시킨 것이다.

3. 언어로의 길의 첫 번째 의미

이제 우리는 하이데거의 "언어로의 길"이 지니는 첫 번째 의미, 곧 '언어본질을 말씀으로 발언에 도달하게 하는 길'로서의 하이데거의 '사유의 경로'를 추적해 보기로 한다.

1) 발언은 보여주기로서의 말해 주기

하이데거는 우리가 언어를 "에네르기, 활동, 작업, 정신력, 세계관, 표현 등과 같은 일반적 표상들"에 의거해 이해한다면, "언어를 이러한 일반자의 특수한 한 사례로 가둬 넣게 된다."고 믿고, "언어로의 길은 이제, 엄격히 '언어를 언어로서 언어에 데려오기'라는 정식이 명명하는 실마리"를 따라가야 한다고 본다.

언어본질에 대한 하이데거의 추적은 발언의 다양성을 현상학적으로 분석하는 방식으로 이뤄진다. 발언자들의 발언은 언제나 어디로 향하고 있다. 어디로 향해 있는가? "그곳은 이웃사람들과 사물들이고, 사물들을 사물들이게 하고(be-dingt, 제약하고) 이웃사람들을 기분 지우는(be-stimmt, 규정하는) 모든 것[곧 사람들과 사물들의 존재]이다.”
(「길」, 250-251) 발언이 그리로 방향을 두고 있는 곳은 존재자와 존재이다. 그런데 존재자와 존재로 향하고 있는 발언은 그 수준에 있어서 다양하고 그 관계에 있어서도 다양하다: 발언에는 “말 걸기”, “논의하기”, “상론하기” 등의 수준이 있고, 이들은 그 관계의 면에서 “서로에게 발언하기”, “서로 함께 발언하기”, “자신에게 발언하기” 등으로 나뉜다. “발언된 것” 역시 다양하다: 그것은 단순히 “밖으로 발언된 것”이기도 하고, 오래전부터 판결되어 있는 “선언된 것”이기도 하다. 발언된 것이 거기서 유래하는 “발언 안 된 것”도 다양하다: 그것은 “아직 발언되지 않은 것”일 수도 있고, “발언되지 않은 채로 있어야만 하는 것”일 수도 있다. 이렇게 “언어본질에서는 다양한 요소들과 관계들이 드러난다.”(「길」, 251) 하이데거가 이러한 다양성을 열거하는 이유는 이러한 다양성 속에서 언어의 독특한 점을 확인해 내기 위함이다. 그는 언어의 독특한 점에 대해 다음과 같이 스스로 문답한다: “발언과 발언된 것이 앞서의 간략한 언어본질의 설명 속에서 어떻게 사유되었는가? 그것들은 이미, 어떤 것이 말해지는(gesagt) 한에서 그 어떤 것이 그것들[발언과 발언된 것]을 통해 또 그것들 안에서 언어로 오게 되는, 즉 나타남에 이르게 되는 것들로 스스로를 내보인다.”(「길」, 252) 이로써 언어의 독특한 점은 우선 ‘말해지는 존재자를 나타남에 이르게 함’에서 찾아지게 된다.

하이데거는 나타남에 이르게 하는 발언을 단순히 소리 내는 발언으로부터 구분하면서 보여주기라고 규정한다: “말해 주기(Sagen)와 발언하기(Sprechen)는 동등한 것이 아니다. 어떤 이는 발언할 수 있고, 무한히 발언하더라도 아무것도 말해 주지 못하는 수가 있다. 이에 반해 어떤 이는 침묵하여 발언하지 않지만, 그럼에도 발언하지 않음 속에서 많은 것을 말해 줄 수 있다. 그러면 말해 주기는 무엇인가? 말해 주기는 보여주기, 현상하게 하기, 보이게 하기, 들리게 하기이다.” 우리가 침묵 역시 일종의 발언으로 이해한다면, 발언을 발언이도록 해주는 것은 소리 내기가 아니라 보여주기라는 것이다.

이제 통상적인 언어관에 대한 하이데거의 입장은 더욱 분명히 드러난다. 그가 보기에, 발언이 발설로 또 인간의 활동으로 파악되는 것은 "발언으로서의 언어에 대한 정확한(richtige) 표상들"이지만, 그러나 그것은 쉽게 "음성학적-청각적-생리학적인 발음법 설명"에 이르고, 이것은 "정적의 울림에서의 언어의 유래"와 "울림의 기분 지음(Be-stim-mung, 규정함)"을 경험하지 못한다. 정적의 울림은 보여주기 속에서 일어나고, 그것이 인간을 기분 지우면서 인간의 발언을 규정한다.

2) 언어는 현시로서의 말씀

하이데거는 발언이 본래 보여주기라는 점을 다음과 같은 현상학적 분석을 통해 다시 제시한다: "서로에게 발언하기는, 어떤 것을 서로 말해 주기, 서로 보여주기, 보인 것을 상호적으로 신뢰함을 뜻한다. 서로 함께 발언하기는, 어떤 것에 관해 함께 말해 주기, 논의된 것 속에서 말 걸린 것이 의미하는 것 또는 말 걸린 것이 스스로 나타남에 데려오는 것을 서로 보여주기를 뜻한다. 발언되지 않은 것은 발설됨 없이 머물러 있는 것만이 아니라 말해지지 않은 것, 아직 보이지 않은 것, 아직 현상에 이르지 않은 것이다."(「길」, 253) 결국 서로에게 발언하기, 서로 함께 발언하기, 발언되지 않은 것에서 공통적으로 확인되는 것은 발언의 본질이 보여주기라는 점이라는 것이다.

하이데거는 발언이 본래 '보여주기로서의 말해 주기'라는 점에 의거하여, "말해 주기의 관련들의 관점에서 언어본질 전체를 말씀(Sage)이라고 명명"하고, 보여주기의 관점에서 이 말씀을 다시금 "현시(Zeige)"라고 명명한다. 발언이 본래 '보여주기로서의 말해 주기'인 한, 언어는 본래 '현시로서의 말씀'이다. 이 점을 규정하여 하이데거는 "언어의 자현하는 그것(das Wesende, 본질)은 현시로서의 말씀"(「길」, 254)이라고 규정한다.

발언에 대한 이상과 같은 현상학적 분석에 이어, 하이데거는 듣기에 대한 현상학적 분석을 계속한다. 그것에 따르면 듣기는 발언에 선행하며, 말하도록 허용하기에 의해 비로소 가능하다.

3) 발언에 앞서는 것이 듣기

통상적으로 우리는 한 사람이 발언하고 다른 사람이 듣는다고 생각하면서, 발언과 듣기가 분리된 별개의 것이라고 생각한다. 그런데 하이데거는 듣기가 발언보다 선행하지만 동일한 것이라고 주장한다: "발언은 그 자체로 하나의 듣기이다. 그것은 우리가 발언하는 언어를 듣기이다. 그래서 발언은 동시에가 아니라 미리(*zuvor*) 하나의 듣기이다."(「길」, 254) 언어를 듣는다는 하이데거의 주장은 임시적으로, 우리가 '발언함에 있어서 우리의 생각이나 느낌에 따라 떠오르는 말을 듣고 이를 발언한다'는 뜻으로 이해될 수 있을 것이다. 이런 경우에 내가 들은 내용과 내가 발언하게 될 내용은 동일하며, 이런 측면에서 발언은 그 자체로 하나의 듣기라는 말이 가능하다.

하이데거는 우리가 타인의 말을 들을 수 있고, 타인에게 발언할 수 있는 것도 역시 우리가 미리 언어를 듣기 때문이라는 점을 분명히 한다. "우리는 언어를 발언하는 것만이 아니라, 언어에서부터 발언한다. 우리가 그렇게 할 수 있는 것은 오직, 우리가 언제나 이미 언어를 들어왔다는 것을 통해서일 뿐이다. 우리는 무엇을 듣는가? 우리는 언어의 발언을 듣는다." 언어는 세계의 모든 것에 도달하면서, 그 모든 것을 보여주는 동안에 발언한다: "언어는 말해 주는, 곧 보여주는 동안에 발언한다. 언어의 말해 주기는, 일찍이 발언되었고 [그 후로] 지금까지 여전히 발언되지 않은 말씀에서 솟아나는데, 그 말씀은 언어본질의 윤곽을 관통하고 있는 것이다. 언어는 그것이 현시로서, 현존의 모든 방역들(alle Gegende)에 도달하면서 이 방역들로부터 그때마다 현존자를 현상하도록 하고 사라지도록 하는 동안에, 발언한다. 그것에 맞추어 우리는, 우리가 언어의 말씀으로 하여금 우리에게 말하도록 허용하는 방식으로 언어를 듣는다."(「길」, 255) 언어의 보여주기 속에서는 정적의 울림이 생겨나는데, 이것이 바로 언어의 발언이다.9) 이 경우 우리가 언어의 발언을 듣는 것은, 우리가 '말씀으로 하여금 말하도록 허용하고' 우리 자신의 생각에 묶여 말씀을 방해하지 않는 한에서만 가능하다. 따라서 우리의 발언이 거기서 비롯되는 말씀의 듣기는 말씀에게 '말하도록 허용하기'에 다름 아니다.

4) 말씀이 인간의 발언을 보증함

언어의 발언을 인간이 듣는다는 것은, 언어에 대한 인간의 전면적 수동성을 주장하는 것은 아니다. 왜냐하면 언어의 발언을 듣는다는 것 자체가 인간의 적극적 태도를 함축하기 때문이다. 그 적극적 태도는 선입견에 묶이지 않은 열린 마음으로 말씀으로 하여금 '말하도록 허용하기'이다: "우리가 어떤 방식으로 듣건 또 어느 곳에서 듣건 간에, 거기서 듣기는 모든 맞아들임(Vernemen)과 표상함(Vorstellen)을 이미 보류하면서 자신에게 말하도록 허용하기(sichsagenlassen)이다." 그런데 우리가 듣기에 있어서 말씀으로 하여금 우리에게 말하도록 허용하거나 불허할 수 있음은, 우리가 이미 말씀에 귀속해 있기 때문에만 가능하다. 인간이 말씀에 이미 귀속해 있는 한에서만, 말씀이 인간에게 말해 줄 수 있고 인간이 듣기와 발언을 할 수 있다. 결국 우리를 발언에 도달하게 해주는 것은 우리가 거기에 귀속해 있는 그 말씀이다: "오직 언어에 귀속해 있는 자들에게만 말씀은 언어를 듣기를 보증하고, 그렇게 발언을 보증한다. 말씀 안에는 그러한 보증함(Gewähren)이 존속한다. 그것이 우리로 하여금 발언의 능력에 도달하도록 해준다. 언어의 자현하는 그것(das Wesende der Sprache)은 보증하는 말

---

9) 여기서 말해지는 언어와 개시성의 상관성을 위해서는 6장 1절(하이데거의 진리이해의 자화사건적 존재론)을 참조하라.

씀 안에 머문다." 말씀은 인간에게 듣기를 보증해 주고, 이런 한에서 인간이 언어를 듣고 발언할 수 있다. 그런 까닭에 하이데거는 언어본질을 말씀이라고 밝힌다. 이로써 하이데거의 사유의 경로는 드디어 '언어본질을 말씀으로 발언에 데려오는' 지점에 도달한 것이다.

5) 지금까지의 사유의 경로

지금까지의 사유의 경로는 다음과 같이 요약된다: 언어는 우선 인간의 발언을 가리킨다. 발언은 본질적으로 보여주기로서의 말해 주기이다. 따라서 언어는 본질적으로 현시로서의 말씀이다. 보여주기로서의 말해 주기는 그런데 그 자체로 이미 듣기이다. 듣기는 말씀의 말해 주기를 듣기이고, 이러한 듣기는 말씀이 우리에게 말하도록 허용하기이다. 이러한 인간의 허용이나 불허는 우리가 이미 말씀에 귀속해 있기 때문에 가능하다. 따라서 우리로 하여금 들으면서 발언하도록 보증하는 것은, 우리가 이미 거기에 귀속해 있는 말씀 자체이다. 말씀이 듣기와 발언을 보증하고 있는 것으로서 언어본질이다.

언어본질을 말씀이라고 확정한 다음, 하이데거는 "언어로의 길"이 갖는 한 가지 가능한 의미와 이것이 갖는 제한적 성격을 다음과 같이 밝힌다: "언어본질을 말씀으로 설명하는 해설과 더불어 언어로의 길은 언어로서의 언어에 도달하고 그렇게 그의 목표에 도달했다. 숙고는 언어로의 길을 자기 뒤에 데려왔다[통과했다]. 이것은, 사람들이 언어로의 길을 언어를 숙고하는 사유의 경로(Gang)로 간주하는 한에서, 그렇게 보이고 또 타당하기도 하다."(「길」, 256) 이렇게 하이데거는 우리가 지금껏 추적한 사유의 경로가 언어로의 길이 갖는 제한적 의미에 불과할 수 있음을 암시한다. 우리는 언어본질을 말씀으로 발언하는 지점에 도달하였지만, 바로 이 지점에서 하이데거는 언어로의 길이 사유의 경로에 불과한 것이 아니라고 지적하면서, 언어로의 길을 더욱 근원적으로 말씀의 자기운동과정으로 해설하는 데로 나아간다.

4. 언어로의 길의 두 번째 의미

언어로의 길의 새로운 의미를 밝히기 위해 하이데거는 무엇이 근원적으로 "길"인지를 먼저 확정한다: "무엇이 하나의 길인가? 길은 도달하도록 허용해 주는 것이다. 말씀은, 우리가 그 말씀을 듣는 한에서, 우리를 언어의 발언에 도달하도록 허용해 주는 것이다."(「길」, 257) 앞에서 우리는 하이데거의 사유 경로가 언어본질을 말씀으로 발언에 데려오는 것으로서 바로 길이라고 하였다. 그런데 여기서는 말씀 자체가 우리를 언어의 발언에 도달하도록 해주는 것으로서 바로 길이라고 말해진다. 우리를 '발언에 도달하게 해주는 것'(발설하도록 하는 것)은 이전에는 사유였으나 이제는 말씀이다. 사유의 우위는 이제 말씀의 우위로 바뀐다.

1) 말씀의 본래적 본질

(1) 귀속의 허용 속에 숨은 말씀의 본래적 본질

사유에 대한 말씀의 우위를 염두에 두면서 하이데거는 말씀이 길이라는 점을 다음과 같이 확정한다: "언어로의 길은 언어 자체 속에서 자현한다. 발언이라는 의미의 언어에 이르게 하는 길은 말씀으로서의 언어이다. 언어에서 독특한 점은 따라서 길 속에 숨어 있는데, 바로 이 길로서 말씀은 언어를 듣는 자들을 언어에 도달하도록 허용해 준다."(「길」, 257)

앞에서 우리는 말씀이 듣기와 발언을 보증한다는 점을 살펴보았다. 이렇게 보증하는 것으로서의 말씀은 우리를 '발언에 도달하도록 (발언하도록) 허용하는 것'으로서 길이었다. 그런데 여기서 하이데거는 다시금 '발언에 도달함의 허용'은 '말씀에의 귀속의 허용'에서 비롯되며, 이 '말씀에의 귀속의 허용' 속에 길의 본래적 본질이, 곧 "길의 본래적으로 자현하는 그것"이 숨어 있다고 말한다. 이제 길의 본래적 본

274

질, 곧 말씀의 본래적 본질을 밝히기 위해 다음의 물음이 제기된다: "말씀이 어떻게 자현하기에, 말씀이 [인간이 자신에게] 귀속함을 허용할 수 있는가?" 앞질러 대답한다면, 말씀은 보여주기에 있어서 사물과 인간을 자기화하는(ereignen) 식으로 자현하기 때문에 인간을 자신에게 귀속시키는 능력을 지닌다. 여기서 자기화는 이중적 의미를 갖는다. 하나는 말씀이 인간을 자기 것으로 삼는다는 것, 곧 전유한다는 것이다. 다른 하나는 말씀이 인간으로 하여금 고유한 자기로 되게 한다는 것이다. 그 같은 자기화 사건이 바로 말씀에의 인간의 귀속을 허용하는 것이고 또한 '말씀에의 귀속의 허용' 속에 숨어 있는 말씀의 본래적으로 자현하는 그것, 곧 말씀의 본래적 본질이다.

(2) 말씀의 본래적 본질은 자기화와 자화의 사건

앞서 지적되었듯이 말씀은 보여주기로서 현존자를 현존으로, 부재자를 부재로 데려온다. 따라서 "말씀은 현상하는 것들에 대한 나중에 부가된 언어적 표현이 아니고, 모든 나타남과 사라짐이 오히려 보여주는 말씀 안에 머물러 있다." 모든 존재자들의 출현이 말씀 안에 머물러 있는 한에서, 말씀은 존재자들의 세계를 섭리하는 것이다: "말씀이 트임의 자유로운 곳[세계]을 두루 지배하고 섭리하는데, 그 자유로운 곳은 모든 나타남이 방문해야만 하고 모든 사라짐이 떠나야 하며, 각각의 현존과 부재가 그 속으로 들어서서 자신을 내보여야 하고, 속삭여야만 하는 곳이다." 말씀은 세계를 두루 지배하고 섭리하는 것이다. 이에 바탕을 두고 말한다면, 세계가 언어 덕분에 이해된다는 말도 역시 세계가 인간의 언어의 덕분이 아니라 세계의 언어의 덕분에 이해된다는 의미로 해석되어야 할 것이다.

하이데거는, 존재자의 존재가 그 안에 머물러 있는 것이자 세계를 두루 지배하고 정돈하는 것인 말씀의 보여주기 속에서 모든 것을 움직이게 하고 있는 어떤 것을 주목하고, 그것을 '고유한 자기로 되게 함'이라고 규정한다: "말씀의 보여주기 속에서 활동하는 것(das Regende)은 고유한 자기로 되게 함(Eignen)이다."(「길」, 258) 보여주기로서의 말해 주기 속에는 '고유한 자기로 되게 함'이 자신을 나타낸다. 보여주기로서의 말해 주기가 언어의 자현하는 그것(본질)이라면, 보여주기로서의 말해 주기 속에서 나타나는 '고유한 자기로 되게 함'은 언어의 본래적으로 자현하는 그것(본질)이다.

하이데거는 고유한 자기로 되게 함이 "현존자와 부재자를 그때마다의 고유한 점(Eigenes)으로 데려오는데, 이 ' 고유한 점[무엇임과 어떻게 있음]에서부터 그 현존자나 부재자는 그 자신을 그 자신에 있어서 보여주고 또 그 자신의 방식으로 체류한다."고 밝힌다. 그는 보여주기 속에서 나타나는 것을 "[고유한 점으로] 데려와 고유한 자기로 되게 함(erbringende Eignen)"이라고 부르고, 이를 줄여 "자기화(Ereignen)"라고 부르고, 원인을 알 수 없는 그것의 설명 불가적 성격을 드러내기 위해 "사건(Ereignis)"이라고 부른다. 이 사건은 원인 없이, 근거가 없이 저절로 일어나는 사건이면서, 그로 인해 모든 것이 그 자신으로 자기화되는 사건이다. 여기서 우리는 노자의 자연 개념, 곧 스스로 그러함 내지 저절로 그러함이라는 자연 개념을 상기하게 된다. 우리는 노자의 자연 개념을 상기하면서, 모든 것을 자기화하면서 스스로 또 저절로 일어난다고 하이데거가 말하는 그 사건을 자화(自化)라는 개념 속에서 생각할 수 있을 것이다. 그리하여 하이데거가 말하는 그 사건을 우리는 자화사건으로 표현하고자 한다. 자화사건은 그것이 존재자의 존재를 위해 일어난다는 점에서 통상 존재사건이라고 번역되어 온 것이기도 하다. 자화사건은 존재의 자현을 위한 진리의 자현의 사건이다.

2) 말씀 속의 자화사건

(1) 자기화는 내어주기의 사건
말씀의 본래적 본질인 자기화는 세계의 세계화와 사물의 사물화를 포함하는 것이고, 따라서 자기화를 통해 비로소 세계와 사물이 그 자신들로 있게 되는 것이다. 이런 한에서 자기화는 최고의 "원인"이나 최고의 "근거"로 생각될 수도 있을 것이다. 그러나 하이데거는 자기화의 작용을 인과론적이거나 형이상학적으로 표상하지 않고, 다만 현상학적으로 '보증함'의 면에서 사유한다: "말씀을 통해 자기화(Ereignen)가 내어주는(ergibt) 것은 어떤 원인의 결과도 어떤 근거의 귀결도 아니다. 데려와 고유한 자기로 되게 함(erbringende Eignen), 곧 자기화는 온갖 원인지음이나 만듦, 근거지음보다도 더욱 보증해 주는(gewährender) 것이다."(「길」, 258) 따라서 자기화는 자기 밖에 어떤 원인이나 근거를 갖는 "하나의 출현(ein Vorkommnis)이나 하나의 발생(ein Geschehen)으로 표상될 수는 없고, 다만 말씀의 보여주기 속에서 단지 보증해 주는 것(das Gewährende)으로서만 경험될 수 있다."고 말한다. 자기화는 스스로 다른 것에 대해 근거가 되는 것도 아니지만, 다른 것을 근거로 하는 것도 아니다. 그것은 세계의 트임이나 존재자의 출현이 지닌 방식으로서 인과론적, 목적론적, 형이상학적 설명에 앞서는 시원적인 허용함 내지 보증함의 현상이다. "거기로 자화사건이 소급되거나 거기로부터 자화사건이 설명될 수 있는 그런 다른 아무것도 없다. 자기화는 다른 것으로부터의 결과가 아니지만, 그것의 풍부한 줌(reichendes Geben)이 비로소 '주어짐(es gibt)' 같은 것을 보증해 주는 것이고, '존재' 역시 현존으로서 자신의 고유한 점에 도달하기 위해 필요로 하는(bedarf) 그런 '내어-줌(Er-gebnis)'이다." 자기화는 결국 가장 근원적인 것이다. 이런 한에서 하이데거는 고유한 자기로 되게 함(Eignen), 자기화(Ereignen), 자화사건(Ereignis)을 "아침의 새벽", "가장 때 이른 것이자 가장 오랜 것", "모든 장소들과 모든 시간-놀이-공간들의 소재지"라고 명명한다.

하이데거는 우리가 인과론적, 형이상학적 설명방식을 포기한다면, "말씀 속에서 전개되는 자화사건"에 대해 다만 "그것이 — 자화사건이 — 고유한 자기로 되게 한다."(「길」, 259)라고만 말할 수 있다고 한다. 이 같은 자화사건을 하이데거는 "모든 관계들 중의 관계"(「길」, 267)라고도 하고, "법칙(Gesetz)"[정립의 모음, Ge-setzen]이라고 규정하는데, 이때 그가 법칙이라는 말로 의미하는 것은, "하나의 규범"이 아니라, "각각의 모든 것을 그의 고유함 속에서 현존하도록 해주고, 자신이 소속된 것에 귀속하도록 해주는 것의 모음"(「길」, 259)이다. 자화사건은 그것이 "죽을 자들을 그들의 본질로의 자기화 속에 모아들이고 거기에 유지하는 한에서 유일무이한 법칙"이며, "모든 법칙들 중에서 가장 단순한 것이며, 가장 부드러운 것"이다. 하이데거가 자화사건을 이같이 모든 사물과 인간에 대한 법칙으로 보는 것은, 그것이 사물과 인간을 자기화하면서 자화사건과의 관계 속에 묶어두고 있기 때문이다.

(2) 자화사건은 인간의 자기화

하이데거는 자화사건이 세계의 세계화와 사물의 사물화일 뿐만이 아니라, 인간을 자화사건 자신에게 적합하도록 고유한 자기로 되게 하는 것이라고 해설한다. 자화사건에 의한 "인간본질의 자기화(Eräugen, 전유)"는 "인간을 말씀을 듣는 자로 되게 하는 적합화(Vereignung)"(「길」, 260)인데, 이것이 "인간을 그 고유한 점 속으로 풀어내고, 이로써 인간은 발언하는 자, 곧 말하는 자로서 말씀에 응대하고 그것도 자신에게 고유한 점에서부터 응대하게 된다." 여기서 "고유한 점"이란 "낱말의 소리(das Lauten des Wortes)"를 말한다. 낱말의 소리를 통해 인간이 말씀에 응대하는 일은, 이미 말씀이 인간을 듣는 자로 적합하게 하면서 말씀을 되풀이 말하도록 인간을 사용한다는 것을 뜻한다.

사물을 고유한 자기로 되게 하고, 인간을 말씀에 응대하도록 적합하게 하는 그런 자기화가 말씀 속에서 섭리하고 있다면, 말씀 속의 자화사건이 인간을 발언에 도달하도록 해주는 것이다: "자화사건은 [인간을] 사용하면서 적합하게 함 속에서 말씀을 인간의 발언에 도달하도록 한다. 언어로의 길은 자화사건에서부터 규정하는 말씀에 속한다." 말씀이 언어로의 길일 수 있는 것은, 자화사건이 말씀의 본래적으로 자현하는 그것(본질)으로서 말씀을 발언에 도달하도록 (발언되도록) 규정하고 있기 때문이다.

3) 자화사건은 길-내주기

하이데거는 말씀이 언어로의 길이라는 점에서, 말씀을 규정하는 자화사건을 길을 내주는 사건, 곧 길-내주기라고 부른다. 이로써 '언어로의 길'의 의미가 더욱 구체화된다: "예컨대 눈 덮인 들에서 길을 연다(einen Weg bahnen)는 것은 오늘날 여전히 알레마니안-스바비안 어법으로 베겐(wëgen)이라고 불린다. 타동적으로 쓰인 이 동사는, 하나의 길을 형성한다(bilden)는 것, 형성하면서 그 길을 준비된 채로 둔다(bereit halten)는 것을 말한다. [⋯] 자화사건은 말씀에 의한 언어로의 길-내주기(die Be-wëgung der Sage zur Sprache)이다."(「길」, 261)

자화사건이 이제 '말씀이 스스로에게 언어로 향하도록 길을 내주는 것'으로 사유되면서 '언어로의 길'은 더욱 분명하게 변경된 의미를 갖게 된다: "길-내주기가 언어(언어본질)를 언어(말씀)로서 언어(발음되는 낱말)에 데려온다. 언어로의 길에 관한 이야기는 이제 더 이상은 단지 또 우선적으로 언어를 숙고하는 우리의 사유의 경로를 뜻하지 않는다. 언어로의 길은 도중에 변화되었다." 하이데거는 언어로의 길의 변경된 의미가 사유의 길의 필요성을 부정하는 것이 아니라, 오히려 그것의 가능성을 알려주는 것이라고 한다: "우선적으로 의미되었던 언어로의 길은 힘없는 것이 되는 게 아니라, 오히려 본래적인 길(den eigentlichen Weg)을 통해, 곧 [인간을] 데려와 고유한 자기로 되게 하면서 [인간을] 사용하는 길-내주기를 통해 비로소 가능하게 되고 필연적이게 된다. [⋯] 발언에 이르게 하는 말씀의 길-내주기가 우리에게 비로소 오솔길들(Pfade, 사유의 경로들)을 열어주고, 이 오솔길

들 위에서 우리는 언어로의 본래적인 길을 숙고한다." '언어로의 길'
이란 표현은 이제 말씀이 언어를 향해 길을 내주는 일 또는 언어로
향한 말씀의 자기운동과정이라는 의미를 갖는다. 이런 한에서 하이데
거는 앞서 논해진 길-정식의 의미 역시 새롭게 규정한다: "길의 정식:
언어를 언어로서 언어에 데려온다는 것은, 언어를 숙고하는 우리를
위한 지침에 불과한 것이 아니라, 자화사건 속에 머무는 언어본질이,
그 안에서 자신에게 길을 내주는(sich be-wëgt, 스스로 운동하는) 그
런 구조의 형태 내지 형식이다."(「길」, 261-262) 이로써 길-정식의 근
원적 의미는 언어로 향한 말씀의 자기운동의 과정이고, 자화사건의
전개과정이다. 이로써 언어로의 길의 두 번째 의미가 분명해졌다.

하이데거는 자화사건 속의 말씀에 의해 비로소 사유의 경로가 가능
해지고 필연적이게 된다고 말함에 의해 사유에 대한 말씀의 우위를
확정하였다. 말씀이 먼저 사유를 위해 오솔길들(존재들)을 내주고, 사
유가 언어로 향한 (발언에 이르는) 그 길들을 따라간다. 사유가 언어
를 향해 걷는 그 오솔길들은 길-내주기로서의 자화사건에 의해 사유
에게 열린 길들이다. 사유가 걷는 그 오솔길은 인간으로의 길, 사물로
의 길, 언어로의 길, 역사로의 길 등 다양할 것이다. 사유가 길을 걷는
다고 말해짐은 사유가 방법(Methode)의 틀 안에서 현상을 주제화하는
일이 아니라, 트임(진리)의 자화사건으로부터 생겨나는 현상(존재)을
길(hodos)로 여기며 그것을 따라가는(meta) 일이기 때문이다. 현상들
을 따라 사안들 자체로(zur Sachen selbst) 다가서는 것인 한에서 사유
는 트임(진리)의 자화사건 안에서의 길-가기(존재사유)이다.

4) 자화사건의 탈-은폐 가능성

하이데거가 스스로 경험하여 해설하는 자화사건은 우리 독자들에게
도 역시 경험되는 것인가? 그 대답은 긍정적인 것이기 어렵다. 그렇지
만 하이데거는 자화사건의 경험 내지 탈-은폐가 가능하다고 믿고 있

다: "자화사건은 말해 주면서 있다. 따라서 언어는 언제나 자화사건이 스스로를 그 자체로 탈-은폐하거나 스스로 회피하는 방식으로 발언한다."(「길」, 263) 그러면 대체 언제 자화사건이 스스로를 우리에게 탈-은폐하게 되는가? 하이데거의 신중한 대답은 다음과 같다: "자화사건을 숙고하는 사유는 자화사건을 이제야 추정할 수 있는 것이지만, 그럼에도 그것을 여전히 낯선 이름인 틀-짜넣기(Ge-stell, 몰아세움)로 명명된 현대기술의 본질 속에서 이미 경험할 수도 있다." 위에서 전개된 '언어로의 길'은 자화사건을 추정할 수 있는 단계로만 우리를 데려왔지만, 자화사건에 대한 우리의 직접적인 경험 가능성은 이미 전부터 현대기술의 본질에 대한 우리의 경험에 달려 있다는 것이다. 그 이유는 바로 현대기술시대에서는 현대기술의 본질로 말해진 틀-짜넣기가 그 자체로 존재의 진리의 자화방식이기 때문이다. 자화사건은 인간을 고유한 자기로 되게 하며 세계와 사물을 고유한 자기로 되게 하는 사건이다. 현대기술시대에는 틀-짜넣기가 그 나름의 방식으로 그 일을 떠맡는다: "모든 현존자를 기술적인 배치품(Bestand)으로 배치하도록(bestellen) 인간을 내세우는(stellen) 한에서, 즉 강요하는 한에서, 틀-짜넣기는 자화사건의 방식으로, 그러나 동시에 자화사건을 숨겨버리는 방식으로 자현한다." 현대기술시대의 사유는 계산적 사유이고, 이것은 배치하기로 나타나면서, 인간에게 "틀-짜넣기의 언어가 발언한다." 틀-짜넣기는 인간에게 자신의 발언을 듣고 응대하도록 강요하면서, 인간에게 그 자신을 은폐한다.

하이데거는 "현존자의 배치 가능성에 대해 모든 방향에서 응대하도록 강요된" 발언이 "정보"로 나타나고, 이 정보는 다시금 "자연적인 언어"에 대비된 "형식화된 언어"로 나타난다고 지적한다. 그런데 하이데거는 형식화된 언어에게 우월성을 부여하지도 않고, 자연적인 언어에게 고정불변성을 부여하지도 않는다. 하이데거는 "인간의 모든 언어는 말씀 안에서 자기화되어 있고, 그런 것으로서 엄격한 낱말 뜻에 있어서, 비록 자화사건에 대한 가까움의 상이한 척도를 따라서라고 할지라도, 본래적인(eigentliche) 언어"라고 보면서, 모든 본래적인 언어는, "말씀의 길-내주기를 통해 인간에게 할당되어 있는 까닭에, 보내어져 있고, 이로써 역운적(geschicklich, 운명적)"이라고 하며, 이런 의미에서 "역사적"(「길」, 264)이라고 한다. 이런 입장의 하이데거에게는 자연적인 언어라는 것도 역운적이고, 역사적이다: "아무런 운명도 없이 그 자체로 현전하는 어떤 인간 본성의 언어라는 방식에서의 자연적 언어는 없다. 모든 언어는 […] 역사적이다." 따라서 그에게는 정보로서의 언어도 역사적이고, 역운적인 언어일 뿐이고, "언어 그 자체(die Sprache an sich)가 아니다." 모든 언어는 자화사건에서 비롯된 역운적-역사적인 언어이다. 하이데거는 '아직 형식화되지 않았다'는 의미로의 '자연적'이라는 말에서조차도 언어의 시원적인 자연 (Natur, 본성)이 경험되어 있지 않다고 본다: "자연은 피시스인데, 이것은 그 편에서 자화사건 속에 머물러 있고, 이 자화사건에서부터 말씀이 자신의 활동성(Regsames) 속으로 솟아나는 것이다."[10]

하이데거는 "낱말이 말씀에서부터 유래한다는, 곧 인간적 발언이 자화사건적으로(ereignisartig) 유래한다는 점에 언어의 독특한 점이 놓여 있다."(「길」, 265)고 지적한다. 이런 견해에 의한다면, 언어의 독특한 점은 자화사건이 우리에게 스스로를 탈-은폐하는 경우에 비로소 드러나게 되고, 자화사건의 탈-은폐는 그 자체로 현대기술의 본질에 대한 우리의 경험 여부에 달려 있다.

---

10) '자연적 언어'라는 말이 하이데거에게 가질 수 있는 긍정적 함축에 대해 푀겔러는 다음과 같이 지적한다: "그러나 아마 존재하고 있는 것의 일별[통찰]이 진리가 밝혀주는 섬광이 될 때, '자연적인 언어'의 자연(본성) 속에서 피시스 (physis)가 나타날 수 있고, 자기 자신으로 되돌아오는 나타남의 모음으로서의, 즉 로고스로서의 언어가 언어로 올 수 있을 것이다."(Otto Pöggeler, *Heideggers Denkweg*, Neske Pfüllingen, 1983, 278-279. 이기상 · 이말숙 옮김, 『하이데거 사유의 길』, 문예출판사, 1993, 321) 언어의 역사적 성격 이외에도 하이데거는 언어의 토착적 성격을 주장한다. "방언 속에서는 그때마다 상이하게 풍경, 즉 땅이 발언한다."(「본질」, 205) "언어 속에서는 땅이, 하늘의 꽃에 마주해 개화한다."(「본질」, 206)

5. 인간과 사물에 대한 언어의 선차성

(1) 이상으로 전개된 논의는 노발리스가 언급한 언어의 독백적 성격을 새롭게 이해할 수 있게 해준다. 하이데거는 길-정식으로 나타난 "말씀의 윤곽"을 현상학적-해석학적으로 드러내었다. 하이데거는 자신이 내보인 "말씀의 윤곽"이 "절대적 관념론의 시야 속에서 주관성에서부터 변증법적으로" 표상된 노발리스의 "언어"와는 일치하지 않는다고 한다. 그럼에도 그는 "언어본질의 독백적 성격이 말씀의 윤곽 속에 그 구조를 둔다."(「길」, 265)는 말에 의해 노발리스가 지적한바 언어의 독백적 성격을 인정한다. 결국 하이데거는 노발리스가 지적하는 언어의 독백적 성격을 부정하지 않으면서, 다만 자신의 입장에서 그것을 새롭게 해설하는 것이 된다. 하이데거에게 "언어가 독백"이라는 말은 다음과 같은 이중적인 의미를 갖는다: "오직(allein) 언어만이 본래적으로 발언하는 것이다. 그리고 그것은 외롭게(einsam) 발언한다." 여기서 "오직"이라는 말은, 언어가 발언하고 인간이 이에 응대하므로 본래적으로 발언하는 것은 오직 언어뿐이라는 뜻으로 이해될 수 있다. "외롭게"라는 말에 대해서도 하이데거 스스로 해설을 덧붙인다. 이에 의하면, 외롭다는 말은 "홀로 있지 않는 자만이 외롭다."라는 사실로부터 또 '외롭다'의 고트적-그리스적 어원의 의미가 "공속적인 것의 통일적인 것 속에서 자기이다."라는 사실로부터 이해되어야 한다. 결국 언어가 인간에게 자신의 언어를 뒤따라 말하도록 발언한다는 것은 언어가 공속적인 것[언어와 인간]의 통일성 속에서 그 자신으로 있다는 것이고, 이런 의미로 언어는 외롭다는 것이다. 따라서 하이데거에게 있어서는 언어와 인간 사이의 공속적 통일성 안에서의 구별에, 곧 동일성 안에서의 차이성에, 언어의 신비가 놓여 있다고 하겠다.

(2) 하이데거에 의하면, 언어는 자화사건에서 유래하는 것으로서 보여주기를 그 본질로 한다. 그렇지만 우리는 일상에 있어서 대체로 그런 언어본질에 입각하여 발언하고 있지 않다. 그렇다면 언어에 대한

우리의 태도는 도대체 변화될 수 있는 것인가? 이에 대한 하이데거의 입장은 조심스럽다. 그는 "언어에 대한 우리의 관계의 변화"는 "모든 숙고적 사유가 시짓기이고, 모든 시는 사유"라는 "경험"(「길」, 267)에 의해 준비될 수 있다고 한다. 우리는 위에서 현대기술의 본질을 틀-짜 넣기로 경험하는 사람은 자화사건을 경험하리라고 지적하였다. 그런 경험을 지니는 사람은 자화사건에서 유래하는 언어에 대해서도 분명 새로운 관계를 맺고 새로운 태도를 취할 것이다. 그 새로운 태도는 사물들의 배치 가능성에서 건네지는 말보다는 자화사건에서부터 건네지는 말을 듣고 이에 응대하는 발언에서, 이른바 시를 짓는 식의 발언 속에서 구체화될 것이다. 여기서 시는 사물들과의 관련 속에서 세계를 세계화하고, 세계와의 관련 속에서 사물을 사물화하는 언어를 말한다. 하이데거 스스로는 언어에 대한 우리의 관계의 변화상태에 대해 훔볼트의 말을 인용해 소개한다: "동일한 그릇[낱말] 속으로 어떤 다른 의미가 놓이고, 동일한 각인[문장] 속으로 어떤 다른 것이 주어지고, 동일한 결합법칙을 따르면서도 어떤 다르게 단계 지어진 사유 과정이 암시된다. 이것은 한 민족의 문학의 끊임없는 결실이고, 문학 속에서도 우선 시와 철학의 결실이다."(「길」, 268) 이 문장 속에 하이데거가 기대하는바 언어에 대한 우리의 관계의 변화된 모습이 표현되어 있다.

(3) 인간의 사유가 언어를 통해 이뤄진다는 말은 이미 많은 사람들에 의해 지적되고 있다. 그러나 그 말의 존재론적 함축은 무엇인가? 인간의 사유가 언어를 자의적으로 통제하는 것이 아니라 오히려 인간의 사유가 언어 덕분에 비로소 성립하는 것이라면, 언어는 사유의 소유물도 아니고 사유하는 인간의 소유물도 아니다. 사물에 언어가 붙박이로 속해 있는 것이 아니라 오히려 사물이 언어 덕분에 비로소 그의 존재를 드러내게 되는 것이라면, 언어는 사물의 소유물도 아니다. 사물과 인간에 대해 제삼자인 언어가 인간과 사물을 매개한다. 언어로 인해 비로소 인간이 사유하고 발언하는 자로 현존할 수 있고, 사물

이 그의 존재에 있어서 현존할 수 있다면, 언어는 인간과 사물의 존재론적 근원이다. 이 점에서 하이데거가 말하는 언어의 신비는, 언어가 인간과 사물의 존재론적 근원이라는 지금껏 사유되지 않은 현상에 대한 지적으로도 이해될 수 있을 것이다.

3절 언어와 진리, 살림

1. 세계와 사물의 관련

이제 우리는 앞 절에서 간략히 언급된 틀-짜넣기와 자화사건에 대해 좀 더 구체적인 논의를 전개하면서 이 시대의 우리의 과제에 대해 숙고해 보기로 한다.

『존재와 시간』에서 대표적인 사물은 무엇보다도 우리가 우선 대개에 있어서 만나는 도구이다. 이 경우에 도구 사물을 도구로 제약하는 것은 세계-지평이었다. 이들의 관계는 가능하게 하는 것과 가능하게 되는 것, 곧 제약하는 것과 제약되는 것의 관계이다: "자신의 사물성에 있어서의 사물의 자현(Wesen, 자기화, 현성)을 제약하는(bedingt) 것은, 스스로 더 이상 사물일 수 없고, 제약되어 있을 수 없고, 오히려 무-제약적인 것이어야만 한다."(GA 41, 46; 참조: BzP, 480) 이런 한에서 사물의 물음은 무제약자에 대한 물음으로 된다. 칸트도 역시 사물의 물음을 무제약자에 대한 물음으로 발단에 놓고, 이 물음을 초월론적 사유를 통해 대답한다. 초월론적인 사유란, 초월적으로 가능케 하는 것과 가능케 된 것이라는 도식에 의거하는 사유를 말한다. 하이데거의 후기 사유, 이른바 다른 시원적 사유에 있어서 사물의 물음은 그러나 더 이상 제약함과 제약됨의 개념에 의거하지 않고, 따라서 초월론적이지 않고 동시-사건론적이며, 세계와 사물을 위한 자화사건에 대한 물음으로 된다. 따라서 그의 후기 사유는 무제약자와의 관련 속에서 사물을 다루지 않는다.

우리가 사물을 그 자신으로 있도록 허용할 때, 사물은 그 자신인 것으로, 곧 "자립물(etwas Selbständiges, Selbststand)"(Ding, 5)로 된다. 자립물이라는 사물 개념은 플라톤의 사물 개념인 제작품(Herstand)이나 칸트의 사물 개념인 대상(Gegenstand)과는 다르다. 하이데거에 따를 때 플라톤은 현존자를 "제작함의 대상" 내지 "제작품"으로 경험하였는데, 이 경우에 제작품을 제작한다는 것은 이중적 의미로 이해된다: "한편으로는 '어딘가부터 이리로 유래함(Herstammen aus)'이라는 의미에서의 '여기로 섬(Her-stehen)'인데, 이 점은 그것이 '산출됨'이건 아니면 '자신을 산출함'이건 상관없이 동일하다. 다른 한편으로 그것은 산출된 것이 이미 현존하는 것의 비은폐성 '안으로 들어섬(Hereinstehen)'이라는 의미로 '여기로 섬이다.'"(Ding, 7; 참조: UdK, 47) 칸트에게 있어서 사물은 시간 공간의 감성 형식을 통해 제약된 후 지성 개념들을 통해 파악된 것이다. 하이데거의 말로 해서 칸트의 사물은 사유하는 주체로부터 개념화되어 있고, 그렇게 이 사유하는 주체에 마주 서 있는 것이다. 플라톤과 칸트의 사물관과 관련해서 하이데거는 다음과 같이 확정한다: "현존자를 제작적인 것이나 대상적인 것이라는 의미로 표상하는 것은 그러나 사물로서의 사물에는 결코 도달하지 못한다."(Ding, 7) 이러한 주장의 배후에 놓인 하이데거의 신념은, 사물을 제작자나 인식자와 상관시켜 파악함이 사물에 대한 특정한 관점 하에서의 제한적 파악이라는 것이다. 전체인 세계 속에서 비로소 사물이 본래의 자신에 이른다면, 세계가 사물의 자현의 근원이고, 전체로서의 세계로부터 파악된 사물이 근원적으로 이해된 사물이라는 것이다. 근원적으로 이해된 사물은 동굴 밖의 사물, 세계 안의 사물이다. 이것은 하이데거의 전기 사유에 있어서는 유의의성 안에서의 사물이지만, 후기 사유에 있어서는 존재자 전체의 탈은폐성(존재의 진리, 세계) 안에서의 사물이다. 존재자 전체의 탈은폐성으로서의 세계에서부터 다시 비은폐되는 것으로서의 존재자는 이제 자연사물이건 인공사물(도구, 작품)이건 각자의 방식으로 그러한 세계를 붙들면서 모으는 것이다. 하이데거의 후기 사유에 있어서 사물은 그것이 무엇이든 그의 사물성에 있어서, 곧 세계를 붙들어 모은다는 성격에 있어서 사유되며, 이 같은 사물성이 존재자의 존재자성(Seiendheit)으로 간주되면서 사물성에서 보이는 사물과 세계의 관련이 적극적으로 부각된다.11)

하이데거는 사물과 세계의 상관성을 제시하기 위해 하나의 단지(Krug, 항아리)의 발생적 존재성격을 예시한다(참조: Ding, 7-13). 이에 따르면 단지는 단일적인 4중자, 곧 세계를 모으는 식으로 그때마다 자현한다: "사물은 사물로 된다. 사물로 됨은 모은다. 사물로 됨은

---

11) 앞에서 보았듯이, 초월론적 사유에서는 다양한 존재방식들의 공통성이 현존으로 사유되었다. 초월론적 사유를 떠나서, 다양한 존재자들의 공통성을 찾는다면 무엇이 드러나는가? 『존재와 시간』에서의 세계해설을 위한 대표적 존재자인 도구는 세계-지평에 의거해 자신을 드러낸다. 그러한 드러남에 있어서 동시에 세계를 반영한다. 그런데 도구만 세계연관적인가? 도구만이 아니라, 자연사물과 인공사물들도 자신의 드러남에 있어서 세계연관적이지 않은가? 그러나 이들이 드러내는 세계는 도구들이 모여 이루는 세계와는 다르다. 그러면 도구와 작품과 자연사물이 그 안에 처해 있고, 그래서 이들 모두의 드러남의 지평이 되면서 동시에 이들로부터 드러나는 세계는 어떤 세계인가? 이러한 물음이 하이데거의 사유를 더욱 이끌어 갔다면, 하이데거의 세계는 확대되지 않을 수 없다. 주지하다시피 『예술작품의 근원』에서의 세계는 『존재와 시간』에서 논의되는 세계보다 확대된 것으로 대지와의 대비 속에 놓인 세계이며, 지금 다뤄지는 세계는 더욱 확대된 것으로 대지를 포함하는 4중자로서의 세계이다. 이러한 확대된 세계 속에서 존재자들은 그것들이 도구(다리, 단지)이건, 작품(구두 그림, 신전 건축물)이건, 자연사물(포도)이건 간에 여하튼 세계에서 드러나며 세계를 나름의 방식으로 모은다(dingen)는 성격을, 곧 사물성(Dingheit)을 공통성으로 갖는다. 다양한 존재방식들을 지닌 다양한 존재자들의 공통성, 곧 존재자의 존재자성은 이제 4중자를 붙들어 모음이라는 사물성에서 찾아진다. 물론 이때의 존재자성(Seiendheit)은 더 이상 전통적 형이상학의 존재 개념('본질'과 '실존')을 가리키는 말이 아니다. 왜냐하면, 이것은 세계를 망각한 채 파악된 존재자의 존재자성(존재자로서의 존재자, 존재자의 의미규정)인 반면에, 사물의 사물성은 세계에서부터 드러나면서 세계를 반영하는 존재자의 존재자성(존재로서의 존재, 존재의 의미규정)이기 때문이다.

모으고, 4중자를 고유하게 하면서 4중자의 체류(Weile)를 하나의 그 때마다의 일시적인 것(ein je Weiliges)에, 이것에, 이 사물에 모은다." (Ding, 13) 사물이 사물로 되는 동안에, 곧 모음의 방식으로 하나의 사물로 자현하는 동안에, 그것은 땅과 하늘을, 신적인 것들과 죽을 자들을 붙잡고, 멀리 떨어진 이 네 가지를 서로 가깝게 데려오고, 그런 식으로 4중자에게 하나의 소재지(Stätte)를 마련해 준다. 4중자는 단일적으로 서로 친숙해진 것들의 고유화하는 거울-놀이로서 자현한다. 이 고유화하는 거울-놀이는 그 자체로 세계의 세계화이다. 사물이 네 가지를 붙잡고 서로 가깝게 데려오고 단일한 4중자가 자기에게서 소재지를 마련하도록 하는 것으로 자현하는 한에서, 사물의 사물화는 세계의 세계화로서 자현한다. 이런 한에서 세계화하는 세계로부터 사물이 사물화하도록 허용함은 사물을 보호함과 마찬가지다.

기술의 시대 속에서는 그러나 사물이 배치 가능한 배치품(bestell-bare Bestand)으로 표상된다. 기술의 본질은, 기술이 존재역사적으로 규정된 오늘날의 존재의 진리의 자현방식이라는 점이다. 기술의 본질을 특징지어 하이데거는, "그 자신으로부터 모아진, 세워놓기의 모음(Versammlung des Stellens)"이고, 이 모음 속에서는 "배치 가능한 모든 것이 자신의 배치성(Bestand) 속에서 존재하게 된다."(Ge-stell, 32)고 말한다. 이렇게 파악된 "세워놓기의 모음"은 다시금 "틀-짜넣기(Ge-stell)"로 명명된다. 틀-짜넣기가 자현하는 한, 사물은 그의 본질의 보호 없이 다만 배치품으로만 머문다. 따라서 틀-짜넣기의 자현 속에서는 "사물의 비보호"(Gefahr, 47)가 자현한다. 본래 사물화하는 식으로 세계를 붙드는 사물이 비보호적 상태로 되면, 세계화하는 세계는, 곧 세계로서의 세계는 거부된다. 사물의 비보호 속에서는 "세계의 거부"(Gefahr, 47)가 자현한다. 틀-짜넣기의 자현 속에서 동시적으로 자현하는 것이 세계의 거부와 사물의 비보호이다. 하이데거는 세계의 거부와 사물의 비보호를 기술의 시대 속에서의 "존재의 정황"(Kehre, 77)이라고 부른다.

세계의 거부가 사물의 비보호로서 자현하는 한, 이 둘은 "비록 동등한 것은 아니나 동일한 것"(Gefahr, 51)이다. 세계는 "존재의 자현의 진리"(Gefahr, 48), 곧 존재의 자현을 위한 진리이다. 따라서 존재는 자신의 자현을 "세계의 세계화에서부터 소유하는"(Gefahr, 49) 것이다. 이런 한에서 세계의 거부가 일어나면, 존재의 자현도 망각된다. 이것이 하이데거가 보는 이 시대의 위험이다: "존재는 틀-짜넣기의 자현에서부터 또 세계의 거부 및 사물의 비보호의 관점에서부터 사유될 때 위험이다."(Gefahr, 53-54) 그러나 틀-짜넣기의 자현이 위험으로 경험되고 그런 위험으로 열려 유지된다면, "전회의 가능성"이 주어지는데, 이 전회 속에서 "존재의 자현의 망각이 방향을 틀고 그래서 이러한 전회와 더불어 존재의 자현의 진리가 존재자 속으로 고유하게 찾아들게 된다."(Kehre, 71; 참조: EiM, 53) 이런 한에서 하이데거는 다음과 같이 확정한다: "위험 자체는 그것이 위험으로 있다면, 구원적인 것(das Rettende)이다."(Kehre, 72) 위험이 위험으로부터 경험되고 또 위험으로 열려 유지된다면, 망각의 전회와 더불어 존재의 진리가 자현하는데, 이러한 자현이 세계의 세계화이다. 세계의 세계화가 존재의 자현에 대해 갖는 연관을 하이데거는 "존재 자체의 자현의 멀리 떨어진(ferne) 도착"(Kehre, 73)이라고 한다. 존재는 직접적으로 자현하지 않고, 매개를 필요로 하는데, 그 매개가 세계이고, 이런 한에서 세계는 존재를 위한 진리이다.

사물이 자신의 존재에 있어서 사물화하는 것은 오직 그것이 "세계의 거울-놀이의 원환(Gering, 맴도는 놀이)에서부터"(Ding, 21; 참조: VuA, 173) 자현할 때뿐이다. 그런데 세계의 거울-놀이는 인간의 사유속에서만 자현한다. 이런 한에서 사물의 사물화를 위해서는, 세계의 세계화를 위해 죽게 될 자들의 깨어 있음이 필수적이다. 이러한 깨어 있음이 사물을 사물로 다가오도록 하고, 사물을 그의 자현에 있어서 보호하는 것이고, 사물을 사물로 생각함이다: "우리가 사물을 사물로서 생각한다면, 우리는 사물의 자현을 그것이 거기에서부터 자현하는 그 영역 속에서 보호한다."(Ding, 20) 우리가 세계의 세계화에 대한 깨어 있음에서부터 사물을 사물로 생각한다면, 우리는 사물의 자현을 그의 자현의 영역에서 보호하는 것이고, 이 일은 "존재의 진리에서부터 존재자를 다시 데려옴"(BzP, 11)과 같은 것이다. 이러한 하이데거의 사유를, 존재 도착을 위한 선행조건들이라는 관점에서 도표화하면 다음과 같이 될 것이다.

존재의 도착 < 사물의 사물화 < 세계의 세계화 < 세계에 대해 깨어 있음

이 경우에 뒤의 것들은 앞의 것들의 선행조건을 말한다. 하지만 앞의 것들의 자현 속에서만 비로소 뒤의 것들의 힘이 확인되는 것이다. 이런 한에서, 이 모든 것들은 힘의 발휘라는 면에서 동시적으로 자현하는 것으로 사유되어야 한다. 달리 말해 뒤의 것들은 앞의 것들에 대한 선험적-초월적 조건으로 사유될 수 없다. 이 모든 것들의 동시적 자현이 바로 자화사건이다. 이제 우리는 세계의 세계화와 사물의 사물화의 동시-사건 속에서 인간의 역할이 어떤 것일 수 있는지에 주목해 보기로 한다.

2. 동굴 밖 세계 속의 사람

하이데거의 후기 사유에 있어서 사물의 자현을 허용하는 지평, 곧 세계는 이전보다 확대된 세계이다.12) 하이데거의 전기 사유에 있어서는 인간의 존재가 중심을 차지하면서 지시적 관련연관이 성립되었고, 이렇게 성립된 지시연관 전체가 존재론적-실존론적 의미에서의 세계, 곧 존재자적 세계의 세계성이었다. 거기서는 지시적 관련연관의 구체

---

12) 확대된 세계의 해설을 위해서는 다음을 참조: Otto Pöggeler, *Der Denkweg Martin Heideggers*, Neske Pfullingen, 1983, 207, 248.

적 사례가 주변세계, 작업세계이고, 그 속의 대표적 존재자는 도구이었다. 그러나 그의 후기 사유에 있어서는 이른바 '인간중심적' 세계가 아니라 4방위의 연합적 세계가 주제가 된다. 이 세계 속에서 인간은 전체 세계의 구성요소들 중의 하나일 뿐이다. 이제 세계는 4방위의 상호적 역할에 의해 성립되는 네 가지 차원을 갖는다. 하늘의 요소들이 이루는 천상적 차원, 땅의 요소들이 이루는 대지적 차원, 하늘과 땅 사이에서 살다가 죽게 될 자들이 이루는 사회적 차원, 죽게 될 자들에게 다가서는 신적인 것들이 이루는 신적인 차원이 그것이다. 하늘은 대지와 사람들과 신적인 것들을 생각하게 하고, 대지는 하늘과 사람들과 신적인 것들을 생각하게 한다. 사람들은 하늘과 대지와 신적인 것들을 생각하게 하고, 신적인 것들은 하늘과 대지와 사람들을 생각하게 한다. 그들은 각기 다른 것들을 생각하게 하고, 그렇게 다른 것들을 반영하고 있다. 각각의 차원은 다른 차원들을 반영하기 때문에 사변을 허용하는 거울이고, 자신의 거울성격을 통해서 비로소 자기의 고유성을 획득한다.13)

그렇지만 인간의 역할이 주위세계 속에서와 달리 사라지는 것은 아니다. 인간이 죽게 될 자로서 세계에 대해 깨어 있는 한에서만, 세계의 세계화와 사물의 사물화가 자현할 수 있기 때문이다. 오히려 4중적 세계 속에서 인간의 염려의 범위는 주위세계 속에서와 달리 더 확대된다. 하늘과 땅과 죽을 자들과 신적인 것들이 모두 염려의 범위에 포괄되기 때문이다.

---

13) 가다머는 『진리와 방법』에서 "사변적이라는 말은 […] 비춤의 관계를 말한다." (H. -G. Gadamer, *Wahrheit und Methode. Grundzüge einer philosophischen Hermeneutik*, 469)고 밝힌다. '사변적'은 라틴어 '스페큐룸(speculum)'에서 나온 말이고 이것은 비춤(Spiegelung)을 의미한다. 가다머는 여기서 우리의 진술들이 전면적으로 발언되어 있지 않은 의미를 비춘다고 말한다. 그래서 적절한 이해는 발언된 말들 자체를 넘어가서 이것을 동기 지우는 말해지지 않은 것의 차원에 도달해야 한다는 것이다. 그런데 이러한 비춤의 기능은 진술들에 제한되지 않을 것이다. 사안이 사안을 비추고, 그런 까닭에 사안들의 생각이 꼬리를 물고 일어나는 사변이 가능할 것이다.

하이데거의 전기 사유에서 동굴 밖에 서 있는 사람은 사물의 현존
성과 용재성을 이해하는 사람이다. 용재성을 이해한다 함은 세계망각
속에서가 아니라 예기와 보유에 기초한 '쓸모연관 전체' 속에서 존재
자를 이해하는 것이고, 현존성을 이해한다 함은 고립된 불변적 영속
에 있어서가 아니라 이중적 비현존 사이의 현존에 있어서 현재의 것
을 이해한다는 것이다. 이 같은 사람은 쓸모허용과 존재허용을 수행
해 가는 사람이다.

시간적 동굴에 갇혀 있다 함은 시간과 더불어 흐른다는 것이며, 이
로써 시간의 흐름을 경험하지 못한다는 것이다. 하지만 시간적 동굴
에서 벗어나 있다 함은 시간 안에 머물러 서 있으며 시간의 흐름을
경험하고, 시간의 흐름을 승인한다는 것이다. 시간적 동굴에서 벗어난
사람만이 사물을 영속자가 아닌 현존자로, 곧 이중적 비현존 사이에
서 현존하는 존재자로 경험한다.14) 이중적 비현존성을 지닌 현존자만
이 비로소 우리에게 소중하고 경이로운 것으로 만나질 수 있을 것이
다.

공간적 동굴에 갇혀 있다 함은 모든 공간적 사물들을 그때마다 그
위치에 있어서 발견하지만 그들의 자리의 관련연관을 경험하지 못한
다는 것이다. 공간적 동굴에서 벗어나 있는 사람만이 세계에서부터
개개의 공간적 사물을 그것이 속해 있는 그 자리에 있어서 경험한다.
세계에서부터 이해되는 공간적 사물만이 비로소 우리에게 그것의 쓸
모에 있어서 발견될 수 있을 것이다. 이 같은 사람이 공간 마련의 방
식으로 건립하고 사유하면서 거주하는 사람이다.

하이데거의 후기 사유에서 동굴 밖에 머무는 사람은 4중적 세계와

---

14) 현존이 "떠남"과 "도착" 사이의 체류라는 하이데거의 사유를 구체적으로 살펴
보기 위해서는 "Der Spruch des Anaximander"(Bd. 5)를 참조할 수 있다. 이
논문에 대한 해설을 위해서는 카푸토, 정은해 옮김, 『마르틴 하이데거와 토마
스 아퀴나스』, 시간과공간사, 1993, 227-235을 참조할 수 있다. 후설의 현존
개념에 대한 데리다의 비판에 대한 논의를 위해서는 「데리다의 후설 비판」(『포
스트모더니즘과 철학』, 196-242)을 참조할 수 있다.

사물의 연관을 지탱하면서 세계를 세계화하고 사물을 사물화하는 사람이다. 세계가 세계로 자기화하고 사물이 사물로 자기화하는 사건이 자화사건이다. 자화사건 속에서 세계는 다자중심적인 다차원의 세계로서 죽을 자들과 신적인 것들과 하늘과 땅이 함께 어울리고, 서로 반영하며, 서로를 그 자신으로 되게끔 하는 세계이다. 자화사건 속에서의 사물은 4중적 세계에서부터 탈은폐되는 것으로서 세계를 반영하면서 품는 식으로 그 자신으로 된다. 이 같은 사람이 자화사건에 참여하는 장래적인 사람이다.

인간이 동굴 밖의 4중적 세계 안에 서 있다는 것은 사물을 4중적 세계 속으로 내세우고 4중적 세계를 사물 안으로 데려오고 있다는 것이다. 부분을 전체 속으로, 전체를 부분 속으로 인도하는 사유는 전체 속에서 부분을, 부분 속에서 전체를 이해하고, 이런 식으로 전체와 부분이 함께 있도록 하는 사유이다. 동굴 밖에 있는 사람은 공간적으로, 여기의 이것을 세계 속으로 내세우고, 세계를 여기의 이것 속으로 데려오는, 이로써 여기의 이것과 세계를 함께 보는 사람이다. 시간적으로 그는 지금의 이것을 이중적 비현존과 현존의 역사 속으로 내세우고, 역사를 지금의 이것 안으로 데려오는, 이로써 역사와 지금의 이것을 함께 보는 사람이다. 여기의 것에서 세계를, 지금의 것에서 역사를 함께 보는 사람은 시간적-공간적 동굴이 되는 지금-여기에 갇혀 있지 않은 사람이다. 그는 절대적 순간을 경험하며 살아가는 사람이다.

사물이 전체 속에서 보여야 한다면, 누가 전체를 볼 수 있는 것인가? 사실은 전체를 보는 자가 있는 것이 아니라, 그때마다 전체를 보는 순간이 있을 뿐이다. 그리고 전체는 일정한 단위의 존재자를 말하지 않고, 그때마다 개방된 시야범위를 말한다. 단위로 말하자면, 개인이 전체이고, 가정이, 학교가, 사회가, 국가가, 지구가, 우주가 전체이다. 이들은 그 자체로 하나의 단위로서 완결된 전체이다. 반면에 외부로 향한 시선의 도달 범위로서의 그때마다의 전체는 언제나 확장 가능한 전체이다. 우리의 시선은 하늘로 향하든, 땅으로 향하든, 신적인 것들로 향하든, 사람들로 향하든 그때마다 제한적이다. 이러한 제한성에 의거해 그때마다의 전체가 확보되는 한편, 그때마다의 제한성이 그때마다 새로운 전체를 보장한다. 그때마다의 전체를 열면서 전체 속의 부분사물들에 향하는 새로운 시선을 여는 삶은 일상에 있어서 환경론자, 역사학자, 예술가, 도시건축가, 정치가, 가정주부들에 의해 그때마다 수행된다. 전체와 부분을 함께 보는 일을 자신의 본래적 과제로 해야 할 이들은 시인과 철인일 것이고, 이들의 과제는 어제오늘에 국한되어 요구된 것이 아닐 것이다.

3. 진리연관적 언어와 살림

하이데거에 따르면, 시간의 시간화에 의거해 시간-지평과 세계-지평이 성립한다. 그리고 시간-지평에 의거해 사물의 현존성이 이해되는 일과 세계-지평에 의거해 사물의 존재방식들이 이해되는 일이 동시적으로 발생한다. 이 점에서 볼 때 이데아들을 가능케 하는 플라톤의 선의 이데아는 하이데거의 시간-지평과 세계-지평에 대응한다. 이데아들을 밝히는 플라톤의 선의 이데아의 기능은 현존성과 존재방식들을 밝히는 하이데거의 시간-지평과 세계-지평의 기능에 대응한다. 하이데거는 후기 사유에서 세계를 (존재가) 충족되어 있는 진리로, 시간-공간을 (존재가) 충족되어야 할 진리로 말한다. 이런 한에서 플라톤의 선의 이데아는 하이데거의 진리에 상응한다. 하지만 이러한 상응성에 비례하여 그들의 사유는 일정한 차이성과 유사성을 갖고 있다.

(1) 플라톤이 본질론적이라면, 하이데거는 관계론적이다. 플라톤이 사물의 본질로 이데아를, 이데아의 본질로 선의 이데아를 말하는 반면, 하이데거는 초기 사유에서 사물의 용재성의 근거로 관계성을, 관계성의 가능근거로 지시연관 전체(유의의성 전체, 존재의 진리)를 말하기 때문이다. 이 점에서 그들은 일정한 차이를 보인다. 그러나 초기 하이데거에 주목하면서 그와 플라톤을 비교하면, 그들은 초월론적 사

유방식에서 유사성을 보인다. 플라톤이 사물에서 이데아로, 다시 이것에서 선의 이데아로 가능근거를 따라 이행하며 사유하듯이, 하이데거는 용재자에서 용재성으로, 다시금 이것에서 지시연관 전체로 그 가능근거를 따라 이행하며 사유하기 때문이다. 플라톤이 이데아들로부터 최초의 시원으로 환원적으로 이행하고, 이로부터 다시 이데아들을 구성적으로 설명하는 일을 변증법적 학문의 과제로 제시하는 것[15]과 유사하게 하이데거는 용재성에서 이를 가능케 하는 세계-지평과 시간-지평으로 환원적으로 이행하고, 이로부터 용재성과 현존성을 구성해내는 것을 자신의 현상학적 방법으로 삼는다. 이런 한에서 그들의 공통점은 환원과 구성을 수행하는 초월론적 사유에 놓인다.

(2) 하이데거는 후기 사유에서 사물이 세계에서부터, 세계가 사물에서부터 동시에 자기화한다고 본다. 이러한 자화사건적 사유는 전기의 관계론적 특징을 여전히 포함한다. 사람들은 하나의 차원을 이루면서 네 차원의 거울놀이로서의 세계에 참여한다. 사람들이 하나의 차원으로 참여하고 있는 세계는 다자중심적 세계이다. 이 세계는 네 차원이 얽힌 관계 그물망이고, 사람과 사물들은 관계 그물망 속의 매듭들이다. 이러한 세계 속에서 인간의 사유는 사물과 세계를 위한 사이공간을 개방하는 일이다. 네 차원이 놀이하면서 하나의 역사적인 세계를 개방하고 또 그 세계 속에서 사물을 개방하는 일은 사이공간 속에서 일어난다. 그 스스로 사이공간인 인간의 사유는 사물과 세계의 연관

---

15) 수학적-기하학적 추리와 구분되는 변증법(대화법)의 탐구방법은 다음의 진술에서 나타난다: "사유 가능한 것의 다른 한 부분이라는 말로 내가 뜻하는 것이 다음의 것이라고 이해해 주게. 그것은 이성(logos)이 직접적으로 파악하는 것인데, 이 경우 이성은 대화적 능력에 의해 전제들을 놓고, 그러나 시원들로가 아니라 발판이나 뜀판 같은 참다운 전제들로 놓고, 모든 전제들이 중단되는 모든 것들의 시원에 도달하고 이것을 파악하고, 그 다음에는 다시금 이 시원과 결합된 모든 것을 붙들면서 끝으로 내려오는 것인데, 이를 위해 결코 감각적으로 지각 가능한 어떤 것도 사용하지 않고, 오직 에이도스들 자체만을 사용하고, 결국 에이도스들을 통해 에이도스들로 도달하네."(*Politeia*, VI, 511 b, 2sq.)

의 매개자일 뿐이고, 따라서 인간은 사물의 구성자이거나 세계의 지배자일 수가 없다. 하이데거의 후기 사유에 있어서 인간은 다자중심적 세계에 참여하면서 동시에 중심 개방적 사이공간으로 존재한다.

(3) 관계 그물망에서부터 각각의 사물이 자신의 존재의미를 허용받으면서 그 자신으로 된다. 세계가 세계로 되도록, 또 사물이 사물로 되도록 허용하고, 이로써 인간이 인간으로 되도록 허용함은 곧 각자를 각자의 고유함으로 해방함이다. 각자를 그의 고유성으로 해방함이 인간의 사유에 주어진 가능성이라면, 이렇게 주어진 가능성의 인수(Aufnehmen der Gabe)가 인간의 과제(Auf-gabe)이다. 이러한 과제의 인수, 곧 각자의 고유함으로의 자유화는, 관계 그물망으로서의 세계에 대한 인간의 인식과 더불어 시작되고, 세계와 사물에 대한 언어적 발언으로 완성된다.

(4) 세계가 관계 그물망일 수 있는 까닭은 인간의 사유가 사안들의 관계를 밝히는 식으로 사안들의 연관의미를 밝히는 일을, 곧 의미연관화를 수행하기 때문이다. 우리가 사안들의 상호 귀속성이나, 상호 인과성, 목적수단성 등을 인식한다는 것은 그들의 특정한 연관의미를 명시화(해석)하는 것이다. 두 항의 인과성이나 수단성에 대한 주제적 인식은 그러나 두 항의 풍부한 연관의미를 인과나 수단으로 제한하여 인식함이다. 제한 이전의 연관의미는 풍부하고 개방적이다. 이러한 연관의미가 인간이 수행하는 의미연관화(이해)를 알려준다. '생각이 꼬리를 물고 일어난다'는 말이 자유로운 의미연관화로서의 사유의 사실을 표현한다. 지향성과 의미 부여라는 의식의 사실도 의미연관화의 구성적 계기들로 이해될 수 있을 것이다. 의미연관화의 구조 속에서 꼬리를 물고 떠오르는 생각들은 실체-속성, 원인-결과, 목적-수단의 관련으로 제한되어 있지 않고, 따라서 동일성 지시나 속성 지시의 연계사를 필요로 하지 않는다. 꼬리를 물고 떠오르는 생각들은 논리적 정합성과 경험적 실증성에 제한되어 있지 않고, 따라서 동의어적 용어들의 결합이나 경험적 용어들의 결합을 필요로 하지도 않는다. 의미

연관화의 사유 속에서는 시적인, 종교적인, 비논리적인 언어들이 존재한다.

(5) 한 존재자로부터 꼬리를 물고 생각들이 일어날 때, 이 생각들의 대상은 언제나 하늘이나 땅이나, 사람들이나 신적인 것들에 속해 있는 것들이다. 예컨대 별이나, 나무나, 아이나, 무상(無常)에 이른 생각은 다시금 이것들 중의 어떤 다른 것에 미칠 수도 있고, 아니면 이것들 이외의 다른 어떤 것에 미칠 수도 있다. 생각은 하나의 존재자로부터 네 차원 중의 어느 한 차원에 속한 존재자로 이르고, 이 존재자로부터 생각은 다시금 네 지평 중의 어느 한 지평에 속한 사안으로 이른다. 이러한 네 지평들 내에서 생각은 여러 사안들 사이를 오간다. 이러한 사유의 이행은 그러나 일정하지 않은 의미연관화로서 수행된다. 자기 자신에 대한 생각이 별에 미칠 때, 별과 나의 연관의미는 상호적인 격려일 수도 상호적 질책일 수도 있다. 생각이 별로부터 다시금 나무에 이를 때, 그들의 연관의미는 생장과 쉼터의 허용일 수도 밝힘과 반영의 상응일 수도 있을 것이다. 생각이 나무로부터 아이에 이를 때, 그들의 연관의미는 긴 시간과 짧은 시간의 대조일 수도 있고 유한자들의 상호의존성일 수도 있다. 생각이 아이로부터 무상에 이를 때, 그들의 연관의미는 머묾과 지속의 대조일 수도 있고 소산과 능산의 관련일 수도 있다. 이러한 예들을 대하는 독자들의 사유는 이러한 예들로부터 의미연관화의 개인적 상대성에 이를 수도 있고, 의미연관화의 보편적 타당성에 이를 수도 있다.

(6) 시대 반성적 사유는 그러나 이 시대를 주도하는 연관의 의미의 정체성에, 다시금 시대들을 주도해 온 연관의미들의 정체성에 미칠 수 있다. 이 시대의 사유를 지배하고 있는 연관의미는 배치-비치의 관계이다. 이러한 연관의미는 목적-수단의 관계와 원인-결과의 관계를 뒤따르고 있는 것이다. 시대의 사유를 지배하고 주도해 온 것은 그때마다의 일정한 연관의미이다. 사유 주도적 연관의미에 따라 연관의미들의 그물망인 세계는 상이한 성격을 가지면서, 목적연관의 세계, 인

과연관의 세계, 배치연관의 세계를 거쳐 왔다. 배치-비치의 연관의미의 주도 속에서는 다른 소중한 연관의미가 잊히고, 공존과 상생의 연관의미가 주변으로 밀려난다. 공존과 상생의 세계의 회복은 어제오늘만의 과제가 아닐 것이다. 우리는 세계를 살림이 지상에서의 인간의 근원적인 살림-살이라는 생각에서부터 살림-살이와 세상-살이의 동일성을 음미해야 할 시대에 처한 듯하다. 모든 존재자들의 생명과 의미에 대한 살림-살이가 죽을 자인 사람들이 하늘과 땅 사이에서 신적인 것들과 더불어 수행하는 세상-살이로 이해되는 한에서, 인간이 거기 거주하는 세계는 공존과 상생의 연관의미에서부터 밝혀진 자연적 연관들과 신앙적 연관들과 사회적 연관들이 이루는 그물망일 것이다.

(7) 의미연관화의 사유 속에서는 사안들이 정합성이나 대응성, 실용성에 주목하는 사유에 구속되지 않는 채 자유롭게 공존한다. 사안들의 관계는 공존관계이다. 공존관계의·적극적 측면이 상생관계이고, 소극적 성격이 제압관계이다. 사안들의 공존의 관계, 곧 제압과 상생의 관계들에 대한 사실적 인식이 상생관계를 규범적으로 지향할 가능성을 보증한다. 그 상생관계는 종교적 관계이기도 하고, 사회적 관계이기도 하고, 생태적 관계이기도 하다. 상생의 의미는 생물학적 의미에 제한되지 않는다. 먹여 살리고 입혀 살리는 것 외에, 기를 살리고 소질을 살리고, 의미를 살리고, 분위기(ethos)를 살리는 것이 모두 상생관계의 실현 방도들이다. 그러나 분위기를 살리는 일이 우선적인데, 분위기에 따라 관계 그물망의 세계가 밝혀지거나 가려지고, 따라서 그물망 속의 일정한 관계인 상생관계도 밝혀지거나 가려지기 때문이다. 분위기를 살리며, 그래서 관계 그물망과 상생관계를 밝히고, 상생관계의 방도들을 실현하는 일은 삶이 지향할 수 있는 하나의 가능적 규범이다. 분위기를 살리고 그렇게 드러난 공존과 상생의 세계가 우리가 거기서 거주해야 할 거처(ethos)이고, 이 거처 속의 거주를 사유하는 일이 윤리학(Ethik)이다.16) 인간의 당위는 자연을 따르는 일이라는 것이 우리의 오랜 믿음이었다. 자연의 적극적 자연성은, 사람들이

알기 이전부터 머물러 온 무의식의 상생관계이다. 자연의 상생관계의 의식에 이른 사람들은 이제 '자연인'으로, '사회인'으로, '종교인'으로 자신의 정체성을 확대할 수 있다. 의식 있는 인간의 당위는 의식 없이 행해지는 자연의 상생의 관계를 의식하면서 되살리는 일이다. 그것이 공존자를 돌봄으로서의 정의이고, 도(道)의 체득(體得)으로서의 덕 (德)이고, 이순(理順)으로서의 본연지성(本然之性)일 것이다. 그것이 일진법계(一眞法界)를 보는 진여심(眞如心)일 것이다.

(8) 사유의 의미연관화가 공존과 상생의 연관의미에 의해 주도되는

---

16) 하이데거는 통상 "인간에게 있어서는 그의 특질(Eigenart)이 그의 운명적 신 (Dämon, Geschick)이다."라고 해석되고 있는 파르메니데스의 단편("ethos anthropo daimon(에토스 인간에게 신)")을 새롭게 해석한다. 그는 에토스를 "처소, 거주장소"(BüH, 354)로 해석한다. 에토스가 이렇게 해석될 경우, 그 단편은 우선 '인간에게 있어서는 인간의 처소가 인간의 운명적 신이다'라는 식으로 달리 해석될 것이다. 그런데 인간의 처소가 인간의 운명적 신이 되는 경우는 언제인가? 분명 그 경우는 '인간의 처소가 인간의 운명적 신을 존재하도록, 나타나도록 하는' 때일 것이다. 이 점은 우리가 위 단편에서 생략되어 있는 동사 '이다'를 '있게 한다'는 의미로 풀이할 때 이해될 수 있는 점이다. 인간이 인간인 한에서, 인간의 처소는 인간의 본질(신의 영접능력이나 존재의 이해능력)에 접근하면서 인간 가까이 접근하는 그 어떤 것(신이나 존재)을 현상하도록 하는 장소이다. 그래서 인간이 자신의 본질에 맞게 존재한다면, 인간은 신과의 가까움 속에 거주한다. 하이데거는 이 점이 위 단편 속에 함축되어 있다고 보면서, 위 단편의 속뜻을 결국 다음과 같이 해석한다: "인간에게 [온전한] 체류지는 신[놀라운 것]의 현존을 위해 열려 있는 곳이다."(BüH, 356) 이 말은 인간이 온전한 인간으로 체류하는 처소, 곧 인간의 에토스는 놀라운 것의 현존을 위해 열려 있는 장소라는 의미를 가질 것이다. 그리고 여기서 말하는 놀라운 것, 곧 신(theos)의 어원적 의미로서의 놀라운(theios) 것에는 새로이 발견되는 인간, 사물, 신 등이 속할 것이다.

에토스가 이렇게 인간과 사물과 신의 존재를 위한 처소(진리)로 이해되는 한, "'존재론'과 '윤리학' 사이의 관계"는 "존재론과 윤리학이 그 자체로 무엇인지"(BüH, 353)에 의거해 어렵지 않게 규정된다. 존재의 진리의 사유가 존재론이고, 인간의 체류지의 사유가 윤리학인 한, 존재론은 근원적인 윤리학이다. "에토스라는 낱말의 근본의미에 따라 윤리학이라는 이름이 이제, 윤리학은 인간의 체류지를 사유한다는 점을 말해야 한다면, 탈존하는 자로서의 인간의 시원적 원소는, 곧 존재의 진리를 생각하는 사유는, 그 자체로 이미 근원적인 윤리학이다."(BüH, 356)

것, 그래서 상생적 성격의 신앙적 연관들과 자연적 연관들과 사회적 연관들이 의식을 사로잡는 것, 그래서 공존과 상생의 세계가 개명되는 것, 바로 이것이 새로운 세계의 자현이고, 천지의 개벽이다. 이 시대에 있어서 세계의 자현과 천지의 개벽을 자신의 사유의 과제로 인수할 수 있는 이들은 누구인가? 그들은 동굴에서 벗어나기, 알에서 깨어나기, 새로운 세계로 들어서기를 통해 사람들의 영혼의 방향전환을 이끌 것이고, 존재의 진리 속에 머물면서 그 진리를 발언하면서 사람들을 존재의 진리로 인도할 것이다. 그러한 과제를 떠맡은 이들이 플라톤의 의미로 교육자들이고, 하이데거의 의미로 사유하는 이들이고, 일상의 의미로 시인들이다. 그들은 존재의 진리를 사유하고, 보호하고, 발언한다. 그들은 살림의 삶을 산다.

[참고문헌]

1. 하이데거 전집

GA 5   *Holzwege*(1935-1946), Hg. F. -W. von Herrmann, 1977.

GA 9   *Wegmarken*(1919-1961), Hg. F. -W. von Herrmann, 1976.

GA 41   *Die Frage nach dem Ding. Zu Kants Lehre von den transzendentalen Grundsätzen*(WS 1935/36), Hg. P. Jaeger, 1984.

GA 65   *Beiträge zur Philosophie*, Hg. F. -W. von Herrmann, 1989.

GA 79   *Bremer und Freiburger Vorträge*(1949 u. 1957), Hg. P. Jaeger, 1994.

[약호]

BüH   "Brief über den Humanismus" In: *Wegmarken*(GA 9).

BzP   *Beiträge zur Philosophie*(GA 65).

Ding   "Das Ding" In: *Bremer und Freiburger Vorträge*(GA 79).

Gefahr "Die Gefahr" In: *Bremer und Freiburger Vorträge*(GA 79).

Ge-Stell "Das Ge-Stell" In: *Bremer und Freiburger Vorträge*(GA 79).

Kehre "Die Kehre" In: *Bremer und Freiburger Vorträge*(GA 79).

UdK *Der Ursprung des Kunstwerkes*, In: *Holzwege*(GA 5).

UzS *Unterwegs zur Sprache*, Pfullingen, Günther Neske, 1959.

「본질」 "Das Wesen der Sprache"(1957/58) in UzS.

「길」 "Der Weg der Sprache"(1959) in UzS.

「언어」 "Die Sprache"(1950/1951/1959) in UzS.

2. 그 밖의 문헌

Gadamer, Hans-Georg, *Wahrheit und Methode. Grundzüge einer philosophischen Hermeneutik*, Tübingen: Mohr, 1975.

von Herrmann, F. -W., *Wege ins Ereignis*, Frankfurt a. M.: Vittorio Klostermann, 1994.

마르틴 하이데거, 소광희 옮김, 『시와 철학: 횔덜린과 릴케의 시 세계』, 박영사, 1989.

문동규, 「헤겔의 '경험' 개념에 대한 하이데거의 해석」, 『하이데거연구』 15집, 한국하이데거학회, 2007.

박찬국, 「후기 하이데거의 예술관과 언어관」, 한국하이데거학회 편, 『하이데거의 언어사상』(『하이데거연구』 3집), 철학과현실사, 1998.

배상식, 『하이데거와 로고스: 하이데거의 언어사상에 대한 해명』, 한국학술정보, 2007.

소광희, 「논리의 언어와 존재의 언어」, 『하이데거의 언어사상』, 철학과현실사, 1998.

염재철, 「하이데거의 존재-언어 경험」, 『하이데거의 언어사상』, 철학과현실사, 1998.

이도흠, 「하이데거 시학의 실제: 시 텍스트에서 존재의 개시 및 은폐 문제」, 『하이데거연구』 15집, 한국하이데거학회, 2007.

이수정, 「인간의 언어와 존재의 언어」, 『하이데거의 언어사상』, 철학과현실사, 1998.

정은해, 「언어론의 두 근원: 헤르더와 하이데거의 차이」, 『하이데거연구』 9집, 한국하이데거학회, 2003.

최상욱, 「하이데거의 언어론」, 『하이데거의 언어사상』, 철학과현실사, 1998.

한국하이데거학회 편, 『하이데거의 언어사상』(『하이데거연구』 3집), 철학과현실사, 1998.

5장 예술 존재론

1절 진선미의 관계론의 역사

I. 진선미 논의의 배경

우리는 여기서 하이데거에게서 나타나는 진리와 아름다움(미)의 관계를 플라톤과의 관련 속에서 추적해 보고자 한다. 이러한 추적은 하이데거 철학과 철학사와의 연관을 부분적으로 밝혀낸다는 의미를 가질 수 있을 것이다.

플라톤은 "모든 올바른 것과 아름다운 것"(*Politeia*, 517 c)의 근원이 되는 것은 좋음의 이데아라고 한다. 다른 한편 '모든 아름다운 것' 이상의 "아름다움 자체"(*Symposion*, 210 e)가 있다고도 한다. 이로부터 주어지는 물음은 '좋음의 이데아'와 '아름다움 자체'가 같은 것인지, 다른 것이라면 어떻게 관련되고 있는지 하는 것이다. 이러한 물음은 좋음과 아름다움의 관계에 대한 물음이라고 정식화될 수 있는데, 이 물음의 여파는 현대철학자 하이데거에게까지 미치고 있다.

우리는 이 물음에 대한 일부 철학자들의 논의를 간략히 살펴보고, 하이데거 철학에서 그 물음의 흔적을 찾아 하이데거가 그 물음에 어떻게 대답하고 있는지를 밝혀보고자 한다. 이를 위해 우리는 먼저 좋음의 이데아와 아름다움에 관한 플라톤의 논의를 살펴보아야 할 것이다. 그리고 이어서 좋음에 대한 후대 철학자들의 견해를 간략히 살피는 데로 나아갈 것이다. 플라톤의 좋음은 플라톤 자신에 의해서도 비유로만 말해지고 명료하게 말해지지 않는다. 바로 그 이유로 후대 사람들은 그의 비유를 다양하게 해석하였다. 여러 해석들 중의 하나는 플라톤의 좋음을 '존재의 진리'로 보는 견해인데, 이 견해는 하이데거에게서 발견된다. 하이데거는 진리와 아름다움의 관계는 물론 진리와 인간의 관계, 진리와 사물의 관계에 대해서도 해설하는바, 우리는 아름다움을 염두에 두면서 이러한 해설도 살펴보게 될 것이다.

2. 플라톤의 좋음과 아름다움

플라톤은 『국가(Politeia)』에서 "정의와 정의로운 것"을 비로소 온전하게 하는 통찰은 "좋음(선)의 이데아"를 보는 것이라는 주장을 하고 있다. 그는 이러한 좋음의 이데아를 『국가』 6-7권에서 세 가지의 비유를 통해 이해시키려 한다.

첫 번째의 비유는 태양의 비유(506 b 3-509 b)이다. 이에 따르면 청각과 소리는 듣고 들림을 위해서 어떤 다른 것을 필요로 하지 않는 반면에, 시각과 가시적인 것은 봄과 보임을 위해서 어떤 제3의 것을 필요로 한다. 그것은 바로 태양의 빛이다. 이런 한에서 빛을 비추는 태양은 시각의 원인으로 말해지고, 태양에 비유되는 좋음의 이데아는 진리와 인식의 원인으로 말해진다. 태양이 가시적인 것에 보임의 능력만이 아니라 생성과 성장, 영양을 부여해 주듯이, 좋음은 인식될 수 있는 것에게 존재(현존과 이데아)를 부여해 준다는 것이다.

두 번째의 비유는 선분의 비유(509 c-511 e)이다. 여기서는 우선 보일 수 있는 것의 영역과 사유될 수 있는 것의 영역이 두 개의 존재영역으로 확정된다. 그 다음 그 같은 두 영역이 명료성과 무규정성에 의거해 같은 비율로 분할된다. 이로써 각 영역에는 크기가 같지 않은 두 선분이 생겨나고, 전체적으로는 네 개의 선분이 생겨난다. 이에 대응하여 보일 수 있는 것에 대해 얻어지는 지식인 일상적 의견(doxa)은 그럼직함의 지식(eikasia)과 믿음직함의 지식(pistis)으로 나누어지고, 사유될 수 있는 것에 대한 지식인 사변적 지식(episteme)은 각기 합리적 지식(noesis, 수학적 지식)과 변론적 지식(dianoia, 문답법적 지식)으로 나누어진다. 이러한 비유를 통해 좋음은 변론적 지식의 고유한 대상으로 확정된다. 합리적 지식이 전제(이데아)를 출발점으로 삼고 사물들의 도움을 받으면서 연역적으로 형성해 내는 지식인 반면에, 변론적 지식은 전제들(이데아들)을 출발점으로 삼아 이들의 시원(선의 이데아)으로 육박해 감에 의해 얻어지는 선의 이데아에 관한 지식이다.

세 번째의 비유는 동굴의 비유(514 a-517 a)이다. 이 비유에 있어서 동굴 거주는 일상의 시선에 드러나는 일상의 영역을 비유한다. 동굴 안에서가 아니라 동굴 밖에서 보이는 사물들은 동굴 안의 불빛에 의해서가 아니라 태양의 빛에 비추인 참된 존재자, 곧 이데아들을 비유한다. 동굴 밖의 태양은 모든 이데아들을 보일 수 있게끔 만드는 것, 곧 좋음의 이데아를 비유한다.

플라톤이 존재(이데아) 너머의 좋음을 가정하게 된 이유는 무엇인가? 이에 대해서 요하네스 히르쉬베르거는 플라톤의 좋음의 이데아 개념은 "존재의 근거가, 바로 원천적인 바탕이기 때문에, 좋다고 하는 직관"에서 생겨나고, 이러한 직관의 배후에는 모든 형상들이 사물들에 대해 목적인이라고 보는 "목적론적인 사고 형식"이 있다고 말한다.[1] 플라톤의 좋음의 이데아는 이후의 철학사, 특히 기독교적 철학에 결정적인 영향을 미치게 된다.

---

1) J. Hirschberger, *Geschichte der Philosophie*, Basel, Freiburg, Wien: Herder, 1965. 강성위 옮김, 『서양철학사』(상권), 이문출판사, 1994, 126.

플라톤의 아름다움의 논의는 『향연(*Symposion*)』에서 두드러지게 나타난다. 한 향연에 참가한 사람들에 의해 에로스에 대한 찬사로 행해진 일곱 가지 이야기 속에서 우리에게 주목되는 부분은 소크라테스가 전하는 만티네이아 출신의 여사제인 디오티마의 이야기이다.

'디오티마의 이야기'는 크게 세 부분으로 나눠진다. 첫 부분에서는 이전에 말한 아가톤이라는 사람에 의해 말해진 것이 논박되고, 두 번째 부분에서는 신화의 형식으로 에로스가 신들과 인간들의 중간존재이자 매개자로 묘사되며, 끝으로 셋째 부분에서는 그리스의 신비적 숭배의식들에 대한 다양한 풍자들 속에서 에로스를 통한 인간적인 인식 및 삶의 완성이 제시된다.

우리는 '디오티마의 이야기'의 셋째 부분의 한 대목에 주목해 보기로 한다. 이 대목에 앞서 디오티마가 진술했던 것은, 어떻게 에로스의 올바른 길이 육체적 아름다움의 사랑으로부터 다양한 단계들을 거쳐 최종적으로 정신적 아름다움의 사랑에 도달하는가 하는 것이다. 그런데 에로스의 길은 더 나아간다. 디오티마는 이러한 길의 목적지를 다음과 같이 기술한다:

"아름다운 것들을 올바른 순서로 바라보면서 여기까지 사랑의 길을 인도되어 온 사람은, 이제 그 궁극 목표를 향하여 나아가게 되는데, 갑자기 그는 그 본성이 놀라운 하나의 아름다움을 바라보게 될 것입니다. 그것은 오오 소크라테스, **아름다움 자체**입니다. 그것 때문에 지금까지의 모든 고난을 참고 견디어 온 바로 그 아름다움입니다. 첫째로, 그것은 영구한 것이요, 생멸하는 것이 아니요, 증감하는 것이 아닙니다. 둘째로, 그것은 어떤 데서는 아름답고, 어떤 데서는 추한 그런 것이 아니요, […] 또 어떤 사람에게는 아름답고 어떤 사람에게는 추한 그런 것이 아닙니다. […] 또 생물 속에서나 지상에나 혹은 천상에나 그 밖의 어떤 것 속에 있는 것도 아닙니다. 오히려 그것은 독립 자존하면서 영원히 독특한 모습을 띠고 있는 것입니다. 한편 모든 아름다운 것은 이 아름다움에 참여하는데, 그 참여의 방식은 이러합니다. 즉 이것들은 생성하고 소멸하지만 저것은 늘지도 않고 줄지도 않으며 아무 변화도 없어 항상 그대로 있는 것입니다.”(210 e-211 b)[2] 이렇게 여기서는 아름다움 자체가 봄(인식)의 최고대상으로 말해지고 있다. 그런데 앞에서 살펴보았듯이, 『국가』에서 봄의 최고대상으로 말해지는 것은 좋음의 이데아이다. 그렇다면 그에게서 아름다움과 좋음이 동일시되고 있는 것은 아닌가? 이러한 의문은 디오티마가 소크라테스에게 행하는 다음의 물음을 통해 강화된다:

“그 아름다움은 오직 심안으로만 볼 수 있는데, 그것을 보는 심안을 가진 사람이 이 아름다움을 관조하며 그것과 함께 있을 때에만 덕의 그림자가 아니라 **참 덕을 산출할 수 있을 거라고는** 생각하지 않으세요? […] 그리고 그가 진정한 덕을 산출하고 그것을 길러내게 되면, 신의 사랑을 받는 자가 되며, 또 인간에게 불사(不死)라는 것이 있을 수 있다면, 이 사람이야말로 불사하게 되지 않겠어요?”(212 a) 이 물음에 대한 소크라테스의 견해는 “나는 그 말이 아주 옳다고 믿네.”(212 b)라는 것이다.[3] 이 대목은 정의의 덕을 비로소 온전하게 하는 것이 좋음의 이데아라는 『국가』에서의 주장과 관련해서 주목할 만하다. 왜냐하면 여기서는 인간의 덕의 산출을 가능케 하는 기능이 아름다움에 귀속되고 있기 때문이다. 우리가 이러한 인용문들에 근거를 둔다면, 좋음과 아름다움은 ‘봄의 최고대상’이자 ‘덕의 산출의 가능화’라는 면에서 동일한 것이라고 말할 수 있을 것이다.

3. 좋음과 일자, 좋음과 아름다움의 공속성

플라톤 이후 그의 좋음은 플로티노스에 의해 “일자”로 이해된다. 그는 존재 너머의 것인 좋음과 일자를 동일시한다. 이러한 동일시를

---

2) 최명관 옮김, 『플라톤의 대화: 에우튀프론, 소크라테스의 변명, 크리톤, 파이돈, 향연』, 종로서적, 1989, 289-290.
3) 같은 책, 291.

정당화하는 발언은 크뢰머에게서 발견된다. 그는 좋음의 이데아가, 존재 너머에 놓여 있는 것으로서, 존재근거이며 인식근거라는 규정은 "좋음을 일자로 보는 한에서만 가능하다."고 주장하기 때문이다.4)

존재(이데아)가 통일성과 자기동일성의 덕으로 있는 것이라고 파악된다면, 존재에게 통일성을 부여함에 의해 존재를 원인 짓는 것은 일자로 말해져야 할 것이다. 이러한 동일시에 대한 질송의 해설은 다음과 같다: "[플로티노스에게 있어서] 좋음과 일자는 똑같은 것이지만, 이에는 두 가지의 단서가 있다. 첫째, 그것들 자체는 사물들(things)이 아니며, 그것들이 지시하는 것도 하나의 사물이 아니라는 것이다. 둘째, 그것들은 자신들이 지시하는 것에 속하는, 즉 모든 이름들 너머에 놓여 있는 알려지지 않은 최고의 어떤 것에 속하는 상호 보완적이지만 서로 구분되는 두 측면을 지시한다는 것이다."5)

플로티노스 이후 그의 가장 위대한 계승자인 프로클로스는 "좋음과 일자가 똑같은 것이고, 좋음과 신이 똑같은 것"이라는 이유로 좋음과 일자와 신을 동일시한다. 아우구스티누스에 이르러서도 신은 일자이자 좋음으로 이해된다. 그러나 이 경우 강조점은 "신이 있는 이유는 그가 좋음이고 하나이기 때문이 아니라, 그가 '있는 그분'이기 때문에 좋으면서 하나"라는 것이 된다.6) 이러한 존재 우위의 견해는 토마스 아퀴나스에게서 더욱 강화된다.

토마스 아퀴나스에게 있어서는 최고의 원리는 자존적 존재 자체(ipsum esse subsistens)이고, 이것이 신으로 말해진다. 신은 모든 존재 규정의 충만인 한에서, 그것에는 좋음과 아름다움이라는 규정도 속해야 한다. 물론 이 경우 신의 좋음과 아름다움은 사물의 좋음과 아름다

---

4) H. J. Krämer, *Arete bei Platon und Aristoteles*, Heidelberg: C. Winter, 1959, 137.

5) Etienne Gilson, *Being and Some Philosophers*, Toronto: The Pontifical Institute of Mediaeval Studies, 1949. 정은해 옮김, 『존재란 무엇인가』, 서광사, 1992, 48.

6) 같은 책, 60-64.

움에 대해 유비적 의미에서 이해되어야 하는 것이다. 다시 말해, 사물에 좋음과 아름다움이 속하듯이 신에게도 좋음과 아름다움이 속하지만, 신은 사물이 아니므로 신에 속한 좋음과 아름다움은 사물에 속한 좋음과 아름다움에 대해 질적 차이를 갖는다는 것이다.

토마스는 사물의 아름다움을 사물의 좋음과 관련시켜 형이상학적으로 논의하면서 다음과 같이 말한다: "사물 내에서 좋음과 아름다움은 근본적으로 동일한 것이다. [⋯] 왜냐하면 이들은 동일한 것, 즉 형상에 기초하고 있기 때문이다."[7] 앞에서 인용된 히르쉬베르거의 말처럼, 형상은 그것이 목적인인 한에서 좋은 것이다.

토마스는 "아름다움이라는 개념은 보이거나 알려짐에 의해 욕망을 가라앉히는 것"이라고도 말하고, "좋음은 그것의 욕구 자체가 즐거움을 주는 것이고, 아름다움은 그것의 파악이 즐거움을 주는 것"이라고도 한다. 그에 따르면, 아름다움은 욕망을 가라앉히고 즐거움을 주는 어떤 것이다. 그런데 아름다움은 우리가 그것을 파악하는 한에서 우리를 즐겁게 하는 것인 데 반해, 좋음은 우리가 그것을 욕구하는 것만으로도 우리를 즐겁게 한다고 말한다.[8] 이 점에서 둘은 모두 형상에 기초를 두고 있는 것들일지라도 논리적으로 차이를 지닌 것들이다. 그렇지만 여기서 우리가 주목해 둘 것은 아름다움이 형상의 파악과 관련된 속성으로 말해지고 있다는 점이다.

베르나데테는, 플라톤이 좋음과 아름다움을 동일시했다고 믿고 있는 사람들의 일반적인 생각을 소개하고 이에 대해 반론을 제시하고 있다: "예루살렘이 정의로운 것에 대해 그랬듯이 아테네가 아름다운 것(the beautiful)에 정열적으로 열중했다는 점, 플라톤이 각각의 종류

---

7) Thomas von Aquinas, *Summa Theologica*, I, Q. 5, Art. 4; Monroe C. Beardsley, *Aesthetics from Classical Greece to the Present: A Short History*, Alabama: University of Alabama Press, 1975. 이성훈 옮김, 『미학사』, 이론과 실천, 1997, 110.
8) 같은 책, 110-114.

의 본성을 그것의 에이도스로 말한다는 점, 그리고 에이도스가 때때로 그 자체로 형상의 아름다움(beauty of form)을 의미한다는 점 등은 사람들로 하여금, 플라톤이 그 자신 거기에 속하는 그런 사람들[아테네인들]의 정신(spirit, [믿는 내용])을 사물들의 본질(essence)과 혼동하였기 때문에 아름다운 것과 모든 존재자의 존재를 동일시했다고 추론하도록 이끌 수도 있을 것이다. 그러나 아름다운 것은 플라톤의 최고의 원리가 아니다. 최고의 원리는 좋은 것 또는 좋은 것의 이데아이고, 이것은 존재 너머에(beyond being) 있다."9) 베르나데테는 이렇게 존재와 동일시될 수 있는 '아름다운 것(아름다움)'이 '좋은 것(좋음)의 이데아'는 아니며, 그 이유는 '좋은 것의 이데아'는 '존재' 너머에 있는 것이기 때문이라고 밝히고 있다. 우리가 베르나데테를 따라 최고의 원리는 아름다움이 아니라 좋음이라고 하고, 이러한 좋음을 신이나 일자 이외의 다른 것에서 찾는다면 그것은 어떤 것일까? 그리고 이 경우 좋음과 아름다움의 관계는 어떤 것일까? 우리는 이제 하이데거에게서 이런 질문들에 대한 가능한 대답을 찾아보기로 한다. 미리 말한다면, 하이데거에게 있어서는 "존재의 진리"가 플라톤의 좋음의 이데아에 상응하는 것이다.

4. 플라톤의 좋음과 아름다움의 해설

1) 좋음과 진리

하이데거는 플라톤의 좋음을 가치 개념과는 다른 것으로 해설한다: "좋음(to agathon)은 그리스적으로 사유했을 때, [스스로] 어떤 일에 유능한 것이자 [어떤 것을] 어떤 일에 유능하게 하는 것이다."(PLdW,

---

9) Plato, *The Being of the Beautiful: Plato's Theaethetus, Sophist, and Statesman*, tr. with commentary by Seth Bernadete, Chicago: The University of Chicago Press, 1984, xv.

227) 이데아는 한 존재자의 보임새이다. 이 같은 이데아는 그때마다 한 존재자에게 봄(sicht)을 주기 때문에, 이데아는 한 존재자를, 그것이 그 자신의 무엇임에 있어서 현상하고 그렇게 자신의 지속적인 것(무엇임) 속에서 현존하는 일에 유능하게 하는 것이다. 이 점에 바탕을 두고, 그는 '각각의 이데아를 하나의 이데아에 유능하게 하는 것', 곧 '모든 이데아들의 이데아'가 무엇인지를 해설한다. 그에 의하면, 이데아들의 이데아는 이데아들이 모든 현존자로 하여금 그것의 가시성(Sichtsamkeit)에 있어서 나타남에 유능하게 하거나 그런 나타남을 가능하게 함 속에 놓여 있는 것이다: "각각의 이데아의 본질은 이미, 보임새의 봄을 보증하는 나타남(Scheinen)으로 [존재자를] 유능하게 함이자 가능하게 함에 놓여 있다. 그래서 이데아들의 이데아는 단적으로 '유능하게 하는 것', 곧 좋음(to agathon)이다."(PLdW, 228) 이데아들은 존재자들을 나타남에 유능하게 하는 것이다. 그렇다면 이데아들의 공통점 내지 이데아들의 본질은 존재자들을 유능하게 하는 데 유능하다는 점이 될 것이다. 하이데거는 유능하게 하는 데 유능한 것을 단적으로 '유능하게 하는 것'이라고 표현하면서, 이것이 그리스적 의미로 좋음이고 모든 이데아들의 이데아라고 해설하는 것이다.

그런데 하이데거는 더 나아가 좋음이 가장 나타날 만한 것이라고 지적한다. 좋음은 "각각의 나타날 만한 것을 나타남으로 데려오고, 그래서 스스로가 '본래적으로 현상하는 것', '자신의 나타남에 있어서 가장 나타날 만한 것(Scheinensamste)'이다. 그런 까닭에 플라톤은 좋음을 존재자의 가장 현상하는 것(가장 나타날 만한 것)이라고 부른다 (518 c 9)."(PLdW, 228)고 말한다. 태양은 자신의 빛남을 통해 밝음만을 줄 뿐 아니라 이와 더불어 모든 현상하는 것에게 그의 가시성과 비은폐성을 선사한다. 마찬가지로 좋음은, 현존자에게 그 자신의 보임새 내지 무엇임을 보증하고 현존자가 그런 보임새 속에 들어서서 존재하도록 해준다.

결국 플라톤에 있어서 좋음은 "이데아의 본질을 가능케 하는 것"

(PLdW, 229)이다. 여기서 우리는 다음과 같이 물을 수 있다: 플라톤의 좋음이 유능하게 하는 것, 가능하게 하는 것이고, 일차적으로 가능하게 함이 존재와 인식을 가능하게 함이라면, 하이데거에게 있어서 그렇게 일차적으로 가능하게 하는 것은 무엇일까?

2) 아름다움과 진리

하이데거는 아름다움에 관한 플라톤의 논의를 해설하면서, 좋음의 이데아가 "모든 올바른 것과 아름다운 것의 원인(panton orthon te kai kalon aitia)"(517 c)이라는 문장과 좋음의 이데아가 "비은폐성과 인식을 보증하는 여주인(kuria aletheian kai noun paraschomene)"(517 c 4)이라는 문장을 관련시킨다. 하이데거는 이러한 관련성을 해석하여 "올바른 것"에 대응하는 것은 올바른 "인식"이고, "아름다운 것"에 대응하는 것은 "비은폐된 것"이라고 말한다. 그리고 후자의 이유로 아름다운 것은 곧 빛나면서 비은폐되어 있는 것이라는 점을 든다: "왜냐하면 아름다운 것의 본질(das Wesen des Schönes)은, [그것이] '에크파네스타톤이라는 점(ekphanestaton zu sein)'(참조: *Phaidros*), 곧 최대로 가장 순수하게 자기 자신으로부터 빛나면서 보임새를 나타내고, 그렇게 비은폐된 채로 있다는 점에 놓여 있기 때문이다."(PLdW, 232) 하이데거가 이 대목을 언급하는 본래적인 이유는, 플라톤에게서 진리가 비은폐성이라는 의미와 올바름이라는 의미로 동시적으로 사용된다는 점을 지적하려는 데 있다. 하지만 우리는 여기서 그 점과 더불어, 아름다운 것의 본질이 빛나는 것이자 비은폐된 것이라는 점에 놓여 있음을, 따라서 아름다움이 빛남과 비은폐됨에 상관되어 있음을 함께 알아차리게 된다. 그런데 그렇게 아름다움의 본질이, 어떤 것이 빛나는 것이자 은폐되어 있는 것이라는 점에 놓여 있다면, 앞서 말해진 "존재자의 가장 현상하는 것(가장 나타날 만한 것)"으로서의 좋음은 그 자체로 아름다운 것이라고 해야 할 것이다.

앞에서 우리는 플라톤의 좋음의 하이데거적 상관자가 '존재의 진리'라고 미리 언급하였는데, 이제 이 점을 구체적으로 살펴보기로 한다.

5. 하이데거의 진리와 아름다움

1) 좋음과 진리

하이데거는 존재자의 존재의 이해가 존재의 기투(선취적 규정)라는 성격을 갖고 있고, 이러한 기투는 기투가 의거해야 할 기반(Worauf-hin)을 전제한다고 말한다. 이런 한에서 존재자의 존재이해는 이중적 의미를 갖는다: 그것은 존재에 입각한 존재자의 이해이자 존재 너머의 그 무엇에 입각한 존재의 기투이다. 여기서 말해진 존재 너머의 그 무엇, 곧 이후에 해설되어야 하는 내용이지만, 하이데거가 존재의 기투의 기반 내지 지평으로 제시하는 것은, 현존재의 시간성에서 생겨난 것으로서의 시간-지평이다: "시간성은 존재이해의 가능조건이고, 이로써 시간에 입각한 존재의 기투의 가능조건이다."(GdP, 397) 이런 한에서 존재이해의 가능조건을 묻는 과제는 "존재자로부터 그 존재로 소급해 나아가는 과제"만이 아니라, "존재를 넘어서면서(über das Sein hinaus) 거기에 입각해 존재 자체가 존재로 기투되어 있는 그런 것을 물으며 향하는 과제"(GdP, 399)를 포함한다.

하이데거는 여기서, 시간이 존재 너머의 것이라는 자신의 논제를 이해시키기 위해 이데아가 존재 너머의 것이라는 플라톤의 주장을 끌어들인다. 하이데거는 플라톤의 '동굴의 비유'에 나오는 다음의 대목을 주목한다: "내가 생각하기로, 자네는 태양이 가시적인 것에게 보임의 능력을 줄 뿐만이 아니라, 생성과 성장과 영양을 주는 것이기도 하지만, 그 자신이 생성은 아니라고 말할 걸세. […] 자네는 마찬가지로, 알려진 것에게 알려짐만이 좋음으로부터 오는 것이 아니라, 있음(to einai)[현존]과 존재(ten ousia)[본질]도 이것으로부터 속하게 되지만, 좋음 자신이 존재(ousia)는 아니고, 위엄과 능력에서 존재를 넘어 (epekeinates ousias) 돌출해 있다고 말해야만 할 것일세."(*Politeia*, VI, 509 b; GdP, 401-402) 이러한 인용문에서 하이데거가 주목하는 것은 좋음의 이데아가 '빛의 기능 내지 밝힘의 기능'을 갖는다는 점이다: "존재에 대한 이해는 존재 너머의 것(epekeina tes ousias)에 근거를 둔다. 이로써 플라톤은 그가 '존재를 넘어서 돌출해 있는(über das Sein hinausragend)' 것이라고 부르는 것에 부딪힌다. 이것은 빛의 기능을, 존재자에 관한 온갖 드러냄을 위해서, 여기서는 존재 자체에 관한 이해를 위해서 밝힘(Erhellung)의 기능을 갖는다."(GdP, 402)

하이데거는 이러한 인용을 통해서 자신의 시간 개념이 플라톤의 좋음의 이데아에 대응한다는 점을 말하려는 것으로 보인다. 시간은 지평으로 탈자화를 수행하면서 시간-지평을 이룩하고 있다. 시간이 갖는 밝힘의 기능은 결국 시간-지평의 기능이다. 시간-지평이 밝힘의 기능을 가질 수 있음은 시간-지평이 그 자체로 밝음이기 때문이다. 그런데 하이데거가 『존재와 시간』에서 밝힘의 기능을 갖는 밝음으로 우선적으로 해설하는 것은 관련연관 전체로서의 세계이다. 거기서 세계는 시간-지평에 의거해 성립해 있는 것으로, 존재자의 존재의 이해를 가능케 하는 것이다. 시간-지평에 의거해 성립하는 세계는 그 자신 관련연관 전체로서 밝음이고, 이 밝음 속에서 세계 내부적 존재자가 밝혀진다. 이 단계에서 하이데거는 결국 밝힘의 기능을 갖는 것으로 시간-지평과 세계를 함께 염두에 두면서 세계를 가능하게 하는 시간-지평을 더욱 부각시키고 있다.

하이데거가 말하는 존재이해를 위한 근본조건은 다음의 두 문장에서 더욱 분명하게 나타난다: "존재자의 인식을 위한, 또 마찬가지로 존재의 이해를 위한 근본조건은 밝히는 빛 속에 서 있음이며, 비유 없이 말하자면 우리가 이해함에 있어 이해되는 것[존재]을 그것에 기반을 두고 기투하는 그런 어떤 것[시간] 속에 서 있음이다. [···] 존재의 이해는 이미 여하튼 밝음을 주며 밝혀져 있는 지평 속에서 움직인다." 여기서 하이데거는 우리가 존재를 그리로 기투하는 그 어떤 것 안에 우리가 서 있다고도 말하고, 우리가 밝혀져 있는 지평 속에서 움직인 다고도 말한다. 이 같은 말은 우선 우리가 존재를 시간-지평으로 기투 하면서 존재를 이해하고 있으므로, 우리가 시간-지평 안에 서 있다는 것을 의미한다. 아울러 시간-지평이 존재자를 밝혀주는 세계 자체를 가능케 하는 지평이므로, 우리가 시간-지평 안에 서 있다는 것은 곧 우리가 세계의 지평 속에서 움직인다는 것을 의미한다.

그런데 하이데거는 초월론적 사유를 버리고 사건적(ereignishaftes) 사유로 이행한 후에는 시간-지평을 세계 및 공간과 통일적으로 사유 하면서 시간-지평이라는 개념보다는 진리, 시간-놀이-공간이라는 개념 들을 주로 사용한다. 진리라는 개념은 시간 개념과 세계 개념을 동시 적으로 함축하는 것일 뿐, 이들과 별개의 것은 아니다. 이런 까닭에 우리는 시간-지평과 세계를 동시적으로 함축하는 이 진리를 플라톤의 좋음의 이데아에 대한 하이데거적 상관자로 규정할 수 있을 것이다.

이제 우리는 하이데거의 『예술작품의 근원』에서 설명되고 있는 진 리와 아름다움의 관계를 살펴보기로 한다.

2) 아름다움과 진리

우리는 먼저, 예술작품에서 두드러지게 성립하는 존재자와 존재, 그 리고 세계의 상호관계에 대한 하이데거의 설명을 살펴보기로 하자. 하이데거는 우선 예술작품의 작품존재('작품이다'라는 것)가 대지를 불러 세움과 더불어 세계를 열어 세움을 그 근본특징으로 한다고 본 다: "하나의 세계를 열어 세움과 대지를 불러 세움이 작품의 작품존재 의 두 가지 본질특징이다."(UdK, 34) 그런데 하이데거는 이 두 가지 의 발생이 동시적으로 진리의 발생이기도 하다고 말한다: "대지가 세 계를 두드러지게 하고, 세계가 대지에 근거를 두는 일은 오직, 트임과 은폐의 근원적 싸움으로서의 진리가 발생하는 한에서 그러하다. 그러나 어떻게 진리가 발생하는가? 우리는 대답한다: 진리는 소수의 본질적인 방식들 속에서 발생한다. 진리가 발생하는 이러한 방식들 중의 하나는 작품이 작품으로 있음이다. 하나의 세계를 열어 세우면서(aufstellend), 그리고 대지를 불러 세우면서(herstellend) 작품은, 그 속에서 존재자 전체의 비은폐성, 즉 진리가 싸워 획득되는 그런 싸움의 싸움걸기이다."(UdK, 42) 이로써 세계의 열어 세움 내지 세계의 본래적 개시가 존재자 전체의 비은폐성 내지 진리와 더불어 성립함이 말해진다.

여기서 언급된 하이데거의 진리 개념은 복합적으로 이해되어야 할 것이다. 우선 진리는 존재자 전체의 비은폐성을 말한다. 그런데 이것은 존재자 전체가 그것의 존재에 있어서 비은폐되어 있음을 의미하는 것이다. 따라서 진리는 존재를 위한 존재자 전체의 비은폐성을 말하는 것인데, 이것은 존재를 위한 세계의 개시성에 다름 아니다. 이런 맥락에서 "세계"를 "진리가 건립한 구조 전체(das Ganze des Bauge-füges der Wahrheit)"[10)라고 부르는 푀겔러의 말도 이해될 수 있을 것이다. 존재를 위한 존재자 전체의 비은폐성이나 존재를 위한 세계의 개시성은 존재를 위한 진리이고, 이것을 하이데거는 간략히 존재의 진리라고 부른다.

하이데거는 이제 이러한 진리의 발생이나 빛남이 아름다움(미)이라고 규정한다: "작품 속으로 맞추어 넣어진 채 빛남(Scheinen)이 아름다운 것(das Schöne)이다. 아름다움(Schönheit)은 비은폐성으로서의 진리가 자현하는(west) 한 방식이다."(UdK, 43) 예술작품 속에서는 한 존재자의 존재의 개방을 위해 이러한 개방과 동시적으로 존재자 전체의 비은폐성이 발생한다. 그리고 한 존재자의 존재와 더불어 비은폐되는 존재자 전체의 비은폐성은 아름다운 것이다. 이런 맥락에서

---

10) Otto Pöggeler, *Der Denkweg Martin Heideggers*, Neske Pfullingen, 1983, 234. 이기상 · 이말숙 옮김, 『하이데거 사유의 길』, 문예출판사, 1993, 266.

하이데거는 『예술작품의 근원』(1935/36)의 '후기'에서 다음과 같이 말한다: "진리는 존재자로서의 존재자의 비은폐성이다. 진리는 존재의 진리이다. 아름다움(Schönheit)은 이러한 진리 옆에서는 발견되지 않는다. 진리가 자신을 작품 속으로 정립한다면, 진리는 현상한다. 현상함이 — 작품 속에서의 그리고 작품으로서의 이러한 진리의 존재로서 — 아름다움이다. 그렇게 아름다운 것은 진리의 발생(Sichereignen)에 속해 있다."(UdK, 69)

이렇듯이 하이데거에게 있어서는 존재를 위한 진리(존재자 전체의 비은폐성)의 현상방식이 아름다움이다. 아름다움은 플라톤의 좋음(인식과 존재의 근거)의 상관자인 하이데거의 진리(인식과 존재의 근거)에 속한다. 그런데 하이데거는 「휴머니즘 편지」에서 진리 속에 머묾을 인간의 본질이라고 한다. 이제 우리는 아름다움을 염두에 두면서 마지막으로 인간의 본질의 진리연관성에 관한 하이데거의 해설을 살펴보기로 한다.

6. 인간의 본질: 존재의 진리 내 존재

1) 휴머니즘의 세 단계

제2차 세계대전의 비인간성들 이후에 서구에서는 인간성에 대한 물음이 새로이 대두되었다. 사르트르, 키에르케고르에 이어 장 보프레에 있어서도 그 물음은 중요한 것이었다. 그는 그 물음을 하이데거에게 편지글로 제기하였는데, 그 물음의 핵심은 하이데거의 진술에 따를 때 다음과 같은 것이었다: "당신은 묻는다: 어떤 식으로 휴머니즘이라는 낱말에 하나의 의미가 다시 주어질 수 있는가?" 하이데거는 이에 대해 1947년에 처음 간행된 '휴머니즘에 관해'라는 긴 편지에서 대답하게 된다.

하이데거는 지금까지의 형태들에 있어서의 휴머니즘이 그 본래의 의미를 벗어났다고 본다. 그는 먼저 휴머니즘의 형식적 의미를 다음과 같이 규정한다: "인간이 인간적으로 존재하고, 비인간적으로, 곧 자신의 본질 밖에 존재하지 않는 것을 숙고하고 염려함."(BüH, 319) 그렇다면 기존의 휴머니즘은 이러한 의미를 충족시키지 못하였다는 것인가? 역사적으로 나타난 세 단계의 휴머니즘에 대한 하이데거의 해설을 통해 이를 살펴보기로 한다.

하이데거에 따르면 최초의 휴머니즘 개념은 로마인들에 의해서 나타난다: "로마에서 우리는 최초의 휴머니즘을 만난다. 그래서 휴머니즘은 본질적으로 하나의 특수한 로마적 현상인데, 이 현상은 로마 문화가 후기 그리스 문화의 '교양'(paideia, 육성되어 있음)과 만나는 데서 생겨난다."(BüH, 320) 하이데거는 이를 다음과 같이 분명히 한다: "그리스인은 후기 그리스 문화의 그리스인들이고, 그들의 육성은 철학자 학교들에서 가르쳐진 것이다. 그 교양은 훌륭한 특성들에 있어서의 박식과 관습(erudatio et institutio in bonas artes)에 해당한다. 그렇게 이해된 교양이 후마니타스(humanitas)로 번역된다."(BüH, 320) 결국 로마 시대에 있어서 호모 후마니타스는 로마적 가치를 높이며, 이를 그리스인으로부터 넘겨진 교양 개념의 섭취를 통해서 고상하게 한 로마인을 가리킨다는 것이다. 그리고 이 경우에 있어서 호모 후마니타스는 호모 바르바루스(homo barbarus)에 대립된다는 것이다.

하이데거는 르네상스의 휴머니즘에서도 후기 그리스의 교양 개념과 결부된 후마니타스 개념이 여전히 유효했다고 본다. 소위 14세기와 15세기의 이탈리아의 르네상스는 로마인적 성품의 재생(renacentitia romanitas)이라는 것이다. 로마니타스(로마적 성품)가 중요한 까닭에, 후마니타스(인문성)가 문제시되고, 그런 까닭에 그리스적인 교양이 문제시되는데, 이 경우 그리스인의 문화는 끊임없이 그 후기의 형태 속에서만 보이고 이러한 후기 형태가 바로 로마적인 것으로 보였다는 것이다. 이것은 결국 다음을 의미한다: "르네상스의 호모 로마누스(homo romanus, 로마인)도 호모 바르바루스(homo barbarus, 이방인)

와의 대립 속에 놓여 있다. 그러나 비-인간적인 것은 이제 중세의 고딕 스콜라 학파(gotische Scholastik)의 소위 야만성이다."(BüH, 320)

하이데거는 18세기의 신-휴머니즘도 중세적 야만성에서 벗어나기 위해 고대를 되잡는다는 점에 있어서 이전과 같은 성격을 갖는다고 본다. 그래서 역사적으로 이해된 휴머니즘에는 끊임없이 후마니타스의 연구가 속하는데, 이 점은 18세기 휴머니즘에서도 나타나고 이 신-휴머니즘에 대한 사례들이 빙켈만, 괴테, 쉴러라는 것이다. 하이데거는 그런데 횔덜린은 예외라고 지적하는데, 그 이유로 이 사람은 "인간의 본질의 역운(Geschick)을 이 휴머니즘이 사유할 수 있었던 것보다 더욱 시원적으로 사유하였기 때문이다."(BüH, 320)라고 말한다. 이렇게 여러 단계의 휴머니즘을 해설한 이후에 하이데거는 이러한 휴머니즘들이 그 본래의 의미, 곧 '인간이 자신의 본질 밖에 존재하지 않는 것을 숙고하고 염려함'을 상실했음을 지적한다. 그 이유로 지적되는 것은 이들과 형이상학과의 결부이다.

2) 진리 내 존재

휴머니즘이 형이상학과 결부됨에 대한 하이데거의 비판은 다음과 같은 것이다: "형이상학은 존재자를 그의 존재에 있어서 표상하며, 그렇게 존재자의 존재를 사유한다. 그러나 형이상학은 양자의 차이를 사유하지 않는다. […] 형이상학은 존재 자체의 진리에 대해서 묻지 않는다. 따라서 그것은 어떤 방식으로 인간의 본질이 존재의 진리에 속하는지도 결코 묻지 않는다."(BüH, 322) 지금까지 형이상학은 인간을 특수한 종류의 동물로, 곧 "이성적 동물(animal rationale)"로 이해하였다. 이 점이 하이데거에게 의미하는 것은 다음이다: "형이상학은 인간을 동물성(animalitas)으로부터 사유하고, 그의 후마니타스를 향해 사유하지 않는다."(BüH, 323) 따라서 하이데거에게 있어서는 형이상학과 결부된 '휴머니즘'도 역시 참된 휴머니즘일 수가 없다.

하이데거에게 있어서는 존재의 진리 안에 존재함(탈-존)이 인간의 본질이고 또한 인간으로 머물기 위한 인간의 과제이다. 인간의 본질과 과제를 하이데거는 다음과 같이 명료화한다: "인간은 […] 존재 자체로부터 존재의 진리 속으로 '던져져' 있고, 그래서 그는 그런 식으로 탈-존하면서 존재의 진리를 보호하여, 존재의 빛 속에서 존재자가 그 자신인 바의 존재자로 현상하도록 해야 한다."(BüH, 330) 이로부터 인간은 "존재의 목자"(BüH, 331), "존재의 이웃"(BüH, 342)이라는 칭호를 얻는다.

3) 진기한 '휴머니즘'

기존의 형이상학과 이에 바탕한 휴머니즘에 대한 비판, 그리고 인간의 본질에 대한 새로운 해명에 바탕을 두고, 하이데거는 장 보프레의 물음에 대해 다음과 같이 대답한다. "인간의 본질은 탈-존에 기인한다. 본질적으로는, 곧 존재 자체로부터는, 탈-존이 중요한데, 존재가 탈-존하는 자로서의 인간을 존재의 진리를 위한 깨어 있음을 위해 존재의 진리 자체 속에 들어서도록 자기화하는(ereignet) 한에서 그러하다. '휴머니즘'은 이제, 우리가 결의하는 한에서, 다음의 낱말을 확고히 붙잡는 것을 의미한다: 인간의 본질은 존재의 진리를 위해 본질적이고, 그래서 이에 따를 때 바로 인간이 단지 그 자체로서 중요한 것이 아니다. 우리는 그렇게 진기한 유형의 '휴머니즘'('Humanismus' seltsamer Art)을 생각한다."(BüH, 345)

인간의 본질에 대한 사유는 하이데거로 하여금 인간을 다만 이성적 동물로 보는 형이상학에 바탕을 두고 있는 기존의 휴머니즘에 대해 일정한 거리를 두도록 하였다. 하이데거에 의해 새로이 해설된 진기한 유형의 '휴머니즘'은, 인간의 본질과 과제를, 인간이 존재의 진리, 존재를 위한 존재자 전체의 비은폐성을 보호하고 보존하는 일에서 찾는 태도를 말한다.

진리를 보호하면서 진리의 아름다움을 보는 태도는 그러나 구체적으로 설명할 때 어떤 것인가? 이에 대한 대답은 사물과 세계의 상관성에 대한 그의 해설 속에서 찾아질 수 있다.

4) 사물과 세계의 상관화의 허용

하이데거의 후기 사유에 있어서 사물의 물음은 사물의 초월론적 이해에 대한 물음이 아니라, 진리 내지 세계로부터의 사물의 자현(Wesung)에 대한 물음으로 된다. 하이데거에 의하면 우리가 사물을 그 자신으로 있도록 허용할 때 비로소 사물은 그 자신인 "자기사물(Selbststand)"(Ding, 159; 참조: GA 79)로 된다. 그에 의하면 칸트의 사물은 사유하는 주체로부터 개념화되어 있고, 이 사유하는 주체에 마주 서 있는 대상이다. 그런데 하이데거는 (데미우르고스의 제작을 말하는) 플라톤과 칸트의 사물관을 비판적으로 본다: "현존자를 제작적인 것이나 대상적인 것이라는 의미로 표상하는 것은, 하지만 사물로서의 사물에는 결코 도달하지 못한다."(Ding, 160-161) 어째서 그러한가? 사물을 제작자나 인식자와 상관시켜 파악함은 인간주체적 관점으로 사물을 제한적으로 파악하기 때문이다. 제한된 시각에서 벗어남은, 사물이 전체로서의 세계 속에서 비로소 본래의 자신에 이르는 한에서, 전체로서의 세계로부터 사물을 발견함을 말할 것이다. 하이데거는 후기 사유에 있어서 존재를 시간연관적으로 사유하는 데 머물지 않고, 오히려 구체적으로 세계연관적으로 사유하게 된다. 이 경우에 사물은 세계에서부터 비은폐되는 것으로 사유되고, 이렇게 비은폐된 존재자는 그것이 자연사물이건 인공사물이건 이제 각자의 방식으로 세계를 붙들면서 모으는 것으로 해설된다.

하이데거는 사물과 세계의 상관성을 제시하기 위해 하나의 단지(Krug, 항아리)의 발생적인 존재성격을 해설한다. 이에 따르면 단지는 단일적인 4중자(das Geviert)인 세계를 모으는 식으로 그때마다 발생

적으로 존재한다: "사물은 사물로 된다. 사물로 됨은 모은다. 사물로 됨은 모으고, 4중자를 고유하게 하면서 4중자의 체류를 하나의 그때마다의 일시적인 것에, 이것에, 그 사물에, 모은다."(Ding, 166) 하이데거는 사물이 사물로 되는 동안에, 곧 모음의 방식으로 하나의 사물로 발생하는 동안에, 그것은 땅과 하늘을, 신적인 것들과 죽을 자들을 붙잡고, 멀리 떨어진 이 네 가지를 서로 가깝게 데려오고, 그런 식으로 4중자에게 하나의 소재지를 마련해 준다고 본다. 그리고 이 경우 4중자는 단일적으로 서로 친숙해진 것들의 자기화하는(ereignendes, 다른 것들을 자기의 것으로 삼으면서 스스로도 고유해지는) 거울-놀이로서 발생하고, 이 자기화하는 거울-놀이는 그 자체로 세계의 세계화라는 것이다. 이제 세계는 가장 확대된 것으로서 4중자이다: "우리는 하늘과 땅, 신적인 것들과 죽을 자들의 겹침(Einfalt)의 자기화하는 거울-놀이를 세계라고 부른다."(Ding, 172) 여기서 말해지는 거울-놀이로서의 세계는, 비록『존재와 시간』에서 말해진 작업세계 내지 주변세계를 넘어 확대된 세계이지만 그럼에도 거기서 세계의 세계성으로 말해진 '지시연관 전체'라는 성격을 여전히 갖고 있다.

결국 사물이 네 가지를 붙잡고 서로 가깝게 데려오고 단일한 4중자가 자기에게서 소재지를 마련하도록 해주는 것으로서 자현하는 한에서, 사물의 사물화는 세계의 세계화로서 발생한다. 세계의 세계화로부터 사물의 사물화가 발생한다 함은 인간의 역할과 관련해서 "존재의 진리에서부터 존재자를 다시 데려옴"(BzP, 110)을 말한다.

아름다움을 자신의 현상방식으로 하는 존재의 진리에서부터 존재자를 다시 데려오는 경우에, 그 존재자는 아름다움 속에서 나타난다. 그런데 하이데거는 아름다움을 자신의 현상방식으로 하는 진리가 예술에서만이 아니라 다른 여러 가지 삶의 영역에서도 자현한다고 지적한다: "진리가 자기를 통해 개방된 존재자 속에서 자리 잡는 하나의 본질적 방식은 진리의 작품 내 정립이다. 진리가 자현하는(west) 다른한 방식은 열린 국가 건설적 행위이다. 진리가 비춤(Leuchten)에 이르는 또 하나의 방식은, 한 존재자가 아니라 존재자의 가장 존재적인 것인 것[신]과의 가까움이다. 다시 진리가 자기를 근거짓는 한 방식은 본질적인 희생이다. 다시 진리가 생성되는 한 방식은, 존재의 사유로서 이 존재를 그의 물을 가치가 있음에 있어서 명명하는 사유자의 물음이다."(UdK, 49) 이러한 설명에 따를 때, 진리는 시 짓기와 정치, 종교, 도덕, 사유 속에서 본래적으로 현상한다. 그리고 이러한 진리의 현상 속에 아름다움이 존재한다.

7. 선의 이데아와 존재의 진리의 상응

이상에서 우리는 진리와 아름다움의 관계를 논의하였다. 우리가 플라톤의 좋음과 아름다움의 개념을 상기한다면, 좋음과 아름다움이 동일한 것인가라는 물음이 제기된다. 하이데거는 이러한 개념들을 나름의 방식으로 새롭게 전개시켰다. 플라톤의 좋음의 이데아는 하이데거의 존재의 진리에 상응하는데, 왜냐하면 하이데거에게 있어서는 존재의 진리가 근거 없는 근거로, 곧 최종의 근거로 사유되기 때문이다. 하이데거는 또한 아름다움을 존재의 진리의 현상방식으로 해설한다. 이로써 진리와 아름다움은 하이데거에게 있어서 비록 동등한 것은 아니나, 공속적인 것이라는 의미에서 동일한 것이다. 예술의 사유라는 틀 속에서 플라톤과 하이데거 사이에는 일정한 역사적 연속성이 놓여 있다.

플라톤의 좋음의 이데아에 대한 상관자는 하이데거에서 존재의 진리로 나타나며, 아름다움은 이러한 진리의 현상방식으로 규정된다. 이런 한에서 하이데거는 좋음과 아름다움의 동일성 여부에 대한 논쟁에서 동일성의 주장에 편을 드는 것으로 보인다. 물론 이 경우 동일성은 동등성이 아니라, 공속성을 의미한다.

하이데거는 진리 속에 머묾이 인간의 본질이라고 말하고, 이러한 진리가 아름다움의 방식으로 현상한다고 말한다. 이런 한에서 인간은 본질적으로 진리-연관적 존재이자 미-연관적 존재이다. 다시 말해 인간은 그의 본질 실현에 있어서 진리-연관적으로 존재하며 동시에 미-연관적으로 존재한다. 하이데거의 이 같은 사유는 과학기술시대로 불리는 오늘날에 있어서 인간이 어떻게 인간의 본질에 부합하는 예술적 삶을 여전히 유지할 수 있는지 또는 어떻게 다시금 회복할 수 있는지를 보여주는 것이라고 하겠다.

2절 하이데거와 가다머의 놀이 개념

여기서 우리는 하이데거와 가다머의 놀이 개념을 추적하여 밝히고자 한다. 놀이의 개념은 예술철학이나 미학 속에서 종종 의미 있는 개념으로 등장하였다. 그런데 이 개념이 결정적으로 중요한 개념으로 등장한 것은 하이데거와 가다머에 이르러서이다. 그런데 가다머의 놀이 개념은 예술작품, 역사적 전통, 언어적 텍스트 등의 개념과 더불어 출현한다. 이 점이 가다머의 놀이 개념에 대한 우리의 선이해이다. 이런 선이해에 바탕을 두고 우리는 그런 개념들과 관련된 것으로 보이는 하이데거의 몇 가지 저작들을 검토할 수 있다. 여기에 해당하는 것들은 『예술작품의 근원』, 『근거율』, 『언어로의 길 위에서』 등이다. 우리는 이 저작들 속에 나타난 예술작품, 역사, 언어 개념과의 관련 속에서 가다머의 놀이 개념에 대한 이해를 시도하고자 한다.

놀이 개념은 하이데거와 가다머에 이르러 새로운 의미를 얻는다. 하이데거에게 있어서 그것은 존재자의 존재를 해명하는 과정에서 존재론적 의미를 얻는다. 반면 가다머에게 있어서 그것은 예술작품의 존재의 해명과정에서 존재론적 의미를 얻는다. 놀이 개념이 하이데거와 가다머에서 모두 존재론적 의미를 지닌 개념인 한에서 우리는 놀이 개념에 대한 두 사람의 해명들이 일정한 상관성을 갖고 있다고 추정할 수 있다. 그렇다면 그 두 해명 사이에 성립하는 상관성은 어떤 것인가? 우리는 하이데거의 놀이 개념과 가다머의 놀이 개념을 순차적으로 추적하여 밝힌 후에 그 둘 사이의 상관성을 규정해 보기로 한다.

1. 하이데거의 놀이 개념

1) 작품과 놀이

가다머가 놀이를 예술작품의 존재방식으로 밝힌다는 점을 우리가 염두에 두는 한, 우리는 예술작품을 다루는 하이데거의 저작에서 논의를 출발하는 것이 적절할 것이다. 하이데거는 『예술작품의 근원』 (1935/36)에서 제목 그대로 예술작품의 근원을 묻는다. "어떤 것이 무엇이고 그것이 어떻게 존재하는가 하는 것을 우리는 그 어떤 것의 본질이라 부른다. 어떤 것의 근원은 그 어떤 것의 본질의 유래이다. 예술작품의 근원에 대한 물음은 예술작품의 본질유래에 대해 묻는다." (UdK, 1)

작품이 예술가의 활동에서부터 발원한다는 점에서 보면, 작품의 근원은 예술가이다. 그러나 예술가가 작품에 의해서 비로소 예술가일 수 있다는 점에서 보면, 작품이 예술가의 근원이기도 하다. 그런데 예술가와 예술작품은 모두 어떤 제삼자, 곧 예술에 의해서 비로소 그 자신일 수가 있다. 사실상 예술가와 예술작품은 예술에서부터 자기의 고유한 이름을 갖게 되기 때문이다. 이런 점에서 본다면, 예술가와 예술작품의 근원은 예술이다. 그러나 이 경우 예술은 그 자체로 무엇이라고 규정될 수 있는가? 이런 물음에 대해 하이데거는 예술작품이 어떻게 존재하는지를 먼저 해명함에 의해 답하려고 한다. 그는 빈센트 반 고흐의 구두 그림을 상론한 후, 자문자답한다: "여기서 무엇이 일어나고 있는가? 작품 속에서 무엇이 작용하고 있는가? 고흐의 그림은 하나의 도구가, 한 켤레의 농부의 신발이 참으로 무엇인가 하는 것의 개방이다."(UdK, 21) 그림은 한 존재자를 개방하고 있고, 이로써 그 존재자는 자신의 비은폐성(알레테이아, 진리) 속으로 들어서 있다. 결국 예술작품 속에서는 한 존재자의 진리가 작품 속으로 정립되어 있는 것이다. 이 점에서 하이데거는 "예술의 본질은 존재자의 진리의 작품 속으로의 정립(Sich-ins-Werk-Setzen der Wahrheit des Seiendes)일 것이다."(UdK, 21)라고 말한다.

이어서 하이데거는 진리(한 존재자의 존재)와 세계의 관련성을 명시하기 위해 그리스 신전이 어떻게 존재하는지를 해설한다. 이에 따르면 예술작품은 하나의 세계를 열어 세우고(aufstellen) 대지를 불러 세우면서(herstellen) 존재한다: "하나의 세계를 열어 세움과 대지를 불러 세움이 작품의 작품존재 속에서의 두 가지 본질특징이다."(UdK, 34) 세계와 대지는 본질적으로 서로 다른 것이지만 분리된 것은 아니다. 왜냐하면 세계는 스스로 대지 위에 근거를 두고, 대지는 세계 속에서만 우뚝 서기 때문이다. 대지는 열린 세계를 구성하는 한 요소로서는 그때마다 밝혀진 것이지만, 그 스스로는 여전히 자신을 은폐하려는 경향을 갖고 있다. 이런 의미에서 대지와 세계 사이에는 투쟁이 존재한다. 따라서 작품의 작품존재로서의 진리가 발생한다는 것은 동시에 세계와 대지의 투쟁의 격돌 속에서 진리(존재자 전체의 비은폐성)가 발생한다는 것이다: "한 세계를 열어 세우고 대지를 불러 세우면서 작품은, 그 속에서 존재자 전체의 비은폐성, 즉 진리가 쟁취되는 그런 투쟁의 격돌이다."(UdK, 42)

앞에서는 한 존재자(농부의 신발)의 존재로서의 진리(발견성으로서의 비은폐성)가 작품 속에 개방되거나 정립된다고 말해진 반면에, 여기서는 존재자 전체의 비은폐성으로서의 진리가 작품 속에서 쟁취된다고 말해지고 있다. 그렇다면 한 존재자의 진리와 존재자 전체의 비은폐성은 어떤 관계에 있는 것인가? 우선 유의할 점은 여기서 진리가 양의적으로 사용된다는 점이다. 개별 존재자에 관련되었을 때 진리는 발견성을 의미한다. 반면 존재자 전체에 관련되었을 때 진리는 존재자 전체의 비은폐성을 의미한다. 그런데 개별 존재자의 발견성은 오직 존재자 전체의 비은폐성에 의거해서만 드러날 수 있다. 따라서 한 존재자의 발견성의 개방은 존재자 전체의 비은폐성의 발생과 동시적인 것이다. 이런 한에서 우리는 존재자의 진리라는 표현을 이제부터 이중적인 의미로, 곧 한 존재자의 발견성과 존재자 전체의 비은폐성이라는 의미로 이해해야 할 것이다.

결국 예술작품의 근원으로서의 예술이란 세계와 대지의 투쟁 속에서 존재자의 진리가 작품 속으로 정립됨이다. 그러나 진리는 누가 정립하는 것인가? 이런 물음을 예기하는 대목에서 하이데거는 예술을 앞서와 다르게 규정한다: "예술은 '작품 속으로의 진리의 정립(Ins-Werk-Setzen der Wahrheit)'이다. 이 문장 속에는 어떤 본질적 이중성이 숨어 있는데, 이에 따르면 진리는 정립함의 주체이자 동시에 객체라는 것이다. 그러나 주체와 객체는 여기서는 부적합한 이름들이다." (UdK, 65) 하이데거는 스스로 나중에 덧붙인 말(Zusatz)에서 이 대목을 다음과 같이 해설한다: "65페이지에서는 '작품 속으로의 진리의 정립'이라는 예술의 규정과 관련해서 어떤 '본질적 이중성'이 이야기되었다. 이에 따르면 진리는 한번은 '주체'요, 다른 한번은 '객체'이다. 이 두 특징지음은 '부적합하게' 남아 있다. 진리가 '주체'라고 한다면, 이때 '작품 속으로의 진리의 정립'이라는 규정은 곧 '진리가 스스로를 작품 속으로 정립함'을 말한다(참조: S.59와 S.21). 그렇게 예술은 [진리의] 자화사건(Ereignis)에서부터 사유되고 있다. 존재는 그러나 [자신의 진리를 통해] 인간에게 말 건넴이고 인간이 없이는 없다. 따라서 예술은 동시에 '진리를 작품 속으로 정립함'으로 규정되는데, 그 경우에 이제 진리는 '객체'이며 예술은 인간적인 창작이며 보존이다." (UdK, 74) 진리가 부적합한 용어로 말해 주체이기도 하고 객체이기도 하다는 것은 진리가 스스로 절대적인 것도 아니고, 인간도 스스로 절대적인 것도 아니라는 말이다. 물론 진리가 인간에 대해 우위를 갖는다. 진리가 인간을 먼저 부르기 때문이다. 그러나 인간이 없이는 진리도 없다.

그러면 부적합한 용어로 말해 그 스스로 주체이기도 하고 객체이기
도 한 진리는 도대체 달리 무엇이라고 불릴 수 있는가? 진리에 대한
'적합한' 이름은 무엇일까? 그것은 가다머가 작품의 존재방식으로 명
명한 '놀이'인가? 그것은 존재와 인간 사이의 놀이라고 할 수 있는가?
하이데거는 『예술작품의 근원』에서 적어도 다섯 번에 걸쳐 '놀이'라
는 개념을 사용하고 있다. 그 중에서 우리에게 의미 있는 대목은 둘이
다. 하나의 대목은 다음과 같다: "알아차려야 할 것은 다음인데, 존재
자의 비은폐성의 본질[자현]이 어떤 방식으로든 존재 자체에 속한다
면(참조: SuZ, 44절), 이 존재 자체는 자기의 본질에서부터 개방성의
놀이공간(den Spielraum der Offenheit)을, 곧 '현'의 트임(die Lich-
tung des Da)을 생겨나게 하고 이 놀이공간을 그 안에서 각각의 존재
자가 그 자신의 방식대로 출현하는 그런 어떤 것으로 가져온다."(UdK,
49)11) 여기서는 존재자[전체]의 비은폐성, 곧 진리가 존재에 속한 것,
곧 존재를 위한 것이라는 점과 비은폐성이나 개방성이 각각의 존재자
가 그 안에서 그 자신의 방식대로 출현하는 놀이공간, 곧 각각의 존재
자의 놀이공간이라는 점이 함께 말해지고 있다. 놀이 개념이 나타나
는 다른 한 대목은 다음이다: "[존재의 말 건넴에 응답하는] 기투하면
서 말하기가 시짓기이다. 그것은 세계와 대지의 이야기요, 세계와 대
지의 투쟁의 놀이공간의 이야기이며, 그래서 신들의 모든 가까움과
멂의 처소의 이야기이다. 시짓기는 존재자의 비은폐성의 이야기이다."
(UdK, 61) 여기서는 존재자[전체]의 비은폐성이 세계와 대지의 투쟁

---

11) 다른 대목들은 다음과 같다: "그럼에도 오직 트인 곳의 놀이공간(Spielraum
   des Gelichteten) 안에서만 존재자는 은폐되어 있을 수 있다."(UdK, 40) "은폐
   는 자기 자신을 은폐하고 차단한다. 이것은 다음을 의미한다: 즉 존재자 한가
   운데의 열린 자리, 곧 트임은 거기서 존재자의 놀이(Spiel des Seienden)가 일
   어나는 그런 어떤 항상 막이 오른 고정된 무대가 결코 아니다."(UdK, 41) "진
   리는 자기 자신을 통해 열리는 투쟁과 놀이공간(Spielraum) 속에 자신을 정돈
   하는 식으로만 발생한다."(UdK, 49)

이 이뤄지는 장소, 곧 투쟁의 놀이공간으로 말해지고 있다. 결국 진리는 각각의 존재자의 놀이공간으로, 또 세계와 대지의 투쟁의 놀이공간으로 말해질 뿐이고 진리의 발생 자체가 놀이라고 명시되지는 않는 것이다. 이런 점에서 보자면, 『예술작품의 근원』에서는 아직 놀이 개념이 주도적 개념은 아니라고 말할 수 있을 것이다.

그러면 가다머에게 있어서는 상황이 어떠했을까? 가다머는 『예술작품의 근원』(1935/36)에서 놀이 개념에 주목하였을까? 『예술작품의 근원』 레클람판(1960)[12]에는 「입문을 위하여」라는 가다머의 해설이 실려 있다. 그런데 이 해설을 살펴보면 가다머가 하이데거의 이 저작에서 주목하는 개념은 '놀이'가 아니라 '대지'이다. 그는 『존재와 시간』의 가장 빛나는 현상학적 분석들 가운데 하나는, 자기를 존재자 한가운데서 발견하는 실존의 한계경험을 처해 있음으로 규정하여 분석하고, 이 처해 있음 내지 기분에 세계내존재의 본래적인 개시 기능을 할당한 것이라고 본다. 그런데 가다머에 의하면 "처해 있음과 기분이라는 해석학적인 한계 개념은 대지 같은 개념으로 향한 어떠한 길도 인도하지 않는다."(레클람판, 109) 그런데 이러한 '대지' 개념이 『예술작품의 근원』을 통해 비로소 드러날 수 있게 되었다는 것이다. 이 점에서 그는 다음과 같이 확정한다: "'예술작품의 근원'에 대한 하이데거의 논문이 개방하고 있는 중요한 통찰은 '대지'가 예술작품의 한 필연적인 존재규정이라는 사실이다."(레클람판, 110)[13] 인간의 자기이해의 한계, 인간의 역사적 자기이해를 통찰하게 해주는 개념이 대지라는 것이다.

물론 가다머가 이 해설에서 놀이 개념을 전혀 사용하지 않는 것은

---

12) M. Heidegger, *Der Ursprung des Kunstwekes*, Stuttgart: Phillipp Reclam Jun., 1960. 앞으로 이 책은 레클람판으로 약칭하여 표기한다.

13) 가다머는 아울러 '대지'를 설명하는 하이데거의 어휘로부터 강한 인상을 받았다고 진술하고 있다. H. -G. Gadamer, *Wahrheit und Methode. Ergänzungen Register*, Tübingen: Mohr, 1986, 110. 앞으로 이 책은 GW II로 약칭하여 표기한다.

아니다. 그러나 그것은 관념론적 미학에서의 주관의 기능을 설명하는 대목에서 등장할 뿐이다: "[칸트에게서] 아름다운 것을 눈에 띄게 하는 것은 한 대상에서 특정한 인식 가능한 속성들로 증시될 수 있는 것이 아니고, 오히려 그것은 다음과 같은 주관적인 것을 통해서 입증된다: 상상력과 지성의 조화된 상응 속에서의 삶의 감정의 고양. 그것은 우리의 정신적 힘들 전체의 소생이고, 이 힘들의 자유로운 놀이인데, 이것을 우리는 자연과 예술 속에서 아름다운 것에 직면해서 경험한다."(레클람판, 110-111) 가다머가 이 해설에서 하이데거의 놀이 개념을 주제화하지 않는다고 해서 그가 놀이 개념의 중요성을 몰랐다고 볼 수는 없을 것이다. 왜냐하면『예술작품의 근원』레클람판14)이 출간된 해는『진리와 방법』이 출간된 해와 같은 1960년이기 때문이다. 가다머의 이 책에서 놀이 개념이 핵심적인 개념으로 등장한다는 점에 근거를 둔다면, 가다머는『예술작품의 근원』에서의 주도적 개념은 놀이 개념이 아니라고 본다는 추정이 가능할 것이다.

하이데거에서 놀이 개념이 주도적 개념으로 등장하는 것은 그의 후기 사유 속에서도 후반부 저작에서이다. 그의 후기 사유는 무엇보다도 자화사건(Ereignis)에 관한 사유를 말하는데, 이러한 사유는 1936년부터 시작된 것으로 보고되고 있다.『철학을 위한 기여』의 편집자인 폰 헤르만 교수는 자화사건이란 개념에 대해 다음과 같이 말하고 있다: "1936년에 시작된 길은 1936년에 시작된『철학을 위한 기여』의 초고와 더불어 시작된 길이다.『인문주의를 위한 서간』의 두 번째의 여백 란의 주에서는 첫 번째의 여백의 주를 보충하면서 '자화사건 [Ereignis]은 1936년 이래로 나의 사유의 주도적 낱말'(S.316)이라고

---

14)『예술작품의 근원』은 1935년에 프라이부르크에서 강연되었다. 그것은 다음 해인 1936년에 프랑크푸르트에서 세 번에 걸쳐 강연되었고, 이 강연문은 1950년에『숲길』(Holzwege)(GA 5)에 실렸다. 다시금 그것은 1956년에 쓰인 덧붙인 말과 가다머의 해설을 포함하여 1960년에 레클람판으로 출간되었다. 참조: M. Heidegger, *Der Ursprung des Kunstwekes*, Stuttgart: Phillipp Reclam Jun., 1960; M. Heidegger, *Beiträge zur Philosophie*(GA 65), 518.

말해지는데, 이는 곧 『철학을 위한 기여』의 작업이 시작된 이후를 말하는 것이다."(BzP, 512) 하이데거의 후기 사유 속에서 놀이 개념은 존재역운이나 자화사건 같은 개념과 더불어 등장한다. 이제 우리는 『근거율』15)과 『언어로의 길 위에서』16)라는 하이데거의 후기 작품에서 놀이 개념이 어떤 모습으로 등장하는지를 추적해 보기로 한다.

2) 역운과 놀이

『근거율』은 프라이부르크 대학 1956/57 겨울학기 세미나에서 강연되고, 1957년에 네스케 출판사에서 출간되었다. 이 책에서 하이데거는 우리 시대를 근거를 캐묻는 역사시기로 보면서,17) 존재의 역사를 존재의 역운(Geschick des Seins)으로 사유한다. 존재의 역사가 존재의 역운이라는 말은 존재의 역사가 존재에 의해 역사적-운명적으로 보내진 것이라는 말이다. 하이데거는 존재의 역운이라는 말로 자신이 의미하는 것을 다음과 같이 구체화한다: "존재가 자신을 우리에게 말건네고 자신을 밝히고 또 그렇게 밝히면서 그 안에서 존재자가 현상할 수 있는 시간-놀이-공간(Zeit-Spiel-Raum)을 마련해 준다."(SvG, 109) 더 나아가 그는 "존재의 역운 속에서 존재의 역사는 과정이나 경과를 통해 특징지어지는 사건으로부터 사유되지 않는다."고 밝힌다. 그런데 그는 '존재의 역운'으로부터 '역운으로서의 존재'로 사유를 심화시키고자 한다. 존재의 역사가 존재에 의해 그때마다 역사적-운명적

---

15) M. Heidegger, *Der Satz vom Grund*(1955-1956), 4. Aufl., Pfullingen, 1971.

16) M. Heidegger, *Unterwegs zur Sprache*, Pfullingen, Günther Neske, 1959.

17) "그런데 과연 근거를 파고 들어가는 이론적인 이성은 우리에게 세계와 존재자의 진리를 드러내는가? 오히려 그것은 존재자의 진리를 은폐하는 것은 아닐까? […] 세계와 존재자가 '그 자체로서' 자신을 드러낸다면, 그것이야말로 세계와 존재자의 진리가 드러나는 본래적인 방식이 아닐까?"(박찬국, 「후기 하이데거의 예술관과 언어관」, 『하이데거연구』 3집, 한국하이데거학회, 1998, 215)

으로 보내진 것(Schickung)이라면, 존재 자체는 그같이 보내진 것들을 모으고 있는 것(Ge-schick)이 될 것이다. 그런데 하이데거는 여기서 운명적으로 보내진 것(Schickung)과 보내진 것들을 모으고 있는 것(Ge-schick)을 명시적으로 구분하지 않고, 단지 역운(Geschick)이라는 하나의 낱말을 통해 때로는 앞의 것을, 때로는 뒤의 것을 의미하고 있다. 그는 "역사의 본질은 존재의 역운으로부터, 역운으로서의 존재로부터, 스스로 퇴각하면서 자신을 우리에게 보내는 것으로부터 규정된다."고 말한다. 이 인용문 속에서 "존재의 역운"은 존재에 의해 보내진 것으로, "역운으로서의 존재"는 보내진 것들을 모으고 있는 것으로서의 존재로, "스스로 퇴각하면서 자신을 우리에게 보내는 것"은 존재의 비밀로 각각 이해될 수 있다. 결국 역사의 본질은 존재의 역운(존재로부터 보내진 것)이라는 점에 있고, 이럴 경우 사유는 존재의 역운으로부터 역운(보내진 것들을 모으는 것)으로서의 존재로, 다시금 이 존재의 비밀로 이행해 가지 않을 수 없다. 그러기에 하이데거는 말한다: "존재의 역운이라는 말은 대답이 아니라 물음인데, 다른 무엇보다도 우리가 역사를 존재로서 사유하고 또 [역사의] 본질을 존재에서부터 사유하는 한에서는 역사의 본질에 대한 물음이다."(SvG, 109)

역사의 본질에 대한 물음 속에서는 결국 역운으로서의 존재가 역사의 근원으로 이해된다.18) 존재에 의해 보내진 것, 곧 스스로를 숨기는 트임(트인 곳, 진리, 개방성)은 존재자를 위한 시간-놀이-공간이며, 인간이 거기에서만 존재자를 만나는 공간이기도 하다: "존재는, 트이게 하면서 존재자 자체에게 시간-놀이-공간을 마련해 주는 동안에, 자신을 인간에게 보내준다."(SvG, 129) 그러나 그러한 존재의 트임은 존재의 무제한의 절대적 밝음이 아니다. 존재의 트임(존재의 진리)은 언제나 자기 안에 밝혀지지 않은 면을 숨기고 있다는 점에서 시간-공간

---

18) 역사의 열린 곳은 역사의 시간-놀이-공간이고, 이것은 자화사건(Ereignis) 속에서, 즉 자신의 진리에서의 존재의 자현(Wesung) 속에서 생겨나는 것이다. 이런 한에서 자화사건은 "역사의 근거이자 본질이고 본질공간"(BzP, 10)이다.

적으로 제약된 것이다. 아니, 그것은 자기 안에 밝혀지지 않은 면을 숨김에 의해 비로소 시간-놀이-공간이 되면서 그때마다의 역사시기를 개방하는 것이다. 다시 말해 존재가 트임을 보내주는 한에서, 존재는 역사의 근원일 수 있는 것이다. 그러기에 하이데거는 "서양 사유의 역사가 존재의 역운 속에 머문다."(SvG, 130)고 말한다. 이 인용문에서 말해진 "존재의 역운"은 역운으로서의 존재로, 곧 "그때마다 그러저러하게 현상하는 것인 존재자를 위해 자신을 말 건네고 트이게 하는 식으로 시간-놀이-공간을 마련함으로서의 존재"(SvG, 130)로 이해되어도 무방할 것이다.

존재는 존재자에게 단지 한시적으로만 열린 트임 내지 시간-놀이-공간을 보내준다. 왜냐하면 존재는 스스로 퇴각하는 식으로, 곧 그때마다 자기를 은폐하는 식으로 트임을 보내주기 때문이다: "존재는 스스로 퇴각하면서 시간-놀이-공간을 보내줌으로 존속하며, 시간-놀이-공간은 역운과 역운의 분부에 상응하면서 그때마다 존재자라고 불리는 것의 나타남을 위한 것이다."(SvG, 143) 그런데 존재의 트임(진리)이나 존재자를 위한 시간-놀이-공간(진리의 근본구조)은 인간을 필요로 한다. 이 점에서 "존재의 트임 안에 서 있는 자"로서의 인간은 존재에 의해 "보내진 자, 곧 시간-놀이-공간 속으로 반입된 자"(SvG, 146)이다. 이 점을 하이데거는 다음과 같이 해설한다: "우리는 이러한 놀이공간(Spielraum) 속에서 또 이것을 위해서 사용되는 자(Gebrauchten)로서, 존재의 트임에 종사하고 이를 세우도록, 폭 넓은 다면적 의미로 말해 그것을 보존하도록 사용된다." 존재는 존재자를 위한 시간-놀이-공간을 마련해 주기 위해 인간을 필요로 하고 인간을 사용한다. 결국 존재의 트임은 존재만의 일방적인 사건도 아니고, 인간만의 자력에 의한 성취도 아니다. 그것은 존재의 선행적 부름과 인간의 뒤따르는 응대가 함께 이룩하는 것이다. 그런데 역운으로서의 존재가 존재의 트임 내지 존재자를 위한 시간-놀이-공간을 보내주지만, 이러한 보냄이 인과론적이거나 목적론적인 과정이나 경과를 통해 특징지어지는 사건이 아니라면, 역운으로서의 존재는 (존재와 인간 사이의) 놀이라고 불려야 하는 것이 아닌가?

하이데거는 헤라클레이토스 단편 52를 번역하면서 여기 나오는 낱말인 '아이온(αἰών)'을 '존재역운(Seinsgeschick)'으로 옮긴다. 새로운 형태의 이 낱말('존재역운')이 가리키는 것은 존재에 의해 보내진 것(존재의 역운)이라기보다는 보내진 것들의 모음으로서의 존재(역운으로서의 존재)일 것이다. 하이데거는 헤라클레이토스 단편을 다음과 같이 번역한다: "존재역운. 한 아이는 놀이하고, 놀이하면서 장기놀이(Brettspiel)이다. 왕국의 아이다."(SvG, 188) 여기서 존재역운은 놀이하는 아이로 말해지고 있다. 그런데 하이데거는 놀이하는 아이가 있다면 큰 아이들도 있는 것이라고 하면서 가장 큰 아이에 대해 다음과 같이 말한다: "가장 큰 아이, 그 자신의 놀이의 부드러움을 통해 왕 같은 아이는 놀이의 비밀이며, 이 비밀 속으로 인간과 인간의 일생이 데려와지고, 그것에 의거해 인간의 본질이 정립된다."(SvG, 188) 결국 존재역운은 인간과 관계된 놀이이고, 이 놀이는 비밀을 간직하고 있는 놀이이다.

그렇다면, 존재역운이라는 놀이의 비밀은 무엇인가? 하이데거는 스스로 묻고 대답한다: "헤라클레이토스가 '아이온' 속에서 본 세계놀이(Weltspiel)라는 큰 아이는 왜 놀이를 하는가? 그는 놀이하기 때문에 놀이한다."(SvG, 188) 놀이의 비밀은 그것이 이유가 없다는 것이다. 근거물음은 놀이에서 한계에 부딪힌다. 존재물음의 한계도 놀이이다: " '때문에(Weil)'라는 것은 놀이 속에서 가라앉는다. 놀이는 '왜'라는 것이 없이 있다. 그것이 놀이하는 동안에(dieweil), 그것은 있다. 단지 놀이만이 머물고 있다: 최고의 것이자 가장 깊은 것이다."(SvG, 188) 이렇게 하이데거가 근거물음이나 존재물음의 한계에 대해 말하는 것은, 인간의 유한성을 지적하기 위한 것이다. 진리는 존재를 위한 것으로서 존재에 속한 것이다. 이러한 존재의 진리는 스스로는 아무런 근거도 갖지 않는다는 점에서 탈-근거(Ab-Grund)이다. 탈-근거로서의 근거, 곧 존재의 진리가 자현하지 않으면 존재도 자현하지 않는다: "근거 없이는 아무것도 존재하지 않는다[고 한다]. 존재와 근거: 같은 것[곧 공속적인 것이다]. 근거짓는 것으로서의 존재[존재의 진리]는 아무런 근거도 갖지 않고, 탈-근거로서 놀이이고, 이것[놀이]이 역운으로서 우리에게 존재와 근거를 보내준다(zuspielt)."(SvG, 188) 존재역운은 인간의 마주하고 응대함을 통해 인간의 역사를 성립시키는 것이지만, 그러나 거기에서 아무런 법칙도 찾아낼 수 없는 것, 아니 오히려 모든 것이 정립될 수 있도록 진리를 보내주면서 다시금 자기 안에 모으는 법-칙(Ge-setz)이다. 그것을 무엇이라고 부를 것인가? 하이데거의 대답은 놀이라는 것이다. 역운으로서의 존재, 존재역운, 존재의 진리의 자현, 자화사건은 놀이이다. 역운으로서의 존재가 놀이라면 그리고 우리가 새로운 존재의 역운을, 이로써 새로운 역사시기를 기다린다면, 우리는 놀이에 함께 참여할 수 있어야만 할 것이다. 이런 점에서 우리에게 숙고의 과제가 주어진다: "남아 있는 물음은 우리가 이러한 놀이의 정립들(Sätze)[놀이로부터 정립되는 존재들]을 들으면서, 함께 놀이하고(mitspielen) 또 놀이에 순응하는가, 그리고 어떻게 그리하는가라는 것이다."(SvG, 188)

이제 우리는 이상의 논의를 다음과 같이 요약하고자 한다. 존재의 트임(개방성, 진리)은 존재자가 현상하기 위한 시간-놀이-공간이다. 그러나 그때마다의 트임을 보내주는 존재역운은 그 자체로 놀이이다. 그것은 아무런 근거도 갖고 있지 않는 것이지만, 스스로의 놀이를 위해 인간을 필요로 하고 인간을 사용한다. 인간이 함께 놀이하는 한에서만 역운으로서의 존재, 곧 존재의 진리는 놀이하는 놀이이다.

3) 언어와 놀이

우리가 이어서 검토하고자 하는 것은 하이데거의 『언어로의 길 위에서』라는 저작이다. 이것은 1959년에 네스케 출판사에서 출간하였

다. 여기에는 여섯 개의 논문이 실려 있다. 그 중에서 「언어」는 1950
년 10월에 처음 강연된 것이다. 「언어의 본질」은 1957년 12월에, 「낱
말」은 1958년 5월에, 「언어로의 길」은 1959년 1월에 강의된 것이다.
처음의 것과는 달리 나머지 세 논문은 앞서 다룬 논문 「근거율」
(1956/57, 겨울학기)보다 대략 1, 2년 이후의 논문이다(UzS, 267). 이
들 중에서 우리는 「언어」와 「언어의 본질」에 주목하기로 한다.[19] 이
를 통해 하이데거가 사용하는 주도적 개념의 이행과정이 드러날 수
있을 것이고 놀이라는 개념이 갖는 풍부한 의미도 확인될 수 있을 것
이다.

　「언어」(1950)라는 논문에서 드러나는 하이데거의 언어에 대한 관심
은 언어가 인간의 본질을 구성한다는 점에서 비롯된다. 하이데거의
언어 존재론적 문제의식은 다음과 같이 표현된다: "어떤 한도에서
(Inwiefern) 인간은 발언하는가? 우리는 묻는다. 발언이란 무엇인가?"
(「언어」, 20) 결국 하이데거의 언어적 물음은 인간의 발언의 의미와
인간의 발언의 조건을 묻는 일이다. 이 물음은 하이데거에서 언어의
본질에 대한 탐구로 나타난다.

　하이데거는 트라클의 시의 해설을 통해 그 시가 발언하고 있는 내
용을 해명한다. 이에 따르면, 시의 발언은 명명하기이고, 부르기이고,
초청하기이고, 초대하기이다. 이 초대하기를 통해 사물들은 세계를 품
는 사물들이 되고, 이 사물들을 통해 세계가 열린다. 이를 통해 본다
면, 사물의 사물성은 세계요소들을 모아 세계를 여는 점에 놓여 있고,
세계의 세계성은 사물들을 바로 그 사물로 되게 하는 점에 놓여 있다.
사물의 사물화와 세계의 세계화는 동시적으로 진행된다. 그 둘은 비
록 나눠진 것이지만 서로 분리된 현상은 아니다. 그들은 근원을 같이
하고, 이로써 근원적으로는 동일한 현상이다. 그 동일한 근원적 현상
은 "사이-나눔(Unter-schied)"이라고 명명된다.

---

19) 「언어의 본질(Das Wesen der Sprache)」(1957/58)은 앞으로 「본질」로 약칭하
　　여 표기하며, 「언어(Die Sprache)」는(1950/1951/1959) 「언어」로 표기한다.

시의 발언의 본질은 사이-나눔을 초청하기이다. 시의 발언은 사이-나눔을 초청하고, 사물과 세계가 이 사이-나눔에서부터 세계화하고 사물화하도록 사이-나눔 속으로 오도록 초청하고, 이 사이-나눔에게 내맡긴다. 이러한 내맡김으로 인해 사이-나눔에서부터 세계와 사물이 그들 자신에 도착하게 된다. 이러한 내맡김은 사이-나눔의 분부에 내맡김이고, 그 분부에 따라 사물은 그 자신의 온갖 해석에서 벗어나 본래의 세계 속에서 진정된다. 발언이 초청하는 사이-나눔은 사물을 진정시키면서 자기 안에서 사물과 세계가 모두 조용히 머물게 한다. 사이-나눔에 내맡겨진 사물은 자신에 대한 이전의 온갖 해석들에서 벗어난 채로 오직 세계-4중자와의 관련 속으로 조용하게 들어선다. 세계 역시 이전의 온갖 해석에서 풀려난 채로 오직 사물과의 관련 속으로 조용하게 들어선다. 이러한 현상이 사이-나눔이 행하는 조용하게 함이다.

사이-나눔은 그 자체로 사물을 사물로 또 세계를 세계로 부르면서 조용하게 하는 것이다. 이런 한에서, 하이데거는 이제 사이-나눔을 "초청하는 자(das Heissende)"(「언어」, 29)라고 부르고 "분부(Geheiß)"(「언어」, 30)라고 명명한다. 하이데거는 세계와 사물을 부르는 사이-나눔의 분부를 정적의 울림이자 근원적인 언어로 본다. 그것은 사람의 소리 내는 언어가 아니라, 사이-나눔의 소리 없는 언어이다. 이러한 언어가 바로 인간을 인간이도록, 곧 들으면서 발언하는 자이도록 해준다. 정적의 울림이 인간의 들음을 위해 인간의 발언을 사용하고 있다는 지적은 인간의 발언이 정적의 울림을 완성한다는 함축을 갖는다.

하이데거는 대략 7년 후에 쓰인 「언어의 본질」(1957)이라는 논문에서 사이-나눔을 새로운 용어로 해석한다. 그것은 이제 방역(die Gegend)으로 표현되는데, 하이데거는 그 의미를 다음과 같이 해설한다: "암시적으로 말해 '마주하여 오는 것(das Gegnende)'으로서의 방역은 자유롭게 하는 트임(freigende Lichtung)이고, 이 속에서는 트인 것[탈은폐]이 자기를 숨기는 것[은폐]과 더불어 자유로운 곳[세계]에 도달한다."(「본질」, 197) 방역은 그 속에서 세계가 세계화하고, 사물이 사물화하는 그런 가장 근원적인 "장소(Stätte)"(「본질」, 199)이고, "이 방역이 땅과 하늘, 깊이의 흐름과 높이의 힘을 서로 만나지게 하는, 곧 땅과 하늘을 세계방위들로 규정하는 것이다."(「본질」, 207) 하이데거는 이러한 방역을 다시금 시간-놀이-공간이라고 부른다. 시간-놀이-공간은 "시간과 공간을 그들의 본질에 있어 모아 유지하는 그런 동일자"인데, "시간-놀이-공간의 동일자가 시간화하고 공간화하면서 네 가지 세계방위들(하늘과 땅, 인간과 신)의 서로 마주함에 길을 내준다. — [이것이] 세계놀이[다]."(「본질」, 214)[20]

시간-놀이-공간은 방역의 움직임이고, 이 움직임은 세계놀이이자 길-내주기이다: "방역의 자유롭게 하면서 숨기는 일은 길-내주기(Bewegung)이고, 그 속에서 방역에 속한 길들이 생겨난다."(「본질」, 197) 시간-공간-놀이는 "정적의 놀이"(「본질」, 214)이다. 이런 한에서 방역(시간-공간-놀이)의 길-내주기의 가장 고유한 방식인 말씀(분부)은 "정적의 울림"(「본질」, 215)이다: "말씀은 세계 사방에 길을 내주는 것으로서 모든 것을 서로에 대한 마주함의 가까움 속에 모으는데, 그것도 소리 없이, 곧 시간이 시간화하고 공간이 공간화하듯이 그렇게 조용히, 시간-공간-놀이가 놀이하듯이 그렇게 조용히 모은다."(「본질」, 215)

세계의 4방위들에, "세계-관계"에, 길(존재)을 내주는 말씀은 사유에게 접근하며 속삭이는 방역에 속한 말씀이다. 방역은 인간의 사유에게 길을 내어주는 경우에 인간에게 발언한다. 그러나 그 발언은 정적의 울림이다. 이 같은 정적의 울림인 방역의 말씀에 응대하는 경우에, 인간이 발언한다. 그것이 낱말이다. 낱말은 인간에게 속삭여 건네는 말씀에 응대하는 발언이다. 인간의 발언은 정적의 울림인 방역의

---

20) 자신의 진리에 있어서의 존재의 자현(Wesen), 곧 자화사건(Ereignis)은 "신들과 인간들을 비로소 결정하고 자기화하는 근원"이지만, 그러나 존재의 시원적인 사유가 "존재의 자현의 시간-놀이-공간을 개방함, 곧 현-존재를 근거지음"(BzP, 87)을 성취하는 방식으로만 그런 것이다.

말씀에 근거를 두고, 방역의 말씀은 방역의 길 내주기의 가장 고유한 방식이다. 방역 내지 시간-놀이-공간은 정적의 놀이이자 세계놀이이다. 결국 정적의 놀이인 세계-놀이는 인간과 방역 사이의 대화를 통해 일어난다.21)

앞에서의 논문과 비교해 보면, 앞에서 분부로 불린 것이 여기서는 말씀으로, 사이-나눔은 방역으로, 초청하기는 길-내주기로 표현되며 사유되고 있다. 이와 더불어 우리는 『예술작품의 근원』에서 말해진 '존재자의 개방'과 '세계와 대지의 투쟁'이 「언어」와 「언어의 본질」이라는 논문에서는 각기 '사물의 사물화'와 '세계의 세계화'로 말해짐을 보게 된다. 더 나아가 이 둘이 사이-나눔, 방역, 시간-놀이-공간이라는 개념들을 통해 통일적으로 사유되고 있음도 보게 된다. 물론 『예술작품의 근원』에서도 진리는 존재자의 놀이공간으로, 또 세계와 대지의 투쟁의 놀이공간으로 말해졌다. 그러나 그곳에서는 이 놀이 자체가 주제화되지는 않고 있다. 그러나 여기에서는 방역이 시간-놀이-공간으로서 정적의 놀이이자, 길-내주기 내지 세계-놀이로 더 적극적으로 규정됨을 본다. 이 점에 비추어 우리는 하이데거에게 있어서 놀이 개념은 적어도 『예술작품의 근원』 이후의 후반기 저작에서 주도적 개념이 된다고 말할 수 있을 것이다.

아래에서 우리는 가다머의 『진리와 방법』22)을 중심으로 그의 놀이 개념을 살펴보기로 한다. 그런 다음에 우리는 하이데거와 가다머의 놀이 개념들의 상관성을 규정할 수 있을 것이다.

---

21) "언어는 대화의 형식에 있어서 역사 자체의 사건이다. 이러한 사건은 더 이상 상대화될 수 없는데, 왜냐하면 그것은 모든 것을 자기 안에 포함하고 그런 식으로 모든 것에 포함되어 있기 때문이다. 스스로 놀이하는 놀이로서 그것은 절대적 주체(das absolute Subject)이다."(Walter Schulz, "Anmerkungen zur Hermeneutik Gadamers", *Hermeneutik und Dialektik* I, R. Bubner, K. Cramer, R. Wiehl(Hrsg.), Tübingen: Mohr(Siebeck), 1970, 311)

22) H. -G. Gadamer, *Wahrheit und Methode. Grundzüge einer philosophischen Hermeneutik*, Tübingen: Mohr, 1975. 이 책은 앞으로 GW I로 약칭하여 표기한다.

2. 가다머의 놀이 개념

가다머는 예술작품이 어떻게 존재하는지를 설명하는 실마리로 놀이 개념을 선택하고 이를 사례를 들어가며 해명한다.23) 그에 의하면 예술작품의 존재방식은 놀이이다. 일찍이 칸트는 구상력과 지성의 자유로운 놀이에 대해, 쉴러는 형상충동과 질료충동을 조화하는 놀이충동에 대해 말하였다. 이들의 경우에 놀이는 객관에 대한 주관의 작용을 가리키는 개념으로서 주객이원론을 전제한다. 주객이원론은 진리가 주관성 안에 있고, 이것에 속한다는 주장이다. 가다머는 주객이원론에 바탕을 둔 미적 이해는 예술과학으로서 예술에 '관한' 진리를 산출하려고 할 뿐, 예술'의' 진리를 인정하지 않는 것이라고 본다. 예술의 진리를 인정하기 위해서는 주객이원론을 확실히 파괴하거나, 해석 개념을 통해서 주객의 재통일을 이루어내야 한다. 가다머는 놀이를 예술작품 자체의 존재방식으로 봄에 의해 주객이원론을 파괴하고 주객의 재통합을 이룩해 낸다. 그렇다면 예술이 대체 어떤 특징을 갖고 있는 것이기에 놀이가 예술작품의 존재방식이라고 말해질 수 있는 것인가?

---

23) 방역의 말씀에 의해 인간은 피투성 속으로 불린다. 반면에 인간의 발언은 기투이다. 그런데 "기투는 결코 작자 미상의 분출이 아니다. 그것은 '오직 나에게, 나의 중심으로' 공을 던지는 타자로부터 유래한다. 그래서 우리가 관련되어 있는 대화가, '공동존재'가, 놀이가 있는 것이다."(Jean Gronding, *The Philosophy of Gadamer*, tr. by Kathryn Plant, Montreal & Kingston: MacGill Queen's University Press, 2003, 18) 가다머가 『진리와 방법』을 다음과 같은 릴케의 시와 더불어 시작하는 것은 그가 하이데거의 피투-기투 개념을 놀이 개념으로 파악하고 있음을 암시해 준다. "그대가 스스로 던진 것을 잡는 동안에는 모든 것이 [당신의] 솜씨이고 용인되는 소득이지만, 당신이 어떤 영원하며 [당신과] 함께 놀이하는 이가 신이 세운 거대한 다리의 아치들의 한 곳에서 능숙한 움직임으로 당신에게 당신의 중심으로 던진 공을 잡는 사람으로 갑자기 되는 경우에만, 그때에야 비로소 [당신이] 잡을 수 있음은 하나의 능력, 당신의 능력이 아닌 세계의 능력인 것이다."(GW I, 서론(Einleitung)의 앞쪽)

1) 자연의 놀이와 예술의 놀이

가다머는 놀이의 특징을 '독특한 진지성'에서 본다. 놀이는 한편으로는 일상적 목적들에 무관한 까닭에 진지한 일이 아니면서도, 다른 한편으로는 놀이이기 위해 어떤 진지함을 요구하기 때문이다: "놀이함이 자신이 갖는 목적을 실현하는 때는, 오직 놀이꾼이 놀이하는 데에 전적으로 몰두할 때뿐이다. 놀이에서부터 벗어난 채 진지성을 지시하고 있는 연관이 아니라, 오직 놀이에서의 진지성만이 놀이를 전적으로 놀이이게끔 한다."(GW I, 107-108) 일상세계의 목적-수단의 연관들을 기준으로 말하면, 분명 놀이는 진지한 일이 아니다. 하지만 놀이 자체에 대한 태도의 진지성이 놀이를 비로소 놀이이게 한다. 이러한 진지성은 놀이에의 몰입이고, 이러한 몰입 속에서는 주관-객관의 구별이 일어나지 않는다. 놀이는 주객 이분 이전의 것이다.

주객 이분을 넘어선다는 점은 예술경험에서 나타나는 '예술작품의 본질'이기도 하다: "예술작품이 대자적으로 존재하는 주체에 마주 서 있는 대상이 아니라는 점이 바로 예술의 경험이었고, 이 경험은 우리가 미적 의식의 수평화에 맞서 고수해야만 하는 것이다. 예술작품은 오히려 자신의 본래적인 존재를, 그것이 경험하는 자를 변화시키는 경험으로 된다는 데에 두고 있다. 예술의 경험의 '주체', 즉 무엇인가 지속하며 버티는 것은 예술을 경험하는 자의 주관성이 아니라, 예술작품 자체이다."(GW I, 108) 예술작품의 존재방식은, 예술작품이 예술작품을 경험하는 자를 변화시키는 경험으로 된다는 것이다. 작품의 경험에 있어서 경험하는 자에게서 변화가 생겨나는 한, 작품의 경험을 (불변적) 주체나 (불변적) 대상이란 개념으로, 곧 주관-객관 개념으로 이해하는 것은 잘못이다. 놀이의 존재방식도 마찬가지다: "놀이는 주관성이라는 대자적 존재가 주제적 지평[관심범위]을 제한하지 않는 곳에, 그리고 놀이하는 태도를 취하는 주체들이 없는 곳에서도, 아니 본래 거기에 존재한다." 놀이가 주관성이라는 대자적 존재, 곧 자기의식이 없는 곳에서 비로소 놀이로 존재한다면, 주관-객관 개념에 의해 놀이에 접근할 수는 없는데, 이 점은 예술작품에서도 마찬가지라는 것이다.24)

　가다머는 놀이가 고정적인 것이 아니라 '이리저리로의 운동'이라는 점에 주목한다. 이 점은 사람들이 말하는 다양한 놀이들, 예컨대 빛의 놀이, 파도의 놀이, 볼 베어링 속의 기계부품의 놀이, 손발의 공동놀이, 세력들의 놀이, 모기들의 놀이, 심지어 낱말 놀이 등에서 알려진 다고 한다: "언제나 거기서는[놀이들에서는] 한 운동의 이리저리(das Hin und Her einer Bewegung)가 염두에 두어지는데, 이 운동은 자신이 거기서 끝나는 그런 어떤 목표에 고정되어 있지 않다."(GW I, 109) 놀이는 이리저리의 운동이고, 이런 놀이에서는 운동의 종점인 목표가 고정되어 있지 않고, 놀이의 주체도 고정되어 있지 않다. 놀이의 주체는 놀이꾼이 아니고, 오히려 놀이는 놀이꾼을 통해 다만 표현에 이른다. 놀이에서는 다만 이리저리의 운동이 지닌 운동의 이리저리의 성격이 중요하다. 이리저리의 운동에서는 누가 혹은 무엇이 운동을 수행하는가는 중요하지 않다. 놀이운동은 말하자면 기체(Substrat) 없이 존재하는 것인데, 이 점을 가다머는 색채 놀이를 통해 예시한다: "놀이는 운동 그 자체의 수행이다. 그래서 우리는 이를테면 색채 놀이를 말하는데, 이 경우에 다른 색채로 빛나는 어떤 개별 색채가 현존한다는 것을 의도하는 것이 아니라, 오히려 우리는 변하는 다양한 색채들이 거기서 나타나는 통일적인 경과나 광경을 염두에 둔다."

---

24) "가다머에 있어서 예술의 경험은 명상적 경험이 아니라, 우리가 사로잡혀서 작품의 자기표현 속으로 휩쓸려 드는 놀이의 경험이다. 사실상 놀이의 모델의 가치라는 것은 그것이 예술작품을 - 우리 자신은 말할 것도 없이 - 보편적 개념들과 기존의 경험들로부터 해방한다는 것이다; 그것은 보편성의 해석학적 적용을 갖고 있다."(G. Bruns, "The Hermeneutical Anarchist: Phronesis, Rhetoric, and the Experience of Art", Jeff Malpas, Ulich Arnswald, and Jens Kertscher(eds.), *Gadamer's Century Essays in Honor of Hans-Georg Gadamer*, Cambridge: The MIT Press, 2002, 62)

놀이가 주체나 기체 없이 수행되는 운동이라는 점에서 가다머는 놀이가 능동과 수동을 넘어선 '중간적 의미(medialer Sinn)'를 갖는다고 보고, 이 점을 놀이의 용례를 통해 확인한다. 사람들은 '어떤 것이 어느 곳에서 또는 어느 때에 뛰논다(etwas [···] spielt), 어떤 것이 일어난다(etwas spielt sich ab), 어떤 것이 진행 중이다(etwas ist im Spiele)'라고 말한다. 이러한 언어 용법들은 가다머에게 "놀이함이 전반적으로 일종의 [사람의] 활동(Betätigng)으로 이해되지 않는다는 점에 대한 간접적 지적으로 여겨진다. 언어로 보자면 놀이의 본래적 주체는 명백히, 다른 활동들 가운데서 놀이도 하는 사람의 주관성이 아니라, 놀이 자체이다."(GW I, 109-110)[25] 놀이함에 관한 언어 속에는 언어 사용자의 정신이, 곧 언어 정신이 깃들어 있다. 놀이에 관한 언어 속에 깃든 그 정신은 놀이가 놀이함이자 동시에 놀이됨(Gespielt-werden)이라는 것이다. 놀이운동에서의 이리저리라는 성격도 바로 어느 일방이 놀이의 주도권을 쥐고 있지 않다는 것을 알려준다. 놀이의 중간적 의미는, 놀이가 주체 없이 저절로 일어나고, 따라서 놀이의 주체는 놀이 자체일 뿐이라고 말할 수 있게 해준다.

가다머는 자연의 놀이가 '예술의 모범'이라고 본다. 인간의 놀이가 일차적이고, 동물의 놀이가 이차적인 것이 아니라, 인간의 놀이든 동물의 놀이든, 모두 자연의 경과에 해당할 뿐이며 자기표현에 해당한다는 것이다: "동물들도 놀이를 한다는 것이나, 사람들이 전용된 의미로 물과 빛에 대해서조차 이것들이 놀이한다고 말할 수 있다는 것은 명백히 사실이 아니다. 오히려 우리는 거꾸로 인간에 대해, 인간도 놀이한다고 말할 수 있다. 인간의 놀이함도 역시 하나의 자연경과

---

25) 가다머는 이 점에 의거해 호이징거의 놀이 개념의 의의와 한계를 지적한다: "여기서[호이징거에서] 놀이꾼의 의식에 대한 놀이의 우위가 원칙적으로 인정되는데, 사실상 심리학자이자 인류학자인 사람이 기술해야만 하는 바로 그 놀이함의 경험들도 역시, 놀이함의 중간적인 의미로부터 출발할 경우 어떤 새롭고 계몽적인 빛을 얻는다."(GW I, 110)

(Naturvorgang)이다. 인간의 놀이함의 의미도, 인간이 자연이라는 바로 그 이유로 또 인간이 자연인 바로 그만큼만, 하나의 순수한 자기표현이다."(GW I, 110-111) 놀이 개념이 인간에 대해서만 본래적으로 사용되고, 동식물이나 사물에 대해서는 은유적으로 사용된다는 식의 구별은 무의미하다. 근원적으로 자연이 놀이하고, 자연의 일부로서 인간이나 동식물, 사물도 역시 놀이하는 까닭이다. 인간의 놀이, 인간의 자기표현은 자연의 자기표현을 닮고 있는 것이다. 이 점에서부터 예술의 놀이들은 모두 자연의 놀이의 모사물들(모방물들)이라는 주장이 가능해진다. 그런 까닭에 자연경과로서의 자연의 놀이에서 가다머는 예술작품의 모범을 본다: "무엇보다도 그러나 놀이의 이러한 중간적인 의미에서부터 비로소 예술작품의 존재에 대한 [놀이의] 관계가 드러난다. 자연은, 그것이 목적과 의도, 노력이 없이 끊임없이 자기를 갱신하는 놀이인 한에서, 바로 예술의 모범으로 현상할 수 있다."(GW I, 111)[26]

인간의 놀이가 자연의 놀이의 일부이기는 하지만, 가다머는 인간의 놀이의 특징을 간과하지 않는다. 앞서 말했듯이 놀이의 일반적 특징은 모든 놀이함은 놀이됨이고, 놀이의 본래적 주체는 놀이꾼이 아니라 놀이 자체라는 점이다. 이런 일반적 특징에 부가되는 인간의 놀이의 특징은 그것이 '선택된 놀이'라는 점이다: "인간의 놀이함에 있어서 내게는 그런데 이러한 일반적인 규정들에 맞서, 놀이함이 어떤 것을 놀이하는 것이라는 점이 특징적이라고 여겨진다. 이 말은, 인간의 놀이함이 거기에 종속되어 있는 그런 운동질서는 놀이꾼이 '선택하는' 어떤 확정성을 갖는다는 점을 말할 것이다."(GW I, 112) 놀이꾼은 우선 일이 아닌 놀이를 선택하고, 저 놀이가 아닌 이 놀이를 선택한다는 것이다. 그런데 일단 선택된 놀이가 놀이로 되는 때는 놀이꾼이 이 놀

---

26) 가다머는 자신의 의도를 슐레겔의 발언을 빌려 표현한다: "예술의 모든 성스러운 놀이들은 다만 세계의 무한한 놀이의, 곧 영원히 자기 자신을 형성하는 예술작품의, 먼 모사물들이다."(GW I, 111)

이를 자신의 과제로 또 자신의 과제를 이 놀이로 삼는 경우이다: "모든 놀이는 그것을 행하는 사람에게 과제를 제기한다. 놀이꾼은 말하자면, 자신의 태도의 목적들을 놀이라는 단순한 과제들로 변화시키는 것 이외의 것으로써는 지치도록 자기와 더불어 놀이함(Sichausspielen)의 자유 속으로 풀려 들어갈 수 없다. 그래서 아이는 공놀이의 경우에 자기 자신에게 자신의 과제를 제기하는데, 이러한 과제들은 놀이과제들이다. 왜냐하면 놀이의 현실적인 목적은 결코 이러한 과제들의 해결이 아니라, 놀이운동 자체의 질서화이자 형태화이기 때문이다."(GW I, 113) 인간의 놀이에 있어서 특징적인 것은 놀이함이 놀이꾼이 원하고 선택한 어떤 것을 놀이함이라는 것이다. 이 경우에 놀이꾼의 놀이의 태도는 놀이운동의 이리저리, 곧 놀이운동의 비-일방성인데, 이러한 태도 속에서 놀이꾼에게는 놀이 자체가, 곧 놀이운동의 이리저리의 질서의 실현이 과제로 또 목적으로 된다.

놀이는 자기를 표현함 이외의 목적을 갖지 않고 따라서 놀이는 현실적으로 '자기의 표현'으로 제한되어 있다. 이 점이 놀이의 일반적 특징이다: "놀이의 존재방식은 따라서 자기표현(Selbstdarstellung)이다. 그런데 자기표현은 자연의 어떤 보편적인 존재측면이다." 자연의 놀이와 마찬가지로 인간의 놀이도 자기표현이지만, 인간은 표현함 자체를 놀이의 과제로 삼을 수 있고, 이로써 인간에게는 표현하는 놀이가 성립한다: "놀이함이 언제나 이미 어떤 표현함이기 때문에, 인간적인 놀이는 표현함 자체에서 놀이의 과제를 발견할 수 있다. 그래서 사람들이 표현하는 놀이라고 불러야만 하는 놀이들이 있다."(GW I, 114) 인간의 놀이는 자연의 놀이와 마찬가지로 자기표현이지만, 동시에 인간의 놀이는 표현함 자체를 놀이의 과제로 삼는 표현하는 놀이일 수 있다는 것이다. 자기표현으로서의 인간의 놀이가 표현함 자체를 과제로 삼을 때, 표현하는 놀이가 나타난다. 어른들의 자동차 생활을 표현하는 아이들의 자동차 놀이가 그런 예이다.

인간의 놀이는 자기표현으로서 동시에 표현하는 놀이일 수 있고,

또한 표현하는 놀이로서 동시에 '누군가를 위해 표현하는 놀이'일 수 있다.27) 모든 표현함은 그 가능성에 따르면 누군가를 위한 표현함인데, 이러한 가능성 그 자체를 염두에 두는 것이 예술의 놀이성격 속의 독특한 점이다. 예컨대 아이의 자동차 놀이와 연극인의 연극은 둘 다 표현하는 놀이이지만, 후자는 누군가를 위한 표현이라는 점에서 전자와 구별된다: "제례놀이와 연극은 명백히, 놀이하는 아이가 표현하는 식과 같은 의미로 표현하지는 않는다. 그것들은, 그것들이 표현한다는 점 속에서 [그 의미가] 사라지는 것이 아니라, 오히려 동시에 그 자신들을 넘어 자신들을 바라보면서 자신들에 참여하고 있는 사람들을 지시한다. 놀이는 여기서 더 이상 어떤 질서 있는 운동의 단순한 자기표현이 아니고, 또 놀이하는 아이가 몰두하고 있는 단순한 표현도 아니고, 오히려 그것은 누구를 향한 표현이다. 모든 표현에 고유한 이러한 지시가 여기서 이를테면 되찾아지며 또 예술의 존재를 위해 구성적인 것이 된다." 누군가를 위해, 누군가를 향해 있다는 놀이의 성격, 곧 놀이의 지시성격이 바로 예술을 구성하는 요소라는 것이다. 모든 놀이가 사방이 막힌 제한된 공간에서 수행된다고 해도, 누군가를 위한 놀이는 관객으로 향한 벽이 열려 있다. 이 점에서 가다머는 예술이 이른바 제4의 벽(무대와 객석 사이의 가상의 벽)이 없는 놀이라고 말한다.

연극으로서의 놀이에 있어서 연기자와 관객은 구별되어 있지 않고, 오히려 통일된다. 왜냐하면 연기자는 연기를 통해 연극의 의미내용을 의도하고 관객은 관람하면서 연극의 의미내용을 의도하여, 그 둘은 그 의미내용을 통해 만나고 있기 때문이다: "관객에게서 비로소 연극은 자신의 온전한 의미를 획득한다. 연기자들은 모든 놀이에서 그러하듯이 자신의 역할을 행하고, 그래서 놀이는 표현에 이르지만, 그러나 놀이 자체는 연기자들과 관객들로 이뤄진 전체이다. 물론 놀이는, 함께 놀이하지 않고 관람하는 사람에 의해 가장 본래적으로 경험되며,

---

27) "관객은 우리가 미적이라고 부르는 놀이 자체의 하나의 본질요소이다."(GW I, 133)

'의도되는' 바 그대로, 그 사람에게 표현된다. 관람하는 사람에게 있어서 놀이는 이를테면 자신의 이념성(Idealität)으로 고양된다. […] 근본적으로는 여기서 연기자와 관객의 구별이 지양된다. 연극 자체를 그 의미내용에 있어서 의도해야 한다는 요구는 양자 모두에 대한 동일한 요구이다."(GW I, 115) 연극 속에서 연기자는 보통의 놀이 때와는 달리 자신의 역할을 연출해 보이며 관객을 위해 그 역할을 표현한다. 이를 통해 관객이 연기자에 의해 염두에 두어지면서 연기자의 자리에 들어서는 일이 일어난다. 이런 식으로 연극에서는 연기자와 관객의 구별이 지양된다. 아울러 연극의 이념성을, 곧 연극의 의미내용을 이해해야 한다는 요구가 연기자나 관객 모두에게 주어진다. 이런 요구가 충족되는 경우에 연기자와 관객은 연극의 의미내용 속에서 만나 있는 것이 된다. 이 점은 작품과 감상자의 관계에서도 그대로 적용될 것이다.

정리해 말하면, 자연의 놀이와 마찬가지로 예술의 놀이도 자기표현이다. 그러나 예술의 놀이는 누군가를 향한 놀이로서 이념성으로 고양되며 의미내용을 갖게 된다는 점에서 자연의 놀이와 구별된다.

2) 놀이가 형성하는 참된 현실

가다머는 놀이가 그 이념성을, 곧 그 의미내용을 얻게 되는 것을 '형성체로의 변화'라고 부르고, 이러한 형성체를 작품이라고 부른다: "나는 인간의 놀이가 예술이라는 자신의 본래적 완성을 이룩하게 되는 이러한 전환을 형성체로의 변화(Verwandlung ins Gebilde)라 부르고자 한다. 이러한 전환을 통해서야 비로소 놀이는 자신의 이념성을 획득하고, 그 결과로 놀이는 동일한 것으로 의도되고 또 이해될 수 있다. […] 그러한 놀이는 단지 현실태(Energeia)의 성격뿐만이 아니라, 작품(Ergon)의 성격도 지닌다. 이러한 의미에서 나는 하나의 형성체라고 부른다."(GW I, 116) 놀이는 완성되면 고정적 의미내용을 지닌 하나의 형성체, 하나의 작품으로 된다는 것이다. 놀이는 그 가능성이 실현된 것이라는 점에서는 하나의 현실태이지만, 그 자체로 완성되고 완결된 것이라는 점에서는 하나의 작품이다.28)

놀이가 형성체로 변화한다는 것은 놀이꾼의 표현적 행위가 '참된 것으로 변화한다'는 것이다. 가다머는 변화라는 말로 속성의 변경이 아닌 존재의 전면적 변화를 의미한다: "그래서 형성체로의 변화는 이전에 있던 것이 더 이상 없다는 것을 뜻한다. 형성체로의 변화는 또한, 지금 있는 것, 즉 예술의 놀이에서 표현되는 것이 지속적인 참된 것이라는 점을 뜻하기도 한다(GW I, 116-117). 놀이에 있어서 표현적 행위라는 현실적인 것은 참된 것으로 변화하고, 이 참된 것은 놀이를 창작한 사람이나 표현하는 사람에게 의존하지 않고, 오히려 자율성을 지닌 채 지속적인 것이 된다는 것이다.

가다머는 놀이에 의한 형성체가 참된 것, 진리라고 말하는데, 이것은 참된 현실로서의 진리를 말한다.29) 놀이에서는 의도되는 것이 무엇인지가 물어질 뿐이고, 이런 경우 놀이꾼들은 더 이상 존재하지 않으며, 다만 그들에 의해 놀이된 것, 곧 진리가 드러난다: "그래서 어떤 연극의 행동은 ─ 이 점에서 이것은 예배행동과 아주 흡사한데 ─ 단연코 자기 자신 안에 머무는 어떤 것으로 현존한다. 그 행동은 모든 모사된 유사물의 숨겨진 척도인 현실과의 어떠한 비교도 더 이상 허

---

28) "놀이와 예술의 연관, 예술 경험 속의 놀이는 형성체로의 자신의 변형 속에서 동일성(identity)을 성취한다. 자신의 존재를 놀이자의 의식에 두지 않는 예술의 놀이는 단순히 순수한 현상이다. 이러한 자율성에 있어서 예술의 놀이는 (놀이되는 것의) 변형이다. 즉 어떤 것이 그리고 전체적으로 다른 어떤 것이 갑자기 있다."(James Risser, *Hermeneutics and the Voice of the Other*, Albany: State University of New York Press, 1997, 142)

29) 그렇다면, "예술품의 경우에 있어서 의도된 사실은 무엇인가? 그것은 사실이 존재하는 방식, 존재의 진리요, '사실 자체(die Sache salbst, 사안 자체)'이다. 예술품은 단지 쾌락의 대상이 아니라, 설명, 곧 상(像)으로 변모된 사건으로서의 존재진리의 설명[Darstellung, 표현]이다."(김영한, 『하이데거에서 리쾨르까지』, 박영사, 1987, 249-250)

락하지 않는다. 그 행동은 모든 그러한 비교를 넘어서 있고 — 이로써 그 모든 것이 현실적으로 그러한가라는 물음도 역시 넘어서 있는데 — 왜냐하면 그 행위로부터 어떤 우월한 진리가 발언하기 때문이다 (GW I, 117). 놀이에서는 놀이꾼들의 주관적인 자기의식이 더 이상 존재하지 않고, 우리 자신의 일상 현실도 더 이상 존재하지 않는다. 그것들은 모두 지양된다. 놀이꾼들의 놀이를 통해 하나의 의미내용이 출현함에 의해 일상의 현실은 잊히고, 오히려 연극행동과 예배행동에서 그렇듯이 참된 현실이 드러난다.

결국 놀이가 형성체로 변화한다는 것은 참된 것으로 변화한다는 것이고, 이때 참된 것이란 참된 현실, 곧 전적으로 변화된 세계이다. 가다머에 의하면, 이 점은 그대로 예술작품에도 적용된다: "예술작품의 세계, 곧 그 안에서 하나의 놀이가 그런 식으로 자신의 경과의 통일성 속에서 완전히 자신을 표현하는 그런 세계는 사실상 하나의 전적으로 변화된 세계이다. 그 세계에 의거해 각자는 사실이 그런 거구나라고 인식한다. 그러므로 변화의 개념은, 우리가 형성체라고 불렀던 것의 독립적이며 우월한 존재방식을 특징짓는다. 이 개념으로부터 이른바 현실은 변화되지 않은 것으로 규정되고, 예술은 진리 속으로의 이 현실의 고양으로 규정된다."(GW I, 118) 놀이의 표현 속에서 출현하는 것, 즉 놀이의 표현 속에서 이끌어내어지고 밝혀지는 것은 바로 존재하는 그 무엇으로서 놀이의 표현이 아닌 방식으로는 계속해서 자신을 숨기고 회피하는 어떤 것이다. 그것은 바로 하나의 전적으로 변화된 세계인데, 이것이 바로 예술작품이 내보이는 세계이다. 놀이가 그것으로 변화되는 형성체는 진리로 고양된 세계(현실)이다.[30]

---

30) 예컨대 "무용의 매체는 육체의 동작이다. 무용예술은 작품의 동작이 사물의 진리를 표출한다. 동작이 사물의 진리를 표출하려면 동작이 사물에 대해 언급할 수 있어야 한다. 동작은 사물의 외면이나 내면을 모방함으로써 사물에 대해 말한다. 동작이 묘사하는 사물이 사물과 세계의 관계를 보여줄 때 사물의 진정한 모습이 나타난다. 무용 작품은 동작을 통하여 사물의 진리와 함께 삶의 진실을 표출한다."(배학수, 「동작 속의 진리: 하이데거와 무용」, 『하이데거

놀이가 참된 것으로 변화하는 경우에는 '재인식'이 일어난다. 재인식은 예술에 있어서 모방 개념을 통해 알려진 개념이다. 모방은 모방된 것 속에 모방의 대상을 현존하게 하면서 그 대상에 대한 재인식을 가져온다. 어떤 것을 모방하는 사람은 그가 아는 그 무엇을 그가 아는 바 그대로 현존하게 하면서 자신이 아는 것을 확인하고 이와 더불어 자기 자신을 확인한다. 이 점은 관객의 경우도 마찬가지다: "모방의 인식의미는 재인식이다. […] 사람들이 본래 예술작품에 의거해 경험하는 어떤 것과 사람들이 그리로 방향을 두고 있는 어떤 것은 오히려 그 예술작품이 얼마나 참된가, 즉 어느 정도로 사람들이 거기서 어떤 것을 그리고 자기 자신을 인식하고 재인식하는가 하는 것이다."(GW I, 119) 모방이란 개념 속에 인식의미가 놓여 있다는 것이 주목된다면, 모방의 개념은 예술의 놀이를 기술할 수 있다. 모방은 원형을 표현한다. 원형은 모방을 통해 표현되고, 표현된 원형은 현존하면서, 우리에게서 본질에 대한 재인식을 불러낸다: "재인식에서는 우리가 알고 있는 것이, 마치 어떤 빛을 받은 것처럼 자신을 제약하는 모든 우연적이고 가변적인 상황들에서부터 벗어나 등장하고, 그 본질에 있어서 파악된다. 그것은 어떤 것으로 인식된다." 재인식은 그것이 어떤 것을 어떤 것으로, 곧 그 본질에 있어서 인식하는 것이다. 일찍이 플라톤에게 있어서 상기(Anamnesis)로서의 재인식은 본질의 인식이었다. 바로 그 점을 통해 아리스토텔레스는 본질인식에 관련된 시학을 역사학보다 더 철학적인 것이라고 말할 수 있었다.

놀이의 참된 본질은 자기표현이고, 이 점에서 볼 때 표현이 '예술작품 자체의 존재양식'이다. 작품이 표현 속에서 존재하는 한, 한 작품은 그 작품의 표현으로부터 구분될 수 없다: "예술작품은, 자신이 그 아래서 나타나게 되는 그런 접근조건들의 '우연성'으로부터 단적으로 분리될 수 없고, 그러한 분리가 일어나는 곳에서의 성과란 작품의 본

연구』 7집, 한국하이데거학회, 2002, 96)

래적 존재를 축소하는 추상이다. 예술작품 자체는, 자신이 거기에다 자신을 표현하는 그런 세계 속으로 들어서 [거기에] 속해 있다."(GW I, 121)

한 작품과 그 작품의 표현이 구분될 수 없음은 '형성체가 놀이와 분리될 수 없음'과 마찬가지다. 놀이는 형성체가 되고, 형성체는 놀이 속에서만 있다는 점은, 곧 놀이와 형성체의 공속성은 한 작품과 그 작품이 지닌 미적인 것을 구별하는 미적 구별론에 대립한다: "형성체는 그러나 또한 놀이이기도 한데, 왜냐하면 형성체는 ― 자신의 이러한 이념적 통일성에도 불구하고 ― 오직 그때마다의 놀이됨 속에서만 자신의 완전한 존재에 도달하기 때문이다. 그 두 측면의 공속성이 바로, 우리가 미적 구별의 추상에 맞서 강조해야만 되는 것이다."(GW I, 122) 놀이와 형성체의 공속성이 모방에서 생겨날 수 있는 존재의 감소를 막는다. 플라톤은 작품이 이데아의 모방인 사물을 다시 모방한 것인 한에서 이중적인 모방에 의한 것이라고 말한다. 가다머에게 있어서도 연극과 같은 놀이는 시인이 모방(표현)한 것을 놀이꾼이 모방한 것이므로 역시 이중적 모방에 의한 것이다. 그런데 플라톤은 모방의 과정에서 존재의 감소가 일어난다고 보지만, 가다머는 그러한 감소를 말하지 않는다. 시인에 의해 형태화된 것, 놀이꾼에 의해 표현된 것, 관객에 의해 인식된 것은 모두 한가지로 이른바 "그 안에 표현의 의미가 놓여 있는 그런 의도된 것(das Gemeinte)"이고, 다름 아닌 이 '의도된 것'이 바로 시인의 형태화나 놀이꾼의 놀이나 관객의 인식에 의해 현존에 이르는 동일한 것(das Gleiche)이기 때문이다.31)

---

31) 물론 가다머는 작품에 대한 다양한 해석의 가능성을 부정하지 않는다. 하지만 "다른 감수성들, 다른 주목들, 다른 개방성들은 하나의 고유한 통일적이고 동일한 형태가, 곧 예술적 언명의 통일성이 결코 다 길어내질 수 없는 답변 다양성 속에 등장하도록 한다. 내 생각으로는, 이러한 종결할 수 없는 다양성을 작품의 움직일 수 없는 동일성과 반복시켜 어부지리를 얻는 것은 오류이다. 야우스의 수용미학과 데리다의 해체미학에 맞서 (이 점에서 그들은 서로 가까운 것인데) 말해질 수 있다고 내가 여기는 것은, 한 텍스트의 의미동일성(Sinni-

하지만 '의도된 것'(최종적 주제, 끝까지 사유된 사태: 6장 2절 참조)의 동일성이 작품의 다양한 존재가능성을 막는 것은 아니다. 사람들이 시와 그 소재를 구별하고 또 시와 상연을 구별한다면, 이는 이중적 구별이다. 그러나 사람들은 예술의 놀이에서 통일적인 진리를 인식하는데, 이러한 진리의 통일성은 이중적 무구별이다. 이중적 무구별 속에 이뤄지는 표현의 다양성은 놀이꾼들의 의견의 다양성이라기보다는 작품의 존재가능성의 다양성이다: "어떤 그런 형성체의 상연들이나 연주들의 다양성은 그 경우에 분명 놀이꾼들의 견해로 소급될 수 있을 것이다. — [하지만] 그 견해도 놀이꾼들의 의견의 주관성 속에 폐쇄되어 있는 것이 아니라, 오히려 생생하게 [상연들이나 연주들 속에] 현존한다. 따라서 문제가 되는 것은 견해들의 단순한 주관적 다양성이 아니라, 작품의 고유한 존재가능성들인데, 이 작품은 말하자면 자신의 다양한 측면들에서 해석되는 것이다."(GW I, 123) 작품이 있다는 말은 작품이 표현되고 있고, 해석되고 있고, 그런 식으로 그때마다 자신의 다양한 존재가능성에 있어서 현존에 이르고 있다는 말이다.32)

물론 예술작품에 대해 그 상연의 매개들을 서로 구별하거나, 그 접근들을 서로 구별할 수는 있다. 이런 구별들에서는 작품 자체와 작품의 표현이 구별되므로 미적 구별의 개념이 제한적으로나마 타당하게 된다. 그러나 작품은 표현의 가능한 변양들을 제약하는 어떤 구속성

---

dentitaet)을 고수하는 것은 고전 미학의 낡은 플라톤주의도 아니고 형이상학의 편견도 아니라는 것이다."(GW II, 7)

32) 언어로 된 작품에 있어서 이를 이해하려는 질문자에 대해 답변자로 마주 서 있는 저자는 없다. 하지만 질문자가 이해하려고 하는 한, 그는 작품에게 묻고, 작품의 대답을 들으려 한다. 이 경우에 대답들은 다시금 물음들 속으로 들어서며 새로운 대답을 불러일으키는 일종의 순환이 있게 되고, 따라서 고정되지 않은 완료되지 않는 텍스트와의 대화가 있게 된다. 따라서 여기에서도 "물음과 대답의 변증법은 결코 중단되지 않는다. 오히려 예술작품을 탁월하게 하는 것은 사람들이 결코 예술작품을 전적으로 이해할 수는 없다는 바로 그 점이다."(GW II, 7) 바로 이 점에서 작품 이해의 다양한 존재가능성이 성립한다.

을 갖고 있다. 이 구속성은 작품과 융합되어 있는 전통에 바탕을 둔다. 그러나 이러한 전통은 자유로운 표현에 대한 방해가 아니라, 모범에 대한 창조적인 추적 내지 창조적인 재형태화를 위한 자극요인이된다.33) 따라서 작품에 대한 올바른 표현은 구속적이면서도 자유로운것이다. 재생에서 중요한 것은 재창작자가 기존의 작품의 틀(Figur)에서 의미를 발견하고, 이 발견된 의미에 맞게 그 모습을 다시 표현해내는 일이다.

정리해 말하면, 작품의 표현과 해석의 다양성은 작품에서 의도된것의 동일성이 훼손되는 일이 아니라, 오히려 작품의 다양한 존재가능성이 현존에 이르는 방식이다.

3) 예술놀이의 시간성

예술작품은 그것이 과거의 것이라고 하더라도, 그 기능이 현재의사람들에 의해 인식되는 한에서는 어떠한 현재와도 동시적이다. 여기서 가다머는 예술작품이 지닌 동시성이 어떤 종류의 시간성인지를 묻는다. 미적인 것이 시대를 넘어 향유된다는 점에서 사람들은 미적인것이 무시간적이라고 말한다. 하지만 미적인 것이 눈앞에 현재적으로존재한다는 것도 사실이다. 이 점에서 보면, 우리의 과제는 무시간성을 현재성(또는 시간성)과 더불어 사유하는 것이 된다. 제들마이어는무시간성과 시간성을 초역사적 시간성과 역사적 시간성으로 보면서,이들을 변증법의 관점에서 함께 사유한 바 있다. 그러나 그의 사유의귀결은 역사적-실존적(geschichtlich-existenzielle) 시간을 가상-시간이

---

33) 그롱댕은 가다머의 영향사를 해설하면서 전통의 이해가 놀이의 성격을 가짐을강조한다: "여기서 이해란 주관성을 정확히 자신의 놀이 속으로 데려오는 전승의 사건이다. 그 밖에도 이 맥락에서 '놀이'라는 범주가 다시 등장하는 것도우연이 아니다: 놀이는, 우리를 사로잡고 우리를 포위하지만, 우리가 그것의주인이 아닌 그런 과정을 기술한다."(Jean Gronding, *The Philosophy of Gadamer*, 92)

되게 하는 반면, 초역사적인 신성한 시간을 참된 시간이 되게 하는 것이었다. 가상-시간을 배경으로 하는 참된 시간의 돌출도 일종의 현상일 수는 있겠으나, 가다머는 시간 논의에서 문제시되는 것이 바로 (과거의 작품과 현재의 나 사이의) 의미의 연속성의 해명이라는 점에서, 이를 해명하지 못하는 그의 시간 논의는 무익한 것이라고 본다.

가다머는 예술작품의 시간성을 논하기 위해 하이데거의 시간성 개념을 원용한다. 그는 하이데거의 시간성이 유한한 인간의 역사적 시간성이고, 이것이 예술작품의 이해를 포함한 모든 이해의 시간성이라고 본다: "현존재의 실존론적 분석의 방법적 의미를 고수하지 못하고, 사람들은 염려나 죽음에의 선구를 통해 규정된, 즉 철저한 유한성을 통해 규정된 현존재의 이러한 실존론적인 역사적 시간성(existenziale, geschichtliche Zeitlichkeit)을 [단지] 실존이해의 다른 가능성들 중의 하나로 취급하고, 그래서 거기에 정신을 뺏겨 여기서 시간성으로 밝혀지는 것이 바로 이해 자체의 존재방식이라는 점을 망각한다."(GW I, 127) 모든 시간이해가 성취해야 하는 것은 바로 의미연속성인데, 이러한 의미연속성을 가능하게 하는 것이 인간의 역사적 시간성이라는 점을 밝힌 이가 하이데거이다. 그는 역사적 시간성이 바로 이해 자체의 존재방식임을 해설하였다. 인간의 이해에는 역사적 시간성에 의한 것도 있고, 초역사적 시간성에 의한 것도 있는 게 아니라, 모든 이해가 역사적 시간성이나 이것의 변양으로서의 일상적 시간성에 의한 것이다.34) 따라서 시간성을 초역사적인 신성한 시간(성)과 역사적인

---

34) 하이데거의 실존론적인 역사적 시간성은 이해함의 존재방식을 일컫는 개념이다. 그런데 이러한 실존론적 역사적 시간성은 본래적으로 역사적-실존적 시간성으로 나타나거나 비본래적으로 일상적-실존적 시간성으로 구체화(시간화)되는데, 이것들은 각기 '본래적인 이해'의 존재방식과 '비본래적인 이해'의 존재방식을 일컫는다. 하지만 이것들은 모두 실존론적인 역사적 시간성의 상이한 시간화 양상에 해당한다. 따라서 하이데거에 따르면, 역사적-실존적 시간성과 일상적-실존적 시간성 외부에, 따라서 이들의 근원인 실존론적인 역사적 시간성의 외부에 다른 어떤 시간성이, 예컨대 초역사적 시간성 같은 것이 있을 수는 없다.

퇴락한 시간(성)으로 구분하는 것은 잘못이다. 그러한 구분은 예술경험과 일상경험의 차이를 과도하게 신학적으로 각색한 것이다. 우리의 본래의 문제는 변화 속의 지속이라는 예술작품의 의미연속성이며, 이것은 예술작품의 역사적 시간성 속에 놓여 있는 것이다.

가다머가 예술작품의 동시성, 곧 '변화 속의 지속'을 해설하기 위해 든 예는 축제이다. 축제는 과거의 사실로 머무는 어떤 역사학적인 사건이 아니다. 왜냐하면 그것은 정규적으로 거행되면서 반복되기 때문이다: "최소한 정기적인 축제들에 속하는 것은, 그것들이 반복된다는 점이다. 우리는 축제에서의 이러한 점을 축제의 회귀라고 부른다. 이때 회귀하는 축제는 어떤 다른 축제도 아니고, 어떤 근원적으로 경축되었던 축제에 대한 단순한 회상도 아니다. 모든 축제들의 근원적으로 신성한 성격은, 우리가 현재, 상기, 기대에 관한 시간경험 속에서 알고 있는 것 같은 구별을 명백히 배제한다. 축제의 시간경험은 오히려 거행(Begebung)인데, 이것은 고유한 종류의 현재이다."(GW I, 128) 축제의 거행은 축제의 회귀와 축제의 생성을 의미한다. 거행이 바로 축제의 존재방식이고, 이 존재방식의 시간성은 회귀와 생성이다: "축제는 따라서 자신의 원래의 본질에 따라 그렇게, 즉 그것이 (비록 '아주 똑같이' 경축된다고 하더라도) 끊임없이 어떤 다른 것이라는 방식으로 존재하는 것이다. 끊임없이 어떤 다른 것이라는 점에 의해서만 존재하는 존재자[축제]는, 역사에 속하는 모든 것보다 더욱 철저한 의미에서 시간적이다. 그 존재자는 오직 생성(Werden)과 회귀(Wiederkehr)에서만 자신의 존재를 갖는다." 예술작품은 축제와 같이 오직 회복(새로운 해석과 표현을 통한 반복) 속에서만 존재한다. 일상적 사물의 시간성은 존재에 있어서 차이를 겪는 시간성이지만, 작품의 시간성은 차이 속에서만 존재하게 되는 시간성이다. 작품은 존재에 있어서의 차이를 겪지 않는데, 왜냐하면 그것은 기원과 언제나 차이 나는 식으로만 존재해 왔기 때문이다. 작품의 존재방식은 '다르다'는 것이고, 오직 그렇게 그것은 그 자신으로 존재한다. 이 다름이 변화 속의 지속이고, 생성 속의 회귀이다.

가다머는 생성과 회귀의 개념에 의거해 동시성과 공시성을 구별한다. 동시성(Gleichzeitigkeit)은 작품의 자기표현에 참석하여, 작품이 표현을 통해 나와 마찬가지로 현재에 존재하도록, 곧 현존하도록 함에 의해 성립한다: "동시성은 사안을 고수하여, 모든 매개가 총체적인 현재성 속에서 지양되는 식으로 이 사안이 [나와] '동시적으로' 되도록 함 속에서 존립한다."(GW I, 132) 반면 미적 의식과 관련해서 말해지는 공시성은 한 의식 안에 여러 작품들이 동등한 타당성을 갖고 공동으로 존재함을 가리키는 말일 뿐이다. 따라서 "동시성은 미적 의식의 공시성(Simultaneität)이 아니다. 왜냐하면 이러한 공시성은 하나의 의식 속에서의 다양한 미적인 체험대상들의 공동적 존재와 동등한 타당성을 뜻하기 때문이다." 작품을, 그것의 의미를 현존으로 데려옴은 저절로 이뤄지는 것이 아니라, 성취되어야 할 과제이다. 이러한 과제의 성취와 더불어 작품의 의미가 현존하게 되고, 작품과 관객 사이에 의미연속성이 성립한다.

가다머는 예술작품의 동시성을 가능하게 하는 것이 이른바 '본래적인 미적 거리'라고 말한다. 통상적으로 말해지는 미적 거리란 예술작품의 미적 감상을 위해 취해야 하는 심리적 거리이다. 그러나 본래적인 의미에서의 미적 거리는 한편으로는 관객이 작품 앞에서 일상의 모든 실천적이고 유목적적인 참여활동에 대해 간격을 두고, 다른 한편으로는 작품에 대한 본래적이고 전면적인 참여를 행함을 말한다: "수용자는 어떤 절대적 거리 속으로 들어서도록 지시되는데, 이 거리는 그에게 모든 실천적이고 유목적적인 참여를 거절한다. 이 거리가 본래적인 의미에서의 미적 거리이다. 이 거리는 봄에 필요한 간격을 의미하는데, 이것이 사람들 앞에서 자신을 표현하고 있는 것에 대한 본래적이고 전면적인 참여를 가능하게 한다."(GW I, 133) 이러한 미적 거리 속에서 관객은 한편으로 일상의 자기 자신을 망각하고, 다른 한편으로는 작품의 의미세계에 몰입한다. 이를 통해 관객은 작품이 표현하는 의미세계, 곧 세계의 진리 속에서 자신을 발견하고, 이로써 작품과 자기 사이에 인간과 세계에 관한 의미연속성을 수립한다: "탈자적인 자기망각에 상응하는 것은 […] 자기 자신과의 연속성이다. 그가 관객으로서 그 안에서 자신을 상실하는 바로 그것[작품의 의미세계]에서부터 그에게 의미의 연속성이 요구된다. 바로 관객 자신의 세계의, 즉 그가 그 안에 살고 있는 그 종교적이고 인륜적인 세계의 진리가, 관객 앞에서 표현되는 진리이고, 관객이 그 안에서 자신을 인식하는 세계이다." 관객에 의한 작품의 의미세계의 이해는 동시에 작품이 작품으로 현존하게 되는 일이다. 따라서 작품으로서의 작품의 존재방식은 현존하게 됨이다. 작품의 존재방식, 곧 (현존하게 됨이라는 의미에서의) 현존의 시간성은 절대적 현재이고, 이에 상응하는 관객의 존재방식의 시간성은 절대적 순간이다: "현존(Parusie), 즉 절대적 현재가 미적인 존재의 존재방식을 표시하는 것과 마찬가지로, 그리고 한 예술작품은 그럼에도 불구하고 또한 자신이 그러한 현재가 되는 어디에서나 동일한 것과 마찬가지로, 그렇게 관객이 그 안에 서 있는 그 절대적 순간도 또한 자기 망각이고 동시에 자기 자신과의 매개이다. 관객을 모든 것에서부터 떼어냈던 어떤 것[예술작품]이 관객에게 동시에 그의 존재 전체를 되돌려 준다." 이러한 절대적 순간에는 한편으로 일상적 자기의 망각이, 다른 한편으로는 본래적 자기의 인식이 속한다.

3. 하이데거와 가다머의 놀이 개념들의 상관성

이상의 논의를 근거로 이제 우리는 놀이 개념과 예술 개념에 대한 하이데거와 가다머의 관련성을 밝히는 시도를 해볼 수 있을 것이다. 가다머의 놀이 개념을 요약적으로 제시하면서 이와 관련된 하이데거의 사유내용을 확정하기로 한다.

(1) 놀이는 주관성이라는 대자적 존재, 곧 자기의식이 없는 곳에서

비로소 놀이로 존재한다. 주관-객관 개념에 의해 놀이에 접근할 수는 없는데, 바로 이 점에서 놀이는 예술작품의 존재방식으로 규정된다. 가다머는 놀이의 운동성격에 주목하여 그것을 '이리저리로의 운동'이라고 부른다. 놀이는 거기서 인간이 능동적인 것도 수동적인 것도 아니게 되는 것으로서 중간적 의미를 갖는다.

이 대목에서 우리는 하이데거가 말하는 진리, 곧 존재의 말 건넴과 인간의 응대라는 상호적 협력에서 성립하는 존재의 진리를 떠올리게 된다. 하이데거는 진리가 '부적합한 용어'로 말해 주체이기도 하고 객체이기도 하다고 말한다. 이것은 진리가 스스로 절대적인 것도 아니고, 인간도 스스로 절대적인 것이 아니라는 말이다. 놀이가 중간적 의미를 갖는다는 가다머의 말은 진리가 부적합한 용어로 주체이기도 하고 객체이기도 하다는 하이데거의 말과 공명한다.

(2) 가다머는 놀이가 그 이념성을, 곧 그 의미내용을 얻게 되는 것을 '형성체로의 변화'라고 부른다. 놀이가 그것으로 변한 형성체는 참된 것, 곧 참된 현실 내지 세계의 진리를 말한다. 놀이가 형성체로 변화한다는 것은 참된 것으로 변화한다는 것이고, 이때 참된 것이란 세계의 진리, 곧 '전적으로 변화된 세계'이다. 가다머에 의하면, 이 점은 그대로 예술작품에도 적용된다. 놀이가 참된 것으로 변화하는 경우에는 '재인식'이 일어난다. 재인식은 그것이 어떤 것을 어떤 것으로, 곧 그 본질에 있어서 인식하는 것이고, 이런 한에서 이해이다. 놀이의 참된 본질은 자기표현이고, 이 점에서 볼 때 표현이 '예술작품 자체의 존재양식'이다. 작품이 표현 속에서만 존재하는 한, 작품은 작품의 표현으로부터 구분될 수 없다. 작품과 이 작품의 표현이 구분될 수 없음은 '형성체와 놀이가 분리될 수 없음'을 의미한다. 놀이가 형성체가 되고, 형성체가 놀이(표현) 속에서만 있다는 점은, 곧 놀이와 형성체의 공속성은 작품과 미적인 것을 구별하는 미적 구별론에 대립한다.

이 대목에서 우리는 존재자를 위한 시간-놀이-공간이 존재역운 내지 세계-놀이에서부터 성립하고, 이러한 존재역운이나 세계-놀이는 그 자체로 아무런 근거도 갖지 않지만 그럼에도 인간이 함께 놀이하는 한에서만 놀이로 성립한다는 하이데거의 말을 떠올린다. 한 작품이 그 작품의 표현 속에서만 존재한다는 가다머의 말은 인간이 함께 놀이하는 한에서만 세계-놀이가 놀이로서 성립한다는 하이데거의 말과 공명한다.

(3) 가다머는 예술작품이 지닌 동시성이 어떤 종류의 시간성인지를 묻고, 하이데거의 시간성 개념을 원용하여 대답한다. 그가 예술작품의 동시성, 곧 '변화 속의 지속'을 해설하기 위해 예로 든 것은 축제이다. 축제는 거행되고, 이를 통해 축제가 회귀하면서 동시에 생성한다. 따라서 거행이 바로 축제의 존재방식이고, 이 존재방식의 시간성은 회귀와 생성이다. 가다머는 이러한 생성과 회귀의 개념에 의거해 동시성과 공시성을 구별한다. 동시성은 작품의 자기표현에 참석하여, 작품이 표현을 통해 나와 마찬가지로 현재에 존재하도록 함, 곧 현존하도록 함에 의해 성립하지만, 공시성은 한 의식 안에 여러 작품들이 동등한 타당성을 갖고 공동으로 존재함을 가리키는 말일 뿐이다. 동시성, 곧 작품의 의미를 현존으로 데려옴은 저절로 이뤄지는 것이 아니라, 매번 성취되어야 하는 과제이다. 이러한 과제의 성취와 더불어 작품의 의미가 현존하게 되고, 작품과 관객 사이에 의미연속성이 비로소 성립한다. 관객에 의한 작품의 의미세계의 이해는 동시에 작품이 작품으로 현존하게 되는 일이다. 따라서 작품으로서의 작품의 존재방식은 현존하게 됨이다. 현존하게 됨의 시간성은 절대적 현재이고, 이에 상응하는 관객의 존재방식의 시간성은 절대적 순간이다. 이러한 절대적 순간에는 한편으로 일상적인 자기의 망각이, 다른 한편으로는 본래적인 자기의 인식이 속한다.

이 대목에서 우리는 자화사건, 곧 존재역운이 역사의 새로운 시원을 보증해 준다는 하이데거의 말을 떠올린다. 예술작품의 감상에서 성립하는 회귀와 생성의 시간성이 인간의 본래적인 자기인식과 동시적이라는 가다머의 말은 (존재의 부름에 대한 인간의 응대에서 비로소 성립하는) 존재역운이 (인간의 자기이해의 역사를 포함하는 모든) 역사의 근원이고, 자화사건이 역사의 근거이자 본질이고 본질공간이라는 하이데거의 말과 공명한다.

(4) 이러한 여러 가지의 공명 속에서의 주도적인 울림은 놀이가 인간에 의한 것만도 아니지만, 인간 없이 성립하는 것도 아니라는 것이다. 자연의 놀이든 예술의 놀이든 세계의 놀이든, 그것이 이념성에 이르기 위해서는 인간이 요구되고 사용되어야 하는 것이고, 바로 그런 한에서 비로소 인간에게 그때마다 새로운 역사시기가 주어진다는 것이다. 이념성에 이르는 놀이는 우리가 관련되어 있는 놀이이고, 또한 놀이로서의 대화이다. 하이데거는 존재와의 대화를, 가다머는 전통과의 대화를 과제로 제시한다. 그 어느 대화이든 그것이 과제이자 놀이로서 수행될 때 역사의 근원이 비로소 수립되는 것이다.

영향(影響)의 어원적 의미가 그림자와 울림이라는 점을 상기한다면 하이데거의 말과 가다머의 말의 공명은 그들의 영향관계를 알려준다.

3절 가다머의 문학이론

여기서 우리는 문학과 독서에 대한 예술이론적 해석을 시도한다. 가다머에 의하면 모든 예술은 놀이의 방식으로 존재한다. 문학과 독서가 각기 작품과 감상으로서 역시 예술의 성격을 갖는다면, 그들의 존재방식 역시 놀이라고 해야 할 것이다. 그런데 문학과 독서의 존재방식이 '놀이'라고 하여, 그것들에 대한 이해가 불필요하다고 말할 수는 없다. 축구놀이가 무엇인지를 이해하고 연습한 사람이 축구놀이를 더 잘할 수 있듯이, 문학과 독서의 존재방식을 이해하고 연습한 사람도 독서놀이와 작문놀이를 더 잘할 수 있기 때문이다.

우리는 문학과 독서를 예술놀이로 보고, 예술놀이에 대한 가다머의 해설에 의거해 문학과 독서가 가질 수 있는 예술놀이의 성격을 규정하고자 한다. 이러한 규정을 위해 우리가 주목할 가다머의 텍스트는 『진리와 방법: 철학적 해석학의 근본특징들』의 1부 2장 "예술작품의 존재론과 그 해석학적 의미"이다(GW I, 107-174). 이곳에서 전개된 가다머의 해설을 우리는 독서의 대상인 문학, 문학의 존재기능인 재생, 예술놀이로서의 독서, 독서놀이에서의 발생사건, 독서놀이에서의 표현의 자유, 독서놀이에서의 시간성 등의 항목으로 나누어 정리하면서, 이에 바탕을 두고 문학과 독서에 대한, 그리고 부분적으로는 독후 감상문에 대한 예술존재론적 규정을 시도할 것이다.

독서가 강조되는 요즈음 독서와 작문에 대한 인지심리학적 접근의 이론들은 많이 만나볼 수 있으나, 예술존재론적 접근의 시도는 찾아보기 어렵다. 이 글은 문학과 독서에 대한 예술존재론적 규정을 시도하면서 문학과 독서에 대한 새로운 이해방식을 제시해 보고자 한다.

1. 문학의 예술존재론적 해석

1) 독서의 대상인 문학

(1) 문학의 범위의 다양성
독서의 대상은 문학이다. 그러나 문학의 의미범위는 어디까지인가? 문학(Literatur)은 그 어원이 문자(Litera)를 의미하는 데서 보이듯이, 원래 모든 학문들을 포함해 문자로 쓰인 모든 것을 뜻하는 말이었다. 이런 의미의 문학은 광대한 범위의 문학이다. 그러나 학문의 분화와 더불어 문학의 의미는 점차로 인문과학들과 이들이 다루는 문헌들로 한정되었다. 이런 한정 속의 문학은 제한적 범위의 문학이다. 오늘날에는 그 범위가 더욱 한정되어 문학은 단순히 순수문학, 곧 문자에 의한 예술작품만을 가리키고 있다. 이 경우의 문학은 엄밀한 범위의 문학이다.

문학의 범위에 대한 가다머의 견해도 통상의 견해와 크게 다르지 않다. 그가 다음과 같이 표현할 때 그는 우선 문학의 제한적 범위를 지적하고 있다: "문학의 존재방식에는 모든 언어적 전승이 참여하는데, 모든 종류의 종교적, 법적, 경제적, 공적, 사적 텍스트들뿐만이 아니라, 그러한 전승된 텍스트들을 학문적으로 가공하고 해석한 문헌들도, 따라서 정신과학들 전체가 그런 것이다."(GW I, 167) 그러나 가다머가 이 말에 이어서 다음과 같이 말할 때 그는 문학의 광대한 범위를 염두에 둔다: "아니, 문학의 형식이 모든 학문적 연구 일반에 귀속되는데, 이 점은 이런 연구가 언어성과 본질적으로 결합되어 있는 한에서 그런 것이다. 모든 언어적인 것의 문자화 가능성(Schriftfähigkeit)이 가장 넓은 의미의 문학을 한정하는 것이다."

가다머가 문학의 광대한 범위와 제한된 범위를 먼저 말한다고 해서, 그가 문학의 엄밀한 범위를 외면하고 있는 것은 아니다. 그 스스로 문학적 예술작품(시나 산문 같은 언어)과 문학적 텍스트(학문적 언어)를 구분하기 때문이다. 하지만 그는 이들 사이에 성립하는 본질적 차이는 통상 말해지는 '문학적 구성형식'의 차이보다는 '진리요구'의 차이에 놓여 있다고 본다: "물론 시의 언어와 산문의 언어 사이에, 그리고 또한 시적 산문과 '학문적' 언어 사이에 차이는 존립한다. 사람들은 이 차이들을 물론 문학적 구성(Formung)의 관점에서도 고찰할 수 있다. 그러나 그러한 상이한 '언어들'의 본질적 차이는 분명 어떤 다른 곳에, 이른바 그 언어들에 의해 제기되는 진리요구의 상이성에 놓여 있다."(GW I, 168) 말하자면 그 언어들은 인문학적 진리를 주장하는가, 아니면 '객관적' 진리를 주장하는가에 있어서 차이가 있다는 말이다.

(2) 문학과 학문, 예술 사이의 공통점

한 걸음 더 나아가 가다머는 "언어적 구성이 말해져야 할 내용적 의미(inhaltliche Bedeutung)를 유효하게 하는 한에서, 모든 문학적 저작들(Werken) 사이에는 어떤 깊은 공통점이 존립한다."고 주장한다.

이 같은 공통점의 주장은 물론 그가 모든 학문이 언어적으로 표현되고 따라서 해석을 필요로 한다는 점을 지적하는 것이다.

그런데 가다머에 의하면 문학과 학문 사이만이 아니라 문학과 예술 사이에도 공통점이 있다. 이 점을 그는 "문학이란 현상 속에는 우연치 않게 예술과 학문이 서로에게로 넘어가는 지점이 놓여 있다."고 표현한다. 그러면 그 공통점이란 무엇인가? 이에 대해 그는 다음과 같이 말한다. "우리가, 예술작품의 존재는 관객에 의한 수용과 더불어 비로소 완성되는 놀이라는 점을 보일 수 있었던 것처럼, 그렇게 텍스트 일반에 대해서는 이해에서 비로소 죽은 의미 흔적이 생생한 의미로 되는 재변화가 일어난다는 점이 타당하다."(GW I, 169) 이 말은 엄밀한 의미의 문학, 곧 문학적 예술작품만이 아니라 광대한 의미의 문학도 수용적 완성 내지 이해적 변화를 필요로 한다는 점에서 예술과 공통점을 갖는다는 것이다.35) 이러한 점에서 본다면 가다머의 견해를 추적하는 이 글에서는 문학의 범위가 엄밀히 규정될 필요는 없을 것이다. 그렇기는 하나 우리는 이 글에서 문학이란 말로 논의와 이해의 편의상 문학적 예술작품을 우선 염두에 두고자 한다.

---

35) 문학의 수용적인 이해에 대한 가다머의 강조는 문예학 속에서 그동안 광범위하게 인정을 받았다. 그러나 그 이유는 수용적 이해가 이미 독일의 콘스탄츠 학파 속에서 거대한 반향을 불러일으키고 있었기 때문일 것이다. 그롱댕에 의하면 "한스 로버트 야우스와 볼프강 이저에 의해 대표되는 이 학파의 '수용미학'은 문학적 표현의 두 측면을 추적하였다. 하나는 문학적 표현이 야우스가 특히 강조하는 기회적 맥락[역사학적 맥락] 속에 뿌리를 둔다는 측면이고, 다른 하나는 문학적 표현이 이저가 특히 관심을 기울이는 읽기의 행위 속에서 현실화한다는 점이다."(Jean Grondin, *Einführung zu Gadamer*, München: Mohr Siebeck, 2000, 80) 가다머는 자신의 후기 미학에서 자신의 읽기 개념에다가 보편적인 도달범위를 부여하여 그림이든 건축작품이든 어떤 한 예술작품의 완성을 하나의 '읽기'로 이해하는데, 그 이유는 그롱댕의 지적대로 "아마도 가다머가 이러한 [수용미학의] 발전들에 영향을 받았다."는 점에 있을 것이다 (Jean Grondin, *The Philosophy of Gadamer*, 52).

(3) 문학의 재생으로서의 독서

문학은 스스로를 표현하기 위해, 달리 말해 독자에 의해 이해되기 위해 존재한다. 표현되고 이해되기 위해 문학적 예술작품은 읽힐 수도 있고, 낭독될 수도 있고, 상연될 수도 있다. 이 같은 독서나 낭독, 상연은 모두 그 작품에 대한 재생(Reproduktion)이다: "문학적 예술작품에는 독서가, 낭독이나 상연과 마찬가지로, 본질적으로 속한다. 이것들 모두가, 사람들이 일반적으로 재생이라고 부르는 것의 단계들(Abstufungen)이다."(GW I, 166) 문학이 재생으로서의 독서 속에 존재하는 한, "문학이란 개념은 수용자와의 관계가 없이는 전혀 존재하지 않는다. 문학의 현존은, 공시성(Simultaneität) 속에서 어떤 나중의 체험현실에 주어진다고 가정되는, 어떤 소외된 존재[인간에게 소외되었던 문학]의 생기 없는 존속이 아니다. 문학은 오히려 정신적인 보존과 전승의 한 기능이며, 따라서 모든 현재 속으로 자신의 숨겨진 역사를 끌어들인다." 문학이 독서를 통해 현존에 이른다는 것은 생기 없이 존속하면서 나중의 체험현실과 공동으로 함께 존재하게 된다는 것이 아니고, 오히려 그것이 현재 속으로 역사를 전승하면서 현재 속에 들어서서 영향을 미치는 일이라는 것이다.

문학을 현재에 재생하고 현재 속에서 현존하게 하는 독서에는 묵독도 있고 낭독도 있다. 조용한 읽기가 소리 내는 읽기보다 더 강한 추세가 되고 있는 것은 사실이지만, 이 둘 사이의 엄밀한 경계 구분은 어렵다. 읽기는 문자를 통한 것이므로 내적인 발언을 포함하기 때문이다. 어쨌든 가다머는 문학의 존재방식 내지 문학의 현존은 독서 속에 있고, 따라서 독서는 읽히는 내용이 표현에 이르는 하나의 존재경과(Seinsvorgang)로 본다. 이것은 존재사건에 다름 아니다.

2) 문학의 존재기능인 재생

예술작품의 존재방식을 이해하기 위한 범례로 가다머는 그림을 해설한다. 그림의 존재기능으로부터 예술의 존재방식이 알려진다고 보기 때문이다. 가다머는 그림의 존재기능을 한편으로는 그림이 원본이나 모사상과 갖는 차이로부터, 다른 한편으로는 그림이 기호나 상징과 갖는 차이로부터 확인한다. 따라서 우리가 그림, 모사상, 원본의 상호 관련성과 그림, 기호, 상징의 상호 관련성에 대한 가다머의 논의를 통해 그림의 존재기능을 밝혀본다면, 문학의 존재기능도 역시 규정할 수 있게 될 것이다. 왜냐하면 그림과 마찬가지로 문학도 예술작품에 속하는 것이기 때문이다.

(1) 그림, 원본, 모사상 사이의 관련성

그림은 표현하지만, 그 표현은 모사가 아니다. 따라서 그림은 모사상이 아니다. 모사상은 비록 자신의 고유한 독자적 존재를 갖는다고 해도, 그 기능은 이 독자적 존재를 지양하면서 모사된 것을 매개하는 데에만 있다: "모사상의 적절성의 척도는, 사람들이 원형을 모사상에서 인식하는 것이다. 이 점이 의미하는 것은, 모사상의 사명은 자신의 고유한 독자적 존재를 지양하고 전적으로 모사된 것을 매개하는 데 기여하는 것이라는 점이다. 이런 한에서 이상적인 모사상은 거울상이리라."(GW I, 143) 비록 이상적인 모사상이 거울상이라고 말해질 수 있을지라도, 엄밀하게 볼 때 모사상은 거울상과도 다르다. 모사상은 독자적 존재를 갖는 반면, 거울상은 다만 사라지는 존재만을 갖기 때문이다. 또 모사상에서는 존재자가 다만 의도되는 것이자 모사상에 의해 매개되는 것일 뿐인 반면, 거울상에서는 존재자 자체가 그림 속에서 나타난다는 점에서도 그 둘은 다르다.

모사상이 자기지양을 사명으로 하지만, 그림은 그림 자체를, 즉 표현되는 것을 어떻게 표현하는가를 사명으로 한다: "하나의 그림인 것은 그에 반해 자신의 사명을 전혀 자기지양에 두고 있지 않다. 왜냐하면 그림은 목적을 위한 하나의 수단이 아니기 때문이다. 여기서 그림은 그 자체가 의도된 것인데, 표현되는 것이 그림 속에서 어떻게 표현되느냐가 바로 중요한 것인 한에서 그런 것이다." 따라서 그림에서는 모사상에서와는 달리 사람들이 그림에서부터 표현되는 것으로 향하도록 단순히 지시되고 있는 게 아니다. 표현은 어떤 본질적인 의미에서 원형과 관계되어 있는데, 이 원형은 표현(그림) 속에서 표현되기에 이른다. 그러나 표현은 어떤 모사상 이상이다: "표현이 — 원형 자체가 아니라 — 하나의 그림이라는 점은 어떤 부정적인 것을, 곧 존재에서의 어떤 단순한 감소를 의미하지 않고, 오히려 어떤 자율적 현실성을 의미한다."(GW I, 145) 그림으로 대표되는 표현과 원형의 관계는 쌍방향적이다. 그림은 다름 아닌 원형을 표현하지만, 원형은 그림 속에서 비로소 표현되기에 이르고, 따라서 그 둘은 서로 의지한다. 하지만 의지는 자율성의 결여를 의미하는 의존과는 다른 것이다. 이러한 의지의 관계를 가다머는 유출의 개념으로 규정한다: "표현되는 것은 표현을 통해 말하자면 존재에서의 어떤 증가를 경험한다. 그림의 고유 내용은 존재론적으로 원형의 유출로 규정된다." 말하자면 그림은 원형의 유출이다. 플라톤주의에 따르면, 일자는 다자를 유출하지만 이 유출로 인해 그것의 존재가 감소되지 않는다. 오히려 일자의 존재는 유출로 인해 증대되는 것이다. 이 점은 표현되는 것과 표현(그림)의 관계(상호의지)에 대해서도 타당하다.

그림은 원형에 대해 대표라는 성격을 갖는다. 보통의 사람을 충분히 또는 본래적으로 표현해 주는 사람이 대변인이자 대리인이고 대표자이다. 마찬가지로 원형을 본래의 그 자신으로 되도록 해주는 것이 그림이고, 이 점에서 그림은 대표이다. 이 맥락에서 가다머는 "사람들이 그림의 존재방식을 하나의 교회법적인 개념, 즉 대표(Repräsentation)라는 개념 말고 다른 것을 통해서는 더 잘 특징지을 수 없는 듯하다."(GW I, 145-146)고 말한다. 초상화에서 그렇듯이 자기를 드러냄 속에서만 자신의 존재를 갖는 사람들(집권자, 정치가, 영웅)은 자신들을 표현해야만 하는데, 그림 속에서 자신들을 표현할 수 있는 까닭에, 그림은 그 자신의 고유한 현실성을 갖게 된다. 이 경우 그림은 원본을 현상하게 함(현존하게 함) 이외의 다른 것이 아니다. 종교화의 경우에 있어서도 신적인 것의 현상은 오직 말씀과 그림을 통해서만 자신들의 구상성(Bildhaftigkeit)을 획득한다. 그래서 종교화에 있어서 그림은 어떤 모사된 존재의 모사상이 아니라, 오히려 자신이 표현하는 것을 전적으로 그 자신으로 존재하게 해주는 것이다. 전체적으로의 또 보편적인 의미로의 예술은 존재의 구상성의 증가를 가져온다. 모든 예술이 표현으로서 그 속에서 존재가 유의미한-가시적 현상에 이르는 존재경과인 한에서, 모든 예술이 스스로 원형성을 지닌다.

(2) 그림, 기호, 상징 사이의 관련성

그림을 포함한 예술은 모두 표현이지만, 모든 표현이 예술인 것은 아니다. 표현에는 상징들도 있고, 기호들도 있지만, 이것들은 예술이 아니다. 물론 상징과 기호를 포함한 모든 표현들은 예술과 마찬가지로 지시구조를 갖고 있다. 그러나 이 지시구조가 어떻게 성립하는가에 따라, 예술과 비-예술이 구별된다.

하나의 그림은 결코 기호(Zeichen)가 아닌데, 왜냐하면 "하나의 기호는 자신의 기능이 요구하는 것에 다름 아니고, 그 기능은 자신을 벗어나 지시함"(GW I, 157)이기 때문이다. 기호의 지시구조는 자신을 벗어나 지시함이라는 구조이다. 기호는 자신을 벗어나는 까닭에 시선이 계속해서 자신에게 머물러 있지 않도록 하는 것이고, 현재의 자기가 아닌 다른 어떤 것을 지시하는 까닭에, 비-현재적인 것이 현재적으로 되도록 의도하고 있는 것이다.

반면에 그림의 지시구조는 자기 옆에 머물게 하면서 지시함이라는 구조이다: "그림은 머물도록 하는 동안에, 지시하면서 존재한다. 우리가 강조했던 [그림의] 존재의미를 형성하는 것은, 그림이 자신이 표현하는 것으로부터 단적으로 분리되어 있지 않고, 이것의 존재에 참여한다는 점이다. 우리는 표현된 것이 그림 속에서 자기 자신으로 된다는 점을 보았다. 그것은 존재증가를 경험한다."(GW I, 158) 그림은 시선을 자기에게 몰두하게 하며 자기의 고유한 내용을 지시한다. 자기가 지시하는 것이자 자기 안에 있는 것을 단순히 현재적이게 하지 않고, 그것의 존재에 스스로 참여하며 그것의 존재증가를 가져오는 것이 그림이다.

상징의 지시구조는 기호의 지시구조와 다르다: "상징의 표현기능은 비-현재적인 것에 대한 단순한 지시의 기능이 아니다. 상징은 오히려 근본적으로 끊임없이 현재적인 어떤 것을 현재적인 것으로 등장하도록 한다." 상징에서 상징되는 것은 스스로 현재적인 것인 반면, 그림에서 표현되는 것은 스스로 현재적인 것이 아니라, 그림을 통해서만 현재적인 것이 된다. 그 점에서 상징은 그림과 구별된다.

상징과 그림은 모두 대표라는 기능을 갖지만 이 대표기능은 서로 다르다. 상징은 그림과 달리 대표되는 것의 고유한 존재를 더 많이 현존하게 하지는 않기 때문이다: "상징들은 대표자들이고, 자신들이 대표해야 마땅한 것들로부터 자신들의 대표하는 존재기능을 맞이한다. 그림은 이에 반해 과연 대표하기는 하지만, 그러나 자기 자신을 통해, 즉 자신이 가져오는 의미 증대를 통해 대표한다. 이 점이 의미하는 것은 그러나 그림 속에서는 대표되는 것이 — '원형'이 — 더 많이 더 본래적으로, 즉 이것이 참되게 있는바 그대로 현존한다는 것이다."(GW I, 159) 상징은 단순한 대리자인 까닭에, 자신의 고유한 의미를 갖는다고 해도 이는 중요하지 않고, 그런 까닭에 이러한 고유한 의미가 대표되는 것의 고유한 존재의 증가를 가져오는 것도 아니다. 반면에 그림은 대표이지만, 자신이 가져오는 의미 증대를 통해 대표되는 것을 대표하고, 이로써 대표되는 것이 더 많이, 더 본래적으로 존재한다.

(3) 문학의 현존: 자화사건

위에서 우리는, 그림을 예술작품의 범례로 삼아 그것이 원본과 모사상, 그리고 기호와 상징에 대해 갖는 차이를 밝히는 가다머의 논의를 추적하였다. 가다머는 이러한 자신의 논의의 결론을 다음과 같이

밝힌다: "놀이의 보편적 의미로부터 출발해서 우리는 표현의 존재론적 의미를, '재생'이 원래의 예술 자체의 근원적인 존재방식이라는 점 속에서 보았다. [⋯] 예술작품의 특수한 현존은 존재가 표현에 이름 (ein Zur-Darstellung-Kommen des Seins)이다."(GW I, 164-165)

여기서 가다머가 말하는 '표현'은 하나의 존재경과를 말한다. 그것은 '체험예술'에서 하나의 체험경과로 의미되는 '표현'과는 다른 것이다. 체험경과로서의 표현은 예술가의 창작의 순간에 일어나고 수용자의 심정에 의해 반복되는 어떤 체험사건을 말한다. 그러나 가다머가 말하는 '표현'이란 작품에서 표현되는 것인 원형이 재생되는 사건을, 곧 존재증가를 경험하면서 현존에 이르는 사건을 가리킨다. '원형이 존재증가와 더불어 현존에 이른다'는 것은 '원형의 존재가 더욱 본래적으로 자기표현에 이른다'는 것이다. 그래서 작품이 작품으로 있게 되는 경우에, 곧 이해되는 경우에, 작품은 비로소 현존에 이르고, 따라서 비로소 현존하고, 원형의 존재는 비로소 자기표현에 이른다. 따라서 작품의 근원적 존재양식은 특수한 현존이고, 이것을 가리키는 말이 '재생'이나 '표현'이다. 재생이나 표현은 하이데거의 용어로는 자화사건에 해당한다.

이상으로 우리는 그림을 토대로 예술작품의 하나인 문학에 대한 이해를 시도하였다.36) 이 경우에 문학에 대한 이해는 다음과 같은 것이었다.

(1) 문학에서의 원형은 현실세계이다. 문학은 현실세계의 표현으로서 문학에서 표현되는 현실세계가 재생되는 사건을, 곧 존재증가를 이루면서 현존에 이르는 사건을 말한다.

---

36) 가다머의 해석학과 문학이론 사이의 다양한 관계들을 위해서는 다음을 참조: J. Weinsheimer. *Hermeneutics and Literary Theory*, New Haven: Yale University Press, 1991; H. R. Jauss, *Aesthetiche Erfahrung und literarische Hermeneutik*, Frankfurt a. M.: Suhrkamp, 1982; W. Iser, *Der Akt des Lesens. Theorie ästhetischer Wirkung*, München: UTB, 1984.

(2) 이러한 문학은 현실세계의 그림과 같은 것으로서 현실세계 자체도 아니고 모사상도 아니다. 문학은 모사상같이 현실세계를 지시하면서 그 앞에서 스스로를 지양하며 사라지는 것이 아니다. 문학은 현실세계 앞에서도 그 자신의 독립적 존재를 여전히 유지한다. 문학은 그림이 원형의 존재의 증대를 가져오듯이, 현실세계의 구상성을 증대시켜 그것의 존재의 증대를 가져오는 것이다.

(3) 문학은 현실세계에 대한 기호가 아니다. 문학은 기호같이 자신을 벗어나 현실세계를 지시하면서 독자의 시선이 자기에게 머물지 못하도록 하는 것이 아니다. 오히려 문학은 독자의 시선이 자기 옆에 머물게 하는 방식으로 현실세계를 지시하고 있는 그림 같은 것이다.

(4) 문학은 현실세계에 대한 상징이 아니다. 문학은 스스로 현재적인 현실세계가 그 안에 들어서 현재적으로 머무는 상징이 아니라, 오히려 현재적이지 않은 현실세계를 비로소 현재적으로 되게 하는 그림 같은 것이다. 상징이 스스로가 대리하고 대표하는 어떤 것의 고유한 존재를 더 많이 현존하게 하지 못하는 반면에, 문학은 현실세계를 대리하고 대표하면서도 그것의 고유한 존재를 더 많이 현존하도록 한다는 점에서 독자와의 관계 속에서 문학의 존재방식은 자화사건이다.

2. 독서의 예술이론적 해석

1) 예술놀이로서의 독서

우리는 위에서 예술작품의 존재방식은 특수한 현존이고, 이것은 표현이나 재생이라는 말이 의미하는 것이라는 점을 지적하였다. 이 같은 특수한 현존은 자화사건에 다름 아니다. 그런데 가다머는 예술작품의 특수한 현존에 도달하기 위한 실마리로서 예술작품의 존재방식을 '놀이'라고 규정하기도 하였다. 그의 놀이 개념은 일차적으로 춤이나 연극 같은 재생예술을 염두에 둔 개념이다. 하지만 그 개념은 재생

예술의 감상을 설명하는 개념이 되기도 한다. 희곡작품에 대한 연극놀이의 관계는 연극작품에 대한 감상놀이의 관계에 상응하기 때문이다. 마찬가지로 그런 상응은 현실세계에 대한 문학의 관계와 문학에 대한 독서의 관계 사이에서도 성립한다. 따라서 우리는 아래에서 가다머의 놀이 개념을 추적한 후에, 그 놀이 개념을 문학감상으로서의 독서에 적용하게 될 것이다.

(1) 주객의 구분 이전의 예술놀이

예술과 관련해서의 놀이 개념은 가다머에서 처음 등장하는 것이 아니다. 이미 칸트가 취미와 천재에 대한 초월론적 근거를 '구상력과 지성의 자유로운 놀이'라고 규정하였고, 이를 이어 쉴러는 '형상충동과 질료충동의 조화'가 '놀이충동'이라고 말하였다(참조: GW I, 87-88). 가다머도 놀이 개념을 사용하지만, 이 개념을 주관적 개념으로 사용하지 않는다: "우리가 예술의 경험이라는 맥락에서 놀이에 대해 말한다면, 그 놀이가 뜻하는 것은 창작자나 향유자의 태도나 마음상태가 아니고, 또한 여하튼 놀이 속에서 활동하는 어떤 주관성의 자유가 아니라, 예술작품 자체의 존재방식이다."(GW I, 107) 칸트와 쉴러의 경우에 놀이는 객관에 대한 주관의 작용을 가리키는 개념으로서 주객이원론을 전제한다. 주객이원론은 진리가 주관성 안에 있다고 주장한다. 이런 견해에 바탕을 둔 미적 이해는 예술과학으로서 예술작품에 '관한' 진리를 산출하려고 할 뿐, 예술작품'의' 진리를 인정하려 하지 않는다. 왜냐하면 이런 경우에는 진리가 객관에도 속하게 될 것이기 때문이다. 반면에 예술작품의 진리를 인정하기 위해서는 주객이원론을 확실히 파괴시키거나, 해석 개념을 통해 주객의 재통일을 이뤄내야 한다. 가다머는 놀이를 예술작품 자체의 존재방식으로 보지만, 놀이 개념을 주객이원론을 파괴하고 주객의 재통합을 이룩하는 단서로 삼는다.

놀이가 주관적인 작용을 가리키는 주관적 개념이 아닌 이유는 무엇인가? 놀이에서는 대상을 객관화하는 주관적 태도가 성립하지 않기 때문이다. "놀이함이 자신이 갖는 목적[진지한 놀이를 통한 기분전환]을 실현하는 때는, 오직 놀이꾼이 놀이하는 데에 전적으로 몰두할 때 뿐이다. […] 놀이의 존재방식은, 놀이꾼이 놀이에 대해, 어떤 대상에 대해 그러하듯이, [객관적] 태도를 취하는 것을 허용하지 않는다." (GW I, 107-108) 놀이에서의 진지성은 놀이 영역 밖의 일상적 목적연관들에 대한 태도의 진지성이 아니라, 놀이 자체에 대한 태도의 진지성이다. 이러한 진지성은 놀이에의 몰입이고, 몰입 속에서는 주관-객관의 구별이 일어나지 않는다.

누구나 동의할 수 있듯이 예술의 경험에는 "예술작품이 대자적으로 존재하는 주체에 마주 서 있는 대상이 아니라는 점"이 속하고 이 경우 "예술작품은 오히려, [예술작품을] 경험하는 자를 변화시키는 경험으로 된다는 점에 자신의 본래적인 존재를 둔다."(GW I, 108) 예술작품의 경험에 있어서 감상자 자신에게 변화가 생겨나는 한, 작품의 경험은 (불변적) 주체나 (불변적) 대상이라는 개념으로, 곧 주관-객관 개념으로 이해될 수 없다. 놀이도 역시 주관성이라는 자기의식이 없는 곳에서 비로소 놀이로 존재한다면, 주관-객관 개념에 의해 놀이에 접근할 수는 없다.

놀이가 주관적 작용이 아니라면 그것은 어떻게 규정되어야 하는가? 가다머는 놀이를 '이리저리로의 운동'이라고 규정한다. 이러한 규정은 앞의 절에서 언급되었듯이 놀이라는 개념의 다양한 용법에 근거를 둔다. 이리저리의 운동에서 '이리저리'가 함축하는 것은 운동의 종결적 목표가 없다는 점이고 또 운동하는 당사자는 중요하지 않다는 점이다. 이리저리의 운동에서는 놀이하는 주체가 고정되어 있지 않고 중시되지도 않는다. 놀이는 다만 운동 그 자체의 수행이고, 그래서 놀이에서는 운동 그 자체가 중시된다. 놀이는 이리저리의 운동의 종점인 목표가 고정되어 있지도 않고, 놀이의 주체도 고정되어 있지 않다. 이러한 이리저리의 운동이 가다머가 의도하는 놀이의 의미이다.

놀이에서 놀이의 주체가 고정되어 있지 않다는 점은 놀이가 능동도 수동도 아닌 중간적 성격을 갖는다는 점을 알려준다: "놀이함의 가장 근원적인 의미는 중간적 의미이다."(GW I, 109) 놀이함에 관한 독일어 표현들 속에 깃든 의미는 놀이함이 능동적 수동이라는 것이다. 놀이운동에서의 이리저리라는 성격도 바로 어느 일방이 놀이의 주도권을 쥐고 있지 않다는, 놀이의 중간적 성격을 알려준다.

물론 우리는 인간이 놀이한다고도 말하고 자연사물이 놀이한다고도 말한다. 그러면서 인간의 놀이만이 본래적 의미의 놀이이고, 자연사물의 놀이는 전용된 의미의 놀이라고 생각한다. 그러나 가다머는 놀이 개념에 대한 이 같은 용법 구별은 무의미한 것이라고 본다. 왜냐하면 인간은 자연에 속해 있고, 따라서 인간의 놀이는 자연의 자기표현의 놀이에 속하기 때문이라는 것이다. 자연이 목적과 의도, 노력이 없이, 끊임없이 자기를 갱신하는 놀이인 한에서, 자연은 바로 예술의 모범으로 현상할 수 있고, 이런 점에서 슐레겔의 다음의 말도 타당하다: "예술의 모든 성스러운 놀이들은 다만 세계의 무한한 놀이의, 곧 영원히 자기 자신을 형성하는 예술작품의, 먼 모사물들이다."(GW I, 111) 이런 맥락에서 본다면, 예술이 자연의 모방이라는 전통적 주장은 자연의 놀이를 전제로, 곧 자연의 자기표현을 전제로 성립하고 있는 것이다.

(2) 선택내용이자 실현과제로서의 예술놀이

모든 놀이는 능동도 수동도 아닌 중간적 성격을 갖는다. 이 말은 그러나 인간에게 고유한 놀이가 없다는 말은 아니다. 중간적 성격은 인간의 놀이든 자연사물의 놀이든 모든 놀이에 속하는 일반적 특징을 말한다. 그것은 놀이꾼이 놀이하면서 동시에 놀이된다는 점이다: "모든 놀이함은 놀이됨(Gespieltwerden)이다. 놀이의 매력, 즉 놀이가 행사하는 매혹은, 놀이가 놀이꾼에 대해 주인이 된다는 점 속에 존립한다. […] 놀이의 본래적 주체는 놀이꾼이 아니라 놀이 자체이다."(GW

I, 112) 하지만 가다머는 인간의 놀이의 고유한 특징도 지적하는데, 그것은 "놀이함이 어떤 것을 놀이한다."(GW I, 112)는 점이다. 이 말에는 선택의 의미가 들어 있다. 그런데 어떤 놀이의 선택은 놀이가 거기에 종속되어 있는 그런 운동질서의 선택이고, 이러한 선택은 동시에 그러한 운동질서의 실현이라는 과제를 인수하는 것이기도 하다. 결국 인간의 놀이에 있어서 특징적인 것은 놀이함이 놀이꾼이 원하고 선택한 어떤 것을 놀이함이면서, 동시에 놀이운동의 이리저리 자체가, 곧 놀이운동의 비-일방성이 놀이의 태도가 된다는 점이다. 이러한 태도 속에서 놀이꾼에게는 놀이 자체가, 곧 놀이운동의 이리저리의 질서의 실현이 놀이의 과제와 목적이 된다.

인간의 놀이는 놀이의 선택과 놀이과제의 인수를 앞세우는 놀이과제의 실현이다. 그런데 가다머는 놀이과제의 실현은 곧 자기표현이라고 한다. 왜냐하면 놀이과제의 수행을 통해서는 인간이 어떤 다른 목적들을 달성할 수는 없고, 다만 자기 자신만을 놀이와 함께 표현하게 되기 때문이다. 가다머는 "놀이의 존재방식은 자기표현(Selbstdarstellung)"이고 "자기표현은 자연의 어떤 보편적인 존재측면"(GW I, 113)이라고 말한다. 자연이 놀이를 통해 자기를 표현하듯이 인간도 놀이를 통해 자기를 표현하는 것이다. 이렇게 놀이함이 언제나 이미 어떤 것을 통한 하나의 표현함이기 때문에, 인간적인 놀이는 (경쟁이나 도박이 아닌) 표현함 자체에서 놀이의 과제를 발견할 수도 있다.

모든 놀이가 자기표현이지만, 이 중에는 표현함 자체를 놀이과제로 삼는 '표현하는 놀이'가 있고, 표현하는 놀이들 중에는 다시금 '누군가를 위해 표현하는 놀이'가 있다. 가다머는 이러한 놀이가 바로 예술의 놀이라고 본다: "모든 표현함은 그런데 그 가능성에 따르면 누군가를 위한 표현함이다. 이러한 가능성 그 자체가 염두에 두어진다는 점이 예술의 놀이성격 속의 독특한 점을 형성한다."(GW I, 114) 자동차 놀이를 하는 아이가 (어른들의 자동차 생활을) 표현하는 방식과 연기자의 연극이 표현하는 방식은 다르다. 전자는 자신을 위해 표현하는 놀이이지만, 후자는 누군가를 위해 표현하는 놀이이다. 연극은 표현한 다는 점에만 그 의미가 있지 않고, 연극을 바라보면서 참여하고 있는 사람들을 지시한다는 데에도 그 의미가 있다.

(3) 연기자와 관객의 구분 이전의 예술놀이

누군가를 위한 놀이로서의 연극에서는 연기자와 관객이 구별되지 않는다. 연극은 그 자체로 완결된 세계라는 놀이구조를 갖는다고 해도, 관객 쪽으로 열려 있고, 관객에게서 비로소 자신의 온전한 의미를 획득한다. 그래서 연극이라는 놀이 자체는 연기자들과 관객들로 이뤄진 전체이다. 연기자가 관객을 염두에 두고 연극에 몰입하고, 관객도 연극에 몰입할 때, 연기자는 관객이 되고, 관객은 연기자가 된다. 이 점을 가다머는 총체적 전환이라고 표현한다: "연기자들은 오히려 자신의 역할을 연출해 보이며(vorspielen), 관객을 위해 그 역할을 표현한다. […] 놀이가 연극이 될 때, 놀이로서의 놀이에 일어나는 일은 어떤 총체적인 전환이다. 이 전환은, 관객을 연기자의 자리에 데려온다. 연기자가 아니라 관객이 바로, 그를 위해 놀이가 행해지고 그 앞에서 놀이가 행해지는 그런 사람이다."(GW I, 115) 연기자의 연극을 통해 의도된 의미가 관객에게 표현되고, 관객은 그 연극을 통해 그 의미내용을 경험한다. 그렇게 연기자와 관객 사이에 의미연속성이 성립한다. 연극의 의미내용에 대한 접근방법의 측면에서 볼 때에는, 연기자의 태도로부터 연극의 의미내용이 읽어내져야 하는 한에서, 물론 관객이 방법적인 우위를 차지한다. 하지만 연극의 이념성을, 곧 연극의 의미내용을 이해해야 한다는 요구는 연기자나 관객 모두에게 주어지는 요구이다.

이상의 논의를 토대로 독서의 존재론적 의미를 규정해 보자. 엄밀한 의미의 문학, 곧 문학적 예술작품은 여타의 예술작품과 마찬가지로 놀이의 방식으로 존재한다. 문학적 예술작품의 존재방식으로의 놀이는 곧 독서이다. 이 점에서 놀이 개념에 대한 가다머의 해석은 독서에도 적용될 수 있다. 이러한 적용에 의거해 우리는 다음과 같이 말할 수 있다.

(1) 독서는 문학작품을 대상으로 객관화하는 주관적 태도가 아니다.[37] 다시 말해 독서는 고정불변의 자기의식을 지닌 독자가 고정불변의 내용을 지닌 작품을 파악하려는 태도가 아니다. 독서가 독자의 경험을 변화시키고, 이러한 변화가 문학작품의 내용을 다시 변화시키므로, 독자는 자신의 변화를 거부하는 고정적 주체로 머물면서 고정적인 내용의 작품을 읽는 것이라고 보아서는 안 된다. 오히려 독자와 문학작품 사이의 순환적 이해관계가 중시되어야 한다.

(2) 독서는 독자와 문학작품 사이의 이리저리의 운동이다. 독서는 문학작품의 내용을 무조건적으로 수용하는 것도 아니고, 그 내용에 대해 자기 시각만으로 일방적으로 판단해 가는 일도 아니다. 독서에서는 의식의 운동의 종결적 목표가 없다. 독서는 특정한 성취내용을 목표로 삼고 있는 것이 아니기 때문이다. 독서에서는 누가 읽는가가 중요한 것도 아니다. 동일한 책이 유년기, 청년기, 장년기에 반복적으로 읽힐 수 있고, 그때마다 독자는 새로운 경험을 얻을 수 있기 때문이다.

(3) 독서는 읽을 문학작품의 선택과 더불어 시작된다. 작품의 선택은 독서가 거기에 종속되어 있는 그런 운동질서의 선택이다. 문학의 선택은 사유의 '문학적' 운동질서의 선택이 되고, 역사나 철학의 선택은 사유의 '역사학적' 운동질서나 '철학적' 운동질서의 선택이 된

---

37) 반면에 인지심리학적 관점에서는 독서가 이러한 주관적 태도로 이해될 수 있다. 심리학적 배경에서 어윈(J. W. Irwin)은 독해과정을 미시과정, 통합과정, 거시과정, 정교화과정, 초인지과정, 종합적 이해과정의 6단계로 소개한다(J. W. 어윈, 천경록 · 이경화 옮김, 『독서지도론』, 박이정, 2003, 18-22). 박수자는 인지심리학적 배경에서 논해지는 읽기의 과정모형으로 정보처리모형과 구성주의모형을 소개하고(박수자, 『읽기 지도의 이해』, 서울대학교 출판부, 2001, 9-15), 천경록과 이재승도 같은 맥락에서 읽기의 과정을 상향식 모형, 하향식 모형, 상호작용모형을 통해 소개한다(천경록 · 이재승, 『읽기 교육의 이해』, 우리교육, 2003, 20)

다.38) 이러한 선택은 동시에 자신에게 그러한 운동질서의 구체적 실현이라는 과제를 부여하는 것이기도 하다.

(4) 독서는 사유의 운동질서의 구체적 실현 속에서 자기를 표현하는 일이다. 문학작품의 이해를 위해 거기에 몰입하면서 자기의 모든 역량을 동원하는 것은 독서를 통해 자기를 표현하는 것이다. 독자가 어떤 이유로든 독서를 하게 되는 경우에, 독자는 독서를 통해 자기를 표현하면서 자기를 갱신하게 된다. 이것은, 어떤 이유로 미술관을 방문했든지 간에 관람객이 미술감상을 통해 자기를 표현하며 자기를 갱신하는 것과 마찬가지다.

(5) 독서는 혼자서 하는 자기표현의 놀이일 수도 있고, 누군가를 위한 자기표현의 놀이일 수도 있다. 누군가를 위한 자기표현의 독서는 독후감상문을 염두에 두는 독서가 된다. 독후감상문은 그 자체로 하나의 예술작품이 될 수 있다.

(6) 독후감상문은 감상문 독자들에게 작품의 의미를 전달해 주어야한다. 이런 의미로 그것은 원칙적으로 작품의 대표이다. 그림이 감상자에게 원형의 의미를 전달해 주고 연극이 관객에게 대본의 의미를 전달해 주듯이, 독후감상문은 그 독자에게 원래의 문학작품의 의미를 전달해 주어야 한다. 이러한 전달이 성공하는 경우에는 작품과 독후감상문과 감상문의 독자 사이에 작품의미의 연속성이 성립한다.39)

---

38) 모티어 J. 애들러와 찰스 반 도렌은 『논리적 독서법』에서 책읽기가 장르별로 다르게 접근되어야 함을 지적하고, 문학작품, 역사책, 과학책, 철학책, 사회과학책을 읽는 방법을 구분하고 있다. 참조: 모티어 J. 애들러 · 찰스 반 도렌, 오연희 옮김, 『논리적 독서법』, 예림기획, 1997, 224-340.

39) 이러한 의미연속성에서부터 다음의 진술도 의미를 얻을 수 있을 것이다: "최근 문학교육 연구자들은 문학독서와 글쓰기 교육의 통합방안을 구체적으로 모색해 왔다. 이들의 공통적인 견해는 문학적 글쓰기는 문학독서를 전제로 할 때 그리고 문학독서는 문학적 글쓰기와 연계될 때 효과적으로 그 능력이 신장될 수 있다는 것이다."(임경순, 「문학독서 교육과 글쓰기」, 구인환 외, 『문학독서교육, 어떻게 할 것인가』, 푸른사상, 2005, 163)

2) 독서놀이에서의 발생사건

독서가 놀이라면 독서에서는 어떤 일이 일어나는가? 이를 위해 먼저 예술놀이에서 일어나는 사건에 대한 가다머의 설명을 살펴보기로 한다.

(1) 의미형성체로의 놀이의 변화

가다머는 놀이가 예술로 완성되면 형성체가 되고, 이것은 이념성을 갖는다고 말한다. 여기서의 이념성(Idealität)이 의미를 말하는 것이라면, 놀이가 이념성을 획득하면서 그것으로 되는 바의 형성체란 다름아닌 의미형성체일 것이다. 의미형성체가 갖는 이념성으로 인해 놀이는 놀이꾼에 의해 반복적으로 의도될 수 있고, 관객에 의해 이해될 수도 있다. 그래서 형성체로 완성된 놀이는 "단지 [가능태의] 현실태(Energeia)의 성격뿐만이 아니라, 작품(Ergon)[완성태]의 성격도 지닌다."(GW I, 116)

연극 대본인 희곡이 하나의 작품이지만, 희곡에 따른 연극도 하나의 작품이다. 전자는 원래의 작품이고, 후자는 재생적 작품이다. 재생적 작품은 놀이 속에서 완성되는 작품이다. 마찬가지로 문학이 하나의 원래의 작품이지만, 독서놀이는 이 원래의 작품을 재생한다. 따라서 완성된 독서놀이가 원래의 작품을 재생하는 재생적 작품이고, 마찬가지로 이것을 글로 옮긴 독후감상문도 재생적 작품인 것이다.

완성된 놀이는 놀이꾼의 표현에 의지하기는 하지만, 그러나 그것은 형성체로서 표현자나 창작자에 대해 자율성을 갖는다.40) 이러한 자율

---

40) 허쉬는 가다머의 의미론적 자율성 주장에 대해 텍스트의 의미와 의의를 구분하여 비판한다. 그에 의하면 의미는 저자에 의해 의도된 객관적인 것이고, 의의는 저자의 의도 외에도 개념, 상황, 상상내용 등에 관련된 상황적인 것이라고 본다. 가다머는 이것들을 구분하지 않음으로써 텍스트의 의미에 대한 객관적 해석의 가능성을 부정하게 되었다고 비판한다. 참조: E. D. Hirsh, *Validity in Interpretation*, New Haven: Yale University Press, 1967, 1-8. 이러한 비판

성을 가다머는 변경이라는 개념과 대비되는 변화라는 개념에서 찾는다: "범주적으로 보면, 모든 변경(Veränderung)은 성질의 영역, 곧 실체의 한 속성의 영역에 속한다. 그에 반해 변화(Verwandlung)는 어떤 것이 단번에 그리고 전체적으로 어떤 다른 것이 되어 있고, 그 결과 어떤 것이 변화된 것인 이 다른 어떤 것이 그 어떤 것의 참된 존재이고, 이것에 비해 이것의 이전의 존재는 아무것도 아니라는 점을 뜻한다." 가다머는 '사람이 변했다'는 일상적 표현에서도 그 같은 질적 변화가 의미되고 있다고 본다. 우리는 다른 예를 들어볼 수도 있을 것이다. 무대 위의 어떤 사람의 일련의 표현행동은 객관적으로 관찰될 수도 있고, 예술적으로 경험될 수도 있을 것이다. 그 일련의 행동이 예술로서 경험되는 한에서, 그 행동은 일상적 의미가 아닌 예술적 의미를 갖춘 것으로 변화된다. 가다머는 이러한 예술적인 의미형성체로의 변화를 참된 것으로의 변화라고 부른다. 그런데 놀이가 형성체로 변화하는 것이 놀이가 참된 것으로 변화하는 것이라면, 가다머가 말하는 참된 것 또는 지속적인 참된 것은 구체적으로 무엇을 가리키는가?

(2) 참된 세계의 출현

가다머는 참된 놀이 속에서는 "놀이꾼들(또는 시인)이 더 이상 존재하지 않으며, 다만 그들에 의해 놀이된 것만이 존재할 뿐"이고, 또한 "우리 자신의 세계로서 우리가 그 안에 살아가는 이 세계가 더 이상 존재하지 않는다."(GW I, 117)고 말한다. 이 문장 속에서는 "그들에 의해 놀이된 것"이 "우리가 그 안에서 살아가는 세계"와 대비되고 있다. 따라서 "놀이된 것"은 우선 '참된 세계'를 의미할 것이다. '참된 세계'란 기존의 세계에 비추어 보면 '변화된 세계'이다. 놀이의 표현

은 그가 말하는 의미(meaning)와 의의(significance)의 분리가능성을 전제로 하는 것이지만, 이러한 전제는 상황적인 것의 인식이 인간의 유한성에 비추어 무한한 과정일 수밖에 없고 또 독자의 해석이 복원작업 이상의 생산성을 갖는 것이라는 점에서 큰 설득력을 갖기 어렵다.

속에서 출현하는 것은, 즉 놀이의 표현 속에서 이끌어내어지고 밝혀지는 것은 일상적으로는 계속해서 자신을 숨기고 회피하는 참된 세계이다. 그 세계는 기존의 세계에 비추어 보면 바로 하나의 전적으로 변화된 세계, 진리로 고양된 세계이다. 놀이가 그것으로 변화되는 그런 의미형성체는 바로 참된 세계이자 참된 현실이다.

(3) 세계와 인간에 대한 재인식의 출현

놀이는 참된 세계를 표현하면서 스스로 참된 세계로 변화하는 것이다. 이런 한에서 놀이는 참된 세계를 모방하고 있는 것으로서, 참된 세계의 재인식을 불러오고, 그것을 현존하도록 하는 것이다: "표현된 것은 현존한다. ― 이것이 모방적인 근원관계이다. 어떤 것을 모방하는 사람은 그가 아는 그 무엇을 그가 아는 바 그대로 현존하게 한다." (GW I, 118-119) 모방은 원형을 표현한다. 원형은 모방을 통해 표현되고, 표현된 원형은 현존하면서, 우리에게서 재인식을 불러낸다. 모방으로서의 예술작품을 통해서는 어떤 것이 그리고 자기 자신이 재인식된다. 모방을 매개로 하는 재인식은 플라톤의 상기론의 요지이기도 하다. 상기와 재인식의 의미는 다음과 같은 것이다: "'알려져 있는 것'은 재인식을 통해서 비로소 자신의 참된 존재에 이르며, 그 자신인 바의 무엇으로 드러난다. 재인식된 것으로서 그것은 자신의 본질에 있어서 확고해진 것이자 자신의 우연한 측면들로부터 풀려난 것이다."(GW I, 119-120) 플라톤은 상기와 본질(이념성, 의미)을 함께 생각한다. 그럴 수 있는 까닭은 상기 내지 재인식이 본질을 인식함이기 때문이다. 재인식은 알려져 있는 것을 그것의 본질에 있어서 인식하는 것이다. 가다머는 이 점이 놀이에서 표현과 마주해 일어나는 종류의 재인식에도 완전히 타당하다고 본다. 전승의 모방적 공연이나 놀이에서의 표현은 우연적인 것을 넘어 본질적인 것을 표현하는 것이다.41) 관객은 이러한 표현을 마주해 그 같은 본질적인 것을 재인식한다. 본질은 알려진 사실 속에 숨겨져 있는 것이고, 이런 한에서 숨겨진 본질을 인식하는 것은 기존의 사실인식을 반복하는 것이 아니라 사실인식에서 본질인식으로 넘어가는 것이고, 그런 의미에서 재인식이다. 물론 현대에 이르러 모방인식론이, 곧 모방을 통한 본질의 재인식 이론이 상당한 정도로 그 설득력을 잃은 것은 사실이다. 칸트는 미학이 현실에 대해 불가지적이라는 견해를 내세웠다. 모방 개념이 예술이론의 근거가 될 수 있었던 것은 예술의 인식의미 덕분이었으나, 칸트 이후 예술에게서 그 인식의미가 부정되면서, 모방 개념도 더 이상 예술과 미학을 규정하는 근거가 되지 못한다. 그러나 가다머는 모방의 미적 구속력을 포기하지 않는다.

한 걸음 더 나아가 가다머는 비극을 범례로 삼아 예술작품의 감상은 운명의 긍정, 유한한 존재의 재인식을 가져온다고 말한다. "비극적 불행의 그러한 과도함에서 경험되는 것은 어떤 참으로 공동적인 것이다. 관객은 운명의 힘에 직면해서 자기 자신을 또 자기의 고유한 유한한 존재를 인식한다. […] '그렇구나'라는 것은 다른 사람과 마찬가지로 그 안에 살던 그런 맹목들로부터 통찰력 있게 되돌아온 관객의 일종의 자기인식이다. 비극적 긍정은, 관객이 스스로 자신을 그 속으로 되세우는 그런 의미연속성의 덕분에 얻는 통찰이다."(GW I, 137) 관객은 주인공들의 운명을 통해 일상의 맹목적 사안들 때문에 은폐되어 있던 자기의 고유한 유한성을 재인식한다. 이런 재인식이 가능한 것은 과거의 사람이 현재의 나와 의미연관을 이루고 있기 때문에, 즉 과거의 사람이 나의 과거라는 의미를 또 현재의 나는 과거 사람의 미래라는 의미를 갖고 있기 때문이다. 더욱이 비극에서는 "관객에게 닥쳐

---

41) 야우스(Jauss)는 자신의 수용미학을 위해 가다머에게 의존함에도, 가다머에 맞서 몇 가지 이의를 제기한다. 그 중 하나는 고전문학에는 대답을 기대하는 질문을 던질 수 없다는 질의-응답모델이 불가능하다는 것이고, 다른 하나는 전승의 사건 속에서는 이해의 생산적 계기가 위축된다는 것이다. 하지만 이 두 번째 지적은 전승의 모방적 공연이나 놀이에서의 표현에서 나타나는 재인식의 생산성을 간과하는 오류를 범하고 있다. 참조: K. 하머마이스터, 임호일 옮김, 『한그 게오르그 가다머』, 한양대학교 출판부, 2001, 166-170.

온 고양됨과 충격이 사실상 관객의 자기 자신과의 연속성을 심화한다."(GW I, 138) 왜냐하면 작품의 내용은 사실상 역사적 전승으로부터 그에게 알려진 그 자신의 고유한 전설이기 때문이다. 자기 자신과의 연속성의 심화, 곧 자기의 재인식에서부터 비극적 비애가 생겨난다. 비극적 비애는 관객에게 주어지는 자기인식에 기인한다. 따라서 비극적인 소재 및 그러한 비극적인 작품과의 만남은 "자기 만남"이 될 수 있다.

이상의 논의를 바탕으로 우리는 놀이로서의 예술, 예술로서의 놀이의 하나인 독서에 대해 그것의 놀이성격을 밝혀볼 수 있을 것이다.

(1) 독서는 완성된 놀이로서 의미형성체로 된다. 완성된 독서놀이, 곧 완성된 독서감상은 단지 하나의 현실태에 불과하지 않고 하나의 작품이기도 하다. 그것이 작품인 한에서 그것은 독후감상문이라는 자신의 외화된 형태를 얻을 수도 있다. 독서놀이는 독후감상문을 가능하게 하는 의미형성체가 출현하는 사건이다.

(2) 독서는 하나의 의미형성체로서 참된 것을 출현시킨다. 이 참된 것은 이전에는 없다가 새로 출현한 것이지만, 그것이 이념성을 갖고 출현한 다음에는 저자나 독자에 대해 자율성을 갖고 존재하는 것이다. 그러나 이 참된 것은 그 가능성에 있어서는 언제나 있어 온 지속적으로 참된 것이다. 독서는 지속적으로 참된 것이 출현하는 사건이다.

(3) 독서는 참된 것의 출현사건으로서 일상 속에서는 계속해서 자신을 숨기고 회피하는 세계를 드러낸다. 그 세계는 기존의 세계에 비추어 보면 바로 하나의 전적으로 변화된 세계, 진리로 고양된 세계이자 세계의 진리이다. 따라서 독서는 세계의 진리가 출현하는 사건이다.

(4) 독서는 세계의 진리의 출현사건으로서 세계의 진리를 현존하도록 하고, 세계에 대한 재인식을 불러온다. 재인식은 사실 속에 숨겨져 있는 본질을 인식하는 것으로서 사실인식에서 본질인식으로 이행하는 것이고, 기존의 세계에서 진리의 세계를 이끌어내는 것이다. 독서는

세계에 대한 재인식의 사건이다.

(5) 독서는 세계에 대한 재인식의 사건으로서 자기 자신에 대한 재인식을 불러온다. 이러한 재인식은 과거의 사람이 현재의 나와 의미연관을 이루고 있기 때문에, 즉 과거의 사람이 나의 과거라는 의미를 갖고 현재의 내가 과거 사람의 미래라는 의미를 갖고 있기 때문에 가능하다. 따라서 독서 속에서는 독자의 자기 자신과의 연속성이, 곧 인간으로서의 자기 자신과의 통합성이 심화된다. 자기 자신과의 연속성의 심화는 인간의 운명의 긍정, 유한한 존재의 재인식에 다름 아니다. 따라서 독서는 유한한 자기 자신에 대한 재인식의 사건이다.

3) 독서놀이에서의 표현의 자유

예술작품은 이것을 표현에 이르게 하는 재생(상연, 연주, 감상)을 통해서만 본래적으로 존재한다. 마찬가지로 문학작품도 이 작품을 표현에 이르게 하는 재생을 통해서만 본래적으로 존재한다. 물론 문학작품의 경우에 표현에 이르는 재생방식은 독서이다. 독후감상문은 재생된 문학, 곧 완성된 놀이로서의 의미형성체를 다시 재생하는 것이 된다. 따라서 예술작품의 재생에서의 자유와 구속성은 문학의 재생으로서의 독서놀이에 대해서도 타당하고, 독서놀이의 재생으로서의 독후감상문에 대해서도 타당할 것이다. 우리는 먼저 예술작품의 재생에서의 자유와 구속성을 밝히고, 이를 통해 독서에서의 자유와 구속성을 규정해 보기로 한다.

(1) 작품과 표현의 비분리성

예술작품은 그 작품의 표현(재생)과 분리될 수가 없다. 다시 말해 연극의 대본이나 음악의 악보는 연극의 상연이나 음악의 연주와 단순히 분리될 수 있는 것이 아니다. 상연과 연주 속에서만 작품 자체가 본래적으로 존재하게 되기 때문이다. 여기서 작품과 표현의 비분리성이 분명해진다. 예술작품이 있다는 것은 표현된다는 것이다. 표현이 작품의 존재양상이다. 작품이 표현 속에서만 존재하므로, 작품은 작품의 표현으로부터 구분될 수 없다.

예술작품과 표현의 분리 불가능성은, 표현이 모방인 한에서 이중모방론에 의해서도 설명될 수 있다: "시인이 표현하고, 놀이꾼도 표현한다. 그러나 바로 이 이중적 모방은 하나의 모방이다. 전자에서 그리고 후자에서 현존에 이르는 것은 동일한 것이다."(GW I, 122) 플라톤과 달리 가다머는 모방의 과정에서의 존재의 감소를 말하지 않는다. 왜냐하면 시인에 의해 형태화된 것, 놀이꾼에 의해 표현된 것, 관객에 의해 인식된 것은 모두 한가지로 이른바 '의도된 것, 곧 최종적 주제'이고, 이것이 바로 시인의 형태화나 놀이꾼의 놀이나 관객의 인식에 의해 현존에 이른다고 보기 때문이다.

(2) 이중적 무구별로서의 예술

현실과 작품을 구별하고, 다시금 작품과 상연을 구별하는 것이 이중적 구별이다. 그러나 이중적 모방은 이중적 무구별을 함축한다: "상연이라는 모방적 표현은 시가 본래 요구하는 것을 현존에 데려온다. 시와 그 소재를 구별하고 시와 상연을 구별하는 이중적 구별은, 사람들이 예술의 놀이에서 인식하는 진리의 통일성으로서의 이중적 무구별에 상응한다." 근대의 미학은 '미적 구별'이라는 개념을 통해 이중적 구별을 주장해 왔다. 하지만 그런 구별 속에서 본래적 예술경험은 사라진다: "어떤 시에 대한 본래적 경험에서부터 떨어져 나오게 되는 것은 사람들이 시의 바탕에 놓여 있는 줄거리를 그것의 출처에 의거해 고찰할 때이고, 마찬가지로 연극에 대한 본래적 경험에서 떨어져 나오는 것은 관객이 상연의 바탕에 놓인 견해(Auffasung)에 대해 또는 표현자들 자신의 작업에 대해 반성할 때이다."(GW I, 122-123) 작품에서의 소재(출처)-작품(대본)-상연의 구별은 이중적 구별이다. 그러나 예술의 놀이의 관점에서 보면 상연은 소재(삶의 현실적 사실들)나

작품(줄거리)으로부터 구별되지 않고, 오히려 이들과 통합되어 있고, 따라서 이중적 무구별이 성립한다. 물론 하나의 작품에 대한 다양한 상연들이나 연주들이 성립한다. 그러나 이러한 다양성을 가능케 하는 견해(작품해석)는 단지 주관적 의견에 그치지 않고, 상연이나 연주 속에 들어서서 현존한다. 작품은 어느 한 측면에 대한 일의적 해석 속에서 고정불변하는 것이 아니라, 다양한 측면들에 대한 다양한 해석 속에서 그때마다 현존에 이르는 것이다.

그러나 이중적 무구별의 주장이 작품과 표현의 절대적 분리 불가능성을 말하는 것은 아니다. 표현의 다양한 방식들의 관점에서 볼 때는 작품이 표현과 구별될 수 있다. 예컨대 "사람들이 한 건축물을, 그것이 '방해물 없이는' 어떤 인상을 줄까, 혹은 그것의 주변이 어떻게 보일까 같은 물음에 의거하여 바라볼 때", 건축물 자체가 그것의 다양한 표현방식들로부터 구별될 수 있고, 이와 비슷한 "모든 경우들에 있어서 작품 자체는 자신의 '표현'과 구별된다."(GW I, 123) 하지만 이런 경우에도 표현의 가능한 변양들이 자유롭거나 임의적이라고 간주하는 것은 예술작품의 구속적 성격을 오인하는 것이다. 왜냐하면 모든 가능한 "변양들은 모두 '올바른' 표현을 위한 비판적인 주도적 척도에 종속"(GW I, 124)되어야 마땅하기 때문이다. 가다머는 올바른 표현을 위한 비판적인 주도적 척도를 전통에서 찾는다. 전통이 표현에 대해 구속성을 가지면서 새로운 창조를 가능케 한다고 본다: "어떤 위대한 배우나 감독, 음악가를 통해 만들어지는 전통은, 이들의 모범이 영향력 있게 지속하는 동안에는, 자유로운 형태화에 대한 이를테면 방해가 아니고, 오히려 작품 자체와 융합되고, 그래서 이러한 모범과의 대결이 작품 그 자체와의 대결에 못지않게 모든 예술가의 창조적인 추적을 불러낸다." 연극과 같은 재생적 예술들이 다루는 작품은 그러한 재형태화를 통해 자신의 동일성과 연속성을 유지한다.

(3) 표현의 자유의 한계

올바른 표현의 척도가 전통 속에 놓여 있는 것이라면, 그것은 구체적으로 어떤 것인가? 가다머는 "어떤 것이 '올바른 표현'이라는 점을 측정하는 척도는 지극히 유동적이고 상대적인 척도"라고 말한다. 올바른 표현의 척도는 고정된 척도가 아니다. 그것이 일의적으로 확정될 수 없는 것이므로, 그것은 다만 부정적으로 진술될 수 있을 뿐이다. 고정된 텍스트를 임의의 효과 산출을 위해 이용하는 일이나, 기존의 특정한 해석을 규범적으로 수용하는 일은 올바른 표현을 위한 척도가 되지 못한다. 기존 작품에 대한 재생의 자유에 있어서 그 자유가 작품의 재생 전체가 아니라 재생에서의 외면적인 것들에 제한된다고 보는 것도 잘못이다. 올바른 표현을 위한 척도가 유동적이고 상대적인 것이지만, 가다머는 그럼에도 그것에 대한 다음과 같은 최소한의 긍정적 규정을 제공한다: "해석은 분명 어떤 의미에서 재창작이지만, 그러나 이 재창작은 선행하는 창작행위를 따르는 것이 아니라, 창작된 작품의 틀(Figur, 형상)을 뒤따르는데, 이 틀은 거기서 한 사람이 의미를 발견하는 그대로 그 사람이 표현으로 데려와야만 하는 틀이다."(GW I, 125) 재생에서 중요한 것은 재창작자가 기존의 작품의 틀에서 의미를 발견하고, 이 발견된 의미에 맞게 그 틀을 다시 표현해내는 일이라는 것이다. 올바른 표현이나 재생, 해석의 확정적 기준은 존재할 수 없다. 하지만 참된 해석들을 위한 기초를 결정하는 것이 분별감, (공동적) 취미, (공동적) 판단력, 공동감각의 기능이다(6장 3절 참조). 가다머는 참된 해석들이, 즉 우리에게가 아니라 작품에 속하는 해석들이 있고, 또 작품은 상이하게 해석되는바 그대로 상이하게 존재한다고 본다.

올바른 표현에서는 작품과 매개가 통합된다. 물론 "단독으로 올바른 표현"이라는 이념은 성립할 수 없다. 왜냐하면 우리의 역사적 현존은 유한성을 지니기 때문이다. 하지만 가다머는 "모든 표현이 올바르고자 한다는 명백한 사태가, 매개를 작품 자체로부터 구별하지 않는 것이 작품에 대한 본래적 경험이라는 점에 대한 확증으로 기여한다."
고 본다. 작품과 매개가 통합되지 못하는 곳에서는 작품에 대한 본래
적 경험이 실패한다. 그런데 매개는 그 이념에 따를 때 어떤 "총체적
인 매개"이다. 총체적 매개가 의미하는 것은 "매개하는 것이 자기 자
신을 매개하는 것으로서 지양한다는 것"이고, 연극과 음악, 서사시나
서정시의 낭송의 경우에 "재생 그 자체가 주제적으로 되지 않고 오히
려 재생을 관통해서 또 재생 속에서 작품이 자신을 표현에 데려온다
는 것"이다. 작품에 대한 본래적 경험에 있어서는 매개가 그 자신을
지양시켜 버리고, 따라서 주제적으로 되지 않는 이른바 총체적인 매
개가 이뤄진다.

자유창작이란 것을 가다머는 다음과 같은 이유로 미적 신화로 본
다: "시인[작가]에게 있어서 자유로운 고안은 언제나 단지 중개 역할
의 한 측면일 뿐인데, 이 중개 역할은 미리 주어져 있는 타당성[전승,
전통]에 의해 구속되어 있는 것이다. […] 시인의 자유로운 고안이란,
시인조차도 역시 구속하고 있는 어떤 공동의 진리의 표현이다."(GW
I, 138) 비극에서든 조형예술에서든, 체험을 작품화하는 자유창작의
상상력이라는 미적 신화나 이 신화에 속하는 천재숭배는 사실에 부합
하지 않는 과장일 뿐이다. 왜냐하면 작가의 자유로운 고안이라는 것
이 사실은 다만 공동의 진리의 표현이므로, 작가는 한편으로 자기가
작품을 통해 발언을 하게 될 관객들을 염두에 두어야 하고, 다른 한편
으로 자신에게 발언의 효과를 약속하는 소재와 형태만을 선택해야 하
기 때문이다. 그런 까닭에 예술작품은, 그것이 과거의 것이라고 해도,
현재의 세계와 또 현재의 사람과 의미연속성을 갖게 된다.

예술작품의 표현(재생)이 갖는 성격에 대한 이상의 논의에 바탕을
두고, 우리는 문학의 재생이 갖는 독서놀이의 성격도 규정해 볼 수
있다.

(1) 독서는 문학과 분리되지 않는다. 문학은 독서를 통해서만 비로
소 표현에 이르기 때문이다. 따라서 독서가 문학의 존재양상이다.

(2) 독서는 현실을 모방한 문학을 모방하는 것이므로 이중적 모방이다. 여기서의 모방은 현상하게 함, 현존하게 함이며, 이때 현존하게 되는 것은 의미이다. 현실세계가 지닌 의미는 문학작품이 현존하게 하고, 문학작품이 지닌 의미는 독서가 현존하게 한다. 이중적 모방은 현실과 문학을, 또 문학과 독서를 구별하는 이중적 구별을 거부한다. 현실세계는 문학 속에서 진리의 세계로 고양되고, 이 진리의 세계를 독서는 모방하면서 현존하게 한다.

(3) 독서와 문학의 원칙적 비분리성이 절대적 비분리성을 의미하는 것은 아니다. 문학작품은 다양한 접근방식이나 다양한 독서방식의 관점에서는 독서와 분리된 것으로 간주될 수 있다. 그러나 이 경우 주의해야 할 점은 다양한 접근방식으로서의 다양한 독서방식이 문학작품 자체와 무관하게 전적으로 자유롭거나 임의적일 수 있다고 오인하는 일이다.

(4) 독서에서 유일한 올바른 독서방식이란 있을 수가 없다. 올바른 독서의 기준은 지극히 유동적이고 상대적인 것이라 확정적으로 말할 수 없는 것이다. 그럼에도 불구하고 독서는 판단력과 공동감각에 기초한 독서방식에서 벗어나서는 안 된다. 문학의 재생으로서의 다양한 독서방식들에서 중요한 것은, 독자가 문학작품의 틀(Figur, 형상)에서 의미를 발견하고, 이 발견된 의미에 맞게 그 작품의 틀을 재생해 내는 일이다.42)

(5) 올바른 독서에서는 문학과 독서방식이 통합된다. 문학과 독서방식이 통합되지 못하는 곳에서는 문학에 대한 본래적 경험이 실패한다. 하나의 독서방식은 그 이념에 따를 때 총체적인 매개가 되어야 한다.

---

42) 이와 관련시켜 음미해 볼 만한 것은 독서가 구체성으로 다가서는 독서, 형상성을 음미하는 독서, 상상력으로 구축하는 독서, 체험을 확충하는 독서, 자아성취를 위한 독서이어야 한다는 우한용의 제안이다. 우한용, 「문학독서 교육의 이론과 실천을 위한 기반검토」, 구인환 외, 『문학독서 교육 어떻게 할 것인가』, 푸른사상, 2005, 20-31.

그리하여 독서방식 자체가 주제적으로 되지 않고 오히려 독서방식을 관통해서 또 독서방식 속에서 문학이 자신을 표현에 데려와야 한다. 문학에 대한 본래적 경험에 있어서는 독서방식이 그 자신을 지양하여 주제적으로 되지 않는 어떤 총체적 매개가 이뤄진다.

(6) 독자 마음대로의 완전히 자유로운 독서는 불가능하다. 독서가 재생해야 할 문학 속 진리는 우리 모두의 공동의 진리이기 때문이다. 독자는 공동의 진리를 재생하는 한에서, 같은 문학작품을 읽는 다른 독자들을 염두에 두어야 하고, 그들이 공감할 문학의 소재와 형태에 주목해야 하기 때문이다. 문학이 공동의 진리를 포함하는 까닭에 문학은 과거의 것이라고 해도, 현재의 세계와 또 현재의 사람들과 의미 연속성을 맺을 수 있다.

4) 독서놀이에서의 시간성

이제 마지막으로 독서놀이에서 성립하는 시간성을 규정하기 위해 우리는 먼저 예술작품의 시간성에 대한 가다머의 해설을 추적하기로 한다.

(1) 문학의 시간성은 변화 속의 지속

예술작품과 자연을 포함한 모든 미적인 것은 시대를 넘어 향유된다. 이런 점에서 미적인 것은 무시간적이지만, 그러나 그것은 눈앞에 현재적으로 존재하기도 한다. 이 점에서 무시간성을 현재성과 더불어 사유하는 과제가 제기된다.

예술작품이 지닌 과거의미와 현재의미의 연속성, 곧 변화 속의 지속이라는 예술작품의 의미연속성을 설명하기 위해 가다머는 축제를 예로 든다. 축제가 변화 속의 지속의 사례가 된다. 정기적인 축제들이 반복된다는 점은 축제의 회귀라고 불릴 수 있다. 그런데 반복적으로 회귀하는 축제는 어떤 다른 축제도 아니고, 어떤 근원적으로 경축되었던 축제에 대한 단순한 회상도 아니다. 축제는 매번 변경된다. 그럼에도 불구하고 축제는 하나의 동일한 축제로 남는다. 근원적으로 그 축제는 그러했고 또 그렇게 경축되었는데, 다음에는 다르게 되었고 그 다음에는 또다시 다르게 되는 것이다. 그러기에 가다머는 작품의 존재방식은 '다르다'는 것이고, 오직 그렇게 그것은 그 자신으로 존재한다고 본다. 이런 경우에는 작품의 최초의 출현이나 발행, 공연이 그 이후의 것들보다 더 권위 있고 진정한 게 아니다. 왜냐하면 우리는 최초의 축제를 경축하지 않고 축제 자체를 경축하고, 마찬가지로 우리는 작품에 대한 최초의 해석, 최초의 공연, 최초의 표현을 감상하지 않고 작품 자체를 감상하기 때문이다.

(2) 문학의 동시성은 감상자의 성취과제

예술적 경험과 관련해서 동시성과 공시성이 구별되어야 한다. 가다머에 의하면, 공시성(Simultaneität)은 "하나의 의식 속에서의 다양한 미적인 체험대상들의 공동적 존재 및 동등한 타당성"을 뜻하고 동시성(Gleichzeitigkeit)은 "우리에게 자신을 표현하는 어떤 유일무이한 것이, 그 기원이 얼마나 멀든지 간에, 자신의 표현 속에서 완전한 현재를 획득한다는 점"(GW I, 132)을 뜻한다. 예술작품의 존재에는 이러한 '동시성'이 부가되는데, 이 동시성은 '참석(Dabeisein)'의 본질을 형성한다. 공연에 참석해 있다는 것, 그림 앞에 서 있다는 것, 독서를 하고 있다는 것은 원칙적으로 예술작품이 나와의 동시성을 성취하고 있다는 것을 말한다. 물론 그러한 참석이 언제나 동시성을 이룩하는 것은 아니다. 동시성은 오히려 감상자의 과제이다: "동시성은 의식 속의 소여방식이 아니라, 의식에 주어진 과제이자 의식에 의해 요구되는 업적이다." 동시성은 총체적 매개의 지양 속에서 작품을 현존에 데려올 때 성립하는 까닭에, 동시성은 저절로 이뤄지는 것이 아니라 감상자에 의해 성취되어야 하는 과제이다. 이러한 과제의 성취와 더불어 작품과 관객 사이에 인간과 세계에 관한 의미연속성도 수립되는 것이다.

(3) 미적 거리 속에서의 작품의 절대적 현재

작품과 나와의 동시성이 중요한 것이라면, 미적 감상의 태도로 말해지는 미적 거리도 달리 해석되어야 한다.[43] 미적인 거리는 작품과의 거리가 아니라, 작품 외적인 것과의 거리로서 자기 자신과의 연속성을 수립하는 거리이다. 가다머가 '본래적인 의미에서의 미적 거리'라는 말로 의도하는 것은 한편으로는 관객이 작품 앞에서 일상의 모든 실천적이고 유목적인 참여활동에 대해 간격을 두고, 다른 한편으로는 작품에 대한 본래적이고 전면적인 참여를 행하는 것이다. 이러한 미적 거리 속에서 관객은 탈자적인 자기망각에서 벗어나 작품이 표현하는 진리의 세계 속으로 되돌려지면서 본래적 자기를 되찾는다. 이로써 '나'와 본래적 자기의 통합이 이뤄지고, 자기상실이나 자기소외가 극복된다. 본래적 자기와의 통합이, 자기상실과 자기소외의 극복이 이른바 자기 자신과의 연속성의 수립이다. 이러한 자기 자신과의 연속성은 미적 거리로부터 비로소 수립될 수 있는 것이다.

관객에 의한 작품의 의미세계의 이해와 더불어 작품이 작품으로 현존하게 된다. 따라서 작품이 작품으로 존재하는 방식은 현존이다. 작품의 존재방식인 현존의 시간성은 "절대적 현재"이고, 이에 상응하는 관객의 존재방식의 시간성은 "절대적 순간"(GW I, 133)이다. 절대적 순간에 관객은 한편으로 (일상적인) 자기를 망각하고, 다른 한편으로 (본래적인) 자기를 인식한다.

이상의 논의에 의거하여 우리는 예술작품의 재생에 속하는 문학의 독서가 지닌 시간성을 다음과 같이 규정해 볼 수 있다.

---

43) 미학에서 통상적으로 말해지는 미적 거리는 심리적 거리로서 사물의 실제적 측면에 대한 태도의 단절이라는 소극적 측면과 미적 경험의 산출이라는 적극적 측면을 갖고 있다. 이에 관해서는 다음을 참조: J. 디키, 오병남 옮김, 『현대미학』, 서광사, 1982, 85-107.

(1) 독서의 시간성은 역사적 시간성으로 문학작품의 과거와 현재 사이에 의미연속성을 수립한다. 곧 시간적 변화 속에서의 문학의 의미의 지속을 수립한다. 문학의 시간성이 변화 속의 지속인 한에서, 현재의 독서는 이전의 권위 있는 사람의 독서보다 덜 진정한 것이 아니다. 왜냐하면 우리는 문학에 대한 최초의 해석이나 권위 있는 해석을 감상하지 않고, 작품 자체를 감상하기 때문이다.

(2) 변화 속의 지속이라는 문학의 시간성은 문학과 독자의 동시성을 함축한다. 이 동시성은 문학작품이 자신의 표현 속에서, 곧 독자의 독서 속에서 완전한 현재를 획득한다는 점을 말한다. 이러한 동시성은 그러나 저절로 주어지는 것이 아니라 독서하는 사람에게 주어진 과제이자 업적이다. 이러한 과제의 성취와 더불어 작품의 의미가 현존하게 되고, 작품과 관객 사이에도 의미연속성이 수립된다.

(3) 문학과 독자의 동시성은 미적 거리의 유지에 의해 성립한다. 본래적 의미의 미적 거리, 곧 작품 외적인 것과의 미적 거리 속에서 독자는 작품이 표현하는 진리의 세계 속으로 되돌려지면서 본래적 자기를 되찾고, 자기 자신과의 연속성을 수립한다. 이러한 연속성의 수립 속에서 문학작품의 현존의 시간성은 절대적 (과거, 현재, 미래의 차이가 지양된) 현재가 되고, 이에 상응하는 독자의 존재의 시간성은 절대적인 (나의 세계와 세계 속의 나를 함께 보는) 순간이 된다.

3. 문학과 독서의 의의

가다머는 1960년에 처음 출간된 자신의 주저 『진리와 방법』에서 문학과 독서에 대해 단지 5페이지만을 할애하고 있다.44) 그 이유는

---

44) 가다머는 문학적 텍스트를 비롯한 모든 종류의 텍스트에 대한 더욱 상세한 해설을 「텍스트와 해석」(1981)에서 행하고 있다. 가다머가 데리다와의 논쟁을 통해 집필의 자극을 받은 이 논문에 대해서는 다음을 참조: 박순영, 「가다머의 해석학과 해체주의」, 한국해석학회 편, 『해석학의 역사와 전망』, 철학과현실사,

그가 이 대목에서 다만 예술의 자기표현적 존재방식을 문학에서도 입증하고자 하였기 때문이다. 하지만 우리는 그가 다른 예술작품들(그림, 비극, 연극, 건축)을 해설한 것에 비추어 문학과 독서에 대해 다음과 같은 좀 더 상세한 예술이론적 규정을 행할 수 있었다.

문학에서의 원형은 현실세계이다. 하지만 문학은 현실세계의 그림과 같은 것이지 현실세계 자체도 아니고 모사상도 아니다. 또한 문학은 독자의 시선이 자기 옆에 머물게 한다는 점에서 기호와 다르고, 현실세계를 대리하고 대표하면서도 그것의 고유한 존재를 더 많이 현존하도록 한다는 점에서 상징과도 다르다. 문학은 독서와 분리되지 않는데, 왜냐하면 문학은 독서를 통해서만 비로소 표현에 이르기 때문이다. 독서는 현실을 모방한 문학을 모방하는 것이므로 이중적 모방인데, 이때의 모방이란 현상하게 하고, 현존하게 함을 말한다.

독서는 독자와 문학작품 사이의 이리저리의 운동으로서 주객이원론을 넘어선다. 독서는 혼자서 하는 자기표현의 놀이일 수도 있고, 누군가를 위한 자기표현의 놀이일 수도 있다. 누군가를 위한 자기표현의 독서는 독후감상문을 염두에 두는 독서가 된다. 독후감상문은 감상문 독자들에게 작품의 의미를 전달해 주어야 한다는 점에서 원칙적으로 작품의 대표이다. 독서는 완성되면서 의미형성체로 되고, 이것이 세계의 진리이다. 독서 속에서 세계의 진리가 인식되고, 이 세계 속의 인간의 유한성이 인식되는 한에서 독서는 세계와 자기 자신에 대한 재인식의 사건이다. 독서는 문학 속에 놓인 우리 모두의 공동의 진리를 재생하는 것인 까닭에, 독자 마음대로의 완전히 자유로운 독서는 있을 수 없다. 동시에 문학이 공동의 진리를 포함하는 까닭에 문학은 과거의 것이라고 해도 현재의 사람들과 의미연속성을 맺을 수 있다. 독서의 시간성은 역사적 시간성이고, 이로써 문학의 시간성은 변화 속의 지속이 된다. 독서 속에서 독자는 작품이 표현하는 진리의 세계 속

1999, 280-295.

으로 되돌려지면서 본래적 자기를 되찾게 되고, 바로 이 경우에 문학의 현존의 시간성인 절대적 현재가 성립하고, 이에 상응하는 독자의 존재의 시간성인 절대적 순간이 성립한다. 독서에 있어서 문학이 그 자신의 현존에 이르고 독자가 그 자신의 현존에 이르는 한, 독서는 문학과 독자가 서로를 자기화하는 식으로, 곧 서로를 자기 것으로 삼으면서 서로를 그 자신으로 되게 하는 식으로, 자현하는 자화사건이다.

[참고문헌]

1. 하이데거 전집

GA 5   *Holzwege*(1935-1946), Hg. F. -W. von Herrmann, 1977.

GA 7   *Vorträge und Aufsätze*, Franlfurt a. M.: Vittorio Klostermann, 1989.

GA 9   *Wegmarken*(1919-1961), Hg. F. -W. von Herrmann, 1976.

GA 12   *Unterwegs zur Sprache*(1950-1959), Hg. F. -W. von Herrmann, 1985.

GA 24   *Die Grundprobleme der Phänomenologie*(SS 1927), Hg. F. -W. von Herrmann, 1975.

GA 65   *Beiträge zur Philosophie*, Hg. F. -W. von Herrmann, 1989.

GA 79   *Bremer und Freiburger Vorträge*(1949 u. 1957), Hg. P. Jaeger, 1994.

2. 하이데거 단행본

Unterwegs zur Sprache, Pfullingen: Günther Neske, 1959.

Der Ursprung des Kunstwekes, Stuttgart: Reclam, 1960,

Der Satz vom Grund(1955-1956), 4. Aufl., Pfullingen, 1971.

[약호]

BüH   "Brief über den Humanismus" In: *Wegmarken*(GA 9)

BzP   *Beiträge zur Philosophie*(GA 65).

Ding   "Das Ding" In: *Vorträge und Aufsätze*(GA 7).

GdP   *Grundprobleme der Phänomenologie*(GA 24).

PLdW   "Platons Lehre von der Wahrheit" In: *Wegmarken*(GA 9).

SvG   *Der Satz vom Grund.*

UdK   *Der Ursprung des Kunstwerkes*, In: *Holzwege*(GA 5).

UzS   *Unterwegs zur Sprache*(GA 12).

「본질」   "Das Wesen der Sprache"(1957/58) in UzS

「언어」   "Die Sprache"(1950/1951/1959) in UzS

3. 그 밖의 문헌

Bruns, G., "The Hermeneutical Anarchist: Phronesis, Rhetoric, and the Experience of Art", Jeff Malpas, Ulich Arnswald, and Jens Kertscher(eds.), *Gadamer's Century Essays in Honor of Hans-Georg Gadamer*, Cambridge: The MIT Press, 2002.

Gadamer, H. -G., *Wahrheit und Methode. Grundzüge einer philosophischen Hermeneutik*, Tübingen: Mohr, 1975.

_____, *Wahrheit und Methode. Ergänzungen Register*, Tübingen: Mohr, 1986.

Gronding, J., *The Philosophy of Gadamer*, tr. by Kathryn Plant, Montreal & Kingston: MacGill Queen's University Press, 2003.

Malpas, Jeff, Arnswald, Ulich, and Jens Kertscher(eds.), *Gadamer's Century Essays in Honor of Hans-Georg Gadamer*, Cambridge: The MIT press, 2002.

Risser, J., *Hermeneutics and the Voice of the Other: Re-reading Gadamer's Philosophical Hermeneutics*, Albany: State University of New York Press, 1997.

Schulz, W., "Anmerkungen zur Hermeneutik Gadamers", *Hermeneutik und Dialektik* I, Tübingen: Mohr, 1970.

김광명, 「이해와 이성: 가다머 예술철학과 유희 개념의 문제」, 『해석학연구』 1권, 한국해석학회, 1995.

김길웅, 「하이데거에 있어서 시간형식으로서의 순간과 미적 현상으로서의 장엄함 시간과 문화」,『독일언어문학』 25권, 독일언어문학회, 2004.

김대환,『하이데거로 해석한 워즈워스 시의 세계』, 한국학술정보, 2005.

김동규,『하이데거의 사이-예술론: 예술과 철학 사이』, 그린비, 2009.

김승호, 「현대미술에서 이미지의 논리,『현대미술논집』 22집, 현대미술사학회, 2007.

김영한,『하이데거에서 리쾨르까지』, 박영사, 1987.

김유중,『김수영과 하이데거: 김수영 문학의 존재론적 해명』, 민음사, 2007.

김정현, 「가다머의 철학적 해석학의 관점에서 본 고전과 고전해석」,『해석학연구』 23권, 한국해석학회, 2009.

마르틴 하이데거, 소광희 옮김,『시와 철학: 횔더린과 릴케의 시세계』, 박영사 1972.

박남희, 「플로티누스의 '산출'과 가다머의 '실현의 진리물음'을 통해서 새롭게 제기해 보는 생명윤리」,『해석학연구』 15권, 한국해석학회, 2005.

박순영, 「가다머의 해석학과 해체주의」, 한국해석학회 편,『해석학의 역사와 전망』, 철학과현실사, 1999.

박인철, 「기술시대와 현상학」,『철학』 75집, 한국철학회, 2003.

_____, 「숭고의 현상학과 현상학적 예술론: 하이데거와 메를로-퐁티의 비교를 중심으로」,『철학연구』 85권, 철학연구회, 2009.

박찬국, 「후기 하이데거의 예술관과 언어관」,『하이데거연구』 3집, 한국하이데거학회, 1998.

박치완, 「하이데거와 바슐라르의 십자가: 감성 및 예술(시)과 공존하는 철학을 위해」,『하이데거연구』 8집, 한국하이데거학회, 2003.

배학수, 「동작 속의 진리: 하이데거와 무용」,『하이데거연구』 7집, 한국하이데거학회, 2002.

서동은,『하이데거와 가다머의 예술 이해』, 누멘, 2009.

신승환, 「진리 이해의 지평으로서의 예술 진리 이해의 지평으로서의 예술」,『하이데거연구』 7집, 한국하이데거학회, 2002.

이기상, 「존재진리의 발생사건에서 본 기술과 예술」,『하이데거연구』 2

집, 한국하이데거학회, 1997.

_____, 「하이데거의 기술에 대한 존재론적 고찰」, 『언론과사회』 11권 3, 4호, 성곡언론문화재단, 2003.

이병철, 「기술의 본질에 관한 하이데거의 존재론적 물음」, 『철학연구』 28권, 한국철학연구회, 2004.

이선일, 「열려 있음의 미학」, 『철학과 현상학 연구』 19집, 한국현상학회, 2002.

이수정, 「하이데거의 시인론」, 『하이데거연구』 15집, 한국하이데거학회, 2007.

이윤아, 「미술비평의 해석학적 본질: 가다머의 '놀이' 개념을 중심으로」, 『철학연구』 97권, 대한철학회, 2006.

이종관, 「그림에 떠오르는 현대 문화」, 『철학과 현상학 연구』 16집, 한국현상학회, 2000.

_____, 「미래 도시의 실존적 정향」, 『건축과사회 통권』 제14호, 새건축사협의회, 2008.

임호일, 「가다머의 예술론: 미메시스의 권리회복」, 『뷔히너와 현대문학』 25집, 한국뷔히너학회, 2005.

전동진, 『생성의 철학: 하이데거의 존재론과 롬바흐의 생성론』, 서광사, 2008.

정기철, 「해석학적 관점에서의 독자 해석학적 관점에서의 독자」, 『독서연구』 16권, 한국독서학회, 2006.

정은해, 「하이데거의 언어 철학: 언어의 본질을 중심으로」, 『하이데거연구』 7집, 한국하이데거학회, 2002.

조형국, 「현대문화적 삶의 위기와 전향」, 『하이데거연구』 20집, 한국하이데거학회, 2009.

주광순, 「고전의 더 나은 이해를 위하여: 플라톤의 하르미데스에 나오는 '인식의 인식'의 예」, 『철학연구』 106권, 대한철학회, 2008.

최상욱, 「하이데거의 대지 개념에 대하여」, 『하이데거연구』 16집, 한국하이데거학회, 2007.

최인숙, 「칸트와 가다머에게서의 놀이 개념의 의미」, 『칸트연구』 7권 1호, 한국칸트학회, 2001.

폰 헤르만, 신상희 옮김, 『하이데거의 예술철학』, 문예출판사, 1997.

한국하이데거학회 편, 『하이데거의 언어사상』(『하이데거연구』 3집), 철학
　과현실사, 1998.

한국하이데거학회 편, 『하이데거의 예술철학』(『하이데거연구』 7집), 철학
　과현실사, 2002.

한상연, 「사물, 예술, 존재: 하이데거의 사물 개념에 대하여」, 『하이데거
　연구』 20집, 한국하이데거학회, 2009.

6장 이해 존재론

1절 하이데거의 진리이해의 자화사건적 존재론

1. 해석의 의미와 해석학의 역사

여기서 우리는 근대성에 대한 비판적 반성에서 생겨난 하이데거와 가다머의 해석학을 그들의 언어 개념에 방향을 두면서 순차적으로 이해하려고 시도한다. 언어 개념에 방향을 두는 이유는 두 사람의 근대성 비판이 무엇보다도 논리성과 실증성에 대한 비판에 근거를 둔다고 여겨지기 때문이다. 논리성과 실증성에 대한 근대의 강조는 언어의 논리적 제한과 경험의 실증적 제한이라는 결과를 가져왔다. 언어와 경험의 제한을 철폐하기 위해서는 언어와 경험(존재이해)의 본래적 성격을 증시하는 작업이 이뤄져야 한다. 이러한 증시의 작업은 그들에게서 근대의 학문방법론에 대한 비판으로 수행되면서 언어에 대한 새로운 이해 및 이에 기초한 해석학의 새로운 해명으로 나타난다. 해석학에 대한 그들의 새로운 해명은 하이데거의 전기에 있어서 해석학의 초월론적 전향으로, 그의 후기에 있어서 해석학의 자화사건적 전향으로 나타나고, 가다머에게서는 언어에 근거를 둔 해석학의 보편이론적 전향으로 나타난다. 하이데거 후기의 입장과 가다머의 입장을 우리는 각각 자화사건적 존재론과 지평융합적 존재론으로 부를 수 있다. 이 점들에 대한 상론에 앞서 먼저 해석의 의미와 해석학의 역사를 간략히 살펴보는 것이 논의의 이해에 도움이 될 것이다.

1) 해석의 의미

우리는 해석학의 어원을 추적하는 식으로 해석의 의미를 밝힐 수 있다. 이를 통해 해석학과 언어와의 관계도 드러날 수 있게 된다. 그롱댕은 플라톤 전집에 해석학의 어원인 '헤르메노이티케(hermeneu-tike)'가 세 번(*Politicus*, 260 d 11; *Epinomis*, 975 c 6; *Definitiones*, 414 d 4) 등장함을 밝히고 그 의미를 추적한다.1) 그에 따르면 그러나 '헤르메노이티케'의 세 번의 출현이 이 개념의 정확한 의미에 대해 분명하게 알려주지는 않고, 게다가 그들 중의 두 개는 플라톤 자신에 의해 쓰이지 않은 작품들(*Epinomis*와 *Definitiones*)에서 발견된다. 『데피니치오네스(*Definitiones*)』(의학용어집)에서 '헤르메노이티케'는 '어떤 것을 의미함이나 가리킴'을 뜻하는 형용사이다. 다른 두 문헌 『에피노미스(*Epinomis*)』(『법률』의 부록)와 『폴리티코스(*Politicus*)』(정치가)에서도 그것은 형용사로 사용되나 이 경우에 그것은 특수한 기술(techne)을 서술하는 형용사이다. 불행하게도 이 기술의 본성은 설명되지 않고 전제된다. 이것은 두 경우에 모두 예견적(mantike) 기술 다음에 등장한다. 『에피노미스』의 저자는 어떤 형태의 지식이 지혜로 이끌 수 있는지를 고려하면서, 요리와 사냥 등을 배제한 후 예견적 기술과 '헤르메노이티케' 기술을 또한 배제하는데, 그 이유는 이것들이 말해진 것을(to legomenon) 알게 할 수는 있지만, 그것이 참인지(alethes)를 알게 할 수는 없기 때문이다. 이로써 '헤르메노이티케' 기

---

1) Jean Grondin, *Sources of Hermeneutics*, Albany: State University of NY, 1995, 21-25. 앞으로 이 책은 Grondin I로 약칭하여 표기한다.

술이 일종의 앎의 기술임이 밝혀지고는 있으나, 그 기술이 무엇이고 예견적 기술과는 어떻게 다른지는 여전히 분명하지 않다.

그롱댕은 그러나 한편으로 『에피노미스』에서 나타나는 예견적 기술과 '헤르메노이티케' 기술의 나란한 배열을 단서 삼고, 다른 한편으로 『티마이오스(*Timaeus*)』(71-72)(플라톤의 우주론으로 티마이오스는 소크라테스의 대화 상대자)에 나타나는 선지자(prophetes)의 과제가, 실신의 상태에서 예견자가 발언한 것의 이해할 수 없는 의미를 합리적으로 설명하는 일이라는 점을 단서 삼아, 예견적 기술과 '헤르메노이티케' 기술의 구분이 『티마이오스』에서 보이는 예견적 기술과 해석가의 일의 구분과 일치한다고 추정한다: "헤르메노이티케 기술은 따라서, 예견적 기술을 통해 발언되어 있는 바의 것의 의미를 설명하는 데 놓일 것이다. 따라서 예견자가 신들과 인간들 사이의 매개자인 것과 같은 방식으로 해석가는 말하자면 예견자와 공동체의 나머지 사람들 사이의 매개자로서 활동한다."(Grondin I, 24) '헤르메노이티케' 기술은 결국 매개자를 매개하는 기술이라는 것이다. 그롱댕은 더 나아가 『에피노미스』에서 보이는 '헤르메노이티케' 기술과 고차적 학문의 구분에 주목한다. 거기서는 이미 어떤 것이 의미하는 것을 설명하는 일은 해석학의 과제로, 반면에 이 의미의 진리 여부를 아는 일은 별개의 문제로서 철학 같은 더 고차적 학문의 과제로 규정되고 있다. 그롱댕은 철학과 해석학의 이러한 구분이 중세에서의 학문(sententia)과 양식(sensus)의 구분에 일치하고 또 17세기의 단하우어(Dannhauer)가 밝히는 논리학과 해석학의 구분에도 일치한다고 밝힌다.

플라톤은 『이온(*Ion*)』(플라톤의 시론으로 이온은 소크라테스의 대화 상대자)에서 시인들이 "신들의 매개자들(hermenes ton theon)"(534 e)이라고 주장하고, 시인들의 작품들을 암송하는 이들(음유시인들)은 이들대로 그러한 "매개자들의 매개자들(hermeneon hermenes)"(535 e)이라고 말한다. 하이데거도 이 점을 염두에 두고 "해석자는 다른 이가 '의도한' 것을 누군가에게 전달하고 알리는 사람이다."(Ontologie, 9)

라고 규정한다. 소식의 매개 내지 전달을 함의하는 '헤르메노이티케(hermeneitike)'라는 낱말이 '헤르메네이아(hermeneia, 해석)'와 '헤르메네우스(hermeneus, 해석자)'의 함의들의 이해를 도와준다. 발언은 사유의 수준에서 의미된 것을 언어적 매체 속으로 옮겨놓음(transposition)이다. 발언은 사유내용의 발언으로서 사유내용을 언어로 번역함(translation)이다. 이런 한에서 고대 로마인들은 '헤르메네이아(hermeneia, 매개)'를 '인터프레타치오(interpretatio, 번역)'로 옮겨 쓸 수가 있었다. 말의 이러한 매개 내지 번역 기능 때문에, 말(logos)을 다루는 아리스토텔레스의 저술도 '페리 헤르메네이아스(Peri hermeneias, *De interpretatione*)'(해석론)라는 제목을 가질 수 있었다. 사유내용이 존재자의 존재이해인 한에서 사유내용의 매개로서의 말은 우리에게 존재자를 그 존재에 있어서 드러내 보인다. 이런 맥락에서 하이데거는 아리스토텔레스의 그 저술이 "존재자를 발견함, 친숙하게 함이라는 그 근본기능에 있어서 말을 다룬다."는 점에 따를 때, '페리 헤르메네이아스'라는 제목은 "전적으로 적절하다."(Ontologie, 10)고 말한다.

그롱댕은 "헤르메네이아(hermeneia)가 또한 스타일도 의미할 수 있다."(Grondin I, 25)는 점을 지적하면서 소요학파의 한 사람인 데메트리우스(Demetrius)의 예를 든다. 아리스토텔레스와 마찬가지로 그도 '페리 헤르메네이아스(Peri hermeneias)'라는 제목의 글을 썼는데, 그의 것은 그러나 주로 스타일의 학(stylistics, 문체론)이라고 불릴 만한 것을 다뤘고, 그래서 라틴인들은 주목할 만한 융통성을 발휘하여 그 제목을 '데 엘로쿠치오네(De elocutione, On style)'라고 번역하였다는 것이다. 사실상 스타일은 어떤 것을 의미하는, 어떤 것을 표현하는, 어떤 것을 다른 이에게 매개하는 방식이다. 언어는 그 자체로 하나의 스타일, 곧 어떤 것을 내세움의 방식이자 또한 남들에 의해 적절하게 이해됨의 방식이다.

이상의 논의에서 드러나는 것은 그리스인들이 언어적인 발언, 매개, 번역, 진술, 스타일을 성격 지우기 위해 동일한 낱말 '헤르메네이아

(hermeneia)'를 사용했다는 사실이다. '헤르메네이아'의 통일적 기능은 언어를 통해 어떤 것을 의미함에 놓여 있고 또 사유를 언어 속으로 번역함 내지 자신을 이해되게 함으로 이뤄진다. 그롱댕은, "그리스인들이 '헤르메네이아'를, 우리가 번역(translation)이라고 부를 만한 것을 나타내기 위해 사용했고, '헤르메네우스'는 번역자(translator)로서 기능을 하였다."고 밝힌다(Grondin I, 25). 오늘날 우리는 그것들을 해석과 해석자라고 부르고 있다.

이상의 논의를 우리는 현대적 의미에서 다음과 같이 정리할 수 있을 것이다: 해석은 번역이고 번역은 두 방향으로 수행될 수 있다. 사유내용을 언어로 번역하는 과정이 한 방향이고, 언어를 사유내용으로 번역하는 과정이 다른 한 방향이다. 하이데거는 전자에 관한 해석학을, 가다머는 후자에 관한 해석학을 주로 전개한다. 그 방향이 어떠하든 사유내용과 언어 상호간의 번역이 가능하기 위해서는 사유나 사유내용이 언어적 성격을 가져야만 한다.

2) 해석학의 역사

해석학은 가다머의 보편이론적 해석학이 등장하기까지 제한적 성격을 지닌 해석학으로 기능하였다. 이 같은 역사를 간략히 살펴보기로 한다. 언어나 상징, 사건의 해석은 어제오늘에 생겨난 일이 아니라, 인류의 출현 이래로 부단히 행해져 온 일이다. 문헌상으로 볼 때, 위에서 지적되었듯이, 이미 그리스 시대에 번역의 기술로서 해석학이 성립하였다. 중세에 이르러서는 성서 해석학이 표준적 해석학으로 등장하고, 이후에 문헌 해석학과 법률 해석학이 새로운 성격의 해석학으로 출현한다.[2] 이들 가운데서 성서 해석학은 이미 해석학의 한 표준을 제시한 것이라고 볼 수 있을 것인데, 이 경우 해석학이란 어떤

---

2) 참조: 조셉 블라이허, 권순홍 옮김, 『현대해석학』, 한마당, 1990, 18-21.

문구에 대한 해석에 있어서 준수되어야 할 규칙들의 체계를 말한다. 그 규칙들은 예컨대 (1) 일차적으로 문법적인 해석이어야 할 것, (2) 기록자의 체험 맥락을 고려한 해석이어야 할 것, (3) 문헌의 전체 내용에 의거해 부분 내용을 해석하는 것이어야 할 것 등이다.

근대(18세기 이후)에 전개된 다양한 해석학 유형들은 팔머(Richard E. Palmer)에 의해 정리된 바 있다. 그에 따르면 해석학은 연대순에 따라 다음의 여섯 가지로 분류될 수 있다.3)

첫째는 성서 주석의 이론으로서의 해석학이다. 이것은 성서의 주석에 도움을 줄 수 있는 규칙들의 체계를 말하는데, 이 유형의 해석학은 문법학파, 역사학파, 경건학파 등으로 세분되어 전개된다.

둘째는 고전 문헌학의 방법론으로서의 해석학이다. 이것은 성서 주석의 기술이 아닌 고전 문헌의 해석의 기술을 말하는 것이지만, 전자의 발전의 결과로 나타난 동시에 전자를 합리화 내지 세속화하는 데에 영향을 미쳤다.

셋째는 언어이해의 학문으로서의 해석학이다. 이것은 슐라이어마허가 구상한 것으로서 해석의 규칙들의 체계(문헌학의 방법론)를 넘어 모든 대화의 이해의 조건들을 서술하는 언어해석의 보편적 기술론을 말한다.

넷째는 정신과학의 방법론적 기초로서의 해석학이다. 이것은 딜타이가 구상한 것으로서 인간의 역사적 삶의 표현들인 예술, 행위, 저작(법률, 문학, 성서)을 다루는 정신과학은 역사적 이해에 기초를 두어야 한다는 전제 위에서 성립한 역사적 이해의 방법론이다. 자연과학의 계량적 이해에 대립된 정신과학의 역사적 이해는 삶의 표현이 삶의 체험에 바탕을 둔 것이라고 보고 삶의 추-체험(사후 체험)을 통해 삶의 표현들을 이해하는 것이어야 한다는 것이다.

다섯째는 실존론적 이해의 현상학으로서의 해석학이다. 이것은 하

---

3) 참조: 리처드 E. 팔머, 이한우 옮김, 『해석학이란 무엇인가』, 문예출판사, 1992, 63-79.

이데거가 『존재와 시간』에서 구상한 해석학이다. 이것은 원문 해석의 규칙들의 체계를 말하는 것도 아니고, 정신과학의 방법론을 말하는 것도 아니고, 인간의 실존의 현상학적 제시를 과제로 하는 학문인데, 하이데거는 이를 현존재의 해석학이라고 부르기도 한다. 하이데거에 의할 때 이해와 해석은 현존재의 근본적인 존재방식이므로, 하이데거의 현존재의 해석학은 연구방법만이 해석학적이지 않고, 다루는 연구내용 역시 해석학적인 것이 된다. 가다머는 『진리와 방법』에서 하이데거의 해석학을 계승하면서도, 현존재의 해석과 더불어 예술과 역사의 해석을 시도하는 보편이론적 해석학을 구상한다. 그에게 해석학은 한편으로 언어를 통해 존재자의 존재와 만나는 일이며, 다른 한편으로 존재, 이해, 역사, 실존, 현실 등에 대한 언어의 관계를 해명하는 일이다.

여섯째는 해석의 체계로서의 해석학이다. 이것은 폴 리쾨르가 『해석론』에서 구상한 것으로 기호들의 집합인 텍스트(작품, 신화, 실언, 상징)의 해석의 규칙들의 이론을 말하기도 하고, 암호 해독의 과정을 말하기도 한다. 그는 꿈의 해석을 시도하는 정신분석학을 해석학의 분명한 한 형태로 간주하면서, 이러한 해석학은 숨겨진 의미를 발견하는 과제와 더불어 표면적 의미를 파괴하는 과제를 갖고 있다고 한다. 그는 더 나아가 해석학을 탈신화화의 해석학(불트만)과 탈신비화의 해석학(마르크스, 니체, 프로이트)으로 대별하면서, 전자는 상징에 숨겨져 있는 의미를 재발견하는 것을 주된 과제로 갖고, 후자는 거짓된 현실표상으로서의 상징(우상)을 파괴하는 것을 주된 과제로 갖는다고 한다.

이상의 논의를 통해 우리는 해석학의 역사를 간략히 살펴보았다. 이를 통해 드러나는 점은, 하이데거의 해석학이 (1) 그 주제에 있어서 다른 해석학들과 달리 현존재의 실존을 해명하려 한다는 점과 (2) 그 방법에 있어서 현존재 자신의 해석학적 존재방식(이해하고 해석하는 존재)에 근거를 두고 있다는 점이다. 아래에서 살펴보게 될 것이지만,

하이데거와 가다머는 모두 사유의 언어성을 주장하고 또 이로써 언어를 해석의 가능근거이자 요청근거로 통찰하고 있다. 그들의 이러한 통찰은 일정한 정도만큼 아우구스티누스의 언어이론의 덕택으로 생겨났고, 그 통찰은 그들의 근대성 비판을 가능케 하는 힘으로 기능하고 있다.

2. 하이데거의 해석학

1) 아우구스티누스의 기여

초기 하이데거는 종교현상학에 전념하면서 아우구스티누스에게 관심을 보였다. 1920년 여름학기 강연「직관과 표현의 현상학」(GA 59)에서 하이데거는 이 강연의 모토로 아우구스티누스의 『신국론(De civitate Dei)』의 한 문장(X, 23)을 인용한다. 1921년 여름학기에는「아우구스티누스와 신플라톤주의」에 대한 강연을 하였고, 1923년 여름학기 강연「존재론. 현사실성의 해석학」(GA 63)에서는 아우구스티누스의 해석학의 정신을 높이 평가한다. 1930년에는 아우구스티누스의『고백록』의 시간론에 대해 강연하였다. 『존재와 시간』을 전후한 이러한 시기에 있어서 하이데거가 아우구스티누스에게 내보이는 태도는 대체적으로 긍정적이다. 이 점은 당시의 하이데거가 서양 존재론의 비판적 파괴의 계획에 의무를 지고 있던 점에 비추어 주목할 만하다. 그롱댕은 아우구스티누스가 하이데거와 가다머에게 미친 영향을 주로 언어이해의 측면에서 추적한다(Grondin I, 99-110).[4] 그가 소개하는 가다머의 증언에 따르면, 하이데거는 아우구스티누스를 진술(Aussage)의 완성의미(Vollzugssinn)에 대한 자신의 개념을 위해 — 비록 가장 중요한 동역자(Eideshelfer)는 아닐지라도 — 한 사람의 동

---

4) Jean Grondin, *Einführung in die philosophische Hermeneutik*, Darmstadt, 1991, 42-52. 앞으로 이 책은 Grondin II로 약칭하여 표기한다.

역자로 환영하였다. 왜냐하면 완성의미라는 개념은 그가 형이상학적-관념론적 전통에 맞서면서 내보인 것인데, 진술과 완성의미의 구분은 아우구스티누스에 의해 기호현실(actus signatus)과 실행현실(actus exercitus)의 구분으로 처음 제시되었기 때문이다. 완성(Vollzug)이라는 말은 프라이부르크와 마르부르크의 당시의 청강자들을, 특히나 가다머 자신을 매혹시킨 낱말이었다.5) 「직관과 표현의 현상학」의 10절에서 하이데거는 역사 같은 의미연관들을 그 완성의미에 따라 나눠 연결짓는(Artikulation der Sinnzusammenhänge nach dem Vollzugssinn) 과제를 수행하면서 완성(Vollzug)을 다음과 같이 해설한다: "근원적인 완성은 자체-세계적인 하나의 현존재 자체 속에서의 현실적인 갱신(aktuelle Erneuerung)을 촉구해야 하는데, 이 갱신이 자체-세계적인 실존을 함께 형성하는(mitausmacht) 식으로 그리해야 한다."(GA 59, 78, 참조: 75) 여기서 완성은 현존재에서의 (자기이해의) 현실적인 갱신이자 실존을 함께 형성함으로 규정된다. 이런 완성의 개념에 따를 때, 여기서 완성의미는 현존재를 갱신하는 의미이고, 실존을 함께 형성하는 의미로 이해된다.

완성의미는 지시현실(actus signatus)로서의 진술의 상대 개념이다. 지시현실로서의 진술은 기호들에 의해 표현된 것이다. 반면에 실행현실(actus exercitus)로서의 의미는 말의 이해적 완성을 촉구하고 이로부터 비로소 성립하는 것이다. 말의 이해적 완성이 갖는 두 의미를 그롱댕은 다음과 같이 지적한다: "(1) 발언된 말의 끝으로 가면서 그것의 숨겨진 동기와 배경을 찾아내는 것, (2) 발언된 것을 자기 자신의 상황에 적용하는 방법을 아는 것, 곧 발언된 것을 우리의 구체적 상황 속으로 옮기는 것."(Grondin I, 148) 이에 따르면 말의 이해적 완성은 말의 배후배경의 이해와 그 말의 실존에의 적용을 말한다. 철학적 개념들은 그것들이 나오게 된 배경이 파악되고 그것들이 인간의 실존에

---

5) H. -G. Gadamer, "Erinnerungen an Heideggers Anfänge", *Dilthey Jahrbuch* 4 (1986-87), 21.

성공적으로 적용되는 한에서만, 적절히 이해된다. 하이데거의 개념들도 또한 그 배후배경의 이해와 실존에의 적용 속에서만 비로소 의미를 완성시킬 수 있다.

완성의미는 단순한 기호의미(actus signatus)로서의 진술과는 달리 진술의 격려에 힘입어 독자에 의해 완성되는 의미이다. 그롱댕은 하이데거가 이러한 아우구스티누스의 확신에 힘입어 "망설이지 않고 과감히 또 도발적으로 진술의 파생적 성격을 말하였다."(Grondin I, 102)고 믿는다. 진술은 세계이해의 파생적 명제이고, 이러한 명제 뒤에는 해석이 작동하고 있다. 명제적인 '으로(as)'는 해석학적인 '으로' (망치를 무거운 것으로 파악한다고 할 때의 무거운 것'으로')로부터 파생된 것이다. 따라서 해석학적인 '으로'는 진술의 맥락과 동기를 다룸에 의해, 곧 의미완성을 통해 획득될 수 있다. '그 망치는 무겁다'라는 진술은 그 망치의 무게 속성을 의미하는 것이 아니라, 그 망치가 작업을 방해함을 의미한다. 여기서 진술이 지시하는 것의 차원과 진술이 의도하는 것의 차원의 구분이 나타난다. 이는 아우구스티누스가 행한 진술(actus signatus)과 완성의미(actus exeritus)의 구별에 상응한다. 진술의 참된 이해는 우리가 언어 속에서 일어나는 의미를 완성할 때에만 발생한다.

그롱댕에 따르면, 하이데거와 가다머는 『고백록(*Confessions*)』,『삼위일체론(*De trinitate*)』,『기독교 교리론(*De doctrina christiana*)』을 통해 사변적으로 자극받았다. 실제로 하이데거는 1923년 여름학기 강연 「존재론. 현사실성의 해석학」에서 『기독교 교리론』의 3권 서두를 라틴어와 독일어로 소개한다: "아우구스티누스는 위대한 스타일의 최초의 해석학을 내주었다: 어떤 장비 속에서 인간은 성서의 불투명한 대목들의 해석으로 다가서야 하는가: 신의 경외 속에서, 성서 속에서 신의 의지를 찾겠다는 단 하나의 염려 속에서. 낱말 다툼을 즐겨하지 않기 위해서 경건함 속에 숙련된 채로(Et ne amet certamina, pietate mansuetus). 알려지지 않은 낱말들과 이야기 방식들에 매달려 있지 않기 위해 언어지식을 갖춘 채로. 진리내용을 통해 지원된 채 자연적인 대상들과 사건들의 증명력을 오인하지 않기 위해 설명을 위해 끌어들여져 있는 그것들에 대한 지식을 지닌 채로 […]"(Ontologie, 12) 하이데거가 보기에 "슐라이어마허는 포괄적이고 생생하게 보인 해석학의 이념(참조: 아우구스티누스!)을 […] 하나의 '이해의 기술(기술론)'로 제한시켰다."(Ontologie, 13) 하이데거가 위에 번역 소개한 아우구스티누스의 문장에 따를 때, 여기서 말해진 '포괄적이고 생생하게 보인 해석학의 이념'은 성서 속에서 신의 의지를 추적하는 일, 말해진 것 속에서 생생한 진리를 찾는 일일 것이다. 이러한 이념은, 의미 내지 진리를 추구하는 자에게 언어적, 사실적 지식뿐만이 아니라, 몰입적 염려와 숙련된 경건함의 자세를 요구한다. 하이데거는 분명 이 단계에서 아우구스티누스가 강조하는 것, 곧 단순한 원문이해가 아니라 생생한 진리를 찾는 것을 유일한 관심사로 하는 열렬한 자세에 크게 감명 받고 있다.

가다머도 아우구스티누스의 언어이론을 수용하였다. 그는 언어망각이 서양의 전통 속에서 완전한 것이 아니라는 점을 아우구스티누스가 보여준다고 믿는다. 낱말에 대한 아우구스티누스의 사상은 전통 속에서 언어의 존재에 올바른 대우를 해주었다는 것이다. 가다머는 아우구스티누스를 따라 낱말을 어떤 정신적인 것의 육화(Inkanation)로 이해한다.

아우구스티누스는 『삼위일체론』 제15권에서 내적인 말(endiathetos logos)과 외적인 말(prophorikos logos) 사이의 관계를 설명한다. 여기서 근원적인 언어는 마음속의 말로 이해된다: "말(verbum, Wort)은 마음속에서(in corde) 말해지는 것이다. 그것은 그리스어도 라틴어도 어떤 외적인 언어도 아니다."(De trinitate, XXV, cap. X, 19) 이러한 내적인 말은 감각적이거나 역사적인 특수한 언어의 형태를 취하지 않고, 순수하게 지성적이고 보편적이다. 외적인 말과 내적인 말의 관계는 아우구스티누스에 따를 때, 일정한 시대에 역사적 세계에 들어서 있는 신적인 말(그리스도)과 신 앞에서 영원한 말(신의 자기인식)의 관계에 유비적이다. 이러한 유비는 아우구스티누스에게, 역사적으로 계시된 말과 신과의 차이성과 동일성을 사유하도록 해주었다. 그리스도 이전의 신 앞에서 현존하는 낱말은 신의 자기인식이다. 이 낱말은 일정한 시기에 감각적 형태를 취하고 인간에게 전달될 수 있다. 감각적으로 나타난 말은 그것의 외적이고 우연적인 형태에 따를 때 신의 말과 구분되지만, 신에게 있어서는 신의 외화와 신의 자기인식이 본질상 동일하고, 그래서 신은 자신의 낱말의 외화 속에서 완전히 현재적일 수 있다. 그러나 인간에게 있어서는 내적인 말과 외적인 말 사이의 본질적 동일성이 성립하지 않는다. 여기로부터 해석학의 필요성이 생겨난다. 이러한 맥락에서 가다머는 "우리는 오히려 이러한 내적인 말이 무엇일까라고 사안을 물어야 한다."[6]고 말한다. 내적인 말은 언어적 기호도 아니고, 심적인 표상도 아니다: "[…] 오히려 그것은 끝까지 사유된 사태(der bis zu Ende gedachte Sachverhalt, forma excogitata)이다."(GW I, 426) 내적인 말, 끝까지 사유된 사태는 저자의 영혼의 자기대화이고, 이것이 진술을 단서로 해석자에 의해 끝까지 사유되고 추구되어야 할 사안이다. 가다머의 해석학은 이렇게 그의 언어이해와 해석학의 과제이해에 있어서 아우구스티누스에 의해 크게 영향 받고 있다.

아우구스티누스의 언어이론과 해석학 정신의 영향 하에서 이뤄지는 하이데거의 근대성 비판은 (존재-신-논리로 되어 버린) 존재론의 비판, (역사성을 상실한) 학문의 비판, (예술성을 상실한) 기술의 비판, (진술논리로 제한되어 버린) 논리학의 비판 등 여러 면의 형태로 전개된다. 이러한 비판에 있어서 하이데거의 기본적인 신념은, 그러한 비판적 시대상황이 존재망각과 존재떠남의 귀결이고, 따라서 존재사유의

---

6) H. -G. Gadamer, *Wahrheit und Methode. Grundzüge einer philosophischen Hermeneutik*(5. Aufl.), Tübingen: Mohr, 1986, 425. 앞으로 이 책은 GW I으로 약칭하여 표기한다.

회복 속에서만 존재론, 논리학, 기술, 예술 등이 근원적으로 그 본래성에 있어서 다시 회복될 수 있다는 점이다. 근대성 비판으로서의 그의 존재사유는 해석학의 수행으로 이뤄지는데, 우리는 여기서 그의 현사실성의 해석학과 자화사건의 해석학을 그의 언어 개념과 관련시켜 이해하는 시도를 하기로 한다.

2) 현사실성의 해석학: 해석학의 초월론적 전향

하이데거의 근대성 비판의 중점은 무엇보다도 존재-신-논리로서의 전통적인 형이상학에 대한 비판으로 나타난다. 하이데거 해석학이 전제하는 것은, 형이상학적 논리가 언어에서 실제로 일어나는 것, 즉 말해져야 할 모든 것을 찾기 위한 우리의 노력을 간과한다는 것이다. 하이데거는 고전적 형이상학에 대한 대안적 존재론으로서 (현존재의 존재정황으로서의) 현사실성의 해석학을 내세우기 위해 슐라이어마허와 딜타이의 해석학의 제한성에 대한 비판으로부터 출발한다.

슐라이어마허는, 오해가 자연적으로 선행하는 것이기 때문에 해석의 매 단계에서 이해가 추구되고 근거지어져야 한다고 본다: "[이해의] 기술(Kunst)에서의 느슨한 실천은 이해가 저절로 생겨나고, 오해가 피해져야 한다는 목표를 소극적으로 나타낸다는 점에서 출발한다. […] 더욱 엄밀한 실천은 오해가 저절로 생겨나고 이해가 [해석의] 매 단계에서 의욕되고 추구되어야 한다는 점에서 출발한다."[7] 그에게 있어서 해석학의 전제는 만연된 오해이고, 이 만연된 오해로 인해 이해의 보편적 기술론으로서의 보편적 해석학이 필요하다. 그에 의하면, 참된 이해는 이해의 기술론의 규칙들과 규준들에 근거를 둔다. 뒤이어 등장한 딜타이는 하이데거가 설명하듯이, "'규칙 제공'이라는 슐라이어마허의 해석학 개념을 넘겨받고, 그것에게 이해 자체의 분석을

---

7) Schuleiermacher, *Hermeneutik und Kritik*, hrsg. von M. Frank, Frankfurt: Suhrkamp, 1977, 92.

통해 기초를 마련해 주고, 정신과학들의 발전을 위한 그의 연구들과 연관시켜 해석학의 발전도 또한 추구하였다."(Ontologie, 14) 그러나 하이데거는 "바로 여기에서부터 그의 입장의 위험한 숙명적인 제한이 드러난다."(Ontologie, 14)고 본다. 하이데거가 제한 이전의 본래적인 해석학으로, 또 자신의 과제로 내세우는 것은 통상의 "해석에 관한 학설"로부터 멀리 떨어진 것인데, 이를 그는 "전달의 완성(Vollzug des hermeneuein)의 일정한 통일성, 곧 현사실성(Faktizität)을 만남, 봄, 잡음, 개념에 데려오는, 해석의 일정한 통일성"(Ontologie, 14) 내지 "해석의 일(Geschäft)"(SuZ, 50)이라고 한다. 해석학은 해석의 일(과제)로서 이해의 완성이지 이해의 기술이 아니다. 현사실성의 해석학은 이해 및 이해구조의 해석을 겨냥하고, 이로써 현존재에게 "존재의 본래적인 의미와 현존재의 고유한 존재의 근본구조들이 알려진다."(SuZ, 50; 참조: Ontologie, 10) 이런 한에서 현사실성의 해석학은 우선 현존재의 초월론적 '존재 및 존재구조'로서의 '이해 및 이해구조'에 대한 해석학이다. 이러한 해석학은 이해의 기술 내지 이해의 규칙 제공의 학으로서의 해석학으로부터 현존재의 존재와 존재구조로 초월론적으로 전향한 해석학이다.

현존재는 우선 대개 그의 상황에 특수한 일정한 해석내용 속에서 살아간다. 이 경우에 해석학은 현존재의 빗나간 자기이해를 비판해야 하는데, 이러한 빗나간 자기이해를 하이데거는 쇠퇴(Ruinanz), 퇴락(Verfallen), 이탈-존재(Wegsein)라는 용어로 표현한다. 해석학은 본래 세계내존재인 현존재가 행하는 빗나간 자기이해를 비판적으로 해석하고 본래적이고 가능적인 자기이해를 촉구한다. 그때마다의 현존재를 그의 본래적인 자기이해로 되부르는 그런 비판적인 현사실성의 해석학은, 배후가 물어지지 않은 채로 전승되고 있는 현존재 해명들을 해체하고 파괴하는 일을 수행한다. 해석학의 과제는 이런 한에서 파괴의 길 위에서 성취된다: "해석학은 파괴이다!"(Ontologie, 105)

하이데거는 "현존재의 현상학", 곧 현존재의 자기이해를 해석적으로 완성함이 "근원적인 낱말 의미에서의 해석학", 곧 "해석의 일" (SuZ, 50)이라고 본다. 이러한 해석의 일이 가져오는 결과는 앞서 이해된 것(선이해)의 명시적인 재이해이다: "해석 속에서 이해함은 그것이 [이미] 이해한 것을 [다시] 이해하면서 자기 것으로 삼는다. 이해함은 해석 속에서 어떤 다른 것이 되는 게 아니라 그 자신으로 된다." (SuZ, 197) 전통적 해석학에서는 해석이 이해의 수단으로 말해지지만, 하이데거에게서는 이해가 일차적인 것이 되고, 해석은 오직 이해의 전개와 완성에 해당한다. 현사실성의 해석학은 세계내존재인 현존재의 자기이해를 해석적으로 완성하려고 한다.

3) 이해가능성의 표현: 말, 언어, 진술

하이데거는 이해 내지 해석과 관련시켜 말(Rede), 언어(Sprache), 진술(Aussage)을 구분하고 있다. 말은 진리(현존재의 개시성, 곧 자기이해와 세계이해)를 이해하면서 나눠 연결하는 것이자 또한 나눠 연결된 진리이기도 하다. 언어는 말에 뿌리를 둔 것으로 낱말 전체성 속으로 발언되어 들어서 있는 말이다. 진술은 해석의 하나의 극단적 파생태로서 말의 하나의 특정한 양태이다.

(1) 말

하이데거에게 있어서 말은 이해에 수반하는 기능이다. 이해는 그 자체로 선행적-암묵적 이해(선-이해)와 해석적-명시적 이해(해석)로 나눠진다. 이 경우 이들의 차이는 둘러보는 배려적 시선에 의해 존재자에게 명시적으로 접근하는가의 여부에 놓인다: "이해함의 완성을 우리는 해석(Auslegung)이라고 부른다."(SuZ, 197) "둘러보는 시선은 발견한다. 이 말은 이미 이해된 세계가 해석된다는 것이다. 도구적인 존재자가 명시적으로(ausdrücklich) 이해하는 시선 속으로 들어선다." (SuZ, 198) 이러한 두 종류의 이해, 곧 암묵적 이해와 명시적 이해(해석) 속에서 말이 기능하는데, 그 기능은 [주어와 술어를, 문장들을] 나눠 연결함(Artikulation, Gliederung)이다.

하이데거가 말하는 진리 내지 개시성의 다른 이름은 이해가능성이다. 현존재가 이미 그 안으로 들어서 있고 그렇게 개시되어 있는 진리는 이해되어 있고 또다시 이해될 수 있는 것, 즉 이해가능성이다. 이러한 이해가능성으로서의 진리에 대한 이해는 일회적인 것이 아니라 그때마다 다시 수행되는 것이다. 그때마다 다시 이해되는 진리는 하이데거에 의해 의미(Sinn) 또는 뜻-전체(Bedeutungsganze)라고 불린다. 의미는 말의 기능에 의해 나눠 연결될 수 있는 것으로서의 진리를 가리키고, 뜻-전체는 말에 의해 나눠 연결된 것으로서의 진리를 가리킨다: "의미는, 어떤 것의 이해가능성이 그 안에 유지되고 있는 바의 것이다."(SuZ, 201) "이해하는 개시 속에서 나눠 연결될 수 있는 바의 것을 우리는 의미라고 부른다."(SuZ, 214) "말하는 나눠 연결함 속에서 나눠 연결된 것 자체를 우리는 뜻-전체라고 부른다."(SuZ, 214) 이 경우에 의미는 "이해함에 속한 개시성의 형식적-실존론적 골격"(SuZ, 201)을 말하는데, 그것이 형식적이라고 불리는 이유는, 그것이 말에 의해 나눠 연결된 구체적인 뜻-전체에 비해 형식적이기 때문이다. 요약적으로 말하면, 현존재는 의미(개시성, 진리, 이해가능성 일반) 속으로 피투되어 그 속에 처해 있는 한편, 이 의미를 그때마다 선행적으로 이해하기도 하고, 특정한 존재자에 대한 명시적으로 이해하는 시선 속에서 해석적으로 이해하기도 한다. 선행적 이해나 해석적 이해, 암묵적 이해나 명시적 이해는 모두 나눠 연결하는 말을 매개로 수행되고, 그 결과 의미는 말하는 이해함 속에서 그때마다 뜻-전체로 된다.

(2) 언어

하이데거에게 있어서 말은 "언어의 실존론적-존재론적 토대"(SuZ, 213)로 파악된다. 그에게 있어서 말은 우선 이해가능성(Verständlichkeit)을 나눠 연결하는 것이지만, 또한 동시에 이해가능성이 행하는

자기발언이다: "[…] 이해가능성이 자신을 말로서 발언한다([…] spricht sich als Rede aus)."(SuZ, 214) 이런 한에서 말은 이해가능성을 나눠 연결하는 것이자 나눠 연결된 이해가능성이다. 다시 말해 말은 말함으로서는 나눠 연결하는 것이고, 말해진 것으로서는 나눠 연결된 것이다. 이 점을 폰 헤르만은 다음과 같이 지적한다: "[…] 언어의 […] 본질은 말로, 곧 말하며 나눈 연결(Gliederung)로 파악된다. 말 내지 말하며 나눈 연결은 이중적인 것을, 곧 말하며 나눠 연결함(das redendes Gliedern)과 말하며 나눠 연결된 것(das redend Gegliederte)을 말한다."[8]

나눠 연결된 이해가능성으로서의 말은 "하나의 특수한 세계적인 (weltliche) 존재유형"을 갖고 이 존재유형이 놓여 있는 곳은 "낱말 전체성"이고, 이 낱말 전체성은 "세계 내부적 존재자"(SuZ, 214)로 발견된다. 세계 내부적 존재자로 발견되는 이 낱말 전체성이 하이데거가 일컫는바 언어인데, 낱말 전체성으로서의 언어는 그 자체 "말의 밖으로 발언되어 있음(Hinausgesprochenheit der Rede)"(SuZ, 214)이다. 뜻-전체가 그 안으로 들어서 있는 낱말 전체성, 곧 언어는 뜻-전체를 보유하고 있는 세계 내부적 존재자이다. 여기서 말의 밖으로 발언되어 있음은 의식표상이 외화되어 있음을 뜻하지 않고, 다만 뜻-전체가 낱말 전체성 속으로 들어서 있음을 말한다. 이 점을 폰 헤르만은 다음과 같이 강조하고 있다: " '밖으로 발언되어 있다(hinausgesprochen)'는 것은 의식내재로부터 의식초월 속으로라는 것이 아니라, [말이] 자체적-탈자적-지평적 개시성에서부터 존재하는 낱말 전체성 속으로라는 것이다."[9] 말에 의해 나눠 연결된 개시성으로서의 뜻-전체가 낱말 전체성 속으로 들어서고, 이 낱말 전체성이 뜻-전체를 보유하고 있는 까닭에 하이데거는 "이해가능성의 뜻-전체가 낱말에 이른다(kommt

---

8) F. -W. von Herrmann, *Subjekt und Dasein. Interpretation zu "Sein und Zeit"*, 2. Aufl., Frankfurt, 1985, 111.

9) 같은 책, 131.

zu Wort)."라고, 또 "낱말들은 증가하여 뜻들의 것이 된다(den Bedeu-tungen […] zuwachen)."(SuZ, 214)라고 말한다. 언어는 한편으로 말이 밖으로 발언되어 그 안으로 들어서 있는 낱말 전체성을 가리키고, 다른 한편으로는 말이 이렇게 낱말 전체성 속에 들어서 있음, 곧 말의 세계적 존재유형을 가리킨다. 언어는 자신의 본질을 말 내지 뜻-전체에 두고 있는 것이고, 이런 한에서 말은 언어의 실존론적-존재론적 토대로 말해진다.

(3) 진술

진술(명제)은 해석의 기능과 관련해 "해석의 파생적 양태"(SuZ, 204)로 규정된다. 하이데거가 진술로부터 거리를 두는 이유는, 언어가 진술과는 다른 근원적인 해석적 성격을 갖고 있음을 강조하기 위해서이다. 고전 논리학의 입장에서는 언어는 진술될 수 있는 것의 전체이다. 하이데거의 입장에서는 모든 각각의 진술이 의미를 배경으로 하나의 의미경험으로부터 발생하지만, 이 의미는 진술논리학이 다루는 술어적 명제 속에서는 전체적으로 진술되지 않는다.

그 잘 알려진 고전적 예는 "그 망치는 너무 무겁다."라는 언명 (Sagen)과 "그 망치는 무겁다."라는 문장(Satz)이다. 앞의 언명은, '그 망치가 망치질하기에 힘이 들게 한다', '그 망치는 망치질을 어렵게 한다' 등을 의미한다. 뒤의 문장도 이러한 의미를 표현하는 것일 수 있다. 그러나 뒤의 문장은 또한 '우리가 둘러보면서 망치라고 알고 있는 앞에 놓여 있는 그 존재자가 무게를, 즉 무게의 속성을 갖고 있다'라는 것을 의미할 수도 있다. 하이데거가 문제시하는 것은 바로 "이렇게[후자와 같이] 이해되는 바의 말(die so verstandene Rede)"(SuZ, 477)이다. 이렇게 이해되는 바의 말 내지 문장이 하이데거가 진술이라고 부르는 것이다. 이러한 진술에서는 망치의 도구적 존재성이라는 존재이해와 망치와의 고통스러운 교섭이라는 현존재의 자기이해가 탈락되고 또 이러한 이해의 지평으로서의 의미(개시성)도 탈락되어 있다. 그러한 진술은 단지 사물적 존재자로 전락한 망치의 존재만을 해석하므로 근원적인 명시적 이해의 해석과 관련해서 이차적이고, 이로써 "해석의 하나의 파생적 양상"(SuZ, 209)이다. 진술의 근원으로서의 해석적 이해는, 한편으로 낱말들로 발언되고 표현될 수 있지만, 다른 한편 꼭 낱말들로 표현될 필요는 없는 것이다. 따라서 "낱말들의 결여로부터 해석의 부재가 추론되어서는 안 된다."(SuZ, 209) 근원적인 명시적 이해의 해석과 비교했을 때, 진술의 해석은 "해석의 하나의 극단적인 파생태"(SuZ, 213)에 불과하다. 진술은 따라서 해석적 기능을 지닌 말의 하나의 극단적인 양태이다.

4) 해석학적 연관의 규정자: 말과 언어

전기 하이데거는 초월론적인 관점에서 해석함(hermeneuein)을, "그것을 통해 현존재 자체에 속하는 존재이해에게, 존재의 본래적인 의미와 현존재의 고유한 존재의 근본구조들이 알려지는(kundgegeben) 것"(SuZ, 50)이라고 파악한다. 이때에 기투될 것은 피투성에 의해 이미 해석되어야 할 것으로 앞서 주어져 있다.

후기 하이데거는 존재역사적 관점에서 해석함을 "소식(Botschaft)을 들을 수 있는 한에서, 통지(Kunde)를 데려오며(bringen) 제시함(Darlegen)"(UzS, 115)라고 파악한다. 이로써 강조된 것은, "해석학적인 것은 일차적으로 해석(das Auslegen)[제시함]을 의미하지 않고, 오히려 무엇보다도 통지와 소식을 데려옴(das Bringen)[들음]을 의미한다."(UzS, 115)는 점이다. 하이데거는 인간과 존재 자체와의 연관을 "해석학적 연관"(UzS, 116)이라고 부른다. 존재의 말 건넴을 듣는 이해(존재가 보내는 소식을 먼저 데려온 후에 제시함)는 해석학적 연관으로서 (들음에서 말함으로 이행하는) 전회(Kehre)의 구조를 갖는다. 보내온 말 건넴에 응대함은 현존재가 고유해진 채 존재에 속하는 일로서 동시에 해석학적 순환을 수행함이다. 이런 한에서 해석학적 연관은 자화사건 속의 전회(Kehre im Ereignis)에 근거를 두고 있다. 존재 역사적인 사유가 전회에서부터 자화사건을 사유하는 한, 그 자화사건 은 해석학적 순환구조 속에서 수행된다.

해석함에 대한 하이데거의 전후기 해설들 사이에는 하나의 차이가 놓여 있는데, 그 차이는 통지를 줌(Kundegeben)과 통지를 가져옴 (Kundebringen) 사이의 차이를 통해 나타난다. 통지를 줌에 관련된 사 안은 현존재의 피투성 속에 앞서 주어져 있고, 통지를 데려옴에 관련 된 사안은 존재의 말 건넴에서부터 미리 주어져 있다. 이 말은 현존재 의 피투성이 존재역사적 사유 속에서 더욱 근원적으로 그것의 근원인 존재의 말 건넴에서부터 사유되고 있다는 점을 나타낸다. 해석함에 대한 후기의 규정 속에는 현존재의 피투성의 유래로서 존재의 말 건 넴이 전제되고 있다. 이러한 사유 깊이의 차이에도 불구하고 두 가지 로 해설된 해석함의 공통적인 고유한 성격은, 해석함이 자기에게 앞 서 주어져 있는 것을 기투한다는 점이다. 따라서 하이데거가 전기와 후기에 상이하게 정식화한 해석함은 이러한 사유 깊이의 차이에도 불 구하고 해석학적 구조 내지 연관을 공통적으로 보유하고 있다.

전기 하이데거에 있어서 해석학적 연관, 곧 피투와 기투의 연관은 말(Rede)에 의해 규정되어 있다. 다시 말해 처해 있음으로서의 피투 와 이해함으로서의 기투는 "말을 통해 동근원적으로 규정되어 있다." (SuZ, 177) 피투적 기투는 앞서 주어져 있는 것을 언제나 이미 말을 통해 나눠 연결된 이해가능성으로 보유한다. 말이 해석학적 연관의 규정자로서 해설되는 이러한 맥락 속에서, 언어는 우리가 위에서 보 았듯이 낱말 전체성 내지 말이 발언되어 낱말 전체성 속으로 들어서 있음으로 해설된다.

반면에 하이데거 후기의 해석학적 연관은 말이 아닌 언어를 통해 규정된 것으로 해설된다: "이면성[존재자의 존재]에 대한 인간존재의 연관 속에서 미리 지배하는 것이자 이끌어 가는 것(das Vorwaltende und Tragende)은 따라서 언어이다. 언어가 해석학적 연관을 규정한다."(UzS, 116) 여기서 (존재자의 존재이자 존재에 있어서의 존재자라는) 이면성은 존재 자체(Sein selbst), 곧 존재자 속에서의 자기보존이라는 관점에서 말해진 존재 자체이다: "존재 자체 — 이것이 말하는 것은, 현존자의 현존, 즉 둘의 일면성에서부터의 둘의 이면성이다." (UzS, 116) 그래서 후기 하이데거에 있어서는 언어가 "존재의 집" (BüH, 313) 내지 "존재의 언어"(BüH, 364)로 파악되는데, 이는 우선 언어가 존재 자체를 위한 언어로 사유되고 있음을 드러낸다. 이로써 제기되는 물음은 후기 하이데거가 말 대신 언어를 자신의 주요 개념으로 선택한 이유가 무엇인가 라는 것이다.

5) 자화사건의 해석학: 해석학의 자화사건적 전향

안츠(Wilhelm Anz)는 훔볼트에게 있어서 언어는 그것을 통해 하나의 활동이 비로소 인간적인 활동으로 변화되는 그런 작업도구, 곧 "한 민족에서의 모든 인간적 활동의 작업도구"[10]로 이해됨을 지적하고, 논리실증주의에 있어서도 언어는 "그것을 명료하게 사용할 수 있기 위해서는, 우리가 가능한 정도만큼, 그것의 우연적이고 역사적인 형식을 벗겨버려야만 하는 하나의 도구"로 이해된다고 지적한다.[11]

안츠는 도구주의적, 실증주의적 언어관의 거부 속에 수행되는 하이데거의 실존론적 분석론, 곧 현사실성의 해석학이 "언어에 관해 말함 (Reden über)과 언어에서부터의(aus) 사유" 사이의 "중간 위치"(Anz, 471)를 갖고 있다고 본다. 다시 말해 "언어에 관한 [통상적] 사유와 언어의 본질에서부터의 후기 사유 사이의 중간위치"(Anz, 472)라는

---

10) Wilhelm von Humboldt, *Werke* III, hrg. von A. Flitner und K. Giel, Stuttgart/Berlin, 1963, Bd. III, 414.

11) Wilhelm Anz, "Die Stellung der Sprache bei Heidegger", *Das Problem der Sprache*, Hg. H. -G. Gadamer, 469. 앞으로 이 글은 Anz라는 약칭으로 표기한다.

것이다. 우리는 이 말의 의미를 위에서 논의된, 해석학에 대한 하이데거의 두 해설의 차이를 통해 이해할 수 있다. 위에 제시된 말, 언어, 진술 사이의 관계의 해명은 과연 발언되어 있는 진술에서부터 시작하는 식의 언어에 관한 피상적인 분석이 아니라, 존재이해적 사유로부터 시작하는 언어에 관한 본질적인 사유이다. 그렇지만 그것은 아직 후기 하이데거가 말하는 언어에서부터의 사유는 아니다.

위에서 우리는 말(Rede)이 이해가능성을 나누어 연결한다고 하였다. 나누어 연결함은 존재이해하는 사유가 행하는 기능이다. 이런 한에서 나누어 연결된 뜻-전체는 존재이해함 내지 존재이해하는 사유에 근거를 둔다. 이는 뜻-전체에 대해 존재이해하는 사유가 근거짓는 기능 내지 초월론적 기능을 행사함을 말한다. 현사실성의 해석학 단계에서 하이데거가 주목하는 것은, 존재이해하는 사유가 말(Rede)을 매개로 의미를 어떻게 뜻-전체로 또 나아가 낱말 전체성으로 되게 하는가 하는 점이지, 언어 자체가 어떻게 자기를 내보이는가 하는 점이 아니다. 그런데 후기 하이데거가 전기 하이데거에 비해 포기하고 있는 것은 바로 사유의 그러한 초월론적 기능이다. 이 점을 지적하여 안츠는 다음과 같이 말한다: "현상학적 증시는 일차적으로 언어로 향해 있지 않고 존재이해함으로 향해 있다. […] 사유가 자기[개시성]를 언어적으로 나눠 연결한다(artikuliert). 그러나 나중의 전도는 다음이다: 오직 언어라는 원소 속에서, 그리고 언어의 말해 주기가 [우리에게] 도달하는 그만큼(soweit ihr Sagen reicht), 우리는 사유 속으로 또 사유의 행위(한정함, 연관시킴, 긍정함, 부정함 등등) 속으로 불러들여져 있다."(Anz, 473) 이 말은, 언어의 한계가 사유의 한계이고 언어가 사유를 제약하므로 사유는 언어 속에 머무는 것이 온당하다는 점을 의미한다. 안츠는 우리가 언어라는 원소 속에 머묾을 방해하는 것은 "현존재의 구성적 기능들(konstituierende Leistungen)에 대한 현상학적 초월론적 반성"과 "나눠 연결하고 종합하는 개념(gliedernder und zu-sammenfassender Begriff) 속에서의 그것들의 표상"(Anz, 473)이라고

420

지적하여, 후기 하이데거가 전기에 비해 포기한 것이 사유의 구성적-초월론적 계기라고 암시한다. 언어는 피투와 기투의 해석학적 연관 내지 인간과 존재의 해석학적 연관을 규정하고 있는 것, 곧 사유가 그 안에서 일어나는 그런 원소이고, 이런 한에서 언어는 사유에 의해 구성되거나 근거지어지는 어떤 것이 아니고 오히려 사유를 제약하는 어떤 것이다. 이것이 사실인 한, 사유는 언어의 밖에서 이 언어를 대상으로 삼아 사유할 수는 없고, 오히려 언어라는 원소 속에서 언어에 귀 기울이면서 사유할 수밖에 없을 것이다.

언어는 존재를 위한 진리의 자현방식으로서 우리에게 존재를 말 건네면서, 우리로 하여금 그 존재를 듣게 해준다. 우리는 말 건네지면서 듣는 것을 연계사 'ist(이다)'의 사용 여부에 상관없이 나타내고 명명한다. 언어는 우리에게 말 건네면서, 우리를 시간적-역사적 세계의 다양한 연관들을 나타내고 명명하도록 한다. 이러한 나타냄과 명명함은 일의적으로 진술 가능한 진술형식이나 판단형식에 제한되지 않는다. 철학적인 해명이 존재자의 존재를 나타내고 명명하는 일이라면, 그 일은 진술형식에 기초하지도 않고 학문적 방법에 기초하지도 않을 것이다.

인간이 언어를 소유하고 있는 것이 아니라, 언어가 인간을 소유하고 있는 것이고, 사유는 다만 원소로서의 언어 속에서 수행된다는 하이데거의 강조점에 의거해 안츠는, 하이데거의 난해한 주요어들에 대한 해설도 시도한다. 언어가 "존재의 집"이라는 표현은 존재가 언어 속에서 드러나고, 따라서 언어가 존재에 대한 인간의 해석학적 연관을 제약한다는 사실로부터 어렵지 않게 이해될 수 있을 것이다. 난해한 것은 하이데거의 동어반복적 표현들과 자기서술적 표현들(Selbstprädikationen)이다. "언어는 언어이다."(UzS, 10, 11)라는 표현은 동어반복이고, "언어가 발언한다(Die Sprache spricht)."(UzS, 13, 17, 27)라는 표현은 자기서술이다.

안츠는 "언어가 발언한다."는 것은 "언어의 존재방식"(Anz, 480)을 규정한다고 밝히고, 이 존재방식을 다른 주요어인 '시간은 시간화한 다'를 범례 삼아 해설하다. 시간이 존재자도 존재도 아니듯이, "우리 가 언어의 본질로부터 사유한다면, 우리는 언어를 현전자 가운데의 현전자(Vorhandenes)로서 규정할 수 없고, 더더구나 존재로서 규정할 수도 없다."(Anz, 481)는 것이다. 동어반복적 표현의 독특성은 하이데 거에 의해 다음과 같이 규정된다: "언어는 그러나 작업도구가 아니다. […] 언어는 언어이다. 이러한 유형의 명제들의 독특한 면은, 그것들 이 아무것도 말하지 않으면서 동시에 사유를 최고의 단호함에서부터 그의 사안에 결합시킨다는 점이다."(WhD, 99) '언어는 언어이다'라는 동어반복적 표현은, 사유의 사안인 언어에 단호하게 결합되어 있음을 표현한다. 이러한 결합 속에서 언어는 모든 피상적인 언어설명에서 떨어져 나온 채 자기를 내보이는 언어에 사유를 집중한다. 이는 '사안 들 자체로'라는 현상학적 격률을 지킴이다. 그러면 사안에 단호히 결 합되어 있는 사유가 이 동어반복적 표현 속에서 드러내고 있는 사태 는 어떠한 것인가? 안츠는 이를 다음과 같이 해설한다: "우리가 […] 언어라고 일컫는 것은 사실상, 자기를 나타내는 것[진리]의[을 위한] 말해 주기와 명명하기(das Sagen und Nennen des Sich-zeigenden), 곧 진리가 낱말 속에 들어섬(das Eingehen von Wahrheit in das Wort) 인데, 이러한 들어섬을 통해 우리 인간들은 비로소 인간들로 존재하 는 것이다. 그 주요어['언어는 언어이다']는 따라서 언어로 향한 사유 의 과정(Gang des Denkens zur Sprache)을 발언하고, 길(Wegstrecke) 위에서의 언어의 위치를 규정한다: 언어는 [사유의] 시초에 서 있는데, 그것은 또한 끝이기도 하다."(Anz, 480)

언어 사유의 처음과 끝이 언어라는 안츠의 해설 속에서는, '언어는 언어이다'라는 동어반복 속의 주어가 '진리로서의 언어'이고, 술어는 '낱말로서의 언어'라는 점이 암시되어 있다. 사유가 언어로 다가가는 방식은 진리로서의 언어에서 시작하여 낱말로서의 언어에서 끝난다는 것이다. 곧 진리로서의 언어의 발언을 듣는 것에서 시작하여 들은 것을 인간의 낱말로 발설하는 것에서 끝난다는 것이다. 우리가 이러한 해설을 받아들일 경우에는 진리가 언어라고 말해질 수 있는 이유가 밝혀져야 할 것이다. 이를 위해서 우리는 위에서 다뤄진 논의, 곧 이해가능성, 말, 언어 사이의 관계에 대한 논의를 다시 상기하고자 한다.

우리는 위에서 "이해가능성이 스스로를 말로서(als Rede) 발언한다."는 하이데거의 문장을 인용하였다. 자신을 말로서 발언하는 것은 이해가능성, 의미, 진리이다. 이런 한에서 말의 자현(自現, 발생)의 장소 내지 "언어의 본질공간[자현공간]"은 진리이다. 말의 근원 내지 언어의 근원은 이해가능성 내지 진리이다. 우리는 위에서 또한 언어가 "낱말 전체성"이라는 하이데거의 언급도 인용하였다. 낱말 전체성으로서의 언어는 말의 "세계적인 존재유형"이다. 말의 근원은 "이해가능성"이고, 말의 세계적 존재유형은 "낱말 전체성"에 놓여 있다. 여기서 이미 말의 관련영역 전체가, 곧 이해가능성에서 말을 거쳐 낱말에 이르는 전체 영역이 밝혀져 있다. 우리가 이제 '말의 전체 영역'이 후기 하이데거에 있어서 '언어'라는 개념으로 표시되고 있다고 이해하는 한, '진리로서의 언어', '말해 주기와 명명하기로서의 언어', '낱말로서의 언어'라는 표현도 이해할 수 있을 것이다.

전기 하이데거에서 말해진 '이해가능성, 말, 언어'는 이제 '진리로서의 언어', '말해 주기와 명명하기로서의 언어', '낱말로서의 언어'로 사유되면서 단일한 개념 '언어'에 의해 포괄된다. 물론 현존재 해석학에서 중심어였던 '말'이 이제 '언어'로 대체되고 있는 까닭이 사유의 초월론적 기능의 포기에 놓여 있음은 다시 한 번 강조될 수 있을 것이다. 후기 하이데거가 사용하는 언어(Sprache)라는 개념은 전기 하이데거가 사용하는 말(Rede)이라는 개념에 상응하지만, 새로 선택된 개념인 언어는 이제 말을 매개로 하는 사유의 초월론적 구성적 기능이 배제되었음을 함축한다. 사유의 초월론적 기능의 포기는 하이데거가 초월론적 사유로부터 자화사건적 사유로 이행함을 나타낸다. 자화사건은 진리사건(진리의 자현)과 더불어 또 진리사건 속에서 일어난다.

진리사건은, 세계와 사물이 그 속에서 각자 자기화하는 그런 진리영역이 트이는 사건이고, 이러한 진리사건에서부터 진리의 고유한 자현방식으로서의 언어가 발언한다. 이런 한에서 자화사건적 사유에서 "언어는 세계와 사물들을 위한 자화사건적 사이-나눔으로 자현한다 (Die Sprache west als der sichereignende Unter-schied für Welt und Dinge)."(UzS, 27)고 말해진다. 여기서 하이데거는 자화사건적 사이-나눔, 곧 진리사건이 언어의 자현이라는 점을 지적하고 있다.

그때마다 '세계와 사물을 위한 진리로서의 언어', '이러한 진리 속에서 존재자를 말해 주고 명명하기로서의 언어', '발언된 낱말로서의 언어'는 진리사건적으로 일어나고 또 이로써 존재역사적으로 제약되어 있다. 이러한 언어의 존재역사적 제약성은 작업도구적 언어관이나 논리실증주의적 언어관에 의해서는 부정적인 것 내지 제거될 수 있는 것으로 간주된다. 그러나 언어의 존재역사적 제약성이 다시금 존재에 대한 인간의 해석학적 연관의 언어적 제약성을 함축하는 것인 한, 언어의 존재역사적 제약성은 존재역사 및 자화사건의 해석학에게 그것의 본래적이고 적극적인 필요성과 가능성을 제시해 주는 것이 된다.

우리는 이상에서 논의된 하이데거의 전후기의 해석학을 각기 진리이해의 초월론적 존재론과 자화사건적 존재론이라고 규정할 수 있을 것이다. 다음 절에서 우리는 가다머의 해석학을 살펴보기로 한다. 그런 후에 우리는 하이데거의 해석학과 가다머의 해석학을 비교하면서 양자의 공통점과 차이점을 지적할 수 있을 것이다.

2절 가다머의 언어이해의 지평융합적 존재론

1. 근대성 비판

아우구스티누스에게 강력히 영향 받고 있는 가다머는 근대성을 특징짓는 논리성과 실증성을 비판하고, 언어의 보편성을 단서로 한 존재론적 해석학, 곧 인간 이성에 의한 언어추구(존재이해 및 세계이해의 추구)의 보편성에 근거를 두는 존재론적 해석학을 전개한다. 우리는 놀이, 대화, 지평융합이라는 그의 주요 개념들에 의거해 그의 해석학을 언어이해의 지평융합적 존재론이라고 규정하게 될 것이다.

1) 논리성 비판

가다머의 논리성 비판은 아리스토텔레스의 진술논리학의 거부와 플라톤의 대화논리학의 회복으로 수행된다. 이 경우 회복은 맹목적 수용이 아니라 아우구스티누스의 언어이론에 의거한 비판적 수용이다. 그리스에서의 해석학의 단일한 과제는 의미된 것, 언어의 아래에 놓인 발언의도로 되돌아가는 일에 놓여 있었다. 이러한 해석학 이해가 암묵적으로 전제하는 것은, 언어는 발언된 말 자체를 넘어가거나 앞서가는 의미를 부여받고 있다는 점이다. 발언된 것과 관련해 의미의 초월 같은 어떤 것이 있다. 말과 이것의 실제적 의미와의 차이에 대한 그리스인들의 앎은 구술(Mündlichkeit)과 문술(Schriftlichkeit)의 차이에 대한 그들의 의식으로부터 생겨났을 것으로 여겨진다. 순수하게 구술적인 맥락에서 언어는 발언자와 발언맥락과 분리되지 않는다. 쓰인 언어는 그러나 그 발언맥락과 분리되어 있다. 이런 한에서 『파이드로스(*Phaidros*)』에서 플라톤은 가장 잘 쓰인 말은 단지 "상기"(276 d, 278 a)의 기능만을 가질 수 있다고 지적한다. 쓰인 말은 단지 구술에 속한 의미의 직접성과 충분성을 상기하도록 우리를 도울 뿐이라는 것이다. 플라톤에 있어서 사유는 "영혼의 자기 자신과의 대화" (*Theaitetus*, 184 e; *Sophistes*, 263 e, 264 a)이다. 즉 직접적이고 순수한 자기-의사소통의 구술적 수단이다. 같은 방식으로 아리스토텔레스도 『해석론(*De Interpretatione*)』(16 a 4)에서, 쓰인 기호들은 단지 구술적 발언에 대한 상징들이고 구술적 발언은 영혼이 겪은 것에 대한 상징이라고 적고 있다. 그렇게 우리는 플라톤과 아리스토텔레스가 쓰인 말을 발언된 말로 되돌리고, 발언된 말을 그 자체로 영혼의 말에 대한 상징으로 여김을 본다. 여기서 우리는 영혼의 말, 발언된 말, 쓰인 말이라는 말의 3단계 구분을 볼 수 있다. 그러나 말의 이러한 3단계 사이의 관계를 플라톤과 아리스토텔레스는 다소 다르게 설명하고 있다.

플라톤의 대화편 『파이드로스』에서는 수사술에 대한 소크라테스의 비판이 행해진다. 이러한 비판의 맥락에서 소크라테스는 다음과 같이 말하고 있다: "사람들이 작성된 글들에게 무엇인가를 물으려고 하면, 그것들은 침묵한다."(275D 5f) "하나의 말(Logos)이 쓰여 있게 되자마자, 그 말은 도처로 유포되는데, 그것을 이해하는 사람들은 물론 그것과 아무런 관계가 없는 이들에게도 유포된다."(D 9ff) "만약에 그 말이 모욕을 당하거나 부당하게 비방된다면, 그것은 돕는 사람으로서 언제나 아버지인 저자를 필요로 한다."(E 3f) "쓰인 말의 진정한 친형제는, 앎에 의해 학습자의 영혼 속으로 쓰여 있고 자기 자신을 방어할 수 있는 말이자 누구에 대해서 발언하거나 침묵해야 하는지를 알고 있는 말일 것이다; 이것은 쓰인 말이 그것에 대해 단지 하나의 모사물인, 생생하고도 영혼이 깃든 말일 것이다."(276A)[12]

플라톤은 여기서 영혼의 말과 발언된 말 사이의 간격보다는 쓰인 말과 발언된 말 사이의 간격에 더 큰 강세를 둔다. 쓰인 매체가 적절

---

12) 쿨만은 이렇게 전개되는 소크라테스의 논거를 다음과 같이 정리한다: "(1) 글 작품은 의도되어 있는 것을 정확히 전달하지 못한다. 그 일이 일어나야 마땅하다면 저자가 개입해야만 한다. 학습자의 영혼 속에 분명히 직관적인 파악이 중요한 것이지 어떤 명제들의 암기가 중요한 것이 아니다. (2) 글의 편찬은 위험하다. 글은 그것의 광범한 보급으로 인해 잘못된 손에 들어갈 수 있고 불손한 가상지식이나 저자에 대한 부당한 공격으로 이를 수 있다. 사람들은 이러한 두 가지 사유과정들을 글 사용에 대항하는 대화적(dialektisches) 논거와 비의적(esoterisches) 논거로 특징지을 수 있다."(W. Kullman, "Hintergründe und Motive der platonischen Schriftkritik", M. Reichel(hrsg.), *Der Übergang von der Mündlichkeit zur Literatur bei den Griechen*, Narr, 1990, 323)

하게 이해될 것이라는 보증은 없다. 쓰인 것의 위험은 그것이 고정되고 그래서 이중적 소외에 처해진다는 것이다. 그것은 우선 발언자의 의도로부터 소외될 수 있고, 그래서 그 말의 직접적인 발언자가 그가 의미한 것을 지적하는 일을 불가능하게 한다. 그것은 또한 그 자신의 의미로부터 소외될 수 있고 그래서 피상적이고 잘못된 해석들을 받아들일 수 있다. 그러나 물론 그에게서도 아리스토텔레스에게서와 마찬가지로 쓰인 것은 영혼에서 나온 발언된 말을 지시하고 상기시키기 위한 수단이다. 그 같은 영혼의 말은 플라톤에게 있어서 원칙적으로 대화를 통해서만 이해되는 것으로 간주된다.

아리스토텔레스의 『해석론』의 한 대목(1, 16 a 3-8)에 대한 하이데거의 해설적 번역은 다음과 같다: "그러나 언어적인 발설들, 소리들은 심적인 관계맺음(받아들임-숙고함) 속에서 만나진 것이 그 안에서 알려지는 그런 것이다. 그리고 쓰인 것은 그 안에서 소리들이 알려지는 그런 것이다. 그리고 문자들이 모든 사람들에게 동일하지 않듯이(이집트인들은 그리스인들과는 다른 문자를 가졌다), 발성들(발설의 형태들)도 동일하지 않다. 그럼에도 이러한 발설들 내지 소리들이 일차적으로 (본래적으로) 그것의 표시가 되고 있는 그것, 다시 말해 발설들을 소리들로서 발설되게 하는 그것은 모든 이가 동일하게 같은 것으로, 곧 의미된 것이자 받아들여진 것으로 만나게 되는 그런 것이다. 게다가 의미된 것, 이해된 것, 의미들이 그것에 대해 같아져 있는 것들이 되는 그 어떤 것은 우리가 관계를 맺고 있는 존재자 자체(pragmata)이고, 이것은 어쨌든 — 이미 — 애초부터 그 자체에 있어서 똑같은 것이다."(Logik, 166-167) 아리스토텔레스는 영혼에서 발언으로, 또 발언에서 문술로의 이행에 있어서 실질적으로 아무것도 상실되지 않는다고 여기는 듯하다. 쓰인 기호는 소리를 또 영혼이 겪은 것들(pathemata, Affektion)을 편리하게 대리하는 표시로 이해된다. 이 점은 그러한 기호들이나 영혼이 겪은 것들이 원칙적으로 모든 이들에게 동일한 것이라는 점을 암묵적으로 전제한다.

이러한 전제 아래 아리스토텔레스 이후의 진술논리학(명제논리학)은 모든 지식이 술어적 진술들(예: S는 p이다.) 속에서 표현될 수 있다고 주장한다. 이러한 진술논리는 실체와 속성의 관계라는 하나의 존재론적 구조를 묘사하기도 한다. 그러나 가다머가 보기에 술어적 판단들을 자족적인 의미론적 기체들로 간주하는 진술논리학은 언어의 본질적인 논리학일 수가 없다. 왜냐하면 어떠한 말도, 말해지고 있는 것에 대해 말해져야 할 모든 것을 표현하는 자족적 판단이나 순수한 명제는 아니기 때문이다. 플라톤으로부터 더 많이 동기를 부여받은 가다머는 "진술에 바탕을 둔 논리학의 구성"이 "우리 서양문화의 가장 치명적인 결정들 중의 하나"13)라고 보면서 진술논리학을 비판한다.

가다머는, 사람들이 그 동기, 의도, 발언이 향하고 있는 독자, 맥락 등을 고려하지 않고서도 완전히 이해할 수 있는 발언, 다시 말해 발언을 하는 영혼을 고려하지 않고 완전히 이해될 수 있는 발언, 이른바 순수한 진술 같은 것은 없다는 플라톤의 견해에 동의한다. 그러나 가다머는 플라톤에게서 보이는 것, 곧 발언된 말에 비교해서의 영혼의 말의 초월성을 수용하지는 않는다. 말의 완전한 의미 내지 진리는 단지 말 너머에 초월적으로 놓여 있는 것이 아니다. 만약 그것이 말 너머에 놓여 있다면 말은 단지 언어 너머의 지성적 의미의 외적인 표명에 불과할 것이다. 그러나 가다머의 시각에서는 말은 지성적 의미의 육화이고, 그래서 말의 완전한 의미는 말 속에서 또는 말로부터 찾아질 수가 있다.

말해지는 모든 것이 명제적 형식으로 번역될 수 있고, 이렇게 번역된 명제가 자족적인 의미기체라고 믿는 것은, 언어의 검증 가능성과 통제 가능성에 대한 믿음을 불러온다. 그러나 우리의 언어이해의 크기는 언어에 대한 검증능력과 통제능력에 비례하는 것이 아니라, 발언의 내용에서부터 발언의 영혼으로 나아가는 능력에 비례한다. 이런

---

13) H. -G. Gadamer, *Wahrheit und Methode. Ergänzungen Register*, Tübingen: Mohr, 1986, 193. 앞으로 이 책은 GW II로 약칭하여 표기한다.

까닭에 가다머는 아리스토텔레스의 진술논리학으로부터 플라톤의 대화적 해석학의 정신으로 돌아간다. 대화적 해석학의 정신을 그롱댕은 다음과 같이 설명한다: "하나의 발언을 이해하기 위해서, 우리는 언제나 우리 자신에게 다음을 물어야 한다: 이 발언이 어떤 질문에 대한 대답인가? 이 진술은 반어적인가? 누구에게 전달되는가? 발언된 말의 이해보다 쓰인 말을 더 위험하게 만드는 이러한 동기적 맥락을 고려하지 않고서는 사람들이 이해를 희망할 방도가 없다. 이 점이 플라톤의 대화법과 현대해석학의 핵심이다."(Grondin I, 30) 발언의 동기적 맥락에서부터 발언이 행해지고 또 이러한 동기적 맥락에 의거해서 발언이 살아가는 한, 그 동기적 맥락은 발언의 영혼이다. 사람들은 말해진 것의 영혼으로 되돌아가는 한에서만 쓰인 말이든 발언된 말이든 말을 이해한다. 이러한 입장은 이미 플라톤의 도구주의적 언어관을 넘어서 있다. 왜냐하면 발언된 말이 영혼의 말을 상기시켜 주는 도구가 아니라, 말의 영혼의 육화로 이해되고 있기 때문이다. 이러한 견해는 아우구스티누스의 언어이론의 도움으로 이룩된 견해이다.

그롱댕에 따를 때, 의미된 것에 대한 그리스적 표현은 히포노이아(hyponoia)이고, 이것은 호머의 저작 속에서는 "숨겨진 의미들"을, 스토아 학자들에게는 후대에 등장하는 표현으로 말해 "우화적 의미(allegoria)"를 가리킨다. 원칙적으로 그것은 "바탕에서 사유된 것, 말해진 것의 바탕에 놓인 사유내용"(Grondin I, 30)을 가리킨다. 발언된 것의 내면, 발언된 것의 바탕에서 사유된 것, 진술의 진리가 바로 해석학에게 그 존재이유를 주는 것이다. 이런 한에서 그롱댕은 진술의 진리를 해석학의 영혼이라고 부른다: "[…] 진술의 진리는 말해진 것 너머에 또는 히포노이아가 암시하듯 아래에 놓여 있고, 그 진술의 진리가 해석학의 영혼이다."(Grondin I, 31)

독자나 청자가 말해지고 있는 것의 맥락이나 동기를 고려하지 못할 경우, 말은 혼자 읽히고 들리는 말, 외적인 말이 된다. " '참된' 말"(GW I, 424), "내적인 말(das innere Wort)"(GW I, 426)의 이해는 따라서 대화를 필요로 하며, 이 점이 언어의 대화적 본성이다. 언어의 대화적 본성이란, 사람들이 말해진 것을 어떤 질문에 대한 대답인지를, 곧 그것이 생겨나는 그 동기와 상황을 이해할 때에만 사람들이 말해진 것을 이해한다는 사실을 가리킨다. 해석학적 탐구의 지속적 목표는 내적인 말이다. 외적인 말의 분석을 목표로 삼는 진술논리학은 따라서 해석학의 최대의 상반자이다. 언어를 해석학적으로 이해한다는 것은 말해진 것에서 말해지기를 원하는 것으로 더듬어 올라가는 것이고, 이때 말해지지 않은 것은 내적인 말로서 전제들, 동기들, 조건들이다. 내적인 말은 언어에 앞서는 표상도 아니고, 어떤 사물도 아니고, 어떤 말해진 것에 독립적인 의미영역도 아니다. 인간 발언에 끊임없이 영양을 공급하는 영혼이나 정신이다. 말의 영혼으로서의 내적인 말은 단번에 도달될 수 있는 것이 아니라 끊임없는 물음과 대화를 요구하는 것이다.

2) 실증성 비판

가다머의 실증성 비판은 정신과학적 방법론의 거부와 인문주의적 육성 개념의 회복으로 수행된다. 근대에 있어서 과학적 접근의 성공은 방법에의 강조에 근거를 둔다. 방법우위론자들은 과학적 결과들이 관찰자의 주관적 편견들에 의존하지 않는 보편타당한 것임을 보증하는 것이 방법이라고 믿는다. 19세기 말과 20세기 초에 제기된 방법론 논쟁(딜타이, 드로이젠, 미쉬, 로타커, 베버, 신칸트주의)은 역사주의와 실증주의에 의해 옹호된 방법이념의 수용에서 비롯된 것이다. 그러나 가다머는, 정신과학들이 학문의 지위를 누릴 수 있기 위해 자신들의 고유한 방법들을 완성해 내야 한다는 이념에 대해 거리를 둔다. 가다머는 이러한 방법이념을 원칙적으로 의심하고, 보편타당성을 단독적으로 보증할 수 있는 방법들의 요구가 정신과학들 속에서 현실적으로 적절한 것인지를 묻는다. 이러한 물음은 누구보다도 자연과학자 헬름홀츠(Helmholz)의 입장을 수용하면서 이뤄진다. 이 사람은 자연과학과 정신과학의 관계에 대한 1862년의 강연에서, 자연과학들은 '논리적 귀납의 방법들을 통해' 특징지어지고 정신과학들은 '심리적인 분별감(Takt)' 같은 것을 통해 인식들에 이른다고 주장하였다. 가다머는 이러한 주장을 수용하여 방법우위론자들을 겨냥해 다음과 같이 묻는다: "헬름홀츠는, 그가 정신과학들을 올바르게 대우하기 위해 기억과 권위를 부각시키고 심리적인 분별감에 대해 말할 때 […] [정신과학들의 작업방식을 위해서는 정신과학들이 그 아래에 서 있는 여러 조건들이 귀납논리보다 더 중요하다는 것을] 올바르게 암시하고 있는데, 그 분별감은 여기서 의식적 추론을 대체하는 바의 것이다. 그러한 분별감은 어디에 의거하는가? 그것은 어떻게 획득되는가? 정신과학들의 학문적인 점은 결국 방법론보다도 이 분별감 속에 놓여 있지 않은가?"(GW I, 13) 이렇게 가다머는, 정신과학들이 어떤 방법들의 적용보다는 분별감의 행사에 관련된다는 헬름홀츠의 견해에 동의한다. 가다머는 정신과학들의 고유성을 분별감으로 소급하는 것이 더 적절하다고 보는 한에서, 방법론적 문제제기 자체를 잘못된 것으로 비판한다: "오늘날의 과제는 딜타이의 문제제기의 지배적 영향에서 또 그를 통해 정초된 '정신사'의 선입견들에서 벗어나는 일일 것이다."(GW I, 170)

　정신과학들의 고유성은 인문주의에 있고, 인문주의는 인간의 자기육성(Selbstbildung)을 목표로 삼는다. 육성은 교육과 형성을 포괄하는 개념이다. 교육이 소질을 발전시키는 것이라면, 형성이란 발전되는 소질이 일정한 틀을 갖추도록 하는 것이다. 육성이란, 곧 형성의 과정에 의해 인간의 소질이 발전되도록 하는 일이다. 육성은 형성의 무한한 과정을 함축한다. 육성 개념은, 인류의 참된 존엄성이 인류의 현실적 상태에 놓여 있지 않고, 오히려 더 높은 운명으로 개화되고 고양되는 일에 놓여 있다고 전제한다. 가다머는 인문주의에 의해 강조되었던 이러한 육성 개념이 신학적인 기원을 갖고 있다고 본다. 가다머는 훔볼트가 문화와 육성을 구분하고 육성을 "더 높은 것이자 동시에 더 깊은 것, 이른바 품성(Sinnesart)"에 관련시키고 있는 문장을 인용한 후, 다음과 같이 말한다: "육성은 여기서 문화, 곧 능력들과 소질들의 양성보다 더 많은 것을 의미한다. 육성이라는 낱말의 등장은, 고대의 신비적 전통을 환기시키는데, 이에 따르면 인간은 자신이 그에 따라 창조된 신의 형상(Bild)을 끌어들이고, 자기 안에 구축해야만 하는 것이다."(GW I, 16) 이런 한에서 가다머는 육성(Bildug) 개념 속에 깃든 형상(Bild)의 이중성, 곧 모범(Vorbild)와 모사(Nachbild)를 부각시킨다. 이에 따를 때, 육성은 앞서 제시된 모범(Vorbild)에 따른 지속적 모사(Nachild, 사후형성)가 된다.

인류를 다른 피조물들로부터 구별시키는 것은 자신을 발전시키는, 또 그 자신을 보편적인 것으로 고양시킴에 의해 자신의 개별성을 능가하는 능력이다. 보편성은 지식의 목표로서 지평들의 확대에 의해 우리가 지닌 본성의 개별성을 넘어섬에 의해, 우리에게 자신들의 풍요한 지혜를 전달하는 타인들로부터 배움에 의해 성취되는 것이다. 가다머는, 육성이 무엇보다도 인류의 이성의 문화적 성취물들로부터, 곧 역사, 문학, 예술, 철학, 종교와 모든 정신과학들로부터 배움에 의해 진행한다는 고대인들의 생각을 수용한다. 이러한 생각에서부터 가다머는 정신과학들의 학문성이 육성에 놓여 있고, 과학적 모델이 목표 삼는 진리는 육성에 관련된 것이 아니라고 본다. 이런 한에서 "정신과학들을 학문들로 되게 하는 것은, 근대적 학문의 방법이념보다는 육성 개념의 전통에서부터 이해될 수 있다."(GW I, 23)고 말한다.

방법이념으로 유도되면서 인문주의적 전통을 쇠퇴하게 한 원인을 가다머는, 이전에 하나의 인식기능이 부가되었던 판단력과 취미 같은 인문주의의 근본개념들을 칸트가 『판단력비판』에서 미학화한 사실에서 찾는다. 『판단력비판』은 판단력과 취미를 주관화 내지 미학화하고 인식가치를 배제하였다. 그 결과 "문헌학적-역사적 연구들이 그 안에서 또 그로부터 살아왔던"(GW I, 46) 인문주의적 전통은 상실된다.

칸트에 의한 미학의 주관화는 "자연과학의 지식과 다른 모든 이론적 지식의 신용을 떨어뜨리면서 정신과학들의 자기숙고가 자연과학들의 방법론에 의존하도록 강제하였다."(GW I, 47) 이는 자연과학들의 객관적이고 방법적인 척도들을 만족시키지 못하는 것들이 주관적이고 미학적인 것들로 불리게 된 상황에서 정신과학들이 자연과학의 방법 이념을 추종하게 되었다는 것이다. 칸트가 행한 미학의 철저한 주관화에 대한 비판적 의식에서 출발하여 가다머는 상실된 인문주의적 전통을 되살리고, 인간 육성에 관련된 진리를 회복하는 작업으로 해석학을 구상한다.

2. 내적인 말: 이해의 필요성

가다머는 "전혀 그리스적 사상이 아니면서 언어의 존재를 더 잘 올바르게 대우하는 하나의 사상이 있고, 그래서 서양적 사유의 언어망각은 완전한 것이 될 수 없다."고 말하면서 그러한 사상으로 "육화(Inkarnation)라는 기독교 사상"(GW I, 422, 참조: 430)을 지적한다. 이러한 육화의 사상은 아우구스티누스의 『삼위일체론』에서 발견되는데, 거기서 외적인 말(logos prophorikos)은 내적인 말(logos endiathetos)의 육화로 말해진다. 외적인 말과 내적인 말의 관계를 통해 아우구스티누스는 특정한 시기의 역사적 세계에 들어선 신적인 말(예수)과 신과 함께 공동-영원한 말(신의 자기인식) 사이의 동일적이면서도 상이한 관계를 설명해 낸다. 그것들은 동근원적이지만 서로 혼동될 수는 없는 것이다.

이러한 관계는 사람에게 있어서의 외적인 말과 내적인 말의 관계에 대해 일정한 제한 속에서 유비적이다. 아우구스티누스는 "말(verbum, Wort)은 마음속에서 말해지는 것(quod in corde dicimus)이다."(De trinitate, XV, cap. X, 19)라고 밝힌다. 이러한 아우구스티누스의 견해를 가다머는 다음과 같이 해설한다: "외적인 말, 그리고 이로써 언어들의 다수성의 전체적 문제가 이미 아우구스티누스에 의해 […] 명시적으로 평가절하되었다. 외적인 말뿐 아니라 단지 내적으로 재생된 외적인 말도 특정한 혀에 묶여 있다. […] '참된' 말, 마음의 말(verbum cordis)은 (몸을 통한 봄과 들음) 같은 현상으로부터 전적으로 독립적이다. […] 아우구스티누스와 스콜라학이 삼위일체론의 비밀을 위해 말의 문제를 개념적인 수단을 획득하기 위해 다루는 경우, 그들이 주제로 삼는 것은 배타적으로 바로 이러한 내적인 말, 마음의 말이고, 또 이것과 지성(intellegentia)과의 관계이다."(GW I, 424) 이 경우 내적인 말이라고 불리는 것은 내면화된 언어나 영혼의 표상을 가리키지 않고, 사유된 사태를 가리킨다: "내적인 말(inneres Wort)은 물론 특정한 언어에 연관되어 있지도 않고, 기억에서부터 출현한 낱말들이 머리에 떠오름이라는 성격도 전혀 갖지 않고, 오히려 그것은 끝까지 사유된 사태(forma excogitata)이다."(GW I, 426) 끝까지 사유된 사태로서의 내적인 말은 특정한 표현 속에 제약되어 있지 않은 말이다. 끝까지 사유된 사태로서의 마음의 말은 진술에 대해 물음지평 내지 의미지평이다. 이 의미지평은 진술 속에서 말해지지 않은 것이지만 그 진술을 이해될 수 있는 말로 되게 해주는 것이다: "진술되어 있는 것이 모든 것은 아니다. 말해지지 않은 것이 비로소 말해진 것을 우리에게 도달할 수 있는 말(Wort)이 되게 한다."(GW II, 504) 내면적인 말 내지 말의 내면성은 영혼의 내면성이 아니라 의미의 내면성을 가리킨다. 이 내면성(의미지평)은 의미되었으나 숨겨져 있는 것이고, 이 숨겨진 내면성에 이르는 방법이 이해이다.

3. 이해의 역사성: 해석학의 원리

가다머는 "이해의 역사성을 해석학적 원리로 고양"(GW I, 270)시킨다. 왜냐하면 이해는 역사적으로 제약된 것으로서 선입견들(Vorurteile)로 나타나는데, 이 선입견들이 해석을 유도하기 때문이다. 가다머의 이러한 견해는 해석학적 순환의 존재론적 구조에 대한 하이데거의 발견에 단서를 둔다. 여기서 "'존재론적'은 가다머에게서 종종 그러하듯이 '보편적'을 의미한다."(Grondin II, 144) 순환은 보편적인데, 왜냐하면 모든 이해가 하나의 동기나 선입견들에 의해 제약되어 있기 때문이다. 가다머가 요약하는, 하이데거의 해석학적 순환의 의미는 다음이다: "앞선 기투(Vorentwurf, 선취적 규정)의 모든 교정이 하나의 새로운 의미기투를 미리 [예비적으로] 던질 가능성 속에 놓여 있다는 점, 의미의 통일성이 더욱 명료히 확립될 때까지 경쟁적인 기투들이 완성을 위해 나란히 데려와질 수 있다는 점, 해석이 앞선 [예비적인] 개념들과 더불어 시작하고 이 앞선 개념들은 더욱 적절한 개념들을 통해 대체된다는 점, 바로 이러한 끊임없는 새로운 기투행위가 이해 및 해석의 의미운동(Sinnbewegung)을 형성한다는 점이 하이데거가 기술하는 (해석학적 순환의) 절차이다."(GW II, 271-272) 해석학은 선입견들을 제거해야 하는 것이 아니라, 승인해야 하고, 이 선입견들을 해석적으로 완성해 내야 한다. 이런 한에서 해석적 이해의 과제를 가다머는 다음과 같이 규정한다: "기투들이 사안들에 입각해 비로소 보증되어야 마땅한 선취들이므로, 올바르고 사안에 적합한 기투들을 완성해 냄(Ausarbeitung)이 이해의 끊임없는 과제이다."(GW I, 272)

우리의 진리추구 내지 해석은 의미기대들, 선취들, 선입견들에 의해 유도된다. 선입견들이 선이해로서 해석적 이해의 조건들이라고 한다면, 역사적으로 제약된 이해 내지 이해의 역사성은 하나의 제한이기보다는 해석적 이해의 한 원리이다. 이런 한에서 가다머는 선입견들을 "이해의 조건들"(GW I, 281)이라고 규정한다. 우리의 가치판단들, 인식들, 심지어 우리의 비판적 판단들의 배경을 형성하는 것이 역사인 한, 개인의 선입견들은 "그의 판단들보다 훨씬 더 많이 그의 존재의 역사적 현실성"이라고 규정된다. 선입견이 개인의 존재의 역사적 현실성이라는 사실은 이해의 역사성이라고 규정되고, 이것이 가다머에 의해 해석학의 원리로 고양된다.

그런데 선입견들 중에는 잘못된 것들이 있을 수 있다. 이런 한에서 해석학에서도 참된 선입견과 잘못된 선입견은 구분되어야 마땅하다. 이러한 구분의 물음은 가다머가 일컫는바, "해석학의 본래적으로 비판적인 물음"(GW I, 304)인데, 그러한 구분을 가능케 하는 한 요인으로 가다머는 시간 간격을 내세운다: "시간적 간격은 어떤 사안 속에 놓여 있는 참된 의미를 비로소 충분히(voll) 출현하도록 한다. 하나의 원문이나 하나의 예술적 작품 속에 들어 있는 참된 의미를 길어냄은 그러나 어느 곳에서도 끝나지 않고, 사실상 그것은 무한한 과정이다." (GW I, 303) 가다머는 시간 간격이라는 개념 속에서 의미되는 것은, "언제나 새로운 오류원천들이 배제되고 그래서 참된 의미가 온갖 혼탁으로부터 여과된다는 것만이 아니고, 오히려 끊임없이 예상 안 된 의미연관들(Sinnbezüge)을 드러내는 새로운 이해원천들이 생겨난다는 점"이라고 강조한다. 그러나 1985년 제5판의 『진리와 방법』에서는 이전에 절대적으로 강조되었던 시간 간격의 기능이 완화된다. 제5판에서는 "종종 시간 간격이 해석학의 본래적으로 비판적인 물음, 곧 이른바 우리가 그 아래에서 이해하는 참된 선입견들을 우리가 그 아래에서 오해하는 잘못된 선입견들로부터 구분하는 문제를 해결되게 할 수 있다."(GW I, 304)고 되어 있다. 그런데 위 인용문의 "종종 시간 간격이 […] 할 수 있다."라는 말이 이전 판에서는 "시간 간격 이외의 다른 아무것도 […] 할 수 있지 않다."라고 쓰여 있었다. 시간 간격의 이러한 제한에 대해 가다머는 스스로 주를 달아 다음과 같이 해설하고 있다: "여기서 나는 원래의 원문 […]을 완화시켰다: 시간 간격만이 아니라 간격(Anstand)이 그러한 해석학적 과제를 해결되게 하는 것이다."(GW I, 304, 주 228) 시간 간격 이외의 간격으로 우리는 우선 사안에 대해 비판적인 거리 취함으로서의 간격을 생각할 수 있을 것이다.

가다머가 이해의 역사성을 해석학의 원리로 제시하면서도 사안에 입각한 해석의 보증의 필요성과 참된 선입견과 잘못된 선입견의 구분의 가능성을 주장하는 한, 그의 해석학은 모든 선입견들을 타당하게 수용하는 관점주의적 해석학이 아니다. 그러나 다른 한편으로 이때의 사안 자체가 벌거벗은 경험을 말하지 않고 이해적 기투와 언어를 통해 표현되는 것으로 여겨지는 한, 그의 해석학은 실증주의적인 해석학도 아니다. 오히려 그의 해석학은 비판적으로 반성하는 이해를 요구하는 해석학이다. 비판적으로 반성하는 이해란 선입견들 내지 의미기대들을 단순히 완성하지 않고, 오히려 그것들을 의식하면서 비판적으로 통제하고 이를 통해 사안들 자체로부터 올바른 이해내용을 획득하려고 노력하는 이해이다. 그롱댕은 이러한 이해를 특색지어서 "비판적으로 반성하는 이해"가 "하이데거와 더불어 가다머가 권고하는 것이고, 말하자면 실증주의적인 자기해체(Selbstauflöschung)와 니체의 보편적 관점주의 사이에서 중앙을 붙잡고 있는 것"(Grondin II, 145)이라고 해설한다. 해석학의 원리로서의 이해의 역사성은 가다머에게 있어서 상대적 인식론이나 절대적 인식론을 배척하는 원리이자 유한한 해석의 무한한 과정을 요청하는 원리이다.

4. 이해의 구조: 문답적 대화

가다머는 모든 진술이 물음에 대한 대답 성격을 갖고, 따라서 물음이 진술보다 우위의 성격을 갖는다고 본다: "플라톤의 대화와 그리스 논리학의 대화적 근원이 입증하듯이, 판단이 아니라 물음이 논리학에서 우위를 갖는 것이다. 진술에 대한 물음의 우위는 그러나 진술이 본질적으로 대답이라는 것을 의미한다. 일종의 대답을 나타내지 않는 진술은 없다."(GW II, 52) 진술이 물음에 대한 대답인 한, 물음이 모든 진술들의 동기를 형성한다. 이런 한에서 진술의 이해는 물음, 곧 진술의 동기 내지 배경의 이해로서만 발생한다: "모든 진술은 동기 지어져 있다. 모든 진술은 그것이 진술하지 않는 전제들을 갖고 있다. 이러한 진술들을 함께 사유하는 자만이, 어떤 진술의 진리에 실질적으로 도달할 수 있다. 나는 주장하는바, 모든 진술의 그러한 동기의 최종적인 논리적 형식이 물음이다."

가다머는 진술이 물음에 대한 대답이라는 점을 드러내 보이기 위해 법정진술을 그 예로 든다: "법정에서의 진술이라는 극단적인 예가 가르치는 것은, 사람들이 동기를 지닌 채 말하고, 따라서 진술을 행하는 것이 아니라 오히려 대답한다는 점이다. 하나의 물음에 대답한다는 것은 그러나 물음의 의미를, 그리고 이로써 그 물음의 동기배경을 현실화한다는 것을 의미한다."(GW II, 195) 진술이 언제나 동기를 지닌 진술로서 타인의 물음이나 자신의 물음의 **동기배경** 내지 **의미지평**을 현실화하고 있는 것이라면, 진술은 동기배경에서부터만 참되게 이해된다. 발언된 것에만 관심을 집중함은 말의 대답성격을, 물음으로 향하게 하는 말의 지시성격을 도외시한다. 말의 대답성격을 가다머는 해석학적 근원현상이라고 파악한다: "어떤 물음에 대한 대답으로 이해되지 않을 수 있는 하등의 가능적인 진술이 없고, 진술이 사실상 오직 그렇게만 이해될 수 있다는 것은 사실상 해석학적인 근원현상이다."(GW II, 226) 해석학적 근원현상, 곧 진술의 대답성격이 진술논리학의 자기이해의 한계를 드러내준다.

우리가 이해하고자 애쓰는 것은 진술들이 의미하는 것, 진술들이 말해야만 하는 것인데, 진술은 그것을 충분히 진술할 수가 없다. 그래서 진술 속에서 오직 말해진 것에만 집중하는 것은 추상이다: "진술되어 있는 것이 모든 것이 아니다. 말해지지 않은 것이 비로소 말해진 것을 우리에게 도달할 수 있는 말로 만든다."(GW II, 504) 말해진 것은 우리 진술들이 지닌 말해지지 않은 측면을 고려하는 한에서만 적절히 이해될 수가 있다.

물음의 진술배경의 이해로서의 진술의 이해는 **생산적** 이해로 발생한다: "가끔이 아니라 언제나 한 원문의 의미는 그 저자를 넘어선다. 따라서 이해는 단지 재생적인 행위인 것만이 아니라, 끊임없이 또한 생산적인 행위이다."(GW I, 301) 이 말은 그러나 해석자가 저자보다 "더 잘 이해한다."는 것이 아니라 다르게 이해한다는 것을 말한다:

"[…] 사람들이 여하튼 이해한다면 사람들은 다르게 이해한다."(GW I, 302) 여기서 '다르게 이해한다'는 것은 '새롭게 반복한다'는 것을, 곧 회귀와 생성(5장 2절 참조)에 의해 특징지어지는 말로 '회복한다'는 것을 의미한다. 이해가 재생을 넘어 생산적인 이해가 되는 이유는 원문의 이해가 나의 상황 및 상황 속의 나의 이해를, 간략히 말해 자기이해를 수반하기 때문이다. 자기이해를 수반하는 이해는 적용으로서의 이해이다.

하이데거 이전의 해석학에서 적용이라는 개념은 이해와 분리된 것으로, 적용은 이해 이후에 이뤄지는 사후적인 일이었다. 이해된 것의 그러한 사후적 적용은 법학에서는 법의 개별 사례에의 적용에서, 신학에서는 성서 원문의 설교적 설명에서 일어난다. 가다머는 그러나 이해의 **구성적 계기로서의 적용** 개념을 내세운다. 이해의 구성적 계기로서의 적용은 이해가 끊임없이 자기이해 내지 자기만남으로서 발생함을 의미한다. 적용으로서의 이해는 하나의 의미가 우리의 상황에, 우리의 물음에 적용되는 식으로 이해됨을 가리킨다: "이해 속에서는 언제나 이해되는 원문이 해석자의 현재의 상황에 적용됨이 일어난다." (GW I, 313) 하이데거가 의미의 완성을 현존재 자체 속에서의 현실적인 갱신이자, 실존을 함께 형성함으로 이해한 것과 마찬가지로 가다머도 이해를 생산적 행위이자 적용적 행위로 이해한다.

물음배경의 이해, 생산적 이해, 의미완성으로서의 이해, 적용으로서의 이해의 발생은 대화에의 참여이자 **과거와 현재의 대화**의 속행이다. 자기이해로 발생하는 이해는, 이해의 시작을 미리 규정하는 물음들에 의해 동기 지어져 있다. 하나의 원문은, 우리가 그 원문으로 겨누는 질문들의 덕으로만 발언한다. 따라서 해석자는 묻는 의미기대들을 배제하기 위해서가 아니라 부각하기 위해서 노력해서, 우리가 이해하려고 하는 원문들이 더욱더 분명하게 그것들에 대해 대답할 수 있도록 해야 한다. 과거의 한 원문을 이해함은, 그 원문을 우리의 상황에 적용함이고, 그 원문 속에서 우리 시대의 질문에 대한 대답의 발언을 들는 일이다. 적용의 해석학은 이런 식으로 물음과 대답의 대화에 순종한다. 가다머에게서 이해는 의미에, 전통에, 결국 대화에 참여함으로서 물음과 대답의 해석학이다.

우리는 우리 시대의 해석내용 속으로 빠져들며, 이 경우 우리가 그 것을 명시적으로 전유하는 식으로보다는 습관의 방식으로 그리한다. 우리는 특정한 해석내용 속으로 던져진 채 우리 이전에 시작된 대화를 계속한다. 이해는 끊임없이 그러한 대화의 속행이다. 그런데 우리는 습관적으로가 아니라 결의한 채로 해석을 일로, 곧 과제로 떠맡을 수도 있다. 그렇게 우리는 대화에 적극적으로 참여하면서 대화 속에서 새로운 의미만남을 통해 우리에게 전승된 의미측면들을 인수하고 변양시킨다. 그런 식으로 해서 이해는 물음과 대답의 변증법의 영향사적 현실화로서 일어난다. 해석학적 경험(존재이해)의 구조 속에서 발견되는 것은 "물음과 대답의 변증법"이고, 이것은 "이해의 관계를 대화 유형의 상호관계"(GW I, 383)로 나타나게 한다. 이해는 여기서 문답적 구조로 규정되고 더 나아가 대화적 관계로, 과거의 지평과 현재의 지평의 융합으로 규정된다. 이해는 "우리 자신인 바의 대화"의 수행이고, "이해함 속에서 발생하는 지평들의 융합이 언어의 본래적인 기능(Leistung)이다." 대화 속에서의 이해 내지 이해 속에서의 지평융합은 과거와 현재 간의 또 원문과 독자 간의 대화의 수행이다. 하이데거의 해석학적 연관, 곧 피투와 기투의 연관은 가다머에게서 이렇게 물음과 대답의 연관, 곧 대화 내지 지평융합으로 나타난다. 이러한 피투적 기투, 대화, 지평융합은 언어의 기능이고 이로써 그것들을 제약하고 있는 것은 언어이다.

5. 이해의 언어성: 해석학의 존재론적 전향

언어가 우리 자신인 바의 내적인 대화를 위한 유일한 매개체로 기능하는 한, 언어는 "해석학적 경험의 매개체"(GW I, 387)이다. 가다머가 해석학적 경험의 매개체로서의 언어에서 주목하는 것은 "언어의 보편성"(GW II, 73), "이해의 언어성"(GW II, 186)의 "보편성", "인간의 언어성의 보편적 현상"(GW II, 233)이다.

언어의 보편성은 그러나 단지 모든 세계경험의 언어성만을 가리키는 것이 아닌데, 왜냐하면 이러한 언어성이라는 보편적 성격은 또한 진술의 논리에 대해서도 타당할 수 있기 때문이다. 이성은 과연 하나의 특수한 언어에 사로잡혀 있다는 점에서는 제한성을 갖지만, 그러나 이성은 끊임없이 표현의 언어를 추구한다는 점에서는 무한성을 갖는다: "어떤 생각, 어떤 의도는 언제나, 현실적으로 언어 속에 낱말들 속에서 파악된 채 남들에게 도달하는 것을 넘어가고 지나간다. 적절한 낱말에 대한 그치지 않는 요구 — 이것이 분명 언어의 본래적인 삶과 본질을 형성하는 것이다."14) 이 점을 그롱댕은 해석학의 보편성 논쟁을 염두에 두고 강조하여, 언어의 보편성이란 "그때마다의 언어의 보편성이 아니라, […] 언어추구의 보편성"(Grondin II, 169)이라고 말한다. 언어의 보편성이란 이성의 무한성에서 사유되는 것으로서 이성의 언어추구의 보편성을 말한다. 따라서 이해와 언어에 대한 추구는 하나의 방법론적 문제에 불과한 것이 아니라, 인간의 현사실성의 근본특징이다.

가다머는 언어추구의 보편성에 의거해 새로운 해석학을 구상한다. 이러한 구상은 철학의 보편적 문제제기로의 해석학의 확대이고, "언어를 단서로 한 해석학의 존재론적 전향"(GW I, 385)을 말한다. 이러한 전향의 가능성은 언어의 사변적 성격에 바탕한 언어추구의 보편성에 놓여 있다: "사변적이라는 말은 여기서 비춤의 관계를 말한다."(GW I, 469) '사변적'은 라틴어 '스페큐룸(speculum)'에서 나온 말이고 이것은 비춤(Spiegelung)을 의미한다. 우리의 진술들은 언제나 전면적으로 발언되어 있지 않은 의미를 비춘다. 적절한 이해는 발언된 말들 자

---

14) H. -G. Gadamer, "Grenzen der Sprache", *Evolution und Sprache über Entstehung und Wesen der Sprache*, Herrenalber Texte 66(1985), 99.

체를 넘어가서 이것을 동기 지우는 말해지지 않은 것의 차원에 도달해야 한다.

말해지지 않은 것으로 향하는 사변을 통해 진술된 언어는 의미의 완성이라는 방식으로 이해된다: "언어 자체는 […] 어떤 사변적인 것을 갖고 있다. — 논리적 반성관계들의 본능적인 앞선 형성이라는 헤겔이 말한 의미에서만이 아니라, 의미의 완성(Vollzug des Sinnes)으로서의, 곧 말함, 양해, 이해의 사건으로서 그러하다. 그 같은 의미의 완성은 말의 유한한 가능성들이, 무한한 것에 방향을 둠과 같은 의도된 의미에 방향을 두고 있는 한에서 사변적이다."(GW I, 472-473) 언어의 사변적 성격 내지 의미완성의 사변적 성격에 비추어 볼 때, 자족적 의미기체로서의 "진술 개념은 […] 해석학적 경험의 본질에 대해 또 인간의 세계경험 일반의 언어성에 대해 가장 극단적인 반대에 서 있다."(GW I, 472) 왜냐하면 진술은 불완전하고 따라서 거기서는 의미지평이 또 이로써 원래의 의미가 숨겨지기 때문이다: "진술 속에서는 원래 말해져야만 하는 것의 의미지평(Sinnhorizont)이 방법적 엄밀성에 의해 숨겨진다. 남아 있는 것은 진술된 것의 '순수한' 의미이다. 그것이 기록되는 것이다. 그러나 그렇게 진술된 것으로 축소된 의미는 언제나 이미 왜곡된 의미이다."(GW I, 473)

언어가 사변적인 이유는 말하는 이가 사변적 태도에서 말하기 때문이다: "말하는 이는, 그의 낱말들이 존재자를 모사하지 않고 오히려 존재 전체에 대한 하나의 관계를 발언하고 존재 전체를 언어로 이르게 하는 한에서, 사변적으로 태도를 취한다."(GW I, 473) 말하는 이의 사변적 태도와 말의 사변적 성격 때문에 해석자도 역시 사변적 태도를 보여야 한다. 의도된 의미는 진술 속에서 자신의 충분한 구체화를 결코 성취하지 못하기 때문에, 이해는 사변적이어야 하고, 사변적 이해는 말해지지 않은 것이나 동기배경, 곧 말에 선행하고 있는 대화를 고려하면서 의미의 이해적 완성, 곧 대화에의 참여를 추구한다. 우리의 세계경험 내지 존재경험은 원칙적으로 언어성을 갖는다. 그런 까닭에 해석학은 "이해될 수 있는 존재는 언어이다(*Sein, das verstan-den werden kann, ist Sprache*)."(GW I, 478)라고 말한다. 이해는 말의 전체 내용을 완성하여, 완성된 언어가 드러내주는 존재 전체에 다가설 수가 있다.

예술작품의 존재, 어떤 사건의 뜻(Bedeutung)이나 어떤 원문의 의미(Sinn)와 마찬가지로 역사적 의식도 "과거와 현재의 매개"를 포함하고 이러한 "매개의 보편적 매개체"가 "언어성"이다. 모든 해석이 언어성을 갖는 한에서 해석학의 보편성은 언어성에 놓인다. 따라서 가다머의 해석학적 문제제기는 하나의 보편적인 물음 방향으로 확대되고, 이런 한에서 "해석학"은 "철학의 보편적 측면이고 소위 정신과학들의 방법론적 기초일 뿐이지 않다."(GW I, 479) 해석학의 보편성이 철학에 대해 의미하는 것은, 해석학이 정신과학들의 방법론의 주변 문제로 제한될 수 없다는 점이다. 가다머의 강조된 의미에서의 사변적인 노력은, 해석학의 지평을 정신과학들의 협소성 너머로까지 확대시켜, 해석학이 철학의 중심적 관심사가 되게 하는 곳에 향한다. 이해를 시도하는 해석자에게 요구되는 것은 발언의 과정을, 곧 사유를 언어로 번역하는 전달(interpretatio, hermeia)의 과정을 추적하는 것이다. 말해진 것에서 말해지지 않은 것으로 돌아가는 일은 본성적으로 이해를 찾고 사변을 행하는 것인데, 이것은 철학의 중심적 관심사이고 해석학의 과제이다.

말해지지 않은 것이 말해진 것을 언제나 넘어선다는 점은 우리의 유한성을 나타내는 것이고, 말해진 것 속에서 말해지지 않은 것을 찾으려는 노력이 인간의 탁월성을 나타낸다. 언어는 두 차원을, 곧 술어판단 내지 명제논리 차원과 의미지평 내지 물음지평의 차원을 갖는데, 후자의 차원을 배경으로 전자가 발언되지만 전자의 차원이 후자의 차원을 완전하게 드러내지 못하고 다만 방향을 지시하기 때문에, 전자로부터 후자로의 이행이나 전자의 후자로의 번역이 필요하다. 진술된 언어의 불완전한 성격이 해석학을 요청하며 진술된 언어의 사변적 성격이 해석학을 가능하게 한다. 해석의 기술이 아니라 해석의 과제로서의 해석학은 의미지평들 내지 물음지평들의 융합을 성취한다.

이상에서 논의된 것을 요약하면, 가다머의 해석학은 인간의 언어추구의 보편성에 의거해 텍스트와의 대화를 통해 내적인 말 내지 의미지평을 경험하는 것이다. 이 같은 해석학은 언어이해의 자현방식을 대화와 지평융합으로 보는 지평융합적 존재론이라고 규정될 수 있는 것이다.

이제 끝으로 하이데거의 해석학과 가다머의 해석학을 비교하면서 그들의 같고 다른 점을 밝혀보기로 한다. 아우구스티누스는 기호적 현실과 완성적 현실, 외적인 말과 내적인 말을 구분하였다. 이에 따르면 저자의 발언의미를 불완전하게 나타내는 외적인 말은 내적인 말의 추적에 의해 독자나 청자에 의해 그 의미가 완성되어야 할 말이다. 그렇게 내적인 말을 추적하면서 외적인 말의 의미를 완성하는 일은 가다머와 하이데거에게서 해석학의 본래적 과제로 된다. 이러한 공통성은, 진술이 자족적 의미론적 기체라고 보는 논리실증주의에 맞서는 그들의 공통적 신념과 맞물려 있다.

그들 사이의 차이는 다른 것들 가운데서도 형이상학과 인문주의에 대한 그들의 견해에서 드러난다. 가다머는 서양의 형이상학적 전통(플라톤, 아우구스티누스, 헤겔 등) 속에 해석학적 이해를 위해 도움을 주는 요소들이 있음을 보고 이를 발굴해 낸다. 그에게 있어서 형이상학의 언어는 인류의 자기이해에 대한 접근수단이 된다. 하이데거에 비해 가다머는 전통적인 형이상학에 대해 더 우호적인 자세를 보인다. 가다머는 하이데거와 마찬가지로 플라톤을 인문주의의 아버지로 보지만, 하이데거가 인문주의에 대해 부정적인 형이상학적 해석을 가하는 반면에, 가다머는 그것을 적절한 형이상학의 부재에 있어 우리가 받아들일 만한 유일한 태도로 여기는 듯하다.

이러한 차이에도 불구하고 해석학의 가능성과 관련된 그들의 공통점은 이해의 언어성과 언어의 역사성에 대한 통찰이다. 이러한 공통적 통찰 내에서 그들의 상이한 용어들의 관련성이 추적될 수 있을 것이다. 해석학적 연관은 하이데거에게 있어서 피투적 기투라는 개념 속에, 가다머에게 있어서 과거와 현재의 대화라는 개념 속에 구체화된다. 해석학적 연관의 현실화는 하이데거에 있어서의 자화사건 내지 (세계와 사물의) 사이-나눔의 사건으로, 가다머에게 있어서는 전승사건 내지 지평융합의 사건으로 개념화된다. 이러한 용어들의 상이성에도 불구하고 그들 모두에게 있어서 이해가 언어적이고 언어가 역사적인 한에서 언어는 해석학적 연관의 제약자로 파악되고 해석학의 가능근거이자 요청근거로 제시되고 있다. 이해의 언어성과 언어의 역사성에 대한 통찰을 근거로 그들은 각기 진리이해의 자화사건적 존재론과 언어이해의 지평융합적 존재론을 전개한 것이다.

3절 가다머의 인문학과 교양

1. 인문학의 논란

국내에서는 1990년대 중반부터 인문학의 위기에 관한 논의가 있어 왔다. 이 같은 논의를 야기한 직접적인 요인들은 대학의 학부제 실시, 인문학과 지원자 및 수강생의 감소, 인문서적 판매량의 감소 등이다.

그간의 논의 속에서는 인문학에 대한 의미규정으로부터 인문학의 위기에 대한 원인 진단과 처방에 이르기까지 다양한 문제들이 다루어졌다. 의미규정의 부분에서는 인문학이 문학, 역사, 철학에 대한 포괄적 이름이라든지, 자연과학을 분리한 인문사회과학만을 말한다든지, 혹은 응용과학을 제외한 모든 학문을 통칭한다든지 하는 역사적이거나 규정적인 발언들이 있어 왔다. 아울러 인문학의 위기의 문제에 있어서는 그 외부 원인으로 실용성만을 중시하는 사회풍조나 과학적 합

리성만을 인정하는 학문적 경향 등이 지적되었고, 그 내부 원인으로
는 인문학의 학문적 불완전성이나 엘리트 계급적 편향성 등이 지적되
었다. 이와 더불어 처방의 관점에서는 "쉬운 인문학", "재미있는 인문
학" 같은 대중지향적 표어가 제시되기도 하였고, "표현인문학", "문화
인문학", "지역문화학" 같은 학문적 구상이 주창되기도 하였다.15)

이러한 논의들 속에서 인문학의 이념이랄 수 있는 인문주의는 그러
나 소홀히 다뤄져 온 감이 있다. 물론 그것이 전혀 다뤄지지 않은 것
은 아니지만, 대체로는 개괄적으로 또는 부분적으로만 다뤄졌을 뿐,
역사적으로나 체계적으로는 다뤄지지 않았기 때문이다. 이렇게 본다
면 인문주의에 대한 개념적 이해는 지금까지의 다양한 인문학 논의
속에서 미진한 부분으로 남아 있다고 할 것이다.

이 글에서 우리는 인문학 논의에서 미진하게 남아 있는 부분의 보
완을 위해 가다머의 견해를 빌려 인문주의라는 전통의 의미를 밝혀보
고자 한다. 그의 견해는 그의 주저 『진리와 방법: 철학적 해석학의 근
본특징들』에 비교적 자세히 서술되어 있다.16) 이 책에서 그가 인문주
의 전통을 강조하는 이유는, 그것이 방법을 강조하는 자연과학에 맞
선 정신과학의 고유한 성격을 밝혀주기 때문이다. 그의 이러한 문제
의식은 우리가 인문학의 위기의 외적 원인으로 실용성과 과학적 합리
성이 거론된다는 점을 상기할 때, 그만의 문제의식이 아니라, 오늘의
우리의 문제의식이라고도 할 수 있을 것이다.

가다머는 『진리와 방법』에서 제일 먼저 인문주의의 전통을 밝힘에

---

15) 참조: 정대현 외, 『표현 인문학』, 생각의 나무, 2000; 이상엽, 「인문학과 해석
   학: 문화인문학-인문학의 문화학적 기획」, 『해석학연구』 8권, 2001; 이영석 외,
   『대학원 체제변화에 따른 인문학 연구: 교육체계 재편방안』, 2004년도 인문정
   책연구총서 2004-03, 인문사회연구소, 2004. 이영석 외 5인이 공동 연구한 논
   문에서는 세계를 문화권별로 나누고, 이 지역을 종합적으로 이해하려는 학문
   적 목적 아래 인문학을 재배열하여 지역문화학을 수립하고, 이에 맞게 대학원
   체제를 개편하자는 제안이 이뤄지고 있다.

16) H. -G. Gadamer, *Wahrheit und Methode. Grundzüge einer philosophischen
   Hermeneutik*, Tübingen: Mohr, 1975.

의해 정신과학의 성격을 해명하고(1부 1장 1절), 이어서 칸트 이래의 미학의 주관화 과정을 밝힘에 의해 본래적 예술경험의 필요성을 환기시킨다(1부 1장 2절). 이러한 작업을 바탕으로 가다머는 미학적 차원을 넘는 예술작품의 존재론을 전개하여 예술경험에서의 진리문제를 명확히 하고(1부 2장), 이와 상관적으로 정신과학에서의 진리문제를 역사적 시각에서 다루게 된다(2부).

이런 논의과정을 통해 가다머가 의도하는 것은 적어도 두 가지이다. 하나는 인문주의 전통을 밝힘에 의해 정신과학의 성격을 명확히 하는 것이고, 다른 하나는 (문학을 포함한) 예술경험의 진리와 (역사와 철학을 포함한) 정신과학의 진리가 긴밀히 연관되어 있음을 밝히는 것이다. 그에 의하면 예술경험의 진리와 정신과학의 진리는 모두 인간과 세계에 대한 해석학적 경험이자 해석학적 진리라는 점에서 근본적으로 동일한 것이다.

우리는 여기서 가다머의 그 같은 논의과정을 모두 추적하려고 하지는 않는다. 우리는 다만 그가 자신의 논의를 위해 제일 먼저 확정하고 있는 인문주의 전통을 부각시켜 소개하는 것을 과제로 삼는다. 이런 제한 아래서 이 글은 인문주의 전통에 대한 가다머의 논의를 순차적으로 추적하게 될 것이다. 가다머는 인문주의 전통의 문제를 학문의 방법문제라는 맥락에서 다룬다. 따라서 우리는 먼저 가다머를 좇아 정신과학에서의 방법의 문제를 살펴보고, 이와 상관적으로 인문주의 전통을 특징짓는 분별감 개념에 접근하게 될 것이다. 인문주의나 분별감 개념은 가다머에 의하면 일의적으로 규정될 수 있는 논리적 개념이 아니라, 다의적이고 역사적인 개념이다. 그래서 그는 그것들을 상호 연관적 의미를 갖는 교양, 공동감각, 판단력, 취미라는 개념들에 의해 설명한다. 우리는 인문주의의 주도적 개념들인 이것들이 갖는 역사적 의미를 순차적으로 살펴볼 것이다.

2. 자연과학의 방법과 정신과학의 인문주의

1) 방법의 문제

서양 고대의 철학이 학문 일반을 의미하는 한에서 서양 고대철학은 지금의 인문학에 속하는 여러 분과를 이미 모두 포괄하는 셈이다. 그렇기는 하지만 학문의 여러 분과를 하나로 묶는 인문학에 대응하는 명칭은 로마시대에 쓰인 'humanitas'라는 낱말이다. 이 낱말은 우선적으로는 인간성을 뜻하지만, 그것이 그리스어 교양(Paideia)의 번역어인 한에서 학문이라는 함축도 갖는다. 인문학에 대한 좀 더 명시적 명칭은 르네상스 시대에 등장한 'studia humanitatis'이지만, 오늘날 인문학이 영어로 'human sciences' 또는 'humanities'로 표기되는 것으로 본다면 'humanitas'가 인문학의 근원적 낱말이라고 할 것이다.

독일어 문화권에서는 그러나 인문과학을 표현하는 다른 낱말들이 있어 왔다. 빈델반트는 1894년에 (법칙정립적인) 경험과학과 대비되는 것으로 (개성기술적인) '역사'를 말하였고,[17] 리케르트는 1899년에 빈델반트가 '역사'라고 부른 것을 (개성화하면서 문화적 가치연관을 인식하는) '문화과학'이라고 칭하였다.[18] 그러나 '문화과학'에 앞서 독일에 등장하여 우선적으로 사용된 개념은 '정신과학'이다.

---

17) W. Windelband, "Geshcichte und Naturwissenschaft", *Präludien*(1894), 제2권, Tübingen: Mohr, 1919-21, 136 이하. 그는 자연과학과 구분되는 일체의 경험과학을 다시 법칙과학들과 사건과학들로 나누었으나, 이러한 구분은 종래의 용어에 따를 때 자연과학적 분과들과 역사적 분과들의 대립이라고 말해도 좋다고 밝혔다.

18) Heinlich Rickert, *Kulturwissenschaft und Naturwissenschaft*(1899), Stuttgart: Reclam, 1986, 36. 나중에 베버(Max Weber)는 리케르트의 문화적 가치연관이라는 개념을 수용하면서 개별적인 것이 거기에 인과적으로 귀속될 수 있는 그런 유형(Typus)을 탐구하는 사회학을 주창하는데, '사회학'이라는 용어는 콩트(Auguste Comte)에 의해 사변철학에 대비되는 실증철학으로서의 사회물리학이라는 의미로 처음 생겨난 것이다.

가다머가 지적하듯이 '정신과학들'이라는 낱말은 무엇보다도 존 스튜어트 밀의 『논리학』을 번역한 요한네스 쉬일(Johannes Shiel)을 통해 1863년에 처음 독일어로 채용되었다.19) 밀은 『논리학』에서 부록 형식으로 도덕과학들(moral sciences)에 귀납논리를 적용시킬 가능성들에 대해 약술하고 있는데, 쉬일은 '도덕과학들'을 대체할 수 있는 표현으로 '정신과학들'을 소개한 것이다. 그런데 밀이 비록 정신과학으로 번역될 수 있는 도덕과학에 대해 말하고는 있지만, 그에게 있어서 도덕과학이 의미하는 바는 현재의 정신과학의 의미와는 동떨어진 것이다. 이 점에 대해 가다머는 다음과 같이 지적한다: "이미 밀의 논리학의 맥락에서부터 생겨나는 결론은, 문제시되고 있는 것이 정신과학들의 고유한 논리를 인정하는 일이 전혀 아니고, 오히려 그 반대로 이 영역에서도 유일하게 타당한 것은 모든 경험과학의 바탕에 놓인 귀납적 방법이라는 점을 보여주는 일이라는 것이다."(GW I, 9)

밀 자신은 영국의 경험론적 전통 속에 서 있다. 이 전통은 도덕과학들(심리학, 사회학, 역사학)에서도 "동형성들, 규칙성들, 법칙성들"을 인식하는 것이 중요하다고 보며, 이것들이 개별적인 현상들 및 경과들을 예측할 수 있게 해주는 것들이라고 본다. 물론 영국의 경험론적 전통도 이러한 인식목표들이 자연현상들의 영역에서와 같은 방식으로 성취될 수는 없는 것이라고 인정한다. 왜냐하면 도덕적이고 사회적인 현상들의 영역에서는 동형성들을 인식할 수 있게 해주는 자료들이 충분하지 않기 때문이다. 하지만 밀은 자유의지라는 형이상학적 전제를 배제한 채 귀납법을 통해 사회현상들의 일반성이나 규칙성을 파악함이 가능하며, 이 경우 자유의지는 바로 이 일반성이나 규칙성에 귀속하는 것이 된다고 본다. 이러한 밀의 귀납방법을 사용하는 대표적인

---

19) J. S. Mill, *System of Logic, Rationativ and Inductiv*(1843). 독어본 *System der deduktiven und induktiven Logik*, übertragen von Shiel, 1863(전6권). 이 중 제6권의 제목이 "Von der Logik der Geisteswissenschaten oder moralischen Wissenschaften"이다.

예가 이른바 "군중심리학"이다.

밀의 견해와는 달리 가다머는 귀납논리가 "사회적-역사적 세계"의 인식에 적합하지 않은 것이라고 주장한다. 왜냐하면 "역사학적 인식"의 목표는 개별적 현상으로부터 일반적 법칙성을 발견하거나, 거꾸로 개별적 현상을 일반적 법칙성의 구체적 사례로 파악하는 것이 아니기 때문이다. 오히려 역사학적 인식의 목표는 개별적 현상을 일회적 현상으로 간주하면서, 개별적인 인간이나 민족, 국가가 성립되는 일회적이고 역사적인 구체적 경과로 파악하는 데 있기 때문이다. 자연과학들이 규칙성, 법칙성, 일반성을 추구하는 반면, 정신과학들은 일회성, 역사성, 구체성을 목표로 한다. 이 점에 대해 가다머는 다음과 같이 말한다: "[사회적-역사적 세계에 대한] 역사학적 인식의 이상은 오히려 현상 자체를 그것의 일회적이고 역사적인 구체성 속에서 이해하는 것이다. 이 경우에 많은 일반적 경험이 작용하고 있을 수도 있다. [그러나] 목표는 이 일반적 경험들을 확증하고 확대시켜서 어떤 법칙의 인식에 도달하는 것, 이를테면 사람들이, 민족들이, 국가들이 통틀어 어떻게 발전하는가 하는 법칙의 인식에 도달하는 게 아니고, 이 사람이, 이 민족이, 이 국가가 어떻게 존재하며, 이들이 무엇이 되었는지, 일반적으로 말해 이들이 그렇게 있는 것이 어떻게 성립할 수 있었는지를 이해하는 것이다."(GW I, 10)

방법이라는 개념이 현상 일반의 규칙성, 법칙성, 일반성의 파악을 암묵적 목표로 전제하는 한, 그것은 정신과학에서는 무익한 개념이다. 왜냐하면 정신과학은 사회적-역사적 현상의 일회성, 역사성, 구체성의 파악을 목표로 삼고 있기 때문이다. 하지만 자연과학의 영향 아래서 정신과학자들도 방법의 문제를 외면해 버릴 수만은 없었다.

2) 분별감의 문제

19세기에 정신과학들의 방법론을 성찰한 독일 사람들로 가다머가 의미 있게 거론하는 사람들은 헬름홀츠, 드로이젠, 딜타이이다. 가다머는 이들 중에서 특히 헬름홀츠를 높이 평가한다. 왜냐하면 그가 1862년 하이델베르크 대학 부총장 취임 때 행한, 자연과학들과 정신과학들의 관계에 관한 기념 강연에서 정신과학들의 독특한 인식방식의 가능성을 제시하였기 때문이다.[20] 거기서 헬름홀츠는 귀납법을 논리적 귀납법과 예술적-본능적 귀납법으로 구별하고, 전자를 자연과학들에, 후자를 정신과학들에 배정한다. 그에 의하면 자연과학들의 논리적 귀납법은 지성적 사유에 의해 "의식적으로" 수행되는 반면, 정신과학들의 예술적-본능적 귀납법은 "무의식적으로" 수행된다. 그리고 이러한 무의식적이고 본능적인 귀납적 추론은 일정한 심리적 조건들을, 곧 분별감, 기억의 풍요, 권위들의 인정을 필요로 한다. 이 점을 가다머는 다음과 같이 지적한다: "[헬름홀츠의] 이 귀납법은 일종의 분별감(Taktgefühl)을 요구한다. 또 여기에는 자연과학들의 경우와는 다른 종류의 정신적 능력들, 예컨대 기억의 풍요와 권위들의 인정이 필요하다. 이에 반해 자연과학들자의 자기-의식적인 추론은 전적으로 자신의 지성의 사용에 의거한다."(GW I, 11)

가다머는 헬름홀츠의 방법론적 숙고가 분별감의 중요성을 지적한 점에서 의의가 크지만, 그럼에도 여전히 일정한 한계를 갖는다고 본다. 왜냐하면 그 역시 밀의 영향 하에 머물면서 귀납법을 과학 일반의 방법으로 전제하면서, 다만 귀납법을 둘로 구분하여 각기 정신과학들과 자연과학들에 배정하였을 뿐이기 때문이다. 과연 그는 자연과학들의 논리적 귀납법을 정신과학들에 적용하는 것을 거부함에 의해, 정신과학들의 독자적 성격을 강조하였다. 하지만 그는 여전히 귀납법이라는 자연과학들의 방법 이상으로부터 출발한다는 소극성을 갖고 있다. 그는 정신과학들의 작업방식이 자연과학들의 방법과 "논리적으

---

20) 참조: H. Helmholz, "Über das Verhältnis der Naturwissenschaften zur Gesamtheit der Wissenschaften"(1862), *Vorträge und Reden*, 4판, 1권, 167 이하.

로" (추구하는 진리들의 차이로 인해) 다른 것이라는 점을 이해하지 못하고, 다만 "심리적으로" (사용되는 의식적 지성과 무의식적 본능의 차이를 통해) 구분하고 있는 것이다.

19세기에 정신과학들의 방법론을 숙고한 다른 한 사람은 드로이젠이다. 그는 1843년의 『역사학』[21]에서 자연과학들의 모범에 대해 말하지만, 이를 통해 그는 정신과학들과 자연과학들과의 이론적 동화의 필요성이 아니라, 자연과학들에 독립된 정신과학들의 자립적 정초의 필요성을 말한다. 이 책에서의 드로이젠의 의도와 관련하여 가다머는 "그는 '더 심오하게 파악된 역사(Geschichte)의 개념이 중력점이 될 것이고, 이 중력점 속에서 이제 정신과학들의 격렬한 동요가 안정을 얻고 또 더 나아가는 진보의 가능성을 얻어야 한다'라는 기대를 표현한다."(GW I, 12)고 지적한다.

정신과학들의 방법론을 숙고한 또 한 사람은 딜타이이다. 그는 한편으로 자연과학들의 방법과 밀 논리학의 경험주의로부터 강한 영향을 받고 있었다. 그러면서도 그는 다른 한편으로 정신의 개념 속에 깃든 낭만주의적 관념론의 유산에 매달린 채 영국 경험주의에 대한 우월감을 지니고 있다. 가다머는 이러한 이중성이 정신과학들의 방법론에 대한 딜타이의 숙고를 제한했다고 본다. 딜타이는 "순수한 개인적 분별감을 통해 귀납적인 그리고 비교하는 방법을 사용"하고 있고, 이 점에서 그는 "인문주의적이고 낭만주의적인 신념"을 여전히 가지고 있다. 그럼에도 불구하고 그는 자연과학들을 모범으로 삼아 정신과학들을 이해한다. 가다머는 그 증거로 두 가지 사실을 거론한다. 하나는 빌헬름 셰러에 대한 추도사에서 그가 "우리 조상들의 세계는 [셰러에게] […] 다만 역사적 대상이었을 뿐이다."[22]라고 말한 것이고, 다른 하나는 그가 정신과학적 방법들의 독립성을 위해, " '자연은 우리가

---

21) 참조: J. S. Droysen, *Historik*(1843), hrs. von E. Rotacker, Neudruck, 1925, 97.

22) 참조: W. Dilthey, *Gesammelte Schriften*, Bd. XI, 244.

자연에 순응함으로써만 정복된다'는 베이컨의 오래된 원칙을 끌어들인다."는 점이다(GW I, 13).[23] 결국 딜타이는 역사적 세계(정신 영역)만을 연구의 '대상'으로 간주하지만 베이컨을 따라 주관보다 이 대상에게 '우월성'을 부여한다. 이런 태도는 자연과학들이 자신들의 연구대상에 대해 갖는 객관주의적 태도와 동일한 것이다. 이 점에서 가다머는 딜타이가 정신과학들의 방법론에 대한 논리적 숙고에 있어서 헬름홀츠를 크게 능가하지는 못했다고 본다.

딜타이의 기대와는 달리 정신과학들에게는 방법이 없다는 것이 가다머의 주장이다: "딜타이가 정신과학들의 인식론적 독립성을 매우 옹호했겠지만, 사람들이 근대적 학문에서 방법이라고 부르는 것은 어디서나 동일한 것이고, 자연과학들에서만 특별히 모범적으로 부각된다. 정신과학들의 고유한 방법은 없다." 방법은 근대적 학문 개념에 속한 것이고, 오직 자연과학들에서만 유효한 것이다. 그래서 가다머는 정신과학들은 방법이란 개념보다 헬름홀츠의 분별감이라는 개념에 주의를 기울이고, 이것에서 정신과학들의 학문성을 찾아야 한다고 주장한다. 하지만 헬름홀츠와 19세기가 수행한 정신과학들의 학문성에 대한 숙고는 그 자체로는 만족할 만한 것이 못 된다. 그들은 다만 칸트를 뒤따라 학문 및 인식의 개념을 자연과학들의 모범에 의해 이해하며, 정신과학들의 탁월한 특수성을 단지 예술적 요소(예술적 감정, 예술적 귀납)에서만 찾는 까닭이다. 예컨대 헬름홀츠는 자유와 자연에 대한 칸트의 구별을 따르면서, 역사학적 인식의 영역에는 자연법칙이 없고 실천법칙만이 있는 까닭에, 역사학적 인식은 자연의 탐구와 다르다고 보았다. 그러나 이런 사유과정은 칸트의 의도와도 일치하지 않고, 귀납적 사유 자체와도 일치하지 않아 설득력이 부족하다. 칸트의 입장에서 보면, 자유세계에 대한 귀납적 연구는 인정될 수 없는 것이고, 귀납적 사유의 입장에서 보면, 자유세계를 전제하는 일 자체가

---

23) 참조: W. Dilthey, *Gesammelte Schriften*, Bd. I, 20.

인정될 수 없는 것이다. 이런 점에서 본다면, 자유의 문제를 방법적으로 배제한 밀이 헬름홀츠보다 더 일관성을 갖고 있는 셈이다.

3) 분별감의 중시가 인문주의

가다머의 진단에 따르면 독일의 정신과학에게는 자연과학에 대한 열등의식이 있었다기보다는 오히려 인문주의적 자부심이 있었다: "사실상 정신과학들은 그러나, 자신이 다만 자연과학들에 종속된다고 느끼는 것으로부터 멀리 떨어져 있다. 독일 고전주의의 정신적 계승 속에서 정신과학들은 오히려 인문주의의 진정한 대리인이라는 자랑스러운 자부심을 발전시켰다."(GW I, 14) 정신과학이 지닌 인문주의적 자부심은 바로 정신과학이 분별감에 의거한다는 자부심이었다. 분별감이 바로 정신과학을 성립시키는 토대였다. 그런데 분별감이 교양(육성된 의식)의 한 기능인 한에서 정신과학은 교양 개념과 밀접한 관련을 갖게 된다. 이 점에 대해 가다머는 다음과 같이 해설한다: "[독일 고전주의 시기에] 특히 헤르더는 계몽주의의 완벽주의를 '인간을 위한 육성(Bildung zum Menschen)'이라는 새로운 이상을 통해 능가했으며, 이로써 19세기에 역사학적 정신과학들이 그 위에서 전개될 수 있는 그런 지반을 마련했다. 이 당시 지배적인 세력을 얻게 된 교양(Bildung)이라는 개념은 분명 18세기의 위대한 사상이고, 바로 이 개념이 19세기의 정신과학들이 그 안에서 살아가던 그런 원소(Element)[24])를 표시하는데, 비록 정신과학들이 이 점을 인식론적으로 정당화할

---

24) 하이데거는 원소를 근본조건이라는 의미로 사용한다. 예컨대 그는 말해 주기(Sagen, 말하여 보여주기)는 시짓기와 사유를 위한 동일한 원소이지만, 이 양자에 대해 상이한 방식에서의 원소, 곧 "물고기를 위한 물로서의 그리고 새를 위한 공기로서의 원소"라고 표현한다(참조: M. Heidegger, "Das Wesen der Sprache"(1957/58), *Unterwegs zur Sprache*, Pfullingen: Günther Neske, 1959, 188). 우리는 가다머가 사용하는 용어로서의 '원소'도 이런 뜻으로 이해할 수 있다.

줄 모른다고 해도 그런 것이다."(GW I, 14-15)

이상의 논의에 따르면 정신과학은 인문주의 전통에 토대를 두며, 인문주의는 분별감의 육성을 중시하며, 육성된 분별감은 교양이다. 그런데 가다머는 헬름홀츠의 분별감의 의미를 더 충실하게 해주는 다른 역사적 개념들로 공동감각, 판단력, 취미를 들고 이들이 교양과 함께 인문주의의 주요 개념들이라고 해설한다. 이런 한에서 우리는 이 개념들의 역사적 의미를 순차적으로 추적해 보기로 한다.

3. 인문주의의 주요 개념들

1) 교양

분별감 개념을 단서로 하여 가다머가 거론하는 첫 번째 인문주의 개념은 교양이다. 그에 의하면 지금의 교양 개념은 중세 및 바로크 시대에 지녔던 신비주의적 의미(신적 형상의 모방)와 더불어 헤르더가 부여한 의미(인간성의 육성)를 함께 지니고 있다. 따라서 교양은 신의 형상을 모방하고 있는 육성된 의식을 가리킨다. 특히 서양의 19세기는 교양을 숭배하는 세기였는데, 이러한 교양의 숭배를 가다머는 "교양종교(Bildungsreligion)"(GW I, 16)라고도 부른다.

교양(Bildung)이란 낱말은 여느 낱말과 마찬가지로 역사적인 의미 변천을 겪어 왔다. 가다머에 따르면 'Bildung'은 처음에는 어떤 구체적 형태의 '형성'을, 그 다음에는 (경작과 비유되는 계발이란 뜻에서의) '문화' 내지 '육성'을 의미했고, 나중에 훔볼트에 이르러서 비로소 지금의 뜻과 같은 '교양'을 의미하게 된다.

가다머의 시기적 검토에 따르면, 칸트는 능력(혹은 자연소질)의 문화(Kultur, 계발)를 의무로 말하지만, 'Bildung'이라는 낱말을 아직 사용하지는 않는다. 칸트의 제자인 헤르더에 의해 'Bildung'이란 낱말이 비로소 육성이라는 의미로 사용된다: "'Bildung'은 이제 문화라는 개념과 밀접히 공속하면서, 우선적으로는 자신의 자연적인 소질들과 능력들을 완성하는 독특하게 인간적인 방식을 표시한다. 헤르더를 통해서 야기된 우리의 개념에 대한 이러한 특징은 칸트와 헤겔 사이에서 완성된다." 헤르더 다음 세대인 헤겔은 자기 자신에 대한 의무라는 칸트의 생각을 수용할 때에, 'Sichbilden(자기육성)'과 'Bildung(육성)'이란 낱말을 사용하다. 헤겔과 같은 세대인 훔볼트는 문화(계발)와 'Bildung' 사이의 의미차이를 감지하면서 'Bildung'을 어떤 더욱 고차적이고 더욱 내적인 것, 곧 성향(Sinnesart)으로 규정하였다. 이로써 비로소 'Bildung'은 교양이란 의미에 도달하며, 이때 교양은 신의 형상을 자기 안에 건립하고 있는 상태를 함축하게 된다: "여기에서[훔볼트에서] 'Bildung'은 문화보다, 곧 능력들이나 재능들의 양성보다 더 많은 것을 의미한다. 'Bildung'이라는 낱말의 이러한 고양은 오히려 오래된 신비주의적 전통을 상기시키는데, 이 전통에 의하면, 신의 형상(das Bild Gottes)에 따라 창조된 인간은 그 형상을 자신의 영혼 안에 지니고 있으며, 그 형상을 자기 안에서 건립해야 한다."

역사적으로 보면, 육성(Bildung)이란 낱말은 자신과 경쟁관계에 있던 형성(Form, Formierung, Formation 등)이란 낱말을 이겨냈다. 그럴수 있었던 이유 중의 하나는, '형성'이 자연적 형성이란 의미만을 지니게 된 반면에 '육성'은 이를 넘어서는 종교적 의미도 지녔기 때문이다. 그런데 가다머는 '육성'이 '형성'을 마침내 이겨낸 이유는 그 같은 의미함축의 우연적 차이보다는 이를 넘어서는 본질적 차이에 있다고 본다. '육성'은 '형성'과 달리 모상과 모범을 자신의 의미요소로 갖고 있다는 것이다: " 'forma'는 르네상스 시대의 아리스토텔레스주의 이래로 그 전문적인 의미[질료와 대립된 형상]로부터 완전히 분리되어 순수하게 역동적으로 자연적으로 해석된다. 그럼에도 불구하고 'Bildung(육성)'이라는 낱말의 'Form(형성)'에 대한 승리는 우연히 나타난 것이 아니다. 왜냐하면 'Bildung'에는 'Bild(형상)'가 숨어 있기 때문이다. 'Form' 개념은 신비스러운 양면성에서 뒤처져 있는데, 이 양면성에 의해 'Bild'는 'Nachbild(모사)'와 'Vorbild(모범)'를 동시에 포괄하고 있다."(GW I, 16-17)

'형성'을 이겨낸 '육성'은 점차로 생성과정으로서의 육성이란 의미로부터 생성결과로서의 존재상태인 교양이란 의미로 이행한다. 'Bildung' 개념이 육성이란 뜻 외에 교양이라는 의미를 갖게 된 것을 가다머는 생성과정을 의미하던 낱말이 존재상태를 의미하는 낱말로 옮아가는 통상적인 전이에 상응한다고 본다. '육성'이 육성과 교양을 동시에 의미하는 사실은 자연이 한편으로는 스스로를 산출하는 자이고, 다른 한편으로는 그렇게 산출된 자라는 사실과 비슷하다. 자연이 자기목적적이듯이 육성도 자기목적적이어서, 그들은 모두 자기 밖에 목표를 두는 것이 아니다: "[의미의] 전이가 여기서 특히 분명한 까닭은, 육성(Bildung)의 결과는 기술적인 목표화의 방식으로 산출되는 게 아니고, 오히려 형성 및 육성의 내적 경과를 넘어 웃자라나고, 그 때문에 끊임없는 계속 육성 및 확대 육성 속에 머물기 때문이다. 그 점에서 육성이라는 낱말이 그리스어 자연(physis)과 비슷하다는 것은 우연이 아니다."(GW I, 17)

육성은 어떤 소질의 계발(Kultivierung einer Anlage)을 넘어서는 것이자 이것과 구분되는 것이다. 육성에 있어서는 습득, 흡수, 수용되는 것이, 소질 계발에서와 같이 수단으로 이용된 후 버려지는 것이 아니라, 오히려 보존되면서 육성의 결과 내지 교양으로 되기 때문이다. 역사라는 것이 지나가버린 망각된 과거가 아니라 현재에 의미 있게 수용되어 보존되고 있는 것이라면, 육성 내지 교양도 그 같은 역사적 성격을 지니며, 이런 뜻에서 가다머는 그 개념이 역사적 개념이라고 규정한다: "오히려 획득된 육성(erworbene Bildung, 즉 교양) 속에서는 아무 것도 사라져버리지 않고, 모든 것이 보존된다. 교양(Bildung)은 진정한 역사적 개념이고, 그래서 '보존'의 이러한 역사적 성격이 바로 정신과학들의 이해를 위해 중요하다." 교양이 보존적 성격 내지 역사적 성격을 갖는 개념인 까닭에, 그것은 동시에 사회적-역사적 세계를 다루는 정신과학들을 특징짓는 개념이 된다.

교양이 육성된 의식이라면, 육성된 의식을 위한 육성과 학문의 관계가 문제시된다. 헤겔이 바로 이 관계를 명료화하였다. 헤겔은 "철학이 '그 자신의 존재의 조건을 육성에 두고 있다'는 점을 보았다."[25] 헤겔을 따라 가다머도, "정신의 존재가 본질적으로 육성의 이념과 결부되어 있는 까닭에", 정신과학들의 존재의 조건도 육성에 있다고 본다. 가다머에 의하면 인간은 직접적이고 자연적인 것과의 단절을 통해 특징지어지며, 이 단절은 인간본질의 정신적, 이성적 측면에 의해 인간에게 요구되는 것이다. 그래서 인간본질의 정신적, 이성적 측면에서 보면 인간은 본성적으로는, 그가 마땅히 되어야 할 바의 인간이 아직 아니다. 바로 이 때문에 인간은 육성을 필요로 한다. 육성은 개별성(직접성, 자연성)으로부터 일반성으로의 고양을 말한다. 헤겔은 "육성의 형식적인 본질"이라는 말로 "일반성으로의 고양"(GW I, 18)을 표시한다. 그에게 있어서 일반성으로의 고양, 곧 (자기)육성은 인간의 과제이다.

헤겔에 의하면 육성은 일반적인 것(개인 차원이나 사회 차원에서의 공동선)을 위해 특수한 것(직접적 본능이나 자연적 욕구)의 희생을 요구한다. 이러한 요구는 "실천적 육성"과 "이론적 육성" 모두에 적용된다. 실천적 육성의 본질은, 어떤 일반적인 것(건강)에 비추어 과도한 욕구 충족 및 체력 사용을 제한하는 "절제"에 놓여 있고 또 개인적인 상태나 업무를 마주해서도 나중에 여전히 필요하게 될 수 있는 다른 어떤 것(가능한 다른 직업)의 고찰에 대해 개방적으로 머무는 "신중함"에도 놓여 있다. 실천적 육성은, 개인에 대해 언제나 운명이나 외적 필연성의 면모를 지니면서 개인적 목적에 무관한 과제들에 헌신하기를 요구하는 "직업의 선택"에서도 입증되고, 또 사람들이 직업을 그 모든 면에서 완전하게 수행한다는 점에서도 입증된다. "직업의 완

---

25) 이하 헤겔의 육성 개념에 대해 G. W. F. Hegel, *Philosophische Propädeutik*, 41-45절 참조.

전한 수행"은 그런데 사람들이, 사람들 자신이 지닌 특수성에 대해 직업이 드러내는 낯선 점을 극복하고 그 낯선 점을 완전히 자신의 것으로 만든다는 점을 포함한다.

이러한 점으로부터 "역사적 정신에 대한 [헤겔의] 근본규정이, 곧 역사적 정신은 '자신을 자기 자신과 화해시키며 자신을 다른 존재 속에서 인식한다'는 점"(GW I, 19)이 알려진다. 이 근본규정은 헤겔의 이론적 육성의 이념에서도 명백히 알려진다. 왜냐하면 이론적인 태도 취함은 '어떤 직접적이지 않은 것, 어떤 낯선 종류의 것, 상기와 기억, 사유에 속하는 것에 종사하라'는 요구를 따르는 것으로서 "자기소외"이기 때문이다. 직접적인 앎이나 경험을 넘어서는 이론적 태도의 육성은, "사실을 이기적 관심 없이, 즉 '객관적인 것을 그것의 자유에 있어서' 파악하기 위해, 사실이 다르게도 타당할 수 있음을 배우면서 일반적인 관점들을 발견하는 점"에 놓여 있다. 바로 그 때문에 육성에 의해 얻는 것은 이론적 관심들의 양성 이상이다.

가다머는 육성이 헤겔의 용어인 "소외(Entfremdung)와 동화(Aneignung)의 운동"(GW I, 20)으로 적절히 표현되지만, 그렇다고 헤겔이 말하듯 대상적 본질의 해소나 절대지의 성취 속에서 완성되는 것은 아니라고 본다. 여기서 헤겔에 대한 가다머의 비판적 수용의 태도가 나타난다. 가다머는 "헤겔에게 거리를 두고 있는 역사학적 정신과학들의 경우에도 완성된 육성[교양]의 이념이 여전히 불가피한 이상"이라고 주장하는데, 왜냐하면 "교양은 육성된 사람이 그 안에서 움직이는 원소"이자 "역사학적 정신과학들이 그 안에서 움직이는 원소"이기 때문이다. 가다머에 의하면 교양(육성된 의식, 완성된 육성)으로부터 분별감이 성립하고, 또한 이런 분별감 속에서 정신과학이 존재한다: "정신과학들은, 학문적 의식이 어떤 이미 육성된 의식이고 바로 그 때문에 학습될 수 없고 모방될 수 없는 올바른 분별감을 소유한다고 전제하는데, 이 분별감은 스스로가 하나의 원소처럼 정신과학들의 판단형성 및 인식방식을 자기 안에 품고 있는 것이다." 결국 헬름홀츠가 말한 분별감은 교양을 전제하며, 이 교양이 정신과학을 성립시키는 원소이다. 바로 그 때문에 정신과학의 진리는 육성을 위한 진리가 되는 것이다.26)

분별감의 능력을 가다머는 기억의 능력과 관련시켜 설명한다. 기억에는 보유, 망각, 상기라는 요소들이 속하는데, 보유와 상기 사이에 망각이 놓여 있다는 것이다. 기억은 보유이지만, 망각할 것은 망각하고 망각해서는 안 될 것은 상기하는 능력인데, 이 점이 분별감에도 타당하다는 것이다. 상기능력으로서의 분별감에 대해 가다머는 다음과 같이 설명한다: "우리가 분별감이란 말로 이해하는 것은 상황들에 대한 일정한 감성 및 감각 능력이고 또 우리가 그것들에 대해서는 일반적 원리들로부터 나오는 어떠한 앎도 갖고 있지 않은 그런 상황들 속에서의 태도이다. […] 사람들은 어떤 것에 대해 분별감 있게(taktvoll) 말할 수 있다. 그런데 이것이 언제나 뜻하게 될 것은, 사람들이 어떤 것을 분별감 있게 넘겨버리거나, 말없이 내버려둔다는 것이고, 그래서 사람들이 단지 넘겨버릴 수 있는 것을 말해 버리는 것은 분별감이 없는(taktlos) 것이다."(GW I, 22) 결국 분별감이란 상황 전체에 맞게 망각할 것은 망각하고 보유할 것은 상기하면서 행동을 취하는 태도를 말하는 것이다.

따라서 일상에서 말하는 분별감이나 헬름홀츠가 말하는 분별감의 공통점은 "어떤 인식방식이자 어떤 존재방식"이라는 점이다. 이 같은 분별감은 그런데 교양의 한 기능이다. 왜냐하면 그것은 자연적으로 주어져 있지 않아서 육성되어야만 하는 특별한 감각을 요구하기 때문이다. 미적인 감각이나 역사학적 감각은 모두 육성된 감각이고, 이러

---

26) 그롱댕에 의하면, "인문과학들의 진리들은 육성의 진리들이고, 이 육성의 진리들은 육성이란 낱말의 모든 의미들에 있어서 우리를 육성한다. 그 진리들은 우리들을 각인하고, 우리들을 구성하고, 우리들을 변형한다."(Jean Grondin, *The Philosophy of Gadamer*(1999), tr. Kathryn Plant, Montreal & Kingston: McGill-Qeen's University Press, 2003, 25)

한 육성된 감각만이 신뢰할 수 있는 분별감으로 된다.

분별감의 바탕이 되는 미적 감각이나 역사학적 감각은, 예술작품이나 과거 같은 타자들에 대한 어떤 감수성을 말한다. 이러한 감수성이나 감각이 교양을 전제하는 또 다른 이유는 교양의 일반적 특징이 바로 "다른 더 일반적인 관점들에 대해 자신을 개방한 채 머무는" 일이기 때문이다: "교양 안에는 자기 자신과의 관계에 있어서의 균형과 거리에 대한 일반적 감각이 놓여 있고, 이런 한에서 자기 자신을 넘는 일반성으로의 고양이 놓여 있다." 육성된 의식이 추구하는 일반적 관점들은 그러나 불변적 척도가 아니라, 다만 자기 개방적 태도 속에서 현재적으로 드러나는 "타인들의 관점들"이다. 육성된 의식이 불변적 척도를 갖지 않는다는 점에서 그것은 "지성이라기보다는 감각"이다. 비록 감각이라고 해도 그것은 지성과 마찬가지로 "일반성"을 갖고 있다. 예컨대 시각이란 감각이 자기가 본 것과 남들이 본 것의 차이를 포착하고, 남들이 본 것보다 일반적인 것에 자기를 개방하면서 일반적인 시각이 되려 한다는 점에서 일반적인 감각이듯이, 육성된 의식도 그렇게 일반적인 감각이다: "육성된 의식은, 자연적 감각들이 그때마다 한 특정한 영역에 한정되어 있는 한에서만, 그러한 모든 자연적 감각들을 능가하는 것이다. 육성된 의식 자체는 모든 방향들 속에서 활동한다. 그것은 하나의 일반적 감각(ein allgemeiner Sinn)이다." (GW I, 23) 결국 교양, 곧 육성된 의식은 육성된 일반적 감각이기도 한 것이다.

지금껏 우리는 인문주의적 전통에 속한 첫 번째 개념인 교양을 살펴보았다. 이 교양의 한 기능은 분별감인데, 이 분별감은 일반적인 지성이 아니라 일반적인 감각이다. 이 점에서 교양의 본질에 대한 하나의 표현은 어떤 일반적이고 공동체적인 감각, 곧 공동감각이 된다: "하나의 일반적이고 공동체적인(gemeinschaftlicher) 감각 — 이것이 사실상 교양의 본질에 대한 하나의 표현인데, 이것은 광대한 역사적 연관을 울려나게 하는 표현이다." 사실이 이런 한에서 우리는 공동감각의 개념이 지닌 역사적 연관을 탐구할 필요가 있는데, 그 개념은 인문주의적 전통을 알려주는 두 번째 개념이다.

2) 공동감각

근대에 공동감각을 강조한 사람은 이탈리아의 철학자인 비코(Vicos)였다. 수사학 교사였던 그는 고대로부터 내려오는 인문주의 전통 속에 서 있다. 그는 논문 「우리 시대의 연구방법에 관하여」[27]에서, 인문주의적 전통 속에서 자연과학과 대비되는 새로운 학문을 구상하기 위해 능변과 더불어 공동감각을 원용한다. 가다머에 의하면 그가 원용하고 있는 것들, 곧 "공동감각(sensus communis)이라는 공동체적 감각은 물론 능변(eloquentia)이라는 인문주의적 이상도 역시 이미 현자(Weise)라는 고대 개념 속에 놓여 있던 요소들"(GW I, 25)이다. 여기서 능변(eu-legein)은 "수사학적으로 잘 말하는 것"만이 아니라 "올바르게 말하는 것을, 곧 참된 것을 말하는 것"을 뜻한다. 공동감각이라는 개념도 수사학적 요소 외에 고대의 전통에서 나온 다른 요소, 즉 "학자와 현자 사이의 대립", "이론지와 실천지 사이의 대립"을 함축하고 있다. 따라서 비코가 공동감각을 원용하는 것은 데카르트 이래의 근대적 학문 개념에 맞서 이와 동등한 정도로 실천지와 현자가 중요하다는 점을 강조하기 위한 것이다.

비코가 보기에 근대의 학문은 "비판적인 학문"이지만, 장점들과 더불어 한계들도 갖고 있다. 이 점은 고대의 덕목들에 비추어 볼 때 뚜렷한 것이다. 비코는 고대인들이 장려한 "신중과 능변의 덕목들"이 개연적인 것들을 다루는 공동감각과 관련된다고 본다. 이런 공동감각은 인간에게 공통된 감각이자 공동성을 만드는 공동적 감각이기도 하다. 이런 감각은 비판적 정신에 토대를 둔 근대의 회의론 철학이나 자

---

27) 참조: J. B. Vico, *De nostri temporis studiorum ratione*, mit Übersetzung v. W. F. Otto, 1947.

연과학들에 의해 육성될 수 있는 것이 아니다. 비코는 청년들이 "상상을 위한 그리고 기억의 배양을 위한 형상들(Bilder, 모범들)"을 필요로 하며, 그런 모범들을 위해서는 새로운 비판정신 속의 근대적 학문 연구가 기여할 수 없다고 본다. 이 점에 대해 가다머는 다음과 같이 지적한다: "비코의 생각에는 인간의 의지에 방향을 부여해 주는 것은 이성이라는 추상적 일반성이 아니라, 한 집단, 한 민족, 한 국가 또는 전체 인류의 공동성을 나타내는 구체적 일반성이리라는 것이다. 따라서 이 공동감각의 양성이 삶을 위해서 결정적 의미를 지니리라는 것이다."(GW I, 26)

공동감각은 비코에 따를 때 삶에 중요한 올바름이나 공동선에 대한 감각일 뿐만이 아니라, 문헌학적이고 역사학적인 연구들의 토대이기도 하다. 왜냐하면 그런 연구들의 대상은 "인간의 행위들과 성과들에서 그 형태를 얻는 그대로의 도덕적이고 역사적인 인간 실존"이고, 인간 실존에 있어서는 상황들이 결정적으로 중요하기 때문에, 인간 실존은 그 자체로 "공동감각에 의해 결정적으로 규정될 뿐, 일반적인 것으로부터의 추론이나 근거들로부터의 증명은 충분할 수가 없다."(GW I, 28)는 점 때문이다. 공동감각에 의한 인식은 추론적 인식만큼이나 강한 확신을 가져다줄 수 있는 까닭에, 추론적 인식이나 자연과학적 인식과 대비되는 그 나름의 고유한 (개연적) 인식이다.

이러한 개연적 인식의 중요성을 분명하게 이해했던 사람은 프랑스 철학자 달랑베르인데, 개연적 인식에 대한 그의 견해는 가다머가 인용하는 다음의 문장에서 분명히 드러난다: "개연성은 원칙적으로는 역사학적 사실들의 경우에 작용하고, 일반적으로는 우리가 원인을 찾을 수 없어 일종의 우연으로 돌리는 모든 과거, 현재, 미래의 사건들에서 작용한다. 그 대상이 현재와 과거인 이런 인식의 일부는, 비록 증언에만 근거를 둔다고 하더라도, 공리로부터 생기는 확신만큼이나 강한 확신을 종종 우리 안에 불러일으킨다."[28] 가다머는 키케로가 역사학(hisroria)을 "기억된 삶(vita memoriae)"이라고 명명한 것이나, 베이컨이 역사학을 "또 다른 철학적 사유의 길(alia ratio philosophandi)"이라고 부른 것도 모두 역사학이 이론적 이성과 구분되는 전적으로 다른 종류의 진리의 원천임을 인정하기 때문이라고 한다.

비코가 공동감각을 강조한 것은 근대적 학문에 대항하여 인문주의적 수사학을 옹호하기 위해서였다. 그러나 비코 이후 수사학적-인문주의적 전통은 위축된다. 비코는 18세기에 거의 영향을 미치지 못한 반면에, 그와 마찬가지로 공동감각을 원용했던 영국의 철학자 샤프츠버리(Shaftesbury)는 18세기에 큰 영향을 미쳤다. 그는 위트와 유머의 사회적 의미에 대한 평가를 공동감각이라는 명칭 아래서 행하고, 로마의 고전들과 이것들에 대한 인문주의적 해석자들을 명백히 원용한다.[29] 그는 인문주의자들이 공동감각을 "공동체나 사회에 대한 사랑, 자연스러운 애정, 인정, 호의"로 이해하였다고 소개했는데, 가다머는 "샤프츠버리가 염두에 두고 있던 것이자, 그가 도덕만이 아니라 하나의 전체적인 미학적 형이상학도 역시 그 위에 근거를 두게 했던 것은 공감(sympathy)이라는 정신적이고 사회적인 덕목"(GW I, 30)이라고 해설한다. 샤프츠버리에 의해 공감으로 이해된 공동감각은 그의 후계자들인 허치슨과 흄에 의해 도덕감 이론 속으로 끌어들여졌다.

이런 한에서 비코가 원용한 공동감각은 고대에서 근대에 이르기까지 지속적으로 영향을 미친 개념이다. 하지만 지역적으로 보면 공동감각 개념은 독일 철학이 아닌 스코틀랜드 철학에서 핵심적이고 체계적인 기능을 발휘했다. 그곳에서 그 개념은 사회적 관련성을 유지하면서 "철학적 사변의 과장을 수정하는 기능"을 담당하였다. 프랑스에서도 그것은 양식(bon sense)이라는 이름으로 베르그송의 철학 속에서 "사유와 의지의 공동 원천으로서의 사회적 감각"(GW I, 31)으로 이해되었다.[30] 독일 철학계에서는 그것이 탈정치화된 개념으로 수용

28) 참조: *Discours Preliminaire de L'Encyclopedie*, ed. Köler, Meiner, 1955, 80.
29) 참조: Shaftesbury, *Characteristics, Treatise* II, 3부 2절.
30) 참조: Henri Bergson, *Ecrits et Paroles* I, RM Mosse-Bastide, 84 이하.

되면서 다만 이론적 판단력으로 이해되었지만 예외적으로 신학의 영역에서, 특히 슈바벤 지방의 경건주의자인 외팅어(Friedrich Christoph Oetinger)에게서 중대한 의미를 가졌다. 그에게는 합리적 진리들과 구별되는 감각적(sinnliche) 진리들로서 "모든 인간에게 언제 어디서나 유용한 공동적인(gemeinsamme) 진리들"이 있고, 이러한 "공동적 진리들에 대한 감수성"(GW I, 34)이 바로 공동감각이었다.31)

가다머는 비코와 샤프츠버리가 속해 있던, 그리고 특히 양식(bon sens)의 고전적 나라인 프랑스에 의해 대표되던 도덕적 철학 전통이 아니라 칸트와 괴테의 시대의 독일 철학이 바로 19세기 근대적 정신과학들의 자기숙고에 대해 결정적인 것이었던 점을 특이하게 생각한다. 영국과 라틴계 나라들에서는 공동감각이라는 개념이 오늘날까지도 단지 "비판적 표어"가 아니라 "국민의 일반적 특질"을 나타내는 데 반해, 독일에서는 그렇지 못하다는 것이다. 이는 18세기에 샤프츠버리와 허치슨의 독일 추종자들이 공동감각에 의해 의도되었던 정치적, 사회적 내용을 함께 넘겨받지 않았기 때문이다. 그들은 공동감각의 개념을 받아들이긴 했으나 완전히 탈정치화하면서 받아들였기 때문에, 이 개념은 자신의 본래적인 비판적 의미를 상실하고, 다만 어떤 이론적 능력으로만, 즉 도덕적 의식(양심) 및 취미와 나란하게 등장하는 이론적 판단력으로만 이해되었다.

3) 판단력

독일에서 '공동감각'이 위축된 배경은 그것이 지닌 성격을 나타내는 다른 낱말로 '판단력'이 있었기 때문이다. '공동감각'이 지녔던 비판적-실천적 함축을 '판단력'이 떠맡고, 그 결과 '공동감각'은 이론적

---

31) 참조: F. Ch. Oetinger, *Inquisitio in sensum communem et rationem* …;
(Tübingen, 1753), Neudruck: Stuttgart-Bad Cannstatt, 1964. 또는 *Oetinger als Philosoph, Kleine Schriften* III, 89-100.

능력으로만 간주되었다는 것이다. 로마어 'iudicum'의 번역어로 18세기에 도입된 '판단력'은 "하나의 정신적인 덕목"으로서 "특수한 것을 일반적인 것 아래로 포섭시키는, 즉 어떤 것을 한 규칙의 사례로 인식하는", 또는 한 규칙을 한 사례에 적용하는 능력(GW I, 36)이다. 이같은 판단력의 활동은 논리적으로는 증명 가능하지 않기 때문에, 판단력은 "일반적으로 배울 수 있는 게 아니라, 다만 사례별로 연습될 수 있는" 하나의 능력이다.

하지만 판단력이 구체적 사례들을 통해 연습될 수는 있으나 논증들의 학습을 통해 배워 얻을 수는 없는 능력이라는 점 때문에, 판단력은 독일의 계몽철학 속에서 정신의 고차적 능력, 곧 어떤 도덕적 판단능력이 아니라, 저급한 인식능력으로 간주되면서 로마적인 의미의 공동감각(즉 iudicum)으로부터 근본적으로 멀리 벗어나게 된다. 저급한 인식능력으로서의 판단력은 이제 도덕의 영역이 아니라, 미학의 영역에서 특별한 의미를 갖게 된다. 예컨대 바움가르텐(A. G. Baumgarten)에게서는 "판단력이 인식하는 것은 감각적이고 개별적인 것, 즉 개별사물이고, 판단력이 개별사물에서 판단하는 것은 그것의 완전성 내지불완전성"32)이게 된다. 그는 미학 철학자로서 판단력을 개체에서 여럿(부분들)과 하나(전체)의 일치를, 곧 복잡성(다양)과 통일성(조화)의 일치를 알아차리는 능력으로 이해한다. 가다머는 여기서 이미 "칸트가 나중에 '반성적(reflektierende) 판단력'이라고 부르면서, 어떤 실재적이고 형식적인 합목적성에 따른 판단으로 이해하는 것이 문제로 되고 있다."(GW I, 37)고 지적한다.33)

바움가르텐과 칸트를 거치면서 판단력은 도덕적 판단력의 성격을

---

32) 참조: A. G. Baumgarten, *Metaphysika*, 606절, "perfectionem imperfectionem-que rerum percipio, i.e diiudico."

33) 칸트에게 판단력이란 개별적인 것을 일반적인 것 아래 포함된 것으로 사유하는 능력이다. 그런데 칸트는 일반적인 것(규칙, 원칙, 법칙)이 먼저 주어져 있는 채로 작용하는 판단력을 "규정적 판단력"이라고 하고, 일반적인 것을 스스로 만들어내면서 작용하는 판단력을 "반성적 판단력"이라고 부른다.

잃고, 미적 판단력의 성격만을 갖게 된다. 어떤 개념도 주어져 있지 않은 채, 개별적인 것에 대해 '내재적으로' 판단하는 능력을 바움가르텐은 감각적 판단력이자 취미(gustus)라고 표현하고, 이를 따라 칸트도 "완전성[의 여부]에 대한 감각적 판단은 취미(Geschmack, 취향)"[34]라고 말하게 된다.

결국 독일에서는 실천적 함축을 지닌 '판단력'에 의해 공동감각이란 개념이 위축되었고, 다시금 판단력이란 개념 자체도 위축되었다. 처음에 그것은 실천적 함축을 지녔지만, 저급한 인식능력으로 간주되면서, 도덕적 판단능력이 아니라 미학적 판단능력으로 간주되고, 끝내는 취미로 제한된다. 그런데 취미가 바로 공동감각적 성격을 갖고 있는 까닭에, 칸트는 바로 이 취미를 참된 공동감각이라고 말하게 된다. 칸트는 자신의 『실천이성비판』에서 공동감각에게 주요한 기능을 부여하지 않는다. 왜냐면 "도덕철학을 바로 영국 철학에서 전개된 '도덕감(moralisches Gefuhl)'의 학설에 대항해서 계획"하였고, 그래서 "공동감각 개념은 그에 의해 도덕철학으로부터 전적으로 잘라내졌기"(GW I, 38) 때문이다. 그 대신 그는 실천이성의 명령에 바탕을 두고 자신의 도덕철학을 구상하였다. 왜냐하면 그는 도덕적 의무(도덕적 명령의 구속성)가 갖는 일반성이 개별적 감정이나 도덕적 감각에 기초를 둘 수 없고, 따라서 일종의 감정인 공동감각에도 기초될 수 없고, 오직 실천이성의 무조건적인 명령에만 기초될 수 있다고 보았기 때문이다.

칸트는 공동감각이라는 개념을 『판단력비판』에서 수용하고는 있지만 그 개념의 논리적(낱말 그대로 '공동적인' 것이며 '감각'이라는) 의미를 변경시키고 있다. 그 결과 이 개념은 자신의 근본적인 도덕적 의미 대신 미학적 의미를 획득한다. 논리적 의미에서 볼 때 공동감각은 공동적인 것이고 감각적인 것이다. 그러나 가다머가 지적하듯 칸트는

---

34) 참조: Menzer ed., *Eine Vorlesung Kants über Ethik*, 1924, 34.

공동감각이 지닌 이러한 논리적 의미를 전혀 고려하지 않고, 따라서 공동감각은 그 낱말의 논리적 의미에서도 칸트에게 있어서 아무런 역할도 하지 않는다. 칸트가 판단력의 초월론적 교설 속에서 다루는 것, 즉 도식론과 원칙론은 공동감각과 더 이상 아무런 연관이 없다.35) 왜냐하면 여기서 문제가 되고 있는 것은, 자신의 대상들과 선험적으로 관계한다고 하는 개념들이지, 일반적인 것 아래로의 개별적인 것의 (후험적인) 포섭은 아니기 때문이다.

물론 칸트에게서도 공동감각이 연상되는 대목이 발견되기는 한다. 가다머에 의하면 "개별적인 것을 일반적인 것의 사례로 인식하는 능력이 현실적으로 문제되는 곳과 우리가 건전한 지성에 관해 이야기하는 곳에서, 우리는 칸트에 따를 때 낱말의 가장 참된 의미에서 '공동적인' 어떤 것과, 즉 '사람들이 도처에서 그것을 만나지만, 그것을 소유하는 것이 전혀 어떤 공적이나 장점이 되지 않는 그런 어떤 것'과 관계를 갖는다."(GW I, 39)36) 그러나 이 공동적인 어떤 것이란 말로 칸트가 의미하는 것은 공동감각이 아니라, "양성되고 계몽된 지성의 이전 단계"인 "건전한 지성"일 뿐이다. 칸트에게 건전한 지성이란 개념들이나 원리에 따라 판단하는 능력이다: "사람들은 감정이라고 부르는, 판단력의 어떤 모호한 구별작용 속에서 활동하지만, 그러나 그것은, '언제나 이미 개념들을 따라, 일반적으로 다만 모호하게 표상된 원리들을 따라' 판단한다."37) 이렇게 건전한 지성이 (선험적인) 개념과 원리에 의존하는 것인 한에서, 그것은 고유한 공동감각으로 간주될 수 없다. 왜냐하면 판단력의 일반적이고 논리적인 용법은 사람들이 공동감각으로 소급하는 용법이고, 이 같은 공동감각은 어떤 고유한 원리를 전혀 지니고 있지 않은 것이기 때문이다. 따라서 칸트의 건전한 지성은 일반적이고 논리적인 용법에서의 판단력이 아니다.

---

35) 참조: I. Kant, *Kritik der reinen Vernunft*, B. 171 이하.
36) 참조: I. Kant, *Kritik der Urteilskraft*, 1799(3판), 157.
37) 참조: 같은 책, 64.

감각적인 판단능력으로서의 공동감각은 이전에는 미적 판단능력일 뿐만이 아니라 도덕적 판단능력이었다. 그러나 칸트에게 도덕판단은 공동감각을 넘어서 있는 것이고, 그래서 공동감각에서 도덕적 판단능력은 배제되고, 공동감각은 단지 미적 판단능력만을 의미하게 된다. 결국 감각적 판단능력으로 불릴 수 있는 범위로부터 칸트에게 남는 것은 단지 "미적 취미판단"이다. 미적인 취미판단에서 사람들은 어떤 현실적인 공동감각에 대해 이야기할 수 있다. 왜냐하면 미적 취미가 개념적이지 않고 감각적이라고 해도, 미적 취미에서는 일반적인 동의의 요구가 사유되고 있기 때문이다. 이런 점에서 칸트 역시 "참된 공동감각은 취미"[38]라고 말한다. 이 같은 칸트의 규정 이후 공동감각은 미적 판단의 일반적 의사소통 가능성으로 제한되고, 취미라는 이름 아래 원래의 실천적 도덕적 의미를 상실한다.

4) 취미

가다머가 소개하는 네 번째 인문주의적 개념은 취미(취향)이다. 그러나 취미 개념 역시 근대의 전개과정 속에서 그 외연이 축소되어 매우 제한된 의미를 갖게 된다. 다름 아닌 칸트가 공동감각을 취미로 제한하고, 취미를 미적인 것으로 제한하고, 미적인 것을 미와 숭고의 판단으로 제한하였다. 하지만 가다머는 "취미 개념이 칸트에 의해 그의 『판단력비판』의 기초로 될 때까지 그 개념이 지닌 긴 선행적 역사는, 이 개념이 근원적으로는 미적 개념이라기보다 오히려 도덕적 개념이라는 점을 인식하도록 해준다."(GW I, 40)고 주장하며, 취미 개념에 대한 역사적 숙고를 요구한다.

취미 개념의 역사의 근원에 있는 사람으로 가다머가 소개하는 사람은 스페인의 철학자인 발타사르 그라시안(Baltasar Gracian)이다.[39]

---

38) 참조: 같은 책, 64.
39) 참조: Fr. Schummer, *Die Entwicklung des Geschmacksbegriffs in der Philo-*

그가 자기 철학의 출발점으로 삼는 것은 "감각적 취미가 우리의 감각들 중 가장 동물적이고 가장 내면적인 감각이지만, 그럼에도 이미 사물들에 대한 정신적 판단 속에서 실현되는 구별작용을 위한 싹을 포함하고 있다."는 점이다. 이러한 출발점에 있어서 취미의 감각적 구별작용이란 가장 직접적인 방식에서의 향락적 수용이나 거부라는 구별이고, 따라서 취미는 단순한 충동이 아니라 감각적 충동과 정신적 자유 사이의 중간을 차지하는 것이다. 감각적 취미를 특징짓는 것은, 그것이 "심지어 삶의 가장 절실한 필요에 속하는 것에 대해서조차도 선택 및 판단의 거리를 취한다는 점"(GW I, 40-41)이다. 바로 이런 점이 그라시안으로 하여금 "정신(ingenio)에 대한 육성만이 아니라 취미(gusto)에 대한 육성(cultura)도 있다."(GW I, 41)고 정당하게 지적하도록 한다.

그라시안에게 있어서 취미 개념은 "사회적인 이상적 육성을 위한 출발점"이고 육성된 사람(descreto)의 이상은 "삶과 사회의 모든 것들에 대해 올바른 자유인 거리를 취하고, 그래서 그가 의식적으로 뛰어나게 구별하고 선택할 줄 안다는 점"에 놓여 있다. 그가 내세운 육성된 사람이라는 이상은 고상한 사람(Hoffmann)이라는 이전의 기독교적 이상을 대체하게 된다. 육성된 사람이라는 이상은 신분적 특권들과는 무관한 이상이라는 점에서 유럽의 육성 이상의 역사에서 탁월한데, 그 이상은 "교양사회의 이상"이다.

그라시안에서 비롯된 취미 개념의 역사는 절대주의의 역사를 뒤따르면서, 제3신분의 선행적 역사와 일치한다. 그런데 이때의 취미는 단지 새로운 사회가 내세우는 이상만이 아니었다. 가다머에 따르면 오히려 " '좋은 취미(gutes Geschmack)'의 이상이라는 표현 속에서 사람들이 나중에 '좋은 사회(gute Gesellschaft)'라고 부르는 것이 최초로 형성된다." 왜냐하면 좋은 사회는 더 이상 출신이나 서열을 통해서가

---

sophie des 17. und 18. Jahrhunderts, Archiv für Begriffsgeschichte 1, 1955.

아니라, 오히려 원칙적으로 다름 아닌 자신의 판단들의 공동성을 통해서 스스로를 인식하고 정당화하기 때문이다. 다시 말해 사회는 편협한 관심들과 사적인 편애들을 넘어 판단에 대한 요구로까지 자신을 고양할 줄 안다는 점을 통해서 비로소 좋은 사회로 되는 것이다. 따라서 취미 개념 속에서는 "하나의 인식방식"이, 곧 자기 자신과 사적인 편애들로부터 거리를 취할 수 있는 인식방식이 의미된다.

이러한 취미는 단순히 사적인 특성이 아닌데, 왜냐하면 취미는 언제나 사적인 것을 넘어 좋음을 지향하면서, 좋은 취미이고자 하기 때문이다. 취미판단은 그 판단의 타당성에 대한 요구를 포함하고 있기 때문에 언제나 단호하다. 좋은 취미에 대한 반대는 무-취미이지 나쁜 취미가 아니다. 나쁜 취미라도 그것은 여전히 일종의 취미인 것이다.

취미는 유행과 결부된 개념이지만, 동시에 이것과 구별된다. 유행(Mode) 현상은 취미 개념과 마찬가지로 "사회적 일반화"라는 요소에 의해 규정되지만, 그러나 취미에 속한 일반화는 "경험적 일반성"을 의미하는 게 아니다. 유행을 구성하는 요소들은 "경험적 일반화, 타인들에 대한 고려, 비교하기, 일반적인 관점에서 입장 바꿔보기"(GW I, 42) 등이지만 그러나 취미에는 도덕적인 요소가 포함된다.

취미는 물론 공동체성(Gemeinschaftlichkeit) 속에서 활동하지만 그것에 종속되지 않고 오히려 그것을 형성한다. 이런 점에서 좋은 취미는 "유행에 의해서 대표되는 취미 방향에 자신을 적응시킬 줄 알며, 또는 거꾸로 유행이 요구하는 것을 자신의 좋은 취미에 적응시킬 줄을 안다."(GW I, 43) 따라서 취미의 개념에는 사람들이 유행에서도 척도를 지키며, 유행의 변화하는 요구들을 맹목적으로 따르지 않고, 오히려 자신의 판단을 사용한다는 점이 놓여 있다. 자신의 판단을 통해 "사람들은 자신의 '스타일(Stil)'을 고수한다. 다시 말해 사람들은 유행의 요구들을 자신의 취미가 염두에 두는 전체에 관련시키고, 이 전체에 적합한 것만을 또 이 전체에 조화를 이루는 식으로 받아들인다." 이 점에서 볼 때 취미는 유행과 달리 "일종의 정신적 구별능력"

이고, 따라서 일종의 판단능력으로서의 공동체적 감각이다.

취미는 공동체적 감각이라고 해도 유행과 같이 **경험적 일반성**에 의존하지 않고, 오히려 **규범적 일반성**, 곧 "규범력"에 의존한다. 취미가 의존하는 규범력은 "(칸트가 확정하듯이) 모든 사람이 우리의 판단과 일치할 것이다가 아니라, 우리의 판단과 조화를 이루어야 마땅하다는 것"을 의미한다. 취미가 유행의 독재에 맞서 보존하는 "특수한 자유와 우월성" 속에 "이상적 공동체의 동의를 확신하는, 취미의 본래적 규범력"이 놓여 있다. 이러한 취미는 (선험적으로) 주어진 규칙에 의해서가 아니라 주어지지 않은 규칙에 의해 사례를 판단하는 기능을 갖고 있다.

취미는 하나의 인식방식이다. 왜냐하면 취미는 "반성적 판단력의 방식으로 바로 개별적인 것에서 이것이 거기에 포섭되어야 하는 그런 일반적인 것을 파악하는" 능력에 속하기 때문이다. 그리고 이 점에서 취미와 판단력은 모두 "전체를 보면서 이뤄지는 개별적인 것에 대한 판단들, 즉 개별자가 모든 다른 것들과 조화를 이루는지, 즉 개별자가 말하자면 '적합한지'에 대한 판단들"이다. 이 같은 조화에 대한 판단은 개념들로부터 증명될 수 있는 게 아니라는 점에서 사람들은 이를 위해 '감각(Sinn)'을 가져야 한다. 이러한 감각은 그런데 "하나의 전체가 의도되는 곳에서는, 그러나 그것이 미리 주어져 있거나 목적 개념들 [실천법칙들] 속에서 사유되어 있는 것이 아닌 곳에서는 어디서나 명백히 필요한"(GW I, 43-44) 것이고, 이런 한에서 가다머는 취미는 "자연과 예술에서의 아름다운 것"으로 제한되지 않고, 오히려 "도덕과 예절의 전체 영역을 포괄한다."(GW I, 44)고 주장한다. 왜냐하면 도덕의 개념들도 역시 전체로서 미리 주어져 있거나, 규범적으로 일의적으로 규정되어 있는 게 결코 아니고, 그때마다의 구체적인 상황 전체에 의존하고 있기 때문이다.

가다머는 취미가 도덕의 영역을 포괄하는 것과 마찬가지로, 미적 판단도 도덕의 영역을 포괄한다는 점을 다음과 같이 지적한다: "자연과 예술에서 아름다운 것은 인간의 도덕적 실재성에까지 확장되어 있는, 아름다운 것의 넓은 바다 전체에 의해 보충되어야 한다." 이 말은 도덕적인 것의 판단에도 미적 판단이 들어 있고, 따라서 반성적 판단력(미리 주어져 있지 않은 일반적인 것에 개별자를 포섭하는 능력)이 사용된다는 뜻이다.

더 나아가 가다머는 칸트의 규정적 판단력에도 미적 판단이 들어 있다고 말한다: "개별적인 것을 주어져 있는 일반적인 것 아래 포섭하는 것(칸트의 규정적 판단력)에 관해, 사람들은 물론 순수한 이론적, 실천적 이성연습에 있어서 말할 수 있다. 사실에 있어서는 거기에서조차 미적인 판단이 함께 놓여 있다. 이 점은, 칸트가 [인식에 기여하는] 판단력의 예리화를 위해 실례들의 이용을 인정하는 한에서, 그에게서 간접적으로 인정되고 있다. 물론 그는 제한적으로 다음과 같은 말을 덧붙인다: '지성의 통찰의 정당성과 정밀성이 관련되는 한, 그것들[실례들]은 대개 지성의 통찰에 상당한 손해를 입히는데, 왜냐하면 실례들은 (casus in terminus로서) 규칙의 조건을 제대로 만족시키는 일이 드물기 때문이다.' 그러나 [이런 경우에는] 이러한 제한의 반대 측면, 곧 실례로 기능하는 사례가 사실에 있어서는 이러한 규칙의 사례와 다른 것이라는 점도 역시 분명하다. 이런 사례를 정당하게 대우하는 것은 ― 단지 기술적인 판단에서든, 아니면 실천적인 판단에서든 ― 항상 미적인 요소를 포함한다. 이런 한에서 칸트가 '판단력 비판'을 그 위에 기초한, 규정적 판단력과 반성적 판단력의 구분은 절대적 구분이 아니다."(GW I, 44-45) 칸트는 미적 판단을 도덕 영역에서 제거하고, 미적 판단을 취미로 간주하면서 미학적 영역에 국한시켰으나, 가다머는 이에 맞서 미적 판단이 도덕 영역은 물론 인식 영역에서도 기능한다고 주장하는 것이다.

취미는 가장 개별적인 선택의 능력이다. 왜냐하면 구체적 상황들 속에서 우리에게 행위결정의 판단을 요구하는 사례들은 대개가 행위 규칙들에 비추어서는 예외가 되는 특수한 사례들이기 때문이다. 이런 사례들에 대해 우리가 행위판단을 내리는 경우, 이 판단은 행위규칙 같은 "일반적인 것이라는 척도를 단순히 적용하는 것이 아니라, 오히려 스스로 이것을 함께 규정하고 보충하며 수정한다."(GW I, 45) 물론 도덕적 판단은 행위규칙에 의거하지만, 그러나 사례의 예외성을 함께 고려한다. 이러한 고려는 취미가 담당한다. 이 점에서 가다머는 취미가 "도덕적 판단의 토대는 아니지만, 그러나 분명 도덕적 판단의 최고의 완성"이라고 주장한다.

취미 개념이 17세기에 사회적 기능 및 사회결합적 기능을 지닌 채로 등장하였다는 사실은 우리로 하여금 취미와 도덕철학의 역사적 관련들을 생각하게 한다. 가다머에 의하면 이미 그리스의 윤리학이, 특히 "피타고라스와 플라톤의 척도 윤리학, 아리스토텔레스의 중용의 윤리학"이 "좋은 취미의 윤리학"이다.40) 취미 개념은 칸트에 이르러 법과 도덕의 영역에서 지녔던 타당성을 상실하고, 그 대신 자연과 예술의 영역에서 자립적이고 독립적인 타당성을 얻게 된다. 하지만 이와 더불어 자연과 예술의 영역에서도 취미의 활동은 더 이상 인식활동으로 간주되지 않고, 이로써 이전에 폭넓은 취미 개념에 상응하여 전통이 지녀왔던 폭넓던 인식 개념도 위축되었다. 결국 칸트의 판단력 비판을 통해 이뤄진 초월철학의 정초는 취미를 미적인 것(아름다운 것과 숭고한 것)에 제한하고, 동시에 도덕 영역에서 미적 판단력을 배제함에 의해 "취미라는 더 일반적인 경험 개념을, 그리고 법과 도덕의 영역에서의 미적 판단력의 활동을 철학의 중심으로부터 추방"(GW I, 46)하였을 뿐만이 아니라, 인식의 개념을 "이론적이며 실천적인 이성 사용"으로 협소화하였다.

---

40) 그롱댕은 "18세기의 영국철학은 어떤 도덕적 취미(moral taste)에 대해 말하였고, 젊은 칸트조차도 1765년에 '도덕적 취미의 비판'을 저술하려고 원했다." (Jean Grondin, *Einführung zu Gadamer*, München: Mohr Siebeck, 2000, 38)고 보고한다. 이런 보고 속에서도 18세기에 취미 개념이 미학만이 아니라 도덕의 영역에 적용되고 있음이 알려진다.

가다머는, 칸트가 미적 판단력이 개념적 인식의 기능이 아니라 단지 아름다운 것과 예술이라는 현상들을 성립시키는 기능이라고 한 것에 맞서, "진리의 개념을 개념적 인식에 제한시켜도 좋은가?"(GW I, 47)라는 문제를 제기한다. 가다머는 예술적 인식, 도덕적 인식, 역사학적 인식 역시 진리 개념에 포함되어야 하고, 이런 입장이 인문주의가 지닌 오랜 전통이라고 믿는다. 가다머는 인문주의가 육성, 공동감각, 판단력, 취미를 중심 개념으로 갖고 있으며, 이들은 인간의 인식 방식이자 동시에 존재방식이라고 본다. 정신과학들은 바로 이러한 인문주의적 전통 속에서만 자신을 제대로 이해할 수 있다는 것이다. 그러나 인문주의적 전통은 칸트의 비판에 의한 미학의 주관화와 더불어 결정적으로 위축되었다. 인문주의적 전통의 위축이 바로 정신과학들 내부에서조차 방법문제가 제기되도록 하였다. 이 점이 바로 "정신과학들의 그러한 [자연과학들의 방법론에 의존하는] 자기해석의 불충분성"을 알려준다.

4. 인문학의 지향

이상에서 우리는 가다머가 밝히는 인문주의 전통의 주요 개념들을 추적하였다. 이는 인문학의 위기가 논해지는 시기에 인문학이 지향하는 바가 무엇인지를 확인해 보기 위한 것이었다. 지금까지 추적된 논의 내용은 다음과 같이 요약될 수 있을 것이다.

가다머에게 있어서 정신과학들의 뿌리는 인문주의적 전통이다. 따라서 정신과학들에게 중요한 것은 자연과학적 방법을 모범으로 삼아 어떤 정신과학적 방법을 수립하는 것이 아니라, 먼저 이 전통을 회복하는 것이다. 이 전통을 특징짓는 개념들은 헬름홀츠가 지적한 분별감에 상관된 개념들로서 교양, 공동감각, 판단력, 취미이다.

교양(Bildung)은 육성된 상태 내지 육성된 의식을 말하며, 이 의식은 그 자신을 개별적 의식이 아니라 일반적 의식으로 끊임없이 육성하려는 특징을 갖는다. 교양은 개별적이거나 사적인 것이 아닌 일반적이거나 공동적인 것을 지향하는 의식상태라는 점에서 하나의 일반적 감각이자 공동적 감각이기도 하다. 교양의 본질은 이 점에서 바로 공동감각이기도 하다.

공동감각(sensus communis)은 인간에게 공통된 감각이자 공동성을 만드는 공동적 감각이다. 이 공동감각은 비코에 따를 때 삶에 중요한 올바름이나 공동선에 대한 감각이고, 이 감각에 의한 인식은 추론적 인식이나 자연과학적 인식과 대비되는 그 나름의 고유한 인식이다. 그러나 독일 철학계에서 공동감각은 탈정치화된 개념으로 수용되면서 다만 이론적 판단력으로 이해되었고, 다만 예외적으로 신학의 영역에서만 중대한 의미를 가졌는데, 외팅어는 모든 인간에게 언제 어디서나 유용한 공동적인 진리들이 있고, 그것은 감각적 진리들이고, 이것에 대한 감수성이 바로 공동감각이라고 하였다.

판단력(Urteilskraft)이란 개념은 독일에서 공동감각이란 개념보다 선호되면서 공동감각이란 개념을 위축시켰다. 이러한 위축은 판단력 자체의 의미도 협소화하는 결과를 가져왔다. 판단력은 특수한 것을 일반적인 것 아래로 포섭시키는, 즉 어떤 것을 한 규칙의 사례로 인식하는, 또는 규칙을 한 사례에 적용하는 능력인데, 이것은 사례별로 연습될 수는 있으나 논증학습을 통해 배워 얻을 수는 없는 능력이다. 판단력이 구체적 사례들을 통해 연습될 수는 있으나 논증들의 학습을 통해 배워 얻을 수 없다는 점 때문에, 판단력은 독일의 계몽철학 속에서 정신의 고차적 능력, 곧 어떤 도덕적 판단능력이 아니라, 저급한 인식능력으로 간주되었다. 저급한 인식능력으로서의 판단력은 점차로 미적 판단력의 성격만을 갖게 된다. 하지만 원래 판단력은 감각적 판단능력으로서 공동감각을 말하였고, 이로써 미적 판단능력일 뿐만이 아니라 도덕적 판단능력이었다.

취미는 판단력과 마찬가지로 공동감각을 표현하는 개념이었다. 취미는 그라시안에 따르면 충동과 자유, 동물성과 정신의 중간적인 것으로 각종의 일들에 대해 거리를 취하고, 구별하고 선택할 줄 아는 능력이다. 유행이 경험적 일반성에 의존하는 공동체적인 감각인 반면에, 취미는 경험적 일반성에 의존하지 않고, 오히려 규범적 일반성에 의존하는 공동체적 감각이다. 이러한 취미는 주어진 규칙에 의해서가 아니라 주어지지 않은 규칙을 생각해 내고, 이것에 의해 사례를 판단하는 기능을 갖고 있다. 취미는 미리 주어져 있지 않은 전체를 생각하며 개별적인 것을 판단하는 능력으로서 하나의 인식방식이다.

이상과 같은 논의에 바탕을 두고 우리는 이제 인문학에 대해 다음과 같이 말해도 좋을 것이다. 교양, 공동감각, 판단력, 취미 같은 개념들이 인문주의 전통을 특징짓고, 또한 정신과학과 외연 동치인 인문학의 학문성을 규정한다. 인문학은 '방법'이 아니라 '분별감'에 의거해 성립하는 학문이며, 동시에 이러한 분별감의 육성에 기여한다. 분별감이 육성된 상태는 분별감의 의미함축을 고려할 때 공동감각, 판단력, 취미가 육성된 상태이기도 하다. 이와 같은 육성된 상태를 일컫는 말이 교양이다. 교양은 인문학이 그 안에 머무는 원소이다. 교양은 인문학의 근본조건이지만, 동시에 지향목표이기도 하다.

이 같은 인문학의 자기인식은 인문학의 위기 극복을 위한 모든 노력에 동반되어야 할 것이다. 후설은 『유럽 학문의 위기』라는 책에서 "실증주의가, 말하자면 철학의 목을 벤다."[41]고 현재적으로 진단한다. 이것은 실증주의가 철학의 자기인식을 망각시키고, 철학에 위기를 초래한다는 말이다. 후설은 이 책의 결론 절인 73절의 제목을 통해 "철학은 인간의 자기성찰이고 이성의 자기실현이다."라고 선언한다. 이러한 선언은 철학의 자기인식의 재확인이다. 후설을 따라 우리는 실용과학이 인문학의 목을 베고 있다고 말해도 좋을 것이다. 이러한 사실인식에 바탕을 두고 우리는 후설이 주장하듯이 인문학의 자기인식을

---

41) Edmund Husserl, *Die Krisis der europäischen Wissenschaften und die trans-zendentale Phänomenologie*(*Husserliana* VI), Haag: Martinus Nijhoff, 1954, 7.

재확인해야 할 것이다. 인문학은 인문주의 전통에 서 있는 학문이다. 인문학은 교양을 그 원소로 한다. 교양은 공동감각, 판단력과 취미를 아우르는 분별감을 자기의 근본조건이자 지향목표로 삼는다.

[참고문헌]

1. 하이데거 전집

GA 2   *Sein und Zeit*(1927), Hg. F. -W. von Herrmann, 1977.

GA 9   *Wegmarken*(1919-1961), Hg. F. -W. von Herrmann, 1976.

GA 12   *Unterwegs zur Sprache*(1950-1959), Hg. F. -W. von Herrmann, 1985.

GA 21   *Logik. Die Frage nach der Wahrheit*(WS 1925/26), Hg. W. Biemel, 1976.

GA 59   *Phänomenologie der Anschauung und des Ausdrucks*(SS 1920), Hg. C. Strube, 1993.

GA 63   *Ontologie. Hermeneutik der Faktizität*(SS 1923), Hg. K. Bröcker-Oltmanns, 1988.

[약호]

BzP   *Beiträge zur Philosophie*, Hg. F. -W. von Herrmann, 1989.

BüH   "Brief über den Humanismus" In: *Wegmarken*(GA 9).

Logik   *Logik. Die Frage nach der Wahrheit*(GA 21).

Ontologie *Ontologie. Hermeneutik der Faktizität*(GA 63).

UzS   *Unterwegs zur Sprache*(GA 12).

WhD   *Was heißt Denken?*(1951-1952), 3. Aufl., Tübingen, 1971.

2. 가다머의 저서

Wahrheit und Methode. Grundzüge einer philosophischen Hermeneutik (5. Aufl.), Tübingen: Mohr, 1986.

Wahrheit und Methode. Ergänzungen Register, Tübingen: Mohr, 1986.

"Erinnerungen an Heideggers Anfänge", *Dilthey Jahrbuch* 4(1986-87).

"Grenzen der Sprache", *Evolution und Sprache über Entstehung und Wesen der Sprache*, Herrenalber Texte 66(1985).

3. 그 밖의 문헌

Anz, Wilhelm, "Die Stellung der Sprache bei Heidegger", *Das Problem der Sprache*, Hg. H. -G. Gadamer.

Grondin, Jean, *Sources of Hermeneutics*, Albany: State University of NY, 1995.

_____, *Einführung in die philosophische Hermeneutik*, Darmstadt, 1991.

Kullman, W., "Hintergründe und Motive der platonischen Schrift-kritik", M. Reichel(hrsg.), *Der Übergang von der Mündlichkeit zur Literatur bei den Griechen*, Narr, 1990.

Schuleiermacher, *Hermeneutik und Kritik*, hrsg. von M. Frank, Frankfurt: Suhrkamp, 1977.

von Herrmann, F. -W., *Subjekt und Dasein. Interpretation zu "Sein und Zeit"*, 2. Aufl., Frankfurt, 1985.

_____, *Augustinus und die phänomenologische Frage nach der Zeit*, Frankfurt 1992.

가다머, 손승남 옮김, 「교육은 자기교육이다」, 동문선, 2004.

구자윤, 「가다머와 칸트 미학의 주관주의의 문제」, 『해석학연구』 10권, 한국해석학회, 2002.

김영한, 『하이데거에서 리꾀르까지: 현대 철학적 해석학과 신학적 해석학』, 박영사, 2003.

김재철, 「하이데거의 존재론적 해석학」, 『철학연구』 111권, 대한철학회, 2009.

김창래, 「가다머의 철학적 해석학에서의 존재와 언어의 관계: "이해될 수 있는 존재는 언어다"라는 문장에 관하여」, 『해석학연구』 7권, 한국해석학회, 2000.

니콜라이 하르트만, 손동현 옮김, 『존재론의 새로운 길』, 서광사, 1997.

박순영, 「가다머의 해석학과 해체주의」, 『해석학연구』 6권, 한국해석학
회, 1999.

반성택, 「가다머 해석학과 아리스토텔레스 실천철학: 전통과 이성의 상
호 작용」, 『해석학연구』 7권, 한국해석학회, 2000.

서동은, 「가다머의 진리개념」, 『해석학연구』 19권, 한국해석학회, 2007.

선우현, 「가다머 해석학의 보수주의적 성격: 철학의 사회적 역할과 관련
하여」, 『해석학연구』 12권, 한국해석학회, 2003.

소광희 외, 『현대 존재론의 향방』, 철학과현실사, 1995.

손동현 외, 『나의 삶, 우리의 현실』, 나남, 2004.

손승남, 『교육해석학』, 교육과학사, 2001.

송석랑, 「두 개의 정물화, 두 개의 현상학」, 『철학과 현상학 연구』 37집,
한국현상학회, 2008.

신상희, 「하이데거의 존재사유의 지평에서 근원적 윤리학의 정초」, 『철
학과 현상학 연구』 37집, 한국현상학회, 2008.

신승환, 「존재론적 해석학에 대한 역사철학적 고찰」, 『하이데거연구』 12
집, 한국하이데거학회, 2005.

_____, 「하이데거와 로티의 존재론적 해석학」, 『하이데거연구』 16집, 한
국하이데거학회, 2007.

_____, 『문화예술교육의 철학적 지평』, 한길아트, 2008.

_____, 『지금, 여기의 인문학』, 후마니타스, 2010.

신진욱, 「해석학의 존재론적 전환과 '정당한 이해'의 이상」, 『한국사회학』
43집 1호, 한국사회학회, 2009.

액킨스, 정옥희 옮김, 『교육을 위한 미술: 미술교육에서 해석, 정체성,
차이에 관한 이론과 실제』, 교육과학사, 2007.

양금희, 『해석과 교육』, 장로회신학대학교 출판부, 2007.

오토 푀겔러, 박순영 옮김, 『해석학의 철학』, 서광사, 1993.

윤병렬, 「레비나스의 하이데거 윤리학 비판과 하이데거의 존재사유에 드
러난 윤리학」, 『철학과 현상학 연구』 22집, 한국현상학회, 2004.

이유택, 「하이데거의 전통윤리학 비판과 근원윤리학의 이념」, 『하이데거

연구』 13집, 한국하이데거학회, 2006.

전동진, 「교양교육과 다원주의」, 『하이데거연구』 11집, 한국하이데거학회, 200.5

정은해, 「하이데거 철학의 교육학적 의의: 휴머니즘 비판을 중심으로」, 『하이데거 연구』 6집, 한국하이데거학회, 2001.

_____, 「문화와 해석, 교육」, 『하이데거 연구』 10집, 한국하이데거학회, 2004.

주영흠, 「가다머의 이해와 교육」, 『교육사 교육철학』 27권, 교육철학회, 2002.

최명선, 『해석학과 교육: 교육과정사회학 탐구』, 교육과학사, 2005.

피터 존디, 이문희 옮김, 『문학해석학이란 무엇인가』, 아카넷, 2004.

7장 역사 존재론

1절 하이데거 초기 저술에서의 존재, 시간, 역사

1. 초기 저술들의 발전사적 검토

우리는 하이데거의 초기 저술들을 검토하면서 거기서 나타난 그의 존재, 시간, 역사 물음의 단초들을 뚜렷하게 하고자 한다. 그의 초기 저술들은 그의 다른 저작들에 비해 상대적으로 빈약하게 다뤄졌고 이로써 그것들이 하이데거의 전후기 사유의 사안들에 대해 갖는 내용적 연관성에도 별다른 주의가 기울여지지 않았다.[1] 이러한 내용적 연관

[1] 이런 가운데서도 다행히 참고할 만한 몇 가지의 연구물을 — 저자의 손이 닿는 범위에 한에서 — 소개하면 다음과 같다: 이기상, 『하이데거에서의 실존과 언어』, 문예출판사, 1991, 34-52; Claudis Strube, *Die Vorgeschichte der hermeneutischen Fundamentalontologie*, Würzburg, 1993; Otto Pöggeler, *Der Denkweg Martin Heideggers*, Pfullingen, 1983, 17-26; John D. Caputo, *Heidegger and Aqinas*, Fordham, 1982, 15-45. D. C. Hoy, "History, Historicity and Historiography in Being und Time", *Heidegger and Modern Philosophy: Critical Essays*, hrsg. v. Michael Murray, New Haven and London, 1978, 329-353; W. Franzen, *Martin Heidegger*, Tübingen, 1976, 28-37; O. Pugliese, *Vermittlung und Kehre*, Freiburg/München, 1965, 129-138, 172-174; E. Morscher,

성에 대해 일찍이 부정적 견해를 표명한 사람은 프란첸이다.

프란첸은 하이데거의 초기 저술들을 검토하면서 다음과 같이 말하고 있다: "『존재와 시간』을 알고 있는 사람은 초기 저술들 속에서 나중에 하이데거의 주저에 대해 구성적으로 된 철학적 동기들의 몇 가지 모호한 선행적 형태들을 계속적으로 발견할 수 있다."[2] 그러나 그는 다른 한편으로 초기 저술들과『존재와 시간』사이에 "진정한 연속성은 산출될 수 없고" 또 1916년 이전에 쓰인 것들과『존재와 시간』속의 기초존재론 및 실존적 분석 사이에는 "간격이 놓여 있다."고 말한다. 그는 이 간격의 이유를 1916년 이후 10여 년 간 "원칙적 의미를 지닌 철학적 경험들"[3]이 부가적으로 이루어졌다는 점에서 찾으면서, 그 경험들에 속하는 것들로 (후설의 현상학에서 현상학적 존재론으로의) 현상학적 입장의 변화, (딜타이의 해석학적 단초들과 요르크 백작의 역사성 개념 같은) 해석학적 입장의 수용, (존재론의 상대적 이해를 가능케 하는 기독교적 신앙경험의 해설 작업과 더불어 진행된) 신학적 입장들과의 대결을 언급한다.[4] 이 같은 그의 언급에도 불구하고 그가 "진정한 연속성"과 "간격"이라는 말로 구체적으로 무엇을 의미하고 있는지는 명확히 드러나지 않는다. 결국 그 두 개념은 독자에 의해 규정될 수밖에 없을 것이다.

우리는,『존재와 시간』에서 드러나는 하이데거의 실존론적-기초존재론적 입장이 그의 초기 저술들과 전기 저작들 사이의 간격을 이룩한다는 점에서 프란첸의 간격-논제에 대해서 동의한다. 그러나 다른 한편으로 초기 저술들에서 단초적으로 제기된 물음들과『존재와 시간』에서 구체적으로 전개된 물음들 사이에서 문제의식의 연속성이 발

"Von der Frage nach dem Sein von Sinn zur Frage nach dem Sinn von Sein: der Denkweg des frühen Heidegger", *Philosophisches Jahrbuch*, Bd. 80 (1973), 379-385.

2) W. Franzen, *Martin Heidegger*, 33.
3) 같은 책, 같은 곳.
4) 같은 책, 33-36.

견된다는 점에서 우리는 그의 비연속성-논제에 대해서 이견을 가질 수 있다. 다시 말해 문제해결이 이루어지는 차원은 분명 달라지지만, 문제의식은 연속적이라는 것이 우리의 판단이다. 우리가 보기에 하이데거의 초기 저술들에서 드러나는 문제제기들은 『존재와 시간』에서 두드러지는 그의 전기 사유의 주제들뿐 아니라, 『철학을 위한 기여』에 집약되어 있는 그의 후기 사유의 주제들을 예고한다. 다시 말해 하이데거의 전후기 사유는 초기 저술에 드러나는 문제의식의 철저화로 여겨진다. 이런 한에서 하이데거의 초기 저술들의 검토는 하이데거의 이후 사유의 논제들의 등장배경에 대한 이해에 도움을 줄 것이다.

하이데거의 초기 저술들에 대한 가능적인 독서방식은 이미 하이데거 자신으로부터 제시되어 있다. 한편으로 그것들은 이후의 하이데거의 논제들을 내다보면서 읽혀야 한다. 왜냐하면 과거는 언제나 단지 "현재에서부터" 살펴졌을 때 "의미"(FS, 427)를 갖기 때문이다. 다른 한편으로 그것들은 당시의 문제를 되돌아보면서 읽혀야 한다. 왜냐하면 역사학적인 방법에는 확정된 사실들의 "연관들의 제시"(FS, 430)가 속하기 때문이다. 따라서 우리는 여기서 하이데거의 초기 문헌들을, 한편으로는 동시대의 흐름들 중에서 무엇보다도 실증주의, 상대주의, 삶철학과 연관시키며, 다른 한편으로는 그의 전후기 사유에서 수행되는 존재물음, 시간물음, 역사물음 등과 연관시켜 검토하고자 한다.

1) 실재성의 정립과 규정

최초로 간행된 자신의 글 「현대철학에서의 실재성(Realität) 문제」(1912)에서 하이데거는 두 개의 지배적인 인식론적 관점들을 내세우고, 이들과 대결하면서 퀼페(Külpe) 같은 이들에게서 나타나는 비판적 실재론을 옹호하고 있다. 하이데거가 두 개의 지배적인 인식방향들로 간주하는 것은 의식주의(Konszientialismus, Immanentismus)와 현상주의(Phänomenalismus)이다. 그에 따르면 이것들은 실재적인 것(das Reales)에 대한 규정을 불가능한 것으로 설명하려는 견해들이다. 특히 의식주의는 의식연관적인 외부세계에 대한 단순한 정립조차 허용될 수 없다고 본다. 하이데거는 이 두 견해들과 대결함으로써 다음의 물음에 긍정적으로 답변하고자 한다: "초주관적인 객체들의 실재화(Realisierung)가, 즉 정립과 규정이 가능한가?"(FS, 5) 그는 실재적인 것들의 정립 가능성을 "하나의 동일한 객체가 상이한 개인들에게 직접적으로 의사소통 가능하다."(FS, 12)는 점에서 찾는다. 이러한 의사소통 가능성은 외부세계와 지각들 사이의 인과적 관계에 근거를 둔 것이라는 것이다. 이런 한에서 외부세계는 "우리의 지각들의 원인"(FS, 13)으로 확정된다. 이때 원인이라는 말의 함축은, 일부의 경험론자들에게 있어서와 같이 외부세계와 감각인상들이 비교 가능하다는 것이 아니라, 퀼페에게 있어서와 같이 다만 외부세계가 '우리의 감각인상들의 법칙화되기 어려운(fremdgesetzliche) 관계들의 담지자'라는 것뿐이다. 다른 한편으로 실재적인 것들의 규정 가능성에 대해서 하이데거는 다음과 같이 말한다: "그 규정은 확인된 관계들을 통해서 내용적으로 확립된다. 따라서 관계항들이 실재적인 사건을 상술할 능력이 있는 것들로 진술되어 있음이 규정의 결과가 되어야 한다."(FS, 14) 실재적인 것들에 대한 이러한 식의 규정은 그러나 이로써 이미 "정립된 실재적인 것들의 완전 타당한 적합한 규정"이 실현됨을 의미하는 것은 아니며, 이러한 것은 다만 "하나의 이상적인 목표"(FS, 14)로만 남는다. 이러한 목표에는 새로운 경험을 반성적으로 수용하는 지속적인 사유의 노력으로써만 접근이 가능할 것이다.

이런 한에서 하이데거는 "경험과 사유"(FS, 13)와 더불어 전개되는 인식이론, 곧 비판적 실재론을 지지한다. 하이데거는 퀼페에게서 발견되는 이러한 비판적 실재론을 하나의 새로운 인식론적 운동이라고 파악하고, "옛날부터 실재론적으로 사유했던" 아리스토텔레스적-스콜라적 철학은 이러한 "적극적이고 고무적인 작업"(FS, 15)을 수행해야 한다고 주장한다. 이러한 견해 속에서는 전통적인 철학으로서의 스콜라학이 현대의 인식론적 논의 속에 재수용되어야 한다는 하이데거의 믿음이 드러나는데, 이러한 주장은 스콜라학과 현대철학과의 대화를 촉구하는 것이다. 스콜라학과 하이데거 자신의 대화는 이미 그의 초기 저술들에서 시작되었고 『존재와 시간』의 간행 이전까지 여러 가지의 형태로 지속되었다.5)

여기서 우리의 관심은 다음의 물음으로 향한다: 어떻게 『존재와 시간』에서 실재적인 것의 즉자존재(das An-sich-sein des Realen)가 해명되는가? 더 이상 인식론이나 논리학이 아니라 현존재 분석론에서부터 전개되는 기초존재론을 주제로 하는 『존재와 시간』에서 실재적인 것의 즉자존재는 현존재의 이해 속에 놓여 있는 것으로 해명된다. 즉 그것은 현존재가 갖고 있는 존재이해의 일종이다. 이에 대해 하이데거는 다음과 같이 말한다: "존재자는, 이것이 그것을 통해 드러나고, 발견되고, 규정되는 그런 경험, 인식, 파악에 대해 독립적이다. 그러나 존재는 오직 자신의 존재에 존재이해 같은 것이 속하는 그런 존재자[인간 현존재]의 이해함 속에서만 '있다.'"(SuZ, 244) 더 나아가 다음과 같이 말해진다: "만약 현존재가 실존하지 않는다면, 그때에는 '독립성'이라는 것도 없고, '즉자'라는 것도 없다. [⋯] 존재이해가 있고, 이로써 현전성(Vorhandenheit)의 이해가 있는 동안에는 존재자가 여전히 계속해서 있게 될 것이라는 점이 이제 분명 말해질 수 있다."(SuZ, 281) 실재적인 것의 즉자존재, 곧 존재자의 현전성은 존재이해의 한 방식이고 이 존재이해는 존재를 이해하는 인간 현존재에게 속해 있는 것이다. 이러한 관점에서부터 하이데거는 외부세계의 실재성을 증명하려는 시도를 비판한다(참조: SuZ, 272). 직접적 의사소통 가능성에 의거해 경험적-간접적으로 승인되었던 실재적인 것의 실재성 내지 즉자성의 주장은 이제 여기서 현존재의 존재이해함에 의거해 존

---

5) 참조: John D. Caputo, *Heidegger and Aqinas*, 23-27, 45.

재이해의 한 방식으로 선험적-직접적으로 확정된다. (사람이 보든 안 보든) 실재적인 것은 어떻게든 있다고 하는 주장은 현전성이라는 존재이해에 의거해서 가능하다. 이런 한에서 그 주장은 자신의 출생증명서를 갖고 또 이로써 자신의 자연적 권리도 갖는다. 철학이 사실의 문제를 다루지 않고 권리의 문제를 다루는 학문인 한, 외부세계의 실재성 증명의 시도는 칸트의 의도와는 달리 하이데거에 의해 철학의 추문으로 간주된다.6)

2) 영역범주와 타당범주의 구분

하이데거가 초기 저술에서 비판적-실재론적인 사유방식을 옹호한다는 것이 그가 논리적인 것(das Logische)의 고유한 가치에 무관심하다는 것을 뜻하지는 않는다. 같은 해에 출간된 두 번째의 글 「논리학에 관한 더 새로운 연구들」(1912)에서 그는 심리학주의에 맞서 심리적 작용과 논리적 내용 사이의 구분을 강조한다. 이러한 구분을 그는 다시금 "있는 것(Was 'ist')과 타당한 것(Was 'gilt')" 사이의 구분으로 파악한다. 타당한 것은 "자기 안에 지속을 갖는 순수한 의미(der re-ine, in sich Bestand habende Sinn)"(FS, 22)이고 그 같은 것으로서 논리학의 대상이다. 그 같은 논리적인 것을 하이데거는 "시공적인 현실성 일반"(FS, 24)으로부터 구분하고, 그 순수하고 고유한 본질성에

---

6) 칸트는 외부 사물의 실존을 의심하는 관념론을 "철학의 추문"이라고 부른다. "관념론이 형이상학의 본질적 목적과 관련해서 – 실제로는 그렇지 않지만 – 아무런 허물이 없는 것으로 여겨지는 것 같고, 그래서 우리 밖의 사물들의 […] 현존을 단지 믿음에 근거해서 받아들일 수밖에 없다는 것, 그리고 누군가가 그것을 의심하기에 이르는 때 그에게 아무런 만족할 만한 증명을 제시할 수 없다는 것은 언제나 철학과 보편적 인간 이성의 추문으로 남아 있다."(『순수이성비판』, B. xxxix) 칸트는 '나는 존재한다'는 것만을 의심할 수 없다고 보는 데카르트 입장을 개연적 관념론이라고 부르고, 공간 중에 나타나는 모든 사물이 허구적인 것으로 보는 버클리의 입장을 독단적 관념론이라고 부르면서, 이런 관념론들의 논박을 수행하면서 실재론을 옹호한다(B. 274-279).

있어서 감각적인 존재자는 물론 초감각적-형이상학적인 존재자로부터 구분한다. 이러한 구분은 **영역-범주**(물리학, 심리학, 수학 등의 영역)와 **타당-범주**(논리학의 영역)의 구분인데, 우리는 이러한 구분을 나중에 『존재와 시간』에서 **존재방식들**(현전성, 생명, 지속 등)과 이것들의 이해를 가능하게 하는 현존재의 개시성의 구분에서 보게 된다. 심리학주의와 하이데거의 대결은 그를 범주문제로 이끌었다. 이 문제는 그 해결을 위해서 더욱 근원적인 존재물음을 요구하는 것이고, 하이데거에게 있어서 이것은 결국 개시성이 거기에 속하는 그런 현존재의 분석론을 필요로 하는 것이 된다.

3) 타당한 의미의 '의미'에 대한 상이한 두 물음

하이데거의 박사학위논문 「심리학주의에서의 판단에 관한 학설」에서는 심리적인 것과 논리적인 것 사이의 구분이 더욱 분명하게 된다. 여기서는 실증주의와의 비판적 대결에서 생겨나는 물음인 논리적인 것에 대한 존재물음의 맥락에서 논의가 이루어진다. 여기서 하이데거는 일종의 경험론 내지 실증주의로서 시대를 각인하고 그렇게 철학을 위협하고 있는 심리학주의에 맞서 자신의 비판적 관점을 나타낸다. 논리학의 영역에서 심리학주의와 대결하기 위해서 그는 논쟁점으로 판단론을 선택한다. 왜냐하면 그는, "판단에서 […] 가장 날카롭게 심리적인 것과 논리적인 것의 차이가 제시될 수 있다."(FS, 64)고 믿기 때문이다. 이러한 관점에서부터 그는 심리학적으로 제약된 다양한 판단이론들을 비판적으로 다룬다. 이것들에는 판단 발생에 관한 분트 (W. Wundt)의 학설, 부분작용들로부터의 판단 구성에 관한 마이어(H. Maier)의 학설, 심리적 현상들의 분류에 따른 브렌타노(Fr. Brentano)의 판단론, 판단과정의 완성에 관한 립스(Th. Lipps)의 학설이 속한다. 이들에 대한 비판적인 탐구를 행한 후 그는 자신의 고유한 순수 논리적인 판단론을 전개한다. 이러한 전개의 와중에 그는 (나중에 그의 교수자격논문에서도 비슷하게 진술되는 식으로) 심리적인 것 이외에 논리적인 것의 독자적 영역이 있다는 사태는, 상위명제로부터의 연역이라는 의미로의 증명의 사안이 아니라 제시로서의 증시의 사안이라는 것을 확정한다(참조: FS, 165, 213). 이러한 확정은 우리에게 그가 『존재와 시간』에서 사용하고 있는 다음과 같은 표현을 상기시킨다: "존재론은 단지 현상학으로서만 가능하다."(SuZ, 48) 하이데거는 그러한 확정에 의거하면서 순수 논리적인 것이 불변적이고 보편타당함을 제시하고 이로써 임의적인 판단경과로부터 구분되어야만 함을 주장한다.

판단작용에 있어서 논리적인 측면은 판단내용 내지 명제이다. 명제로서의 판단, 즉 의미는 판단작용과는 다른 현실성 형식(Wirklich-keitsform)을 갖는다: "의미의 현실성 형식은 '타당하다'라는 것이다: 판단경과의 현실성 형식은 […] '시간적으로 규정 가능하게 실존[실재]한다'라는 것이다."(FS, 172) 판단으로서의 의미는 다름 아닌 타당함을 자신의 현실성 형식으로 갖는 것이다. 이 시기의 하이데거에게 있어서 '타당한 의미(der geltende Sinn)' 자체는 한편으로 그것의 "의미(Sinn)"가 다시 물어질 가치가 있는 것으로 여겨지지만, 그러나 다른 한편으로는 이 물음이 기존의 뜻-이론(Bedeutungslehre)의 틀 내에서는 근원적으로 대답될 수 없는 것으로 여겨진다: "의미의 의미에 대한 물음은 무의미하지 않다. 오직 의문스러운 것은 이러한 의미와 관련해서 또 하나의 바른 정의가 가능한가라는 것이다."(FS, 171) 이런 한에서 그는 논의를 의미의 내적 구조의 제시로 제한하고, "의미구조 그리고 이로써 판단의 본질"과 관련해서 "하나의 [낱말의] 뜻 내용(Bedeutungsgehalt)이 다른 하나의 뜻 내용에 대해 갖는 타당함"(FS, 175)을 바로 '의미의 의미에 대한 물음'의 대답으로 파악한다. 여기서 '타당함'은 또한 판단 내의 연계사로서의 '존재'가 갖는 의미에 대한 마이어의 물음(참조: FS, 93, 178)의 대답으로서도 확정된다.

그런데 우리가 『존재와 시간』에서 '존재 일반의 의미에 대한 물음'

— 위에서 언급된 표현들을 사용해 말하면 현실성 형식들의 의미에 대한 물음— 을 발견하는 한, 우리는 추정적으로 생각하여 하이데거에 의해 여기서 무의미하지 않다고 간주되었으나 그럼에도 직접적으로는 다루어지지 않은 '의미의 의미에 대한 물음'이 영구히 포기된 것이 아니라 다만 억제되었고 주제와 관점이 논리학으로부터 존재론으로 변경됨과 더불어 더욱 깊은 차원 속에서 새롭게 사유된다고 말할 수 있을 것이다. 모든 판단의미가 존재자의 발견성에 토대를 두고 이 발견성이 현존재의 개시성, 곧 현존재의 자기이해와 세계이해에 근거를 두고 생겨나는 것이라면, 판단의미의 근거는 현존재의 자기이해와 세계이해, 곧 개시성이 될 것이다. 하이데거의 사유는 실제로 그렇게 이행하게 되는데, 『존재와 시간』에서 하이데거는 존재의 의미를 물으면서 바로 이 개시성을 해설한다. 그곳에서 판단경과(표상하며 진술함)는 개시성을 전제하는 배려적 발견함에 근거를 두고 있는 것이다.

4) 범주론과 뜻–이론

(1) 재해석되어야 할 문제사로서의 철학사

하이데거의 교수임용자격논문 「둔스 스코투스의 범주론과 뜻-이론」(1915)에서 우리는, 논리적 의미에 대한 존재물음이 범주론의 형식으로 제기됨을 본다. 여기서 그는 우선 철학사 및 역사적 연구에 대한 자신의 견해를 진술하고 있다. 그에 따르면 스콜라학에 대한, 특히 둔스 스코투스에 대한 실질적으로 철학적인 충분한 평가를 위한 전제조건들은 "더 많은 부분에 있어서는 역사적-문헌사적이고 더 큰 비중에 있어서는 이론적-철학적인 연구들"(FS, 195)이다. 이로써 함께 표현되는 것은 철학사적인 연구가 한갓된 역사적 연구 이상이고, 이로써 이로부터 구분된다는 점이다. 철학의 작업영역에 철학사가 속하고 이러한 철학사가 충분한 평가의 방식으로 해석되는 것인 한, 하이데거는 다음과 같이 확정한다: "철학의 역사는 결코 오직 역사일 뿐인 것이 아니다."(FS, 195) 철학이 철학사에 대해 갖는 관계는 수학이 수학사에 대해 갖는 관계와는 다르다. 이 점은 우선 철학의 고유한 성격, 곧 "주관으로부터 모든 철학이 규정되어 있음"(FS, 196)에 기인한다. 살아 있는 인격에 의해 규정되는 철학은 "그것의 깊이와 삶의 충일에서부터 내용과 가치주장"(FS, 195-196)을 길어낸다.

철학에 대한 인간 삶의 규정연관에 의거하여 하이데거는 다음과 같이 말한다: "철학적 문제들이 역사 속에서 반복된다면, 이것은 이제 인간 본성의 일관성에 있어서 이해된다."(FS, 196) 철학의 역사는 따라서 반복되는 문제들의 역사, 곧 문제사이며, 이것에 있어서는 그러나 문제해결과 관련해서 볼 때 체계적인 진보라는 의미에서의 "발전"이 그리 많이는 확정될 수 없고, 다만 주로 "제한적인 문제범위를 언제나 더욱 생산적으로 풀어내고 퍼내는 일이 발견된다."(FS, 196) 철학이 그 자체로 어느 정도 동일한 문제범위에 대한 언제나 새로이 착수하는, 다시 말해 일정한 문제제기들에 대해 새로운 단초들을 갖고 접근하면서 그것들을 심화시키는 노력이라면, 그것은 자기 자신의 역사관을 갖는다.

철학사에 대한 철학의 본질연관이 생겨나는 때는, 그것이 " '순수한 역사', 사실과학"(FS, 196)으로 머물지 않고, 이것이 "순수한 철학적 체계 속으로"(FS, 196-197) 기투될(선취적으로 규정되어 들어설) 때이다. 이러한 경우에 있어서, 철학사는 한갓된 과거이기를 그치고, 현재에 대한 자신의 연관을 획득하는데, 이때에 "다양하게 적용된 문제해결들"이 "문제 그 자체"(FS, 196)에 모아진다. 그렇게 하이데거는 철학에 대한 연관에 있어서 철학사의 본질이, 그것이 문제사로서 이미 적용된 다양한 문제해결책들을 문제 그 자체를 위해 제시해 준다는 점에 있다고 본다. 철학사에 대한 이러한 견해에서부터, 그는 스콜라학을 문제사적으로 이해하고, 이것을 범주론에 관련시키고, "철학사적 문제내용 그 자체를 도움으로 해서 이뤄지는 스콜라학의 해석과 평가"(FS, 204)를 자신의 과제로 제시한다. 여기서 우리는 하이데거가 철학사에 대해 갖는 입장을 보게 된다. 그것에 따르면 철학사적 작업은 철학사를 사실역사로서가 아니라 문제사로서 수용하여 현재의 문제와 직접적으로 관계 맺게 하고, 문제사 속에서 나타나는 여러 문제 해결책들에 대해 해석과 평가를 수행하고, 이를 토대로 관련된 문제를 새로운 단초와 더불어 심화시키는 작업이다. 철학사에 등장하는 문제들을 새로운 단초와 더불어 심화시키는 작업은 나중에 "존재론의 역사의 역사학적 파괴"로 정식화되는데 이 작업은 무엇보다도 존재론적 전통의 "적극적인 나의 것 삼기(positive Aneignung)"(SuZ, 31)를 의미한다.

(2) 의미의 타당성과 지향성

하이데거는 여기서 뜻-이론(Bedeutungslehre)과 관련하여 학문들의 분할이라는 동시대의 문제에 대해서도 자신의 입장을 밝히면서, 딜타이의 방식과 리케르트의 방식을 포함한 다양한 분할방식을 언급하고, 뜻-이론의 위치지정을 위해서는 범주론을 통한 학문들의 분할이 유리하다고 주장한다. 왜냐하면 범주론에 의해 뜻-이론의 대상영역이 분명하게 인식될 수 있기 때문이라는 것이다. 그런데 개별학문들이 다루는 다양한 대상영역들은 일정한 현실성 영역들(Wirklichkeitsbereiche)에 속한다. 따라서 하이데거는 뜻-이론의 위치지정과 관련해서 "현실성 영역들의 범주적인 특징론(Charakteristik)"(FS, 211)이라는 과제를 제기하게 된다. 범주들의 구획에서부터 뜻들의 영역(Bereich der Bedeutungen)의 위치가 지정되는 한, 그 구획은 뜻-이론의 "이해의 토대"(FS, 212)가 된다. 뜻-이론이 갖는 과제는 뜻의 형식들(Formen der Bedeutung)을 제시하는 것인데, 이 형식들은 논리적인 작용들 속에서 구성되는 것이며 그 자체 언어의 품사들(명사, 대명사, 동사 등)을 구성하는 것들이다(참조 FS, 310; SuZ, 220). 실제적 영역에 속하는 언어와는 달리 (낱말의) 뜻(Bedeutung)과 의미(Sinn, 뜻들의 복합)는 — 이것들이 언어 속에 구현되어 있건 아니건 간에 — 논리적 영역에 속한다.

하이데거는 이 단계에서 논리적 영역의 존재방식을 "타당성이라는 유형의 현실성 방식"(FS, 279)으로 또 그것의 영역범주를 "지향성"(FS, 283)으로 파악한다. 여기서 우리는 의미가 지향성을 그 영역범주로 하므로 의미에 대한 근원적 물음은 이에 상관된 지향성 내지 의식에 대한 물음을 요구할 것이라고 예상해 볼 수도 있을 것이다. 그러나 나중에 드러나지만 하이데거는『존재와 시간』의 단계에서 명제(타당성이라는 현실성 형식을 갖는 논리적 의미) 대신 존재방식들(다양한 현실성 형식들)을 다루면서 이것을 위한 전제조건인 개시성을 묻는다. 그렇게 존재방식들에 대한 상관자는 지향성이나 의식이 아니라 개시성과 현존재로 나타난다.

(3) 실재성의 인식 근거인 의미연관

자신의 학위논문에서와 같이 하이데거는 자신의 교수임용자격논문에서도 실재적인 세계를— 그것이 감각적(물리적, 심리적)인 것이든 초감각적(수학적, 형이상학적)인 것이든 간에 — 논리적인 영역으로부터 구분한다.7) 연계사 '이다'는 판단의 구성요소들의 관계의 '타당함'을 의미하고, 그 자체 "진리의 고유한 담지자"(FS, 270)라고 말해진다. '이다'가 '실존[실재]하다'와 거의 일치하지 않고 본래적으로 '타당하다'를 의미한다면, '이다'에 의해 통일성을 가지면서 실재적 사태와 관계를 맺고 있는 판단은 하나의 진리이고, 이 진리는 실재적 현실성(ens naturae, ens extra animam)으로서가 아니라, 논리적 현실성(ens logicum, ens rationis, ens in anima)으로 파악되는 것이다. "타당하다는 관계, 그리고 이로써 독특한 현실성 방식은 온갖 판단에 있어서 흠 없이 동일한 것이다."(FS, 269-270) 논리적 현실성이 마음속의 존재('ens in anima')로서 마음 밖의 존재('ens extra animam')인 실재

---

7) 우리는 이미 여기서 몇 가지의 상이한 존재방식들이 제시되고 있음을 본다. 참조: SuZ, 9; GdP, 14.

적 현실성과 구분되는 것인 한, 하이데거는 다음과 같이 말한다: "현실성 방식들의 주요한 구분은 의식과 실재성 사이의 구분이다. 더 정확히 말해 의식으로부터 현실성 형식을 구분하는 것인데, 후자는 비-타당성 유형에 속하면서 그 자신의 편에서 언제나 단지 타당성 유형의 의미연관(Sinnzusammenhang)을 통해서만 또 이 속에서만 주어져 있는 것이다."(FS, 279) 여기에서는 의식-존재 내지 의미연관이 실재적-존재 내지 실재성의 인식을 가능하게 하는 것으로 말해지고 있다. 이러한 연관을 하이데거는 다음과 같이 분명히 한다: "오직 내가 타당한 것 속에서 살아가고 있는 한에서만, 나는 실존[실재]하는 것에 대해 안다."(FS, 280) 비슷한 어구를 우리는 나중에 『존재와 시간』에서 다음과 같이 발견한다: "그 같은 존재자[실재적인 것]에 대한 모든 접근은 존재론적으로 현존재의 근본 구성틀인 세계-내-존재에 기초를 두고 있다."(SuZ, 268) 더 나아가: "[…] 오직 현존재가 개시성을 통해, 다시 말해 이해하고 있음(Verstehen)을 통해 구성되어 있는 한에서만, 존재 같은 것이 이해될 수 있고, 존재이해가 가능하다. 존재자가 아니라 존재는, 오직 진리가 있는 한에서만 '주어져 있다.' 그리고 진리는, 현존재가 있는 한에서만 또 그런 동안에만 있다."(SuZ, 304) 여기서 우리는 위에서 언급된 의식, 의미연관, 실재성을 아래의 인용문들 속의 현존재, 진리(개시성), 존재에 맞대응시킬 수 있다. 실재성의 인식을 위한 근원적인 가능조건은 여기에서 현존재 속의 개시성(진리)으로 사유되는데, 이것의 역할을 하는 것이 위에서는 의식 속에서 타당한 것(의미연관)이다.

논리학이 아니라 기초존재론이 다루어지는 『존재와 시간』에서는 이전의 판단내용(타당성이라는 현실성 방식을 갖는 논리적 의미, 존재자의 이해내용) 대신 존재자의 존재방식들이 다뤄지고, 이것의 가능조건이 물어지고, 이 가능조건이 존재론적-실존론적으로 개시성으로 말해진다.8) 개시성(일차적 의미의 개시성)은 현존재의 자기이해 및 세계이해를 함께 의미하는데, 이 세계이해 속에 존재방식들의 이해(이차적 의미의 개시성)가 놓여 있다. 세계이해는 존재자들 전체가 맺는 지시적 관련연관의 이해를 말하는데, 이것이 개별 존재자의 발견을 위한 전제가 된다. 결국 개시성은 실존론적 현상으로 그 속에는 이해가능성 일반이 놓여 있다. 이해가능성 일반은 분절되어 말해질 수 있는 것인데, 이것의 형식적-실존론적 뼈대가 (이미 분절되어 말해진 뜻-전체에 대비되어) 의미라고 불린다. 이런 한에서 우리는 이전에 다루어지지 않은 '의미의 의미'에 대한 물음, 곧 '판단의미의 본질'에 대한 물음이 개시성에 대한 물음으로, 구체적으로 말하면, '판단의미가 지닌 타당성을 포함해 다양한 존재방식들을 이해하게 해주는 개시성'에 대한 물음으로 변화되었다고 말할 수 있을 것이다.

모르쉬(E. Morscher)는 위의 문제와 관련해서 다음과 같이 말한다: 교수임용자격논문의 "하이데거에게 있어서는 그렇게 뜻과 의미의 본질에 대한 물음이 눈에 띄게 뜻과 의미의 존재에 대한 물음으로 옮아가고, 이 물음은 『존재와 시간』에서 존재 일반에 대한, 존재의 의미에 대한 일반적인 물음에 이른다. 하이데거의 문제제기는 따라서 눈에 띄게 더욱 일반적으로 또 더욱 원칙적으로 된다: 의미의 존재에 대한 영역-존재론적 물음으로부터 그는 점점 더 존재 일반에 대한 일반-존재론적 물음으로 밀고 나아간다."9) 모르쉬는 하이데거의 물음의 변화

---

8) "세계 내부적 존재자가 […] 이해에 도달해 있다면, 우리는 그것이 의미를 갖고 있다고 말한다. 이해되는 것은 그러나 엄격하게 보자면 의미가 아니라 존재자 내지 존재이다. 의미(Sinn)는 어떤 것의 이해가능성이 거기에 놓여 있는 그런 것이다."(SuZ, 201, 참조: 477-478) "의미의 개념을 우리는 우선적으로 '판단내용'이라는 뜻으로 제한하지 않는다. 오히려 그것을 우리는 이해함 속에서 개시될 수 있는 것과 해석 속에서 분절되어 언명될 수 있는 것 일반의 형식적 뼈대가 거기서 가시적으로 되는 그런 앞에서 특징지어진 실존론적 현상으로 이해한다."(SuZ, 207-208) 여기서 의미는 어떤 것의 이해가능성의 지평으로 말해지는데 이 같은 지평은 (쓸모와 쓸모 전체성의 관계에 유비적으로) 이해가능성 전체에 근거를 두고, 이것은 다시금 개시성(진리)에 근거를 두고, 이 개시성은 그 자신의 편에서 근원적인 시간(현존재의 시간성)에 근거를 두고 있다.

9) E. Morscher, "Von der Frage nach dem Sein von Sinn zur Frage nach dem

496

를 이렇게 의미로서의 판단내용이 갖는 특정한 존재방식(타당성 내지 지속)에 대한 물음이 이런 존재방식만이 아니라 실재적 존재도 포함하는 존재 일반에 대한 물음으로 일반화되고 확대되는 것이라고 본다. 하지만 하이데거의 물음의 변화는 판단내용의 존재론적 전제조건을 파고드는 근거물음으로 되는 것으로 볼 수도 있다. 이 근거물음은 판단내용이 타당성의 존재방식을 갖는다는 것에서 출발하여, 이러한 타당성은 물론 실재성도 포괄하는 다양한 존재방식들에 초점을 두면서 이러한 존재방식들의 이해의 가능근거가 되는 개시성에 대해 묻는 물음이다. 이런 한에서 그 물음의 변화는 일반화 내지 원칙화의 성격을 갖기보다 심화 내지 철저화의 성격을 갖는다.

이 문제와 관련해 카푸토(J. D. Caputo)는 다음과 같이 말한다: "『존재와 시간』에서의 존재는 스콜라 학자들의 실재적 현실성(ens reale)도, 단지 둔스 스코투스의 논리적 현실성(ens logicum)도 아니다. 그것은 한갓된 실재적 현실성보다는 의미(meaning)라는 관념에 훨씬 더 가깝다. 그것은 존재자들로 하여금 그들인 바의 존재자들로 현상하게 해주는 하나의 초월론적-지평적 구조이다. 논리적 현실성(ens logicum)이라는 관념은 『존재와 시간』에서 존재의 의미(Sinn von Sein)로, 하나의 현상학적 지평적 구조로, 사물들의 개방성의 구조로 변질된다."[10] 여기서 마지막 네 번째 문장은 물어지는 것이 더 이상 논리적 현실성이 아니라 존재의 의미(존재이해의 지평, 개시성, 시간)라는 뜻으로 이해될 수 있을 것이다. 그러나 두 번째 문장에서 카푸토가 존재와 가까운 것이라고 말하는 "의미(meaning)"가 무엇을 가리키는지는 분명치 않다. 그는 한편으로 존재를 '의미'에 가깝다고 표현한 후, 세 번째 문장에서 이것은 논리적 현실성이 아니라 지평적 구조라고 한다. 다른 한편으로는 네 번째 문장에서 지평적 구조로서의 '존재의

Sinn von Sein: der Denkweg des frühen Heidegger", *Philosophisches Jahrbuch*, Bd. 80(1973), 385.

10) John D. Caputo, *Heidegger and Aqinas*, 41.

의미'가 이전의 논리적 현실성이 변질된 것이라고 한다. 결국 그는 논리적 현실성이 변질된 것이, 존재이자 존재의 의미라고 말하고 있는 셈이다. 이로써 그는 존재와 존재의 의미를 동일시해 버리고 있다. 여기에는 어떤 혼란이 있다.

이러한 혼란은 카푸토가 한편으로는 판단내용(의미)과 이것의 현실성 방식(논리적 현실성)을 구분하지 않고, 다른 한편으로는 존재자 인식(판단내용, 의미), 존재이해(현실성 방식들, 존재방식들), 존재의 의미(존재이해의 지평, 개시성) 사이를 엄격히 구별하지 않은 데 기인한다. 그는 존재를 "초월론적-지평적 구조"라고 규정함에 의해 한편으로 존재를 개시성과 동일시하고, 다른 한편으로 존재가 "의미"(속뜻을 헤아리면, 의미의 현실성 방식)에 가깝다고 지적함에 의해 (개시성으로 규정되었던) 존재를 다시 의미의 현실성 방식(타당성)과 동일시하는 셈이다. 이러한 동일시들은 문제점을 낳는다. 왜냐하면 개시성과 존재(존재방식들, 현실성 방식들)는 구분되어야 하기 때문이다. 따라서 카푸토는 논의를 분명히 하기 위해 존재자, 존재, 존재의 의미 사이의 구분을 분명히 했어야 할 것이다.

하이데거는 처음에는 존재자를 실재적인 것과 논리적인 것으로 구분하고, 이것들에 상응하는 현실성의 두 방식으로 논리적 현실성과 실재적 현실성을 들고, 전자가 후자의 인식을 가능하게 하는 역할을 한다고 본 것이다. 하지만 나중에는, 종래의 논리적 현실성이 담당하던 역할을 지평(개시성)이 담당하도록 하는 한편, 자신의 역할을 잃은 논리적 현실성은 단지 다양한 존재방식들 중의 하나, 곧 타당성 내지 지속(Bestand)이라는 존재방식이라고 간주하게 되는 것이다. 『존재와 시간』, 『현상학의 근본문제』 등에서 하이데거는 다양한 존재방식들로 현존재, 도구성, 현전성(실재적 현실성), 지속(논리적 현실성), 생명 등을 제시하면서 이들이 개시성에 근거하여 이해되는 것으로 해설한다.

브뢰커(W. Bröcker)도 역시, "그러나 근본적으로 하이데거가 존재에 의해 의미하는 것은 '있다/이다'가 전혀 아니고 어떤 다른 것, 이른바 그 자신에 의해 제시된, 비은폐성이나 개방성의 근원적 의미인 진리이다."[11]라고 말하면서 존재와 존재의 의미를 동일시하고 있다. 이 같은 동일시는 존재방식들(존재 일반)과 존재자들의 지시적 관련연관(세계의 개시성)을 동일시하는 것이기도 하다. 그러나 존재방식들은, 현존재의 자기이해 및 세계이해라는 일차적 개시성에 근거를 둔 이차적 개시성으로 보아야 할 것이다. 브뢰커는 카푸토와 마찬가지로 존재와 개시성을 동일시함으로써 존재자(존재자 인식, 판단내용), 존재(존재이해, 존재방식들), 존재의 의미(개시성, 세계, 시간)라는 3단계 사유과정에서 두 번째 단계와 세 번째 단계의 구분을 퇴색시키고 있는 셈이다.

5) 범주, 정신, 역사의 상관성

교수임용자격논문의 발간을 위해 추후에 작성된 결론장(1916)에서 하이데거는 범주론의 세 가지 과제를 분명하게 제시한다.

(1) 범주들이 "체험될 수 있는 것의 의미해석의 요소들 및 수단들로 간주된다면"(FS, 400), 범주문제는 대상영역[물리학, 심리학, 수학 등의 영역]의 구획정리라는 문제를 포함한다. 이러한 구획정리는 "다양한 대상영역들을 범주적으로 서로 환원할 수 없는 영역들로 성격 지우면서 이들을 경계 지우는 것"(FS, 400)을 의미한다. 이는 나중에 사용되는 말로 해서 존재방식들의 구분이며, 이 구분의 정초는 시제적(temporaler, 시간제약적) 기투를 필요로 하는 것이다(참조: SuZ, 31; GdP, 430-433).

(2) 범주들은 그 자체로 "가장 일반적인 대상 규정성(Gegenstand-bestimmtheit)"(FS, 403)이다. 사람들이 범주들을 "대상 규정성으로 결정적으로 파악하려고" 한다면, "범주문제를 판단 및 주관의 문제에

---

11) W. Bröcker, "Heidegger und die Logik", Otto Pöggeler, *Heidegger und die hermeneutische Philosophie*, Freiburg/München, 1974, 303.

끼어 넣는 것"(FS, 401)이 필수적이다. 왜냐하면 대상성(Gegenständ-lichkeit, [대상 규정성])은 단지 주관에 대해서만 의미를 갖고 또 판단 속에서만 구성되기 때문이다. "의미로 가득 차고(sinnvolle) 의미를 현실화시키는(sinnverwircklichende) 살아 있는 행위"(FS, 406)로서의 주관 내지 의식을 하이데거는 살아 있는 정신으로 파악한다. 이러한 정신은 의미(Sinn)를 열어놓으며, 의미를 현실적인 것(das Wirckliche) 속에 구현시키고, 이로써 참된 현실성(wahre Wirklichkeit, 유의미한 현실성)을 구성하는데, 이러한 현실성을 하이데거는 논리적 의미가 갖는 존재자적인 뜻(ontische Bedeutung des logischens Sinnes)이라고 한다. 철학은 "현실성의 글자화[단순한 서술]로는" 만족하지 못하며, 오히려 "참된 현실성과 현실적인 진리 속으로 돌파해 들어가는 것"(FS, 406)을 목표로 삼아야 하며, 이러한 돌파를 위해 철학은 살아 있는 정신이라는 개념으로 방향을 두어야 한다. 왜냐하면 살아 있는 정신이라는 개념에서부터만, "내재의 원리(Satzes der Immanenz)"에 대한 "단지 형이상학적으로만 수행될 수 있는 최종적인 정초"(FS, 407)가 성취될 수 있기 때문이다. 살아 있는 정신이 의미를 열어놓으며, 의미를 현실적인 것 속으로 끌어들여 구체화시키며, 그렇게 의미를 현실적인 것 속에 내재하도록 한다. 이런 한에서. " '비현실적(unwirk-licher)', '초월적(transzendentaler)'인 의미가 우리에게 참된 현실성 및 대상성을 보증한다."(FS, 406)는 점은 오직 살아 있는 역사적 정신으로부터만 이해 가능하게 된다.

이렇게 여기서 참된 현실성, 곧 존재자의 존재를 보증해 주는 살아 있는 역사적 정신이라고 말해진 것은 장차 세계(지시적 관련연관, 유의의성) 속에서 세계에 의거해 존재자를 발견하는 현존재, 곧 세계내 존재로서의 현존재로 정식화된다. 현존재는 그때마다 하나의 세계를 열고 보유하며 세계 속에서 또 세계에서부터 존재자를 그 존재에 있어서 발견하는데, 이 존재가 여기서는 "참된 현실성"으로 표현되고 있는 셈이다.

(3) 범주문제는 언제나 역사적으로 규정된 자신의 사상적 환경에 따라 시대를 각인하는 고유한 해결책을 획득한다(참조: FS, 196, 202). 그러한 것으로서 범주문제는 그 시대의 생생한 정신 속으로 끌어들여 짐에 의해서 비로소 자신의 "본래적인 깊은 차원과 풍요함"(FS, 407)을 얻는다. 살아 있는 정신은 "역사적인 정신"(FS, 407)인 한에서 오직 "그 자신의 풍부한 업적들 전체, 곧 그 자신의 역사"(FS, 408)가 정신 속에서 지양되는 식으로만 파악될 수 있다. 범주문제가 자신의 고유한 심연 차원과 풍요를 위해서 정신의 역사의 지양적 해석을 필요로 하는 한, "역사와 [역사의] 문화철학적-목적론적 해석"[12]을 범주문제 속으로, 특히 범주문제의 "뜻 규정적 요소(bedeutungsbestim-mendes Element)"(FS, 408)로서, 끼어 넣는 일이 과제로 생겨난다.

여기서 우리에게 중요한 것은 범주론의 역사의 해석의 문제가 범주문제의 심오화와 풍요화의 맥락에서 등장한다는 점이다. 이러한 범주론사의 해석의 문제는 장차 존재론사의 역사학적 파괴의 과제로 나타난다. 하이데거의 교수임용논문에서 우리는 한편으로, 범주론과 인간에 대한 그의 견해가 헤겔 철학적, 문화철학적, 삶철학적인 맥락에 들어서 있음을 본다. 다른 한편으로 우리는, 범주론의 세 과제에 대한 하이데거의 명료화 속에서 범주, 살아 있는 정신, 역사라는 문제들이 범주론의 틀 속에서 밀접히 연관되어 있음을 본다. 비슷한 연관성을 우리는 『존재와 시간』에서도 보게 된다. 거기에서는 존재론의 틀 속에서 존재 일반, 현존재, 역사 등의 문제제기들의 연관성이 드러난다(참조: SuZ, 28).

스트루베(C. Strube)는 "범주론 문제의 내적인 체계"가 『현상학의 근본문제』에서 말해지는 "존재물음 일반의 내적인 체계"[13]와 동등시

<hr />

12) 여기서 딜타이적인 역사해석과 리케르트적인 역사해석은 물론 헤겔적인 역사해석에 대한 하이데거의 시각이 드러난다. 참조: FS, 411.

13) Claudis Strube, *Die Vorgeschichte der hermeneutischen Fundamentalonto-logie*, 96.

될 수 있고, 전자로부터 "존재 일반의 네 가지 근본문제가 생겨남"14)
을 지적하여 존재물음의 선행적 역사를 성공적으로 밝혀낸다. 그러나
그는 초기 저술들에서 보이는 하이데거의 시간물음과 존재물음의 단
초들이 이후의 저작들 속에서 어떻게 구체적으로 전개되는지를 기대
만큼 해설하지 않는다.15) 이 일은 애초부터 그의 관심사는 아니었다.
그러나 역사물음이 『존재와 시간』의 논의의 중요한 부분인 한, 그것
은 "해석학적 기초존재론의 선행적 역사"의 문제사적인 해명의 과제
에 마찬가지로 중요하게 속할 것이다. 가다머(H. -G. Gadamer)의 다음
의 보고는 당대의 하이데거에 있어서의 신의 물음과 역사물음의 중요
성을 암시한다: "나 자신이 초기 1920년대에 우리 세기의 철학의 논
의상황에 들어섰을 때 우리를 가장 많이 움직이게 했던 두 문제가 있
다. 한편으로 그것은 […] 역사적 의식의 문제이다. 다른 한편으로 그
것은 어떤 적절한 방식으로 철학자가 신적인 것에 대해 이야기할 수
있는가― 또는 아마도 이야기해야만 되는가였다."16) 젊은 하이데거
가 역사와 관련해서 본래 지향한 것은 가다머에 의해서는 "그 자신의
기독교적 유산"17)으로, 푀겔러에 의해서는 "원시 기독교적 종교성"18)
으로 파악된다. 신 내지 종교적 신앙경험의 문제는 초기 저술들 이후
『존재와 시간』의 출간 이전의 시기에 다루어지나 『존재와 시간』
(1927) 속에서는 사라지고, 『철학을 위한 기여』(1936/38)에서 다시 뚜
렷하게 부각된다.19)

---

14) 같은 책, 98.
15) 같은 책, 85-91.
16) H. -G. Gadamer, *Hermeneutik im Rückblick*, Bd. 10, Tübingen, 1995, 247.
17) H. -G. Gadamer, *Heideggers Wege*, Tübingen, 1983, 130.
18) Otto Pöggeler, *Heidegger und die hermeneutische Philosophie*, 144.
19) 『초기저작들』 이후 『존재와 시간』의 출간 이전 시기에서의 하이데거의 사유를
   위해서는 다음을 참조: F. -W. von Herrmann, *Wege ins Ereignis*, Frankfurt a.
   M.: Vittorio Klostermann, 1994, 7-12. 하이데거의 신의 사유라는 문제론을 위
   해서는 다음을 참조: Karl Lehmann, "Christliche Geschichtserfahrung und
   ontologische Frage beim jungen Heidegger", *Philosophisches Jahrbuch*, Bd.

6) 역사적 시간 개념과 물리학적 시간 개념

하이데거는 「역사학에서의 시간 개념」이라는 제목을 지닌 자신의 시험 강의(1915)에서 자연과 역사의 구분과 관련해서 역사학의 시간 개념에 대한 물음을 제기한다. 여기서 하이데거는 한편으로 비판적 인식론의 공적에 속하는 것이 자연과학들과 문화과학들 사이의 구분과 그들의 독자성에 대한 정초라고 지적하면서, 다른 한편으로는 그럼에도 "일반적인 학문이론의 포괄적인 미래과제를 떠맡을 수 있기 위해서는"(FS, 416) 많은 개별문제들이 해결되어야 한다고 지적한다. 하이데거는 역사학의 시간 개념도 그러한 개별문제들에 속하는 것으로 본다. 그는 그 문제를 다음의 물음으로 정식화한다: "역사학의 시간 개념은 그것이 시간 개념으로서 이 학문에 상응하면서 그 기능을 다할 수 있기 위해서 어떤 구조를 지녀야만 하는가?"(FS, 417) 이러한 물음은 그러나 "시간 개념의 어떤 구조가 역사학에 들어맞는가."(FS, 417-418)에 대한 탐구를 유보시키면서 제기된다. 왜냐하면 그는 "사실로서의 역사학으로부터" 출발하면서 "이 역사학에서의 시간 개념의 사실적 기능"(FS, 418)을 탐구하는 것으로 자신의 논의를 제한하려고 하기 때문이다. 그가 유보시키는 것을 우리는 『존재와 시간』을 내다보면서 본래적 역사성으로 방향을 둔 역사학에서의 시간구조라고 추정할 수 있을 것이다.

하이데거는 역사학에서의 시간 개념을 다루기 전에, 물리학적 시간 개념을 먼저 특징짓는다. 물리학의 목표는 모든 현상들을 질량의 운동법칙들로 환원시키는 것이다. 물리학적 운동은 분명 시간과의 관계 속에 놓여 있다. 운동과 시간과의 관계는 "시간의 도움으로 운동을 측

74(1966/67), 126-153; Claudis Strube, *Das Mysterium der Moderne: Heideggers Stellung zur gewandelten Seins- und Gottesfrage*, München, 1994; F. -W. von Herrmann, "Mensch - Gott und Ereignis", *Wege ins Ereignis*, 325-386. Otto Pöggeler, *Der Denkweg Martin Heideggers*, 36-45.

정함"(FS, 421-422) 속에서 발견된다. 이런 한에서 하이데거는 다음과 같이 확정한다: "시간의 기능은 측정을 가능케 함이다."(FS, 423) 물리학자 플랑크의 의견, 곧 상대성이론의 시간관은 '지금까지 사변적 자연탐구에서, 아니 철학적 인식론에서 수행된 모든 것의 대담성을 능가한다'는 견해에 맞서 하이데거는 다음과 같이 말한다: "[…] 물리학적 이론으로서의 상대성이론에서는 시간 그 자체가 아니라 시간측정의 문제가 다루어진다. […] 그것은 단지 증가된 정도로만 […] 동질적인, 양적으로 규정 가능한 [자연과학적 시간 개념의] 특성을 보증할 뿐이다."(FS, 424) 이러한 하이데거의 언급 속에서는 시간 그 자체가 지금까지 철학적으로 해명되지 않았다는 점이 강조되고 있다.

과연 역사학 속에서도 시간에는 자리정돈의 기능, 사건들을 역사적으로 확정하는 기능이 들어 있다. 그러나 역사학에서의 시간은 동질적인 양에 관계하지 않고, 오히려 그때마다 "전적으로 특정한 개별적 사건"(FS, 425)에 관계한다. 여기서는 온갖 시간규정이 역사적인 개념이고 이것은 역사학의 목표에 의해 제약되어 있다. 하이데거는 이러한 목표를 다음과 같이 파악한다: "역사학의 목표는 […] 인간 삶이 외화된 대상들(Objektivationen, [문화들])의 영향 및 발전의 연관을, 문화가치들과의 관계를 통해 이해될 수 있는 그 유일성과 일회성에 있어서 진술하는 것이다."(FS, 427) 이러한 견해는 우리에게 리케르트와 딜타이의 역사이론을 상기시킬 수 있을 것이다. 그럼에도 하이데거는 역사학에서의 시간의 기능에 강세를 둔다. 그는 과거가 역사학자의 관심을 끄는 이유를 과거가 현재에 대해 의미를 갖는다는 점에서 찾는다. 이러한 의미가 커지는 때는 그러나, 오직 과거가 그 질적인 차이에 있어서 현재의 의식에게 드러날 때뿐이다: "과거는 언제나 현재에 의해 고찰되는 때에만 의미를 갖는다."(FS, 427) 하이데거는 여기서, 지나간 시대들의 이해가능성이 인간 삶의 공동성에 놓여 있다고 전제한다: "역사적 과거가 언제나 인간 삶의 외화된 대상들이 다르다는 것을 말하고, 우리 자신이 그 같은 대상 속에 살면서 또 그 같은 대상을 만들어내는 한, 애초부터 과거를 이해할 가능성이 주어져 있는 것이다. 왜냐하면, 과거는 비교 불가능하게 다른 것이 아니기 때문이다."(FS, 427)[20] 질적으로 다른 시기(시대)들의 이해는 이미 과거와 현재 사이의 시간적 간격의 극복을 의미한다. 역사적인 방법의 수행 속에서 분명하게 드러나는 시간극복이라는 이러한 사실 속에서 역사학의 시간 개념이 보일 수 있다.

역사학의 두 과제로 하이데거는 역사적으로 진술되는 과거들의 "사실성"(FS, 428)의 확증과 "미리 개별적으로 확정된 사실들의 연관의 제시"(FS, 430)를 든다. 역사 속에서는 하나의 원전의 학문적 이용 가능성을 위해서 그것의 발생시기가 확정되어야만 한다. 원전의 시간적인 확증이 가능한 것은 오직 각 시기가 자신의 창작물들과 표현물들 전체와 관련해서 하나의 고유한 성격을 담고 있기 때문이다. 원전의 발생시기의 확정에 의거해 그 고유성에 있어서 서로 구분되는 시기들에 속하는 사실들의 문화관계(Kulturverhältnis)가 제시될 수 있다. 두 개의 역사적인 과제의 수행 속에서는 따라서 매 시기가 문화연관적인 시기로 또 고유성을 지닌 시기로 전제되어 있다. 따라서 역사적 시간 개념에서 본질적인 것은 "역사의 시기들이 질적으로 구분된다."(FS, 431)는 점에서 발견된다. 이때에 역사적 시간 개념의 질적인 면(das Qualitative)이 가리키는 것은 시간에 의한 "역사 속에 주어져 있는, 삶이 외화된 대상[문화]의 농축-응결(Verdichtung-Kristalisierung)"(FS, 431)이다. 시간은 역사학 속에서 질적으로 기능하며, 그 같은 것으로서 삶이 외화된 대상으로서의 문화를 농축시킨다. 역사적 시간 개념에 속하는 것은 질적으로 규정 가능하고 문화적으로 연관되어 있다는

---

20) 호이(D. C. Hoy)는 여기서 과거의 이해의 가능성에 대한 하이데거의 논거가 "비확정적(inconclusive)"으로 제시된다고 보면서, 이 점이 하이데거가 『존재와 시간』에서 "역사적 시기들 사이의 질적인 차이들의 바탕에 놓인 공동적인 인간 삶"("History, Historicity and Historiography in Being and Time", 333)에 대한 물음을 뚜렷하게 하도록 했다고 추정한다.

특성이다. 반면에 물리학에 있어서 시간은 운동의 측정을 위해 "동질적이고 양적으로 규정 가능하다는 특성"(FS, 424)을 갖는다.

이제 우리는 하이데거의 시험 강의에서의 그의 입장을 성격 지을 수 있다. 그에 의하면, 현재적인 것과 과거적인 것은 모두 삶이 외화된 대상으로서 공동적으로 인간 삶에 근거를 두고 있고 따라서 그들의 비교가 가능하다. 이런 입장은 역사적인 과거가 통약 불가능하고 이로써 또 이해 불가능한 차이라는 (역사-)상대주의적 견해에 맞서 있다. 역사적 방법의 과제가 미리 개별적으로 확정되어 있는 사실들의 연관의 제시라는 하이데거의 진술도, 사실들이 그때마다의 해석에 의존적이라는, 또 사실들의 확정과 연관의 제시가 구분되는 작업들이 아니라는 (인식-)상대주의적 입장을 배제한다.21) 하이데거가 문화를 삶이 외화된 대상으로 또 "가치관계"를 "역사적 개념 형성의 원리"(FS, 433)로 받아들이고 있음은, 역사학에 대한 그의 견해가 삶철학적인 또 문화철학적인 논의 맥락에 들어서 있음을 분명하게 보여준다.

그러나 여기서 이미 그의 독특한 역사사유의 단초가 드러나는데, 그것은 무엇보다도 역사학이 자신의 질적인 시간 개념에 의거해 "다른 학문들로 환원될 수 없는 근원적인 정신자세"(FS, 433)로서 이론적으로 정초될 수 있다는 그의 주장이다. 우리는 여기서 『존재와 시간』의 문제론에서 보이지만, 시험 강의에서 아직은 유예되고 있는 물음들을 끄집어낼 수 있을 것이다. 과거들의 진술에 있어서 시간적인 간격이 이미 극복되고 있는 것이라면, 본래적으로 시간은 어떻게 시간화하기에 시간극복을 가능하게 하고 있는 것인가? 동일한 시간이 한편으로는 역사학 속에서 질적으로, 다른 한편으로는 물리학 속에서 양적으로 기능한다면, 이러한 그때마다 달리 기능하는 시간은 어떤 시간화 방식을 전제하고 있는 것인가? 근원적인 정신자세로서의 역사학이란 도대체 무엇을 가리키는가? 우리는 『존재와 시간』에서 상이한

---

21) D. C. Hoy, "History, Historicity and Historiography in Being und Time", *Heidegger and Modern Philosophy: Critical Essays*, 331-336.

시간화 방식들이 상이한 학문들의 실존론적-존재론적 근원으로 입증되고 있음을 보게 된다. 거기서 시간의 시간화 방식은 본래 장래로부터 발생하면서 과거를 넘겨받으면서 현재로 열리는 "기재하면서 현재화하는 장래"(SuZ, 432, 참조: 436)라는 3중적 통일성의 방식으로 해명된다. 물리학은 대상화의 학으로 그리고 이 대상화의 시간성은 발견성의 특수한 예기에 속하는 "탁월한 현재화"(SuZ, 480)로 해명된다. 본래적인 역사학은 "현으로 기재해 온 현존재(das dagewesene Dasein, [현존재였던 현존재, 곧 고인])를 그의 가장 고유한 실존가능성과 관련해서"(SuZ, 521) 이해하는 작업이고 이 작업은 기재적인 실존가능성의 명시적인 자기 전승으로서의 본래적 역사성에 방향을 두고 있는 것으로 해명된다. 이러한 자기전승의 시간성을 하이데거는 장래에서부터 생겨나는 "회복"(SuZ, 509)이라고 특징짓는다.

하이데거의 초기 논문들 속에서 살펴진 것들을 우리는 이제 요약적으로 다음과 같이 말할 수 있다. 그의 비판적-실재론적인 또 논리적인 사유와 관련해서 볼 때 그는 현상주의와 심리학주의에 맞서고 있다. 그의 역사사유는 실증주의와 상대주의에 대항하며, 문화철학적인 또 삶철학적인 역사철학에 가까이 서 있다. 그러나 이미 이 국면에 있어서 그는 상이한 입장들을 통합하려 하고 있다, 곧 한편으로 그는 실재론 및 논리학과 관련해서 스콜라학과 현대철학을, 다른 한편으로는 역사 및 주관의 문제와 관련해서 리케르트의 문화철학과 딜타이의 삶철학을 매개하려고 시도하고 있다. 이러한 시도는 과연 이미 기초존재론적 관점에서 수행되는 것은 아니지만, 그러나 그 속에 존재, 시간, 역사에 대한 근원적인 물음으로 이행하는 경향을 나타낸다.22) 이러한

---

22) 레만(K. Lehmann)은 하이데거의 교수임용논문과 관련해서 다음과 같이 정당하게 말한다: "많은 것이 「존재와 시간」을 향해 달려들지 않는가? […] 주관과 객관과의 기본적인 상관관계, 의미를 현실화하는 행위로서의 의식 […] 초월적인 물음방식이 결국 존재자적으로 정초되어야만 한다는 확신, 살아 있는 정신

물음들은『존재와 시간』에서 존재물음으로 모아지고, 이 존재물음에서부터 근원적으로 다루어진다. 하이데거 후기에서 두드러지는 역사물음, 즉 인간의 역사성과 존재의 역사에 대한 물음도 근원적으로 존재물음 및 시간물음과 맞물려 있다.

2. 전후기 사유 속에서의 주요 물음들의 전개

(1) 우리가 지금까지 단편적으로 언급한 존재, 시간, 역사 물음 사이의 연관은 하이데거의 주요한 두 저작인『존재와 시간』과『철학을 위한 기여』의 내용에 의거해 아래와 같이 다소 체계적으로 말해질 수 있을 것이다.『존재와 시간』에서 하이데거는 이제 **초월론적-존재론적** 시각에서 존재 일반의 의미를 묻고 해석한다. 이때의 의미란 존재이해를 위한 지평으로서의 개시성(자기이해 및 세계이해)을 우선 말하는데, 하이데거는 이 지평의 내적 구조를 시간-지평으로 기투(선취적으로 규정)한다. 시간적 개시성 속에는 존재 일반이 함께 이해되고 개시되어 있다. 존재 일반이 언제나 이미 시간적으로 개시되어 있기 때문에, 그것들은 또한 그때마다 다시금 시간적으로 개시된다. 존재를 존재론적으로 해석한다 함은 하이데거에게 있어서 암묵적-시간적으로 이해되어 있고 개시되어 있는 존재를 명시적-시간적으로 재차 이해함을 말한다. 존재를 초월론적으로 해석한다 함은 존재를 인간 현존재의 초월적 구조에 의거해 재차 이해함을 말한다. 따라서 하이데거의 초월론적-존재론적 존재사유는 암묵적-시간적으로 이해되어 있는 존재 일반을 현존재의 초월구조에 의거해 명시적-시간적으로 재차 이해

의 본질적 역사사실성, 인간의 역사성과 역사일반의 기원을 파악하려는 노력, '에포케'-개념을 파악하려는 노력, 시간과 영원의 변화와 절대적 타당성의 관계를 다뤄야 할 필요성의 통찰 등등"(Karl Lehmann, "Metaphysik, Transzendentalphilosophie und Phänomenologie in den ersten Schriften Martin Heideggers", *Philosophisches Jahrbuch*, Bd. 71(1963/64), 354)

하는 작업을 말한다. 명시적인 재차 이해가 이른바 하이데거가 해석이라는 말로 뜻하는 것이다. 그런 까닭에 하이데거의 존재론은 해석학에 다름 아니게 된다. 그것은 현존재의 존재의 해석에서 출발하는 존재 일반의 해석학이다.

존재가 시간적으로 이해되어 있다고 전제되는 한, 이러한 전제는 정당화되어야 한다. 그 정당화는, 존재의 이해가 인간 현존재에 속한 것인 한, 인간 현존재의 이해의 시간적 구조를 밝히는 일이 된다. 이때 하이데거가 말하는 이해는 딜타이에게서와 달리 현존재가 자기 자신이나 다른 존재자에 대해 맺는 이해적 존재관계이다. 이것은 하나의 특정한 존재관계(예컨대 설명의 상대 개념으로서의 이해)가 아니라, 존재관계 일반(설명, 이해 등)을 존재론적으로 가능케 하는 근원적인 존재관계이다. 이러한 근원적 존재관계로서의 이해가 하이데거가 이르는 현존재의 존재이다. 따라서 인간이 현존재로 존재한다 함은 그가 자기와 타자를 이해하고 있다는 것이고, 현존재가 이해하고 있다 함은 그가 자기 및 타자와 존재관계를 수행하는 식으로 존재한다는 것이다. 따라서 현존재의 이해의 시간적 구조의 해명은 현존재의 존재의 시간적 구조의 해명으로 정식화된다. 『존재와 시간』의 출간된 부분에서 하이데거는 현존재의 존재에 대한 물음을 전개하는데, 이것은 존재이해의 지평으로서의 개시성 내지 시간을 해명하기 위한 전제가 되는 것이다. 익히 알려져 있듯이 『존재와 시간』에서 현존재의 존재는 염려로 특징지어지고, 이 염려의 존재론적 의미는 시간성으로 확정된다. 현존재의 시간성은 그 탈자적 성격으로 인해 언제나 탈자적 지평들을 형성하고, 이것들의 통일이 시간-지평을 이루게 된다. 현존재의 탈자적 시간성이 시간-지평의 근원이고, 탈자적 시간성과 시간-지평이 근원적 시간을 이룬다.

하이데거는 『존재와 시간』에서 시간-지평을 존재 일반의 이해의 지평으로 기투하지만, 거기서 시간-지평에 의거해 실제로 존재 일반의 이해과정을 해명하지는 않았다. 그 해명은 단지 『존재와 시간』의 미

출간 부분에 속하는 주제로만 언급되었을 뿐이다. 반면에 하이데거는 『존재와 시간』의 출간된 부분에서 시간성의 구체적 증시의 형태로 현존재의 역사성을 다루면서, 이 역사성을 시간성에 의거한 현존재의 특수한 존재방식으로 해명하였다. 현존재의 본래적 실존이나 본래적인 자기이해와 외연동치적인 말인 본래적인 역사성은 현존재가 자신의 기재해 온 존재가능성을 자기에게 전승함을 말한다. 이러한 본래적 역사성은 본래적 시간성에 근거를 두는 것이다. 한편 사람들이 알고 있는 지금의 연속으로서의 **지금-시간**은, 그것에 따라 역사가 공공적으로 시간 내부적 사건으로 파악되는 시간이다. 이러한 지금-시간은 근원적 시간성에서 파생된 일상적 시간성을 특정하게 해석할 때에 생겨나는 시간이다.23) 하지만 지금-시간이 현존재의 일상적 존재유형에 속해 있는 것인 한에서, 그것은 자신의 출생증명서를 갖고 있고 따라서 자연적인 권리도 갖는다. 이런 한에서 역사를 지금-시간의 관점에서 시간 내부적 사건으로 해석하는 **역사학**도 자신의 자연적인 권리를 잃지 않는다. 다른 한편 본래적인 역사성은 존재사유의 틀 내에서 **존재론의 역사의 역사학적 파괴**로 정식화된다. 이러한 파괴는, 전승되었지만 원천적인 존재경험들에서 뿌리가 뽑힌 존재 개념들을 해체하면서 그 존재경험들을 다시 자기전승하며 회복함을 의미한다. 이렇게 『존재와 시간』에서는 현존재의 존재의미에서부터 근원적 시간이 해명되고, 이 근원적 시간에서부터 현존재의 역사성이 해명되고, 이 역사성에서부터 역사학의 존재론적 근원, 그 자연적 권리, 존재론의 근원

---

23) 통상적으로 파악된 시간으로서의 지금-시간은 일상적인 시간성, 곧 우선적으로 또 대개에 있어서 "비본래적"(SuZ, 563)이지만 "본질적인"(312) 시간성, 따라서 여전히 근원적인 시간성이 해석적으로 변양된 것이다. 이런 한에서 통상적으로 파악된 시간은 근원적 시간성에서 파생된 시간현상으로 말해진다. "과연 지금, 아직 지금이 아님, 더 이상 지금이 아님으로 해석된 시간은 하나의 진정한 시간현상이다. 그러나 그것은 시간현상 전체를 길어낸다는 주장을 제기할 수 없다. 오히려 지금-시간은 근원적 시간에서 파생된, 파생적 시간현상이다."(F. -W. von Herrmann, *Augustinus und die phänomenologische Frage nach der Zeit*, 171)

의 회복이라는 주제들이 해명된다.

(2) 하이데거의 후기 저작에서 그의 시각은 더 이상 초월론적-존재론적이지 않고 이른바 존재역사적-자화사건적(*seinsgeschichtlich-ereignishaft*)이다. 그는 전기 저작(『현상학의 근본문제』 등)에서 시간에서부터 존재의 일반적 성격을 묻고, 이것을 현존성(*Anwesenheit*)으로 파악하였다. 현존성이 존재 자체, 곧 존재 일반(다양한 존재방식들)의 본질로 파악되었던 것이다. 그러나 그의 수고인 『철학을 위한 기여』에서 명시적으로 드러나듯이, 그는 이제 존재를 그것의 자현(*Wesung*) 내지 본질발생(*Wesensgeschehen*)에 있어서 사유하며, 이것을 자화사건(*Ereignis*)이라고 부른다. 구체적으로 말해, 자화사건이란 진리(개시성, 세계) 속에서의 존재의 자현 내지 존재의 진리의 자현이다. 존재는 존재자가 아닌 한, 자기 안에 다시금 어떤 고정된 본질을 갖고 있는 것이 아니라, 그때마다 진리와 더불어 인간에게 달리 나타난다. 곧 존재는 그때마다 존재자에 대해 상이한 관련성격(고대의 이데아, 중세의 실존, 근대의 대상성, 니체의 의지 등)을 획득하면서 존재자를 존재자이도록 보증해 주는 식으로 자기의 본질을 발생시킨다. 존재가 그렇게 불변적 고정성을 갖지 않고 오히려 가변적으로 그때마다 고유한 자기로 됨은, 존재가 그때마다의 진리 속에서 자기를 구체화하기 때문이다. 존재의 그때마다의 자기구체화, 자기화, 자현이 자화사건이다. 존재의 자현은 존재의 현상함으로 간주될 뿐, 현상으로서의 존재 이면에 어떤 배후 실체가 가정되지는 않는다. 존재가 '있다'라는 말은 존재가 자현하면서(west), 존재자로 하여금 그때마다 상이한 방식으로 존재자이게끔 보증해 준다(gewährt)는 것이다. 그런데 존재의 자현, 곧 자화사건은 존재와 현존재 사이의 관계맺음으로서만 이루어진다. 존재는 자신의 진리 속에서 인간 현존재를 기분 지우며 규정하고 이로써 그를 자기화(고유화)한다(stimmt, be-stimmt, er-eignet). 그때마다 기분 지워지고 규정되고 자기화된 채로 인간 현존재는 존재의 진리를 경험하고 사유하고 기투한다. 이렇게 진리를 매개로 존재가 현

존재에 대해 갖는 자기화하는 관련과 현존재가 존재에 대해 갖는 자기화되는 관련이 자화사건을 구성하고 있다.

그런데 자화사건을 위해서는 언제나 먼저 **시대상황**이 드러나야 한다. 시대상황을 하이데거는 "시간-공간"(BzP, 371)이라는 말로 표현한다. 전기 사유에서와는 달리 후기 사유에서 시간은 공간에 대해 존재론적인 우위를 갖는 것이 아니라, 상호 의존적이고 동등한 것이다. 그것들은 "마주 향한 것"(BzP, 385)으로서 서로 통일적이고 동등하며 동근원적이다(참조: GA 41, 16). 근거를 상실한 시대의 특징, 곧 시대의 무근거(*Abgrund*)의 경험에서부터 비로소 탈-근거(*Ab-grund*)라 불리는 시간-공간의 시대상황이 열려진다. 이 시간-공간은 물론 근거(*Grund*, 개시성, 진리, 세계)를 위해, 또 이로써 존재(Ur-grund, 근원근거)를 위해 발생하는 것이다. 이런 시간-공간의 기투를 통해서 비로소 존재를 위한 진리(die Wahrheit des Seins)가, 또 이로써 진리 속에서의 존재(das Sein der Wahrheit)가 발생한다. 이러한 진리(세계)와 존재의 자현은 그 자체로 역사의 새로운 시원이 된다. 그렇게 시간-공간은 존재를 위해 "처음으로 열린 곳(das erst Offene, die erste Lichtung des Offenes)"(참조: BzP, 379-380)이며, 이것의 기투에서부터 또 기투된 시간-공간 속에서 존재가 자현하는 것이다. 하이데거는 이러한 시간-공간을 자화사건을 위한 "순간-장소(Augenblicks-Stätte)"(BzP, 384)라고도 규정한다.

자화사건이 신의 왕림, 역사의 시작, 존재자의 존재회복을 보증해 준다. 이런 한에서 자화사건은 "근원적인 역사 자체"(BzP, 32), "역사로서의 존재"(BzP, 494; 참조: SvG, 109; N.II, 485; Weg, 331)이고, 또 이로써 인간 역사의 근원이다. 존재의 기재적 가능성인 자화사건에 기투의 방식으로 참여함은 근원적 역사에의 참여이고 이런 한에서 "역사수립적"(BzP, 56, 61)이다. 이러한 참여는 인간의 기재적 실존가능성의 자기인수로서 인간에게 주어진 "탈존의 역운(das Geschick der Ek-sistenz, 탈존이라는 역사적 운명)"(Weg, 324)을 인수하는 것이다.

이로써 성립하는 역사수립적-역운적 실존은 "존재자 한가운데에서의 현존재의 [⋯] 변화"(GA 41, 49)와 "사물이 [⋯] 사물로 됨"(GA 79, 20)의 방식으로 구체화된다. 따라서 하이데거의 전기 사유에서 회복으로 규정된 인간의 역사성은 자화사건의 사유에서부터, 곧 존재와 인간의 관련의 회복의 관점에서, 새롭게 역사수립적-역운인수적-사물변화적이라는 3중적 구체성을 획득한다.

자화사건적 사유 속에서 하이데거는 더 이상 현존재의 초월이나 시간의 지평에서부터 존재를 사유하지 않고, 오히려 모든 것을 자화사건에서부터 사유한다. 자화사건적 사유 속에서 존재의 자현이 근원적인 역사로, 인간의 역사의 근원으로 사유된다. 지금까지의 존재역사는 자화사건으로서의 존재의 제1시원적인 역사로 사유되고, 시간-공간은 언제나 자화사건을 위해 맨 처음에 열리는 것으로 사유되고, 장래적 인간의 고유한 역사성은 존재에 의해 고유해진 채로 그 같은 시간-공간을 기투함으로 사유된다. 이렇게 후기 하이데거는 자화사건으로부터 존재역사, 시간-공간, 현존재의 역사성을 사유한다.

하이데거의 전후기 사유 속에서 뚜렷하게 부각되는 존재, 시간, 역사 등의 문제는 앞서 우리가 살펴보았듯이 비록 다른 사유 차원에서이기는 해도 이미 그의 초기 저술들에서 확인되는 사안들이다. 이런 한에서 우리는, 그 같은 철학사적 주요문제들을 위해 하이데거가 머무는 사유 차원이 그때마다 달라지지만, 이들에 대한 하이데거의 문제의식은 일정한 연속성을 갖고 있다고 말할 수 있을 것이다.

2절 초월론적 역사사유

우리는 여기서 하이데거의 역사물음의 배경을 밝히고, 이 물음에 대한 하이데거의 대답이 어떻게 전개되는지를 살펴보고자 한다. 그의 역사사유는 그에 앞서 전개된 역사철학적 운동과 일정한 연관 속에서 있지만, 그 자체로 리케르트와 딜타이에게서 분명하게 드러났던 역사의 근본문제들(무엇보다도 역사와 역사성)을 하이데거가 독특하게-근원적으로 (존재론적으로) 인수하는 방식으로 전개된다. 말하자면 그의 역사사유는 당대의 역사철학의 존재론적 재구성으로 나타난다.24) 동시대적 문제들의 근원적인 인수가 의미하는 것은 무엇보다 그가 이러한 문제들을 존재물음에서부터 열리는 하나의 전적으로 다른 차원으로 이끌어 들인다는 것이다. 그의 역사사유는 옛날부터 철학의 주요물음이 되어 온 존재물음과 내적인 연관을 갖고 있다. 그의 존재사유는 "존재일반의 의미"에 대한 물음이라고 정식화되며, 그 의미를 시간에서 찾는 것인데, 시간은 그의 초기 사유 속에서는 존재이해의 지평으로, 후기 사유 속에서는 (이제 공간과 더불어 사유되는 시간으로서) 진리(존재자 전체의 개시성)의 근본구조로 파악된다. 역사와 역사성에 대한 하이데거의 사유는 언제나 존재와 시간의 관점에서 전개된다. 그의 역사사유의 독특성은 따라서 그것이 언제나 시간의 사유와 함께 가는 그의 존재사유의 내적인 전개라는 점에서 찾아진다. 그럼에도 하이데거의 역사사유는 그에 앞서 전개된 역사철학적 운동 속의 근본문제들의 근원적 인수로서 나타난다. 이러한 역사철학적 운동이 그 자신 또한 역사적 배경을 두고 있는 것인 한, 우리는 먼저 여기서 리케르트와 딜타이에 이르기까지의 역사관의 역사를 간략히 검토해 볼 필요가 있다. 이로써 하이데거의 역사사유의 역사적 위치가 명료해지고 이것은 하이데거의 역사사유의 독특성을 드러내는 데 기여하게 될 것이다.

---

24) 이에 대해서는 다음을 참조할 수 있다: F. Kaufmann, *Geschichtsphilosophie der Gegenwart*, Berlin, 1931; H. Schnädelbach, *Geschichtsphilosophie nach Hegel*, Freiburg, 1974; J. A. Barash, *Martin Heidegger and the Problem of Historical Meaning*, Dortmund, 1988; E. Angehrn, *Geschichtsphilosophie*, Stuttgart, 1991.

1. 역사물음의 역사적 배경

역사는 역사적으로 그때마다 달리 이해되어 왔다. 서양의 그리스 시대에 역사이해는 자연경험과 결정적인 연관을 갖고 있었다. 도가의 반자지동(反者之動)의 개념에서 나타나는 것과 유사하게 거기에서도 자연은 "사건발생의 영구적 율동"25) 내지 "영구적 회귀"26)로서 경험되었고, 인간과 인간의 역사에 관한 이해에 일정한 영향을 미쳤다. 자연의 회귀의 성격이 자연의 영구성의 당연하고 본질적인 계기로 이해되는 한, 인간역사는 인류의 영구성을 위한 본질적 요소가 된다. 이 맥락에서 무위자연(無爲自然)의 주장이 설득력을 지닐 것이다. 그러나 자연의 회귀보다 자연의 영구성 자체가 자연의 이상적인 본질로 이해되면, 유한한 인간의 역사는 퇴락의 역사가 된다. 이 맥락에서 인간의 비극성의 진술이 설득력을 지닐 것이다.

유대교-기독교 속에서 역사이해는 영원한 신의 경험과 결정적인 연관을 갖고 있다. 유한한 인간성은 여기서 무한한 신성과 마주 서 있다. 그러나 인간의 유한성의 경험은 비극의 원인으로만 머물지 않고 무한에의 복귀의 원인이 된다. 이러한 관점에서부터 인간의 역사는 몰락한 인간의 구속(구원)의 역사로 파악된다.

18세기에 이르러서는 차례로 두 개의 새로운 역사서술의 흐름이 생겨났다. 우선 전체적인 영향연관으로서의 역사가 개별 연관들(정치, 법, 종교, 시 등)로 갈라지고 이들이 각기 서술의 대상으로 되었다. 그 다음에는 역사의 운동근거가 외부(예컨대 신)로부터가 아니라, 내부로부터 추구되었다.27) 19세기의 전반기에 이르러서는 두 개의 병행적인

---

25) H. Rickert, *Probleme der Geschichtsphilosophie*, Heidelberg, 1924, 135.

26) K. Löwith, *Weltgeschichte und Heilsgeschehen*, Stuttgart, 1961, 14; H. -G. Gadamer, *Hermeneutik: Wahrheit und Methode*, Bd. 2, Tübingen, 1986, 27.

27) 딜타이는 이 두 경향을 18세기에 도달된 역사서술의 "새로운 단계"의 두 원리라고 부른다(참조: W. Dilthey, *Gesammelte Schriften*, Bd. VII, 164). "본래적인 역사적 사유가 18세기와 더불어 비로소 시작되었다."(K. Löwith, *Weltge-*

역사사유의 흐름이 발견된다. 하나는 역사적 발전의 의미 전체에 대한 철학적 사변(독일 관념론)이고, 다른 하나는 콩트에 의해 영향 받은 경험적인 사회연구 및 역사연구(실증주의)이다.[28] 독일 관념론의 마지막 사상가인 헤겔은 역사를 절대정신의 자기이해의 과정으로 파악하였다. 그에 따르면 절대적 정신이 자기를 의식해 가는 운동의 절대적 종국이 철학적인 자기의식이다. 그러나 인간의 유한성이 또 이로써 현사실적 소여에 대한 인간의 의존성이 더 많이 의식되면 될수록, 절대정신의 자기전개라는 이야기는 그만큼 더 설득력을 상실한다. 이것이 헤겔 사후의 상황이었다.

19세기 후반에 이르러 사변적인 역사구성은 실증주의적-자연주의적인 시대경향을 더 이상 피할 수 없었다. 이러한 상황 속에서 새로운 역사사유가 다양하게 전개되었다.[29] 이렇게 새로이 전개된 역사사유 내부에 한쪽에는 상대주의적 역사사유가 들어서 있는데, 이것은 모든 역사들의 통약(약분) 불가능성을 인정하고 역사에 대한 일반적인 개념화 작업을 포기하는 사유이다. 다른 한쪽에는 실증주의적 역사사유가 들어서 있는데, 이것은 물리학의 모범을 따라 자신을 하나의 엄밀학으로 정초하려는 사유이다. 이 둘 사이에서 경험적 역사학의 철학적 분석의 노력이 등장하는데, 이러한 분석 작업은 인식비판적 작업으로서 역사의 영역을 자연으로부터 구분하고 역사적 발전의 의미를 파악할 수 있게 해주는 역사학의 고유한 방법을 정초하려고 시도하였

---

schichte und Heilsgeschehen, 12)라는 트뢸치와 딜타이의 견해에 맞서 뢰비트는 "근대의 역사철학은 완성에 대한 성서적 신앙에서 생겨나며 또 그것은 그것의 종말론적 표본의 세속화와 더불어 끝난다."(13)고 믿는다.

28) 이에 대해 다음을 참조: H. Rickert, *Die Grenzen der naturwissenschaftlichen Begriffbildung*, Tübingen, 1929, 1-2; R. Schaeffler, *Einführung in die Geschichtsphilosophie*, Darmstadt, 1980, 198-200.

29) 이에 대해 다음을 참조: H. Rickert, *Die Grenzen der naturwissenschaftlichen Begriffbildung*, 4 이하; F. Kaufmann, *Geschichtsphilosophie der Gegenwart*, 1-2; F. Kaufmann, "Geschichtsphilosophie" In: *Die Philosophie im XX. Jahrundert*, Stuttgart, 1963, 501.

다. 이러한 인식비판적 역사사유의 범위에 빈델반트, 리케르트, 딜타이, 트뢸치, 짐멜 등이 속한다. 이들은 각기 고유한 방식으로 역사적인 이해 방법에 따라 하나의 전체로서의 역사과정이 갖는 의미를 구성하려고 노력하였고 이후의 역사사유에 강한 영향력을 행사하였다.[30]

하이데거의 초기 저술들의 국면에서 볼 때 하이데거는 헤겔 이후에 또 실증주의적-자연주의적 역사이론에 맞서 생겨난 역사사유의 흐름에 속하였다. 그러나 그의 전기 저작인『존재와 시간』에서 보이는 그의 역사사유는 이러한 흐름을 더욱 근원적인 역사물음으로 변화시켰는데, 이러한 물음은 그의 역사사유가 전개되는 그 차원의 면에서 볼 때 문화철학적으로 방향을 둔 리케르트의 역사철학이나 삶철학적으로 방향을 둔 딜타이의 역사철학과 크게 구분되는 것이었다. 또한 무엇보다도『철학을 위한 기여』에서 드러나는 그의 후기 사유 속에서도 하이데거는 역사문제를 더욱 근원적으로 존재발생 내지 자화(自化)사건에서부터(vom Sein als Ereignis, d.h. Seinsgeschehen her) 전개시킨다. 이런 한에서 그의 역사사유는 그 독특성에 있어서 전기 사유에서는 기초존재론적으로, 후기 사유에서는 존재사건적으로, 다른 말로 해서 자화사건적으로 전개되는 역사 존재론이다.

1) 리케르트의 역사학 개념

헤겔 이후의 역사운동에서 물어지고 그 자체로 방법론 논쟁을 불러일으켰던 것은 한편으로는 역사학의 가능조건이고, 다른 한편으로는

---

30) 카우프만(F. Kaufmann)은 "우리가 오늘날 여전히 그 안에 서 있는" 역사철학적 운동을 "빈델반트와 리케르트에 의해 개척된 방법들이 더욱더 발전된 것이며, 그러나 무엇보다도 또한 그들과의 대결 속에서 새로운 과제들을 위해 성취된 것"(*Geschichtsphilosophie der Gegenwart*, 2)이라고 파악한다. 바라쉬(J. A. Barash)는 19세기와 20세기 초 사이의 역사사유의 다양한 흐름들이 "일관성의 유형들"(*Martin Heidegger and the Problem of Historical Meaning*, 1)에 대한 시각을 열어주었고 "역사적 의미의 문제"(19)를 출현시켰다고 지적한다.

역사의 가능조건이다. 전자는 역사학에서의 인식론적 문제 내지 객관성 문제에 관련되고, 후자는 역사적 인간의 본질 규정의 문제에 관련된다. 두 가지 문제는 역사적 연관이라는 문제론을 포함한다. 하이데거 자신이 이러한 문제론을 의식하고 『존재와 시간』 72-75절에서 존재론적으로 해명하고 있는 한, 우리는 그 문제론을 리케르트와 딜타이에서부터 간략히 부각시켜 보고자 한다. 이것은 하이데거 역사사유의 핵심적 배경 요인이기도 하다.

리케르트는 역사를 우선 인류가 겪어 온 과정들의 전체 연관으로 이해하고, 역사학을 이 연관을 인과적으로 재구성하는 학문으로 본다. 역사가 인류의 발전의 개별적 국면들의 통일적 연관으로, 그리고 이 연관이 다시금 하나의 사실로 발단에 놓이게 되면, 이 같은 연관의 의미에 대한 물음이 제기된다. 리케르트는 가치관점이라는 개념으로 이 물음에 대답하려고 하였다. 그에 따르면 역사가는 하나의 가치관점을 갖고 가치연관적인 개체들을 선발하고, 이들을 결합하여 인과적인 연결이 생겨나게 한다. 이로써 역사적 연관은 문화가치들의 실현과정의 인과적 연관에 다름 아니게 된다. 그런데 그렇게 파악된 연관은 과연 일관성을 결여한 한갓된 시간적 계열이지는 않다. 그러나 그것만으로는 개체들의 선발을 가능하게 하고 이들의 결합을 가능하게 한 개체들의 내적인 연관이 드러나지 않고, 다만 역사학적으로 구성된 외적인 연관만이 나타날 뿐이다.

이러한 결과는 리케르트가, 학문으로서의 역사를 다루기 위해 "초월적인 가정들이 불가결하다."[31]는 것과 인식주체는 끊임없이 "대상들의 인식에 있어서 그것들의 변형"[32]을 선취하며 역사적 우주는 단지 "칸트적 의미에서의 이념"[33]이라는 것을 자기 논의의 발단에 놓음으로써, 역사의 내적인 연관의 파악가능성을 처음부터 배제시켰기 때

---

31) H. Rickert, *Die Grenzen der naturwissenschaftlichen Begriffbildung*, 18.
32) H. Rickert, *Probleme der Geschichtsphilosophie*, 29.
33) 같은 책, 126.

문이다. 이런 맥락에서 카우프만은 정당하게 "짐멜은 리케르트와 똑같이 현실적인 발생연관과 역사적인 구성 사이의 [엄격한 분리]를 선취한다."[34]고 말한다. 리케르트가 말하는 "주어져 있는 것의 가치연관에 대한 학설"에 맞서 우리는 가다머와 함께 다음과 같은 비판적인 물음을 제기할 수 있다: "어느 정도로 도대체 현실적인 역사가 그 역사성에 있어서 그런 식으로 [구성의 방식으로] 보증되는 것인가? 아마도 변화할 수 없는 타당성의 영역에서 제기될 수 있는 것[가치]만이 역사상에서 보증되는 것이 아닌가?"[35] 리케르트에게 있어서는 역사의 역사성, 곧 역사의 현실적 발생연관의 파악이 아니라 역사상에서의 문화가치들의 인과연관만이 기대될 수 있을 뿐이다. 따라서 그에게서는 역사학의 가능근거가 제시되지만, 역사의 가능근거는 제시되지 않는다.

2) 딜타이의 역사 개념

딜타이는 역사를 인류의 삶의 영향연관으로, 역사학을 이 연관의 이해를 시도하는 학문으로 본다.[36] 딜타이가 자신의 최초의 대작 『정신과학들에의 입문』(1883)에서 시도한 것은 역사적이고 체계적인 절차들에 의해 "정신과학들의 철학적 토대에 대한 물음"[37]을 해결하는 일이었다. 이러한 해결에 의해 그는 최종적으로 체험의 구조에서부터 정신과학들의 고유한 논리를 구성하려고 하였다. 그러나 그는 사실상 이 일을 달성하지는 못했다. 리델(M. Riedel)은 정당하게 "그는 해석학적 논리('앎의 이론')의 구성으로부터 정신과학들의 방법적으로 구

---

34) F. Kaufmann, *Geschichtsphilosophie der Gegenwart*, 38, 참조: 29, 36.

35) H. -G. Gadamer, *Hermeneutik: Wahrheit und Methode*, Bd. 2, 134.

36) 딜타이 수용의 다양한 방식들에 대해서는 다음을 참조할 것: H. H. Gander, *Positivismus als Metaphysik*, Freiburg, 1988, 9절(딜타이의 물음단초의 체계론에 대한 예비적 논급들. 딜타이 수용에 대한 주해들), 133-139.

37) W. Dilthey, *Einleitung in die Geisteswissenschaften*, XV.

성된 논리로 나아가는 발걸음에 있어서 실제로는 성공하지 못했다."38)
고 적고 있다. 여하튼 정신과학들의 철학적 정초의 문제에 있어서 먼
저 해결 과제로 삼아야 할 것은 딜타이에게 있어서 "우리의 인식능력
의 굳어 있는 선험성의 가정이 아니라, 오직 우리의 본질의 총체성에
서부터 출발하는 발전역사일 뿐이다."39)

  인간의 본성으로서의 인간의 본질은 딜타이에게 있어서 삶이다. 그
가 삶이라는 말로 의미하는 것은 "체험과 이해 속에서 우리에게 일어
나는 것의 총괄 개념" 또는 "인류를 포괄하고 있는 연관"40)이다. 그
렇게 파악되는 삶은 내적으로 보아 이해적 추후 체험을 포함한 여러
체험들의 연관이다. 비록 과거적인 것과 장차 가능한 것이 체험에 의
해 충족되어 있는 순간(Moment)에 "초월적"이라고 할지라도, 앞의 그
둘은 "하나의 연쇄(Reihe) 속에서 [뒤에 말해진] 체험에 연관되어 있
는데, 이 연쇄는 그것들이 전체에 대해 갖는 여러 관계들을 통해서 분
절되는 것이다."41) 딜타이에게 있어서는 다름 아니라 "시간 속에서의
심리적 연관이 삶의 경과를 형성하는 것이다. 이러한 삶의 연관은
[…] 모든 부분들을 결합하는 관계들을 통해 구성된 통일성이다. 현재
적인 것에서부터 우리는 뒤쪽으로 일련의 기억들을 관통하면서 안정
되지 않고 형태를 갖추지 않은 우리의 작은 자아가 어스름하게 사라
지는 곳에까지 이르고, 또 우리는 앞쪽으로 이러한 현재로부터 이 현
재에 깃들어 있으면서 어떤 애매하고 더 나아간 차원들을 수용하고
있는 가능성들로 밀고 나아간다."42)

  체험들의 연관으로서의 삶은 딜타이에게 있어서 또한 의미연관이자

38) M. Riedel, "Einleitung", *Wilhelm Dilthey. Der Aufbau der geschichtlichen
    Welt in den Geisteswissenschaften*, Frankfurt, 1970, 64.
39) W. Dilthey, *Einleitung in die Geisteswissenschaften*, XVIII.
40) W. Dilthey, *Gesammelte Schriften*, Bd. VII, 131.
41) 같은 책, 140.
42) 같은 책, 140.

영향연관(Wirkungszusammenhang)이다. 이러한 영향연관의 면에서 삶의 경과 및 역사적 과정의 부분들이 일정한 의미를 획득한다: "우선 삶의 경과의 부분들이 삶, 그의 가치들 및 목적들에 대한 자신들의 관계에 따라 […] 하나의 의미를 얻는다. 그 다음 역사적 사건들은 영향연관의 부분들(Glieder)이라는 점을 통해 유의미하게 되는데, 이 영향연관 속에서는 역사적 사건들이 전체의 가치들 및 목적들의 현실화를 위해 다른 부분들과 함께 작용하고 있는 것이다."43) 의미연관은 기억을 통해 형성되고, 이 기억은 삶의 시간적 구조 속에서 수행된다: "우리는 기억 속에서 뒤돌아보면서 삶의 경과의 이미 지나가 버린 가치들의 연관을 그것들의 의미라는 범주 속에서 파악한다."44) 이 맥락에서 디발트(H. Diwald)는 의미연관이 시간의 구조적 성격에 근거를 두고 있음을 분명히 한다: "한 시대의 영향연관 속으로 파고드는 어떤 영향이 역사적인 것인데, 그 영향연관은 온갖 개별 부분의 의미를 '시간의 체계' 속에서 규정하고 있는 것이다."45)

역사는 단지 "하나의 연관을 형성하는, 인류 전체의 관점에서 파악된 삶"46)이다. 이러한 역사는 역사적 체험들을 통해서 구성되는 것이고, 이 역사적 체험들은 추후 체험들(삶이 외화된 대상들의 이해)을 통해 형성되는 것이다. 체험연관이 영향연관과 의미연관으로 형성되기 때문에, 추후 체험을 통해 구성되는 역사에는 영향연관과 의미연관이 속한다. 이러한 연관은 삶의 시간적 연관 속에서 구성된다. 역사학은 연관을 전제로 삼고 삶이 외화된 대상들(Lebensobjectivationen)의 이해를 통해 역사적 체험을 형성시키는 작업이다. 이 역사적 체험들은 그 자체로 심리적 시간구조에 의거해 영향연관 및 의미연관으로 형성된다. 결국 딜타이에게서 역사의 영향연관과 의미연관을 형성하

---

43) 같은 책, 168.
44) 같은 책, 201.
45) H. Diwald, *Dilthey*, Göttingen, 1963, 233.
46) W. Dilthey, *Gesammelte Schriften*, Bd. VII, 256.

는 것은 시간 속에서의 심리적 연관이다. 결국 역사의 영향연관 및 의미연관은 분명 "역사학적 작업의 산물이 아니라 역사적 작업의 산물",47) 다시 말해 리케르트 식의 역사학적 구성작업의 산물이 아니라, 역사학적 이해로부터 생겨난 추후 체험들의 심리적-시간적 통일의 결과이다. 그렇게 심리적 연관이 역사적 연관을 지탱한다. 이런 한에서 역사적 연관은 심리적 연관에 다름 아니다. 역사적 연관과 심리적 연관의 동질화는 그러나 문제가 없지 않다. 왜냐하면 시대경험과 관련하여 다음의 물음이 유의미하기 때문이다: "어떻게 이러한 심리학적 체험연속성에서부터 전혀 다른 커다란 규모로 유지되고 있는 역사적 연관들이 본래적으로 생겨날 수 있다는 것인가?"48) 비록 개인적-심리적 연관과 인류적-역사적 연관이 일정한 연관을 갖고 있다고 할지라도, 역사적 연관은 심리적으로 제약되지 않는 고유한 발생방식을 가질 수 있다. 이런 한에서 문제는 역사적 연관의 고유한 발생방식이 된다.

연관 자체로서의 삶에서부터 한편으로는 역사를 영향연관으로, 다른 한편으로는 역사학을 이러한 연관의 특수한 이해방식으로 해명하려고 시도하였던 딜타이는 역사의 가능성을 시간 속에서 이루어지는 심리적 연관 속에서 찾았다. 그러나 심리학적으로 방향을 두고 딜타이가 제시하는 것, 곧 심리적 삶연관이 역사적 연관을 기초한다는 정초관계는 역사적 연관의 발생을 해명하기에 충분하지 않다. 과연 심리적 연관과 영향연관은 일정한 관계를 갖는다. 이러한 관계가 넓은 의미에서의 역사성을 또는 '수동적인' 역사성을 가능케 할 것이다. 그러나 영향연관이 심리적 필연성에 근거를 둔 것이라면, 역사의식의 강조는 본래 필요 없는 말일 것이다. 역사의식의 강조는 좁은 의미에서의 역사성 또는 '적극적인' 역사성을 강조하는 것이다. 역사는 심리적인 인간 모두가 소유하는 것이 아니라, 역사의식을 갖고 있는 사람

---

47) F. Kaufmann, *Geschichtsphilosophie der Gegenwart*, 110; 참조: H. Diwald, *Dilthey*, 114.
48) H. -G. Gadamer, *Hermeneutik: Wahrheit und Methode*, Bd. 2, 134.

만이 소유한다. 딜타이는, 정태적으로 영향 없이 머무는 과거 사실은 지나간 과거일 뿐이고 과거에 머물지 않고 현재에 영향을 미치고 있는 과거 사실만이 인간이 고유하게 갖는 것으로서의 역사라는 점을 분명 이해하고 있다. 그러나 그는 이렇게 오직 동태적으로-발생적으로 만 존재하는 역사(Geschichte als Geschehen)가 어떤 존재론적 근거를 전제하고 있는 것인지를 묻지 않고, 다만 역사사실들의 이해에 뒤따르는 심리적 자연사실로 간주한다. 심리학적으로 파악된 삶의 연관은 역사의 발생사건에 대한 최종적 대답이 아니다. 그렇지만 연관으로서의 삶이라는 개념은 역사가 본래적으로 발생하는 장소에 대해 암시한다. 이제 주어지는 과제는 삶의 연관을 존재론적으로 해명하여, '어떻게 역사가 고유하게 또는 본래적으로 발생하는가?'라는 근원적인 역사물음에 답하는 일이다. 이것은 곧 역사의 발생의 존재론적 근거를 밝히는 일에 다름 아니다.

3) 하이데거의 역사물음

우리에게 '지나간' 역사가 문제시되는 이유는 우리의 미래적 가능성이 오직 역사 속에 놓여 있다는 사실에 있다. 이런 한에서 역사사유는 근원적으로 어떻게 역사가 하나의 그 같은 가능성으로 우리에게 드러나는가라는 물음을 던져야 한다. 역사에 대한 결정적인 물음은 자신을 일차적으로 사실적 연관이나 사실적 연속성의 의미해석으로 제한할 수가 없다.49) 오히려 그것이 근원적으로 물어야 할 것은 역사가 우리에게 본래적으로 드러나고 우리에 의해 명시적으로 인수될 수 있는 가능성의 근거이다. 이러한 가능성은 그 자체 역사적 연속성의

---

49) 이 점을 카우프만은 다음과 같이 사실에 맞게 파악한다: "어떤 존재성격, 어떤 운동성격을 도대체 역사가 갖고 있는지가 명확해질 때에야 비로소 한 역사적 운동의 사실적인 방향의미에 대한 물음의 권리에 대해 참되게 판단이 내려질 수 있다."(F. Kaufmann, *Geschichtsphilosophie der Gegenwart*, 120)

가능성이며, 그 연속성은 시대를 가르는 비연속성(epochemachende Diskontinuität)의 방식에서 형성된다.50) 역사의 연속성이 시대를 가르는 비연속성의 방식으로 형성되는 것은 현존재의 특수한 발생의 구조, 현존재의 본래적 발생, 현존재의 본래적인 역사성에 달려 있다. 이런 한에서 역사의 발생의 사유로서의 근원적인 역사물음은 인간의 근원적인 역사성에 대한 물음으로 된다.

역사의 비연속적 연속성의 가능성은 인간 자신 이외의 다른 장소에서는 발견될 수가 없다. 그 같은 가능성이 인간에게서, 그의 삶에서, 그의 존재방식 속에서 찾아져야만 한다면, 근원적인 역사물음, 곧 역사의 근원에 대한 물음은 인간의 존재에 대한 물음을, 또 이로써 존재 일반에 대한 물음을 포함한다. 하이데거의 공적은 다름 아니라, 그가 역사에 대한 물음을 역사의 근원에 대한 물음으로, 곧 인간의 본래적인 존재방식에 대한 물음으로 변화시키고, 이 물음에 대해 존재사유에서부터 대답하려고 노력한다는 점에 있다.51)

하이데거의 역사사유에 있어서의 중점은 그의 초기 사유에서는 물론 후기 사유에서도 그의 역사성 개념에서 발견된다.52) 하이데거의 후기 사유에까지 역사성 개념을 적용하는 것에 대해 아마도 푀겔러의 견해에 의거해 — 그러나 푀겔러의 의도와는 달리 — 하나의 이의가 제기될 수도 있을 것이다. 푀겔러는, 진리의 발생사건(진리로서의 역

---

50) 이미 일찍이 가다머가 다음과 같이 지적하였다: "사건의 진행 속에서 불연속성이 있게 되는 바로 그 순간의 탁월함 속에 역사적 연속성을 보존하고 경험할 가능성이 정초되어 있다."(H. -G. Gadamer, *Hermeneutik: Wahrheit und Methode*, Bd. 2, 144)

51) 바라쉬는 초기의 하이데거와 관련해서 다음과 같이 정당하게 말한다: 하이데거는 "역사적 의미의 일차적 근원을 객관적인 역사적 과정의 연속성과 일관성으로부터 현존재의 존재론적 구조들로 굽혀버렸다[방향을 틀어버렸다]."(J. A. Barash, *Martin Heidegger and the Problem of Historical Meaning*, 303-304)

52) 존재물음과 역사물음의 내적인 연관의 가능적 외연에 대해서는 다음을 참조할 것. Otto Pöggeler, "Einleitung: Heidegger heute", *Heidegger. Perspektiven zur Deutung seines Werkes*, Köln/Berlin, 1970, 26-27, 49-50.

사)에서부터 비로소 자연의 상대항으로서의 역사가 이해 가능하게 되기 때문에 — 그리고 그 반대가 아니기 때문에 — 하이데거가 오해를 배제하고 자신의 사유의 위치를 엄밀히 규정하기 위해서 "존재의 역사나 사유 및 진리의 역사성에 대한 이야기"53) 대신에 "운명, 역운, 자화사건 같은 새로운 낱말들"을 원용하였고 "자신의 후기 저작에서는 예컨대 특히나 그를 통해 유행하게 된 '역사성 같은 낱말'"54)을 피했다고 보고한다. 이러한 보고가 의미하는 것은 그러나 하이데거의 후기 저작을 존재의 역사나 인간의 역사성 같은 개념들에 의거해 이해하는 작업이 이루어질 수 없다는 것이 결코 아니다. 이러한 작업은 푀겔러의 보고가 정확한 것인 한 더욱 절실한 것이다. 왜냐하면 그 같은 개념들은 하이데거의 후기 저작에서 단지 암묵적으로만 전제되어 배경으로 머물고 명시적으로 상세히 언급되고 있지는 않기 때문이다. 이러한 관점에서부터 우리는 역사성이라는 개념에 의거해 그의 전기 저작에서는 물론 후기 저작에 있어서의 그의 역사사유를 추적하면서 이를 그의 존재사유에서부터 이해하려 시도할 것이다.

2. 하이데거 전기에서의 역사물음의 전개

이 부분에서 우리는 『존재와 시간』을 중심으로 하이데거의 전기 저작에서 전개되는 하이데거의 역사사유를 밝혀보기로 한다. 거기서 드러나는 그의 역사사유는 역사성의 물음과 역사학의 물음으로 대별될 수 있다. 역사성의 물음은 하이데거에게 있어서 '현존재의 역사성에 대한 실존론적-존재론적 물음'으로 나타나는데, 여기서 전개되는 소주제들은 (1) 역사성에의 접근의 단서로서의 강조된 의미에서의 역사, (2) 자기전승적 회복으로서의 본래적 역사성, (3) 현존재의 '연관'에 대한 물음의 지평으로서의 비본래적 역사성으로 정식화될 수 있을 것

---

53) 같은 글, 49.
54) 같은 글, 50.

이다. 역사학의 물음은 하이데거에 있어서 '학문들에 대한 실존론적-존재론적 물음'과 '존재론사의 역사학적 해명'으로 나타나는데, 여기서 전개되는 소주제들은 (4) 이론적 학문의 존재론적 기원, (5) 역사학의 존재론적 뿌리, (6) 존재론의 역사의 역사학적 파괴로 정식화될 수 있을 것이다. 우리는 이들에 대한 하이데거의 해명을 차례로 살펴보면서 이와 관련된 일부의 논란들에 대해서도 검토해 보기로 한다.

1) 강조된 의미에서의 역사: 현존재의 특수한 발생

삶은 딜타이에 의해 연관으로 파악된다. 하이데거는 이 연관 개념에 대한 현상학적 분석으로부터 현존재의 존재의미로서의 시간성을 다시 부각시킨다. 하이데거에 따르면 삶을 연관으로 보는 견해는 '연속적인 자기'라는 개념을 도움으로 하여 탄생과 죽음의 '사이'를 발단에 놓음에 근거를 둔다. 연관의 주제화, 곧 연관의 실존론적-존재론적 가능조건의 해명은 따라서 현존재의 '사이(Zwischen)' 및 '자기-연속성(Selbst-Ständigkeit)'을 시간성의 시간화 구조에서부터 증시하는 것을 의미한다. 현존재는 탈자적(자기 외화적) 시간성에 의거해 탈자적으로 탄생과 죽음 옆에 (사유의 방식으로) 머물며, 그렇게 둘의 '사이'를 열어놓고 있다. '사이'라는 현상의 존재론적 근거는 시간성의 탈자적 발생성격, 곧 시간성이 이미 자기가 펼쳐져 있는 채로 그때마다 자기를 다시 펼치는 특수한 발생성격이다.

자기-연속성은 선구적 결의성 속에서 발견된다. 선구적 결의성이란 현존재가 자신의 죽음의 가능성을 선취하면서 자신의 기재(이전부터의 존재)를 회복하고 이로써 동시에 자기, 타자, 사물이 이루는 관련연관 전체를, 따라서 현재의 상황 전체를 구체적으로 (나의 존재가능성과 관련된 것으로) 개시하고 있는 상태를 말한다. 이러한 결의성에는 고유한 자기에 충실함이 속하고 또 회복될 수 있는 실존가능성들에 대한 가능적인 경외심이 속한다. 이러한 충실성과 경외심을 지닌 결의성 속에서 '자기'는 확고하다(standfest). 선구적인 결의성에는, 곧 이 상태의 자기에게는 또한 분산적인 비-연속성이 아니라, 부단한 연속성이 속하고, 그래서 선구적인 결의성 속에서 자기는 부단하다(beständig). 확고성과 부단성이라는 이중적 의미에서의 자기-연속성은 그렇게 선구적인 결의성 속에서 발견된다. 이러한 선구적 결의성은 존재론적으로 '장래적으로 기재하는 회복'의 시간성 속에 근거를 둔다. 이같이 삶의 연관이 ('연속적인 자기'를 위한) 자기-연속성과 ('사이'를 위한) 운동성에 의거해서 가능한 까닭, 삶의 연관은 실존론적-존재론적으로 현존재의 본래적인 시간성에 근거를 둔다. 현존재의 자기-연속성과 운동성이 하이데거에 있어서 현존재의 발생성격을 구성한다. 따라서 현존재의 발생(Geschehen)의 구조를 존재론적으로 해명하는 일은 현존재의 발생의 시간성을 해명하는 일과 같다. 현존재의 발생구조가 하이데거가 역사성이라는 말로 의미하는 것이다.

　하이데거는 역사성 해명의 단서를 역사의 통속적 의미의 분석으로부터 찾아낸다.55) 일상적으로 '역사 내지 역사적'이라는 말로 이해되는 것은 (1) 지나간 것으로서의 역사적 현실, (2) 유래(기원), (3) 정신이나 문화라는 개념을 통해서 제한되어 있는 존재자 영역, (4) 인수된 것으로서의 전승된 것 등이다. 하이데거는 이런 의미들에 의거해 "강조된 의미에서의 역사"는 '실존하는 현존재의 시간적으로 계속 영향을 미치는 특수한 발생(spezifisches Geschehen)'이라고 한다. 강조된 의미에서의 역사가 앞서의 네 가지 의미를 이해 가능하게 해준다는 것이다. 강조된 의미에서의 역사, 곧 현존재의 특수한 발생이란 현존재의 (이후의) 존재에 계속적 영향을 미치게 되는 현존재에 있어서의 특수한 변화를 말한다. 이 같은 현존재의 특수한 발생에 관련된 영역이 정신이나 문화로 불리는 것이고, 현존재의 특수한 발생 여부에 따라 역사적 현실이 단순히 지나간 것(과거) 내지 유래로만 머물거나 전

---

55) 하이데거가 『존재와 시간』 이전에 수행한 '역사' 개념에 대한 현상학적 분석을 위해서는 다음을 참조할 것. GA 59, 43-59.

승되고 인수되는 일이 결정될 것이다. 강조된 의미에서의 역사(현존재의 특수한 발생)가 통상적 의미에서의 역사(영향연관)의 숨겨진 의미일 것이다. 여기서 하이데거가 궁극적으로 해명하려고 하는 점은, 현존재의 특수한 발생이 현존재의 본래적 발생에 근거를 둔다는 것이다.

현존재의 특수한 발생에 속하는 시간적 성격은 역사적 사건들의 이해에 대해서도 타당하다. 왜냐하면 어떤 사건들을 역사적 사건들로 파악하는 것은 그것들이 지닌 특수한 시간성격에 의해서만 가능하기 때문이다. 이 점과 관련해 스트뢰커(Elisabeth Ströker)는 다음과 같이 지적한다: "하나의 사건이 일정한 시간에 등장한다는 점이 이 사건을 역사적으로 되도록 하지는 않는다. 마찬가지로 그 점이 그 사건의 순수한 무엇이라는 의미에서의 그 사건의 사실내용을 생겨나게 하지도 않는다. 그 사건의 역사적인 질-규정을 위해서는 일정한 시간위치에서의 그 사건의 내용이 필연적이다. 그렇지만 이러한 시간위치가 — 질적인 이전과 이후를 통해 함께 규정된 — 역사적인 연속으로 파악될 때에야 비로소 그것은 역사적인 사건으로서도 충분하게 파악될 수 있다."56) 역사적인 사건들의 규정이나 이해에서 특수한 시간적 성격이 나타나는 이유는 현존재 자신의 특수한 발생이 시간적 성격을 갖기 때문이다.

강조된 의미에서의 역사가 현존재의 특수한 발생이라면, '역사적인 것'이 무엇이고 그것이 어떻게 있는가는 일차적으로 현존재로부터 규정되어야 한다. 그래서 '일차적으로 역사적인 것'은 '현으로 기재해 온 현존재(da-gewesene Dasein)', 곧 현존재였던 현존재 내지 고인이고, '이차적으로 역사적인 것'은 '세계 내부적으로 만나지는 것', 곧 유물이 된다. 왜냐하면 유물은 고인의 존재와의 관련 속에서 의미를 갖는 것이기 때문이다. 달리 말해, 세계내존재로서의 현존재의 발생이

---

56) Elisabeth Ströker, "Geschichte und ihre Zeit. Erörterung einer offenen philosophischen Frage", *Perspektiven der Philosophie*, Bd. 11, Würzburg, 1985, 289.

그 자체 세계(존재자들의 관련연관)의 발생이고, 이렇게 발생되는 세계에서부터 비로소 세계 내부적 존재자가 규정되는 것이기 때문이다. 게다가 고인은 현존재였던 현존재로서 살아 있는 현존재에게 현존재의 존재가능성을 제시해 줄 수 있기 때문이다.

현존재가 세계내존재이기 때문에, 현존재의 역사성에는 세계 및 세계 내부적 존재자의 역사성이 존재론적으로 필연적으로 함의되어 있다. 이차적으로 역사적인 것, 곧 세계 내부적 존재자는 역사학이 '세계사'를 구성하기 위해 그리로 방향을 두고 있는 것이라는 점에서 하이데거에 의해 '세계사적인 것'으로 규정된다. 현존재는 그러나 '현으로 기재해 온 자'로서만 역사적이지 않고 이미 '현사실적으로 실존하는 자'로서도 역사적인데, 왜냐하면 그는 탈자태적 시간성에 의거해서 언제나 이미 '기재해 온 자'이기 때문이다. 현존재의 기재는 지나간 것이나 전승되고 있으면서 계속해서 현존재에 영향을 미치는 현존재의 존재로서 현존재를 역사적이게 한다. 우리가 '일차적으로 역사적인 것'을 현존재로 파악하는 한, 이제 현존재의 발생구조의 실존론적-시간적 해명의 과제가 생겨난다. 하이데거는 현존재의 특수한 발생이 지닌 전체 구조를 해명하여, 이 구조를 현존재의 본래적 발생 내지 현존재의 본래적 역사성이라고 명명한다.

2) 본래적 역사성: 자기전승적 회복

시간성의 시간화 구조에서부터 현존재의 역사성은 본래적인 것과 비본래적인 것으로 나누어진다. 선구적인 결의성의 시간화에 있어서 현존재는 현사실적인 현(das faktische Da)으로 돌아오는데, 이는 자기가 세계 속에 피투되어 있음을 인수하는 식으로 이루어진다. 이러한 인수는 현사실적인 실존가능성들의 지평을 드러내준다. 이 지평을 하이데거는 '유산'이라고 부른다. 피투성에의 결의한 채로의 복귀는 전해진 가능성들을 자기에게 전승함을 포함한다. 전해진 가능성들의 자기전승에 있어서 하나의 실존적 가능성의 선택적 발견이 수행되는데, 이러한 선택적 발견은 불안의 결의성, 즉 잠재적 결의성의 단계에 있어서는 아직 수행되어 있지 않은 것이다. 선구적 결의성이 비로소 하나의 실존적 가능성의 선택적 발견과 자기전승을 포함하고 있다. 불안의 현상 속에서 실존의 가능성의 선택적 발견이 아직 수행되어 있지 않은 이유는, 불안은 현존재를 자기에게 돌아오게끔 하면서도 다만 현존재를 회복 가능한 실존가능성 앞으로 데려올 뿐이기 때문이다. 이러한 점에서 현존재의 시간성의 탈자태로서의 회복이 갖는 두 가지 구분된 의미가 드러난다. 곧 그것은 한편으로 근원적이고 본래적인 탈자태로서의 회복이고 다른 한편으로는 명시적인 자기전승의 탈자태로서의 회복을 의미한다. 기재성의 개시로서의 탈자태는 명시적인, 곧 선택하면서 발견하는 자기전승에서 더욱 구체화되고, 본래적 역사성의 탈자태가 된다.57)

하나의 선택된 실존가능성을 자기에게 전승함이 현존재의 실존적 발생이다. 이것을 하이데거는 '운명'이라고 부른다. 결의성 속에서의 명시적인 자기전승의 발생에는 그 발생의 고유한 성격으로서 운명이 속한다. 현존재가 공동존재로서 발생하는 한, 공동존재로서의 현존재의 운명은 역운, 곧 공동체 내지 민족의 발생으로 된다. 역운은 개별 운명들의 복합적 총계가 아니라 다른 사람들과의 공동존재에 있어서의 현존재의 발생을 말한다. 운명적 역운이 명시적인 자기전승에만 속하는 발생성격인 한, 베르너 막스(W. Marx)의 다음의 표현은 오해의 여지가 있다. "현존재는 공동체의 역운 속에 뿌리를 둔 채 '운명적 역운'이기 때문에 역사적이다."58) 이 표현은 '현존재는 운명적 역운인 한에서만, 본래적으로 역사적이다'라는 의미로 읽혀야만 할 것이다.

---

57) 그렇게 구분된 회복의 의미들의 내적인 연관을 위해서는 다음을 참조할 것. F. -K. Blust, *Selbstheit und Zeitlichkeit*, Würzburg, 1987, 317 이하. 그리고 M. Heinz, *Zeitlichkeit und Temporalität*, Würzburg, 1982, 150 이하.

58) W. Marx, *Heidegger und die Tradition*, Stuttgart, 1961, 112.

유산이라는 지평에서부터 하나의 기재적 가능성을 자기전승함을 하이데거는 현존재의 본래적인 발생이라고 파악한다. 이런 한에서 '강조된 의미에서의 역사'는 현존재의 본래적인 발생에 근거를 두고, 기재성에 크게 의존한다. '강조된 의미에서의 역사'의 실존론적-존재론적 근원은 결국 자기전승이다. 자기전승이 현존재의 본래적인 발생구조(역사성)인 한, 역사 일반의 본질은 그렇게 현존재의 역사성 속에서 발견된다.

본래적인 역사성 속에서는 기재해 온 실존가능성에의 응답과 더불어 '지나간 것'의 취소가 발견된다. 취소적 응답으로서 본래적 역사성은 비연속적 연속성을 수립하는 회복이다. 취소적 응답으로서의 회복(자기전승)에 대해 하이데거는 다음과 같이 말한다: "회복은 자신을 과거에 넘겨주지 않고, 진보를 목표로 삼지도 않는다. 그 두 가지는 순간 속에서의 본래적 실존에게는 상관없는 것이다."(SuZ, 510) 이 문장의 해석과 관련하여 하나의 논란이 있다. 이 대목을 해석하여 바우어(G. Bauer)는 "그에게는 미래에 있어서의 연관은 물론 과거의 연관도 거의 중요하지 않다."[59]고 말한다. 그러나 하이데거는 이 대목에서 비연속적 연속성을 가능케 하는 회복의 성격을 강조하고 있는 것이다. 결의한 자기기투, 곧 장래에서부터 시간화하면서 현존재는 한편으로 오늘에 미치고 있는 '지나간 것'의 영향을, 즉 현재에 대한 '과거'의 연관을 중단시키고, 다른 한편으로는 현사실적 실존에 기재적 가능성이 침투하는 것을, 곧 현재에 대한 가능적인 것의 연관을 수립한다. 회복은 '지나간 것'의 취소이자 기재해 온 실존가능성에의 응답이다. 취소적 응답으로서의 회복은 비연속적 연속성의 수립 이외의 다른 것이 아니다.[60] 회복 속에서 '지나간 것'이나 진보에 관한 이야기는 억

---

59) G. Bauer, *Geschichtlichkeit: Wege und Irrwege eines Begriffes*, Berlin, 1963, 121.

60) 이 논의와 관련된 하나의 논란에 대해서는 다음을 참조: H. M. Baumgartner, *Kontinuität und Geschichte*, Frankfurt, 1972. 여기서 저자는 가다머의 연속성

제된다. 왜냐하면 이것들은 비연속적 연속성의 수립에서부터 비로소 결정되고 규정되는 사후적인 것이기 때문이다. 이런 한에서 바우어는 위 문장을 문법적으로 읽고 해석학적으로 읽지 않았다.

자기전승으로서의 회복이라는 하이데거의 역사성 개념은 역사는 일회적이고 '반복'될 수 없다는 통상의 견해에 맞서 의미심장하다. 과거는 반복되는 것은 아니지만, 그러나 그 본래적 가능성에 있어서 회복될 수 있다. 회복에 있어서만 과거가 역사로 된다. 곧 과거가 역사로 발생한다. 회복, 곧 현존재의 발생은 그 자체로 역사의 발생이다. 여기에서 하이데거 역사사유의 중점이 발견된다. 그런 까닭에 카우프만 (F. Kaufmann)은 하이데거에 있어서 다른 역사 사유자들의 지금까지의 역사적인 동기들이 그것들의 깊이에 있어서 변화되어 새로운 해결들로 이끌어진다고 보면서 이러한 심화된 변화를 정당하게 '회복'의 개념에서 본다: "이러한 동기의 변화는 아마도 하이데거의 회복이라는 개념에서 가장 눈에 띈다."61)

3) 비본래적 역사성: 연관에 대한 물음의 지평

하이데거는 '연관'에 대한 물음이 현존재의 퇴락적 존재의 관점에

논제에 대해 다중적 오해에 근거하여 반론을 제기한다. 이 오해는 결국 자연적인 선이해와 명시적으로 이해하는 해석 사이의 해석학적 관계의 몰이해에 근거를 둔다. 구체적으로 말해 그는 선행적으로 주어진 연속성과 본래적으로 수행되는 연속성 사이의 관계(171), 본래적인 연속성과 그 수행방식의 차이 (176), 지나간 사건들과 이것들에 대한 언어적으로 이해되어 있는 현재적 의식 사이의 관계(179), 선험적 현사실성과 후험적 사실성의 차이(190-193)를 오해한다. 이러한 다중적 오해를 통해 수행된 그의 반론은, 분명 그가 "연속성을 역사적인 지식의 이야기적 구조의 함축으로"(249) 선취하고 역사학적 연속성으로부터 역사적 연속성으로 돌아가는 해석학적 방도에 맞서 "연속성 개념을 이야기 구조로 환원"(339)하는 이른바 "메타비판적" 방도를 취한 것에 기인한다.

61) F. Kaufmann, *Geschichtsphilosophie der Gegenwart*, 125.

서 비롯됨을 밝혀낸다. '배려되는 것'에의 퇴락에 있어서 현존재는 자신의 역사를 현존재의 발생성격에서부터가 아니라, 세계 내부적 존재자의 존재성격에서부터 이해하고 이로써 다만 '세계사적'으로 이해한다. 일상적 현존재는 현사실적으로 생겨나는 잡다한 것들로 자기를 상실한다. 이런 한에서 그는 이러한 잡다하게 생겨난 것들로의 분산에서부터 자기를 우선 모아들여야만 자기 자신에 도달할 수 있다. '연관'에 대한 물음은 현존재의 존재의 그 같은 무연관 내지 분산에 대한 이해에서부터, 즉 비본래적 역사성(비본래적 발생, 비본래적 자기이해)의 관점에서 제기된다. 비본래적 역사성은 따라서 현존재의 '연관'에 대한 물음을 위한 지평이다. 본래적인 역사성과 이것에 방향을 둔 역사물음은 역사를 기재해 온 가능성의 회복에서부터 이뤄지는 가능적인 것의 회귀로 이해한다. 반면에 비본래적 역사성과 이것에 방향을 둔 역사물음은 역사를 현전하는 체험들의 결합으로부터 이뤄지는 그 체험들의 연쇄로 이해한다.

'연관'이나 역사성의 실존론적-존재론적 가능조건에 대한 하이데거의 해명은 딜타이 저작의 나의 것 만들기(Aneignung)를 촉구한다는 의미를 갖는다. 이에 대해 하이데거는 다음과 같이 말하고 있다: "기본적으로 다음의 분석에서 유일하게 문제시되는 것은 오늘의 세대에게 이제야말로 절실해져 있는 딜타이 연구들의 나의 것 만들기를 이것들의 편에서 준비하면서 촉진시키는 것이다."(SuZ, 499, 참조: 532-533) 하이데거는 "역사성의 문제의 존재론적인 장소[삶]를 나의 것으로 만드는"(SuZ, 499) 노력을 통해, (곧 존재론적인 것과 역사학적인 것 사이의 차이 문제를 충분하게 다룰 단서를 밝혀주는) 존재 일반에 대한 의미물음의 기초존재론적 명료화를 통해(참조: SuZ, 533), 현존재의 실존론적-존재론적 분석론이 요르크 백작의 정신을 장려하고 그렇게 해서 딜타이의 작품들에 봉사한다고 믿는다. 그러나 딜타이 진영 일부에서는 이러한 하이데거의 믿음을 논박한다. 보에더(Heribert Boeder)는 딜타이의 저작을 위한 봉사라는 문제를 다루면서 하이데거가 봉사한 점이 없다고 주장한다.62) 이러한 주장은 그가 "어떤 의미로 예비적인 실존론적-시간적 현존재 분석론이 요르크 백작의 정신을 장려하여 딜타이 작품들에 봉사하려고 결의되어 있는지"(SuZ, 533)를 애써 외면하는 데서 기인한다. 뢰비트 역시 다음과 같이 부정적인 견해만을 밝히고 있다: "『존재와 시간』은 딜타이의 작품들에 봉사한다고 한다. 실제에 있어서 하이데거는 딜타이의 역사적 의미(historisher Sinn)와는 반대로 생각했고 역사적인 것(Historishes)의 철학적 극복이라는 그 자신에 의해 제기된 문제를 외관상 해결했는데, 이러한 해결은 그가 그 문제를 철저하게 하고 또 바로 그렇게 제거함을 통해서였다."63) 딜타이는 역사적 의미를 인간의 삶 속에서 이루어지는 영향연관 일반으로 보고 또 이 영향연관의 이해 일반을 역사학으로 본다. 하이데거는 역사적 의미의 장소로서의 삶에 대한 통찰, 영향연관에 대한 통찰, 역사학의 방법에 대한 통찰을 수용한다. 그러나 무조건적 추종의 수용이 아니라 요르크 백작의 정신에서 드러나는 존재물음의 우위성에 바탕을 두고 이뤄지는 수용이다. 그리하여 그 수용은 나의 것 만들기의 성격을 갖는다. 하이데거는 존재물음의 맥락 속에서 — 딜타이에 의해 내적 구별 없이 의미되는— 영향연관과 관련해 그 방식들을 또 영향연관의 이해 방식들을 각기 현존재의 구별되는 두 발생방식과 이에 의거한 역사학의 두 탐구방식으로 구분한다. 이와 더불어 딜타이의 영향연관의 개념이 대체로 현존재의 비본래적인 존재방식에 방향을 두고 있음을 밝혀낸다. 이러한 사실에 비추어 볼 때 뢰비트의 지적은 설득력이 없다. 외관상으로만 보면 그의 지적은 옳은 듯도 하지만, 그의 지적은 보에더와 마찬가지로 하이데거의 실존론적-존재론적인 의도를 애써 간과하는 한에서만 의미를 갖는다. 하이데거는 딜타이를 이어서 그러나 삶철학적으로가 아니라 존재론적으로 현존재의

---

62) H. Boeder, "Dilthey 'und' Heidegger. Zur Geschichtlichkeit des Menschen", *Phänomenologische Forschung*, Bd. 16, Freiburg/München, 1984, 161-163.

63) K. Löwith, *Heidegger. Denker in dürftiger Zeit*, Stuttgart, 1984, 46.

특수한 발생을 강조된 의미에서의 역사로, 곧 '세계사'의 근원으로 밝히고, 더 나아가 그 같은 특수한 발생의 본래성은 실존론적으로 현존재의 본래적 발생(현존재의 본래적 역사성)에 그 근거를 둔다는 것을 해명하였다. 아울러 연관의 개념이 현존재의 비본래적인 존재방식에 방향을 둔 개념임을 밝힘으로써 — 그러나 또한 그 존재방식이 본래적인 존재방식과 함께 현존재의 본질적인 존재방식임을 밝힘으로써 — 그는 연관 개념의 출생근거를 밝히고 그 자연적 권리를 보증한 것이다. 하이데거의 의도가 승인되는 한, 그의 봉사의 공적 또한 부정될 수가 없다.

역사물음의 존재론적 장소는 인간의 삶, 인간의 존재, 현존재의 역사성 내지 시간성이다. 현존재의 특수한 존재유형으로서의 역사성 속에 역사학도 그 뿌리를 두고 있다. 이런 한에서 이제는 역사학의 실존론적-존재론적 가능조건의 분석이 과제로 대두된다. 그러나 이러한 분석은 이론적 학문의 가능조건과의 대비 속에서만 충분히 의미 있게 드러날 수 있을 것이다. 이것에 이어 우리는 하이데거가 자신의 역사학 개념을 어떻게 존재론의 역사이해에 적용하는지를 살펴보아야 할 것이다.

4) 이론적 학문의 존재론적 기원: 발견적 현재화

하이데거는 학문을 우선 그 존재론적 기원을 물으면서 실존론적으로 이해하고자 한다. 실존론적인 학문 개념은 무엇보다도 '논리적' 학문 개념으로부터 구분된다. 이 개념은 "학문을 그 결과를 고려해서 이해하고, 학문을 '참된 곧 타당한 명제들의 정초연관'으로 규정한다." (SuZ, 472) 이러한 학문 개념은 누구보다 후설에게 타당한데, 왜냐하면 그는 다음과 같이 말하기 때문이다: "학문을 학문으로 되게 하는 것"은 "어쨌든 사유작용들이 거기에 배속되는 그런 심리학적인 연관이나 여하튼 간의 실제적인 연관이 아니라, 사유작용들에게 통일적인 대상적 관계를 마련해 주고 또 이러한 통일성 속에서 이념적 타당성도 마련해 주는 그런 일정한 객관적인 또는 이념적인 연관이다."64) 후설에게 있어서는 근거에서부터의 인식이, 곧 설명 내지 정초가 학문을 학문으로 되게 하는 것이고 또 학문 자체에 통일성을 부여하는 것이다. 게트만(C. F. Gethmann)은 학문의 논리적 개념이 "틀린 것이 아니라, 다만 기초 지어져 있고, 방법적으로 이차적인" 것이라고 또 "학문적인 지식의 존재론적 기원의 개념이 학문들에 대한 논리적 개념을 기초 짓는 일 속에서 확증될 수 있다."65)고 정당하게 말한다.

하이데거는 학문을 실존론적으로 존재자 내지 존재를 발견하고 드러내는 하나의 실존방식 내지 하나의 세계내존재 양상으로 이해한다. 학문이 존재자를 이해하거나 존재자를 발견하는 현존재의 가능성인 한, 존재자적 학문(존재자에 대한 학문들)과 존재론적 학문(철학)이 학문의 두 가능성이다. 물리학과 같은 이론적 학문에서의 진리는 존재자의 발견성(발견되어 있음)을 의미한다. 존재자의 발견성은, 존재자가 세계 내부적인 것인 한, 세계의 개시성(진리)에 근거를 두는데, 이 개시성은 그 자신 세계내존재로서의 현존재의 개시성에 포함되어 있는 것이다. 하이데거는 현존재를 진리내존재라고 규정하는데, 이것은 현존재의 실존규정으로서 그의 실존론적 구성틀 속에 그의 가장 고유한 존재(실존)의 개시성(진리)도 속해 있음을 말한다. 실존의 개시성(현존재의 자기이해)은 근원적인 진리이다. 이 실존의 진리가 세계의 진리(개시성) 및 발견성의 진리와 함께 현존재의 진리 내지 세계내존재의 진리를 구성하고 있다. 발견적 현재화에 있어서는 한편으로 실존의 진리가 숨겨지며, 다른 한편으로 발견성의 진리가 밝혀진다.

---

64) E. Husserl, *Logische Untersuchungen* 1. Bd: *Prolegomena zur reinen Logik*, Bd. XVIII, Hg. E. Holenstein, Den Haag, 1975, 228.

65) C. F. Gethmann, *Dasein. Erkennen und Handeln. Heidegger im phänomenologischen Kontext*, Berlin/New York, 1993, 194. 이러한 관점에서부터 그는 학문의 존재론적 기원의 개념을 '구성적 학문이론'과 비교한다(참조: 201-206).

존재자를 발견하는 학문과 존재를 드러내는 학문은 모두 세계내존재의 개시성에 근거를 두고 있다. 세계내존재의 가장 일상적인 존재양상이 도구적 존재자에 대한 둘러보는 배려(Besorgen)인 반면에, 세계내존재의 특수한 양상으로서의 이론적 학문은 세계 내부적으로 발견되는 현전적 존재자의 탐구이다. 둘러보는 배려는 둘러보는 식으로 해석하며 접근하는 것으로 시간적으로는 '예기적 보유'에 속한 '현재화'이다. 반면에 학문적 연구는 특수하게 주제화하고 대상화하는 것으로서 시간적으로는 자기망각을 수반하는 '발견성에 대한 특수한 예기'에 속한 '현재화'이다. 이 맥락에서 하이데거는 더 나아간 다음의 물음, 곧 "온갖 학문이 그래서 철학적 인식 자체도 현재화를 목표로 삼는가?"라는 물음은 여기서는 "아직 결정되어 있지 않다."(SuZ, 480, 주 10)고 밝힌다. 존재론은 분명 시제적(temporale) 시간화에, 따라서 현재화에 근거를 둔다. 하지만 이들은 현재화를 목표로 삼지 않고 존재를 다시 틀 짓는 회복(Wiederholung als Wieder-gestaltung)을 목표로 삼는다. 이런 한에서 하이데거 스스로 제기하고 미결로 남긴 위의 물음은 무엇보다도 존재회복적 인식(역사의 역사학적 해명과 존재론사의 역사학적 해명)에 관계한다.

배려적 접근에서의 현재화는 대상화에서의 현재화의 변양이다. 최하위의 정초단계인 술어화가 후설에 있어서 지각의 작용에 놓여 있는 반면에, 하이데거에 있어서 지각은 단지 '배려하면서 옆에 있음(besorgendes Sein bei)'의 한 양상이다. '배려적인 옆에 있음'은 다양한 방식으로 변양될 수 있으며 또 그런 식으로 추상화될 수 있다.66) 그래서 단지 '세계 내부적으로 현전적인 것'만을 발견하고 따라서 더 이상 '세계 내부적으로 도구적인 것'을 발견하지 않는 현존재의 특수한 존재방식도 가능한데, 이것을 특수한 시간화 방식(곧 내부시간성이 변양된 것으로서의 비본래적 시간성)과 관련시켜 푀겔러는 다음과 같이

---

66) 참조: F. -W. von Herrmann, *Subjekt und Dasein. Interpretation zu "Sein und Zeit"*, 2. Aufl., Frankfurt, 1985, 61-65.

서술한다: "역사성에의 방향 설정은 본래적인 실존을 가능하게 하며, 내부시간성에의 방향 설정은 도구적인 것과의 '자기망각적' 교섭과 현전적인 것의 표상을 가능하게 한다. 내부시간성 자체는 다시금 변양될 수 있다: 현재적인 것 또는 심지어 연속적으로 현재화되는 것에의 방향 두기로 인해 내부시간성에서부터 장래적인 것에의 방향 두기가 전반적으로 배제된다면, 현전적인 것에 대한 한갓된 표상이 도구적인 것과의 교섭을 몰아내게 된다."67) 둘러보는 배려의 한 변양으로서 이론적 학문은 그 같은 변양에도 불구하고 실존론적-존재론적으로 비본래적 시간성의 삼중적 통일성(진리예기적-자기망각적-대상현재화)에 근거를 둔다. 실존적으로는 그러나 이론적 학문은 존재자적 진리를 위해 결단하는 본래적 실존에서 생겨난다. 왜냐하면 인식행위로서의 학문은 자유로이 결단적으로 취할 수 있고 또 자유로이 형성할 수 있는 과제라는 의미에서 하나의 기재적 실존가능성이고, 이 실존가능성은 결단하는 본래적 실존에 의해 선택적으로 발견되고 자기전승되기 때문이다.

5) 역사학의 존재론적 뿌리: 장래에서부터 시간화하는 회복

역사학의 이념은 역사를 역사학적으로 해명하는 것이다. 이러한 해명은 그런데 '과거'로의 길이 열려 있는 한에서만 가능하다. 이러한 길의 열려 있음은 현존재의 기재성(이전부터 존재하고 있음)의 개시성을 의미한다. 현존재의 역사성 일반에 의해 열리는 그때마다의 현존재의 기재성의 개시성에 의거해서만 역사의 해명을 그 이념으로 하는 역사학이 가능하다. 우선 "이해를 통해 현존재의 발생, 곧 그의 역사성이 성격지어진다."(GdP, 393) 그래서 역사학의 주제도 그때마다 역사성의 유형에 따라 규정된다. 한편으로 현존재가 어떤 배려되는

---

67) Otto Pöggeler, *Philosophie und Politik bei Heidegger*, Freiburg/München, 1974, 84.

것에서부터 자신을 이해함은 그의 비본래적 역사성이다. 이 비본래적 역사성의 관점에서는 역사학이 '현으로 기재해 온 존재자'(고인)를 역사학적 사실들에서부터 이해하고, 그 결과 역사학의 주제는 '현으로 기재해 온 자'의 '사실들'이 된다. 다른 한편으로 현존재가 자신의 가장 고유한 존재가능성에서부터 자신을 이해하는 것은 본래적 역사성이다. 본래적 역사성의 관점에서는 역사학이 '현으로 기재해 온 자'를 그의 가장 고유한 실존가능성에서부터 이해하고, 그 결과 역사학의 주제는 '현으로 기재해 온 자'의 '실존가능성'으로 된다. 역사학은 따라서 그 주제에 따라 '존재자'의 학문이 될 수도 있고 '존재'의 학문이 될 수도 있다.

실존론적으로 해설된 역사학적 해명방식에 의거해 비로소 존재자의 학문으로서의 역사학에 대한 다음과 같은 진술이 이해 가능하게 된다: "역사(Geschichte)[의 학문]는 그 자신을 시간적으로 규정함(Temporalisierung)에 의해 비로소, 한갓 축적되어 증가하는 사실재고품을 그때마다 고유한 지금에 대한 관계 속에서 반성하면서 현재를 위해 과거를 그 사실재고품의 정태적 이론(Statik)에서 풀어낸다."68) 이러한 존재자의 학문으로서의 역사학과는 달리 존재의 학문으로서의 역사학은 '현으로 기재해 온 자'를 '그의 가장 고유한 실존가능성'으로부터 이해하며, 또 '현으로 기재해 온 자'를 우리의 실존을 위한 하나의 기재적 가능성으로 인수한다. '현으로 기재해 온 자'라는 개념과 관련해 하인츠(Marion Heinz)는 하나의 이의를 제기한다. 그녀는 현존재가 실존의 불가능성인 죽음과 더불어 더 이상 기재해 온 자로서 존재할 수 없다고 확정한 후에 다음과 같이 말한다: "이로써 물론 제기되는 물음은, 더 이상 실존하지 않는 현존재가 정당하게 현으로-기재해 온 현존재(da-gewesenes Dasein)로 언급될 수 있는가라는 것이다(참조: SuZ, 380). 이 경우에 있어서 기재존재(Gewesensein)는 더 이상 [살아

---

68) E. Ströker, "Geschichte und ihre Zeit. Erörterung einer offenen philosophischen Frage", *Perspektiven der Philosophie*, Bd. 11, 297.

있는] 현존재의 가능성이 아니다."[69] 그런데 우리는 기재존재를 '실존하는 현존재에 의해 수행되고 또 이 현존재 자신에 대해 드러나 있는 존재'로 이해하고, 반면에 현으로-기재해 옴(Da-gewesensein)을 '더 이상 실존하지 않는 현존재'에 의해 수행되었으나 '실존하는 현존재'에 대해 드러나 있는 존재'로 이해할 수 있다. 고인의 기재존재는, 그것이 우리에게 드러나는 한, 언제나 '우리에 대해' 현으로-기재해 옴이다. 이것은 우리에 대해, 곧 '실존하는 현존재'에 대해 하나의 실존가능성이다.

본래적 역사성으로 방향을 둔 역사학에 의해서는 '현으로 기재해 온 자'의 실존가능성이 기재해 온 가능성의 회복이라는 방식으로, 곧 본래적으로 역사학적으로 드러난다. 하이데거는 기재해 온 가능성의 회복적 해명으로서의 본래적인 역사학이 갖는 시간계기적 특징을 니체의 표현들을 원용하여 (미래에 대해) 기념비적, (과거에 대해) 호고적, (현재에 대해) 비판적이라고 표현한다.

현전하는 것의 이론적 발견에 있어서는 '현재화'에 무게가 놓이는 반면에, 본래적인 역사학적 해명에 있어서는 무게가 '장래에서부터 시간화하는 회복'에 놓인다. '회복'이라는 개념은, 비록 생기부여라는 생철학적인 의미로 제한된 채이기는 할지라도 존재자의 학문으로서의 역사탐구에 대한 보에더의 이해 속에서도 나타난다. 그는 딜타이적 사유의 사안은 사회적 현실인데, 이것에서부터 연구자의 자기숙고(Selbstbesinnung)가 생겨난다고 보면서 다음과 같이 말한다: "개인들[에 대한 연구자]의 역사적 인식을 (연구자의 의지와 감정이 삶 속에서 발견하는) 가치관계들에 대한 연구자의 의식과 결합시키는 자기숙고(I, 34)는, 연구자의 이해적 인식행위가 연구자의 체험행위와 상호작용하게 하고(V, 341), 이를 통해 인식된 역사에 생기를 불어넣는다."(VII, 119)[70] 하이데거가 본래적인 역사학의 가능성을 또 이로써

69) M. Heinz, *Zeitlichkeit und Temporalität*, 89, 주 30.

70) H. Boeder, "Dilthey 'und' Heidegger. Zur Geschichtlichkeit des Menschen",

본래적인 역사성에서부터 역사의 회복을 실존론적-존재론적으로 해명하는 한, 비본래적 역사성에 방향을 두고 제기되는 뢰비트의 다음의 물음은 애초부터 빗나가 있다: "세계사가 [⋯] 그때마다 고유한 '종말에 대한 존재'에서부터의 이러한 자의적 역사 설계 속에서 재인식될 수 있는가? 유한한 현존재의 역사성으로부터의 이러한 실존론적 역사해석이 우리가 일반적으로 역사라고 부르는 것을 이해 가능하게 하는가?"71) 마찬가지로 "하이데거의 역사성은 이제 역사와 거의 관계하지 않는다."72)라는 바우어의 주장도 똑같은 이유로 빗나간 주장이다. 하이데거의 역사성 해명에 의거해서 세계사의 인식이 달라지는 것이 아니다. 역사가 이해 가능하게 되는 것이 아니라, 역사의 실존론적 근거가 이해되는 것이다. 이러한 실존론적 근거는 역사의 사실인식이나 방향해석에 상관하지 않고, 역사의 해석 일반(역사학)의 가능성에 관계한다.

하이데거의 역사성의 해명은 현실적인 역사학을 부정하지 않고 오히려 실존론적으로 정초한다. 현존재가 세계내존재이고, 세계가 현존재에 속해 있는 한에서, '세계사적인' 발생이라는 의미에 있어서의 '역사'는 근원적으로 현존재의 발생구조(역사성)에서부터 비로소 이해될 수 있다. 현존재 자체의 '발생'의 존재구성틀이 비로소 '세계사' 같은 것을 가능케 한다. 그러나 현존재 자신이 자신의 역사를 일상적으로 현존재의 발생성격에서부터가 아니라, 세계 내부적 존재자의 존재성격에서부터 이해하는 한, '세계사적' 발생이 '세계 내부적' 발생으로 이해된다. '현실적인' 역사학은 '세계사적 발생'으로서의 역사를 통속적 시간 표상에 의거해 '세계 내부적 발생'으로 파악한다. 통속적인 시간 표상이 그러나 현존재의 일상적 존재유형에 속하는 것인 한, 시간을 지금-시간으로 보는 견해는 물론, 역사를 세계 내부적 발생으

Phänomenologische Forschung, Bd. 16, 166-167.
71) K. Löwith, *Heidegger. Denker in dürftiger Zeit*, 49
72) G. Bauer, *Geschichtlichkeit: Wege und Irrwege eines Begriffes*, 125.

로 보는 견해도 그 자신의 자연적인 권리를 갖는다. 이런 한에서 뢰비트의 다음의 말은 오해의 여지를 남긴다: "단지 시간 '안에' 있으면서 아울러 하나의 역사를 '가질' 뿐만 아니라, 본질상 시간적으로 또 역사적으로 실존하는 현존재는 더 이상 시간과 역사에 대해 상대적이지 않다."[73] 자신의 본래적인 실존의 면에서 시간적이고 역사적이라고 파악되는 현존재는 일상적인 배려에 있어서 시간과 역사에 대해 상대적이다. 따라서 시간 요인을 갖고 탐구하는 역사학도 자신의 자연적인 권리를 잃지 않는다.

6) 존재론사의 역사학적 파괴: 회복적 존재물음

하이데거는 본래적인 역사학의 방법을 존재론사에 적용시킨다. 존재론에 대한 본래적인 역사학의 과제는 존재론의 역사의 역사학적 파괴로 정식화된다. 존재론의 역사의 역사학적 파괴가 의미하는 것은 그러나 존재론의 역사의 포기가 아니다. 여기서 '파괴'라는 개념은 '환원'과 '구성'과 함께 현상학적 존재론의 방법론을 구성하는 주요 부분이다. '소박하게 파악된 존재자로부터 탐구적 시선을 존재로 되돌리는 것'이 현상학적 환원이다. '앞서 주어져 있는 존재자를 그 존재 및 존재구조들의 견지에서 기투하는 것'이 현상학적 구성이다. 철학적인 근본개념들이 그런데 전승의 과정을 통해 그들의 근원적인 '원천들'로부터 뿌리 뽑혀 있기 때문에, 존재와 존재구조의 환원적 구성에는 '파괴'가 필연적으로 속한다. 이때의 '파괴'는 우선 불가피하게 이용된 개념들을 해체시키면서 그것들이 거기에서부터 길어져 나온 그 원천들로 밀고 나감을 의미한다. 그렇게 파악되는 환원, 구성, 파괴가 현상학적 방법론을 구성한다. 파괴라는 방법적인 절차를 통해 존재론은 "그 개념들의 진정함"(GdP, 31)의 면에서 현상학적인 보증을 받는다.

73) K. Löwith, *Heidegger. Denker in dürftiger Zeit*, 47.

듀에(Michael Düe)는 '존재론의 역사의 파괴'라는 과제를 해명하면서 그것이 지닌 적극적인 나의 것 만들기의 성격을 너무 작게 강조하고, 반면에 "파괴적 부정성"을 너무 크게 강조하면서 존재론의 역사의 파괴를 존재론의 역사의 "무가치화"라고 본다. 그렇지만 그는 "파괴의 운동"을 정당하게 "존재물음의 운동"[74]이라고 파악한다. 그 같은 것으로서 존재론의 역사의 파괴는 존재물음의 구체화이다. 이러한 구체화는, 존재론적 사유가 전승된 존재론을 그 근원적인 원천들로 파괴해 들어가서 이 원천들을 자기 것으로 만들고, 그것을 시간-지평에서부터 시제적으로(시간에 규제되는 것으로) 기투하고(선취적으로 규정하고) 그렇게 존재와 그 구조들을 시제적으로 구성하는 방식으로만 수행될 수 있다. 하이데거는 다음과 같이 말한다: "철학의 역사에 대한 시선이 나타내는 것은, 매우 일찍이 자연, 공간, 영혼 같은 다양한 존재자 영역들이 발견되었으며, 그러나 이들이 그럼에도 불구하고 그들의 특수한 존재에 있어서는 파악될 수 없었다는 점이다. [⋯] 특수한 존재 자체가 명시적으로 그 구조에 있어서 문제로 되지 않았고 한정될 수도 없었다."(GdP, 30) 특수한 존재들(도구적으로 있음, 현전적으로 있음, 실존함 등)을 그 구조에 있어서 파악함은 존재의 시제적 기투에 의거할 수밖에 없다. 존재물음의 운동은 존재론의 근원적인 원천으로 되돌아가서, 이것들을 시제적으로 기투하고, 자기 것으로 만드는 것이다. 존재물음의 이 같은 구체화 속에서는 존재론적 사유의 기재해 온 가능성의 회복은 물론 존재 자체의 기재해 온 가능성의 회복이 수행된다.

이런 한에서 게트만의 다음의 이야기는 너무 멀리 나아가면서 함축하는 바는 너무 적다: "존재의 의미에 대한 물음이 선험적 종합[존재의 선이해]에 대해 묻는 것인 한, 존재망각의 개념 속에서는 단지 주관의 주관망각에 대한 초월철학적 역사 개념이 특수하게 기초존재론

---

74) M. Düe, *Ontologie und Psychoanalyse*, Frankfurt, 1986, 220.

적으로 변양되어 있음만이 보일 수 있다. 이러한 의미에서 『존재와 시간』에서의 전승된 존재론의 '파괴'는 주관망각의 파괴로 […] 이해될 수 있다."[75] 반면에 케터링(Emil Kettering)은 파괴의 문제론의 장소를 정당하게 다음과 같이 확정한다: "물론 『존재와 시간』에서의 파괴는 전적으로 현존재의 역사성에 동기 지어져 있고 후기 저술(N.II, 415)에서와 같이 존재역사 속에 동기 지어져 있지 않다."[76] 역사학적 파괴는 현존재의 역사성에 의거해서 수행되는 존재론의 역사의 회복이다. 이러한 회복은 현존재의 기재적 가능성인 존재사유의 회복이자 존재 자체의 기재적 가능성인 존재경험의 회복이다.

현존재의 회복과 존재의 회복은 상호 연관적이고 따라서 동시적이다. 이러한 이중적 회복의 의미를 간파한 이는 푸글리제(O. Pugliese)이다. 비록 그가 '전회'를 너무 협소하게 이해하고 일차적으로 회복의 내적인 구조가 아니라 『존재와 시간』의 주제론의 방법적 전개에 방향을 두고 있을지라도, 그는 '회복'의 이중적 의미를 보고 있다. 그는 하이데거의 역사사유의 변화를 "존재물음의 회복과 실존론적 회복 사이의 연관"의 "우위 설정"[77]의 변화에서 찾고, "넓은 의미에서의 회복"을 "현존재적인 존재와 존재 일반의 진리 사이의 […] 매개"[78]를 가능하게 하는 근거로 파악한다.[79]

현존재의 역사성에 의거해 일어나는 이중적 회복은 하이데거의 후기 사유에서 존재사건 내지 자화사건(Sein als Eregnis)이라는 개념으로 나타난다. 하이데거가 역사물음에 대한 단서로 파악한 강조된 의미에서의 역사, 곧 현존재의 특수한 발생은 그것의 구조가 지닌 회복

---

75) C. F. Gethmann, *Verstehen und Auslegung*, Bonn, 1974, 319-320.

76) E. Kettering, *Nähe. Das Denken Martin Heideggers*, Pfulligen, 1987, 136.

77) O. Pugliese, *Vermittlung und Kehre*, Freiburg/Müchen, 1965, 214.

78) 같은 책, 215.

79) '매개'의 개념을 위해서는 또한 다음을 참조할 것. R. Schaeffler, *Einführung in die Geschichtsphilosophie*, Darmstadt, 1980, 208-213.

의 이중성에 의거해, 그러나 이중성 내의 계기들에 두어지는 강세의 변화와 더불어 이제 존재역사의 차원에서 자화사건이라는 이름을 얻는다. 후기 사유에서 보이는 하이데거의 역사물음은 그러한 자화사건의 사유 속에서 전개된다. 이제 남은 물음은 자화사건의 사유 속에서 이전에 해명되었던 역사, 역사성, 역사학이 어떻게 달리 사유되는가 하는 것이다. 이 점을 우리는 다음 절에서 살펴보기로 한다.

3절 자화사건적 역사사유

오늘의 시대에 있어서 역사에 관한 이야기는 어떠한 의미를 갖는가? 어떤 이가 한 민족의 혼을 사로잡고 그 민족의 얼을 형성하고 그 민족의 삶을 규정하는 그런 '역사의 발생'에 대해 이야기한다면, 그는 온갖 이데올로기 혐의를 받을지 모른다. 비록 혐의 씌우기가 받아야 할 혐의를 논거로 이런 혐의에서 벗어날 수 있다고 해도, 그 같은 이야기는 다시금 오늘의 시대에 동떨어진 이야기로 여겨지기 쉽다. 사실상 새로운 세기를 앞둔 이 시대는 정보우위와 경제통합의 시대로 불린다. 정보는 특정한 삶의 양식에 유용한 특정한 지식을 가리키는 말이다. 이제는 일반적인 지식이 아니라 특정한 지식이 중요하게 여겨지고, 전체적 지식이 아니라 부분적 지식이 중요하게 여겨진다. 이런 한에서 정보우위시대가 가져온 사고 경향은 어쩌면 '전체에서 부분으로'라는 표어로 특징지을 수 있을 것이다. 다른 한편으로, 경제통합은 세계경제에 대한 국내경제의 의존성을 말한다. 이제는 한 국가경제에 있어서 국내적 운영이 아니라 국제적 운영이 중요하게 여겨진다. 다시 말해 한 국가경제의 문제가 국지적 문제이기보다는 세계적 문제로 강조된다. 이런 한에서 경제통합이 가져온 사고 경향은 어쩌면 '부분에서 전체로'라는 표어로 특징지을 수 있을 것이다. 우리의 사유는 한편으로 전체 세계로 향하며, 다른 한편으로는 부분 지식으로 향한다. 전체 세계 속에서 유용한 부분 지식을 통해 살아남는 것이 이 시대에 있어 사람들의 시대적 과제인 듯하다. 이렇게 보이는 시대와 시대적 과제 속에서 역사 발생에 관한 이야기는 공허한 것일 수도 있을 것이다.

그러나 역설적이게도 사람들은 점점 더 지나간 역사에 대해 관심을 기울이고 새로운 역사의 발생을 기대한다. 지금의 시대가 인간의 존재의미를 점점 더 빈곤하게 만들고 있기 때문이다. 이런 점에서 이 시대는 역사 발생과 관련해서 양면적인 성격을 갖는다. 이 시대는 역사 발생의 가능성이 상실된 시대이면서 또한 역사 발생의 필요성이 강조되는 시대이다. 그러나 새로운 역사의 발생은 가능한가? 새로운 역사의 발생이 가능하다면, 그 발생의 방식은 어떠할 것인가? 우리가 역사의 발생을 근원적으로 새로운 세계의 열림 사건으로 본다면, 이러한 천지개벽은 어떤 방식으로 일어나고 이러한 새 하늘과 새 땅의 열림 속에서 인간은 어떤 역할을 담당하게 되는가? 이러한 사건 속에서 세계와 지식은 어떤 관계에 있는 것이고, 전체와 부분은 어떻게 달리 이해되고 또 어떤 관계 속에 놓이게 되는 것인가? 이런 물음들이 우리에게 유의미하다면, 우리는 하이데거의 존재사유에 주목할 수 있을 것이다. 그의 후기 사유가 이러한 물음을 추적하고 있기 때문이다.

1. 사건으로서의 존재

하이데거는 그의 전기 사유에 있어서 존재를 시간으로(Sein als Zeit), 후기 사유에 있어서는 존재를 사건으로(Sein als Ereignis) 사유한다. 이때의 '~으로'라는 말은 동격을 표시하는 말이 아니라 선행적 이해 및 후속적 해석의 지평 내지 근원을 표시하는 말이다. 이해와 해석의 지평이나 근원이란 어떤 것이 비로소 거기에서부터 이해되고 해석되는 그런 어떤 것을 말한다. 이런 한에서 '~으로'라는 말은 '~에서부터'라는 뜻으로 읽혀야 한다. '존재를 시간으로 사유한다'라는 말은 존재를 시간에서부터(aus der Zeit) 해석한다는 말이고, 이로써 시간이 존재이해 및 존재해석의 지평으로 간주되고 있는 것이다. '존재를 사건으로 사유한다'는 말은 존재를 사건에서부터(aus dem Ereignis) 해석한다는 말이고, 이로써 사건이 존재이해 및 존재해석의 근원으로 간주되고 있는 것이다.

하이데거의 후기 사유의 주도 개념인 "사건(Ereignis)"이 가리키는 것은 존재의 자기화하는 자현(Wesen, Wesung)이다. 이 말이 구체적으로 의미하는 것은 '진리 속에서 존재가 자기의 고유한 모습을 갖추면서 자현함'이다. 하이데거가 말하는 '진리'는 스스로를 트이게 하는 진리로서는 (공간을 포함한) 시간을, 트인 진리로서는 (자기이해를 포함한) 세계이해를 가리킨다. 이중적 의미의 이러한 진리는 '존재를 위한 진리'이다. 존재와 진리의 관계는, '존재와 시간'이라 할 때 '시간'이 존재의 개시를 위한 지평으로서의 시간을 말하고, '존재의 의미'라 할 때의 '의미'가 존재이해 및 존재해석을 위한 지평으로서의 의미(세계이해)를 말하는 관계와 마찬가지다: "'존재의 의미(Sinn von Sein)'와 '존재의 진리(Wahrheit des Seins)'는 동일한 것이다."(EzWiM, 377) 시간과 의미가 존재를 위한 시간이자 존재를 위한 의미이듯이, 하이데거가 말하는 진리는 존재를 위한 진리로서 여하한 진리규정에 앞서는 것이다. 이 점에 대해 하이데거는 다음과 같이 말한다: "[…] 진리에 대한 온갖 의미변조를 피하기 위해, 곧 진리가 올바름으로 이해되는 것을 배제하기 위해, '존재의 진리'는 '존재의 마을(Ortschaft)'이라는 말로 해설되었다. — 존재의 처소(Ötlichkeit)로서의 진리"(V.Sem, 73; GA 15, 335)

진리는 존재의 자현을 위한 것이다. 존재의 자현이란 진리 속에서 존재가 자기로 되고, 이로써 또한 존재자가 자기로 되는 것을 말한다. 다시 말해 존재의 자현이란, 진리 속에서 현존(Anwesen)과 현존자의 일정한 관련이 생겨나서 현존자가 그때마다 고유한 자기(표상된 대상이나, 배치 가능한 배치품이나, 비은폐된 자기사물로)로 되고 또한 동시에 현존자의 현존도 그때마다 고유한 현존(표상되는 현존성이나, 배치 가능한 현존성이나, 비은폐된 현존성)으로 되는 사건이다. 그러기에 하이데거는 진리 속에서의 "존재와 존재자의 '동시성'"(BzP, 349)을 지적한다: "[…] 진리는 존재[대상성이나 배치가능성, 비은폐성]의 자현(Wesung)과 존재자의 존재자성(Seiendheit, [무엇임과 어떻게 있음])을 위한 [존재와 존재자의] 사이(das Zwischen für)이고 이러한 사이는 존재자의 존재자성을 존재 [전체] 속으로 들어서도록 근거짓는다."(BzP, 13) 이런 한에서 하이데거는 "[…] 존재가 존재자 없이는 결코 자현하지 않고, 존재 없이는 결코 존재자가 있지 않다는 점이 존재의 진리에 속해 있다."(NzWiM, 306)고 말한다.

하이데거의 "사건(Ereignis)"이라는 개념이 진리의 자기화하는 자현 속에서 존재가 자현하고 존재자가 자현한다는 의미를 가지면서 통상적으로 말해지는 '사건'의 개념과 구분되는 것인 한, 그 개념은 다른 낱말로 번역되거나 아니면 어떤 보충어에 의해 그 근본 특성이 부각되는 것이 좋을 것이다. 통상 그것은 존재사건으로 번역되어 왔다. 우리는 여기서 그것이 지닌 자기화와 자현의 성격을 강조하면서, 그것을 자화(自化)사건이라고 번역하였다. 하이데거의 후기 사유에서는 바로 이 자화사건이 인간과 역사의 이해의 근원이 된다. 달리 말해 자화사건에서부터 인간과 역사가 사유되고 해석된다.

2. 자화사건적인 인간이해

우리는 이제 기초존재론에서 사용된 인간의 존재규정들인 현존재, 본래성, 실존이 자화사건적 사유 속에서 어떻게 규정되고 있는지를 간략히 검토하고자 한다. 이러한 검토는 하이데거의 후기 사유, 이른바 존재역사적 사유의 얼개를, 또한 이로써 자화사건적 역사사유의 맥락을 드러내줄 수 있다.

1) 피투성: 존재의 진리 속으로 불림

존재역사적이고 자화사건적인 사유 속에서 '현존재의 피투성'은 '존재가 존재자를 떠난' 시대의 경험에서 일깨워지는 것이자 존재의 진리로의 존재의 부름에 의한 것으로 사유된다. 떠나간 존재가 환기되면서 인간은 더 이상 근거를 요청하지 않는 시대를 경험하고 또 이로써 존재의 역사를 회상하면서 근거로서의 진리에 대해 생각하기 시작한다. 이 점은 하이데거 식으로 말해 기투하는 현존재 자체가 존재에 의해서 존재를 위한 진리 속으로 불러들여지고 또 이로써 사유하는 존재로서의 그의 존재가 그렇게 불러들여지고 고유해진 채로 머물게 된다는 것이다. 이런 한에서 현존재 편에서 행하는 적극적인 사유의 수행, 곧 존재의 진리(시간-공간)의 기투는 '이미 피투되고 고유해진 채로의 기투'일 뿐이게 된다. 기투는 다만 "존재 속에서의 마주-흔들림을 맞아들이는 일, 곧 이 흔들림 속으로 또 이로써 자화사건 속으로 밀려들어서고 그렇게 해서 비로소 […] 피투된 기투의 보호자로 머무는"(BzP, 304, 참조: 251)일인 것이다. 하이데거는 이렇게 진리 속으로 피투되고 고유해진 채로 기투하는 자로서의 인간을 이러한 탁월한 존재방식의 측면에서 명명하는 것이 '현-존재'라고 밝힌다. 현-존재라는 말로 하이데거는 "하나의 있는 방식"을 가리키는데, 이 방식은 "현(Da)'이면서' (마치 능동적-타동적으로) 이 같은 탁월한 존재에 따라 또 이러한 탁월한 존재 자체로서 유일무이한 존재자로 있는 방식"(BzP, 296)을 말한다. 현-존재의 '현'(진리, 개시성, 개방성)은 이미 먼저 우리에게 보내져 있는 것이자 기투되어야 할 인간의 체류영역이다(참조: GA 51, 89)

체류영역인 '현'을 있게 하는 현-존재(Da-*sein*)로서 인간은 "존재의 진리의 근거"(BzP, 294)이다. 자신이 그 안으로 피투되어 있는 그 '현'을 있게 하는 현-존재로서, 인간은 그 자신이 '현'이다. 이 점을 하이데거는 무니에르(Munier)에게 보내는 편지에서 다음과 같이 강조하

고 있다: "중요한 것은 현-존재를 경험하는 것인데, 인간이 '현'을 떠맡고, 보존하고, 보존하면서 전개시키기 때문에 인간이 '현'이라는, 즉 인간이 인간에 대한 존재의 개방성 그 자체이다[그 자체를 있게 한다]라는 의미로 경험하는 것이다."(V.Sem, 145) 하이데거는 '현'으로 피투되어 있으면서 '현'을 있게 하는 '현으로 있음(Da zu sein)'을 "장래적 인간의 가능성의 근거"(BzP, 297)로 파악한다. '현'을 있게 하는 '현으로 있음'이란 뜻의 현-존재가 장래적 인간의 가능근거인 한, 현-존재는 "인간을 그의 가능성에 있어서 특징짓는 존재"(BzP, 301)이다. '현'의, 곧 진리의 보호자 내지 정초자로 있는 일이 오직 인간에게 고유한 일이기에 인간은 유일무이한 존재자이고 이러한 유일무이한 존재자가 있는 방식에 대한 규정이 현-존재인 것이다. 이러한 현존재는 그의 전체적 존재의 관점에서 '염려(Sorge)'로 명명된다.

이전에 (초기 사유에서) 현존재의 존재를 그 전체성에 있어서 우선적으로 규정하였던 염려는 이제 (후기 사유에서) 우선적으로 '존재를 위한 염려' 내지 '존재를 돌봄(Sorgetragen für das Sein)'이라는 뜻으로 이해된다. 존재를 돌봄이라는 의미에서의 염려는 근원적으로 "존재의 진리"의 깨어 지킴, 곧 "파수"(BzP, 297)를 말하며 이를 떠맡는 것이 장래적 인간에게 주어지는 존재역사적 규정성으로 사유된다. '염려'와 마찬가지로 "존재이해"라는 것도 "인간이 주관으로서 존재에 대한 주관적 표상을 소유한다는 것이 아니라", 다만 "인간이 자신의 본질에 따라 존재의 기투를 위해 열린 곳(Offenes) 속에 서 있고 또 그렇게 의미된 이해를 견디어 낸다."(SvG, 146; 참조: GA 31, 125; EiM, 88; GA 34, 79)는 것을 뜻한다. '존재이해'는 근원적으로 존재의 진리에 속해 있음을 말한다. 인간에게 존재이해가 속하기에, 인간이 존재의 기투를 위한 '열린 곳'(시간-공간)에 서 있기에, 인간이 존재의 진리에 속해 있기에, 인간은 (본래적으로건, 비본래적으로건, 무차별적으로건) 현사실적으로 현-존재이고 또 (본래성의 측면에서) 가능적으로 현-존재이다.

2) 본래성: '현'을 있게 함

현존재의 본래성과 비본래성은 근원적으로 존재의 진리에서부터 사유되면서 각기 현을 있게 함과 현을 떠나 있게 함으로 파악된다. "현을 있게 함(Da-*sein*)"이 "자기숨김의 개방성을 견뎌냄"을 말하는 반면에 현을 "떠나 있게 함(Weg-*sein*, 이탈-존재)"은 "비밀 및 존재의 폐쇄성에 종사함"(BzP, 301)으로 파악되는데, "떠나 있게 함은 현-존재의 비본래성에 대한 더욱 근원적인 명칭이다."(BzP, 324) 진리 속에, 곧 존재와의 가까움 속에 거주함은 이미 '떠나 있게 함'이라는 의미의 이탈-존재로부터 '현을 있게 함'이라는 의미의 현-존재로의 회귀인데, 이러한 회귀는 존재의 진리의 시짓기적인 (수립적인, 곧 선사하면서-근거지으면서-시작되게 하는) 보존의 여러 방식으로 수행된다(참조: UdK, 63; GA 53, 171). 실존의 본래성은 현을 있게 함, 현을 근거지음이라는 뜻에서의 현-존재이다. 현-존재를 가능케 하는 실존적 계기는 하이데거의 초기에서는 물론 후기에서도 '죽음에의 선구'[죽음에 의거한 자신의 선취적 규정]이다.

'죽음에의 선구'는 그러나 이제는 우선 "최고의 현-존재(höchstes Da-*sein*)"(BzP, 325), 곧 최고도로 현을 있게 함으로 사유된다. 죽음에의 선구는 "죽음을 그 본질에 있어서 참아냄"이라는 적극적 의미에서의 "죽어감(Sterben)"(GA 79, 56)이다. 죽음에의 선구에 있어서 죽음은 존재의 전체적인 또 최대한의 진리를 개방하게 된다. 이런 한에서 선구되는 사안으로서의 죽음은 "부르면서 내보임의 비밀을 위한 최고의 산맥(모으면서 숨겨 보호함)"(VuA, 248), 또 "무의 관(der Schrein des Nichts)으로서 존재의 산맥(das Gebirg des Seins)"(VuA, 171; GA 79, 18)이라고 말해진다. 최대의 진리를 개방하는 죽음에의 선구에서부터 비로소 진리를 근거지음으로서의 현-존재의 본래성의 수행이 가능하게 된다.

3) 실존: 존재의 진리 속의 탈존

하이데거 전기에서는 실존이라는 말로 자기존재에 대한 현존재의 관련이 우선적으로 강조되었으나, 하이데거 후기에서는 탈존(Ek-sistenz)이라는 말로 존재와 현존재의 관련이 우선적으로 강조된다. 실존 내지 탈존은 인간을 인간 현-존재로 존재하게 하는 것으로서 인간의 존재의 본질적 규정이다. 인간은 오직 탈존을 통해, 즉 '현' 속으로 밀려들어 머묾을 통해서 현을 현으로 있게 하는 존재, 곧 현-존재로 존재한다. 존재의 진리 안에 들어서 머묾으로서의 탈존은 하이데거에 있어서 인간의 "본질유래"로서 동시에 그의 "본질장래"(BüH, 323)이다. 왜냐하면 하이데거의 회복적 역사성의 관점에서 볼 때 "유래는 […] 끊임없이 장래로 머물기"(UzS, 91) 때문이다. 이러한 탈존은 내존성이라고도 불린다.

"내존성"에 대해 하이데거는 다음과 같이 말하고 있다: "[…] '내존성'. 이 속에 놓여 있는 것은 '시간'의 탈자적 개방성 속에서 이중적으로 안에 서 있음이다. 이러한 안에 서 있음은 그러나 동시에 존재자의 존재에 대한 본질연관 속에 '끊임없이 머묾'이라는 의미에서 '내존적'이다. 존재 속에서의 내존성이 '염려'라고 불린다."(GA 49, 54; 참조: UdK, 54) 다른 곳에서도 이러한 두 의미가 지적되고 있다: "[…] 트임 속에서의 내존성. 이 표현은 […] 두 의미의 통일로서 이해되어야만 할 것이다: (1) 세 가지의 탈자 안에 서 있음; (2) 존재를 전체적인 현존재를 통해서 보존하고 견뎌냄"(V.Sem, 122) "트임 안에 내존적이다."라는 말은 "현-존재의 근거 속에 있다."(GA 68, 45)는, 즉 '현' 내지 진리 안에 들어서 있다는 것인데, 이 경우에 현-존재는 동시에 존재에 대한 연관도 수행하고 있는 것이다. 따라서 탈존은 우선 진리 안에 들어서 머묾으로서 동시에 인간의 시간연관과 존재연관을 함께 의미한다.

탈존은 그러나 또한 인간의 개별 존재자와의 연관도 함의한다. 왜

나하면 탈존은 구체적으로는 존재자에 관여함으로, 곧 존재자를 그의 개방화 상태(Offenbarkeit)에 있어서 만나주게 해줌의 방식으로 수행되기 때문이다(2장 1절 3항 참조). 다시 말해 탈존은 구체적으로는 존재의 진리에서부터 존재자를 그의 현존방식에 있어서의 현존자(Anwesendes in seiner Anwesenheitsweise)로 개방되도록 해주는 방식으로 수행된다. 여기서 우리는 3장 진리 존재론에서 논의한 것을 상기할 필요가 있다. 거기서 초월은 세계기투, 기반 취함, 정초라는 3중 구조에서, 또 존재허용은 존재자 그 자체에 관여되어 있음, 존재자 전체에의 관여, (각각의) 존재자의 탈은폐성에 관여함이라는 3중 구조에서 말해졌다. 3중 구조에서의 세 번째 계기를 지금 우리가 강조하고 있는 것이다. 존재자를 그의 개방화 상태에 있어서 만나지도록 함은 우리에게서 멀어졌던 존재자가 가깝게 도착함과 마찬가지다: "[존재자 전체의] 존재는 이것[개별 존재자]으로 넘어오고, 이것을 드러내면서 넘어오는데, 이것은 그 같은 넘어옴을 통해서 비로소 '그 자신에서부터 은폐를 벗어낸 것'으로서 도착하는 것이다. 도착이란 비은폐성 속에 피해 있다는 것, 따라서 안전하게 존속한다는 것, 존재자가 존재한다는 것이다."(IuD, 56) 그런데 하이데거는 존재자의 도착은 신적인 것의 도래와 존재역사의 새로운 시작과 함께 발생한다고 본다(참조: *Aufenthalt*, 1-3). 존재역사적 사유에 있어서는 자화사건이 그것의 전체 구조의 관점에서, 곧 신과 존재의 연관, 존재와 인간의 연관, 인간과 존재자의 연관 속에서 파악되기 때문이다(참조: BzP, 267절). 이때에 존재와 존재자의 연관은 더 이상 "초월"과 "선험"의 개념에 의거해서가 아니라, "동시성"의 개념에 의거해 사유된다(참조: BzP, 174, 223, 349). 존재와 존재자의 동근원적 발생연관은 인간의 탈존의 수행 속에서 일어난다.

전기 사유에서 밝혀진 염려의 구조(자기에 앞서면서 ─ 이미 안에 있으면서 ─ 옆에 머묾)는 하이데거의 후기 사유에서 (1) 존재가 현-존재에 대해 갖는 연관인 '진리 속으로의 존재의 부름', (2) 인간이 존재에 대해 갖는 연관인 '존재의 진리의 기투', 그리고 (3) 존재자에 대한 인간의 연관인 '존재자의 탈은폐에 관여함'이라는 세 가지 계기에 있어서 파악된다. 위에서 말해진 신과 존재와의 연관은 진리 개념 속에서 암묵적으로 사유된다. 세 가지 계기로 분절되는 '존재를 위한 염려'를 하이데거는 "존재의 목동(Hirt des Seins)"과 "초연(Gelassenheit)"이라는 개념 아래 사유한다. '존재의 목동'이라는 어구에 의해 하이데거는 데카르트의 인간관을 암묵적으로 비판하고 있다. 데카르트는 『방법서설』 6부 2장에서 인간들이 "자연의 척도 및 소유자(maîtres et possesseurs de la nature)"로 될 수 있다고 말한다.[80] '초연'이라는 개념을 통해 하이데거는 마이스터 에크하르트의 신비주의를 자기 방식으로 수용한다. 다시 말해 '어디에서부터 어디로'라는 초연이 지닌 일반적 구조만을 수용한다.[81] 하이데거에게 있어서 초연은 그 내용적-구조적 특징에 있어서 '형이상학적인 표상적 사유에서부터 자기를 풀어냄'과 '존재의 진리 속으로 자기를 들어서게 함'이다(Gel, 42, 48, 49, 57, 70; BzP, 454).

4) 염려: 자화사건에의 참여

하이데거의 후기 사유에서 말해지는 자화사건은 3중적 구조의 염려의 수행에 다름 아니다. 하지만 이러한 3중적 구조는 우선은 존재와 인간의 연관으로 정식화된다. 왜냐하면 '현재'가 '장래적-기재성'에서부터 생겨나듯이, 존재자의 탈은폐에 관여함은 존재와 인간의 상호적 연관[불림과 기투함]에서부터 생겨나기 때문이다. 자화사건은 그 내부적 구조에 있어서 인간에 대한 존재의 연관, 즉 '존재가 인간을 자신의 진리 속으로 부름'과 인간의 존재에 대한 연관, 즉 '인간이 존재의

---

80) R. Descartes, *Discours de la Méthode*, übersetzt und hergegeben von Lüder Gäbe, Hamburg, 1990.

81) F. -W. von Herrmann, *Wege ins Ereignis*, 386 참조.

진리를 기투함'으로 구성된다. 이러한 두 계기의 마주-흔들림을 가능케 하는 것은 시원적으로 첫 번째 계기인 존재의 부름이다. 인간이 존재의 부름에 의해 존재의 진리 속으로 불러들여지고 그렇게 진리 속으로 피투되어 있는 한에서, 두 번째 계기인 인간에 의한 존재의 진리의 기투가 가능해진다. 이른바 기투는 언제나 존재의 부름에 의해 피투되는 식의 기투이다. 이런 한에서 자화사건에 있어서는 인간이 아니라 존재가 우위를 갖는다. 인간이 본래적 실존 내지 탈존의 방식으로 자화사건에 참여하지만 자화사건이 그 자체 존재의 부름에서부터 시작되는 것인 한, 우리는 본래적 실존에서부터 존재의 자현이 이루어진다고 말할 수는 없고, 존재의 자현 속에서 본래적 실존이 더불어 수행된다고 말해야 할 것이다. 여기에서 '본래적 실존'과 '존재의 자현' 사이의 우위 설정의 변화가 발견된다. 여하튼 본래적 실존과 존재의 자현의 동시적 발생, 그것이 자화사건이다. 자화사건적으로 경험된 인간의 존재에 대한 논의는 이어서 전개될 역사와 역사성에 대한 이해를 돕는다.

3. 자화사건적인 역사사유

하이데거가 『존재와 시간』에서 밝힌 것은 현존재의 역사성이 현존재의 시간성의 구조에 근거를 둔다는 점이다. 거기서는 특히 "현존재가 자신을 그것들의 견지에서 현사실적으로 기투할 수 있는 그런 가능성들이 도대체 어디로부터 길어내질 수 있는지"(SuZ, 506)가 물어지고 해설된다. 이러한 해설에 따르면 현존재가 결의한 채로 실존함의 방식으로 자기 자신에, 곧 자신의 피투성에 이를 경우 그에게는, 그 안에 존재가능성들이 열려 있고 그래서 그것에서부터 그가 자신의 존재가능성을 자신에게 전승시킬 수 있는 그런 지평이 열린다. 결의된 현존재에게 그때마다 현사실적으로 열리는 가능성들의 모임이 하이데거가 "유산"이라고 부르는 지평(현존재의 기재성)이다. 모든 가능성들이 그 안에서 열린 것들로 모여 있는 지평에서부터 현존재는 자신의 고유한 가능성을 길어내고 이 가능성에 의거해서 자기를 기투하게 된다. 현존재가 이렇게 하나의 기재적 가능성에 의거해 현사실적으로 자기를 기투하면서 그 가능성을 자기에게 전승함이 하이데거가 말하는 "현존재의 본래적 발생"이다. 이러한 발생 내지 발생의 구조를 하이데거는 "역사성"이라고 부른다. "역사성"은 한편으로 "그것에 근거해서 최초로 '세계사' 같은 또 역사적으로 세계사에 속함 같은 것이 가능하게 되는 현존재의 '발생' 자체의 존재구성틀"(SuZ, 27)을 가리키고, 다른 한편으로 역사성은, 특히 "현존재의 본래적인 역사성"은 "선구적인 결의성 속에 놓여 있는 발생"(SuZ, 511)을 가리킨다. 이런 한에서 하이데거의 "역사성"은 한편으로 현존재의 발생의 구조를, 다른 한편으로는 현존재의 구조적 발생을 가리킨다. 이 발생은 장래적 사유에서부터 열리는 "유산"에서부터 세계내존재의 기재적 가능성을 현재적으로 회복함으로써 현존재의 자기이해적 내지 자기규정적 존재가 생겨남을 말한다. 하이데거는 이때에 유산이 "불안"이라는 근본기분에서 드러난다고 해설한다(참조: SuZ, 454).

앞서 현존재의 존재가능성들이 거기에 모여 있는 것으로서 "유산"이라고 명명된 기재성의 지평은 이제 존재가 존재자를 떠난 시대의 경험에서부터 현존재에게 환기되는 것으로 사유된다. 지평은 이제 시대경험의 근본기분이 드러내는 존재의 역사이다. 존재의 역사에 대한 현존재의 관련방식들이 그 자체 현존재의 존재가능성들인 한, 존재의 역사는 현존재의 존재가능성들의 근원이자 이 가능성들을 모으고 있는 바의 것이다. 이런 한에서 하이데거는 현존재의 본래적 발생으로서의 현존재의 본래적 역사성을 존재의 역사와 관련시켜 사유한다. 현존재의 본래적 역사성은 존재의 역사를 인수함에, 이러한 인수에 있어서 존재역사의 근원인 자화사건에 참여함에, 또 이로써 이전과 다른 새로운 시원의 존재역사가 시작되게 함에 놓여 있다. 이렇게 존재역사 내지 자화사건에서부터 사유되는 인간의 역사성은 "민족들의 역사성"(참조: BzP, 28, 51)으로 해설된다.

1) 역사수립성으로서의 역사성

하이데거의 존재역사적 사유 속에서는 인간의 기재적 존재가능성을
드러내는 '근본기분'이 철학의 종말, 존재의 떠남, 존재의 망각에 대한
"놀라고-경외하는 자기억제(erschreckend-scheue Verhaltenheit)"(BzP,
16)로 파악된다. 이러한 근본기분 속에서는 '존재를 찾는 자, 존재의
진리를 지키는 자, 최종적인 신의 도래의 고요를 위해 깨어 있는 자로
있음'(참조: BzP, 16-18)이 인간의 존재역사적 규정성으로, 즉 현존재
의 기재적 가능성이자 현존재의 장래적 존재로 파악된다. 현존재의
이러한 장래적 존재는 "존재의 진리를 위한 파수(Wächterschaft für
die Wahrheit des Seins)"(BzP, 490, 참조: 488)로 정식화된다. 이러한
파수의 수행 속에 이 시대의, 곧 존재가 존재자를 떠났고 신이 세계를
떠났고 인간이 자신의 본질에서 소외된 시대의 인간이 갖는 존재역사
적 규정성이 놓여 있다. 하이데거에 따르면 존재의 진리를 위한 파수
의 수행은 존재망각의 시대에 있어서 우선 자화사건의 결정영역을 근
거짓는 것으로 수행된다. 이 결정영역은 하이데거에 의해 인간의 역
사와 무-역사에 관한 결정이 내려지는 순간-장소로서의 시간-공간이라
고 표현된다. 하이데거에 따를 때 이 결정영역은 또한 존재자의 도착,
최종적인 신의 도래, 역사의 다른 시원을 보증해 주는 영역이다. 시간
-공간을 진리의 "최초의", "근원적인" 또는 "제일 본질적인"(참조:
BzP, 379-380) 자현으로 근거짓는 일은 동시에 존재를 위한 진리를
근거지음이다. 왜냐하면 존재는 진리 속에서 자현하는데, 이 진리는
최초로 자신을 시간-공간으로 열기 때문이다. 존재에 의해 고유해진
채로 시간-공간을 기투함이 진리의 자현에, 또 이로써 진리 속에서의
존재의 자현에, 곧 자화사건에 참여함이다. 진리 속으로의 존재의 부
름과 존재의 진리의 기투가 진리 속에서의 존재의 자현의 구조를, 곧

자화사건의 구조를 형성한다. 이 자화사건은 그와 더불어 존재의 새로운 역사가 시작되는 사건으로 역사의 근원이고 또 이런 의미에서 근원적인 역사이다. 자화사건에의 참여는 근원적인 역사에의 참여로서 "역사수립적(*geschichtebildend*)"(BzP, 56) 내지 "역사정초적(*geschichtegründend*)"(BzP, 56, 311, 324, 421, 430)이고 이러한 첫 번째 의미로 (존재의 역사의 면에서) 역사적이다. 역사의 첫 번째의 시원으로부터 두 번째의 시원으로의 이행적 시대 속에서의 인간의 본래적 역사성은 이렇게 존재의 진리를 위한 파수의 수행에, 존재의 진리에 의해 고유해진 채로 이것을 기투함에, 자화사건에의 참여에, 근원적 역사의 근거지음에 놓여 있게 된다.

2) 역운보유성으로서의 역사성

존재는 그때마다 자신을 위한 진리를 보내고 또 진리 속에서 자기를 우리에게 보냄의 방식으로 발생한다. 존재가 자기를 보냄으로써 존재의 역사가 있으므로 존재의 역사는 존재의 역운(Geschick)이고, 존재의 역사를 보증하는 존재, 곧 자기를 그때마다 달리 보내는 식으로만 머무는 존재는 역운으로서의 존재이다. 존재의 역운은 그 자체로 또한 진리의 역운인데, 왜냐하면 진리가 역운으로서의 존재 자체에서부터 보내지고 또 그렇게 발생하기 때문이다. 하이데거는 진리를 보내고 진리 속에서 자현하는 역운으로서의 존재를 존재의 역사의 근원으로 파악한다: "인간을 탈은폐(Entbergung)의 길로 비로소 데려오는 것인 모으면서의 보냄을 우리는 역운이라고 부른다. 이것에서부터 모든 역사의 본질이 규정된다."(VuA, 28) 다시 말해 존재의 역사가 "이면성의 역운(Geschick der Zwiefalt)", 즉 "현존자의 현존"(VuA, 244; 참조: EzHD, 171)의 역운인 한, 존재의 역사는 또한 존재자의 역사이다. 하이데거에 따르면 "역사의 본질은 존재의 역운에서부터, 곧 자기를 회피하면서 자기를 우리에게 보내는 것에서부터 규정된다."

558

(SvG, 109, 참조: 119-121) 존재가 자기를 회피하며 자기를 보냄은 존재의 자기억제로서 근원적 의미에서의 에포케(epoche)이다: "에포케가 여기서 의미하는 것은 발생에 있어서의 하나의 시기(einen Zeitab-schnitt im Geschehen)가 아니라, 보냄의 근본특징이고, 보내진 것의 수용가능성을 위한 자기 자신의 그때마다의 자기억제(An-sich-halten), 곧 존재자의 [피투적] 근거지음(Ergründung)이라는 면에서 볼 때의 존재의 자기억제이다."(zSdD, 9) 역사의 시기는 근원적으로 자기억제적 역운으로서의 자화사건에 의해 규정된다: "자화사건은 그때마다 기한(Frist)을 보증하고, 이 기한으로부터 역사는 한 시대의 보증을 받는다."(N.II, 490; 참조: SvG, 112) 역사 속의 시대라는 의미에서의 에포케는 그 존재론적 근원을 존재의 자기억제로서의 에포케에 두고 있다.

그때마다의 진리가 그때마다 존재에서부터 보내져 있는 것인 한, 존재의 진리 내지 진리 속에서의 존재는 역운적이고 또 그때마다 유일무이하다. 기투되는 진리는 역사적인 진리로서 존재로부터 보내진 진리이다. 진리를 기투하는 인간도 존재에 의해 "탈존의 역운 속으로 받아들여져 있는데"(BüH, 324), 왜냐하면 존재가 "인간을 그의 본질인 현-존재의 탈존으로 보내기"(BüH, 337) 때문이다. 다시 말해 인간은 존재에 의해 진리 속으로 이미 탈존으로서 보내져 있다. 왜냐하면 "존재의 말 걸음이 인간을 비로소 그의 본질로 용인해 들이고"(SvG, 119) 그래서 "인간의 본질은 존재 자체를 통해서 존재의 진리의 자현에서부터 규정되기"(GA 48, 260) 때문이다. 보내지고 기재해 온 진리를 기투함은 따라서 보내지고 기재해 온 탈존을 수행함이다. 존재의 진리의 기투 속에 놓여 있는 것인 인간의 본래적 역사성은 따라서 오직 보내진 탈존, 즉 인간의 기재해 온 존재가능성의 회복으로서만 수행된다. 이러한 회복은 기재해 온 탈존의 명시적인 자기전승으로서 역운보유적(geschickhaft)이고 이러한 두 번째 의미로 (인간의 역사의 면에서) 역사적이다. 역운보유적이란 역운으로부터 들으면서 응대함이고 이것은 죽을 수밖에 없는 인간에게 알맞은 것이다: "그렇게 해서 죽을 수밖에 없는 자들이 본래적인 들음을 수행한다면, 이는 과연 알맞은 것(Geschickliches)이다."(VuA, 210; 참조: SvG, 119; GA 52, 89) 인간의 역사수립적 탈존은 동시에 역운보유적 탈존이고 이것은 인간에게 알맞은 존재방식이다. 역사의 정초와 역운의 보유(Geschichtsgründung und Geschickhaftigkeit) 속에 놓여 있는 본래적 역사성은 존재역사적으로 보내진 탈존의 역사수립적-역운보유적 역사성이고 또한 이로써 장래적-회복적 역사성이다. 인간의 역사성의 장래성과 기재성의 성격에서부터 이제는 인간의 역사성의 현재 성격에 대한 물음이 제기된다.

3) 사물의 자현허용으로서의 역사성

구체적으로 탈존은 존재자 속에 존재의 진리를 보존함 내지 존재자를 그것의 개방화 상태에 있어서 개방화되도록 함으로서 수행된다. 여기에서 역사성의 세 번째 성격이 끄집어내질 수 있다. 사물로서의 존재자를 그것의 사물성에 있어서 개방화되도록 하는 사유는 주관중심의 사유가 아니다. 우리로부터 사물에 대해 묻는 방식은 사물을 그 자체로 있게 해주지 못한다(참조: UdK, 45, 56; Gel, 53, 54, 59). 사물에 대한 우리의 존재허용적 사유는 사물이 사물로 되게 하는 식으로만 근원적으로 수행된다. 그런데 사물이 사물로 됨(사물의 자현, 자기화)은 오직 세계가 세계로 됨(세계의 자현, 자기화)과 더불어 발생하고 이때에 사물은 세계로부터 '제약된다'[bedingt, 사물로 된다]. 한 대화에서 하이데거는 자칭 연구자로서 한 교사와 다음과 같은 이야기를 나누고 있다: "교사 : 마주한 것(die Gegnet)이 사물을 그 자체에 있어서 사물로 머물게끔 해준다면, 우리는 어떻게 마주한 것이 사물에 대해 갖는 관련을 명명해야 합니까? 연구자 : 마주한 것은 사물을 사물이 되도록 제약하지요. […] 그러나 제약함(das Bedingen, 사물로 되게 함)이란 만들어냄이나 야기함이 아니지요. 또한 […] 초월적인 것이란 의미에서 가능하게 함도 아닙니다."(Gel, 54, 참조: 53, 59) 이 같은 대화 속에서의 "마주한 것"이라는 말로는 자현하는 진리(die we-sende Wahrheit) 내지 자현하는 세계가 의미된다. 진리의 자현에서부터 자현된 진리로서의 세계가 열린다: "세계는 진리와 현(Da)의 자현에서부터 [있다]!"(BzP, 295) 진리의 자현 내지 세계의 자현에서부터 존재의 자현이 일어난다: "존재는 자신의 본질을 세계가 세계로 됨에서부터 획득한다."(GA 79, 49) 따라서 사물의 존재의 자현을 위해서는 세계의 자현이 필요하다.

세계의 자현 내지 진리의 자현을 하이데거는 세계구성의 네 영역이 서로 마주보고 비추는 세계놀이 또는 4중적 일자의 거울놀이라고 부른다. 이러한 비춤(Spiegeln)은 근원적으로 시간-놀이-공간 속에서 발생하는 것이다: "공간과 시간을 그들의 자현에 있어서 모으고 있는 동일자(das Selbe)는 시간-놀이-공간이라고 불릴 수 있다. 시간-놀이-공간이라는 동일적인 자가 세계의 네 영역의 서로 마주함에 길을 내준다(be-wegt): 땅과 하늘, 신과 인간의 서로 마주함이 세계놀이이다." (UzS, 202) 4중적 일자의 거울놀이 속에서 네 영역은 고유한 세계를 위해 세계 속으로 탈취적으로 이끌려 들어서 있고 이로써 각자 고유한 자기로 되어 있다: "네 가지 영역은 각기 그들의 고유화(Vereig-nung) 내부에서 오히려 하나의 고유한 것을 위해 탈취되어 있다. 이러한 탈취적 고유화가 4중적 일자의 거울-놀이이다."(VuA, 172) 거울놀이로부터 생겨나는 세계는 그러나 자신을 숨겨 보호할 장소로서 사물을 필요로 하고 또 이로써 사물에 대한 인간의 탈-존적 관여를 필요로 한다.

사물의 자현은 우선적으로, 탈존이 세계를 사물 안으로(her) 데려오고 또 동시에 이 사물을 세계 앞으로(vor) 데려오는(bringen) 식의 창작(Hervorbringen[안으로-앞으로 데려옴])에 있어서 사물을 통해 세계가 고유하게 자기로 되고 또 세계를 통해 사물이 고유하게 자기로 되는 식으로 일어난다. 그러나 만들어냄, 곧 조형적 창작에 있어서 드러나는 '안으로-앞으로'라는 사물과 세계의 관련구조는 창작되는 사물뿐만이 아니라 모든 종류의 사물들의 자현의 일반적 구조이다. '안으로-앞으로'라는 일반적 구조는 조형적 창작의 방식들에만 제한되지 않는다. 사물의 자현의 일반적 구조는, 탈존이 시간-공간적 개방성(세계)을 사물 속으로 데려오면서 동시에 이 사물을 세계 앞으로 데려오는 것이고, 이로써 사물이 자신의 존재에 있어서 자현하고 이 사물 속에 세계가 숨겨지고 보호된다. 이러한 일은 조형예술에서, 시짓기에서, 사물의 세계회상적인 배려에서 발생한다. 시짓기는 근원적으로 4중적 일자를 사물에 숨겨 보호함이고, 사물을 4중적 일자에서부터 배려함이다. 이러한 배려와 보호의 구조는 무생물에도 타당하다: 존재의 진리의 "숨겨 보호함(Bergung)은 그러나 만들어냄의 방식들 속에서만이 아니라, [⋯] 마찬가지로 근원적으로 생물 및 무생물과의 만남의 인수(Übernahme)라는 방식에서도 유지된다."(BzP, 71) 만남의 인수란 곧 만나지게 해줌이고 배려함이다. 숨겨 보호함은 오직 '안으로-앞으로'라는 존재허용 내지 자현허용의 구조 속에서만 수행될 수 있다. 그러기에 위 인용문의 의미를 헬트(K. Held)는 다음과 같이 적절하게 드러낸다: "삼감[존재의 자기억제]에 대한 경외(Scheu vor dem Entzug)에 있어 경험된 본래적인 사물들에게는, 그것들이 자신들의 의미와 자신들의 존재를 4중적 일자(Geviert)에서부터 획득하게 되리라는 점이 타당하다."[82] 사물은 시간-공간적 개방성 내지 세계 속에서 자현하면서 자신의 의미와 존재를 획득한다. 사물 속에 시간-공간적 개방성이 숨겨 보호됨은 진리의 트인 방식(Gelichtetheitsweise der Wahrheit)으로서의 세계가 존재자 속에 숨겨지고 보호됨이다. 세계가 사물에 숨겨 보호되는 한, 세계의 한 구성영역인 신도 사물에서 현상할 수 있다. 이러한 맥락에서 하이데거는 셸링의 사물 개념을 근원적인 사

---

82) K. Held, "Die Welt und die Dinge. Zur Deutung der Philosophie Martin Heideggers", *Martin Heidegger. Kunst-Politik-Technik*, Hg. Christoph Jamme und Karsten Harries, München, 1992, 331.

물 개념으로 파악한다: "사물들의 사물성은 신의 본질을 개방함에 놓여 있다. 사물이다(Dingsein)라는 것은 영원한 생성인 신의 존재를 그 자체 하나의 생성으로 나타낸다는 말이다. 사물들은 자기를 통해서 두루 근원적인 존재를 지시한다."(GA 42, 213) "창조되어 있다(Geschaffensein)라는 것은 따라서 마무리되어 있다(Angefertigtsein)라는 것이 아니라 하나의 생성으로서의 창조 속에 서 있음(das Stehen in der Schöpfung als einem Werden)을 의미한다."(GA 42, 228, 참조: 235) 세계의 자현과 더불어 자현하는 사물은 자신의 자기성(존재자성, 현존방식)에 있어서 하늘과 땅, 신과 인간을 비춘다.

사물은 시간-공간적 개방성 속에서 시간-공간적으로 개방되고 또 이로써 그 개방성을 숨겨 보호하면서 그 자신으로 머물게 된다. 이렇게 세계가, 사물과의 만남의 인수라는 방식을 통해 사물 속에 숨겨지고 보호되는 한, 사물은 세계로부터 분리되어 발견되지 않는다. 이런 한에서 베르너 막스의 다음의 말은 엄밀히 규정될 필요가 있다: "다른 시원적 존재의미의 지배력이, 곧 사물에 대한 관련에 있어서의 세계 자현의 지배력이 단지 '창작적으로' 만들어진 사물들에만 제한된다면, 이때에는 도대체 어떻게 모든 다른 '사물들'의 본질이 파악될 수 있는지가 물어지는데, 이 사물들과 더불어 인간은 오늘도 장래에도 '하늘 아래서 땅 위에서' 체류하는 것이다."83) 세계의 세계화(Welten der Welt)는 과연 우선 창작적으로 만들어진 사물을 필요로 한다. 왜냐하면 우리를 평상적이지 않은 개방성으로 밀쳐내는 것은 평상적인 것들이 아니라 엄청난 것들(das Ungeheure)이기 때문이다(참조: UdK, 54). 그러나 이 말은 자연사물들이 세계의 세계화에 대해 아무런 관련도 갖지 않는다는 뜻이 아니다. 하이데거가 하나의 그리스 신전에서의 자화사건을 해설하면서 드러내 보이듯이 동물들, 식물들, 자연사물들은 자화사건에서부터 개방되며 또 그렇게 자화사건에서부터 자신들의

---

83) W. Marx, *Heidegger und die Tradition*, 202, 참조: 252.

고유한 본질형태를 획득한다: "사원은 그 자신의 거기에 서 있음에 있어서 사물들에게 비로소 그들의 모습(Gesicht)을 갖게 해주고 사람들에게 비로소 자기 자신에 대한 전망(Aussicht)을 갖게 해준다."(UdK, 29) 이 경우 사물들이 자신들의 모습을 가질 수 있음은, 그것들이 그리스 신전이 열고 있는 세계를 숨겨 보호하기 때문이다. 그때마다 자기를 트면서 스스로를 고유하게 하는 진리는 자기를 보존하기 위해 "그때마다 상이하게 하나의 존재자(사물-도구-작품)"(BzP, 389, 참조: 70-71)를 필요로 하고, 또 이러한 존재자 속에 숨겨지고 보호된다. 모든 사물들이 근원적으로 세계의 자현에서부터 자신들의 본질(자기성)을 보유하게 되는 한, 우리는 기투된 세계를 회상하면서 사물을 만나지도록 할 수 있는데, 이러한 세계회상적인 만남의 인수는 세계의 자현의 지배력이 각각의 사물에 미치도록 하는 일에 다름 아니다.

탈존의 구체적 수행으로서 사물의 자현의 허용(das Dingenlassen, das Schonen des Wesens des Dinges in seinem eigenen Sein)은 존재자 한가운데서의 인간의 근본지위의 변화(Wandel der Grundstellung des Menschen)를 자기 안에 포함한다(참조: GA 41, 49; BzP, 14, 84) 그 같은 것으로서 사물의 자현의 허용은 존재자에 대한 인간의 근본지위의 시대 가름적(epochemachende) 변화라는 의미에서 인간의 역사성을 함께 구성한다. 인간의 역사성은 구체적으로 존재를 보존하는 존재자의 자현허용 속에서 수행된다. 탈존의 이러한 구체적 수행은 존재자에 대한 인간의 근본지위를 변화시키고 사물로 하여금 그 자신으로 머물게 한다. 구체적 탈존은 시대 가름적으로 자기변화적-사물허용적이고(sichwandelnd-dingenlassend) 이러한 세 번째 의미로 (존재자의 역사의 면에서) 역사적이다.

4) 근원적 역사: 존재의 진리의 자화사건

온갖 역사의 근원이라는 의미에서의 근원적 역사는 존재의 자현으로서의 자화사건이다. 존재의 자현이 그때마다 그 자신의 진리 속에서 일어나는 한, 존재의 자현은 동근원적으로 진리의 자현이다. 인간은 존재의 진리의 자현에 참여하며, 이러한 참여는 인간이 존재를 위한 진리를 맞아들이고, 개방하고, 그것을 존재자 속에 보존하는 식으로 이루어진다. 우리가 '존재의 진리 및 진리의 기투'라는 말로 이해하는 것을 베르너 막스는 척도(Maß)와 척도수립(Maß-nahme)이라는 개념으로 이해한다: "'머무르는 것을 지어 세우는 이는 그러나 시인들이다'라는 횔덜린의 말에 대한 하이데거의 해명에서부터 하이데거에게 생겨나는 것은, 시인이 '척도들'을 현존재의 역사적 세계를 위해 정초한다는 점이다. '시짓기는 존재를 말로 세움이다' […] 척도가 시인에 의해 수립될 수 있고 또 사람들이 이 척도수립을 충분히 이해하는 일은, 오직 사람들이 그 척도수립을 어떤 탈은폐로 파악할 때일 뿐이다."[84] 척도의 수립, 진리의 기투, 자화사건과 더불어 발생하는 일은 존재 떠남과 존재망각의 지금까지의 영향이 중단되는 일이다. 이러한 중단과 더불어 존재의 역사의 비연속성이 수립된다. 그러나 또한 존재의 역사를 보증해 온 역운으로서의 존재가 "다시 틀 지어짐(wieder zu Gestalt bringen)"(GA 45, 41)의 방식으로 이제 새로운 시원 속으로 회복되고 이렇게 회복된 존재가 힘을 발휘한다. 이러한 존재의 회복과 더불어 존재의 역사의 연속성이 수립된다. 이런 한에서 존재의 역사를 사유하는 우리의 시간은 역사의 첫 번째 시원이 사라져가는 "저물어 감(Unter-gang, 하강)의 시대"(BzP, 397)인 한편, 이러한 저물어 감은 동시에 다른 시원의 역사로의 이행이다. 이러한 이행은 존재의 역사를 회상하면서 또 미리 사유함 속에서 이루어진다. "회상하면서 미리 사유함"(SvG, 159)이라는 말로 이해되는 것을 가다머는 "상기(Erinnerung)"라는 개념으로 해설한다: "이행에서 특기할 만

---

84) W. Marx, *Gibt es auf Erden ein Maß?*, Hamburg, 1983, 150. 이 경우에 선구되어야 할 사안인 죽음은 개방성과의 관련에 있어서 "척도를 주는 것(der Maß-gebende)"(84)으로 사유된다.

한 점은 이행이 지나감이자 동시에 생성이라는 것이 아니라, 낡은 것이 그것의 폐지되어 있음에 있어서 상기되는 것을 통해 새로운 것이 생성된다는 점이다."85) 상기 내지 회상적-선취적 사유 속에서 시대 가름적인(epochemachende) 자화사건이 일어나고 존재의 역사의 비연속성과 연속성이 수립된다.

역사를 함께 정초하는 자로서 파악되는 인간의 역사성은 존재의 진리를 받아들이고 펼치면서 이를 존재자 속에 보존함으로 수행된다. 인간의 시간성 구조에서부터 보았을 때 이러한 수행이 의미하는 것은 인간이 탈존이라는 자신의 기재적 존재가능성을 자신의 존재의 장래성 속으로 회복하고, 이러한 회복을 존재보존적 존재자를 현재화하며 발견함 속에서 구체화한다는 것이다. 존재역사적으로 규정된 자신의 과제를, 즉 존재에서 떠난 존재자를 존재 속으로 다시 데려옴을 떠맡는 사람들이 하이데거가 말하는 "장래적인 사람들(die Zu-künfigen)"(BzP, 396)이고, 이들은 존재의 진리, 곧 존재 그 자체의 자현에 "순응하며 이를 처리함(sich fügende Verfügung)"(BzP, 61)에 의해 근원적인 역사를 함께 정초한다. 이런 한에서 "『존재와 시간』에서는 (다만 본래적 내지 비본래적 개별 실존의 주체만이 있었고) 근본적으로 역사의 어떤 주체도 없었던 반면에 이제는 존재 자체가 역사의 절대적 주체로 고양되고 인간은 존재와 존재가 보내는 운명들에 전면적으로 의존하도록 선고되었다."86)라는 프란첸의 판단은 잘못된 것이다. 장래적인 사람들은 존재의 운명들에 전면적으로 의존할 뿐인 이들도 아니고 절대적-직접적으로 역사를 정초하는 이들도 아니라, 참여적으로 역사를 정초하는 이들이다. 그들은 그 같은 참여적 정초자로서 낙관주의자들도 비관주의자들도 아니고 결의한 채로 기다리는 사람들이다. 이때에 기다림은 가능적인 다른 역사를 표상하는 식으로서가 아

---

85) H. -G. Gadamer, *Die Frage Martin Heideggers*, Heidelberg 1969, 33.

86) W. Franzen, *Von der Existenzialontologie zur Seinsgeschichte*, Maisenheim/ Glan, 1975, 125.

니라, 오직 역사의 결정영역인 자화사건의 영역, 곧 시간-공간에 들어서서 이를 견뎌냄의 방식으로만 수행되며, 이러한 '들어서서 견뎌냄'은 결코 일회적이 아니라 끊임없이 존재의 진리를 맞이하면서 펼치고 또 이를 존재자 속에 보존함 속에서 구체화된다. 장래적인 이들은 "참다운 앎으로서 지배력 있는 앎"(BzP, 396)인 존재의 진리에 대해 알고 있다. 장래적인 이들은 장래적 역사의 결정영역인 시간-공간 속에, 곧 존재의 진리 속에 들어서서 머문다. 하이데거에 있어서 본래적인 앎은 "보았음(Gesehehhaben)"과 "결정한 채로 있음(Entschiedensein)"(UdK, 56; 참조: EiM, 23)으로서 존재의 진리 속에서의 탈존을 말한다. 본래적 앎은 탈존으로서 세계 열림의 가능근거이다. 모든 사유에 대해 요구될 수 있는 앎과 실천의 통일은 하이데거의 존재사유에 있어서 탈존의 수행이자 세계 열림의 사건에의 참여이다.

4. 하이데거의 역사사유의 성격규정

1) 역사성: 회복의 3중적 의미

지금까지 우리는 하이데거의 존재사유와 병행하는 그의 역사사유를 검토하였다. 우리는 이제 지금까지의 논의를 그의 전기 사유와 대비시키면서 특징지을 수 있을 것이다. 하이데거 전기의 역사사유는 존재론의 역사를 존재망각의 역사로 보고 이 역사를 현존재의 비본래적 역사성에서부터 해설한다. 존재론의 역사가 존재론의 근원적 원천들(존재경험들)의 망각의 역사인 한, 존재사유 내부에서는 본래적인 역사성이 존재이해적 현존재의 기재적 존재가능성의 회복이고, 이것은 바로 존재론의 근원적 원천들을 자기 것으로 삼는 회복 속에서 구체화된다. 그렇게 본래적 실존의 수행으로서의 현존재의 본래적 역사성은 이중적인 회복이다. 곧 그것은 존재이해적 현존재의 존재가능성의 회복이자 동시에 존재론의 근원의 회복이다.

후기 하이데거의 역사사유는 존재역사를 존재의 역운으로 보고 존재의 역운을 자화사건 내지 역운사건(Ereignis bzw. Ge-schick)에서부터 해설한다. 존재의 역운은 존재의 자기억제적 자현을, 즉 자화사건을 그 근원으로 한다. 자화사건은 '진리에의 존재의 부름'과 '존재의 진리의 기투' 사이의 '마주 흔들림'을 통해 일어나는 사건이다. 여기에서는 진리에의 존재의 부름이 존재의 진리의 기투의 가능한 한계를 규정하면서 자화사건을 시원적으로 가능하게 하고, 이런 한에서 인간의 진리기투에 대해 그 자신이 우위를 갖는다. 존재사유의 내부에서의 본래적 역사성은 '존재의 진리 안에 들어서 있는 현존재'가 존재의 진리를 기투하고 또 이로써 자신의 본래적 실존을 수행함에 놓인다. 여기에서도 본래적 역사성은 이중적으로 드러난다. 곧 그것은 현존재가 존재의 진리를 기투하여 존재의 기재적 가능성을 회복하는 것이자 이로써 현존재가 자신의 기재적 존재가능성을 회복하는 것이다. 존재는 과연 인간에 의해서 발생하는 것은 아니지만, 그러나 인간과 더불어서, 즉 존재의 부름에 의해 진리 속으로 보내져 고유해진 채로 자신에게 보내져 있는 존재의 진리를 기투하는 그런 인간과 더불어서 발생한다. 인간을 고유한 자기로 되게 하는 존재의 부름에서부터 인간은 또한 탈존으로, 곧 '존재의 진리 안에서의 내존성'으로 보내져 있다. 존재 자체가 인간의 본질인 탈존을 처리한다. 존재로부터 인간은 현존재로서의 두 가지 존재가능성을 얻는데 이는 보내진 존재의 진리를 기투함과 그것을 배척함이다. 존재의 진리의 기투는 실존 내지 탈존의 본래적 수행이고, 이는 존재의 기재적 가능성을 장래성으로 회복함이자 현존재의 기재적 가능성을 장래성으로 회복함이다. 이러한 회복은 그 자체 또한 존재와 인간의 관련의 회복이다. 물론 이러한 관련의 회복을 최초로 가능하게 하는 것은 진리를 보내는 존재이고, 따라서 그 관련에 있어서 우위를 갖는 것은 존재이다.

존재와 인간의 관련 및 그 회복에 있어서 우위가 어디에 놓이든 간에, 인간의 본래적 역사성은 하이데거의 전기 사유에 있어서만이 아니라, 그의 후기 사유에서도 회복에 놓인다. 어떻게 존재가 근원적으로 발생하고 또 어떻게 (현존재적인 존재자는 물론 비현존재적인 존재자를 포함하는) 존재자가 더욱더 존재적으로 되는지에 대한 대답은 '회복'의 개념 속에서 발견된다. 존재와 인간의 관련의 회복으로서의 본래적인 역사성은 현존재의 3중적인 시간성 구조에 근거를 둔다. 인간이 시간적인 한에서, 회복은 인간의 시간성 구조의 관점에서 3중적인 역사적 의미를 갖는다. 장래 차원의 면에서 회복은 기념비적인 것 내지 역사수립적인 것(etwas Monumentalisches bzw. Geschichtsgründendes)이다. 기재 차원의 면에서 호고적인 것 내지 역운보유적인 것(etwas Antiquarisches bzw. Geschickhaftes)이다. 현재 차원의 면에서 비판적인 것 내지 인간변화적-사물허용적인 것(etwas Kritisches bzw. Menschenverwandelnd-Dingenlassende)이다.

2) 종말론적-시원론적 사유: 통일적 사유의 근거

회복의 개념을 의미 있게 하는 것은 인간의 유한성이다. 존재의 진리 안에 던져진 인간은 피투성의 면에서 유한하다. 인간은 그에게 현실적으로 보내진 것만을 기투하고, 이로써 기투의 제한성의 면에서 볼 때도 또한 유한하다. 인간은 그러나 그에게 보내진 존재의 진리를 기투할 수 있고 이로써 자신의 기재적 존재가능성을 명시적으로 인수할 수 있는데, 이러한 인수가 시대 가름적 회복이다. 인간의 이 같은 가능존재 속에 인간의 위엄이 놓여 있다. 이렇게 파악되는 하이데거의 역사사유는 일정한 관점에서 종말론적 사유의 특징을 갖는다. 종말론적 사유라는 개념은 그러나 여기서 종말론의 역사화를 통해 수행되는 식의 역사철학의 기투를 의미하는 것이 아니다. 하이데거의 역사사유를 그렇게 규정하는 하는 일은 과연 의문에 찬 비판의 감행일 수도 있겠지만, 그런 의문의 가능근거는 하이데거의 역사사유에 대한 몰이해일 뿐이다. 하이데거의 종말론적 사유란 종말에 대한 선취에서부터 수행되는 현존재 및 존재의 역사에 대한 사유를 말한다.

현존재를 그의 존재가능성에 있어서 전면적으로 드러내는 이 세상의 거울로는 죽음 이상의 것이 없다. 철학을 그의 가능성에 있어서 전면적으로 드러내는 이 세상의 거울로는 이 시대의 존재소외(상실) 이상의 것이 없다. 종말은 가능성들을 모으고 있는 역사를 드러내주는 요인으로, 이 요인은 하이데거의 전기 사유에 있어서는 실존의 불가능성으로서의 현존재의 죽음으로, 그의 후기 사유에 있어서는 시대의 존재소외로서의 철학의 종말로 드러난다. 종말에 대한 선취에서부터 수행되는 하이데거의 사유는 다음과 같이 정식화될 수 있을 것이다: 선구된 바의 죽음이 현존재에게 그의 기재성의 존재를 드러내고 이로써 이것을 근원적-본래적으로 장래 속으로 회복함을 가능하게 하는 것과 마찬가지로, 시대경험에서부터 선취되는 철학의 종말이 현존재에게 존재의 기재성을 드러내고 이로써 그것을 근원적-본래적으로 장래로 회복함을 가능하게 한다. 종말론적 사유 속에서 시간은 시간화하는 지금(sich-zeitigendes nunc)으로서의 인간에게 모이고, 공간은 공간화하는 여기(sich-räumendes hic)로서의 인간에게 모인다. 이로써 시간-공간은 이것(haecceitas)으로서의 인간에게 모인다. 이러한 모임으로부터 부분과 전체의 통일(Vereinigung von Teil und Ganzem)이 이뤄진다.

인간이 종말론적 사유에서부터 시간-공간적 전체를 받아들이고 그것을 기투하여 전체성으로 열어 놓고 있는 한, 각각의 사물은 전체의 전체성(세계) 속으로 들어서서 이러한 전체를 그 전체성에 있어서 보호한다. 이러한 엶과 보호는 바로 전체와 부분의 통일이고, 이러한 통일은 세계의 자현, 인간의 자현, 사물의 자현으로 일어난다. 이것은 새로운 시원의 발생이다. 플라톤에게 있어서 '전체 속에서의 부분들의 조화'로 사유되고, 아리스토텔레스에게 있어서 '각자에게 제 몫을 주기'로 정식화된 정의는 하이데거에게 있어서 존재론적인 모습을 갖추고 '전체에서부터 사람과 사물이 자현하면서 전체 속으로 들어서 있

도록 허용함'으로 나타난다. 이러한 정의의 가능성은 그러나 우선 역
사적이면서도 유한한 인간이 존재의 진리 속으로의 부름을 받아들이
는 일에 놓여 있다. 그러한 부름에 대해 받아들이는 식으로 응대함이
역사적이고 유한한 인간에게 알맞은 것이고, 인간의 정의의 근원, 곧
인간의 근원적인 정의이다. '인간의 근원적인 정의'로서의 존재의 진
리에의 응대는 '인간을 위한 정의'로서의 인본주의보다 우선하는 것
이다. 따라서 역사의 새로운 시원의 발생은 근원적-존재론적 정의의
시대가 시작됨을 말한다.

3) 자화사건: 비연속적 연속성의 근거

개인이건 인류이건 간에 인간의 존재에는 역사적인 연속성이 속한
다. 인간의 과거는 그의 현재와, 이 현재는 또 그의 장래와 일정한 연
속성 속에 놓여 있다. 이러한 연속성이 통상 인간의 존재방식의 전승
내지 전통이라는 말로 이해되고 있다. 인간존재(인간의 자기이해)의
연속성은 그러나 본래 시기적으로 비연속적인 연속성이다. 왜냐하면
연속성이란 본래 오직 시기를 구획하는 연관들 속에서만 성립하기 때
문이다. 사실이 이러하다면, 무엇이 인간존재의 그 같은 본래적인 연
속성을 가능하게 하는가? 인간존재의 그 자체 시기적으로 비연속적인
연속성은 어디에 근거를 두는가? 이러한 물음은 인간의 역사의 본질
근거(근원)에 대한 물음이다. 그런데 인간존재에게만이 아니라 존재
자체에도 역사적인 연속성이 속한다. 존재의 이전의 자기성(존재이해)
은 존재의 지금의 자기성과, 지금의 자기성은 또 장래적인 자기성과
일정한 연속성 속에 놓여 있다. 이러한 연속성은 통상 존재해석의 퇴
보나 진보라는 말로 이해되고 있다. 존재역사의 연속성은 그러나 인
간존재의 연속성과 마찬가지로 또 같은 이유로 본래 그 자체 시기적
으로 비연속적인 연속성이다.

무엇이 존재역사의 그 같은 본래적인 연속성을 가능하게 하는가?

존재역사의 시기적으로 비연속적인 연속성은 어디에 근거를 두는가? 이러한 물음은 존재의 역사의 본질근거에 대한 물음이다. 비록 우리가 위와 같이 두 가지의 물음을 병렬시켰다고 해도, 인간존재의 비연속적 연속성은 존재역사의 비연속적인 연속성과 이원론을 형성하고 있지 않고, 오히려 근원적인 통일성을 이루고 있다. 왜냐하면 인간과 존재가 그때마다 거기로부터 각자의 자현에 이르게 되는 그 근원은, 인간이 존재의 부름에 의해 진리 속으로 들어서 고유해진 채로 존재의 진리를 기투하는 일, 곧 자화사건이기 때문이다. 자화사건이 역사의 본질근거이다. 이러한 자화사건에 참여함이 인간의 근원적이고 본래적인 역사성이다. 자화사건 속에 바로 인간의 역사의 비연속적 연속성을 수립하는 인간의 자기화와 자현이 놓여 있고, 또한 동시에 존재역사의 비연속적 연속성을 수립하는 존재의 자기화와 자현이 놓여 있다. 인간의 근원적이고 본래적인 역사성 속에 이중적으로 사유되는 역사적 연속성이 근거를 둔다.

4) 역사시대들의 고유성: 존재이해의 고유성

하이데거의 역사사유는 역사의 근원에 대한 물음으로서 역사의 진보나 퇴보를 주장하기 위한 것도 아니고 역사의 어떤 동형적 법칙을 제시하기 위한 것도 아니다. 그것은 다만 역사의 본질근거(자현근거)에 대한 물음으로서 역사의 본질근거 속에서 인간의 본래적인 역사성을 함께 묻는다. 하이데거가 말하는 본래적인 역사성은 자연사실적인 것이거나 자연발생적인 것이 아니라 인간에 의해 비로소 결의적으로 수행되는 것이고, 이러한 수행은 존재의 부름에 의해 고유해진 채 인간이 그 안으로 불러들여진 그 진리를 기투함의 방식으로 이루어진다. 이러한 피투된 기투는 존재와 인간의 연관의 회복이자 비연속적 연속성의 수립이다. 역사적 낙관론이란 역사적 연속성을 진보로 보는 견해이고, 역사적 비관론이란 역사적 연속성을 퇴보로 보는 견해이다.

역사적 상대주의란 역사적 비연속성을 통약불가능성으로 보는 견해이다. 존재역사적 사유 속에서는 그러나 한 시기의 의미가 단순히 상대화되지도 않고, 진보나 퇴보의 개념으로 재단되지도 않는다. 왜냐하면 거기에서는 '어떻게 한 시기가 인간과 존재의 기재해 온 가능성을 그 근원에 있어서(근원적으로, 자화사건에서부터) 회복하는지'에 바로 한 시기의 의미가 놓이게 되기 때문이다. 거기에서는 존재와 인간의 기재적 가능성의 회복방식에 대한 물음이 모든 역사시기들의 의미이해에 대해 공통적인 준거를 제공하고, 이 토대 위에서 각 시기의 고유한 의미가 밝혀진다. 인간의 기재적 가능성의 회복이 어느 정도로 그 근원에 접근해 있는가에 따라 각 시기의 의미가 달라지는 한, 각 시기의 의미는 단순히 상대화되지 않는다. 아울러 각 시기가 각자 고유한 의미를 가짐에도 불구하고 근원에의 접근의 정도가 인간의 태만성에 기인하지 않고 오히려 존재의 자기억제에 달려 있는 것인 한, 각 시기의 의미는 퇴보나 진보라는 개념으로 재단되지 않는다.

하이데거의 역사사유의 독특성은 무엇보다도 그가 '역사의 본질근거'에 대한 물음을 제기하고 이에 대해 존재론적으로 사유한다는 데 있다. 그의 역사사유에 따르면, 역사의 본질근거는 '존재와 인간의 연관의 회복' 내지 '인간 및 존재의 기재적 가능성의 회복'이다. 그리고 이러한 회복 속에 '본래적 역사성'이 놓인다. '역사의 발생'이란 인간과 존재의 역사 속에 놓인 가능성이 장래적 역사로 됨이고, 이 사건은 인간이 자화사건에 참여하면서 인간의 기재적 가능성과 존재의 기재적 가능성을 회복함으로써 이뤄진다. 역사의 발생이 이같이 인간의 본래적 역사성에 놓여 있는 한, 역사의 발생은 그때마다 인간에게 가능하고, 이러한 발생은 이중적 회복의 방식으로 이뤄진다. 세계 열림으로서의 역사의 발생은 동시적-동근원적으로 진리의 자기화, 세계의 자기화, 인간의 자기화, 사물의 자기화로서 발생한다. 이러한 자기화 사건에 있어서, 인간은 존재의 진리에의 응대의 방식으로, 곧 존재의 진리의 수용, 기투, 보호의 방식으로 참여한다. 이 사건에 있어서 본래적 앎은 존재의 진리를 보았음을, 이 진리를 위해 결정한 채로 있음을, 이로써 이 진리 속에서 수용, 기투, 보호의 방식으로 탈존함을 말한다. 이러한 본래적 앎이 세계 열림을, 이로써 새로운 세계를 가능하게 한다. 이러한 사건 속에서 전체는 시간-공간으로서의 진리이고, 부분은 인간과 사물이다. 그들의 관계는 그들의 자현을 서로 가능케 함의 관계이다. 이렇게 이해되는 하이데거의 존재론적인 회복적 역사사유는, 역사의 가능성이 상실된 채로 있고 바로 그 때문에 역사의 가능성이 다시금 절실히 요구되는 오늘의 시대에 역사사유의 새로운 길을 제시하고 있는 것이다.

[참고문헌]

1. 하이데거 전집

GA 2   *Sein und Zeit*(1927), Hg. F. -W. von Herrmann, 1977.

GA 4   *Erläuterungen zu Hölderlins Dichtung*(1936-1968), Hg. F. -W. von Herrmann, 1981.

GA 5   *Holzwege*(1935-1946), Hg. F. -W. von Herrmann, 1977.

GA 9   *Wegmarken*(1919-1961), Hg. F. -W. von Herrmann, 1976.

GA 12   *Unterwegs zur Sprache*(1950-1959), Hg. F. -W. von Herrmann, 1985.

GA 13   *Aus der Erfahrung des Denkens*(1910-1976), Hg. Herrmann Heidegger, 1983.

GA 15   *Seminare*(1951-1973), Hg. C. Ochwadt, 1986.

GA 31   *Vom Wesen der menschlichen Freiheit. Einleitung in die Philosophie*(SS 1930), Hg. H. Tietjen, 1982.

GA 34   *Vom Wesen der Wahrheit. Zu Platons Höhlengleichnis und Theatät*(WS 1931/32), Hg. H. Mörchen, 1988.

GA 40   *Einführung in die Metaphysik*(SS 1935), Hg. P. Jaeger, 1983.

GA 41   *Die Frage nach dem Ding. Zu Kants Lehre von den transzendentalen Grundsätzen*(WS 1935/36), Hg. P. Jaeger, 1984.

GA 42   *Schelling: Vom Wesen der menschlichen Freiheit*(1809)(SS 1936), Hg. I. Schüßler, 1988.

GA 49   *Die Metaphysik des Deutschen Idealismus*(I. Trimester 1941), Hg. G. Seubold, 1991.

GA 51   *Grundbegriffe*(SS 1941), Hg. P. Jaeger, 1981.

GA 52   *Hölderins Hymne "Andenken"*(WS 1941/42), Hg. C. Ochwadt, 1982

GA 53   *Hölderlins Hymne "Der Ister"*(SS 1942), Hg. W. Biemel, 1984.

GA 65   *Beiträge zur Philosophie*, Hg. F. -W. von Herrmann, 1989.

GA 68   *Hegel 1. Die Negativität. Eine Auseinandersetzung mit Hegel aus dem Ansatz in der Negativität*(1838/39, 1941) *2. Erläuterung der >Einleitung< zu Hegels >Phänomenologie des Geistes<*(1942), Hg. I. Schüßler, 1993.

GA 79   *Bremer und Freiburger Vorträge*(1949 u. 1957), Hg. P. Jaeger, 1994.

2. 하이데거 단행본

Aufenthalt, Frankfurt, 1989.

Beiträge zur Philosophie, Hg. F. -W. von Herrmann, 1989.

Die Grundprobleme der Phänomenologie(SS 1927), Hg. F. -W. von Herrmann, 1975.

Frühe Schriften(1910-1916), Hg. F. -W. von Herrmann, 1978.

Gelassenheit, 10. Aufl., Pfulligen, 1992.

Identität und Differenz(1955-1957), 6. Aufl., Pfullingen, 1978.

Nietzsche, 2. Bd., 2. Aufl., Pfulligen, 1961.

Der Satz vom Grund(1955-1956), 4. Aufl., Pfullingen, 1971.

Vier Seminare(1966/68/69/73), Frankfurt, 1977.

Vorträge und Aufsätze(1936-1953), 4. Aufl., Pfullingen, 1978.

Zur Sache des Denkens(1962-1964), 2. Aufl., Tübingen, 1976.

[약호]

BüH	"Brief über den Humanismus" In: *Wegmarken*(GA 9).
BzP	*Beiträge zur Philosophie.*
EiM	*Einführung in die Metaphysik*(GA 40).
EzHD	*Erläuterungen zu Hölderlins Dichtung*(GA 4).
EzWiM	"Einleitung zu 'Was ist Metaphysik'" In: *Wegmarken*(GA 9).
FS	*Frühe Schriften*(1910-1916).
GdP	*Die Grundprobleme der Phänomenologie*(SS 1927).
Gel	*Gelassenheit.*
Holz	*Holzwege*(GA 5).
IuD	*Identität und Differenz*(1955-1957).
N.II	*Nietzsche*, 2. Bd., 2.
SuZ	*Sein und Zeit*(GA 2).
SvG	*Der Satz vom Grund*(1955-1956).
UdK	"Der Ursprung des Kunstwerkes" In: *Holzwege*(GA 5).
UzS	*Unterwegs zur Sprache*(GA 12).
V.Sem	*Vier Seminare*(1966/68/69/73).
VuA	*Vorträge und Aufsätze*(1936-1953).
Weg	*Wegmarken*(GA 9)
zSdD	*Zur Sache des Denkens*(1962-1964).

3. 그 밖의 문헌

Angehrn, E., *Geschichtsphilosophie*, Stuttgart, 1991.

Barash, J. A., *Martin Heidegger and the Problem of Historical Meaning*, Dortmund, 1988.

Bauer, G., *Geschichtlichkeit. Wege und Irrwege eines Begriffes*, Berlin, 1963.

Baumgartner, H. M., *Kontinuität und Geschichte*, Frankfurt, 1972.

Blust, F.-K., *Selbstheit und Zeitlichkeit*, Würzburg, 1987.

Boeder, H., "Dilthey 'und' Heidegger. Zur Geschichtlichkeit des Menschen", *Phänomenologische Forschung*, Bd. 16, Freiburg/München, 1984.

Bröcker, Walte, "Heidegger und die Logik", *Heidegger und die hermeneutische Philosophie*, Hg. Otto Pöggeler, Freiburg/München, 1974.

Caputo, John D., *Heidegger und Aquinas*, Fordham, 1982.

Descartes, R., *Discours de la méthode*, übersetzt u. herausgegeben v. Lüder Gäbe, Hamburg, 1990.

Dilthey, W., *Einleitung in die Geisteswissenschaften*(GA I), Hg. Vandenhoeck & Ruprecht, Stuttgart, 1959.

_____, *Der Aufbau der geschichtlichen Welt in den Geisteswissenschaften*(GA VII), Hg. Vandenhoeck & Ruprecht, Stuttgart, 1962.

Diwald, H., *Dilthey*, Göttingen, 1963.

Düe, M., *Ontologie und Psychoanalyse*, Frankfurt, 1986.

Franzen, Winfried, *Von der Existenzialontologie zur Seinsgeschichte*, Maisenheim/Glan, 1975.

_____, *Martin Heidegger*, Tübingen, 1976.

Gadamer, H. -G., "Über leere und erfüllte Zeit", In: Die Frage Martin Heideggers: Beiträge zu einem Kolloquium mit Heidegger aus Anlaß seines 80. Geburtstages, vorgelegt v. Hans-Georg Gadamer, Heidelberg 1969, SS 17-35

_____, *Wahrheit und Methode*, Bd. 2, Tübingen, 1986.

_____, *Heideggers Wege*, Tübingen, 1983.

_____, *Hermeneutik im Rückblick*, Bd. 10, Tübingen, 1995.

Gander, H. H., *Positivismus als Metaphysik*, Freiburg, 1988.

Gethmann, C. F., *Verstehen und Auslegung*, Bonn, 1974.

_____, *Dasein. Erkennen und Handeln. Heidegger im phänomenologischen Kontext*, Berlin/New Vork, 1993.

Heinz, M., *Zeitlichkeit und Temporalität*, Würzburg, 1982.

Held, Klaus, "Die Welt und die Dinge. Zur Deutung der Philosophie Martin Heideggers", *Martin Heidegger. Kunst-Politik-Technik*, Hg. Christoph Jamme und Karsten Harries, München, 1992.

Hoy, David Couzens, "History, Historicity and Historiography in Being und Time", *Heidegger and Modern Philosophy: Critical Essays*, Hg. Michael Murray, New Haven and London: 1978.

Husserl, E., *Logische Untersuchungen* 1. Bd: *Prolegomena zur reinen Logik*, Bd. XVIII, Hg. E. Holenstein, Den Haag, 1975.

Kaufmann, F., *Geschichtsphilosophie der Gegenwart*, Berlin, 1931.

_____, "Geschichtsphilosophie", Fritz Heinemann(Hg.), *Die Philosophie im XX. Jahrhundert*, Stuttgart, 1963.

Kettering, E., *Nähe. Das Denken Martin Heideggers*, Pfulligen, 1987.

Lehmann, Karl: "Metaphysik, Transzendentalphilosophie und Phänomenologie in den ersten Schriften Martin Heideggers", *Philosophisches Jahrbuch*, Bd. 71(1963/64).

_____, "Christliche Geschichtserfahrung und ontologische Frage beim jungen Heidegger", *Philosophisches Jahrbuch*, Bd. 74(1966/67).

Löwith, K., *Weltgeschichte und Heilsgeschehen*, Stuttgart, 1961.

_____, *Heidegger. Denker in dürftiger Zeit*, Stuttgart, 1984.

Marx, Werner, *Heidegger und die Tradition*, Stuttgart, 1961.

_____, *Gibt es auf Erden ein Maß?*, Hamburg, 1983.

Morscher, Edgar, "Von der Frage nach dem Sein von Sinn zur Frage nach dem Sinn von Sein: der Denkweg des frühen Heidegger", *Philosophisches Jahrbuch*, Bd. 80(1973).

Pöggeler, Otto, "Einleitung: Heidegger heute", *Heidegger. Perspektiven zur Deutung seines Werkes*, Hg. Derselbe, Köln/Berlin, 1970.

_____, *Philosophie und Politik bei Heidegger*, Freiburg/München, 1974.

_____, *Heidegger und die hermeneutische Philosophie*, Freiburg/München, 1974.

_____, *Der Denkweg Martin Heideggers*, Pfullingen, 1983.

Pugliese, O., *Vermittlung und Kehre*, Freiburg/München, 1965.

Rickert, H., *Probleme der Geschichtsphilosophie*, Heidelberg, 1924.

_____, *Die Grenzen der naturwissenschaftlichen Begriffbildung*, Tübingen, 1929.

Riedel, M., "Einleitung", *Wilhelm Dilthey. Der Aufbau der geschichtlichen Welt in den Geisteswissenschaften*, Frankfurt, 1970.

Schaeffler, R., *Einführung in die Geschichtsphilosophie*, Darmstadt, 1980.

Schnädelbach, H., *Geschichtsphilosophie nach Hegel*, Freiburg, 1974.

Schönleben, E., *Wahrheit und Existenz*, Würzburg, 1987.

Ströker, E., "Geschichte und ihre Zeit. Erörterung einer offenen philosophischen Frage", W. Schrader, J. -H.(Hg.), *Perspektiven der Philosophie*, Bd. 11(1985), Hg. R. Berlinger-E. Fink, F. Kaulbach-Königshausen, Würzburg, 1985.

Strube, Claudis, *Die Vorgeschichte der hermeneutischen Fundamentalontologie*, Würzburg, 1993.

_____, *Das Mysterium der Moderne. Heideggers Stellung zur gewandelten Seins-und Gottesfrage*, München, 1994.

von Herrmann, F. -W., *Subjekt und Dasein. Interpretation zu "Sein und Zeit"*, 2. Aufl., Frankfurt, 1985.

_____, *Wege ins Ereignis*, Frankfurt a. M.: Vittorio Klostermann, 1994.

김재철, 「헤겔의 부정성 개념에 대한 하이데거의 해석」, 『하이데거연구』 14집, 한국하이데거학회, 2006.

_____, 「초기 하이데거의 역사철학: 딜타이 철학의 한계 극복을 중심으로」, 『하이데거연구』 8집, 한국하이데거학회, 2003.

박찬국, 「하이데거의 철학사적 위치와 의의에 대한 고찰」, 『하이데거연구』 18집, 한국하이데거학회, 2008.

소광희, 『시간의 철학적 성찰』, 문예출판사, 2009.

_____, 『자연 존재론: 자연과학과 진리의 문제』, 문예, 2008.

엄필선, 「하이데거에 있어서 사물존재와 역사성」, 『하이데거연구』 19집,

한국하이데거학회, 2009.

여종현, 「형이상학의 존재역사적 해석」, 『하이데거연구』 1집, 한국하이
데거학회, 1995.

이수정, 『편지로 쓴 철학사: 탈레스에서 헤겔까지』, 아테네, 2008.

이유택, 「하이데거의 실존론적 양심 개념」, 『철학연구』 62권, 철학연구
회, 2003.

이은주, 「하이데거에게서 불안과 죽음의 의미」, 『하이데거연구』 15집,
한국하이데거학회, 2007.

이한구, 『역사주의와 역사철학』, 문학과지성사, 1993.

정덕희 · 정은해, 「역사성과 역사교육」, 『철학사상』 18호, 서울대학교 철
학사상연구소, 2004.

정은해, 「하이데거와 토마스의 존재와 신」, 『하이데거와 철학자들』, 철
학과현실사, 1999.

최상욱, 「하이데거의 '시원' 개념에 대하여」, 『하이데거연구』 15집, 한국
하이데거학회, 2007.

콜링우드, 소광희 · 손동현 옮김, 『역사의 인식: 역사학은 과학인가 이념
인가』, 경문사, 1979.

원고들의 출처

이 책의 내용은 아래에서 소개되는 여러 학술지들에 투고되었던 원고들을 토대로 하고 있다. 이 원고들은 출판을 위한 검토 과정에서 이 책의 구성에 맞추어 그 제목과 내용, 용어가 수정되고 보완되었다.

1장 인간 존재론
1절(인간의 전체적 존재)과 2절(인간의 본래적 자아)은 이 책의 출간을 위해 새로 작성되었다. 3절(인간의 존재의 근거)은 「인간의 존재발생과 역사에 대한 시간적 해석」이란 제목으로 이영호 교수의 회갑 기념 논문집 『역사와 현상학』(철학과현실사, 1999)에 실린 원고를 수정한 것이다.

2장 세계 존재론
1절(세계의 세계성)과 2절(세계의 시간성)은 이 책의 출간을 위해 새로 작성되었다. 3절(세계의 공간성)은 「하이데거의 공간 개념」이라는 제목으로 『철학』 68집(한국철학회, 2001)에 실린 원고를 보완한 것이다.

3장 진리 존재론
1절(명제적 진리와 근원적 진리)은 「하이데거 진리론의 내적 변화과정」이라는 제목으로 『철학과 현상학 연구』 39집(한국현상학회, 2008)에 실린 원고를 토대로 한 것이고, 2절(진리의 본질과 비본질)은 「하이데거의 '진리의 본질과 본질의 진리'」라는 제목으로『철학사상』30호(서울대학교 철학사상연구소, 2008)에 실린 원고를 토대로 한 것이다. 이 두 편의 원고는 내용 전개의 순서가 바뀌고 주요 문장들이 많이 수정된 후에 여기에 실렸다. 전체적 요지는 동일하다. 3절(플라톤의 선과 하이데거의 진리)은 「가능적인 삶으로서의 동굴 밖의 삶」이라는 제목으로『철학사상』9호(서울대학교 철학사상연구소, 1999)에 실린 원고를 수정한 것이다.

4장 언어 존재론
1절(언어의 본질)은 「하이데거의 언어철학」이라는 제목으로『하이데거 연구』8집(한국하이데거학회, 2002)에 실린 원고를 손질한 것이고, 2절 (언어로의 길)은 「하이데거의 언어로의 길」이라는 제목으로『철학연구』60집(철학연구회, 2003)에 실린 원고를 손질한 것이다. 3절(언어와 진리, 살림)은 위에서 언급한 「가능적인 삶으로서의 동굴 밖의 삶」의 결론 부분이다.

5장 예술 존재론
1절(진선미의 관계론의 역사)은 「플라톤과 하이데거에서의 진, 선, 미의 관계」라는 제목으로『철학과 현상학 연구』16집(한국현상학회, 2001)에 실린 원고를 보완한 것이고, 2절(하이데거와 가다머의 놀이 개념)은 같은 제목으로『인문논총』57집(서울대학교 인문학연구원, 2007)에 실린 원고를 손질한 것이다. 3절(가다머의 문학이론)은 「문학과 독서에 대한 예술이론적 해석: 가다머를 중심으로」라는 제목으로『하이데거연구』11집(한국하이데거학회, 2005)에 실린 원고를 수정한 것이다.

6장 이해 존재론
1절(하이데거의 진리이해의 자화사건적 존재론)과 2절(가다머의 언어이해의 지평융합적 존재론)은 소광희 교수 퇴임기념 논문집『하이데거와 근대성』(철학과현실사, 1999)에 실린 「하이데거와 가다머의 해석학」을 두 절로 나누고 그 내용을 보강한 것이다. 3절(가다머의 인문학과 교양)

은 「인문학과 인문주의 그리고 교양」이라는 제목으로 『철학과 현상학 연구』 24집(한국현상학회, 2005)에 실린 원고를 손질한 것이다.

7장 역사 존재론

1절(하이데거 초기 저술에서의 존재, 시간, 역사)은 「하이데거의 초기 저술에 나타나는 존재, 시간, 역사 물음의 단초」라는 제목으로 『철학』 56집(한국철학회, 1998)에 실린 원고를 바탕으로 한 것이다. 2절(초월론적 역사사유)은 「하이데거의 역사사유에 대한 고찰」이라는 제목으로 『철학연구』 42집(철학연구회, 1998)에 실린 원고를 손질한 것이고, 3절(자화사건적 역사사유)은 「하이데거의 역사사유에 대한 고찰(II)」이라는 제목으로 『철학연구』 43집(철학연구회, 1998)에 실린 원고를 손질한 것이다.

정은해

성균관대학교 교육학과(1983)와 서울대학교 대학원 철학과를 졸업하고(1990), 동 대학원 박사과정을 수료한 후(1992), 독일 프라이부르크 대학교에서 철학, 교육학, 사회학을 수학하고 철학박사학위를 받았다(1997). 현재 서울대와 성균관대에서 강의하고 있다. 주요 저서로『존재의 역사와 인간의 역사성』(Dunker & Humblot, 2000),『소리 나리의 철학 산책』(철학과현실사, 2005) 등이 있고, 역서로는『존재란 무엇인가』(서광사, 1992),『마르틴 하이데거와 토마스 아퀴나스』(시간과공간사, 1993) 등이 있다.

현대 존재론

1판 1쇄 인쇄	2010년 10월 25일
1판 1쇄 발행	2010년 10월 30일
지은이	정 은 해
발행인	전 춘 호
발행처	철학과현실사
등록번호	제1-583호
등록일자	1987년 12월 15일

서울특별시 종로구 동숭동 1-45
전화번호 579-5908
팩시밀리 572-2830

ISBN 978-89-7775-732-5 93160
값 30,000원